作 者 简 介

赵丁选，男，1965年出生于河南濮阳，研究生学历，工学博士，教授，博士生导师。2009年入选教育部长江学者特聘教授，是国务院学位委员会第七、八届机械工程学科评议组成员，全国高校黄大年式教师团队负责人，中国工程机械学会副理事长，国务院特殊津贴专家。主要研究领域包括工程机器人、复杂机械系统动力学及其仿真与控制等。主持国家级、省部级和国防科技项目40余项，科研经费累计4亿余元；发表SCI、EI入检论文240余篇，出版著作4部；获省部级科学技术奖特等奖1项（排名第一）、一等奖2项，中国石油与化学工业科技优秀图书奖一等奖1项，另获其他省部级科技奖励4项；获得发明专利授权146项，其中国际PCT专利51项。

CMEC

教育部高等学校机械类专业教学指导委员会规划教材

车辆主动悬架技术

赵丁选　姜昊宇　编著

清华大学出版社
北京

内容简介

本书以车辆主动悬架为研究对象，结合作者团队多年科研成果及工程经验，梳理了车辆主动悬架技术的相关知识，剖析了主动悬架技术对车辆行驶性能的影响，展示了车辆主动悬架的关键技术和最新进展。本书共分为9章，主要包括概论、半主动悬架技术、全主动悬架技术、主动悬架相关传感器、主动悬架车前地形感知系统、主动悬架系统数学模型、主动悬架经典控制算法、主动悬架控制算法的综合运用、主动悬架技术的未来发展等内容。

本书是对车辆主动悬架技术的系统总结，可作为高等院校车辆工程、机械工程、电气工程、交通运输等专业的本科生及研究生的参考资料，也可为从事相关方向的科技工作者和工程技术人员提供参考。

图书在版编目（CIP）数据

车辆主动悬架技术 / 赵丁选，姜昊宇编著. -- 北京 ：清华大学出版社，2024. 10. --（教育部高等学校机械类专业教学指导委员会规划教材）. -- ISBN 978-7-302-67579-2

Ⅰ. U463.33

中国国家版本馆 CIP 数据核字第 2024WH0796 号

责任编辑：刘　杨
封面设计：常雪影
责任校对：薄军霞
责任印制：刘　菲

出版发行：清华大学出版社
网　　址：https://www.tup.com.cn，https://www.wqxuetang.com
地　　址：北京清华大学学研大厦 A 座　　**邮　　编**：100084
社 总 机：010-83470000　　**邮　　购**：010-62786544
投稿与读者服务：010-62776969，c-service@tup.tsinghua.edu.cn
质量反馈：010-62772015，zhiliang@tup.tsinghua.edu.cn
印 装 者：北京鑫海金澳胶印有限公司
经　　销：全国新华书店
开　　本：185mm×260mm　　**印　张**：22.5　　**插　页**：1　　**字　　数**：550 千字
版　　次：2024 年 12 月第 1 版　　**印　　次**：2024 年 12 月第1次印刷
定　　价：98.00 元

产品编号：101929-01

前　　言
FOREWORD

优良的悬架系统可以使得车辆在较为恶劣的路面环境下仍能保持良好的运行状态。主动悬架作为车辆悬架技术的变革，克服了传统被动悬架的诸多局限，使车辆悬架对不同的行驶工况具有更强的适应能力，同时在提升车辆乘坐舒适性、行驶安全性和操纵稳定性等方面都表现得更为出色。因此，立足现有研究成果，进一步开发并推广主动悬架技术，对汽车行业发展具有非常重要的理论意义和工程价值。

本书力求深入浅出、循序渐进，从主动悬架技术的基本理论出发，结合车前地形感知系统和先进控制策略，以加强悬架减振性能、提升车辆平顺性和稳定性为目标，细致梳理总结了车辆主动悬架的相关知识，深入剖析了主动悬架技术对车辆行驶性能的影响，并紧跟行业发展前沿，融入了国内外先进的研究成果和应用案例，为读者深入研究车辆主动悬架技术奠定了基础。本书的主要内容有：

1）介绍各类车辆主动悬架

分别以半主动悬架和全主动悬架为中心，以半主动悬架的调节方式和全主动悬架的执行机构为切入点，深入剖析、层层递进，依次介绍各类车辆主动悬架的发展历程、结构原理、关键技术、最新成果和典型应用等多方面内容，打造全书主动悬架的理论基础。

2）主动悬架相关传感器及车前地形感知系统

结合预瞄感知功能，介绍主动悬架系统感知外部环境和检测自身状态所需的典型传感器。车前地形感知系统通过传感器获取环境数据与车身姿态信息，通过以太网传输至车载计算系统，经数据处理及信息融合，利用所得信息进行车前地形重构，提取车前高程信息的同时将车前地形信息可视化。

3）主动悬架相关模型及经典控制算法

考虑悬架系统的非线性环节，建立悬架单元模型、半车悬架模型、整车悬架模型、悬架作动器控制模型及路面激励模型，并在此基础上采用多种经典控制算法对车辆主动悬架进行控制，使车辆悬架系统按照特定的要求改变振动特性，从而达到提高车辆行驶性能的目的。

4）主动悬架的综合控制策略

综合运用前述内容，灵活选取典型案例，将车辆主动悬架技术与车前地形感知、先进控制策略等技术充分融合，以提供读者对不同应用目标建立综合控制系统的方法和手段。

本书的研究内容是在国家自然科学基金联合基金项目(U20A20332)和河北省自然科学基金创新研究群体项目(E2020203174)的资助下完成的,在此由衷感谢评审专家和基金委的信任和支持。本书参考了大量国内外文献资料,在此向这些文献的作者致以诚挚的谢意。感谢燕山大学特种运载装备研究中心成员为本书编写工作做出的不懈努力,感谢徐州重型机械有限公司为本书的生产实践提供的宝贵帮助,感谢清华大学出版社的大力支持。

本书是作者及团队成员多年来从事主动悬架技术相关理论教学、工程实践和科研工作的结晶,具有较强的针对性和实用性。希望本书能够为广大读者掌握主动悬架的基本理论和研究方法提供帮助,为车辆主动悬架技术的进步起到微薄作用,为我国汽车行业的蓬勃发展贡献点滴力量。

由于作者经验及水平有限,书中难免存在疏漏之处,恳请业界专家及广大读者提出宝贵意见,以便进一步修订和完善。

作　者

2023 年 6 月

目　　录
CONTENTS

第1章

概　　论

车辆悬架系统是指连接车体和车轮之间全部零部件的总称，它负责缓冲、吸收由路面不平度引起的车身振动并传递车轮与路面之间的驱动力、制动力，承受由于车辆运动工况的急剧改变而引起的各个方向上的惯性力等。优良的悬架系统可以使得车辆在不太理想甚至很恶劣的路面情况下仍能保持良好的运行状态和车辆的平稳性，在保证安全性的前提下保持理想的行驶速度。

1.1　车辆悬架的发展历程

悬架系统对车辆的行驶平顺性、操纵稳定性、乘坐舒适性、通过性、安全性等诸多方面都有很大的影响。随着社会的发展和人们对行驶性能要求的不断提高，悬架系统的设计和控制变得越来越重要。过去几十年间，悬架技术经历了从被动到主动的演变，为车辆提供了更高级别的悬架控制和性能优化。

早期的车辆悬架系统主要采用被动悬架。1934 年，世界上第一个由螺旋弹簧组成的被动悬架诞生。被动悬架使用弹簧和减振器来提供对道路不平整的缓冲和吸收作用，其悬架参数是根据经验或优化设计实现的，在悬架调节能力和驾驶舒适性方面存在一定的局限性，很难适应复杂多变的路况。随着道路交通的发展，车辆的行驶速度进一步提高，被动悬架的缺陷逐渐成为提高车辆性能的瓶颈。

1954 年，Federspiel-Labrosse[1]最早提出了主动悬架控制概念。早期研究的数学模型忽略了非簧载质量和轮胎特性的单自由度系统。1976 年，Thompson[2]研究了两个自由度的车辆模型，并应用空间状态技术和最优线性控制理论来确定控制律。随后 Thompson 等[3]将两自由度模型扩充为四自由度模型，并研究了对白噪声输入的响应。1986 年，Chalassani[4]研究了整车悬架模型的性能。随着研究的不断深入，主动悬架系统的研究和开发成果逐步实现，但因其结构复杂、成本高昂且能耗较高，往往只在高端豪华车型上配备，如奔驰 S 级和雷克萨斯 LS400 等。

半主动悬架的研究工作始于 1973 年，由 Crosby 和 Karnopp[5]首先提出。半主动悬架以改变悬架的阻尼为主，其结构较为简单，工作时不需要消耗车辆的动力，就能取得与主动悬架相近的性能。20 世纪 80 年代中期以来，大量学者投入半主动悬架的研究，较为有影响的学者有 Karnopp、Margolis、Thompson 等，他们的研究大力推动了半主动悬架技术的发展。20 世纪 80 年代后期，福特、日产等知名车企开始陆续在中高端车型上搭载半主动悬架，如宝马 725、奔驰 ML250 等。1994 年，Prinkos 等使用电流变和磁流变体作为工作介质，研究了新型半主动悬架系统。20 世纪 90 年代后，半主动悬架的研究重点是新型智能材料的应用，并相继取得突破性进展，如 Delphi 公司的 MagneRide 半主动悬架系统应用在 Cadillac Seville STS 高档车上。

伴随着主动悬架技术的蓬勃发展，国内外学者对主动悬架控制算法也进行了大量的研究，几乎涉及现代控制理论的所有分支。比较有代表性的控制算法有天棚阻尼控制、自适应控制、模糊控制、神经网络控制等[6~9]，各种控制方法对于主动悬架的控制效果各有利弊。理论上的研究方法虽然很多，且其中不乏现代控制理论中的最新成果，但真正投入实际应用的方法并不多。如何针对真实车辆的复杂行驶工况，采用合理的控制方法达到理想的控制效果仍然是主动悬架的研究重点。

随着科学技术的不断进步，特别是智能驾驶技术的不断发展，人们对主动控制悬架技术调控悬架参数、调整车身姿态等诸多方面产生了新的需求，也促使越来越多的新技术、新方法、新材料、新装备与主动悬架技术不断融合，为主动悬架技术的发展注入了新的活力。主动悬架结合道路预瞄技术能够通过感知装置提前预知路面状况，针对路面进行主动悬架的微调，提升与路面的适配度，如比亚迪的云辇系统、理想的魔毯空气悬架、蔚来的 4D 舒适领航等。在车辆底盘控制中，将主动悬架与转向系统以及制动系统相结合进行协调控制，多种驾驶模式设置可以满足不同驾驶场景的需求，如奔驰的 E-Active Body Control 系统。智能执行器的运用使底盘功能更强大的同时也增加了底盘控制的复杂程度，执行器间协调配合变得尤为重要，相应的控制系统可发挥其最大潜能，如采埃孚 cubiX 车辆运动控制系统，可融合控制各个底盘执行器。此外，硬件设备性能的提升是车辆主动悬架性能发展的必然需求，国内外众多生产厂商进行了诸多尝试，如 ClearMotion 主动悬架电驱单元控制器可以在 1ms 内完成信息处理计算和响应，高性能无刷电机每秒可进行 1000 次扭矩调整，实现对车身姿态实时调节。

主动悬架系统作为车辆悬架技术的最新发展方向，在提高驾驶舒适性、安全性和操控性方面发挥着重要的作用。目前，世界各主要汽车生产厂家对主动悬架技术的研制都投入了巨资，国内外专家学者在主动悬架领域的研究也陆续取得新的突破。随着技术的不断进步和创新，我们可以期待主动悬架系统在未来车辆领域的广泛应用，为驾驶员和乘客带来更加优越的车辆性能和行驶体验，并推动车辆工业的方向发展。

1.2 车辆悬架的分类

根据控制形式不同，可将悬架分为被动悬架、半主动悬架和全主动悬架，如图 1-1 所示。

1. 被动悬架

被动悬架系统主要由安装在簧载质量和非簧载质量之间的弹性元件和减振器(阻尼器)组成，悬架系统内无能源供给装置。被动悬架的弹性特性和阻尼特性是固定的，在行驶过程中不进行调节，也没有电子控制部分，当受到外界激励时，只能“被动”地做出响应。被动悬架因其制造装配容易、造价低廉的优势而广泛应用于车辆工业之中，但是其参数固定不可改变，也在很大程度上限制了车辆悬架系统的进一步优化，无法满足更高的性能要求。

2. 半主动悬架

半主动悬架通过可调刚度弹簧或可调阻尼的减振器实现调节，悬架系统内无能源供给

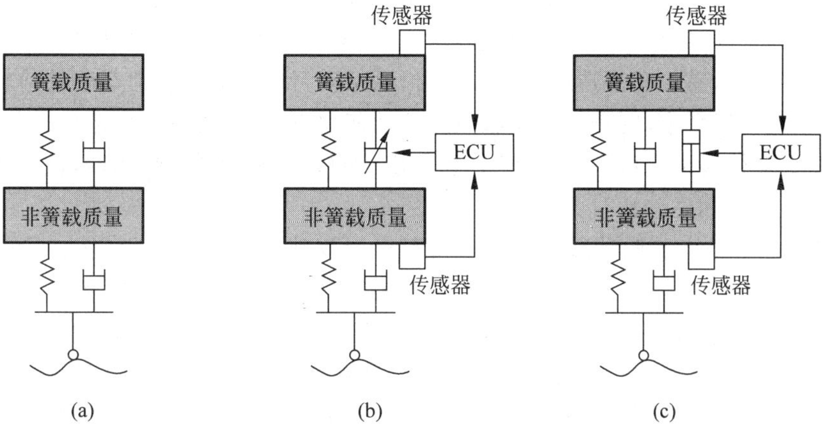

图 1-1　车辆悬架的分类

(a) 被动悬架；(b) 半主动悬架(阻尼可调)；(c) 主动悬架

装置。半主动悬架虽然不能随外界的输入进行最优的控制和调节，但电子控制单元(electronic control unit，ECU)可按各种条件下弹簧和减振器的优化参数指令来调节弹簧的刚度或减振器的阻尼，使悬架对复杂多变的路面状况具有较好的适应性。在车辆悬架中，弹性元件的作用是吸收和存储能量及承受车体的重量，在没有外加能源的条件下，改变刚度要比改变阻尼困难得多，因此对半主动悬架的研究多数采取阻尼可调的方法。

3. 全主动悬架

全主动悬架(又称主动悬架)的 ECU 基于传感器检测出的车辆振动状态和路面信息，根据所设计的控制策略向作动器发出控制指令，控制作动器输出合适的位移或力，"主动"地抵消路面的冲击作用，达到最佳化悬架系统减振效果的目的。此外，还可以防止车辆转向时车身侧倾及车辆加速或制动时的点头或蹲坐，保持车身的良好姿态，保证车辆转向或高速行驶时的稳定性和主动安全性。因为其所具有的优势，近年来主动悬架技术得到了长足的发展，目前已有不少豪华轿车及豪华 SUV 纷纷装上了主动悬架。对于已经上市的主动悬架，尽管还有很多不尽如人意的地方，但已经成为新型豪华轿车、SUV 的卖点之一。

1.3　主动悬架系统性能评价指标

悬架系统将车身和车轮轴连接在一起，用于传递车轮和车身质量之间的力和力矩，削减来自路面的冲击和振动。因此，悬架性能好坏对车辆行驶的平顺性和操纵的稳定性都有着很大的影响。能表征车辆悬架性能的评价指标是衡量一个悬架系统优劣程度的标准，也是后续控制和仿真的目标和对象。常用的悬架性能评价指标有以下几种：

(1) 簧载质量振动加速度。簧载质量振动加速度通过车身振动加速度的均方根值来评价车辆行驶过程中平顺性的好坏，是直接反映车辆行驶平顺性的重要指标。簧载质量振动加速度越大，则垂向振动强度越大，乘坐舒适性越差，行驶的平顺性也就越差，要提高行驶平顺性就要最大限度地降低簧载质量振动加速度。

(2) 车辆悬架动行程。车辆悬架动行程用于评价车身姿态变化程度,要想车身振动尽量小,势必要为主动悬架提供一定的行程范围。悬架动行程太大,在行驶过程中悬架撞击限位块的概率将增大,易对车身造成冲击。同时,悬架动行程过大也会对车辆的前轮定位产生影响,若悬架动行程太小,则悬架系统吸收振动的能力不足,振动将更多地传递给车身,影响车辆行驶的平顺性。由此可见,悬架动行程直接影响到车辆行驶的平顺性,是反映主动悬架系统性能的重要指标之一。

(3) 轮胎动载荷。轮胎动载荷能在一定程度上反映车辆操纵的稳定性,是评价悬架系统性能的重要指标之一。当车辆行驶过程中的轮胎载荷发生变化时,轮胎与地面的接触面积也将随之变化,使轮胎的附着能力降低。在车辆行驶过程中,如果能保持稳定的法向轮胎载荷,则轮胎具有较好的附着性能;若轮胎动载荷波动剧烈,则轮胎的附着性能较差。

主动悬架的优越性不仅体现在隔离路面冲击的效果,还在于能通过自身调节使车身姿态得到较好的矫正,抑制车辆在急转弯、制动、加速时的侧倾和俯仰等惯性运动,使得车辆保持良好的平顺性和安全性。本书中描述的整车主动悬架控制指标主要有以下两点:

(1) 车身质心垂向振动位移、加速度。车身垂向振动极大地影响乘坐的舒适性,消耗大量的发动机功率,所以抑制车身垂向振动是主动悬架控制的主要目标之一。主动悬架通过自身控制策略将采集到的车身振动信号处理并传送给主动悬架执行机构,从而减少车身垂向振动。

(2) 车身俯仰角、侧倾角及其加速度。车辆行驶过程中由于各种路况、驾驶情况会产生俯仰和侧倾运动,主动悬架根据系统测算得到的侧倾角和俯仰角大小,经过控制算法输出至各个执行机构,从而抑制这种运动。

事实上,要想完全消除车身的以上两种运动是不可能的,只能尽量抑制车身振动、俯仰和侧倾姿态,以最大限度地保持车辆行驶的平顺性为研究目的。

1.4 主动悬架系统的基本功能

主动悬架的作用不仅表现在对复杂路面输入的隔振和减振效用,还在于其对车辆整体转弯时的侧倾、加速和减速时的俯仰等惯性动作的抑制作用,甚至在路面等级极差的条件下仍能使得乘驾人员处于相对更加平稳和舒适的驾驶状态。

总的来说,主动悬架系统实现了以下五项功能:

(1) 车身高度调整功能。车身高度调整功能是指当车辆的负载或使用工况发生改变时,均能通过电控悬架系统的参数调节保证适宜的车身高度。车身高度对车辆的动力性、燃油经济性、操纵稳定性、行驶平顺性及通过性都有较重要的影响,可通过对车辆不同使用条件下车身高度的控制实现更优异的使用性能。车身高度调整目标不仅指系统能够根据车身负载的变化自行调节,使车身高度不随载荷的变化而改变,还包括根据车辆的实际使用工况,对车身高度做出升高或降低的处理。

(2) 悬架系统阻尼控制功能。悬架系统阻尼控制功能是利用控制悬架系统阻尼特性的方式来控制车身上下振动、前倾后仰和“甩头”“摆尾”等现象。

(3) 悬架系统刚度控制功能。悬架系统刚度控制功能是利用控制悬架系统刚度特性的方式来控制车辆的动态性能。悬架系统刚度特性是影响系统性能的重要因素,除车辆振动固有频率、悬架运动行程、轮胎动载荷和车身高度外,在车辆转弯过程中的"侧倾",以及在加速和制动时车身出现的"点头""后坐"等现象均与悬架系统的刚度有关。

(4) 悬架系统侧倾角刚度控制功能。悬架系统侧倾角刚度控制功能是利用控制悬架系统侧倾角刚度特性的方式来控制车辆的动态性能。悬架系统侧倾角刚度特性是影响车辆侧向动力学响应的重要因素之一。车辆在转弯时,在离心力的作用下,车身将发生侧倾的趋势。悬架系统侧倾角刚度控制功能通过悬架系统侧倾角刚度的调整来降低车辆转向时的侧倾角,以使车辆具有更好的乘坐舒适性和操纵稳定性。悬架系统侧倾角刚度控制除可以通过改变悬架系统刚度来实现外,最重要的途径是使用可控型的横向稳定杆来满足要求。可控型的横向稳定杆一般分为在稳定杆端部安装液压式的扭矩作动器和在稳定杆中部设置旋转电机式的扭矩作动器等类型。

(5) 车身姿态控制功能。车辆在行驶过程中,车身姿态不仅对车体的振动响应有强烈影响,还通过悬架导向机构对轮胎分力产生重要影响。通过对车身姿态的主动控制,可以综合改善车辆的驾乘舒适性、操纵稳定性等诸多性能。车身姿态的控制包括对侧倾、俯仰、横摆、跳动和车身高度的控制等。车身的侧倾小,则车轮外倾角度变化也小,轮胎就能较好地保持与地面垂直接触,使轮胎对地面的附着力提高,以充分发挥轮胎的制动作用。

参考文献

[1] FEDERSPIEL-LABROSSE J M. Beitrag zum Studium und zur Vervol-lkommung der Aufhangung der Fahrzeuge[J]. Automobiltechnische Zeitschrift,1955,57(3): 6370.

[2] THOMPSON A G. An active suspension with optimal linear state feedback[J]. Vehicle system dynamics,1976,5(4): 187-203.

[3] THOMPSON A G,DAVIS B R,PEARCE C E M. An optimal linear active suspension with finite road preview[J]. SAE Transactions,1980: 2009-2020.

[4] CHALASANI R M. Ride performance potential of active suspension system-Part 1[J]. ASME monograph,1986.

[5] CROSBY M J,KARNOPP D C. The active damper: a new concept for shock and vibration control [J]. Shock and Vibration Bulletin,1973,43(4): 119-133.

[6] PRIYANDOKO G,MAILAH M,JAMALUDDIN H. Vehicle active suspension system using skyhook adaptive neuro active force control[J]. Mechanical Systems and Signal Processing,2009,23: 855-868.

[7] GUO X,WANG J,SUN W. Nonlinear adaptive fault-tolerant control for full-car active suspension with velocity measurement errors and full-state constraints[J]. Journal of the Franklin Institute,2024, 361(10): 106845.

[8] YAGIZ N,SAKMAN L E. Fuzzy logic control of a full vehicle without suspension gap degeneration [J]. Int J of Vehicle Design,2006,42(1/2): 198-212.

[9] LI Y,WANG T,LIU W,et al. Neural network adaptive output-feedback optimal control for active suspension systems[J]. IEEE Transactions on Systems,Man,and Cybernetics: Systems,2021,52(6): 4021-4032.

第2章

半主动悬架技术

2.1 概　　述

半主动悬架使用可调刚度的弹簧或可调阻尼的减振器组成悬架系统，是一种有电子控制但没有能量输入（除了少量用来驱动电子控制单元的能量）的悬架。与传统被动悬架相比，主动悬架系统在车辆的行驶平顺性和操纵稳定性方面具有显著的优势，但是受到所需功率和成本等因素的限制，而半主动悬架可以通过较低的造价和复杂程度提供接近主动悬架的性能，是介于被动悬架和主动悬架之间的一类悬架[1-4]。

2.1.1 半主动悬架的发展历程

半主动悬架概念的提出晚于被动悬架和主动悬架。1934 年，世界上出现了第一个由螺旋弹簧组成的被动悬架。被动悬架的弹簧刚度和减振器阻尼等参数根据经验或优化设计的方法确定，在行驶过程中保持不变，难以适应复杂路况，减振效果较差。主动悬架技术由通用汽车公司在 20 世纪 70 年代研发并推广，主动悬架使用有源的力发生器代替被动悬架结构，其控制装置通常由测量系统、控制系统和能源系统组成，可以使悬架在任何路面上都保持最佳的行驶状态。1973 年，美国加利福尼亚州大学戴维斯分校的 Karnopp 和 Crosby 首先提出了半主动悬架的概念[5]，Karnopp 还提出了天棚阻尼控制算法和对应的实现方法，通过对减振器阻尼系数的调节实现半主动减振控制。1975 年，Margolis 等提出“开-关”半主动控制策略，其特点是当簧载质量和非簧载质量同向运动，且非簧载质量的速度较大时，控制关闭，不产生阻尼力或产生较小的力，而在其他情况下产生较大的阻尼力。1976 年，Hubbard 和 Margolis 提出了通过改变弹簧刚度来减振的半主动悬架结构[6]，该技术可在空气弹簧和油气弹簧中实现。

从 20 世纪 80 年代开始，随着电子技术和计算机技术的发展，半主动悬架逐步从实验室走向工厂，进入快速发展阶段。丰田和三菱等公司先后在 80 年代使用了由微电脑控制的阻尼分级调节式半主动悬架，减振器阻尼可在 2～3 级之间切换，称为“柔和”“适中”“稳定”三种状态。之后出现了可实现阻尼连续调节的悬架，如电磁阀半主动悬架，该悬架的控制系统由德国 ZF Sachs 公司于 2002 年成功开发，通过控制减振器内部的电磁阀来实现阻尼的连续调节，并广泛应用于高端车型。福特公司和丰田公司先后在部分车型上推出了电子控制空气悬架系统，该系统可以根据乘客数量或载重、车速、路面状况等对空气弹簧的刚度进行有级调节。Prinkos 等于 1994 年使用电流变体和磁流变体作为减振器工作介质，取得了一定的成果。2002 年，美国德尔福公司首次将包含磁流变减振器的半主动悬架系统应用在凯迪拉克 Seville STS 上，新材料的引入为半主动悬架带来了新的发展方向。

半主动悬架技术目前主要应用于高端车型。技术的进步和生产成本的降低使得更多的车型开始应用半主动悬架，一些汽车制造商开始在中档车型中提供半主动悬架的选项。电磁阀半主动悬架与磁流变半主动悬架应用最为广泛，ZF Sachs 等外国厂商已掌握了较为成熟的技术。国内学者对半主动悬架技术的研究起步较晚，但也取得了不错的成果，越来越多的国内厂商开始关注和研究半主动悬架技术。近年来，随着新能源汽车的发展与普及，悬架技术也开始尝试与新能源汽车结合，如轮毂电机半主动悬架；馈能悬架的概念由 Suda 等提出[7]，馈能悬架可采用电磁馈能等方式实现振动能量回收，非常契合新能源汽车的节能需求，目前成为主动悬架和半主动悬架研究的新方向。

2.1.2　半主动悬架的结构

半主动悬架系统使用可调刚度的弹性元件或可调阻尼的减振器替换被动悬架的相应部分，并配以检测系统和控制系统。半主动悬架通常由以下几部分组成：

(1) 执行机构。执行机构为可调刚度的弹簧(如空气弹簧、油气弹簧)，或可调阻尼的减振器(如电磁阀减振器、磁流变减振器)，是在被动悬架的弹簧或减振器上的升级，增加了参数主动调节的功能。

(2) 检测系统。检测系统包括各种车载传感器，作用是为控制算法实时提供车辆状态和路面情况等必要信息。不同的半主动悬架控制算法需要使用的传感器不同，常用的有加速度传感器、速度传感器、悬架位移传感器等。

(3) 控制系统。电子控制单元(electronic control unit，ECU)接收传感器的信息，使用半主动悬架控制算法计算执行机构所需调节的参数值，发出对应的控制信号控制执行机构。

图 1-1(b)为阻尼调节式半主动悬架原理图，控制器根据检测系统采集的簧载质量的加速度响应等反馈信号，按照一定的控制规律调节执行机构的参数，改变悬架弹簧的刚度或减振器的阻尼，以达到较好的减振控制效果，改善车辆的行驶平顺性和操纵稳定性。

2.1.3　半主动悬架的特点

1. 半主动悬架与被动悬架相比

(1) 半主动悬架可在车辆行驶过程中主动调节悬架参数，提高车辆的行驶平顺性和操纵稳定性。

(2) 半主动悬架可根据路面情况进行智能调节，降低车辆振动的损耗，提高车辆的燃油效率，在特定情况下更节能。

2. 半主动悬架与主动悬架相比

(1) 主动悬架需要占用车辆发动机的部分输出功率，而半主动悬架只需要一个较低的功耗去调节弹簧的刚度或减振器的阻尼，耗能相对较低。

(2) 半主动悬架一般是在被动悬架的基础上改进而来，基本不改变原车结构布局，无须额外占用车辆底盘的空间，相比需要额外能源系统的主动悬架，半主动悬架研发难度低、重量轻、成本低，更受市场欢迎，在商用汽车领域应用广泛。

(3) 半主动悬架始终处于能量耗散状态，且在控制系统失效的情况下可作为被动悬架使用，保证车辆行驶安全性。

(4) 半主动悬架的控制效果一般劣于主动悬架，只能调节悬架参数而无法施加主动作用力，在起步、转向和制动等工况下作用效果相对主动悬架较差。

2.1.4 半主动悬架的分类

半主动悬架的分类如图 2-1 所示。根据调节方式不同可分为刚度调节式和阻尼调节式两类，对应的模型见本书第 6 章。

- 半主动悬架
  - 刚度调节式
    - 气体弹簧调节式
      - 空气弹簧半主动悬架
      - 油气弹簧半主动悬架(刚度调节)
    - 液体弹簧调节式：硅油半主动悬架
    - 等效刚度调节式
  - 阻尼调节式
    - 阻尼分级调节式
    - 阻尼连续调节式
      - 节流孔径调节
        - 油气弹簧半主动悬架(阻尼调节)
        - 电磁阀半主动悬架
      - 减振液黏性调节
        - 磁流变半主动悬架
        - 电流变半主动悬架

图 2-1 半主动悬架的分类

刚度调节式半主动悬架一般通过控制气体弹簧或液体弹簧可压缩体积的变化来实现对刚度特性曲线的主动调节。气体弹簧分为空气弹簧和油气弹簧两种；液体弹簧例如硅油弹簧，使用可压缩的硅油作为弹性介质实现刚度调节。通过弹簧和可调减振器的串并联可以实现对悬架等效刚度的调节，如图 2-2 所示，当与副簧并联的减振器阻尼值趋于零时，悬架总刚度约等于主簧与副簧串联的等效刚度，当该减振器阻尼趋于无穷大时(减振器处于刚性状态)，悬架总刚度约等于主簧的刚度。

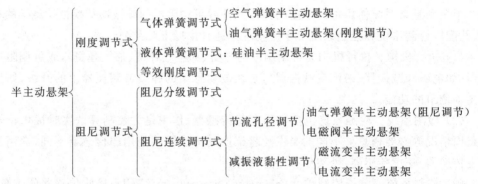

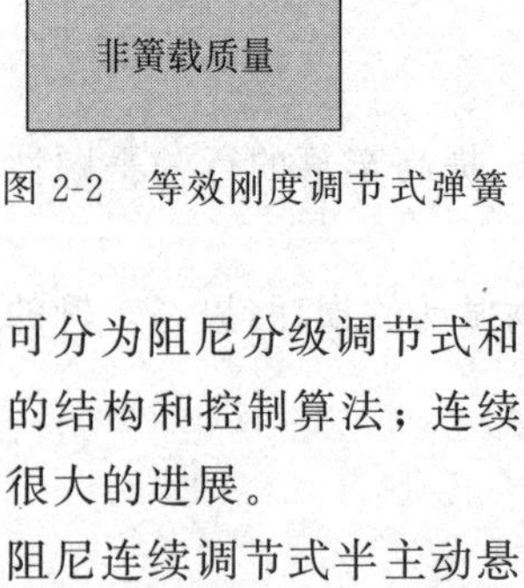

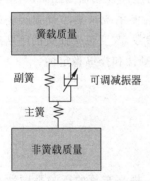

图 2-2 等效刚度调节式弹簧

阻尼调节式半主动悬架按照对阻尼大小的改变是否连续可分为阻尼分级调节式和阻尼连续调节式。分级调节的实现相对简单，一般使用较为简易的结构和控制算法；连续调节的方式会带来更好的减振性能，对其进行的研究已经取得了很大的进展。

阻尼连续调节式半主动悬架有节流孔径调节和减振液黏性调节等两种调节方式。节流孔径调节通过节流阀的通流面积改变油液阻尼，节流阀通常使用响应迅速的电磁阀，应用于油气悬架可组成油气弹簧半主动悬架，应用于液压减振器可组成电磁阀半主动悬架。减振液黏性调节使用黏度可调的磁流变液或电流变液作为减振器油液，通过控制外加的磁场或电场可迅速改变液体剪切应力和黏度等物理性质，从而改变阻尼大小。

2.2 刚度调节式半主动悬架

在当今车辆工业高速发展和人们对车辆性能要求不断提高的形势下，性能优良的气体弹簧开始取代螺旋弹簧和钢板弹簧等传统弹簧，在大型客车、载重汽车和高端商用轿车上应用广泛。为了更好地适应车辆行驶的各种复杂工况，使悬架性能能够根据路面状况及乘员要求进行调整，气体弹簧的刚度特性就要实时改变。刚度调节式半主动悬架以气体弹簧调节式为主，其气体弹簧的刚度具有明显的非线性特性，本节以气体弹簧调节式为例进行介绍，可分为空气弹簧半主动悬架和油气弹簧半主动悬架。

2.2.1 空气弹簧半主动悬架

改变空气弹簧刚度特性主要通过改变空气弹簧内部气压、改变空气弹簧工作容积或通过温度调控等方法实现。改变空气弹簧内部气压可以通过对气囊充放气或改变气体黏度来实现，主动充气需要压缩机和储气罐的参与，增加成本与控制难度，气体黏度会随着气压和温度的改变而被动变化，主动控制难度较大。气体温度受到悬架做功产热和外界温度的热传导影响，通过温度调控并没有准确且快速的调控手段。改变空气弹簧工作容积可以通过在主气室外增加副气室，并通过通断气室间的管道接口实现，操作简便，易于实现，更具有现实意义。

改变空气弹簧工作容积的方式主要有容积有级可调式和容积连续可调式两种。

1. 容积有级可调式

容积有级可调式空气弹簧在主气室外设置一个或多个副气室，通过控制气室间的通断实现刚度特性有级调节。以 2018 款保时捷 Cayenne 三腔室空气悬架(前桥)为例(图 2-3)，该悬架的空气弹簧分为三个气室，第一气室 4 作为主气室，两个开关阀 1 和 3 分别控制两个副气室 7 和 2 的通断，根据用户选择的驾驶模式和路况设置合适的弹簧参数[8]。

2. 容积连续可调式

容积连续可调式空气弹簧对附加气室容积的连续调节使得车辆在不同工况下通过适配的控制算法始终获得较好的控制效果，与该技术相关的控制算法和结构设计目前尚处于研究阶段。

以容积连续可调式空气悬架为研究对象，文献[9]提出了附加气室容积可调式空气悬架系统分层控制策略，设计了基于区间-免疫算法的上层附加气室容积控制器和以主、附加气室内气体质量为控制目标的下层气体质量流量模糊控制器，从而保证车辆在不同的工况下均可获得较好的控制效果，提高了悬架的综合性能。

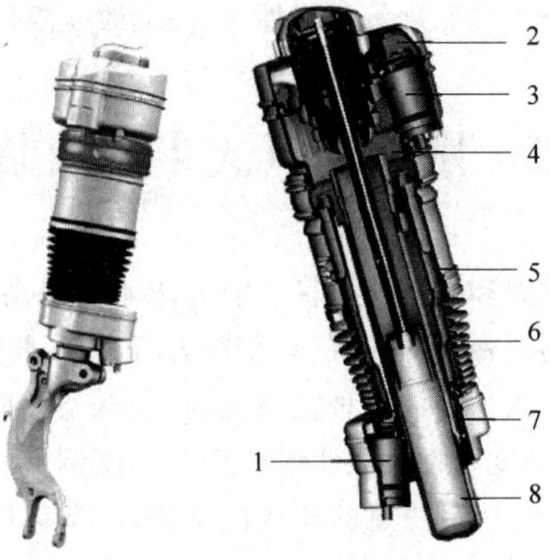

1—第二气室开关阀；2—第三气室；3—第三气室开关阀；4—第一气室；
5—塑料壳体；6—橡胶护套；7—第二气室；8—减振器。

图 2-3 保时捷三腔室空气悬架

(a) 实物图；(b) 结构图

图 2-4 所示是一种实现附加气室容积连续可调的结构，在附加气室腔体内设置可控制位置的活塞。当活塞静止时，附加气室有效容积腔 1 参与悬架的收缩，同时小孔通道 2 始终保持两腔气压平衡，确保控制阀 6 开启时不产生冲击，而细长管路 3 的壅塞、紊流现象产生的气阻使附加气室备用容积腔 4 不参与悬架振动；当活塞需要调节时，控制阀 6 打开，驱动装置驱动活塞运动，改变附加气室的有效容积[10]。

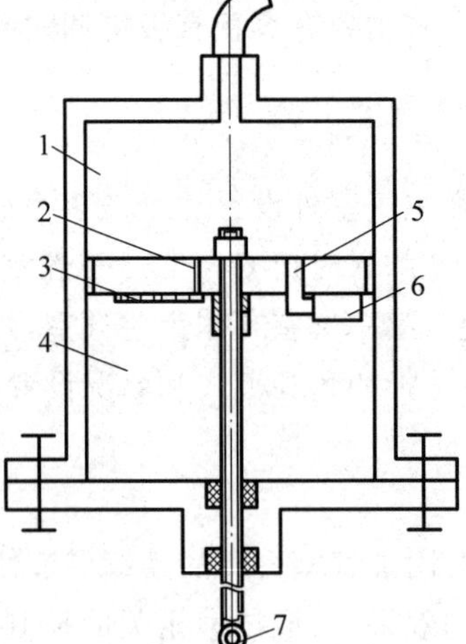

1—附加气室有效容积腔；2—小孔通道；3—细长管路；4—附加气室备用容积腔；
5—大孔通道；6—控制阀；7—驱动机构连接端。

图 2-4 附加气室容积连续可调机构

2.2.2　油气弹簧半主动悬架

由传统油气弹簧组成的被动悬架系统可简称为油气悬架，在其基础上增加半主动悬架的检测系统和控制系统，则可构成油气弹簧半主动悬架。油气悬架以油液作为承载介质，以氮气作为弹性介质，通过油液压缩气室中的气体实现悬架的刚度特性，通过油路中的节流孔实现阻尼特性，油气悬架承载质量大且具有非线性的刚度和阻尼特性，因此多用于重型车辆。

如图 2-5 所示的油气弹簧主要包括液压活塞、油液、气室、柔性隔膜等部分，可通过增加副气室并控制主、副气室的通断来实现刚度调节。将图 2-5 中的油气弹簧部分与检测系统和控制系统结合，得到油气弹簧半主动悬架。在液压活塞上部具有两个并列气室，分别充有不同工作压力的氮气，用柔性隔膜将气体与油液隔开，即使在高温和高压下气体也不溶解在油液内，从而保证了性能的稳定。主气室和副气室的作用类似钢板弹簧中主簧与副簧，主簧和副簧油路相通。控制系统根据检测系统提供的车辆状态和路面信息发出对应的控制信号，并通过电磁阀控制油路的通断，或使用电磁阀主动切换油气悬架的油液节流孔的开度，可实现油气弹簧半主动悬架的阻尼分级调节或阻尼连续调节。

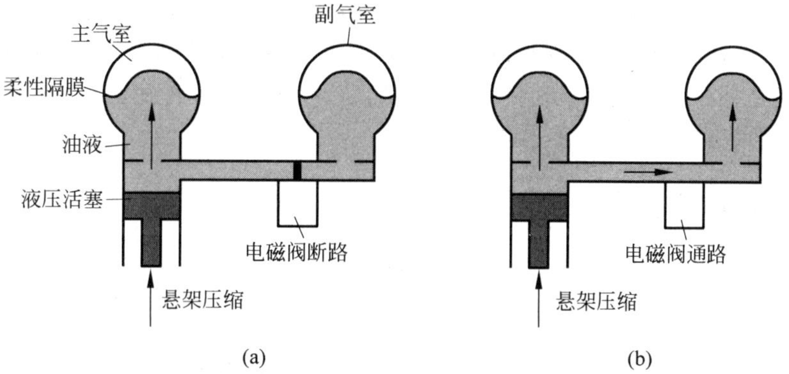

图 2-5　油气弹簧刚度调节原理

(a) 弹簧刚度高；(b) 弹簧刚度低

在图 2-5 中，当悬架压缩，即液压活塞上移时，油液推动气体腔内的氮气进行压缩储能，实现悬架的刚度效应，且上腔油液通过节流通道进入下腔时会产生阻尼力，抑制车身振动。当电磁阀通路并将副簧接入主弹簧时，两个气室的油液将平衡压力，共同承担车身重量，减小刚度。

油气弹簧半主动悬架将弹簧和减振器集成为一体，通过调节气室间的通断和油液的节流阻尼，可同时实现悬架的刚度和阻尼的多级调节。基于高速开关电磁阀的刚度阻尼多级可调式油气悬架系统结构[11]，如图 2-6 所示。该新型油气弹簧半主动悬架通过控制 4 个高速开关电磁阀的开关状态实现了悬架的 2 种刚度模式和 4 种阻尼模式，从而实现了悬架系统刚度阻尼特性的大范围调节。

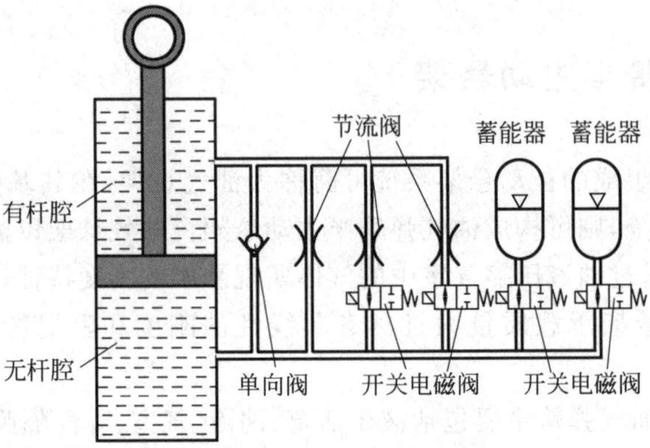

图 2-6 刚度阻尼多级可调式油气弹簧半主动悬架

2.3 阻尼分级调节式半主动悬架

阻尼分级调节式半主动悬架的减振器可在两种阻尼挡位或多种阻尼挡位之间切换，阻尼挡位可由驾驶员选择或由 ECU 根据传感器信号自动选择，内置的控制阀可对减振器节流孔开度进行调节，使通流面积在大、中、小之间进行切换，对应阻尼的软、中、硬 3 个挡位，或通过控制多个油路的开闭实现油液总通流面积的改变。其控制系统相对简单，工程应用比较容易，但是挡位有限且存在切换时的突变问题，在适应汽车行驶工况和道路条件的变化方面有一定的局限性。

1. 电机驱动转阀式

图 2-7 为使用电动机控制转阀实现阻尼可调的减振器。它由调节电动机 1 的旋转带动空芯活塞杆内部的阀芯 2 转动，从而改变阀芯与阀孔的相对位置，使阀孔 3 分别处于关闭、

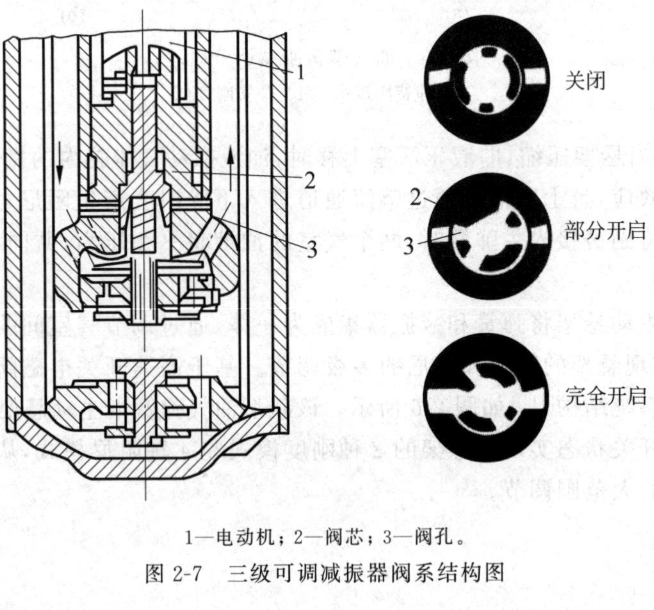

1—电动机；2—阀芯；3—阀孔。

图 2-7 三级可调减振器阀系结构图

部分开启和完全开启 3 种状态，实现阻尼特性的转换以适应不同的行驶条件。

2. 电磁阀驱动滑块式

图 2-8 为倍适登减振器的阻尼分级调节式减振器结构图，通过电磁阀移动滑块的位置打开或关闭油液副通道实现阻尼的软硬调节。当电磁阀未通电，滑块处于关闭状态，油液全部流过主通道，产生较大的节流阻力，呈现“硬”状态；当电磁阀通电，滑块打开，油液副通道打开，此时大部分油液从更宽的副通道流动，阻力更小，呈现“软”状态。

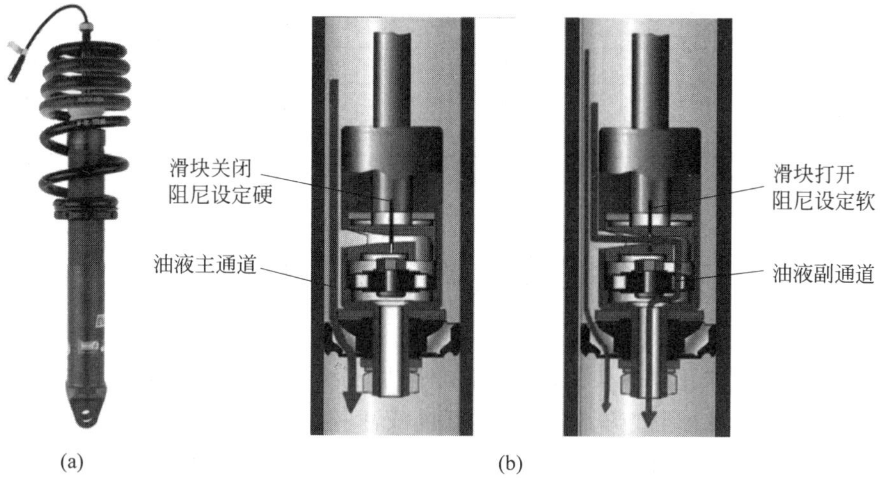

图 2-8　倍适登减振器

(a) 实物图；(b) 结构图

3. 电磁阀多阻尼切换式

多级小幅度的阻尼调节具有较好的控制效果，因此，进一步研究结构简单、成本低及控制难度较小的阻尼多级可调减振器具有重要的学术意义和实际工程应用价值。图 2-9 所示的电磁阀多阻尼切换式减振器[12]，通过控制两个电磁阀的开闭状态实现油路的改变，保证

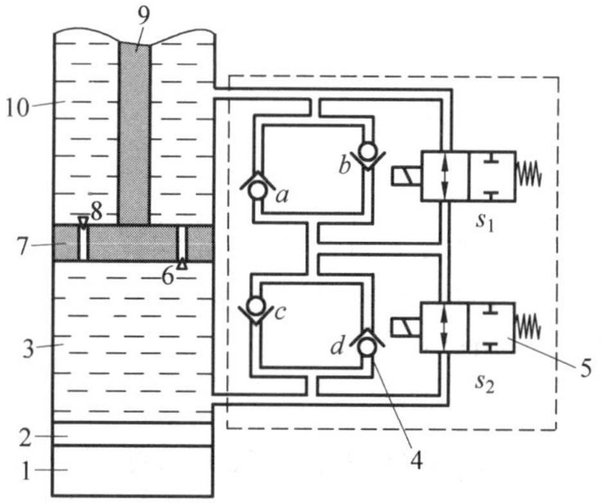

1—气室；2—浮动活塞；3—压缩腔；4—单向阀；5—电磁阀；6—复原阀；7—活塞；8—压缩阀；9—活塞杆；10—复原腔。

图 2-9　电磁阀多阻尼切换式减振器

了阻尼的多级可调特性。为了实现4种不同的阻尼模式，每个单向阀的油液压力损失并不相同。不同的模式油液会按照先通过开启的电磁阀、后通过单向阀的优先级选择合适的油路，从而使减振器产生4种不同的阻尼值。电磁阀的开关状态和4种模式的阻尼特性如表2-1所示。

表 2-1 减振器阻尼模式划分

阻尼模式	电磁阀开关状态		减振器工作状态	
	s_1	s_2	压缩行程	复原行程
1	开	开	软	软
2	闭	开	软	硬
3	开	闭	硬	软
4	闭	闭	硬	硬

2.4 阻尼连续调节式半主动悬架

阻尼连续调节式半主动悬架的核心元件是阻尼连续调节式减振器，这种减振器是由被动液压减振器改进而来，通过调节节流孔的开度或油液黏性可实现油液阻尼力在一定范围内的连续调节。对节流孔开度的调节以电磁阀减振器为主，对油液黏性的调节则可通过磁流变和电流变减振器实现，并由此组成相应的半主动悬架。

2.4.1 电磁阀半主动悬架

电磁阀半主动悬架又称为电液半主动悬架，主要由电磁阀减振器、弹性元件（如螺旋弹簧、空气弹簧）、检测系统（如加速度传感器、位移传感器）和控制系统等部分组成。当车辆在路面上行驶时，控制系统会通过车身各个位置的传感器实时监测车辆的运动状态，通过半主动控制算法计算出悬架在每个时刻需要的阻尼力，并控制电磁阀调节节流孔面积，实现阻尼的连续调节。

1. 电磁阀半主动悬架的分类

1）按照活塞杆数量分类

根据电磁阀减振器活塞杆数量的不同，可将电磁阀减振器分为单出杆式和双出杆式2种。其中，单出杆式减振器一端开孔，供活塞杆伸缩，应用广泛；双出杆式减振器两端开孔，活塞杆贯穿两端，在悬架领域应用较少。

2）按照缸筒数量分类

根据电磁阀减振器缸筒数量的不同，可将电磁阀减振器分为单筒式和双筒式2种。当单出杆式减振器的活塞在筒内往复运动时，活塞杆在筒内的体积变化会改变内腔的油液容积，为了平衡内腔容积的变化，需要在减振器中增加一个体积可变的气体腔，气体腔会随着活塞的往复运动被动地膨胀和收缩。单筒式电磁阀减振器通过一个浮动活塞分隔气体腔与油液腔，而双筒式电磁阀减振器的气体腔位于外筒腔体的上半部分，不使用活塞分离。

3）按照电磁阀的位置分类

电磁阀减振器按照电磁阀的位置不同可分为内置式电磁阀减振器和旁路式电磁阀减振器。内置式表示电磁阀位于减振器的活塞内部，采用这种布置方式的减振器结构更加紧凑；旁路式表示电磁阀位于筒身的外部，控制相应油路的阻尼，这种结构需要额外占据底盘的空间，但降低了减振器本身的设计难度。

2. 电磁阀减振器

电磁阀减振器是电磁阀半主动悬架的核心部件，它在被动液压减振器的结构基础上，增加了调节节流孔开度的电磁阀，来实现阻尼连续调节。在对悬架的控制中能取得与全主动悬架相近的控制效果，从而成为目前实用化阻尼调节式减振器的发展方向。

1）被动液压减振器

被动液压减振器根据缸筒的数量可分为单筒式和双筒式 2 种，如图 2-10 所示。单筒式减振器价格相对较高，应用于部分中高端车型，其安装方向不受约束，可实现倒插安装，即活塞杆伸出方向朝下。双筒式减振器的内筒也称工作缸，并分为上缸和下缸，外筒也称储油缸，外筒的上半部分为气室，下半部分为油液，双筒减振器是大多数普通车型的标准配置。双筒减振器结构相对复杂，因此后文主要介绍双筒减振器的工作原理。

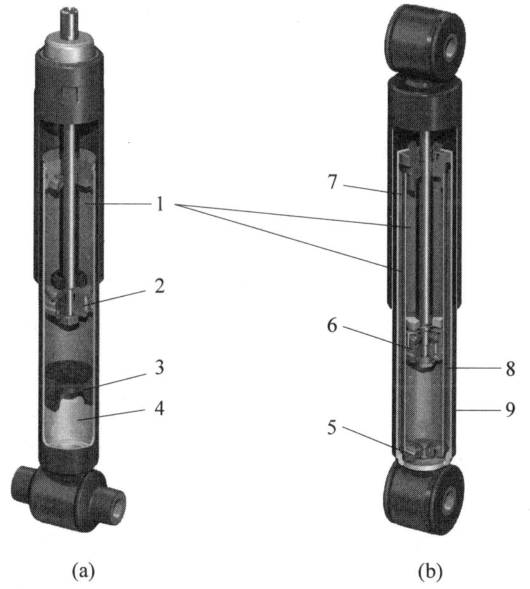

1—油液；2—单筒式活塞阀；3—浮动活塞；4—单筒式气体腔；5—底阀；6—双筒式活塞阀；7—双筒式气体腔；8—内筒（工作缸）；9—外筒（储油缸）。

图 2-10　液压减振器模型结构图

（a）ZF Sachs 单筒式液压减振器；（b）ZF Sachs 双筒式液压减振器

双筒减振器主要由油封、工作缸、储油缸、活塞杆、活塞阀、底阀、限位块等部分组成，活塞阀包括流通阀和伸张阀，底阀包括压缩阀和补偿阀。双筒减振器压缩和伸张过程的油液流向如图 2-11 所示。在减振器的压缩过程中，通过底阀上的压缩阀 5 节流产生较大的阻尼力,还有部分油液通过活塞上的流通阀 4 从下腔 2 进入上腔 1。在减振器的伸张过程中,上腔的油液通过伸张阀 6 流入下腔,并产生较大的阻尼力,而储油腔的一部分油液通过底阀上的补偿阀 7 回流至下腔进行体积补偿。流通阀 4 和补偿阀 7 基本没有节流阻力,可以看作单向阀。

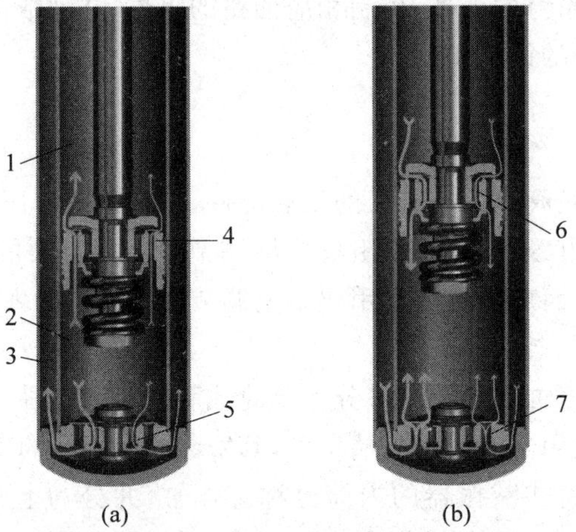

1—上腔(复原腔);2—下腔(压缩腔);3—储油腔;4—流通阀;5—压缩阀;6—伸张阀;7—补偿阀。

图 2-11 双筒减振器油液流向示意图

(a) 压缩过程;(b) 伸张过程

对活塞阀和底阀的设计和调校决定了一辆车的操控性和舒适性。若在减振器外增加与阀相连的旋钮则可以手动调整减振器压缩和回弹的阻尼,这种技术在一些禁止使用主动悬架的赛车上非常常见,赛车的技术团队会在每次比赛前为赛车选择最适合赛道情况的阻尼大小。

2) 内置式电磁阀减振器

内置式电磁阀减振器的结构和被动液压减振器相似,图 2-12 为双筒式内置式电磁阀减振器。在活塞阀 2(包括伸张阀和流通阀)上方配有电磁阀 1,有效地利用了缸筒内部的空间,在不改变减振器整体结构的基础上实现了阻尼的连续可调[13]。

内置式电磁阀减振器的工作行程分为伸张行程和压缩行程,两个行程的油路并不完全一致,通过调节电磁阀的电流大小可同时控制两个行程的阻尼系数。

在减振器伸张行程中,油液有 3 条途径:一部分油液通过电磁阀阀芯 9 流入电磁阀下腔 10,起到先导作用;另一部分油液通过电磁阀外壳流通孔经过溢流块 6 流入电磁阀下腔 10,最后通过伸张阀 7 流入内筒下腔 12;还有一部分油液从外筒 4 通过底阀 3 上的补偿阀流入内筒下腔。

在减振器压缩行程中,油液不经过电磁阀内部。一部分从内筒下腔 12 通过活塞上的流通阀 11 进入电磁阀下腔 10,再从溢流块 6 的缝隙流至内筒上腔 8;另一部分从内筒下腔 12 通过底阀 3 上的压缩阀流入外筒 4。

3) 旁路式电磁阀减振器

旁路式电磁阀减振器在被动液压减振器的基础上增加了中间缸和外置的电磁阀[14],如图 2-13 所示。电磁阀的外置对于模块化开发和生产非常有利,各种类型的电磁阀可以很方

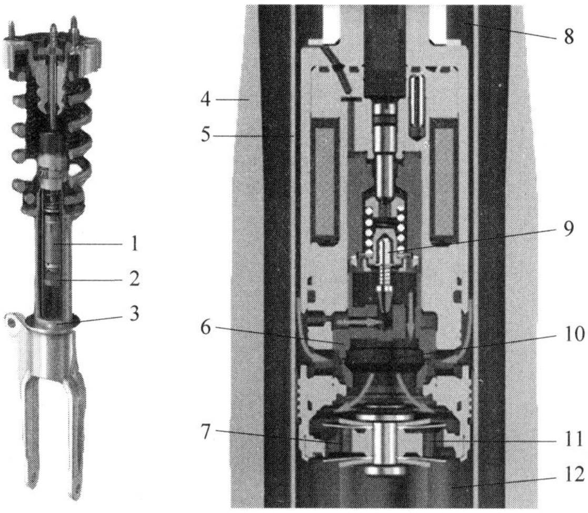

(a) (b)

1—电磁阀；2—活塞阀；3—底阀(包含压缩阀和补偿阀)；4—外筒；5—内筒；6—溢流块；7—伸张阀；8—内筒上腔；9—电磁阀阀芯；10—电磁阀下腔；11—流通阀；12—内筒下腔。

图 2-12 ZF Sachs 内置式电磁阀减振器

(a) 整体结构；(b) 伸张行程油液流动示意图

便地匹配一个传统液压减振器，仅需对部分零件的结构加以调整即可，产品和产线升级相对简单，调校拆装方便，是当下很多减振器厂商的主要技术路线，因而有很多配套的电磁阀二级供应商。

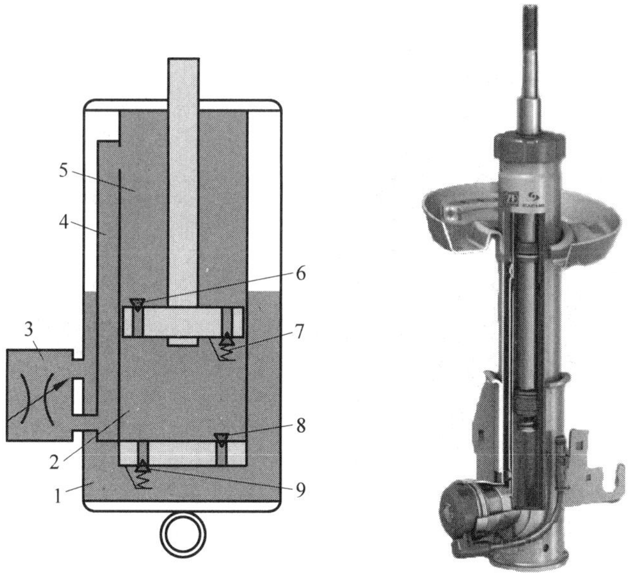

(a) (b)

1—储油缸；2—工作缸下腔；3—电磁阀；4—中间缸；5—工作缸上腔；6—流通阀；7—伸张阀；8—补偿阀；9—压缩阀。

图 2-13 旁路式电磁阀减振器

(a) 结构原理图；(b) ZF Sachs 旁路式电磁阀减振器

新增的中间缸 4 位于工作缸上腔 5 和储油缸 1 之间,工作缸的上腔 5 和中间缸 4 连通,再连通电磁阀 3,电磁阀 3 又与储油缸 1 连通。

当减振器位于伸张行程时,活塞杆相对于缸体上移,工作缸上腔 5 压力增大而工作缸下腔 2 压力降低,工作缸上腔 5 中的一部分油液通过中间缸 4 进入电磁阀 3,流出电磁阀后进入储油缸 1,储油缸 1 中一部分油液还需要通过补偿阀 8 补充工作缸下腔 2 中的油液;而进入电磁阀的油液一部分从阀口通过,另一部分从电磁阀旁边的溢流阀通过;伸张阀 7 的阀片通常较厚,即等效弹簧刚度很大,所以可起到过载保护作用,油液一般不从此处流通。

当减振器位于压缩行程时,活塞杆相对缸体下移,工作缸下腔 2 的压力增大而工作缸上腔 5 的压力降低,工作缸下腔 2 的油液会通过流通阀 6 进入工作缸上腔 5,多余的油液会通过中间缸 4 进入电磁阀 3,最终进入储油缸 1;而压缩阀 9 也起到过载保护作用,油液一般不从此处流通。

我们注意到,在减振器伸张和压缩两个过程中,油液在中间缸的流动方向是一致的,电磁阀可以同时调控两个阶段的阻尼系数。图 2-14 为减振器的电磁阀结构图,并标注了压缩行程的油液流向,中间缸位于减振器的外筒与内筒之间,上端与工作缸上腔连通,下端连通电磁阀,电磁阀通过导线连接车辆的控制系统。电磁阀内部包括阀芯、弹簧、溢流块等结构,其溢流控制原理和内置式电磁阀减振器类似。

由上可见,外置式电磁阀只允许油液单向流通,减振器的压缩行程和伸张行程会相互影响,无法分别控制,解决这一问题的办法是采用双电磁阀,实现两个行程的独立调节,如图 2-15 所示。

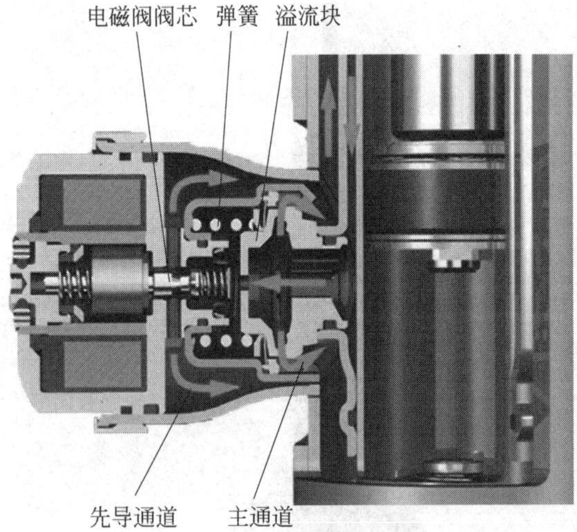

图 2-14 电磁阀结构图(压缩行程)

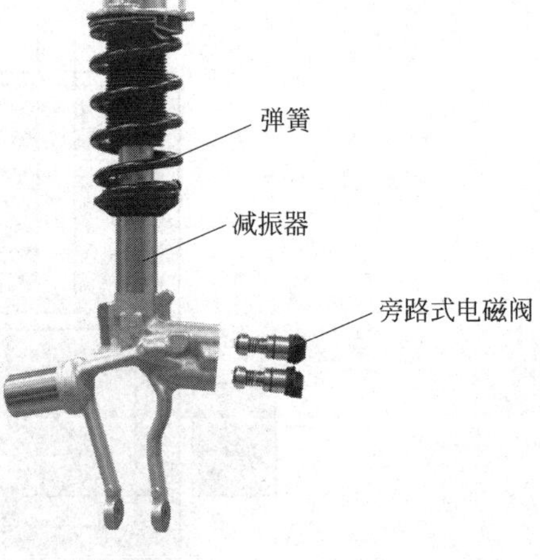

图 2-15 天纳克 CVSA2 减振器

3. 电磁阀半主动悬架的特点

(1) 电磁阀半主动悬架的阻尼调节范围较大,但响应速度较慢,一般为 5～10ms。

(2) 控制系统仅使用微小的电流控制先导通道的电磁阀阀芯,耗能低,成本低。

(3) 当电磁阀关闭或失效时，悬架可在最高阻尼状态下作为被动悬架工作，保证了行驶安全。

(4) 内置式电磁阀减振器结构复杂、行程短，但不占用额外空间；旁路式电磁阀减振器结构简单、便于维修，但占用额外空间。

4. 电磁阀半主动悬架的应用

电磁阀半主动悬架是阻尼调节式半主动悬架早期的主要形式，已广泛应用于高端车型和赛车领域。成熟的供应商如采埃孚萨克斯(ZF Sachs)、天纳克蒙诺(Tenneco Monroe)和倍适登(BILSTEIN)等都提供包含控制算法在内的完整的电磁阀半主动悬架系统。

萨克斯(Sachs)开发的阻尼连续调节系统(continuous damping control，CDC)采用电控方式调节悬架刚度和阻尼，其典型车型是君威。如图 2-16 所示，CDC 系统根据传感器的数据判断车辆行驶状态，由电子控制单元进行运算，并对减振器上的 CDC 控制阀发出相应指令，通过调整阀的开度来提供适应当前状态的阻尼。

天纳克的 CVSAe(采用外部阀门技术的连续可变半主动悬架)技术已经在欧洲和其他地区得到了广泛应用，并于 2022 年被吉利公司引入国内，如图 2-17 所示。

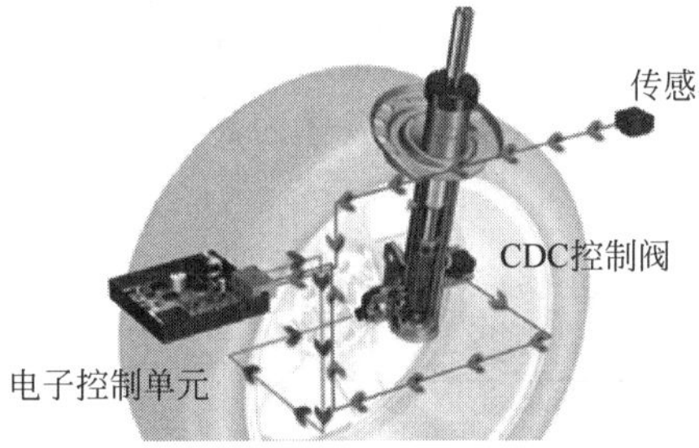

图 2-16 萨克斯 CDC 技术

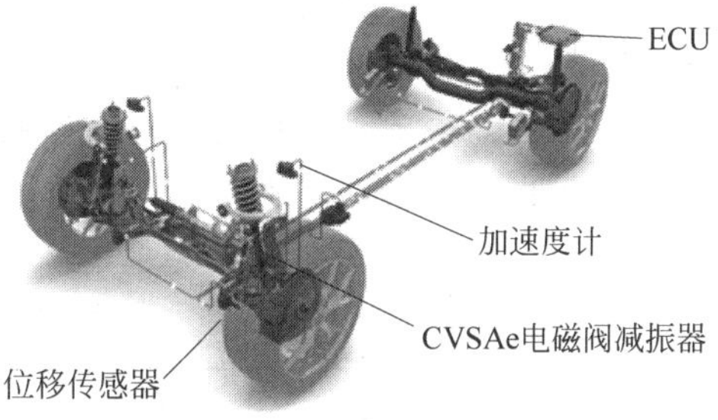

图 2-17 天纳克 CVSAe 技术

倍适登凭借独创的半主动悬架系统 BILSTEIN DampTronic 为众多车辆品牌搭载各自专属的悬架系统，如梅赛德斯-奔驰的 ADS 系统、宝马的 EDC 系统和保时捷的 PASM 系统都与倍适登密不可分。图 2-18 为使用了倍适登电磁阀半主动悬架的保时捷 992 部分底盘结构。

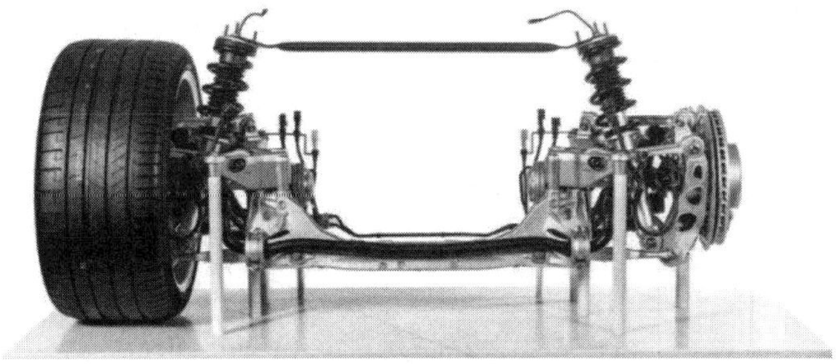

图 2-18 保时捷 992 部分底盘结构

2.4.2 磁流变半主动悬架

磁流变半主动悬架由磁流变减振器、弹簧、检测系统与控制系统等部分组成，在车辆行驶过程中，控制系统根据检测系统采集的信息，通过控制算法的计算实时调节磁流变减振器的阻尼，实现车辆的减振控制。使用了磁流变液的磁流变减振器是一种性能优良的半主动控制减振器，控制系统通过改变磁场大小调节磁流变液的黏滞阻尼，响应迅速，能耗低。

1. 磁流变效应

磁流变液(magnetorheological fluid，MRF)是将微米级的磁性颗粒分散于基础液或水中形成的悬浮液[15]，主要由磁性颗粒、基础液和添加剂等部分组成。磁性颗粒通常是铁、钴、镍等磁性材料，在外加磁场作用下会产生链化作用。基础液是磁流变液中磁性颗粒的载体，其作用是将磁性颗粒均匀地分散在液体中，以使磁流变液在零磁场时具有牛顿流体的特性，而外加磁场时又具有黏塑性流体的特性。添加剂包括分散剂和防沉降剂等，其作用主要是改善磁流变液的沉降稳定性、再分散性、黏度和剪切屈服强度等性能，如增强磁流变效应的表面活性剂、防止零磁场时颗粒凝聚的分散剂和防止颗粒沉淀的稳定剂。

图 2-19 为磁流变液中的磁性颗粒在磁场中的分布变化示意图，在无外加磁场作用时，磁流变液具有良好的流动性；而在强磁场作用下，磁流变液可在毫秒级的时间内连续、可逆地转变为黏度高、流动性低的流体，呈现出宾汉流体的力学性质，此效应称为磁流变效应。其力学特性如图 2-20 所示。

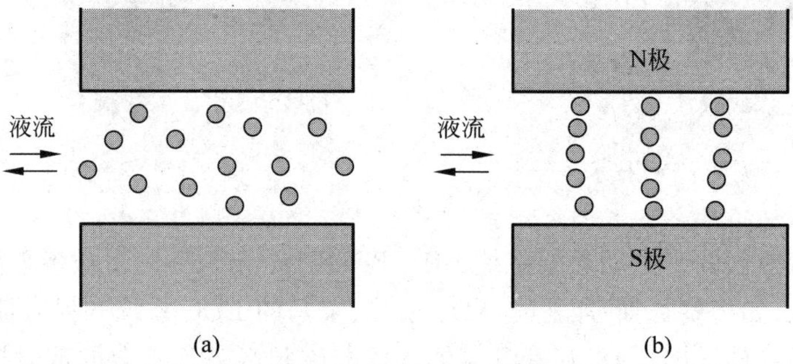

图 2-19 磁流变效应示意图

(a) 无外加磁场；(b) 有外加磁场

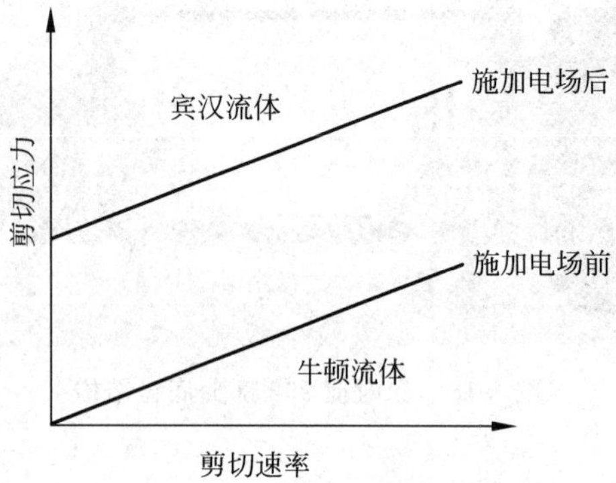

图 2-20 磁流变液力学特性

控制系统对电磁场的控制具有连续、可逆等特点，且磁流变液响应时间小于1ms，使得磁流变液装置能够成为电气控制与机械系统间简单、安静并且响应迅速的中间装置，在航空航天、武器控制、机器人、噪声控制、车辆、船舶与液压工程等领域具有广阔的应用前景。

2. 磁流变减振器

磁流变减振器使用磁流变液作为减振器工作液，利用磁流变液在磁场作用下产生的剪切应力提供阻尼力，并通过调整磁场强度改变阻尼大小。与电磁阀减振器类似，磁流变减振器也是在被动液压减振器的结构基础上改进而来，同样分为单筒和双筒、内置式和旁路式等不同结构。

1）磁流变减振器的工作模式

根据磁流变液在减振器中的受力状态和流动形式不同，其工作模式可分为流动模式、剪切模式和挤压模式，或3种模式的组合。如图2-21所示，流动模式中的磁流变液会随着减振器的伸缩在固定的极板之间流动，从而产生节流阻力；剪切模式的上下极板在水平方向相对移动，使磁流变液产生剪切应力；挤压模式的下极板在垂直方向相对移动，通过挤压磁流变液引起活塞的受力。流动模式和剪切模式的研究及应用已经较为成熟；挤压模式提出较晚，且设计难度大，但效率较高。

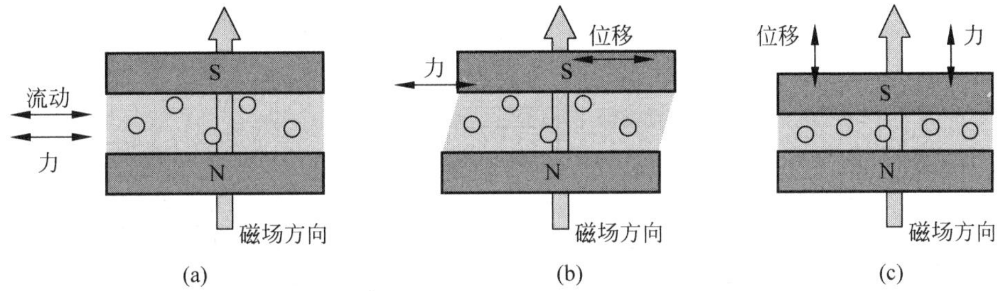

图2-21 磁流变减振器的3种工作模式
(a) 流动模式；(b) 剪切模式；(c) 挤压模式

采用流动模式的磁流变减振器结构可参考图2-22所示的Lord磁流变减振器，其活塞组件9上的节流孔周围有能够产生强磁场的励磁线圈11，磁场使磁流变液中的磁性颗粒在节流孔之间形成一个“链”，改变了这部分液体的黏性，使活塞左、右腔之间产生压力差，实现了磁流变减振器的阻尼力调节。

2）磁流变减振器的工作流程与温升特性

当磁流变减振器受到外界振动激励时，控制系统将根据预先建立的模型及控制算法，对缠绕在活塞上的励磁线圈施加一定强度的电流，使线圈附近的节流通道产生磁场，通过磁流变效应改变节流通道内部磁流变液的黏性，即由流体场的物理性质转变为固体结构场的物理性质，产生合适的阻尼力以平稳地吸收外界的振动激励产生的能量。同时，阻尼力做功将车辆振动的能量以热能形式耗散，使磁流变液的黏性受温度变化的影响而改变，减振器实际输出的阻尼力偏离原先的理论设计状态，难以达到预期的减振效果，如图2-23所示[16]。选用更精细的数学模型分析磁流变减振器多场耦合的复杂系统，可提高阻尼力的控制精度，提升磁流变减振器的控制效果。

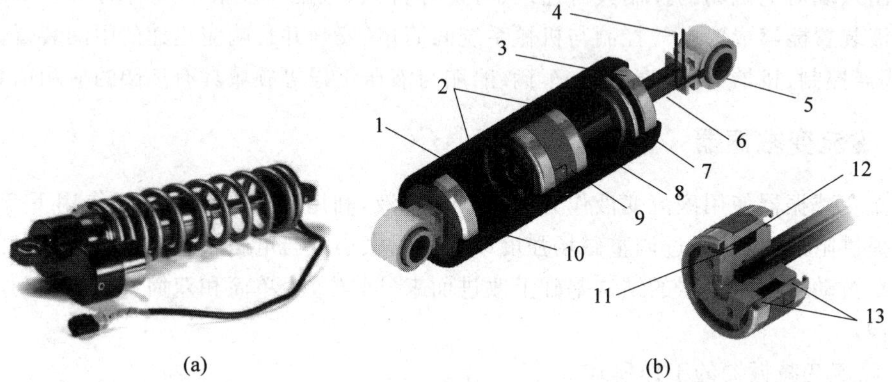

1—隔膜；2—磁流变液区；3—轴承护圈；4—电源线；5—杆端连接器；6—活塞杆；7—密封圈；8—外壳；9—活塞组件；10—气体腔；11—励磁线圈；12—环形节流孔；13—通磁区域。

图 2-22 Lord 磁流变减振器

(a) 实物图；(b) 结构图

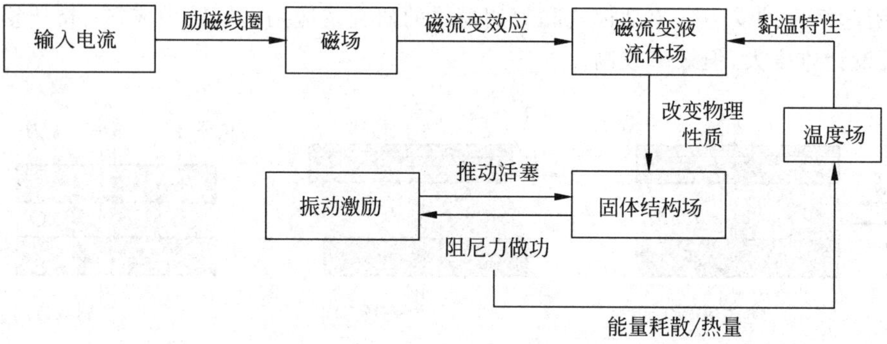

图 2-23 磁流变减振器工作时各物理场的耦合变换关系

3. 磁流变半主动悬架的特点

(1) 磁流变半主动悬架的阻尼调节范围较小，但响应速度快，可低至 1ms。

(2) 磁流变减振器的作动频率远高于电磁阀减振器，配合合适的控制算法能够有更好的性能表现。磁流变半主动悬架由于其响应快、成本高等特点，多应用于高端车型，应用范围不及电磁阀半主动悬架广泛。

(3) 由于磁流变液成本高，所以磁流变半主动悬架价格较高。

(4) 磁流变减振器在工作时需要维持不间断的电磁场，能耗较高。

(5) 磁流变技术的应用较晚，技术不够成熟，磁流变减振器的可靠性没有电磁阀减振器高。

4. 磁流变半主动悬架的应用

目前，Lord 公司已有多种商品化磁流变液产品面市，美国德尔福公司与通用汽车公司联合攻关，在 Lord 公司的磁流变减振器基础上，研发了车用磁流变半主动悬架系统，并命名为 MagneRide™。2020 年，凯迪拉克发布了第四代电磁悬架技术(MagneRide 4.0)，并应用于凯迪拉克 CT4-V、CT5-V 等车型上，如图 2-24 所示。该技术采用了全新的轮毂加速度计，改进了磁通量控制功能和惯性测量单元，以增加对车身运动的敏感度，让悬架系统能够更快地读取路面信息，从而更快地做出调整，并且升级了温度补偿功能，使得减振器效果更加稳定。

(a)

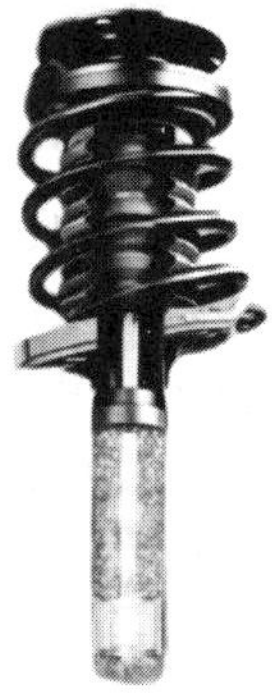

(b)

图 2-24　凯迪拉克 CT5-V 底盘结构图

(a) 总体结构；(b) 磁流变减振器

国内的一些高校与科技公司也在开展磁流变液技术的研究，并取得了显著成果。博海新材依托中南大学粉末冶金研究院，联合国内外多所高校并经过多年研发，成为国内首家成功量产新型纳米磁流变液的企业。朝上科技推出了国内首款自主研发及生产的磁流变悬架系统，如图 2-25 所示，其建立的国内首条磁流变悬架整体生产线已在粤港澳大湾区建立。

图 2-25　朝上科技磁流变技术示意图

2.4.3　电流变半主动悬架

电流变半主动悬架由电流变减振器、弹簧、检测系统与控制系统等部分组成，目前处于研究阶段，未实现批量生产。电流变减振器利用电流变效应使电流变液产生黏滞阻尼力，并可对阻尼力的大小进行调控，实现悬架的半主动控制。

1. 电流变效应

电流变液是电流变技术的物质基础，在施加的电场作用下能产生电流变效应，即黏度会发生变化的一种特殊液体。电流变液一般由固体颗粒、基础液和添加剂三部分组成。

电流变效应是电流变技术的理论基础，是指电流变液在电场的作用下表观黏度在一定的剪切速率下会发生明显变化的特性，而且电流变液体的这种变化具有可逆性、可控性和连续性的特点[17]。

2. 电流变减振器

电流变减振器使用电流变液作为减振器工作液，通过施加外加电场改变电流变液的剪切应力和黏度，从而获得连续可变的阻尼。

目前，国内外对于电流变减振器的研究和开发主要集中在结构设计方面，主要有流动模式减振器、剪切模式减振器和混合模式减振器等类型。流动模式利用电流变液在电场作用下的剪切应力可变来调节流动阻力，从而使减振器获得可变的阻尼；剪切模式利用活塞壁和筒壁的相对运动剪切电流变液体获得阻尼；混合模式表示在电流变减振器的电流变阀中既存在流动模式又存在剪切模式。

图 2-26 为流动模式电流变减振器结构图。减振器工作时，内筒为阳极，外筒为阴极，两筒中间部分的液体发生电流变效应，从而产生阻尼力。

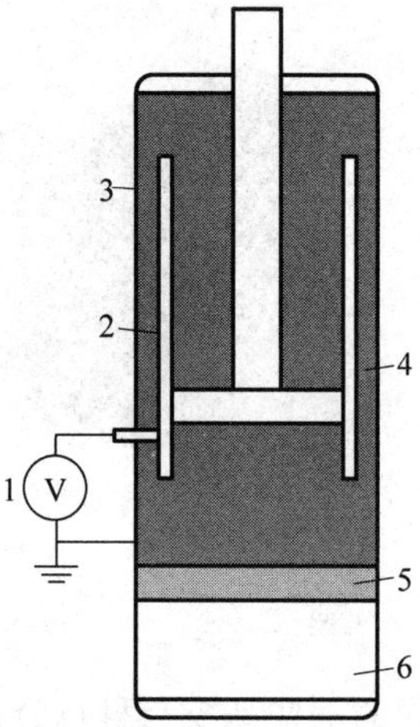

1—电源；2—内筒；3—外筒；4—电流变液；5—浮动活塞；6—气室。

图 2-26 流动模式电流变减振器

3. 电流变半主动悬架的特点

(1) 电流变减振器控制简单、响应迅速。电流变液的阻尼力可由电场快速无级调节，没有流体的冲击与噪声。

(2) 电流变液的阻尼力大小受到限制。为了使电流变液提供足够大的油液剪切力，活塞与工作缸内壁间的柱面面积要足够大，而这又带来了一个弊端，即油液作用面积大，对温度就会过于敏感。

(3) 电流变减振器无法提供较大的电压。由于电流变减振器以电压作为控制信号直接控制电场，要增加阻尼力就需要较大的电压，而减振器的结构和能耗限值又限制了控制能力的上限。

4. 电流变半主动悬架的应用

电流变半主动悬架的研究始于 20 世纪 80 年代，美国的 Lubrizol 公司、德国的 Bayer 公司等先后研制出了以电流变减振器为基础的悬架，并进行了实车实验，证明了其在提高车辆行驶平顺性与操纵稳定性上的显著作用。电流变技术的工程应用主要集中在欧美国家，我国经过 30 余年的发展和积累，也有了一定的基础。

在已有的技术中，存在电流变液屈服应力偏低、流变效率偏低、结构过于复杂等问题，为了克服这些缺陷，研究人员目前的研发重点为减振器的结构设计。如图 2-27 所示为一种堆叠活塞式电流变减振器[18]，主要包括缸体总成(1、2、3、5)、活塞杆总成(7、11)、堆叠活塞 10 等部分，活塞外壳内的安装腔内容纳若干电极板，这些电极板由多个外电极板和内电极板交错排布；外电极板外圈安装在活塞外壳上，相邻的外电极板外圈之间设有外绝缘套，若干内电极板内圈安装在活塞杆总成上，相邻的内电极板内圈之间设有内绝缘套；外电极板和内电极板分别与外部可调电压源的正负极相连。该设计方案不仅实现了对电流变液的高效利用，还达到了阻尼力可调最大区间可根据实际情况要求改变的效果。

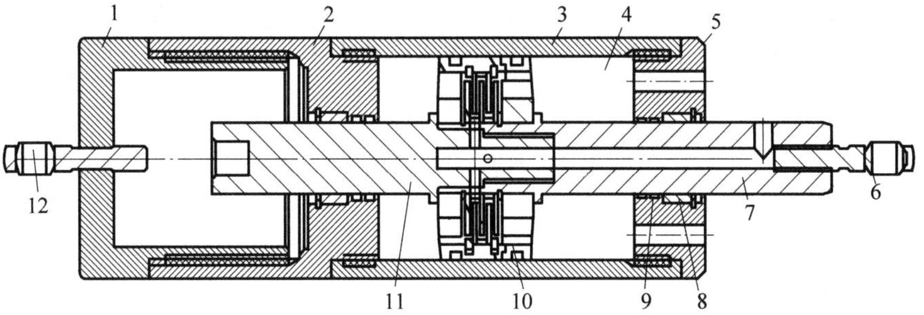

1—下连接套筒；2—下端盖；3—工作缸；4—电流变液；5—上端盖；6—上连接件；7—上活塞杆；8—导向套筒；9—密封圈；10—堆叠活塞；11—下活塞杆；12—下连接件。

图 2-27　堆叠活塞式电流变减振器

图 2-28 所示为一种具有温度自适应特性的电流变减振器[19]，它主要由电流变减振器部分和 NTC 热敏电阻自适应电路部分串联组成。该设计将智能材料电流变液和 NTC 热敏电阻的特性结合实现自适应温度来调节输出阻尼，抵消了减振器的温衰效应，无须复杂的主动控制系统，材料成本低且易于实现。

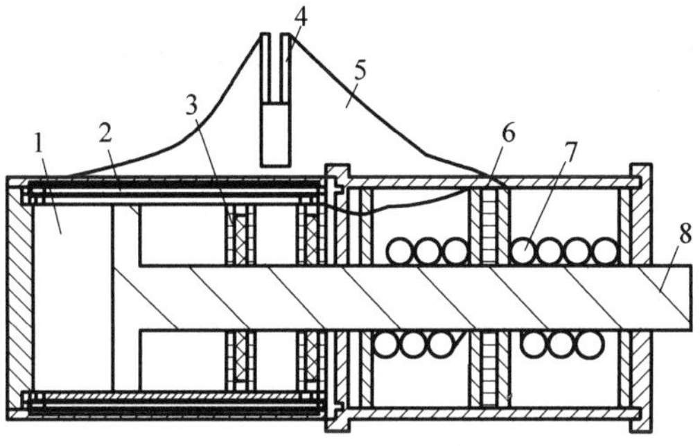

1—电流变液；2—活塞；3—浮动活塞；4—NTC 热敏电阻；5—导线；6—压电陶瓷；7—弹簧；8—活塞杆。

图 2-28　温度自适应电流变减振器

参 考 文 献

[1]　王其东，梅雪晴. 汽车半主动悬架的研究现状和发展趋势[J]. 合肥工业大学学报(自然科学版)，2013，36(11)：1289-1294.

[2]　AMA S，MMS K. Semi-active suspension systems from research to mass-market-A review[J]. Journal of Low Frequency Noise, Vibration and Active Control，2019，40(2)：1005-1023.

[3]　寇发荣. 汽车振动主动控制理论与技术[M]. 武汉：华中科技大学出版社，2021：1-16.

[4]　SERGIO M. Semi-Active Suspension Control Design for Vehicles[M]. Elsevier，2010：1-50.

[5]　KARNOPP D, CROSBY M J, HARWOOD R A. Vibration control using semi-active force

generators[J]. Journal of Engineering for Industry,1974: 619-626.
[6] HROVAT D. Survey of advanced suspension developments and related optimal control applications [J]. Automatica, 1997, 33(10): 1781-1817.
[7] SUDA Y, SHIIBA T. A new hybrid suspension system with active control and energy regeneration [J]. Vehicle System Dynamics, 1996, 25(S1): 641-654.
[8] 郝春林. 2018 款保时捷 Cayenne空气悬架系统新技术剖析(一)[J]. 汽车维修技师,2018(8): 29-32.
[9] 王晓阳,袁春元,吴鹤鹤,等. 附加气室容积可调式空气悬架分层控制研究[J]. 中国农机化学报,2019,40(8): 109-115.
[10] 李美. 带附加气室空气弹簧系统动态特性机理的研究[D]. 镇江: 江苏大学,2012.
[11] 汪少华,翟旭辉,孙晓强,等. 车辆刚度阻尼多级可调式油气悬架系统分析及控制研究[J]. 振动与冲击,2022,41(12): 168-177.
[12] 陈龙,马瑞,王寿静,等. 车辆半主动悬架阻尼多模式切换控制研究[J]. 振动与冲击,2020,39(13): 148-155.
[13] 夏长高,梁艾金,杨宏图,等. 内置电磁阀式阻尼连续可调减振器设计与试验[J]. 农业机械学报,2018,49(5): 397-403.
[14] 陈剑桥. 电磁阀控可调阻尼减振器阀系多参数协同优化研究[D]. 锦州: 辽宁工业大学,2020.
[15] 江泽琦,刘坪,方建华. 磁流变液的研究综述[J]. 合成润滑材料,2018,45(2): 27-30.
[16] 冯志敏,孙捷超,赵洪洋,等. 温度效应下磁流变阻尼器动力学仿真建模与试验[J]. 农业机械学报,2018,49(9): 382-388.
[17] 梁宇岱,徐志超,袁欣,等. 电流变液智能材料的研究进展[J]. 中国材料进展,2018,37(10): 803-810,816.
[18] 白先旭,李洪伟,何冠男,等. 一种堆叠活塞式电流变液减振器[P]. 安徽省: CN111457051B,2021-12-17.
[19] 金辉,姚进. 一种有温度自适应特性的电流变液减振器[P]. 四川省: CN214946006U,2021-11-30.

第3章

全主动悬架技术

3.1 概　　述

全主动悬架简称主动悬架(后文所述全主动悬架均简称主动悬架),是一种有源控制系统[1]。主动悬架较被动悬架的优越性主要体现在可以把轮胎受到路面激励的变化反馈到作动器,从而由作动器发出控制力改变车身和轮胎间的距离,以获得最好的减振效果。当汽车载荷、行驶速度、路面状况等行驶条件发生变化时,主动悬架系统能够自动调整车身姿态,从而同时满足汽车行驶平顺性和操纵稳定性等各方面的要求。

3.1.1 主动悬架的发展历程

早在20世纪80年代,世界各国车辆企业就开始研制新类型悬架系统,各种类型的主动悬架系统相继问世。1982年,Lotus公司就研制出有源主动悬架系统,瑞典Volvo公司在其车上安装了实验性的Lotus主动悬架系统。1984年,林肯车辆装备了第一个空气主动悬架。丰田车辆公司1986年的Soarer车型采用了能分别对阻尼和刚度进行三级调节的空气悬架。1989年,丰田Celica车型上装置了真正意义上的油气主动悬架系统[2]。尼桑公司在1990年的InfiniteQ45轿车上也装备了液压主动悬架[3]。1992年10月,Lotus公司与美国陆军坦克自动车司令部(TACOM)和Teledyne大陆车辆公司(TCM)联合组成小组把一种简化的主动悬架装置安装在Hummer"蜂鸟"轮式车辆上,最大限度地提高了车辆在崎岖不平路面上的行驶速度。此外,保时捷、福特、奔驰等公司均在其高级轿车上装备有各自开发的主动悬架系统[4,5]。

进入21世纪,主动悬架的技术水平又提升到一个新的高度。2002年,宝马公司研制出了双重控制空气悬架。2004年,保时捷997配备了PASM主动悬架系统。2012年,特斯拉Models配备了空气悬架系统,提供高度可调和主动调节功能。2015年,美国奥什科什公司生产的新型JLTV采用TAK-4i主动悬架,配备自适应悬架系统,不仅能实现该车的最大性能,还尽可能地减少了车辆设备的损耗,可应用于复杂的战场环境。2018年,代表法兰西车辆工业顶级设计与技术水准的雪铁龙DS7车辆搭载了DS魔毯液压主动悬架。2020年奔驰GLC上搭载的E-ABC悬架,这是奔驰目前最高端的主动悬架[6]。2021年,作为宝马的电动SUV,宝马ix配备了可调节的悬架系统,以提升悬架体验。

近年来,我国主动悬架技术发展也取得突破性的进展,在蔚来ES6/ES8车型上配备了空气主动悬架。红旗HS7的主动悬架采用主动作动器和主动力控制两大核心技术,极大地提高了车辆的乘坐舒适性。比亚迪汉安装的DiSus-C智能电控主动悬架可以通过各个传感器高频采集加速度、整车三向六自由度等车辆姿态信息经主动悬架控制器实时智能计算后向减振器发出指令，通过毫秒级的响应为悬架提供每秒上百次的调节，使车辆操纵性和舒适性得到了大幅提升。

3.1.2 主动悬架的结构

主动悬架是在被动悬架系统（弹性元件、减振器、导向装置）中附加一个可控制作用力的装置制成的，通常由以下部分组成：

1. 执行机构

执行机构的作用是执行控制系统的指令，一般为力发生器或转矩发生器（液压缸、气缸、伺服电动机等）从而对悬架进行调节。

2. 检测系统

检测系统通过各种传感器来检测出车辆行驶的运动状态、振动情况及路面条件等数据信号，为控制系统提供依据。不同类型的主动悬架所采用的控制方式多有不同，传感器也有所区别，常见的有车身加速度传感器、车身高度传感器、车速传感器等。

3. 控制系统

控制系统的作用是处理来自检测系统的数据信号，并通过电子控制单元向执行机构发出相应的控制指令。

4. 能源系统

能源系统为执行机构、检测系统和控制系统的工作过程提供能量，不同类型的主动悬架所采用的能源系统并不相同，如空气源、液压源等。由于绝大部分的车辆总重都是由悬架系统来支承的，所以改变悬架的支承力必须依靠具有较大能量的动力源来实现。是否具有专门的动力源，是主动悬架和半主动悬架的主要区别。

主动悬架在结构上有两种布置方式：一种是与被动悬架并置式，另一种是采用伺服驱动全独立式[7]，如图 3-1 所示。

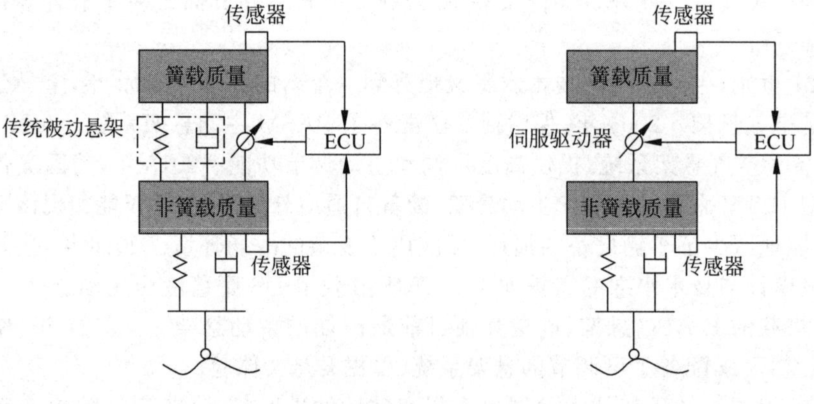

图 3-1 主动悬架原理图
(a) 并置式；(b) 全独立式

3.1.3 主动悬架的特点

1. 主动悬架的优点

（1）主动悬架可以实现对车身高度的控制，在凹凸不平的路面上可增加离地间隙以提高通过性；在高速行驶时可适当减小离地间隙以减少阻力；在载重量发生变化的不同情况下，可实现车身高度的自由调节。

（2）主动悬架可以改善车辆的操纵稳定性，通过调整车轮的悬架参数，使车辆能遵循驾驶员通过转向系及转向车辆给定的方向行驶，当遭遇外界干扰时，可增强车辆抵抗干扰而保持稳定行驶的能力。

（3）主动悬架可以改进车辆的安全性。主动悬架可以降低车轮载荷波动，轮胎和路面附着条件的改善使车辆不易失控，延长轮胎和制动系统的使用寿命；主动悬架可以控制各个轮胎的动态载荷分布和侧偏角，有效避免过度转向和不足转向。

（4）主动悬架可以改善乘坐舒适性。主动悬架设计时可采用较小的悬架刚度，在行驶中再适时调整悬架参数，最大限度地缓解因路面凹凸不平所造成的各种冲击，实现很高的乘坐舒适性，且不牺牲操纵稳定性。

（5）主动悬架可以同时兼顾行驶平顺性与操纵稳定性。通过对主动悬架的控制，悬架的等效刚度和阻尼系数可以实时连续变化，同时满足在不同工况下行驶平顺性和操纵稳定性的要求。

（6）主动悬架可以根据路况，通过控制悬架的高低来控制车辆底盘的运动轨迹，从而避让障碍，提升车辆通过性。

2. 主动悬架的缺点

（1）主动悬架需要在传统被动悬架的基础上增加控制作用力的装置，以及相应的检测系统、控制系统等，因此硬件要求高、材料成本高，同时也增加了车辆的重量，给整车的空间布置带来了一定的困难。

（2）主动悬架需要能源系统来提供能量，而能源系统的能量大部分来自发动机，因此需要消耗发动机的功率，耗能大。

（3）由于主动悬架的结构和控制较为复杂，其设计制造及安装维修等都具有一定难度。

3.1.4 主动悬架的分类

主动悬架具有多种分类方式，执行机构的性能对整车振动控制及行驶性能都有着重要影响，按照执行机构可将主动悬架划分为以下几种类型：

1. 空气主动悬架

空气主动悬架以空气弹簧和可变阻尼减振器作为执行机构，以空气为介质，利用气体的可压缩性使空气弹簧伸缩以实现车体姿态调节。如图3-2(a)所示，在车辆行驶过程中，传感器实时采集车辆的状态量,采用一定的主动控制算法,经过 ECU 分析计算得到各电磁阀相应的控制量,以控制电磁阀的开闭大小并执行动作。改变空气弹簧的刚度、减振器的阻尼及车身高度,使车辆在行驶过程中车身的姿态改变尽可能小,将车身的振动控制在理想的范围内,保持良好的行驶性能。

2. 油气主动悬架

油气主动悬架以油气弹簧和可变阻尼减振器为执行机构,将稀有气体(目前多为氮气)作为弹性介质,以油液推动活塞或隔膜来压缩气体形成弹性调节,并通过油路节流孔实现阻尼调节。如图 3-2(b)所示,将液压油密封于活塞和储能器橡胶隔膜之间,以油液传递压力,油缸内部的节流孔、单向阀等结构代替原被动悬架系统的阻尼器实现阻尼调节[8]。ECU 根据传感器采集到的车辆状态信号,控制液压阀来调节油缸充放油流量,从而对车体状态进行控制。

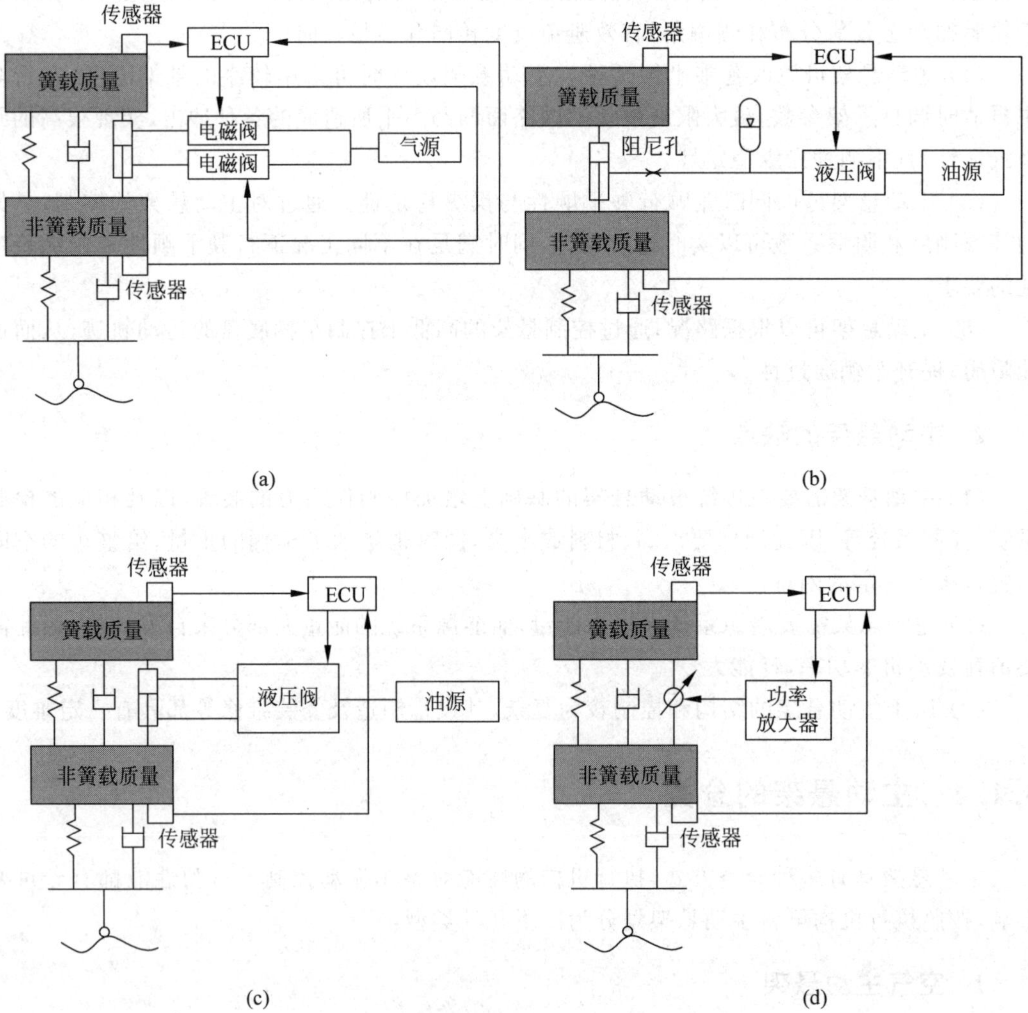

图 3-2 主动悬架的分类

(a) 空气主动悬架; (b) 油气主动悬架; (c) 液压主动悬架; (d) 电磁主动悬架

3. 液压主动悬架

液压主动悬架系统具有较先进的控制形式，通过液压传动控制液压作动器调整车身姿态、抵抗路面冲击、提高乘坐舒适性。如图 3-2(c)所示，悬架在主动控制时，传感器实时检测系统当前的状态信息，ECU 按相应的控制算法对传感器数据进行处理，并将处理结果转化为控制信号传递到车辆需要调节位置的液压阀上，单独控制相应液压缸的伸缩，既可以保证每个车轮的载荷相同，也可以调整整体悬架的高度、阻尼、刚度等参数，使车辆在具有良好的路面通过性的同时，也拥有舒适的乘坐感受。

4. 电磁主动悬架

电磁主动悬架采用电机或电机连接传动机构作为悬架的执行机构，执行机构基于电磁感应定律向执行机构通入电流产生磁场，磁场与磁铁产生作用使执行机构动作，进而控制悬架的往复伸缩。如图 3-2(d)所示，车辆在行驶过程中，各类传感器检测路面和车辆数据，控制系统中的 ECU 实时处理这些数据，并通过给功率放大器传递控制信号来对执行机构的电流进行控制，进而实时控制执行机构的伸缩，使悬架良好地适应复杂路面，提高车辆的安全性和舒适性。

3.2 空气主动悬架

空气主动悬架是根据车辆行驶条件的变化利用空气压缩机形成的压缩空气，根据驾驶条件自动控制悬架弹簧的刚度、减振器的阻尼和车身高度，从而在一定程度上增强了车辆对路面的适应能力。本节以奥迪 Q7 空气主动悬架(图 3-3)为例进行介绍[9]。奥迪 Q7 主动悬架系统配备多个传感器，实时监测车辆的动态状态，包括车身高度、轮胎压力、路面状况和驾驶行为。底盘控制单元 2 接收传感器数据，并根据预设的算法和驾驶模式，计算出最佳的悬

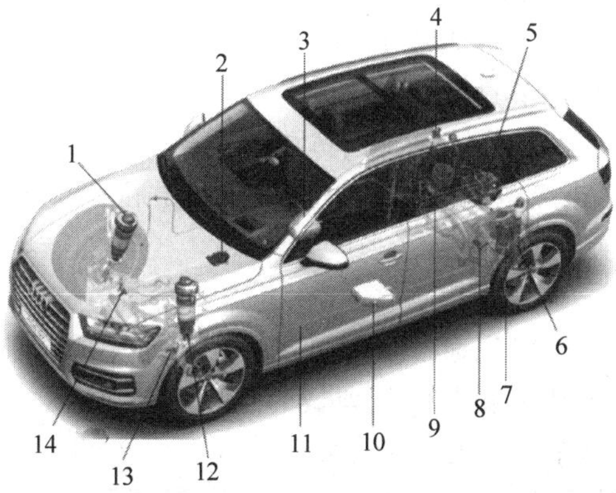

1—右前气动减振器；2—底盘控制单元；3—蓄能器；4—右后减振调节阀；5—空气供给单元及空气压缩机和电磁阀体；6—左后减振调节阀；7—空气弹簧；8—左后车身高度传感器；9—右后车身高度传感器；10—蓄压器；11—空气管路；12—左前气动减振器；13—左前车身高度传感器；14—右前车身高度传感器。

图 3-3 奥迪 Q7 空气主动悬架布置图

架设置，并将信息传递给执行装置，控制减振调节阀 4、6 以及蓄能器 3，从而改变气动减振器 1、12 的硬度。

奥迪 Q7 的空气供给系统(图 3-4)由控制单元 1、电磁阀体 2、电机 3 和电动压缩机 4 等结构组成，用于产生压缩空气。由控制单元 1 根据要求对电动压缩机 4、压缩空气室及四个空气弹簧减振支柱间的空气流进行协调，并由垂直动态管理平台 VDP 进行所需的计算。底盘控制单元(图 3-5)包含悬架和减振器调节系统软件，其作用是采集传感器的各项信号，根据一定的算法，对执行器发出指令，控制悬架的状态。此外还将负责记录车辆高度方向上的加速度值、纵轴方向(俯仰运动)和车辆横轴方向(侧倾运动)偏转率的传感器集成在了控制单元内。

1—控制单元；2—电磁阀体；3—电机；4—电动压缩机。

图 3-4 空气供给系统

图 3-5 底盘控制单元

3.2.1 空气主动悬架的工作原理

1. 通过蓄能器提高平衡位置

如图 3-6 所示，当车速高于 30km/h 时，加注蓄能器 17。系统先接通电磁阀 1～4，接着接通压缩机和蓄能器 17。蓄能器优先在车辆静止及低速行驶期间的调节过程中使用，以改进车辆升降系统。一般而言，当蓄能器 17 的压力至少比待调节空气弹簧中的压力高出约 3bar 时，才会用蓄能器完成调节过程。

以前桥提高平衡位置为例，控制电磁阀体内的电磁阀 1 和 2，压缩机不运行(处于关闭状态)。空气从蓄能器 17 流经电磁阀 5、打开的电磁阀 1 和 2，流入气动减振器 6 和 7。

2. 通过压缩机提高平衡位置

当车速高于 30km/h 时，优先通过压缩机产生压力来完成调节过程。系统控制电磁阀体内相应的电磁阀，并打开压缩机与空气弹簧的连接管路，如图 3-6 所示，通过压缩机的增压功能产生压力，从而提高车桥上的平衡位置。

在需要压缩机增压时，可以极其快速地增加压力，蓄能器内的压缩空气为此被导入压缩机压缩第二级 13 的进气装置中，再次提高压缩第一级 11 中存在的压力。当蓄能器 17 中的压力不足以完成调节操作时(压力高于 5bar)，就会激活增压功能。当蓄能器 17 内的压力在调节过程中低于 5bar 时，并不会中断调节过程，而是直接结束。

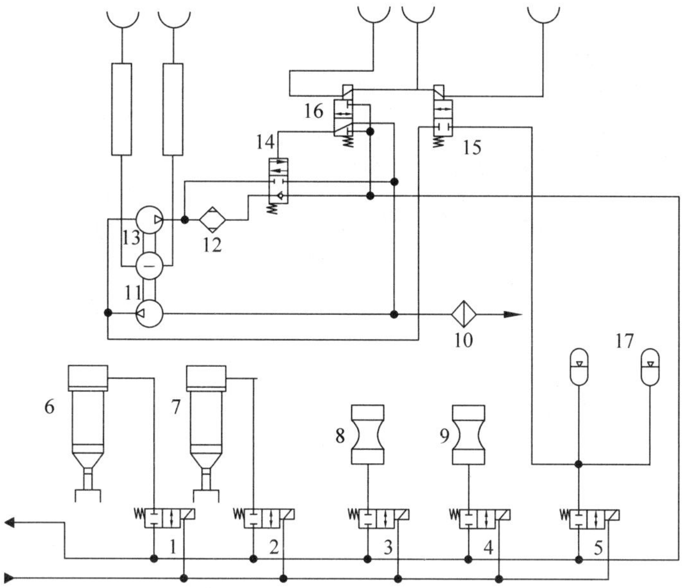

1～5,16—电磁阀；6,7—气动减振器；8,9—空气弹簧；10—进气口；11—压缩第一级；12—空气除湿器；13—压缩第二级；14—气动转换阀；15—增压功能电磁阀；17—蓄能器。

图 3-6　空气主动悬架工作原理图

启动增压功能电磁阀 15 时,蓄能器 17 内压缩的空气可能额外进入压缩机压缩第二级 13 的进气区域内。压缩的空气在离开压缩机区域之前流经空气除湿器 12,以抽出空气中的湿气。

3. 平衡位置降低(以后桥为例)

如图 3-6 所示,通过控制电磁阀体内的电磁阀 3、4、5 打开连接压缩机和空气弹簧 8、9 的管路。为了排出空气弹簧中的压缩空气,必须打开气动转换阀 14,这一步通过启动电磁阀 16 实现。该电磁阀打开,压力作用到气动转换阀 14 的控制接口上,转换阀即切换到打开位置上。空气流经该阀门,并通过进气口 10 逸出。此时,压缩的空气流经空气除湿器 12,并带走湿气。

3.2.2　空气主动悬架的执行机构

空气主动悬架的执行机构为空气弹簧和可变阻尼减振器。图 3-7(a)为奥迪 Q7 的前悬架,前悬架将空气弹簧与可变阻尼减振器做成一体而形成气动减振器,如图 3-7(b)所示。图 3-8 为奥迪 Q7 的后悬架[10],后悬架将空气弹簧与可变阻尼减振器分开设置。

1. 空气弹簧

奥迪 Q7 前、后悬架的空气弹簧工作原理相同,以前悬架空气弹簧为例,空气弹簧安装于可变阻尼减振器的上端,与可变阻尼减振器一起构成悬架支柱,上端与车架相连,下端安装在悬架摆臂上。空气弹簧的结构如图 3-7(b)所示,这种悬架系统可以根据行驶的速度和

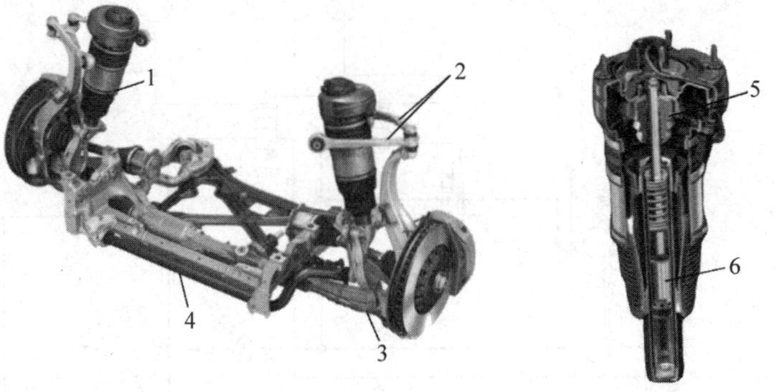

(a) (b)

1—气动减振器；2—悬架连杆；3—转向拉杆；4—稳定杆；5—空气弹簧；6—可变阻尼减振器。

图 3-7 奥迪 Q7 前悬架图

(a) 奥迪 Q7 前悬架；(b) 气动减振器

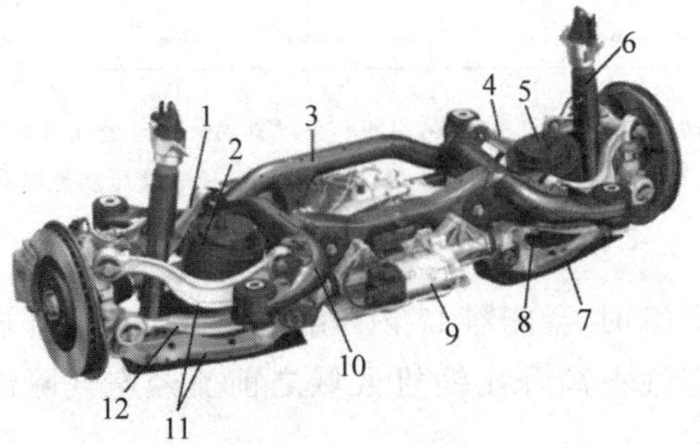

1,4,7,11—悬架连杆；2,5—空气弹簧；3,10—副车架；6—气动减振器；
8,12—后转向拉杆；9—后转向电机。

图 3-8 奥迪 Q7 后悬架图

路况，自动调整车辆的悬架刚度和高度。

空气弹簧可以通过充放气来调整悬架刚度。当车辆通过不平路面时，可通过空气弹簧放气来降低悬架的刚度，从而减小车辆的振动，增加车辆的行驶平顺性；当车辆加速、减速或者转弯时，可通过空气弹簧的充气来增加悬架的刚度，从而减少车辆的纵倾和侧倾，增加车辆的操纵稳定性；同时还可以根据弹簧刚度的改变来增加车辆的承载能力。

弹簧弹力(承载力)F 由有效作用面积 A_W 和空气弹簧内的气体压强 p_i 决定：

$$F = p_i A_W \tag{3-1}$$

对于一个刚性结构(如气缸和活塞)而言，有效直径是活塞直径；对于带有管状气囊的空气弹簧而言，有效直径是褶皱最低点的直径。由公式(3-1)可以看出，空气弹簧的承载力与其内部气体的压强(即弹簧刚度)和有效作用面积有直接关系，因此可以通过改变空气弹簧内部的空气压强来改变弹簧的弹力，从而改变车辆的承载能力，也就会有相应的弹簧特性曲线或弹簧刚度。弹簧刚度的变化率同车身重量的变化率是一致的，这样就可以保证与行驶性能相关的车身固有频率保持不变。空气悬架是按照 1.1 倍车身固有频率进行匹配的[11]。

空气弹簧还可以控制车身高度。当需要升高车身时，悬架控制单元打开升阀，压缩空气经电磁阀进入空气弹簧，随着空气弹簧内气压的上升，车身也随之上升，在充气过程中悬架ECU对高度进行实时监测。当高度恢复到设定值时，关闭电磁阀，此时高度控制阀处于平衡状态，以保证车辆高度维持在一定值。当需要降低车身高度时，悬架控制单元打开降阀，弹簧内的空气经电磁阀排出，随着空气弹簧气压的下降，车身也随之下降，在放气过程中控制单元对高度进行实时监测。当高度恢复到设定值时，关闭电磁阀，此时高度控制阀又处于平衡状态，以保证车辆高度维持在一定值。

2. 可变阻尼减振器

可变阻尼减振器的功能是在部分负荷时，使车辆具备良好的乘坐舒适性，而在全负荷时又可保证车身获得足够的减振刚度。可变阻尼减振器的阻尼力可根据空气弹簧压力来改变。可变阻尼减振器安装于空气弹簧的下端，与空气弹簧一起构成悬架支柱，上端与车架相连，下端安装在悬架摆臂上[9]。可变阻尼减振器的工作原理如下：

(1) 空气弹簧压力较小时，减振器的伸长过程。活塞6被拉着向上运动，一部分机油流过活塞6，另一部分机油通过第一工作腔2内的阻尼孔流往气动减振控制阀(PDC阀4)。由于空气弹簧压力及液体流过PDC阀的阻力变小，因而阻尼力减小，减振器伸长，如图3-9(a)所示。

(2) 空气弹簧压力较大时，减振器的伸长过程。由于空气弹簧压力及液体流过PDC阀4的阻力变大，大部分液体(取决于控制压力)必须流过活塞6，因而阻尼力增大，减振器伸长，如图3-9(b)所示。

(3) 空气弹簧压力较小时，减振器的压缩过程。活塞6被向下压，阻尼力由底阀5和液体流过该阀的阻力所决定。活塞杆压出的机油一部分经过底阀5流入储油腔，另一部分经过第一工作腔2内的孔流向PDC阀4。由于空气弹簧压力及液体流过PDC阀4的阻力变小，因而阻尼力减小，减振器被压缩，如图3-9(c)所示。

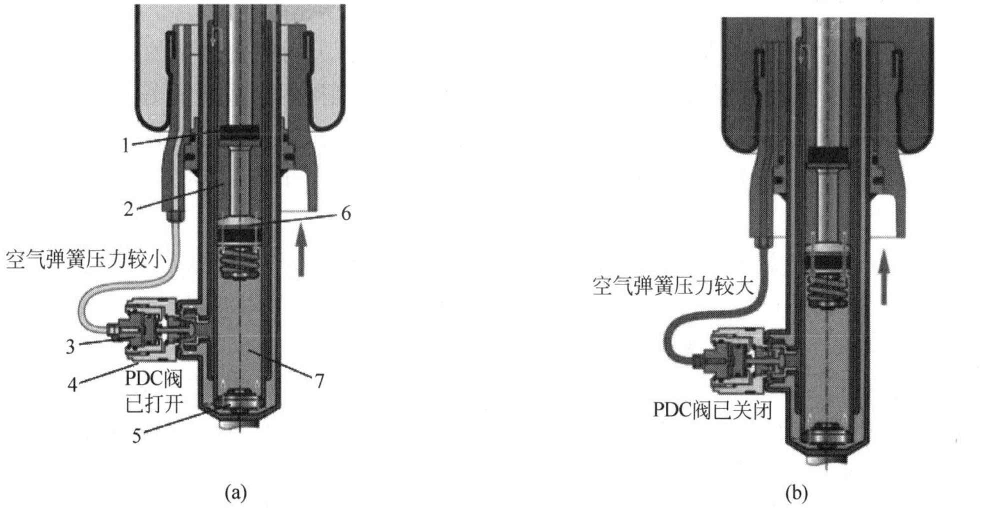

1—回弹限位块；2—第一工作腔；3—节流阀；4—PDC阀；5—底阀；6—活塞；7—第二工作腔。

图3-9 气动减振器工作过程图

(a) 空气压力较小时的伸长过程；(b) 空气压力较大时的伸长过程；

(c) 空气压力较小时的压缩过程；(d) 空气压力较大时的压缩过程

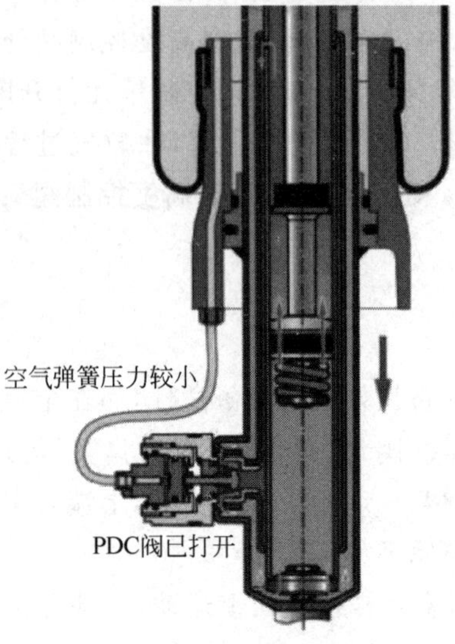

(c)

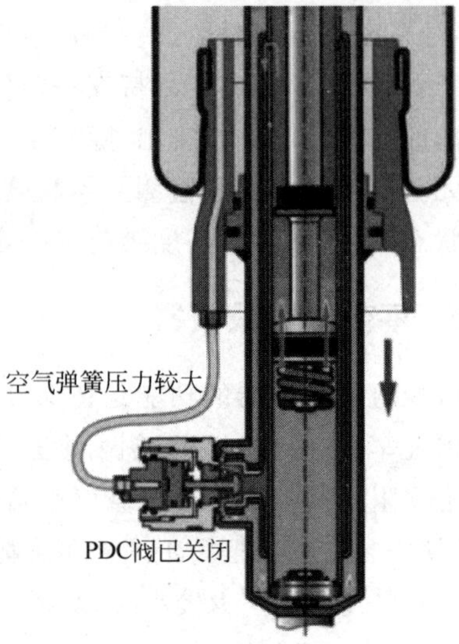

(d)

图 3-9(续)

(4) 空气弹簧压力较大时,减振器的压缩过程。由于空气弹簧压力及液体流过 PDC 阀 4 的阻力变大,大部分液体(取决于控制压力)必须流过底阀 5,因而阻尼力增大,减振器被压缩,如图 3-9(d)所示。

3.2.3 空气主动悬架的特点

1. 空气主动悬架的优点

(1) 空气主动悬架的减振器可以实现阻尼连续可调,灵活改变悬架的软硬。阻尼大,则悬架系统偏硬,更容易保持车身平衡、减小过弯侧倾,车辆操纵性表现更好;阻尼小,则悬架系统偏软,传导到车身的振动就更小,舒适性有所提升。空气主动悬架通过车速、转向等传感器,对道路情况进行实时监测,对悬架的阻尼及刚度进行调节,以满足不同情况下对舒适性和操纵性的不同要求。

(2) 空气主动悬架可以通过空气弹簧的充放气来改变车身高度,当车辆停下时降低车身高度,方便乘客上下车;当车辆高速行驶时降低车身高度以增加车辆的稳定性;遇到不平路面时提高车身高度以增加车辆的通过性。

(3) 空气主动悬架中空气弹簧的气囊内部是空气,隔振效果比钢制螺旋弹簧要好得多,遇到不平路面的冲击时,很多细小的振动不容易通过空气弹簧传递到车内,从而降低了噪声对乘客的影响。

(4) 当多轴货车或者挂车采用空气主动悬架时,在空载或者部分承载工况下,能够进行单轴或多轴提升,这有利于减少提升轴和未提升桥上轮胎的磨损,同时增加驱动桥的附着力。在未提升桥过载的条件下,被提升的车轴能自动回位并参与承载。

(5) 空气弹簧具有较为理想的非线性弹性特性，因而空气主动悬架能够获得较为理想的振动频率，提高车辆的乘坐舒适性。

2. 空气主动悬架的缺点

(1) 空气主动悬架相比传统被动悬架需要增加空气压缩机、蓄能器等零部件，不仅增加了车辆的重量，还使车辆的成本大大增高。

(2) 空气主动悬架空气弹簧的主要材料是橡胶，因此长时间的使用会造成橡胶老化漏气，因而需要对空气弹簧进行彻底更换，增加了使用成本。

(3) 空气主动悬架在恶劣工况下使用时，沙子和粉尘容易进入弹簧内部，加速弹簧的损坏，因此空气弹簧不利于长期在恶劣的工况下使用。

(4) 空气主动悬架的空气弹簧一旦受损将会导致车身塌陷，车辆将不能行驶。

3.2.4　空气主动悬架的应用

空气主动悬架属于较为高端的应用，多应用于高端的商用车及乘用车。目前，采用空气主动悬架的车型主要有奥迪 A8L、路虎揽胜、奔驰 S350、保时捷卡宴(Porsche Cayenne)、保时捷帕拉梅拉(Porsche Panamera)等。

图 3-10 为奥迪 A8L 配备的空气悬架，车辆可以根据道路条件和驾驶模式自动调节车身高度和减振硬度，在最大限度地发挥车辆操控性的同时保证驾乘舒适性。驾驶员可以在 MMI 中选择不同的驾驶模式，舒适模式在颠簸路况或长途行车时能够提高车辆乘坐的舒适性；自动模式可根据驾驶风格在舒适性悬架和运动型悬架之间进行自动调整；动态模式下，车身高度会降低 10mm，到速度超过 120km/h 时，车身高度再降低 10mm，以提高过弯稳定性；举升模式可以使车身提高 25mm，确保车辆的通过性。

2023 款路虎揽胜搭载了全新的空气悬架系统，该系统通过 48V 电气系统的供电，配合路面传感器和车载 eHorizon 智能导航系统，使车辆可以提前预判前方路况，进而独立地调整四轮空气悬架的软硬、高低，以实现支撑性和舒适性的平衡，如图 3-11 所示。

图 3-10　奥迪 A8L 的主动悬架系统

图 3-11　2023 款路虎揽胜的空气悬架

3.3 油气主动悬架

油气主动悬架是一种在气体与活塞之间以液压油作为传力介质，以稀有气体(一般为氮气)作为系统的弹性介质[12]，适用于在恶劣环境下行驶的悬架。图 3-12 为雪铁龙 C5 第三代 Hydractive 油气主动悬架布置图[5]。油气悬架包括液压缸、油气弹簧和蓄能器等元件，本身结构紧凑，车轮上的油气弹簧通过油路相连形成全封闭式环路控制系统。车身或车轮的振动量经悬架 ECU 转变成相应的信息传给控制阀，使控制阀调整弹性元件的高度和刚度，以达到调节车身高度、保持良好行驶平顺性的目的。当车身发生倾斜时，布置在前、后轴上的四个控制阀控制油路系统，保持车身高度不变，使车辆抗侧倾、抗纵倾[13]，从而保证车辆平稳安全地行驶。

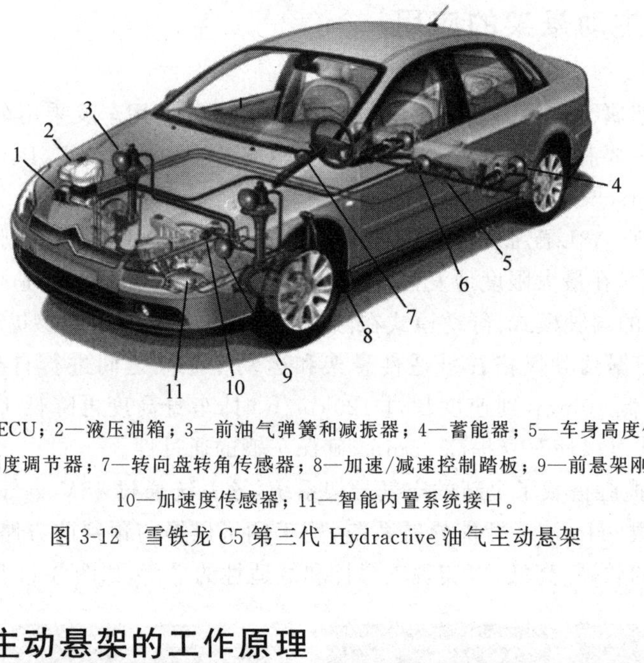

1—悬架 ECU；2—液压油箱；3—前油气弹簧和减振器；4—蓄能器；5—车身高度传感器；
6—后悬架刚度调节器；7—转向盘转角传感器；8—加速/减速控制踏板；9—前悬架刚度调节器；
10—加速度传感器；11—智能内置系统接口。

图 3-12 雪铁龙 C5 第三代 Hydractive 油气主动悬架

3.3.1 油气主动悬架的工作原理

图 3-13 所示为油气主动悬架的工作原理[7]，在车辆行驶过程中，悬架 ECU 通过收集路面信息及驾驶员操作信息(节气门开度、转向盘转角、车速、横向加速度、纵向加速度等)发出指令调节车身高度和悬架刚度。

当车辆在平直的良好道路上以中、低速行驶时，悬架 ECU 经信号采集和计算后，发出减小蓄能器 8 刚度的指令，通过控制前悬架高度调节阀 6 和后悬架高度调节阀 16 适当降低车身高度，同时悬架 ECU 发出指令使前悬架刚度调节器 2 和后悬架刚度调节器 24 中的气室分别与左前油气弹簧 1、右前油气弹簧 4、左后油气弹簧 20 和右后油气弹簧 21 的气室相通，使总气室容积增大，气室中的压力减小，达到了使前、后油气弹簧刚度减小的效果，此时也称系统为“软”状态。

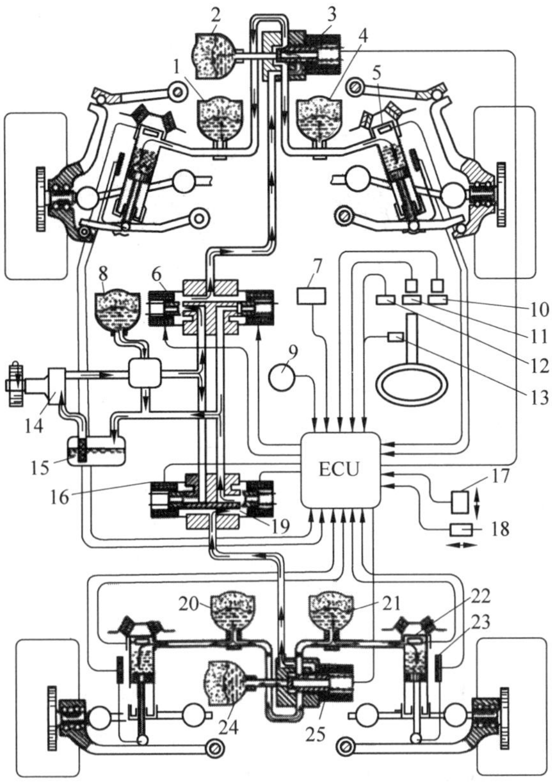

1—左前油气弹簧；2—前悬架刚度调节器；3—前悬架软硬切换阀；4—右前油气弹簧；5—负载传感器；
6—前悬架高度调节阀；7—模式选择传感器；8—蓄能器；9—加速信号；10—节气门；11—制动踏板；
12—制动压力信号；13—转向盘；14—液压泵；15—油箱；16—后悬架高度调节阀；17—纵向加速度信号；
18—横向加速度信号；19—回油阀；20—左后油气弹簧；21—右后油气弹簧；22—负载传感器；
23—高度传感器；24—后悬架刚度调节器；25—后悬架软硬切换阀。

图 3-13 油气主动悬架工作原理图

当车辆处于满载、高速、转向、起步、制动运行工况，或在不平路面上行驶时，悬架 ECU 经信号采集和计算后，发出增大蓄能器 8 刚度的指令，通过控制前悬架高度调节阀 6 和后悬架高度调节阀 16 适当提升车身高度，同时悬架 ECU 发出指令控制前悬架刚度调节器 2 和后悬架刚度调节器 24 将悬架切换为“硬”状态，左前油气弹簧 1、右前油气弹簧 4、左后油气弹簧 20 和右后油气弹簧 21 的压力、刚度增大，既提高了车辆的操纵稳定性，又保证了悬架的振幅在允许的范围内，从而提高了车辆的行驶平顺性和乘坐舒适性。

一些高级乘用车上使用的压力控制型油气主动悬架系统如图 3-14 所示[14]。压力控制阀实际上由一个机械式压力伺服滑阀 3 和一个电子控制液压比例阀 4 组成，油气弹簧则是一个具有弹性元件（气体弹簧 6）和阻尼元件的特殊液压缸。该系统工作时，对于低频（2Hz 以下）干扰，可以通过悬架 ECU 对控制阀的线圈加一电流以控制针阀开口，从而在控制阀的出口处产生一个与之成比例的输出油压，以此来控制油气悬架内的油压，从而抑制车体的振动；对于中频（2～7Hz）范围内[illegible]，主要由滑阀的机械反馈功能对油气悬架内的油压进行伺服控制，实现对车体减振；[illegible]以上）范围，则利用油气悬架内的气体弹簧 6 吸收振动能量而达到减振的目

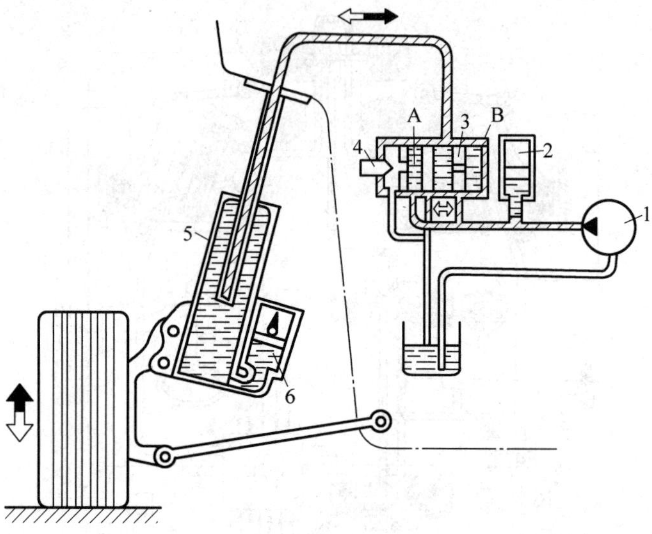

1—液压泵；2—蓄能器；3—机械式压力伺服滑阀；4—电子控制液压比例阀；
5—液压缸；6—气体弹簧。
图 3-14 某乘用车主动油气悬架系统

该类型油气悬架根据 ECU 的指令信号调节线圈中的电流大小，改变液压比例阀的位置，使悬架液压缸 5 获得与电流成比例的油压。通常在行驶状态，伺服阀两侧 A 室的系统油压与 B 室的反锁油压相互平衡，伺服阀处于主油路与液压缸相通的位置，控制车体的振动。当路面凸起而使车辆发生跳动时，悬架液压缸 5 的压力上升，伺服阀 B 室的反馈压力超过 A 室的压力，推动滑腔向左侧移动，液压缸 5 与回油通道接通，排出机油，维持压力不变，使车轮振动被吸收而衰减。在悬架伸张行程，液压缸 5 内的压力下降，伺服阀 A 室的压力大于 B 室的压力，滑阀右移，主油路与液压缸 5 接通，来自系统的压力油又进入液压缸 5，以保持液压缸 5 内的压力不变。

3.3.2 油气主动悬架的执行机构

油气主动悬架的执行机构为油气弹簧，油气弹簧是在密闭的容器中充入压缩气体和油液，利用气体的可压缩性实现弹簧作用的装置。由于弹簧内的氮气储存在密闭的球形气室内，其压力随外载荷的大小而变化，故油气弹簧具有变刚度的特性，同时又具有变阻尼特性。

图 3-15 为雪铁龙 C5 油气主动悬架的油气弹簧。它不仅用来支撑车身，将车轴和车身连接起来，还兼顾了减振的作用，衰减来自路面的振动激励。蓄能器 2 由钢制成，其内充有高压氮气，将其中的氮气作为油气弹簧的弹性介质，并用橡胶油气隔膜 4 隔开氮气和液压油。蓄能器 2 作为气体弹簧相当于传统被动悬架的钢制螺旋弹簧，在车辆行驶过程中，随着活塞 9 的上下运动，气室内的氮气就连续不断地被压缩和膨胀。

阻尼阀系 6 被镶嵌在蓄能器 2 的钢球内，在油液进出蓄能器 2 的时候，起到衰减液压油能量的作用，相当于传统液压减震器的作用。C5 前悬的油气悬架阻尼阀系使用的是片阀，其结构如图 3-15(c)所示。常通孔是一个节流小孔，不管在压缩还是复原阶段，对油液都起

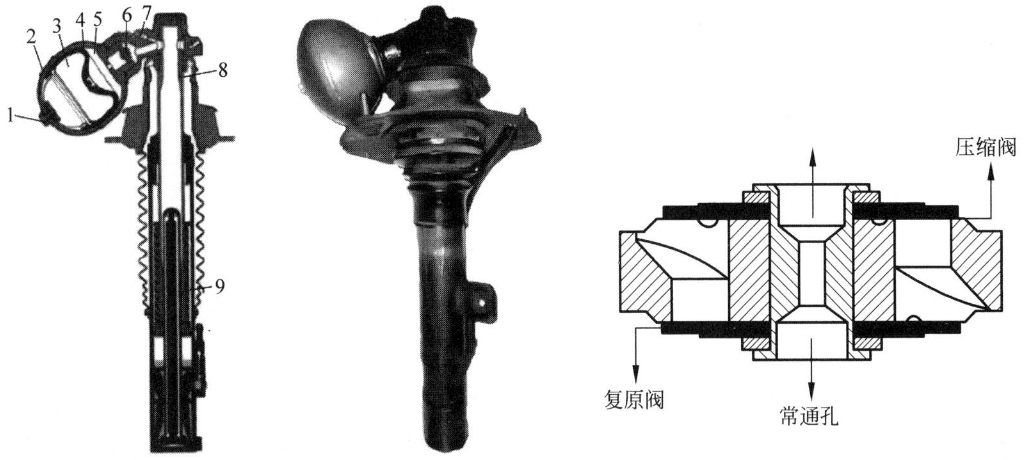

(a) (b) (c)

1—充气螺塞；2—蓄能器；3—上半球室；4—橡胶油气隔膜；5—下半球室；6—阻尼阀系；
7—控制油液孔；8—液压缸；9—活塞。

图 3-15 雪铁龙 C5 油气主动悬架的油气弹簧

(a) 雪铁龙 C5 油气悬架结构图；(b) 雪铁龙 C5 油气悬架实物图；(c) 阻尼阀系结构示意图

阻尼作用；压缩阀只在悬架被压缩阶段起作用，按图中所示的方向，油液流入储能器时悬架被压缩，如果相对运动速度达到一定数值(压缩相对速度达 0.1m/s 左右)时压缩阀被打开，因此可视为一个单向阀和节流小孔的组合；同理，复原阀只在悬架复原阶段起作用，达到一定的相对速度(一般 0.3m/s)时打开，因此也可以视为单向阀和节流小孔的组合。

悬架直接作动器的结构是液压缸 8，配备有导向杆和限位块，以保证车轮跳动时悬架的稳定性，同时在控制车辆行驶时，能使车辆被精确导向。由此可见，油气弹簧在结构上相当于一个气体(氮)弹簧和液压减振器的组合体，使悬架的刚度和阻尼特性并存，结构紧凑，作用分明[15]。

3.3.3 油气主动悬架的特点

油气悬架以油液传递压力，以气体作为弹性介质，依靠阻尼孔提供减振功能，除去普通悬架的基本功能外，在油液与气体的双重作用下油气主动悬架又会显现出独有的特点。

1. 油气主动悬架的优点

(1) 油气主动悬架具有刚度非线性的特点，由于以气体作为弹性介质，可以通过对气体弹簧初始充气压力和体积的设置改变悬架系统的刚度；另外，随着压力的变化，气体也会表现出非线性特性。

(2) 油气主动悬架具有阻尼非线性的特点，液压油在通过阻尼孔的流动过程中，会产生降低车辆振动的作用，达到减振器的效果。

(3) 油气主动悬架具有刚性闭锁的性质，在遇到特殊状况时，能够断开作动器和蓄能器，使系统刚度瞬时增加，从而防止横向侧滑。

(4) 油气主动悬架结构紧凑，它将弹性元件和阻尼元件集于一体，优点是体积小、重量轻、所占空间小和容易布置。

(5) 由于油气主动悬架具有储能比大、动载系数小，以及在相同额定载荷的情况下可以承受更大的载荷冲击。

2. 油气主动悬架的缺点

(1) 油气主动悬架的成本比一般悬架较高，这是因为油气主动悬架除了悬架缸外，还需要配置蓄能器、液压泵、液压控制阀，以及相应的电子、电气控制元件和油箱、过滤器等元件，其成本高出20%～25%。

(2) 对元器件密封性要求较高，油气悬架的传力介质为液压油，因此各部件的密封性要达到要求，保证在工作过程中不会出现油液的泄漏；同时液压缸的结构比一般的阻尼减振器复杂，出现故障时的维修成本比较高。

(3) 对工作环境温度的要求比较高。液压油的闪点和倾点及密封元件的耐高温性能影响着油气悬架系统的性能。

3.3.4 油气主动悬架的应用

基于油气主动悬架的上述特点，其多用于矿用自卸车辆及应急救援车辆等应用于特殊工况的大型车辆上。

图3-16为采用全主动油气悬架的徐工NXG5800D3WKT全地形五轴自卸车。该车全部采用油气悬架系统，油缸左右、前后互通，除了纵向的减振外，这款车还采用了横向安装的油气弹簧，使车辆在非铺装公路上行驶时驾驶室的晃动幅度减小，使得车辆在颠簸路面上行驶时能够自动调平，水平传感器的调节准确度达到了0.5°。在满载情况下车辆的行驶平顺性得到了提升。

图3-17为2015年美国奥什科什公司生产的新型JLTV战术车，该车采用TAK-4i主动油气悬架，可自动调节车体的离地高度，轮跳行程可达20in(508mm)，增加了车辆对复杂地形的适应能力。

图3-16 NXG5800D3WKT全地形五轴自卸车

图3-17 搭载全主动油气悬架的JLTV战术车

3.4　液压主动悬架

液压主动悬架以液压执行元件为作动器，通过电控系统控制液压悬架系统内液压油的流向和流量来控制和调整车身姿态，以改善车辆的行驶性能。随着液压传动技术的突破发展，液压主动悬架技术亦呈逐步发展的态势，在工程机械等领域的应用也日益广泛。

应急救援车辆作为陆地救援的主要运输装备，对灾害救援抢险发挥着重要作用。现有的应急救援车辆多采用被动悬架结构，元件固有属性的局限限制了其越野行驶能力与救援效率。本节结合国家重点研发项目"高机动应急救援车辆(含消防车辆)专用底盘及悬架关键技术研究"(项目编号：2016YFC0802902)，以应急救援车辆为例介绍液压主动悬架。

应急救援车辆专用悬架系统的研究受到当前技术标准和行政法规的制约，如果抛开现有悬架系统而建立一个全新的悬架系统是不现实的。所以，本例在原油气悬架系统的基础上，通过增设液压元件、电气元件和传感器等搭建专用液压主动悬架系统。图 3-18 为应急救援车辆液压主动悬架布置图。

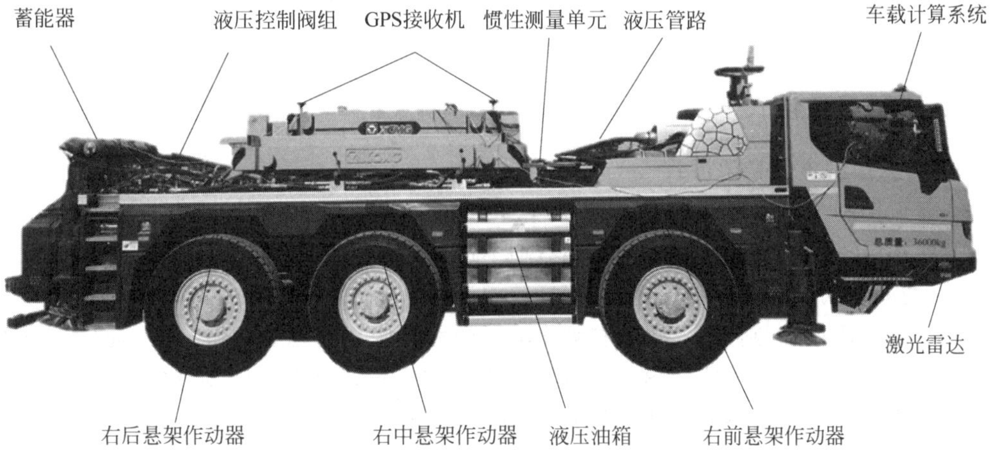

图 3-18　应急救援车辆液压主动悬架布置

3.4.1　液压主动悬架的工作原理

图 3-19 为本例液压主动悬架的工作原理图。车辆悬架系统的液压控制主要用以实现以下功能：当车辆在越野路面上行驶时，悬架系统切换至主动悬架模式，而主动悬架模式又分为三点控制主动悬架模式和各轴独立调节主动悬架模式；当车辆在公路路面上行驶时，悬架系统切换至油气悬架模式；当车辆静止时，通过调节相应阀的通断保持车身高度不变，悬架系统处于保压模式。

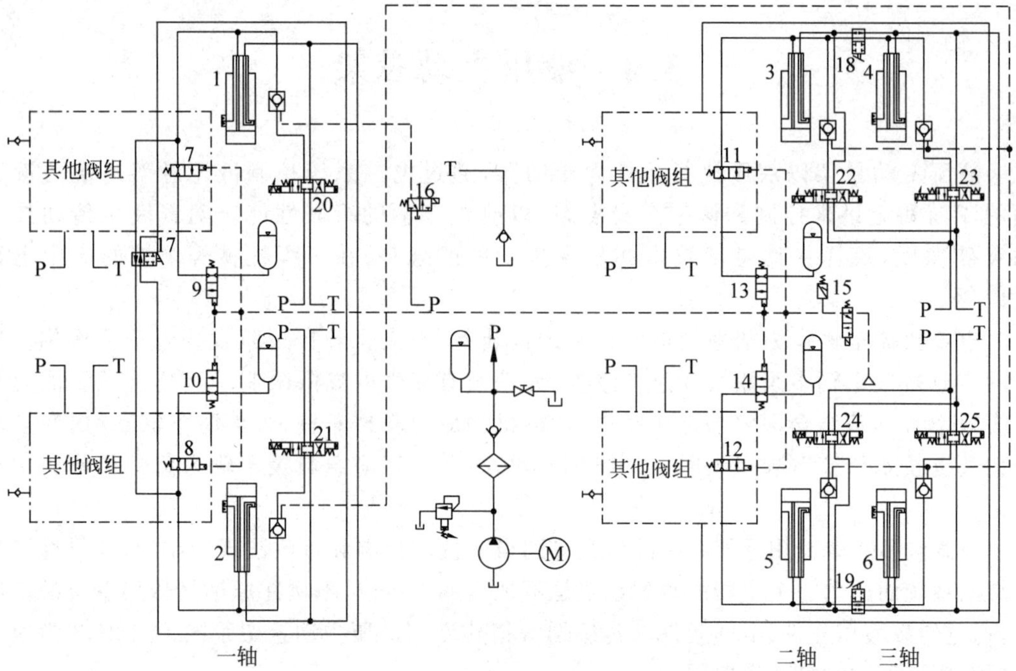

1～6—作动器；7～14—气控阀；15,16—电磁阀；17～19—手动阀；20～25—伺服阀。

图 3-19　车辆悬架系统液压控制原理图

1. 主动悬架模式

1）三点控制主动悬架模式

在三点控制主动悬架模式下，电磁阀 15 断电，气控阀 7～14 与气源均不相通，处于图示的断开状态，作动器 1～6 的两腔与蓄能器均不连通。手动阀 17 处于图示的常通状态，则一轴左、右两侧作动器的无杆腔相连通、有杆腔相连通(一轴左右两侧的轴荷平衡)；手动阀 18 处于图示的常通状态，则二、三两轴右侧作动器的无杆腔相连通、有杆腔相连通(二、三轴右侧轴荷平衡)；手动阀 19 处于图示的常通状态，则二、三两轴左侧作动器的无杆腔相连通、有杆腔相连通(二、三轴左侧轴荷平衡)。电磁阀 16 通电，可实现伺服阀 20、21 对作动器 1 和 2 的同时控制，伺服阀 22、23 对作动器 3 和 4 的同时控制，以及伺服阀 24、25 对作动器 5、6 的同时控制。至此，系统处于三点控制主动悬架模式。

2）各轴独立调节主动悬架模式

在各轴独立调节主动悬架模式下，电磁阀 15 断电，气控阀 7～14 与气源均不相通，处于图示的断开状态，作动器 1～6 的两腔与蓄能器均不连通。扳动手动阀 17，使其处于断开状态，则一轴左右两侧作动器的两无杆腔、两有杆腔互不连通；扳动手动阀 18，使其处于断开状态，则二、三轴右侧的两个作动器互不连通；扳动手动阀 19，使其处于断开状态，则二、三轴左侧的两个作动器互不连通。电磁阀 16 通电，可实现伺服阀 20 对作动器 1 的控制、伺服阀 21 对作动器 2 的控制、伺服阀 22 对作动器 3 的控制、伺服阀 23 对作动器 4 的控制、伺服阀 24 对作动器 5 的控制、伺服阀 25 对作动器 6 的控制。至此，系统处于各轴独立调节主动悬架模式。

2. 油气悬架模式

在油气悬架模式下，扳动手动阀 17，使其处于断开状态，则一轴左右两侧作动器的两无杆腔、两有杆腔互不连通；手动阀 18 处于图示的常通状态，则作动器 3、4 的无杆腔相连通、有杆腔相连通；手动阀 19 处于图示的常通状态，则作动器 5、6 的无杆腔相连通、有杆腔相连通。电磁阀 16 断电，处于图示状态，伺服阀 20～25 均处于中位，此时作动器两腔与控制油源均不连通。电磁阀 15 通电，气控阀 7～14 与气源接通，处于接通状态。此时，作动器 1～6 的无杆腔与本侧蓄能器相连通，有杆腔与对侧的蓄能器相连通。至此，系统处于油气悬架模式。

3. 保压模式

在保压模式下，手动阀 17～19 均处于图示状态，电磁阀 16 断电，处于图示状态，伺服阀 20～25 均处于中位，作动器两腔与控制油源均不连通。电磁阀 15 断电，气控阀 7～14 与气源均不相通，处于断开状态，作动器 1～6 的两腔与蓄能器均不连通。此时所有作动器的承重腔、无杆腔均处于闭死状态，可保持车身高度不变。至此，系统处于保压模式。

3.4.2　液压主动悬架的执行机构

在主动悬架系统中，执行机构用于执行控制指令、实现车身控制的动态调节，是系统中重要的组成部分，其设计和控制方法决定了整个悬架系统的性能水平。如图 3-20 所示，本例的液压主动悬架作动器是在车辆原有油气悬架作动器的基础上改进而来。

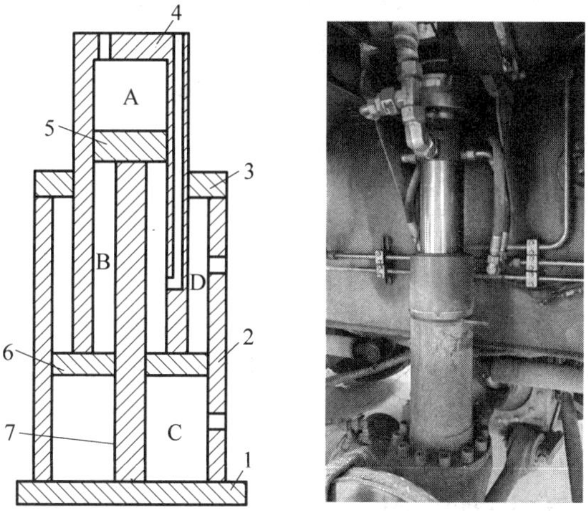

(a)　　(b)

1—下端盖；2—外缸筒；3—上端盖；4—内缸筒；5—内活塞；6—外活塞；7—内缸杆；
A—内无杆腔；B—内有杆腔；C—外大腔；D—外小腔。

图 3-20　悬架作动器
(a) 结构图；(b) 实物图

该悬架作动器的结构主要包括内活塞、内缸杆、内缸筒、外活塞、外缸筒、上端盖和下端盖等部分。其中,下端盖 1 与圆筒形外缸筒 2 下端固连,外缸筒上端与圆环形上端盖 3 固连,外缸筒 2 靠近上、下端盖的筒壁上分别设有油口。在上端盖 3 的中心通孔内置有外径对应且上端封闭的内缸筒 4,其上设有两个油口,分别与内无杆腔 A 和内有杆腔 B 相连通。内缸筒 4 位于外缸筒 2 内的一端与设在外缸筒内的圆环形外活塞 6 垂直相连,外活塞外径与外缸筒内径对应,中心通孔直径与内缸杆 7 的外径对应;内缸杆的两端分别与内活塞 5 和下端盖 1 固连。内活塞 5 将内缸筒分隔成内无杆腔 A 和内有杆腔 B,外活塞 6 与下端盖 1 之间为外大腔 C、与上端盖 3 之间为外小腔 D。悬架油缸密封及四个腔的油口可根据实际应用自行设置,内缸筒的上端及下端盖分别与车身和车轴连接;悬架油缸内安装高度传感器,便于对悬架进行控制,保证车辆平稳行驶。

3.4.3 液压主动悬架的特点

1. 液压主动悬架的优点

(1) 液压主动悬架系统的承载能力大,可以输出较大的推力或转矩,且其传动平稳,系统的冲击和震荡相对较小。

(2) 由于油液的不可压缩性,液压主动悬架可形成较大的液压弹簧刚度,该刚度与负载惯量形成的液压固有频率较高,响应速度快、灵敏度高,可以根据不同的路面情况实时控制液压作动器,瞬时调整车身姿态。

(3) 液压主动悬架可实现刚度和阻尼的自适应。当车辆经过不平路面时,悬架将会自动调节刚度和阻尼,从而保证轮胎更好地适应地形,提高车辆的乘坐舒适性。

(4) 在相同的功率条件下,液压传动装置体积小、重量轻、结构紧凑,其元件采用管路或集成式连接,安装和布局更具灵活性,有利于提高悬架系统的集成度。

(5) 液压主动悬架还具备液压传动系统的固有特点,即润滑性好、寿命长、调速范围宽、低速稳定性好、动力传输方便、储存能量方便等。

2. 液压主动悬架的缺点

(1) 为减少系统泄漏并满足其性能需求,液压主动悬架采用的液压元件制造精度较高,加工工艺较为复杂,造价较高,对工作介质的污染比较敏感。

(2) 液压传动对油温的变化比较敏感,液压主动悬架要注意系统的散热和降温,不宜在温度变化很大的环境下工作。

3.4.4 液压主动悬架的应用

液压主动悬架目前多应用于大型工程车辆及高端越野车辆。目前,采用液压主动悬架的典型车型有丰田普拉多、雷克萨斯 LX570 和比亚迪仰望 U8 等。

图 3-21 为应用液压主动悬架的雷克萨斯 LX570。该车配备了底盘 AHC 主动液压高度控制系统和 AVS 自适应悬架软硬系统。AHC 主动液压高度控制系统可以根据需求手动调整车身高度,最低模式适用于便利上下车;最高模式适用于颠簸或涉水路面行驶;自

动模式适用于正常驾驶，并且在自动模式下车辆可以根据车速主动调整底盘高度。AVS 自适应悬架软硬系统可以智能感测道路和驾驶状况，然后调整悬架的阻尼响应，从而保持车辆平稳行驶，也从一定程度上缓解了刹车点头和过弯侧倾的问题。

图 3-22 为比亚迪仰望 U8 液压主动悬架。该车搭载的云辇 P 智能液压车身控制系统具有多级刚度可调，正常状况下处于一级刚度，满足乘坐舒适性的要求；当车辆急加减速、紧急制动或高速转弯时，系统会自动调节为二级刚度，使整车刚度瞬间增加 1 倍，有效地抑制车身点头或侧倾；当车辆遇到飞坡等四轮离地的紧急情况时，系统会自动调节为三级刚度，使车辆能够承受 1.5m 的安全跌落。同时，该车的悬架系统具有露营调平功能，能够对四轮单独进行调节，使车辆始终保持平稳姿态。

图 3-21　应用液压主动悬架的雷克萨斯 LX570

图 3-22　比亚迪仰望 U8 液压主动悬架

3.5　电磁主动悬架

电磁主动悬架是一种基于电磁感应定律的悬架系统，其使用电机或电机连接传动机构作为作动器而不是传统的弹簧和减振器，悬架系统通过给电机供电产生作用力，控制系统不断地监测车辆状态并调整施加在作动器上的电流大小和方向以调整悬架的高低，从而减少行驶过程中的振动和噪声，提高车辆的行驶性能。

近几十年来，电磁主动悬架技术在学术界和工业界引起了广泛关注，随着近些年永磁电机和电控技术的高速发展，以及在智能汽车开发趋势的影响下，电磁主动悬架技术的理论研究也在逐年深入，并得到了一些商业化应用。

3.5.1　电磁主动悬架的组成及原理

奥迪 AI 主动悬架是可完全调控的机电混合悬架系统[16]，其通过传感器和控制系统的配合主动调整悬架的升高和降低，以适应各种驾驶工况，本节以此为例进行介绍。

图 3-23 为奥迪 AI 主动悬架系统部件图，主要由检测系统、控制系统、执行机构等部分组成，能源系统已集成，图中未体现。

检测系统中的传感器包括前置摄像头 5、车身高度传感器 4 和车身运动传感器（来自底盘控制单元和安全气囊控制单元）等。

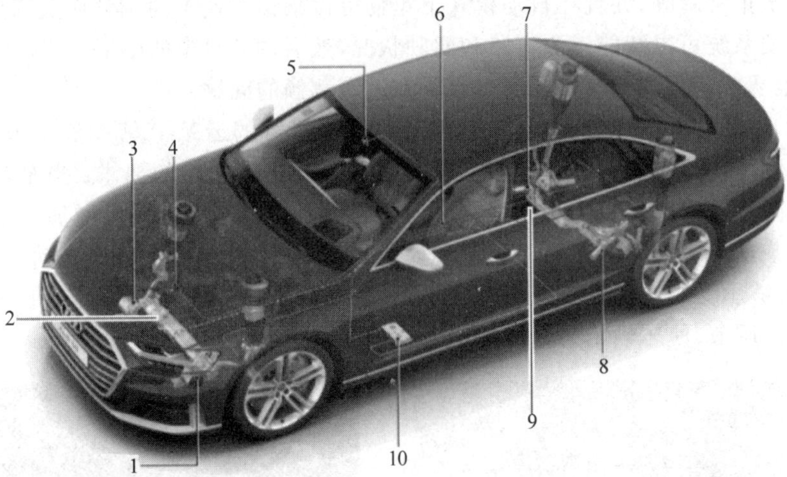

1—左前底盘稳定执行器；2—前底盘稳定控制单元；3—右前底盘稳定执行器；4—车身高度传感器；
5—前置摄像头；6—底盘控制单元；7—右后底盘稳定执行器；8—左后底盘稳定执行器；
9—后底盘稳定控制单元；10—驾驶辅助控制单元。

图 3-23 奥迪 AI 主动悬架的系统部件图

控制系统包括底盘控制单元 6 和 2 个底盘稳定控制单元(分别是前底盘稳定控制单元 2 和后底盘稳定控制单元 9)。底盘控制单元是主动悬架系统的主控制单元，该控制单元通过 FlexRay 与其他控制单元通信，并通过子总线连接前、后底盘稳定控制单元。以前底盘稳定控制单元为例，该控制单元调控 2 个前桥底盘稳定执行器，控制单元具有 2 组供电，其中，12V 供电用于“逻辑电路”，负责运算控制；48V 供电用于“功率电路”，负责将 48V 直流电转变为 48V 交流电。

执行机构包括 4 个底盘稳定执行器(电磁作动器)，每个车桥配备了 2 个相互独立的底盘稳定执行器，它们可以控制单个车轮与车身间的相对位置。奥迪 AI 主动悬架前部放大结构如图 3-24 所示。该悬架系统与整车结构采用了集成化设计，执行器和控制器集成一体并充当副车架的一根横梁的作用，并与传统横向稳定杆总成共用安装连接点和空间。两个

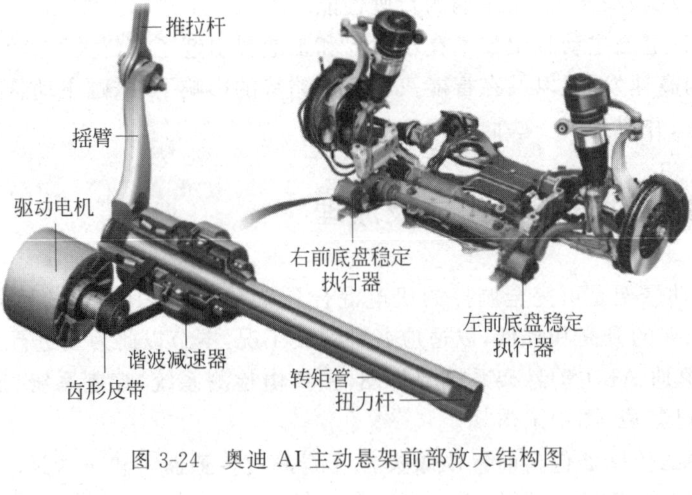

图 3-24 奥迪 AI 主动悬架前部放大结构图

底盘稳定执行器分别布置在左右两端，中部有48V电子功率器件给底盘稳定执行器中的驱动电机供电，从而为调节车身和车轮之间的距离提供动力。

这里以车辆行驶时左前轮颠簸为例解释其工作原理。若当左前轮受不平路面冲击，使前部车身上移，产生的垂直加速度被车身运动传感器监测，左前悬架也会被轻微压缩，压缩量会被车身高度传感器获取。底盘控制单元综合评价多项数据信息，通过前底盘稳定控制单元对左前底盘稳定执行器扭力杆的预紧力进行调整，进而充分吸收来自路面的冲击，将车身的垂直加速度控制在舒适水平。此外，奥迪AI主动悬架还具有以下功能：

1）预览功能

以车辆驶过减速带为例详解该功能。前置摄像头以200Hz的频率扫描前方5～20m的路况，当识别到凸起的障碍物时，主动悬架系统会将车身迅速提高约50mm，为跨越障碍物预留充足的弹簧压缩空间。当车轮到达障碍物时，底盘稳定执行器主动将车轮向上提拉以跟随障碍物的轮廓，如此可确保车轮与障碍物首次接触时产生的冲击力被消除。当车辆驶离障碍物时，车轮的悬架会主动伸出回弹，使其尽可能地适应道路的轮廓，从而提高乘坐舒适性。

2）侧撞提升功能

当其他车辆在侧面以超过25km/h速度接近时，雷达可提前识别侧面碰撞危险，随之在0.5s内将这一侧的车身紧急提高约80mm，将碰撞引向刚性更强的门槛区域，从而提高车辆的安全性。

3）弯道倾斜功能

在驾驶模式中选择“舒适＋”模式可激活弯道倾斜功能。车辆在转弯行驶时，主动悬架控制车身向相反方向倾斜，如向弯道内侧倾斜约3°。为弯道外侧的车轮提供了更有效的支撑，由于减小了作用在驾乘人员身上的侧向力，极大改善了乘坐人员的舒适度。

4）俯仰补偿功能

车辆在起步和制动过程中会出现车身俯仰，装备奥迪AI主动悬架的车辆在加速起步时，车身前桥降低，后桥升高。而在制动状态下，车辆前桥升高，后桥降低，该功能会减小作用在驾乘人员身上的纵向力，从而显著改善车辆舒适性。

3.5.2 电磁主动悬架的执行机构

根据电磁主动悬架执行机构构型方案的不同，可将执行机构分为直线电机式、电机结合滚珠丝杠式、电机结合齿轮齿条式、电机结合摇臂推拉杆式等[17,18]。虽然执行机构的结构各不相同，但其目的都是实现电能到悬架往复运动的动能之间的转化。

1. 直线电机式

直线电机是一种能在电能和直线运动机械能之间直接转化的装置，可以看成是一台旋转电机按径向剖开，并展成平面。对应旋转电机定子的部分叫作初级，对应转子的部分叫作次级，初级通电后产生沿轴向分布的气隙行波磁场，当次级通入电流时，通电的导线在磁场中形成电磁力。若初级固定不动，在电磁推力作用下，次级就会沿着行波磁场运动的方向做直线运动[19]。直线电机式电磁主动悬架是使用直线电机作为执行机构，通过控制直线电机的伸缩运动来达到控制悬架伸缩的目的。

埃因霍芬理工大学的Gysen等与瑞典SKF公司、宝马公司联合研发了电磁主动悬架执行机构，设计出了与传统被动悬架减振器尺寸相当的永磁直线电机式作动器，如图3-25所示。该直线电机式作动器由圆筒形无刷永磁直线电机与弹簧并联组成，作为移动端的永磁体阵列相当于电机的转子，置于减振器下筒内与车轮相连；作为固定端的三相绕组相当于电机的定子，其长度大于作为活动端的永磁体阵列；置于作动器下筒上的传感器用于检测永磁体所处的位置，通过对位置信号进行处理可实现对直线电机的控制。该电磁主动悬架的底端连接至车轮，顶端连接至车身，该结构还保留了传统悬架的螺旋弹簧，用于支撑车身静载，这样可以减小对直线电机的功率需求[20]。

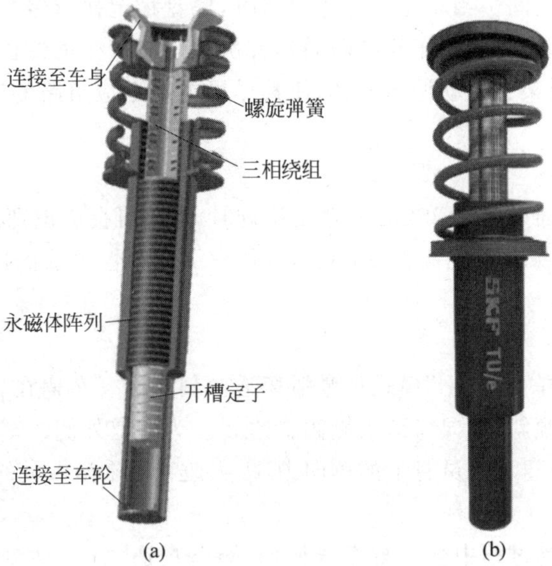

图3-25 圆筒形永磁直线电机式作动器

(a) 结构图；(b) 实物图

无论是台架试验还是应用于BMW530i前悬架，该直线电机式电磁主动悬架均可明显改善车辆的平顺性。1/4车辆模型试验表明，与被动式的宝马悬架相比，主动悬架不但从舒适性和操控性方面分别得到了41.2%和31.4%的改善，而且当车辆在3cm减速带上行驶时，舒适度提高了53.3%，功耗比液压系统低了80%。

2. 电机结合滚珠丝杠式

在电机结合滚珠丝杠式电磁主动悬架的研究中，使用的电机类型一般为旋转电机。滚珠丝杠是一种能在直线运动和旋转运动之间进行高效转化的方案，其传动机构由滚珠丝杠和滚珠螺母组成。在车辆行驶过程中，执行机构在路面上做往复运动，滚珠丝杠在电机空心转子内做轴向上下平动，带动滚珠螺母和电机转子做正反转动，电机根据控制指令在电动或制动状态下工作，从而主动调节由路面不平引起的对车身的冲击和振动。

如图3-26所示的滚珠丝杠传动式无刷电机作动器[21,22]。电机定子由定子铁心6内嵌电枢绕组 10 组成，并过盈嵌入圆筒机壳 5，电机转子由转子轴 8 外壁粘贴永磁瓦 7 组成，转子与定子间为环状气隙；复原缓冲块 9 由橡胶体 19 和导向垫圈 20 组成，压缩缓冲块 16 由橡胶体 21 和导向垫圈 22 组成。螺杆顶盖 2 的螺杆部分通过橡胶衬套与车身连接，吊环 18 内圈通过螺栓与车桥连接，这样有利于减轻簧下质量和减小对电机的振动冲击，从而进一步改善悬架性能和延长使用寿命。

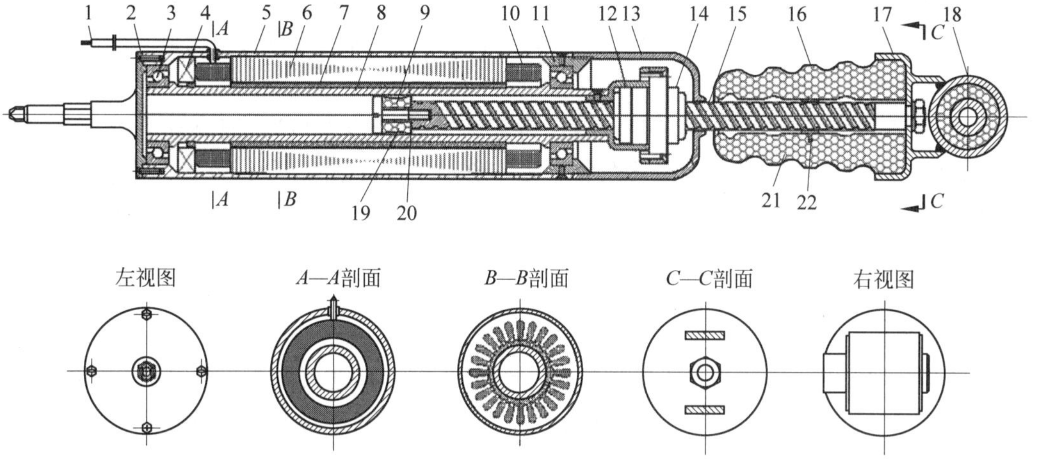

(a)

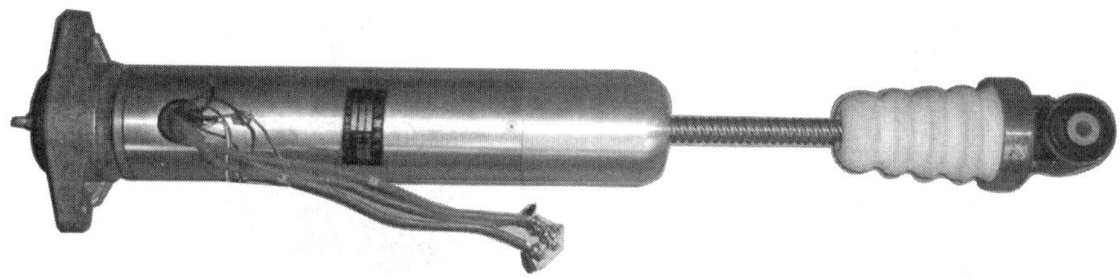

(b)

1—I/O 接口；2—螺杆顶盖；3—滚动轴承；4—转子位置传感器；5—圆筒机壳；6—定子铁心；7—永磁瓦；8—转子轴；9—复原缓冲块；10—电枢绕组；11—轴承座；12—螺母座；13—螺母罩；14—滚珠螺母；15—滚珠螺杆；16—压缩缓冲块；17—缓冲块座；18—吊环；19—橡胶体；20—导向垫圈；21—橡胶体；22—导向垫圈。

图 3-26　滚珠丝杠传动式无刷电机作动器

(a) 结构图；(b) 实物图

在车辆行驶过程中，电机作动器随路面不平做复原和压缩运动，滚珠螺杆 15 在电机空心转子内沿轴向做上下平动，带动滚珠螺母 14 和电机转子做正反转动，电机根据控制指令工作于电动或制动状态，从而主动缓冲和衰减由路面不平引起的、由车轮传导至车身的冲击和震动。在遇到较大的路面冲击时，电机作动器工作于缓冲行程。当复原缓冲行程时，复原缓冲块 9 的导向垫圈 20 下端面碰撞螺母座 12 上端面，导向垫圈 20 沿螺钉杆滑动，使橡胶体 19 受力压缩；当压缩缓冲行程时，压缩缓冲块 16 上端面碰撞螺母罩 13 下端面，使橡胶体 21 受力压缩，导向垫圈 22 沿滚珠螺杆 15 滑动，以防橡胶体 21 受压失稳后嵌入滚珠螺杆 15，造成压缩受阻及橡胶体 21 破坏[21]。

经测试，该作动器的能耗制动效果较好、电阻控制响应也较为灵敏，其电气特性和被动响应特性也已达到了相应设计的要求，但作动器也有摩擦阻尼稍大等问题，传动结构有待继续改进[23]。

3. 电机结合齿轮齿条式

齿轮齿条结构主要是将齿轮与齿条相结合，齿轮连接旋转电机，从而将电机的旋转运动转化为齿条的直线运动，以实现悬架作动器的伸缩。国内外对电机结合齿轮齿条结构均有研究，但是侧重点有所不同，国外重点在于乘坐舒适性等方面的提高，国内则侧重于悬架能量的回收[24]。

得克萨斯大学学者 D. A. Weeks 等对"齿轮齿条＋馈能电机"式悬架进行了详细的研究，其主要依赖于美国军方对高移动性的多轮非道路车辆的研究项目，旨在提高作战车辆的舒适性和安全性[25]。

图 3-27 显示了执行机构的一些结构特征。变速箱 5 的内部安装有齿轮 4，后部安装旋转电机；齿轮转动带动齿条 1 移动，从而提供悬架的直线运动；圆柱形的齿条有从一侧切出的直齿，轴承 3 包裹齿条 1 周围，承担齿条产生的侧向力并保持齿条的笔直；齿条管柱用来给轴承提供支撑和密封；在齿条上下端贯穿一个通风管 2，保证齿条上下移动时，变速箱内的容量保持不变，可以防止变速箱内产生压力；齿条密封圈 6 和密封轴承 7 用来隔绝外部空气。

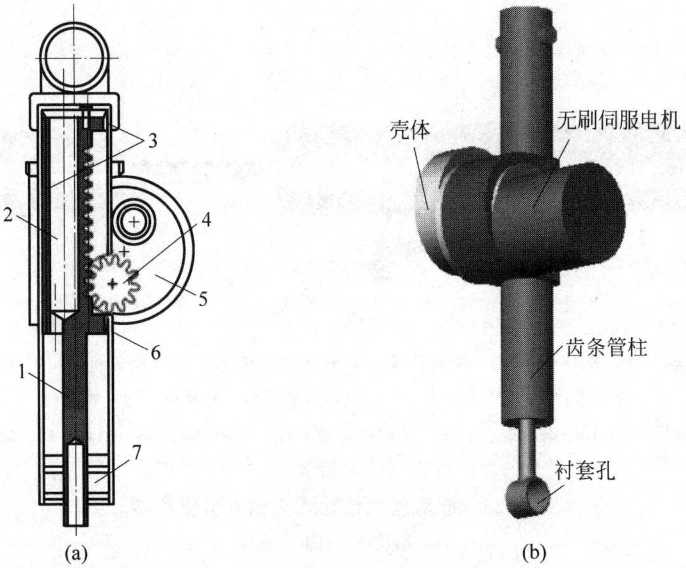

1—齿条；2—通风管；3—轴承；4—齿轮；5—变速箱；6—齿条密封圈；7—密封轴承。

图 3-27 旋转电机结合齿轮齿条式执行机构

(a)结构图；(b)外观

图 3-28 显示了执行机构的设计细节。旋转电机 2 位于壳体 4 后部，用于驱动变速箱 5。变速箱内部安装有低速齿轮 3 和高速齿轮 6，高速齿轮安装在旋转电机的轴的下端，并和低速齿轮下部的大齿轮啮合，低速齿轮与齿条 1 啮合，从而平衡旋转电机的转速和齿条的往复运动的速度。齿条的顶部和底部、低速齿轮 3 和高速齿轮 6 都浸在变速箱 5 的齿轮油中，减小摩擦损耗[26]。

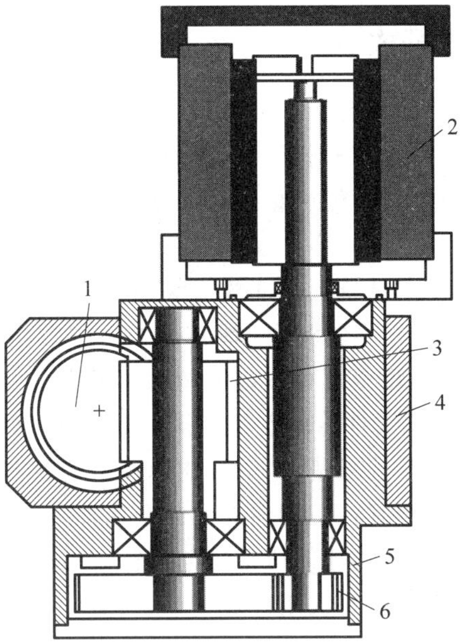

1—齿条；2—旋转电机；3—低速齿轮；4—壳体；5—变速箱；6—高速齿轮。

图 3-28 齿轮系剖面图

图 3-29 为执行机构在高机动性多轮车辆(HMMWV)中的安装布局概念图，执行机构 9 两端分别安装在车身面板 6 端与下控制臂 2 端，当电机 7 工作时可以伸缩悬架的长度，并且在执行机构上集成了钛金属软弹簧 1，用于支撑车身重量并节省安装空间。它的安装尺寸比原装车辆的弹簧和减振器的尺寸稍大，因此需要对悬架的下 A 臂的底部进行适当整改。试验通过单轮模型测试，说明配备该执行机构主动悬架的车辆的越野性能优秀，相较于被动系统在各方面都具有明显优势。

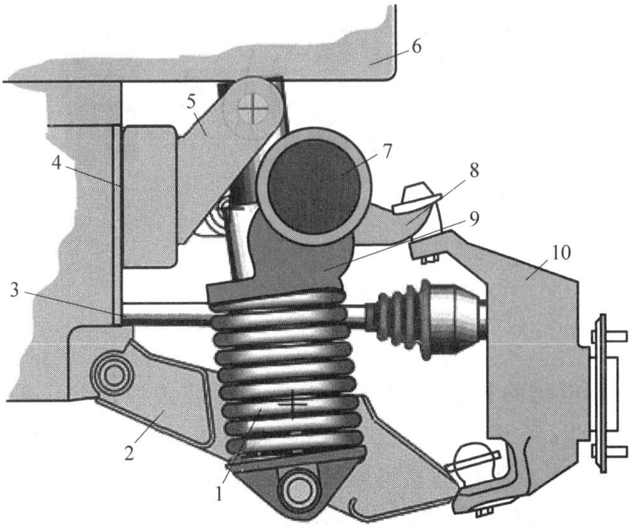

1—软弹簧；2—下控制臂；3—传动轴；4—车架；5—固定架；6—车身面板；7—电机；
8—上控制臂；9—执行机构；10—转向节臂。

图 3-29 执行机构在 HMMWV 中安装概念图

4. 电机结合摇臂推拉杆式

旋转式电机结合摇臂推拉杆式电磁主动悬架，将电机的高速低扭旋转运动转化为摇臂的低速高扭的旋转运动，摇臂与推拉杆相连接，进而将摇臂的旋转运动转化为推拉杆的直线运动。可将作动器布置于车身空间，但由悬架运动学导致的非线性程度相较于之前的方案更大，控制难度相对高。

在图 3-24 所示的奥迪 AI 主动悬架前部放大结构图中，底盘稳定执行器作为电磁主动悬架的作动器，可以在车身和车轮之间独立地施加力。主要由 48V 驱动电机、摇臂、连接杆、齿形皮带、谐波减速器、钢制转矩管和钛金属扭力杆等部分组成。底盘稳定执行器工作时，通过车桥中的 48V 电子功率器件给底盘稳定执行器中的 48V 驱动电机供电。驱动电机输出转矩通过齿形皮带传递到谐波减速器，谐波减速器又通过其内部的齿轮，将电机的转矩传递到中空的钢制转矩管上。钢制转矩管内嵌入钛金属扭力杆，扭力杆和摇臂与车桥连接，起到扭力弹簧的作用，最终通过扭力杆的扭紧将电机转矩传递到悬架支柱，从而调节车身高度。该电磁主动悬架可以实现底盘的快速升降调节，只需 0.1s 就可以将车身从中等高度位置快速提升约 85mm。

瑞典皇家理工学院学者 Mats Jonasson 等联合沃尔沃公司联合研究了摇臂式电磁主动悬架[27]，悬架的结构如图 3-30 所示。该电磁主动悬架作动器采用了两个电机设计，两个作动器中各有一个电机。其中，一个电机用于主动悬架控制，另一个电机用于调整车身高低[17]。减振器作动器由旋转电机和行星齿轮增速装置组合而成，由于悬架的行程有限，悬架行程转化为电机旋转运动的角位移也较小，因此需要安装行星齿轮增速装置。轮毂和行星齿轮增速装置中间安装上控制臂，上控制臂与行星齿轮的齿圈铰接，行星架在车身上固定。水平控制作动器由多个相同的橡胶扭盘元件组成，且可以通过电机预紧。

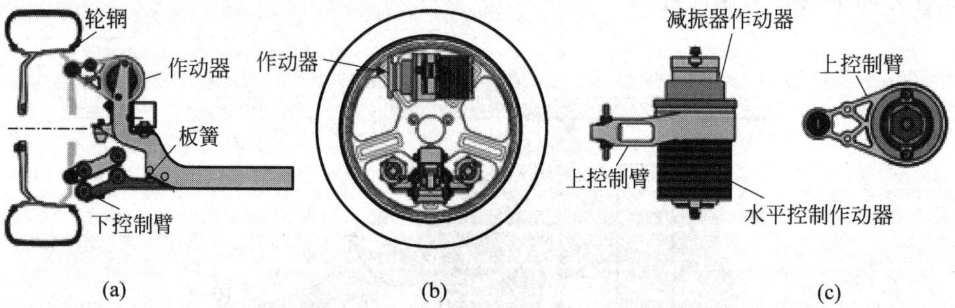

图 3-30 摇臂式电磁馈能主动悬架结构

(a) 前视图；(b) 侧视图；(c) 作动器局部视图

车轮振动时，旋转电机的扭矩通过行星齿轮增速装置传递到上控制臂，上控制臂与车轮连接以控制车轮的上下运动，从而实现将旋转电机的旋转运动转化为悬架的直线运动。减振器作动器和水平控制作动器可以被单独控制，最终实现将所需的扭矩输出给上控制臂，在机械结构中也在车轮悬架的下控制臂上安装了钢板弹簧以抵消垂向力对悬架的影响。

3.5.3 电磁主动悬架的特点

电磁主动悬架的执行机构有多种类型，也各有其相应的特点。

(1) 直线电机式电磁主动悬架具有推力体积比大、静态刚度高、无接触摩擦、结构简单、响应快速等特点，且执行机构与传统减振器的尺寸相差不大，体积较小，与车辆的安装适配性较好。但直线电机较旋转电机的漏磁大，阻尼力较小，价格相对比较高，制造成本较高，且永磁体材料的一些固有的退磁问题难以避免，长期使用的可靠性一般[30,31]。

(2) 电机结合滚珠丝杠式电磁主动悬架的推力体积比大、传动效率高、过载能力强和动态响应好，作动器结构尺寸相比较齿轮齿条式更为小巧，与传统减振器的尺寸相近，可安装性好。且滚珠丝杠结构具备抗干扰能力强、可靠性高、使用寿命长等优点，故此种主动悬架的结构可靠性好。但滚珠丝杠式作动器结构较为复杂，具有较大的等效惯量和结构冲击，工作时具有较大的摩擦阻尼，降低了作动器的效率和性能。在成本方面，电机和滚珠丝杠造价较高，故此种主动悬架的制造成本也较高[30,31]。

(3) 电机结合齿轮齿条机构传动精度高、稳定性好，使悬架对执行机构的动力具有调节范围广、控制精确的特点。由于齿轮齿条机构在车辆车身(车架)与车轴之间有一根长度不变的传动齿条，因此会影响它在悬架系统中的安装。电机和齿轮齿条机构的成本较高，所以执行机构的制造成本较高。在可靠性方面，冲击过大容易造成齿轮齿条机构的轮齿断裂，使用时间过长、温度过高都会造成齿轮齿条失效，故此种悬架结构的可靠性中等[30]。

(4) 电机结合摇臂及推拉杆式电磁主动悬架的特点是传动比大[32]、惯性小、响应速度快。摇臂及推拉杆式结构抗冲击能力差，结构较为复杂，不但增加了制造成本，而且安装困难，系统对此种悬架结构的控制难度也较大。

综合来看，电磁主动悬架具有响应快、适应频率宽、可控性高等优点，但此类主动悬架大多处于理论和试验研究阶段，从制造成本和可靠性方面来看并不尽如人意；从能源供给方面看，悬架工作时需持续供电，能耗较大，因此需要车辆具有可靠的能源供给系统，这对车载电源的容量配置和能量调控单元的工作稳定性方面也是一个不小的挑战。

3.5.4 电磁主动悬架的应用

目前电磁主动悬架处于理论研究与试验阶段，尚未有量产车型发布，而奥迪 A8 车型虽使用了奥迪 AI 主动悬架技术，但此项技术集成在了空气悬架底盘之上，所以其并非完整意义的电磁主动悬架的应用车型。以下对 Bose 公司和 ClearMotion 公司关于电磁主动悬架安装车型的试验情况进行说明。

1980 年，Bose 决定研究计算机控制的悬架系统，直到 2004 年，Bose 才将其主动悬架系统放在第一代 LS400 上展示。Bose 电磁主动悬架的前悬架结构如图 3-31(a)所示。此款主动悬架将原车的弹簧和阻尼系统用 4 个直线电机取代，电机的控制单元可与车身控制单元互相通信，当车轮遇到凸起或凹坑时，电机的控制单元会对电机进行主动控制，使电机进行伸缩从而带动悬架伸缩，保持车辆的稳定性和舒适性。Bose 电磁主动悬架在驾驶时能够很好地抑制侧倾，在颠簸路面上行驶时也可以做到波澜不惊(图 3-31(b))。

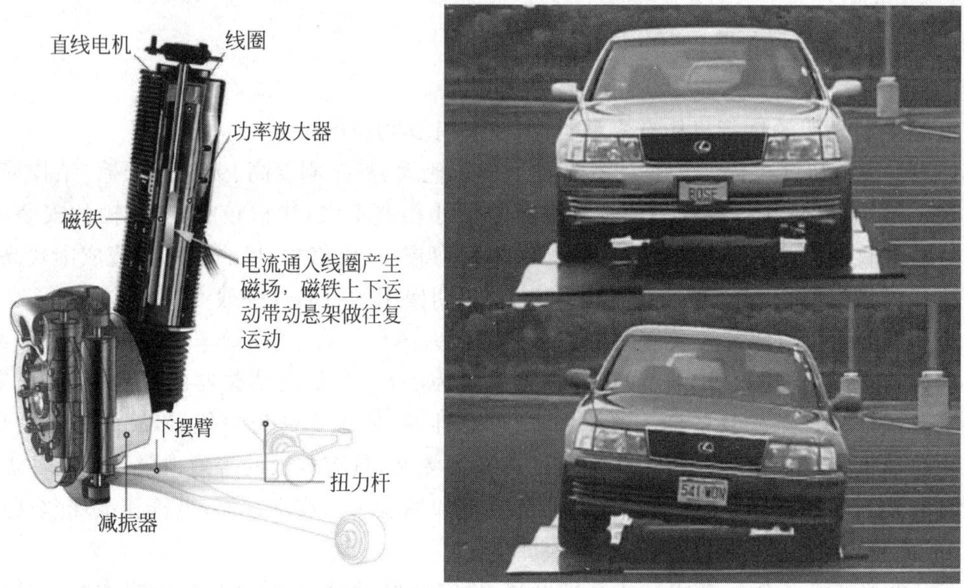

(a) (b)

图 3-31 Bose 电磁主动悬架

(a) 前悬架结构示意图；(b) 安装 Bose 悬架与安装原车悬架的车辆颠簸路面对比图

Bose 安装在 LS400 上的悬架系统中，整车改装下来增重了 200lb(91kg)，这对于整车来说增重过高，不利于节油降耗。并且 Bose 悬架系统成本和功耗也很高，不利于实现量产，最终在 2017 年，ClearMotion 公司收购了 Bose 的主动悬架技术，并表示未来准备实现量产[33]。

ClearMotion 在宝马 5 系上搭载了自研的电磁主动悬架，此种主动悬架是在传统减振器的基础上增加了电动液压泵进行主动控制，用于调节作动器的液压压力，从而调整悬架的升降。核心部件电动液压泵内部由电控系统、电机、内啮合齿轮泵组成，电机转动带动齿轮泵转动，就可以实现调整减振器内部的油液压力大小。ClearMotion 悬架结构如图 3-32(a) 所示。

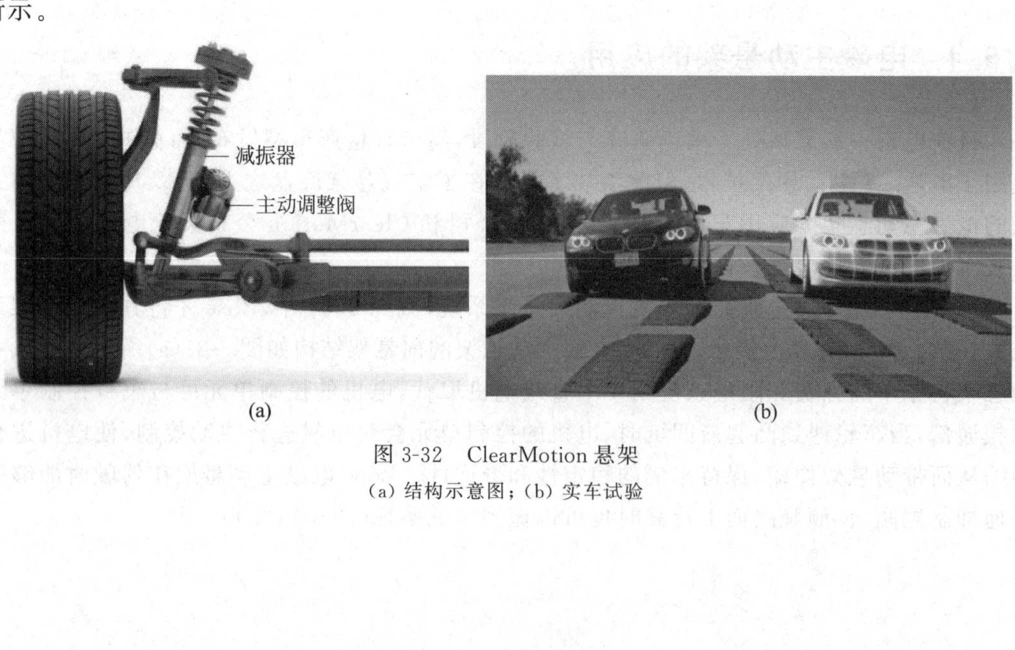

(a) (b)

图 3-32 ClearMotion 悬架

(a) 结构示意图；(b) 实车试验

根据ClearMotion官方的说法，这种悬架只需在原车上做较小的调整即可使用ClearMotion的主动悬架系统，并且成本和重量、耗电量远低于Bose，而且ClearMotion官方表示只需要5ms就能够改变悬架内的油液压力，从而吸收路面振动，保持车身稳定。原车悬架与ClearMotion悬架试验对比图如图3-32(b)所示。

参考文献

[1] 孙建民，周庆辉. 汽车电气及电子控制系统[M]. 北京：机械工业出版社，2016.
[2] YOSHIMURA T. Active Suspension of Vehicle Using Fzzy Logic[J]. Int J of System Science，1996，2：215-219.
[3] KAWAKAMI H. Development of Itegrated System between Active Control Suspension[J]. Active 4WS，TRC and ABS.
[4] 孙晋厚，索双富，肖丽英. 车辆悬架主动控制系统发展现状和趋势[J]. 机械设计与制造，2007(10)：198-200.
[5] 张志超. 基于车辆行驶平顺性的悬架系统研究[D]. 长春：吉林大学，2016.
[6] 金星星. 奔驰E级轿车后悬架总成(2016 Mercedes E350-Coupe)[Z]. 杭州：浙江西格玛车辆悬架有限公司，2021-10-23.
[7] 鲁植雄，冯崇毅. 车辆电子控制技术[M]. 北京：人民交通出版社股份有限公司，2018.
[8] 张进秋，黄大山，姚军. 车辆悬架系统振动控制[M]. 北京：国防工业出版社，2020.
[9] 于海东. 大众车辆·奥迪车辆技术详解及常见故障精析[M]. 北京：化学工业出版社，2019.
[10] 陈新亚. 画解奥迪：揭秘奥迪车辆独门绝技[M]. 北京：机械工业出版社，2018.
[11] 赵景波. 车辆底盘控制系统[M]. 北京：北京大学出版社，2016.
[12] 罗玉涛. 现代车辆电子控制技术[M]. 北京：国防工业出版社，2006.
[13] 王予望. 车辆设计[M]. 北京：机械工业出版社，2008.
[14] 杨保成. 车辆电子控制技术[M]. 北京：机械工业出版社，2021.
[15] 洪展鹏. 车辆主动油气悬架的气液控制系统研究[D]. 成都：电子科技大学，2014.
[16] 喀晶元. 奥迪AI主动悬架技术介绍[J]. 车辆与驾驶维修(维修版)，2020(6)：14-15.
[17] 殷珺，罗建南，喻凡. 汽车电磁式主动悬架技术综述[J]. 机械设计与研究，2020，36(1)：161-168.
[18] 薛玉春. 电动汽车驱动和转向系统的振动与驱动电机的可靠性研究[D]. 长春：吉林大学，2007.
[19] 杨超. 电磁主动悬架直线式作动器优化设计及馈能特性研究[D]. 重庆：重庆大学，2018.
[20] GYSEN B L J. Generalized harmonic modeling technique for 2d electromagnetic problems applied to the design of a direct-drive active suspension system[D]. Eindhoven：Eindhoven University of Technology，2011.
[21] 张勇超. 车辆电磁主动悬架鲁棒控制研究[D]. 上海：上海交通大学，2012.
[22] 曹民，刘为，喻凡. 车辆主动悬架用电机作动器的研制[J]. 机械工程学报，2008，44(11)：224-228.
[23] HUANG K，ZHANG Y C，ZHANG G G，et al. Energy flow analysis and hybrid controller design for non-linear electromagnetic suspension[J]. Proceedings of the Institution of Mechanical Engineers，Part D：Journal of Automobile Engineering，2012，226(2)：169-180.
[24] 王思远. 电磁主动悬架永磁同步直线电机设计与研究[D]. 北京：北京理工大学，2017.
[25] 刘松山. 电磁馈能悬架阻尼特性研究[D]. 长春：吉林大学，2013.
[26] WEEKS D A，BRESIE D A，BENO J H，et al. The design of an electromagnetic linear actuator for an active suspension[J]. SAE Transactions，1999：1264-1274.
[27] 谷成，殷珺，陈辛波. 摇臂推杆式电磁主动悬架的鲁棒控制与优化[J]. 车辆工程，2018，40(1)：

34-40.

[28] ZETTERSTRÖM S. Electromechanical steering, suspension, drive and brake modules [C]// Proceedings IEEE 56th Vehicular Technology Conference. IEEE,2002,3: 1856-1863.

[29] JONASSON M, ROOS F. Design and evaluation of an active electromechanical wheel suspension system[J]. Mechatronics,2008,18(4): 218-230.

[30] 李志成. 汽车馈能悬架的结构选型与性能仿真[D]. 长春: 吉林大学,2009.

[31] 彭冲,李连. 汽车电磁主动悬架的研究现状与发展趋势[J]. 重型车辆,2018(2): 19-21.

[32] FU C, LU J, GE W, et al. A Review of Electromagnetic Energy Regenerative Suspension System & Key Technologies [J]. CMES-Computer Modeling in Engineering & Sciences, 2023, 135 (3): 1779-1824.

[33] 杜庆炜. Bose 主动悬架第二春: 这回真的能量产?[EB/OL]. (2018-07-02)[2023-06-08]. https://www.pcauto.com.cn/tech/1221/12219463_all.html?ad=4222#content_page_3.

第4章

主动悬架相关传感器

主动悬架通过传感器采集车辆运动的相关状态信息，根据行驶路面情况利用外部作动器改变车身高度或进行悬架系统的刚度和阻尼特性调节，以达到提高通过性的同时兼顾汽车的平顺性与操纵稳定性的目的。传感器对获取车辆的外部信息和自身状态信息起着重要作用，车载系统需要根据传感器所提供的车辆运动状态和路面情况自动调整车辆的悬架高度和悬架系统的参数特性，以提供更加舒适和稳定的驾驶体验。

目前多数车辆的主动悬架没有车前地形的感知功能，悬架调控方法大多属于“事后”调节控制，即在车轮受路面激励后根据传感器信息进行悬架调控。受信号采集、通信及作动器响应等影响，系统不可避免地存在控制迟缓、控制效果恶化的问题，对车辆的平顺性产生了较大的影响，同时在调控时需要消耗较多能量，势必引起驾驶成本上升。从相关文献来看，通过增强车辆对路面的环境感知能力，进而有针对性地调整相应的控制目标和控制参数，是提高主动悬架性能的有效手段。

预瞄控制是一种利用预先获取的未来时刻信息提高被控系统综合性能的控制思想。预瞄控制的基本原理是利用相关传感器，超前测得外部扰动，并通过控制器提前给出调节作用，使之最有效地抵消外部扰动引起的车身高度变化与车辆振动。针对悬架调控方法“事后”调节控制的弊端，带有预瞄感知功能的主动悬架被提出，称为预瞄式主动悬架。本章结合预瞄式主动悬架介绍主动悬架相关传感器。

4.1 概　　述

预瞄式主动悬架主要依靠预瞄传感器实现车前地形的提前感知，并采用控制算法消除主动悬架的调节时间滞后现象。根据预瞄信息可用时间和预瞄区域的不同，可将预瞄式主动悬架分为轴间预瞄和轴前预瞄两类。

轴间预瞄将车辆前悬架在行驶时获取的路面高程信息进行延时，将前轮路面激励作为“前馈”信息运用于后悬架作动器的控制，以影响后悬架的状态，达到提升车辆行驶性能的目的。轴间预瞄方式没有实现真正意义上的预瞄，不需要安装预瞄传感器，成本相对较低，其预瞄长度对应车辆的轴距。

轴前预瞄采用预瞄传感器将车前未行驶区域的路面高程提前转化为已知，根据预瞄控制算法使得车辆悬架处于最佳工作状态，从而最大幅度地提升车辆的行驶性能。本书所指的预瞄式主动悬架即为轴前预瞄式主动悬架。轴前预瞄与轴间预瞄相比，其优势在于车辆获取的是整车前方的路面信息，因此不仅可以提高前轮主动悬架系统的性能，还可以为后轮主动悬架的控制提供更充足的时间，进一步改善整车悬架系统的综合性能。

事实上，轴前预瞄的思想长期占据车辆控制工程领域，Thomas B. Sheridan 在 1966 年出版的著作 *Three Models of Preview Control* 中首次提出了有限长度预瞄和无限长度预瞄的基本概念，两者为轴前预瞄的不同类型。有限长度预瞄的有关车前地形高度剖面信息仅在有限区域内提供。由于预瞄传感器测量范围为有限的，因此现实中总是有限长度预瞄。无限长度预瞄的有关车前地形高度剖面信息在无限区域内提供。这种情况在现实中不存在，只用于确定理论研究中的最佳预瞄信号，利用统计学函数生成路面高程信息，作为悬架系统的控制仿真模型输入。

随着近些年来传感器领域的技术进步与突破，结合路面预瞄数据与主动悬架控制方法将进一步提高悬架系统的性能，极具发展潜力和研究意义。预瞄式主动悬架技术实现的难点在于匹配具有相应预瞄功能的传感器，虽然已从理论和实验研究上证明了预瞄控制算法的有效性，但是这种算法需要提前获取路面的扰动信号，就必须有相应的测量装置。主流研究中，一般在车辆前部设置有专用的非接触式传感器（如激光雷达、毫米波雷达或摄像机等），它们能测量出前方道路的状态，然后将测得的信息传送至控制系统，控制系统处理数据并且将调控信号分别送至相应的执行机构中，实现主动悬架的控制。使用这种预瞄方式能在不改变车辆构造的情况下，实现对路面高程信息的提前获取，控制系统能对此做出及时的响应，有效降低作动器的作用延迟时间，提高预瞄式主动悬架的性能。

4.1.1 预瞄式主动悬架的发展历程

1968 年，美国人 Bender[1] 等首次提出了预瞄控制的思想，将车辆前轮处的路面信息融入控制器设计中，使悬架系统在遭遇路面冲击之前提前做出准备，并在车辆经过该路面时及时做出响应。以此为基础，郭孔辉等[2] 采用轴距预瞄的主动悬架控制方法，降低了悬架动行程、轮胎动位移均方根值 20%～30%。2014 年，香港大学的 Li 等[3] 设计了基于 H_2/H_∞ 多目标优化的主动悬架轴距预瞄控制方法，仿真结果表明，该方法最大可消减垂向加速度 27%，消减俯仰角加速度 60%。类似的还有澳门大学的 Wong[4]、上海交通大学的庄德军等[5] 的相关研究。受预瞄控制思想的启发，德国人 Ahmed 等尝试采用激光雷达、双目视觉等传感器对路面进行扫描，并通过离线仿真分析了基于车前地形的悬架调控可行性[6-8]。研究表明，路面高程地形的实时探测恰恰弥补了车辆主动悬架控制方法中路面激励信息在线获取难、悬架调控滞后的问题。2018 年，奔驰公司[9] 将基于车前路面扫描的泵控主动悬架调控技术成功应用于其新的 GLE 车型上，提高了车辆的乘坐舒适性和抗侧翻安全性。2019 年，北京理工大学的秦也辰、慕尼黑理工大学的 Rath 等[11] 依据路面的频谱特征，通过神经网络分类器将路面分为 3 类，分别设计与之对应的滑模控制器来实现主动悬架的调控。2020 年，韩国首尔国立大学的 Kwon 等[12] 依据车身加速度、车速、油门/转向/制动等操纵信号将车辆行驶工况划分为颠簸路面、高速直行、高速转向、姿态调平等 6 种模式，以此设定期望的车身高度作为悬架调控目标。2020 年，Tenneco 欧洲车辆公司和斯洛伐克技术大学[12] 以天纳克 SUV 为对象，采用安置于车身的惯性测量单元和激光雷达探测路面环境并生成高程信息序列，经过实时调控，大幅降低了车身的颠簸。

目前国内外对预瞄式主动悬架的控制算法研究较多，验证了其对于提升车辆悬架性能的重要意义，但是预瞄地形的传感器实现及路面高程信息的获取算法研究有很大空白，即使有相关论文发表，也只是提到使用的传感器类型，对于具体的数据处理细节没有详述。

4.1.2　预瞄式主动悬架的工作原理

预瞄式主动悬架通过安装在车辆上的传感器感知车辆前方路面的起伏情况，进而由主动悬架控制器根据路面起伏情况实时调节悬架系统的工作状态，从而提高车辆行驶的平顺性。

结合路面探测与感知技术，使主动悬架拥有预瞄功能，则需要完成以下工作：先要选取合适的用于获取车前地形的传感器，再根据传感器采集的原始数据生成预瞄的车前地形激励信号的算法，最后结合预瞄的车前地形激励信号设计主动悬架系统的控制策略。预瞄信息的这种时间优势可以早期有效地影响车辆悬架系统的状态，进而使悬架有更多的准备时间来响应路面激励[13]。

图 4-1 为有、无预瞄功能的车辆对比。由图可见非预瞄式车辆在行驶过程中，无法有效结合未知路面信息实现主动控制，只能依靠车辆现有的运动状态。在接收到车辆运动反馈后，实时调节系统的参数，这种方法具有较大的滞后性，不能适应对车辆控制性能越来越高的要求。而预瞄式车辆在行驶过程中，可将车载传感器获取的加速度、角速度和位姿等信号作为系统的状态信息，通过激光雷达或者视觉传感器提前获取车前地形信息，由电控单元对信息进行处理后向执行器发送控制指令，并设计闭环控制器将得到的道路高程信息与车辆状态信息输入系统对悬架进行实时控制。

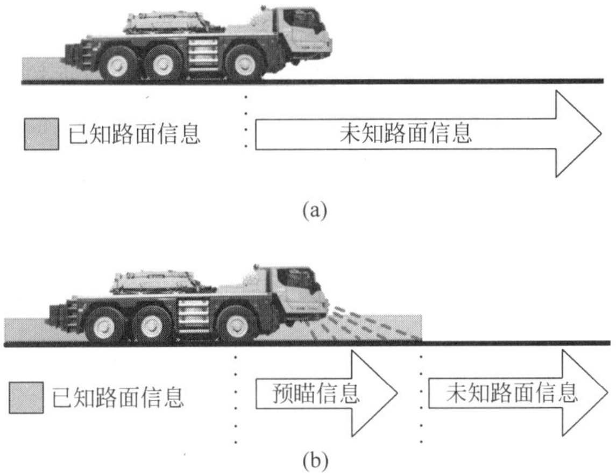

图 4-1　有、无预瞄功能的车辆对比
(a) 非预瞄式车辆；(b) 预瞄式车辆

4.1.3　主动悬架相关传感器的分类

主动悬架通过多种传感器获取控制系统所需要的信息，结合预瞄感知功能，在主动悬架控制领域，根据测量对象的不同可将所用传感器分为感知外部环境和检测自身状态两类[14]，见图 4-2。

- 主动悬架相关传感器
  - 感知外部环境
    - 感知传感器
      - 激光雷达
      - 毫米波雷达
      - 相机
      - ……
    - 定位传感器
      - GPS
      - ……
  - 检测自身状态
    - 车高传感器
    - 车速传感器
    - 压力传感器
    - 转角传感器
    - ……

图 4-2 主动悬架相关传感器的分类

感知外部环境的传感器主要用于感受外界刺激，获取外部环境信息，主要包括感知传感器和定位传感器两类。感知传感器是指获取周围环境信息的传感器，主要有激光雷达、毫米波雷达和相机等；定位传感器是确定载体在环境中位置的传感器，典型的定位传感器如全球卫星导航系统(global positioning system，GPS)。

检测自身状态的传感器主要用于测量车辆的行驶状态，常用的有车高传感器、车速传感器、压力传感器和转角传感器等。这些传感器担负着信息的采集和传输任务，它们大多是被动的，需要外加电源才能产生信号。

由于预瞄式主动悬架系统是根据各类传感器对路面的检测结果来提前调节悬架状态的，所以它比常规主动悬架系统更依赖传感器的作用，传感器数据检测的准确性和实时性对预瞄式主动悬架的控制效果至关重要。可以说，传感器技术从根本上决定并制约着主动悬架控制技术的发展。每种传感器都有各自的特点，单一的传感器往往无法有效地完成状态检测和环境感知任务，所以预瞄式主动悬架系统往往采用多传感器信息融合技术，利用多种传感器来协同工作。

4.2 激光探测及测距系统

激光探测及测距系统(light detection and ranging，LiDAR)简称激光雷达，是以发射激光脉冲探测目标位置及方位等特征量的雷达系统。这个概念最早由 Bachman 和 Jelalian 提出[15]，它清晰地描述了激光的使用过程：激光发射器发出近红外波段的激光脉冲，经过地面反射和散射后，激光接收器记录返回的激光脉冲，这个过程的时间可以精确到 0.1ns，再根据光速就可以准确地计算出所测的距离。在该过程中，位于 LiDAR 模块内部的传感器将被目标反射的光束收集，通过激光返回时间与波长的差异将目标的信息以三维数据的形式记录下来。与传统的雷达和声呐等遥感技术相比，LiDAR 提高了传感器的测量精度。使用高精度的激光可以允许 LiDAR 将目标物体或者环境的特征以固态物理对象的点云形式显示出来，具有较好的目标探测和识别能力[16]。

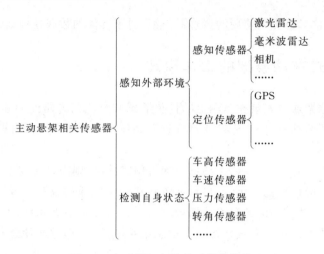

4.2.1 激光雷达的组成

激光雷达作为一种光学机械扫描装置，其激光光束包括发射光和接收光两种。所有的激光雷达借助传感器与照射地面点之间的距离来进行测量工作。

激光雷达可分为激光发射系统、激光接收系统、激光扫描系统及相应的电控信息处理系统四部分。其中，激光发射系统和激光接收探测系统又可以合成激光测距系统[17]。图4-3为一个完整的激光雷达组成。

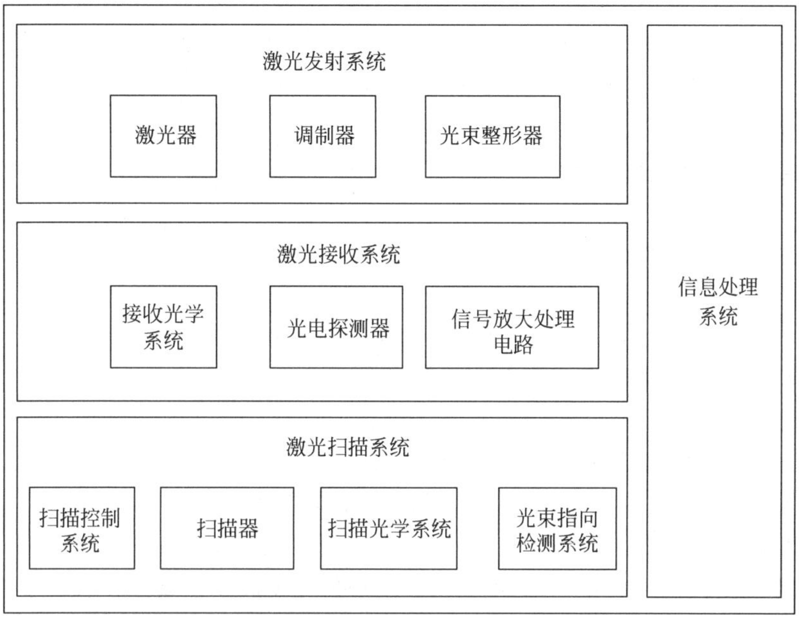

图4-3 激光雷达的组成

1. 激光发射系统

激光发射系统的核心元件是激光器，激光器能够发射高功率、高频率的激光束，通常采用半导体激光器或固体激光器。调制器通过光束整形器控制发射激光的方向和线数。激光发射系统负责将激光束聚焦成一束细小的光束，以便将激光束精确地照射到目标物体上。

2. 激光扫描系统

激光扫描系统主要是由控制电路组成的扫描控制系统、扫描器、扫描光学系统及光束指向检测系统。负责控制激光器的发射和接收，以及激光束的聚焦和扫描，使激光雷达以稳定的转速旋转起来，从而实现对所在平面的扫描，并产生实时的平面图形信息。

3. 激光接收系统

激光接收系统由接收光学系统、光电探测器和信号放大处理电路组成，其中的接收光学系统由望远镜和物镜组成，负责接收目标物体反射回来的激光信号，其性能直接影响激光雷达的角度和分辨率。光电探测器接收目标物体反射回来的激光信号，产生的接收信号经过信号放大与处理电路转化为电信号。

4. 信息处理系统

信号处理系统其负责对接收到的激光信号进行处理和分析，提取目标物体的位置、距离、速度等信息，并将其传递给用户系统进行下一步处理。

激光雷达在工作时，激光器在电脉冲的激励下向空间发射预定周期的高频窄脉冲，并由发射控制系统将不同的激光光束分散后按照不同的扫描角度发射到外界环境。光线在前进的过程中若遇到障碍物，接收光学系统会接收障碍物反射回来的激光信号，并将其还原成电信号[18,19]。与发射信号进行比较，可获得周围环境的距离、高度、速度、形状和姿态等相关信息，从而实现对周围环境目标的识别、探测和跟踪。

4.2.2 激光雷达的特点

激光雷达由于使用的是激光束，工作频率高，具有以下特点。

1）方向性强

激光束的发散角很小，一般约为 0.18°，这比普通光和微波的发散角小 2～3 个数量级。因此，其立体角极小，一般可以小至 10^{-8} rad。

2）单色性好

激光发射器中的谐振腔起到了选频和限制频率宽度的作用，光源发射光具有很窄的光谱范围，这是因为光源发射光的光谱范围越窄，光的单色性就越好。

3）亮度高

激光能量在空间高度集中，其亮度比普通光源的亮度高百万倍。

4）相干性好

激光是受激辐射形成的，对于各个发光中心发出的光波，其传播方向、振动方向、频率和相位均完全一致，因此激光具有良好的时间和空间相干性。

5）测量精度高

(1) 角分辨率高。由于激光的波长很短，因此当光学接收系统的孔径很小时，也会得到较高的角分辨率，而且频率稳定度能做到很高，可实现高灵敏度外差接收。

(2) 速度分辨率高。意味着激光雷达有更宽的测速范围。当被检测物体对于激光雷达有相对速度时，便会产生多普勒频移，由于激光的波长短，使多普勒频率灵敏度高，从而提高了激光雷达的速度分辨率。

(3) 距离分辨率高。由于激光的脉冲宽度能够达到皮秒量级，激光的能量比较集中，因此距离分辨率较高，可达到毫米量级[20]。

4.2.3 激光雷达的测距原理

激光雷达的测距原理是通过测算激光发射信号与激光回波信号的往返时间计算出目标的距离。测距开始时由激光雷达发出激光束，激光束经目标障碍物反射后被系统接收和处理，通过测量反射光的运行时间来确定目标的距离。至于目标的径向速度，既可以由反射光的多普勒频移来确定，也可以测量两个或多个距离，并计算其变化率而求得速度，这也是激光雷达的基本工作原理。

激光雷达的典型测距技术主要有相位测量法、脉冲测量法和三角测量法等。

1. 相位测量法

相位测量法测量接收信号与物体表面散射信号之间的相位，用于连续发射的激光，也就是连续波激光。相位测量法大部分采用脉冲式激光，脉冲式激光是能输出高能量的固体激光，主要从氙脉冲管和激光二极管等激光发生器中汲取光源。

相位测量法的测量原理如图 4-4 所示，主要包括以下过程：①激光发射，在发射脉冲的作用下，激光器发出一个极窄脉冲(约几纳秒)，通过反射镜的转动反射出去，同时，激光信号被取样而得到激光主波脉冲，获得的激光信号的波长为 2π，相位为 $\Delta\varphi$；②激光探测，通过同一个扫描镜和望远镜收集地面反射回来的激光回波信号，并转换为电信号；③延时估计，对不甚规则的回波信号进行相应的处理，估计出对目标测距的可能时延，给出回波脉冲信号，该脉冲信号的时延就代表了目标回波的时延；④时间延迟测量，通过距离计数等方法测量出激光回波脉冲与激光发射主脉冲之间的时间间隔。

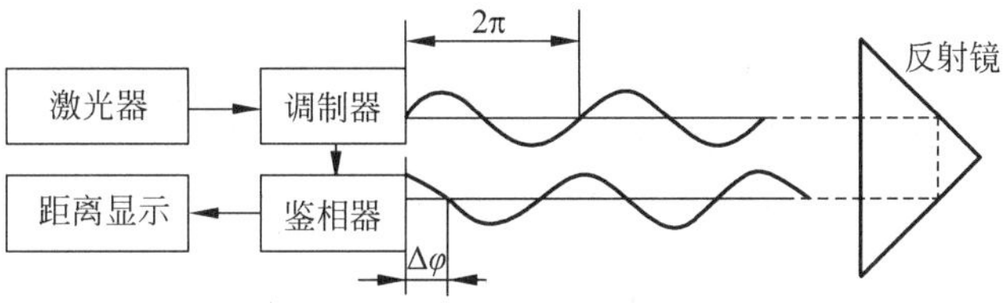

图 4-4　相位测量法测量原理

相位测量法在测量时需要根据最大测程来选择调制频率。当所设计的系统测相分辨率一定时，选择的频率越小，得到的距离分辨率越高，测量精度也越高，即在单一调制频率的情况下，大测程与高精度是不能同时满足的。

相位测量法通常适用于中短距离的测量，测量精度可达毫米级或微米级，也是目前测距精度最高的一种方式，大部分短程测距仪采用这种工作方式。但是由于相位式测距发射的激光为连续波，使得它的平均功率远低于脉冲激光的峰值功率，因而无法实现远距离目标的探测。

2. 脉冲测量法

脉冲测量法又称飞行时间法(ToF)，按照测距原理可以分为直接法和间接法两种。直接法(dToF)直接使用激光脉冲对激光雷达和被测量物体之间的距离进行测量。间接法(iToF)通过调制器将激光调制成三角波形，然后利用接收到的波形与发射时波形之间的相位差推测出激光雷达和被测量物体之间包含了多少个相位距离，再间接推断出两者之间的直线距离。

脉冲测量的直接法所使用的激光脉冲峰值功率更大，可以在空间中传播很长的距离，能够对很远的目标进行测量，其原理如图 4-5 所示。测距开始时，激光发射系统经过发射单元发射一个激光脉冲,并记录下此时的发射时间 t_{trs}; 激光脉冲在介质中传播,遇到目标后发生反射,然后再经过介质返回激光雷达处,接收单元捕获回波信息,并记录下此时的接收时间 t_{rec},根据上述参数及激光在真空中的光速 c_0 及光在相应传播介质中的折射率 n,可按式(4-1)计算出距离信息:

$$L=\frac{1}{2n}c_0(t_{trs}-t_{rec}) \tag{4-1}$$

式中 L——激光雷达传感器与障碍物之间的距离,m;
n——测距时激光在传播介质中的折射率,常数;
c_0——真空中的光速,m/s;
t_{trs}——发射单元记录下的发射时间,s;
t_{rec}——接收单元记录下的接收时间,s。

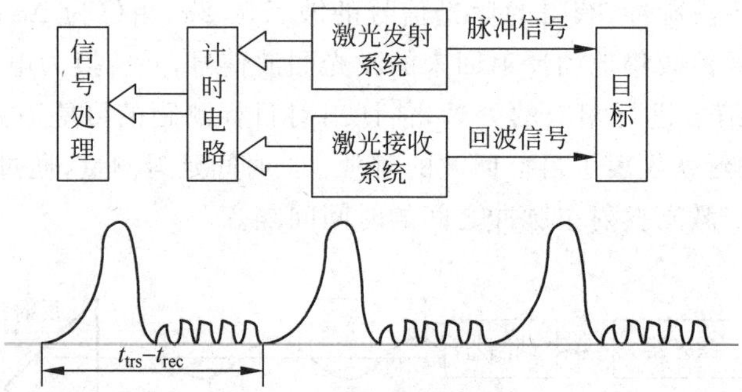

图 4-5 脉冲式激光测距原理

脉冲测量法通常使用高峰值激光进行测距,因此该测距方法具有速度快、抗干扰能力强的优点;同时由于使用光速直接进行测量,因此对电路设计及计时系统的要求非常高,分辨率难以提高。该测距方法的精度取决于脉冲信号的上升沿、接收通道带宽、探测器信噪比和时间间隔精确度。

3. 三角测量法

三角测量法是由光源、被测物面、光接收系统三点共同构成一个三角形光路,自激光器发出的光线,经过会聚透镜聚焦后入射到被测物体表面上,光接收系统接收来自入射点处的散射光,并将其成像在光电位置探测器敏感面上,通过光点在成像面上的位移来测量被测物面移动距离的一种测量方法。

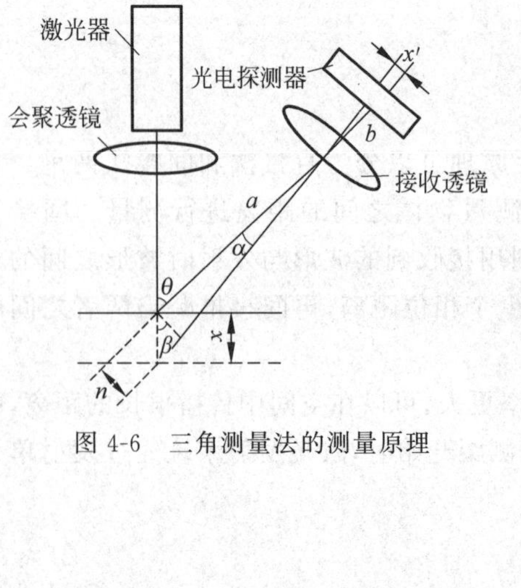

图 4-6 三角测量法的测量原理

激光雷达三角测量法的测距原理如图 4-6 所示,激光器发射激光经过会聚透镜被待测平面反射后,通过接收透镜成像在光电探测器上。由于激光器和光电探测器间隔了一段距离,所以依照光学路径,不同距离的物体将会成像在不同的位置。按照三角公式 $x=\dfrac{ax'}{b\sin\theta-x'\cos\theta}$进行计算,就能推导出被测物体的变形量或位移距离。

三角测量法可实现对被测物体的高精度、非接触测量，同时因其设计方案成熟，批量生产使用三角测量法的激光雷达时，成本可以降到很低的水平。此外，因为三角测量法使用并列布置的平行轴光路，雷达的外观可以做得比较低矮，能够用于机体高度受限的场合。但该方法测量时光强不集中，对被测物体表面的散射性能要求较高，所以测量范围小、分辨率不高。由于三角测量法实际使用的不稳定性，导致其在工业领域的应用受到很大限制。

4.2.4　激光雷达的分类

激光雷达形式多样，组成和原理各有不同，可以按照多种方式进行分类。其中，最主流的分类方式是根据激光线束和扫描原理进行分类。

1. 按激光线束分类

1）单线激光雷达

单线激光雷达是指扫描一次只产生一根扫描线的激光雷达。其所获得的数据是二维数据，只能扫描到一个平面，因此无法区别有关目标物体的三维信息，所获取的环境信息有限。不过，单线激光雷达测量速度快、数据处理量少、成本低，所以在距离测量上得到广泛应用。

2）多线激光雷达

多线激光雷达是扫描一次可产生多根扫描线的激光雷达。多线激光雷达采用电源保存技术，使得探测距离达到 200m，这样可以保证车辆在正常行驶时车前路面得以扫描完全，即使在恶劣天气条件下，也能保持较高的可靠性和持续性。多线激光雷达每次测量时都会处理多次回波，通过增加对每个目标探测的回波次数，使得测量结果能可靠地还原被测物体。

常用的激光雷达扫描线束有 4 线、8 线、16 线、32 线及 64 线等，如图 4-7 所示。一般在无人车的车顶安装的核心雷达为 32 线或者 64 线，凭借其 360°旋转测量及信息量丰富等优势，深受无人车研究者的喜爱。

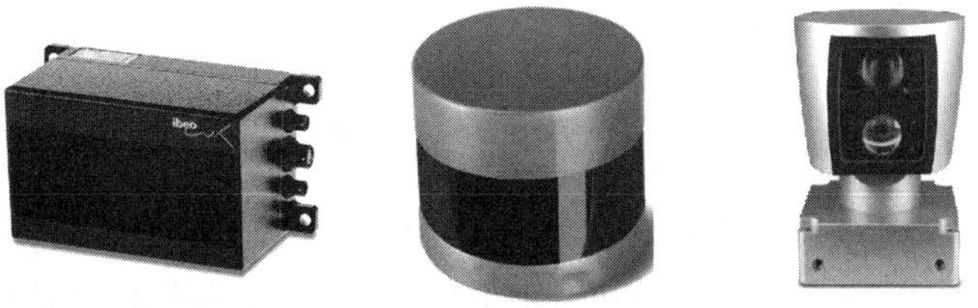

(a)　　(b)　　(c)

图 4-7　各种多线激光雷达

(a) Ibeo 4 线；(b) Velodyne 16 线；(c) Velodyne 64 线

多线激光雷达在工作时同时发射多束脉冲束，脉冲束越多，精度越高，分辨率也越高，扫描到的物体的三维信息就越详细。图 4-8 为 Ibeo-Lux2010 4 线激光雷达，其在工作中同时发出垂直角度为 0.8°的 4 条激光束，点云密度是单线激光雷达的 4 倍，数据量丰富，还原地形的效果比较好。因此，多线激光雷达广泛应用于智能车辆领域。

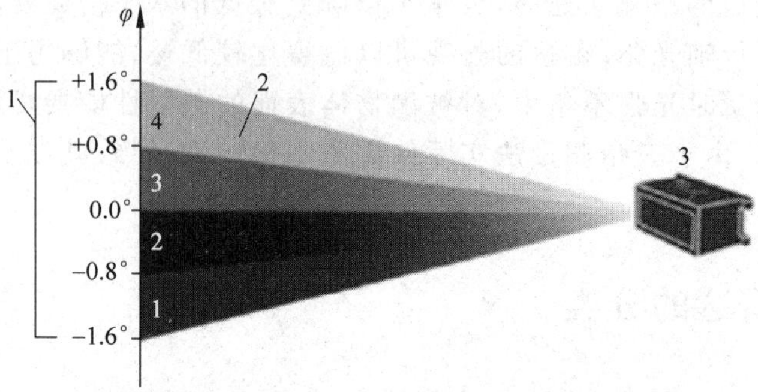

1—扫描线的垂直张角；2—扫描层；3—激光雷达。

图 4-8 Ibeo-Lux2010 扫描层

2. 按扫描原理分类

1）机械式激光雷达

机械式激光雷达(图 4-9)采用机械扫描方式，通过伺服电机带动含有转镜和光电旋转编码器的单点或多点测距模块旋转，实现大角度扫描。激光源发射的激光被旋转的转镜反射向物体表面，经由物体表面反射的激光由接收器接收，光电旋转编码器能计算出在这一过程中旋转的角度。这种方式最为直接，技术难度也最小，所以机械式激光雷达能够最先获得应用。

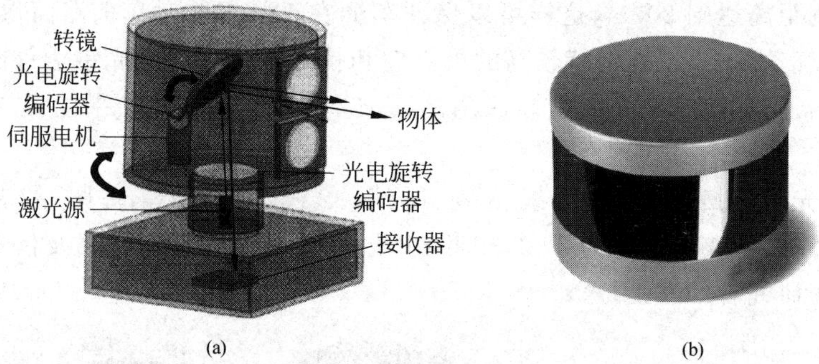

图 4-9 机械式激光雷达

(a) 结构图；(b) 实物图

考虑到镜片、机械结构、电路板等因素，多点测距模块通常无法在尺寸和重量上进行优化，因此电机带动模块进行长时间旋转时，轴承极易损耗，使得传统机械扫描在可靠性和损耗增加的成本方面存在较大的问题。

2）固态混合式激光雷达

机械式激光雷达在工作时发射系统和接收系统会一直进行 360°的旋转。而固态混合式激光雷达(solid-state hybrid LiDAR)工作时，单从外观上是看不到旋转的，其巧妙之处是将机械旋转部件做得更小巧并隐藏在外壳之中。

固态混合式激光雷达采用飞行时间(ToF)测量,通过光速可以确定精确的距离。与传统的激光雷达测距系统采用转镜转动扫描的方式不同,它利用微机电系统(micro electro mechanical system,MEMS)可以直接在硅基芯片上集成体积十分精巧的MEMS振镜,并通过其来反射激光器的光线,如图4-10所示,从而实现微米级的运动扫描,这在宏观上看不到任何机械旋转部件。

(a)　　(b)

图 4-10　MEMS 振镜示意图

(a) 固态混合式激光雷达;(b) MEMS 振镜

图4-11所示的是一个典型的固态混合式激光雷达结构示意图。固态混合式激光雷达仅需要一束激光光源,通过一面MEMS振镜来反射光线,两者采用微秒级的频率协同工作,通过探测器接收反射光线达到对目标3D扫描的目的。与具有多组芯片组的机械式激光雷达的结构相比,固态混合式激光雷达采用单组MEMS振镜+单束激光光源,体积减小的效果是显而易见的。

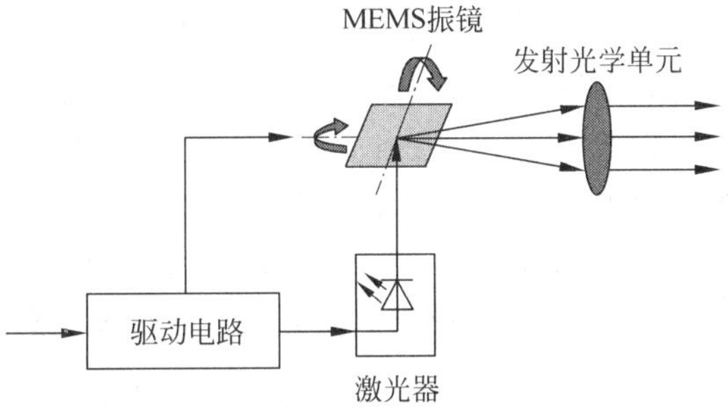

图 4-11　MEMS 激光雷达结构示意图

由于MEMS振镜普遍很小(亚毫米到若干毫米),太大的振镜振动会造成频率降低,因此固态混合式激光雷达不适用于快速扫描。MEMS激光雷达的另外一个问题是,依然有可能会有较为复杂的光路,如扩束,振镜扫描角度通常不会特别大(几度到60°范围都有),做大角度的扫描时需要加扩束镜头。

3) 固态激光雷达

近年来,基于智能系统的新型激光雷达开始出现固态化、小型化和低成本的趋势。固态化技术无疑是新型激光雷达发展的重要方向。纯固态激光雷达大体分为光学相控阵激光雷达和面阵成像激光雷达两类。在智能车辆上使用较多的是光学相控阵激光雷达。

光学相控阵激光雷达如图4-12所示,是一种主动成像式系统,采用近红外波长激光作为探测载波。通过调节发射阵列中每个发射单元的相位差,从而使得激光器发出的激光通过发射透镜后发生偏转来改变激光的出射角度，最终由对应的接收透镜接收反射回来的激光。通过对激光的反射回波进行处理，以确定目标的距离、反射强度等数据。

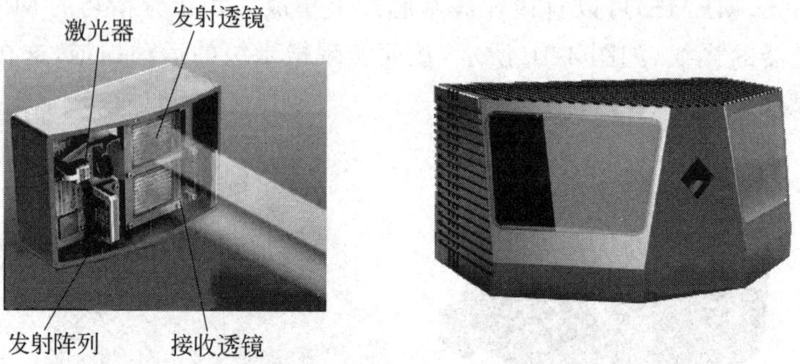

(a) (b)

图 4-12　光学相控阵激光雷达

(a) 结构图；(b) 实物图

4.2.5　激光雷达的应用

激光雷达大多被安装在移动载体上，同时具有地面、机载和车载等方向的应用。激光雷达通常用于制作高分辨率的数字地图，应用于大地测量学、地球学、考古学、地理学、地质学、地貌学、地震学、林业、大气物理学、激光制导、机载激光扫描测绘和激光测高等方面。

激光雷达在无人驾驶车辆中能够根据扫描到的点云数据快速绘制 3D 全景图形。当激光雷达发现障碍物时，会控制车辆减速或停车，并重新选择安全路线继续前进。通过激光扫描可以得到车辆周围环境的 3D 模型，运用相关算法比对上一帧和下一帧环境的变化可以较容易地探测出周围的车辆和行人。在无人驾驶车辆的车顶上安装可旋转的激光雷达传感器，可实时勾勒出车辆周围 360°范围内的 3D 街景，以帮助车辆“观察”周围环境，再根据相应的算法判断周围环境从而做出相应的反应。激光雷达的环境识别效果如图 4-13 所示。

图 4-13　激光雷达的环境识别效果图

激光雷达的另一大应用领域是同时定位与地图创建（simultaneous localization and mapping，SLAM），实时得到的全局地图通过和高精度地图中的特征物比对，可以实现导航及提高车辆的定位精度。结合激光雷达和摄像头可以获取高精度地图，如图 4-14 所示。用于采集高速自动驾驶（highly automated driving，HAD）级别高精度地图数据的采集车，通过在顶部装配如图 4-15 所示的激光雷达和摄像头的方式来满足所需要的 10 厘米级别精度。这种方式能够完成道路信息的三维模型搭建并且不断更新,因为随着自动驾驶程度的提高,对实时性的要求也更高。

图 4-14 高精度地图

图 4-15 数据采集车

4.3 全球卫星导航系统

全球卫星导航系统(global navigation satellite system,GNSS)泛指所有的卫星导航系统,凡是可以通过捕获跟踪其卫星信号实现定位的系统,均可纳入 GNSS 系统的范围。GNSS 的主要构成是各个全球卫星导航系统,如美国的全球定位系统(global positioning system,GPS)、俄罗斯的格洛纳斯系统(global navigation satellite system,GLONASS)、中国的北斗卫星导航系统(BeiDou navigation satellite system,BDS)、欧洲的伽利略卫星导航系统(Galileo satellite navigation system,GALILEO)及相关的增强系统等,还涵盖在建和要建设的其他卫星导航系统。国际 GNSS 作为多系统、多层面、多模式的复杂组合系统,随着全球导航卫星数量的增加,其定位精度、定位速度和可靠性都将大幅提高[21]。

GNSS 通过对卫星发射出的无线电信号进行被动测距来确定位置,其本质是一种利用空间交会进行定点测量的无线电导航系统,也是目前应用最广泛的无线电导航系统。GNSS 可对用户进行位置、速度和时间的解算,从而向全球用户提供完好性、可用性、连续性与稳定性较高的定位、导航与定时服务。该系统的定位导航精度较高,所使用的设备简单、成本低廉,响应速度快,但是电波容易受干扰,甚至导航台或基站容易被摧毁,在军事应用上存在明显的不足。

全球定位系统(GPS)是美国国防部研制和维护的一种具有全方位、全天候、全时段、高精度的卫星导航系统。GPS 自 1964 年投入使用,至今已经成为当今世界上应用最广泛的全球精密导航、指挥和调度系统,因此本节以 GPS 为例进行介绍。

4.3.1 GPS 的组成

GPS 由空间卫星、地面监控和用户设备三部分组成,三者有各自独立的功能和作用,但又互相配合形成有机的整体,如图 4-16 所示。

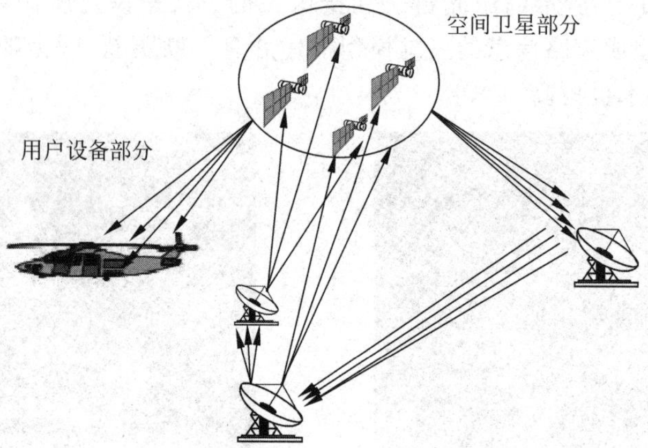

图 4-16 GPS系统架构图

1. 空间卫星部分

空间卫星部分又称 GPS 卫星星座，由 21 颗工作卫星和 3 颗 GPS 在轨备用卫星组成。这 24 颗卫星均匀分布在 6 个轨道平面内，轨道倾角为 55°，各个轨道平面之间相距约 60°，每个轨道平面内的各颗卫星之间的升交角距相差 90°。这种卫星分布方式，保证了在地球上任何地点、任何时候都能见到 4 颗以上的卫星，并能保持良好的定位精度，以减小相对误差(dilution of precision，DOP)，在时间、空间上提供了连续导航定位能力。

GPS 卫星的基本功能包括：接收和存储由地面监控站注入的导航信息，接收并执行监控站的控制指令；卫星上的微处理机进行必要的数据处理；通过星载高精度原子钟提供精密的时间标准；向用户发送导航和定位信息；在地面监控站的指令下，通过推进器调整卫星姿态和启用备用卫星。

2. 地面监控部分

GPS 的地面监控部分包括 1 个主控站、3 个注入站和 5 个监测站。主控站位于科罗拉多空军基地，用来收集监控站的跟踪数据、计算卫星轨道和钟差参数，并将这些数据发送至各注入站，同时诊断卫星的工作状态并对其进行调度。注入站用于将主控站发送来的卫星星历和钟差信息注入卫星。监测站的作用在于对 GPS 卫星进行连续观测，采集数据和监测卫星的工作状况，并收集当地的气象资料，然后把所有观测资料传送到主控站以确定卫星的精密轨道。整个 GPS 地面监控部分，除主控站外均无人值守，各站之间用现代化的通信系统联系，各项工作高度自动化。

3. 用户设备部分

用户设备部分包括 GPS 接收机硬件、数据处理软件和微处理机及其终端设备等，车载、船载 GPS 导航仪，内置 GPS 功能的移动设备，GPS 测绘设备等都属于 GPS 用户设备。GPS 信号接收机是用户设备部分的核心，主要功能是捕获按一定卫星高度截止角所选择的待测卫星的信号，并跟踪这些卫星的运行，对所接收到的 GPS 信号进行变换、放大和处理，以便测量出 GPS 信号从卫星到接收机天线的传播时间，解译出 GPS 卫星所发送的导航电文，实时地计算出观测站的三维位置，甚至是三维速度和时间。

4.3.2　GPS 定位原理

GPS 定位原理类似于测量学中的空间距离后方交会，即以 GPS 卫星和用户接收机天线之间的距离（或距离差）的观测量为基础，根据已知的卫星瞬时坐标，确定用户接收机天线所对应的点位。由此可见，GPS 定位的关键是测定用户接收机天线至 GPS 卫星之间的高度，其方法主要有伪距测量法和载波相位测量法[22]。

1. 伪距测量法

伪距测量法定位是由 GPS 接收机在某一时刻测出 4 颗以上 GPS 卫星的伪距及已知的卫星位置，采用距离交会的方法求定接收机天线所在点的三维坐标。由于卫星钟、接收机钟的误差及无线电信号经过电离层和对流层中的延迟，所以实际测出的距离 ρ' 与卫星到达接收机的几何距离 ρ 有一定的差值，因此一般称量测出的距离为伪距。

GPS 系统涉及的时间有钟面时和 GPS 系统时，其中钟面时包括卫星钟面时和接收机钟面时。设卫星发送 GPS 信号的卫星钟面时为 t_s、GPS 系统时为 t^t；接收机接收到该信号的接收机钟面为 t_r、GPS 系统时为 t^r，则卫星钟差、接收机钟差分别为

$$\Delta t_s = t_s - t^t, \quad \Delta t_r = t_r - t^r \tag{4-2}$$

信号传播时间、卫星至接收机的距离分别为

$$\tau = t^r - t^t, \quad R = c(t^r - t^t) \tag{4-3}$$

式中　c——真空中的光速。

实际上只能测得 GPS 信号发射时刻的卫星钟面时 t_s 和接收该信号的接收机钟面时 t_r，所得观测量为

$$\tau' = t_r - t_s \tag{4-4}$$

根据式(4-2)～式(4-4)，考虑电离层延迟、对流层延迟及多径延迟等误差，则有

$$\tau' = t^r - \Delta t_r - (t^t + \Delta t_r) + \Delta t_{ion} + \Delta t_{tro} + \Delta t_{mp} \tag{4-5}$$

$$\begin{aligned} PR &= c'_{\tau} = c(t^r - t^t) + c\Delta t_r - c\Delta t_s + c\Delta t_{ion} + c\Delta t_{tro} + c\Delta t_{mp} \\ &= R + c\Delta t_r - c\Delta t_s + c\Delta t_{ion} + c\Delta t_{tro} + c\Delta t_{mp} \end{aligned} \tag{4-6}$$

其中，PR 是含误差的距离（卫星与接收机）观测量值，简称伪距；Δt_s 是卫星钟钟差，其修正参数由卫星发播的导航电文提供给用户；Δt_r 是接收机钟差，通过定位解算算法求得；Δt_{ion} 是 GPS 信号的电离层传播延迟，通过导航电文提供的电离层模型的参数修正；Δt_{tro} 是对流层传播延迟，这部分误差可修正其中的 98%；Δt_{mp} 是多径效应引起的误差，与接收机所处的环境有关。

综上所述，式(4-6)中只有接收机的三维位置和 Δt_r 为未知数，因此，求解接收机的位置需要至少 4 颗以上的卫星。

2. 载波相位测量法

伪距测量法是全球定位系统的基本测距方法，然而，对于一些高精度应用来讲，其测距精度显得过低，无法满足需要。如果把载波作为测量信号，由于载波的波长短，就可以达到很高的精度。但载波信号是一种周期性的正弦信号，而相位测量又只能测定其不足一个波长的部分，因而存在整周数不确定性的问题，使解算过程变得比较复杂。

在进行载波相位测量以前，首先要进行解调工作，设法将调制在载波上的测距码和卫星电文去掉，重新获取载波，这一工作称为重建载波。重建载波一般可采用两种方法：一种是码相关法，另一种是平方法。采用前者，用户可同时提取测距信号和卫星电文，但用户必须知道测距码的结构；采用后者，用户无须掌握测距码的结构，但只能获得载波信号而无法获得测距码和卫星电文。

载波相位测量的观测量是GPS接收机所接收的卫星载波信号与接收机本振参考信号的相位差。以 $\varphi_{\mathrm{k}}^{\mathrm{j}}(t_{\mathrm{k}})$ 表示k接收机在接收机钟面时刻 t_{k} 时所接收到的j卫星载波信号的相位值，$\varphi_{\mathrm{k}}(t_{\mathrm{k}})$ 表示k接收机在钟面时刻 t_{k} 时所产生的本地参考信号的相位值，则接收机在接收机钟面时刻时观测，卫星所取得的相位观测量可写为

$$\Phi_{\mathrm{k}}^{\mathrm{j}}(t_{\mathrm{k}})=\varphi_{\mathrm{k}}(t_{\mathrm{k}})-\varphi_{\mathrm{k}}^{\mathrm{j}}(t_{\mathrm{k}}) \tag{4-7}$$

通常的相位或相位差测量只是测出一周以内的相位值。实际测量中，如果对整周进行计数，则自初始取样时刻 t_0 后就可以取得连续的相位测量值。

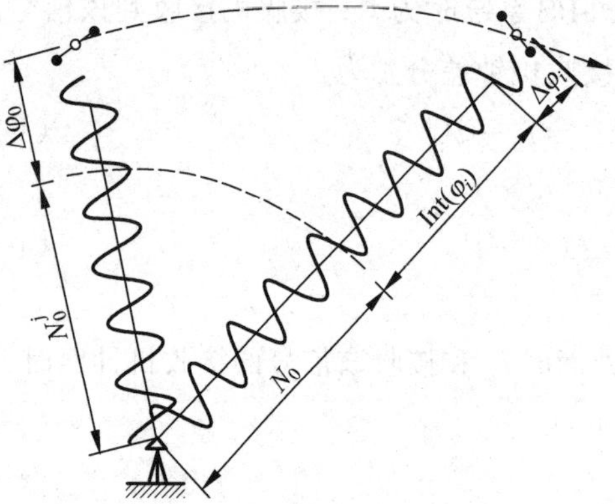

图 4-17 载波相位测量原理

如图4-17所示，在初始 t_0 时刻，测得小于一周的相位差为 $\Delta\varphi_0$，其整周数为 N_0^{j}，此时包含整周数的相位观测值应为

$$\Phi_{\mathrm{k}}^{\mathrm{j}}(t_0)=\Delta\varphi_0+N_0^{\mathrm{j}}=\varphi_{\mathrm{k}}^{\mathrm{j}}(t_0)-\varphi_{\mathrm{k}}(t_0)+N_0^{\mathrm{j}} \tag{4-8}$$

接收机继续跟踪卫星信号，不断测定小于一周的相位差 $\Delta\varphi(t)$，并利用整波计数器记录从 $t_0\sim t_i$ 时间内的整周数变化量 $\mathrm{Int}(\varphi_i)$，只要卫星 S^{j} 从 $t_0\sim t_i$ 之间的信号没有中断，则初始时刻整周模糊度 N_0^{j} 就为一常数，这样，任一时刻 t_i 卫星 S^{j} 到k接收机的相位差为

$$\Phi_{\mathrm{k}}^{\mathrm{j}}(t_i)=\varphi_{\mathrm{k}}(t_i)-\varphi_{\mathrm{k}}^{\mathrm{j}}(t_i)+N_0^{\mathrm{j}}+\mathrm{Int}(\varphi_i) \tag{4-9}$$

式(4-9)说明，从第一次开始，在以后的观测中，其观测量包括了相位差的小数部分和累积的整数周。

4.3.3 GPS定位方法

对于GPS定位，采用不同的分类标准有多种不同的定位方法[23]。

1. 按选取的参考点位置分类

1）绝对定位

GPS 绝对定位也叫单点定位，即利用 GPS 卫星和用户接收机之间的距离观测值直接确定用户接收机天线在 WGS-84 坐标系中相对于坐标系原点——地球质心的绝对位置。因为受到卫星轨道误差、钟差及信号传播误差等因素的影响，静态绝对定位的精度约为米级，这一精度只能用于一般导航定位中，远不能满足大地测量精密定位的要求。

接收机天线处于静止状态下，确定观测站坐标的方法称为静态绝对定位。这时，可以连续地在不同历元同步观测不同的卫星，测定卫星至观测站的伪距，获得充分的多余观测量，测后通过数据处理求得观测站的绝对坐标。

应用载波相位观测值进行静态绝对定位，其精度高于伪距法静态绝对定位。在载波相位静态绝对定位中，加入了对电离层、对流层等各项的改正，防止和修复整周跳变，以提高定位精度。载波相位静态绝对定位解算的结果可以为相对定位的参考站（或基准站）提供较为精密的起始坐标。

2）相对定位

GPS 相对定位是至少用两台 GPS 接收机，同步观测相同的 GPS 卫星，确定两台接收机天线之间的相对位置（坐标差）。它是目前 GPS 定位中精度最高的一种定位方法，广泛应用于大地测量、精密工程测量、地球动力学的研究和精密导航。

相对定位是将两台接收机分别安置在基线的两端，同步观测相同的 GPS 卫星，以确定基线端点的相对位置或基线向量。同样，多台接收机安置在若干条基线的端点，通过同步观测 GPS 卫星可以确定多条基线向量。在一个端点坐标已知的情况下，可以用基线向量推求另一待定点的坐标。

在两个观测站或多个观测站同步观测相同卫星的情况下，卫星的轨道误差、卫星钟差、接收机钟差及电离层和对流层的折射误差等对观测量的影响具有一定的相关性，利用这些观测量的不同组合（求差）进行相对定位，可有效地消除或减弱相关误差的影响，从而提高相对定位的精度。

GPS 载波相位观测值可以在卫星间求差，也可以在接收机间求差，还可以在不同历元间求差。各种求差法都是观测值的线性组合，能够有效地消除各种偏差项。单差观测值可以消除与卫星有关的载波相位及其钟差项，双差观测值可以消除与接收机有关的载波相位及其钟差项，三差观测值可以消除与卫星和接收机有关的初始整周模糊度项。因而差分观测值模型是 GPS 测量应用中广泛采用的平差模型，特别是双差观测值即星站二次差分模型更是大多数 GPS 基线向量处理软件包中必选的模型。

2. 按用户接收机的运动状态分类

1）静态定位

静态定位是指将 GPS 接收机静置在固定观测站上，观测数分钟至 2h 或更长时间，以确定观测站位置的卫星定位，是不考虑轨道的有无、决定点位置的定位应用。

静态定位包括 3 种类型：绝对静态定位以确定单点的三维地心坐标为目的；相对静态

定位将 2 台或 2 台以上的 GPS 接收机安置在几个固定观测站上进行同步观测，以求取观测站点间的基线向量；快速静态定位基于整周模糊度快速逼近技术，依靠计算方法的改进和相应的软件实现快速定位。通常用双频接收机只需同步观测 5～10min，单频接收机亦仅需 15min 左右。

2）动态定位

GPS 动态定位有着极其广阔的应用前景，如用于陆地、水上和航空航天运载体的导航。根据用户的应用目的和精度要求的不同，GPS 动态定位方法也随之改变。从目前的应用来看，主要分为以下几种方法：

(1) 单点动态定位。它是用安设在一个运动载体上的 GPS 信号接收机自主地测得该运动载体的实时位置，从而描绘出该运动载体的运行轨迹，所以单点动态定位又叫作绝对动态定位。例如，行驶的车辆和火车常用单点动态定位。

(2) 实时差分动态定位。它是用安设在一个运动载体上的 GPS 信号接收机及安设在一个基准站上的另一台 GPS 接收机，联合测得该运动载体的实时位置，从而描绘出该运动载体的运行轨迹，故差分动态定位又称为相对动态定位。例如，飞机着陆和船舰进港一般要求采用实时差分动态定位，以满足它们所要求的较高定位精度。

(3) 后处理差分动态定位。它和实时差分动态定位的主要差别在于，在运动载体和基准站之间，不必像实时差分动态定位那样建立实时数据传输，而是在定位观测以后，对 2 台 GPS 接收机所采集的定位数据进行测后的联合处理，从而计算出接收机所在运动载体在对应时间上的坐标位置。例如，在航空摄影测量中，用 GPS 信号测量每一个摄影瞬间的摄站位置时，就可以采用后处理差分动态定位。

4.3.4 GPS 的应用

GNSS 已经应用于通信、测绘、航天、电力、军事、遥感领域，为国家、军队、社会等提供了多方面的服务，成为一个国家综合实力的象征。其中 GPS 定位技术以其精度高、速度快、费用省、操作简便等优良特性，在全球范围内被广泛应用于导航与定位系统中。使用 GPS 信号可以进行海洋、空中和陆地导航，导弹制导，大地测量和工程测量的精密定位、时间的传递和速度的测量等，GPS 是一种全球性、全天候、连续的卫星无线电导航系统，可提供实时的三维坐标、三维速度和高精度的时间信息，为驾驶员和野外工作者提供导航、定位、跟踪等服务。随着科技的发展与人们生活的进步，GPS 在日常生活中的应用也已经逐渐成熟，并对人们的生活带来了极大的便利。

如图 4-18 所示，车载 GPS 导航系统的主要功能有地图查询、路线规划、自动导航等。地图查询功能可以让驾驶员在操作终端上搜索目的地的位置；可以记录常去地方的位置信息，并保留下来，也能和别人共享这些位置信息。路线规划和自动导航功能会根据车主设定的起始点和目的地，自动规划一条线路。规划线路可以设定是否要经过某些途经点、是否避开高速等功能。

如图 4-19 所示的智能公交系统也使用了 GPS 导航定位系统。由于公交车辆线路固定，不存在选择最佳行驶路线的要求，采用 GPS 定位系统的目的主要是跟踪控制车辆及时调度，方便乘客。许多城市已在试验实施 GPS 公交车辆在线跟踪控制系统。

图 4-18　车载 GPS 导航系统

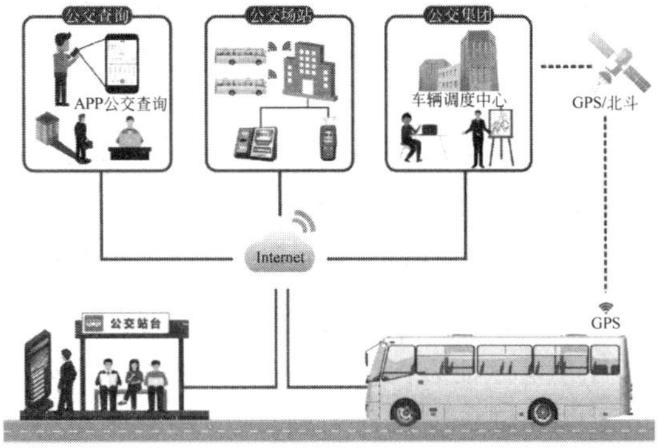

图 4-19　智慧公交系统

4.4　惯性导航系统

惯性技术是以牛顿运动定律为基础的多学科交叉综合技术，通过感知运动体在惯性空间的角运动、线运动，进而获取运动体的姿态、位置和速度等信息，从而实现对运动物体姿态和运动轨迹的测量和控制。

惯性导航系统(inertial navigation system，INS)，简称惯导系统，是以惯性技术为基础的、通过测量运动载体的加速度(惯性)，并自动进行积分运算，获得其瞬时速度、位置数据用以实现运动物体姿态和航迹控制的系统。其中，惯性测量单元(inertial measurement unit，IMU)作为惯性导航系统的核心元器件，主要由陀螺仪和加速度计组成，又称惯性导航组合。惯性导航系统的优点主要包括以下几个方面[23]。

(1) 自主性。惯性导航系统是不依赖任何外部信息，也不向外部辐射能量的自主式系统，仅依靠自身的陀螺仪和加速度计测量信息。

(2) 隐蔽性。因惯性导航系统不依赖于任何外部信息，也不向外部辐射能量，故隐蔽性好，也不受外界电磁干扰的影响。

(3) 全天候。惯性导航系统可全天候地工作于空中、地球表面乃至水下。

(4) 信息全。惯性导航系统不仅能提供位置信息、速度信息、时间信息，还能提供姿态信息，所产生的导航信息连续性好而且噪声低，数据更新率高，短期精度和稳定性好。

受到各种因素的影响，惯性导航系统同样存在一些不可避免的缺点：

(1) 惯性导航系统的导航信息是通过积分计算产生的，所以定位误差随时间而增大，长期精度差。

(2) 惯性导航系统所用导航设备的成本较高。

(3) 每次使用之前需要较长的初始校准时间。

4.4.1　惯性导航系统的原理

惯性导航系统主要由陀螺仪和加速度计组成，通过陀螺仪可获知运动体的角速度，用以测量运动体的角度变化；通过加速度计可获知运动体的线性加速度，用以测量运动体的速度变化。因此，陀螺仪和加速度计的技术状态决定着惯性技术的应用水平，而陀螺仪的技术状态是所有惯性技术分支中最为重要的标志[24]。

从原理上看，陀螺仪通常是指安装在万向支架上的高速旋转的转子，转子同时可绕垂直于自转轴的一根轴或两根轴进动，前者称为单自由度陀螺仪，后者称为二自由度陀螺仪。单自由度陀螺仪对角速度敏感，二自由度陀螺仪对角位移敏感。陀螺仪具有定轴性和进动性，利用这些特性制成了角速度敏感的速率陀螺仪和角位移敏感的位置陀螺仪。陀螺仪用来计算各个坐标轴方向上的角速度，使用 3 个陀螺仪测量载体的 3 个转动运动量。

加速度计又称比力敏感器，用它来敏感和测量运动体沿一定方向的比力（即运动体的惯性力与重力之差），然后经过一次积分和二次积分的计算，求得运动体的速度和所行距离。加速度计用来计算各个坐标轴方向上的线加速度，使用 3 个加速度计测量载体 3 个平移运动的加速度。

所谓惯性导航就是利用载体上安装的陀螺仪和加速度计测量到的载体相对惯性空间的角速度信息和比力信息，通过解算常微分方程组，得到载体在导航坐标系中的位置、速度、姿态和时间信息[25]。

4.4.2 惯性导航系统的分类

根据惯性导航系统是否具有实体的物理平台来划分，惯性导航系统可分为以下 2 类[26]：

1. 平台式惯性导航系统

平台式惯性导航系统（gimballed inertial navigation system，GINS）是指具有实体的机电平台系统，陀螺仪、加速度计均安装在该机电台体上，其原理如图 4-20 所示。陀螺仪平台稳定在惯性空间中模拟地心惯性坐标平台，加速度计平台模拟地理坐标平台，连接这 2 个平台的连接轴，可以自主找寻地球自转轴并与之保持齐平的能力，为了完成导航任务，需要借助几何换算确定惯性导航系统相对惯性空间的线性运动和转动运动的相关数据，并通过计算机实时解算载体在运动过程中的位置、姿态、速度等参数。

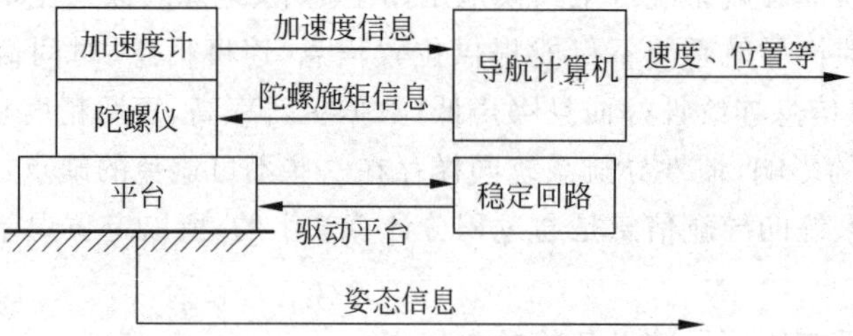

图 4-20　平台式惯性导航系统原理

在平台式惯性导航系统中，物理平台为了在预定坐标系中能够平稳工作，需要加载陀螺仪施矩信息。3 个加速度计互相正交安装在平台上，分别测量 3 个坐标轴方向上的加速度分量信息。物理平台的优势在于，将惯性测量器件与载体的角运动相隔离，使惯性器件不受载体的角运动信息影响，拥有相对稳定的工作环境，物理平台还能够从平台中的框架轴上直接获取载体运动中的角运动信息数据。

2. 捷联式惯性导航系统

捷联式惯性导航系统(strapdown inertial navigation system,SINS)与平台式惯性导航系统的结构相比较,不需要依靠物理稳定平台,没有实体的机电平台系统,只有虚拟的数学平台,其原理图如图4-21所示。

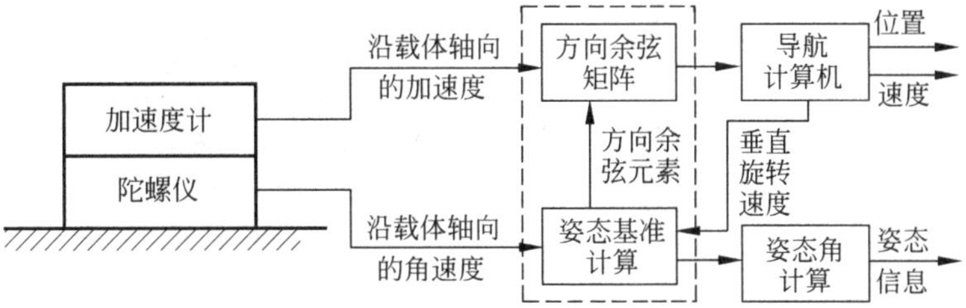

图4-21 捷联式惯性导航系统原理

捷联式惯性导航系统的平台功能由导航计算机中的方向余弦矩阵代为实现。惯性器件安装在载体上,在载体运动中采集3个坐标轴方向的速度、加速度信息,传输给计算机的方向余弦矩阵进行坐标变换,计算所需坐标系内的参数,如将加速度分量从载体坐标系转换至地理坐标系下,再经计算机处理,即可得到所需的导航数据。捷联式惯性导航系统的优势在于,能够提供平台式惯性导航系统以外的载体速度、加速度数据,提供了更丰富的数据信息。

4.4.3 IMU的组成与分类

1. 陀螺仪

1) 机械陀螺仪

(1) 挠性陀螺仪。挠性陀螺仪又称为干式陀螺仪,是一种采用挠性支承的自由转子陀螺仪,它没有摩擦的高弹性系数挠性接头,同时又具有一定的强度,以承受冲击和扰动所产生的应力。挠性陀螺仪具有结构简单、体积小、质量轻、功耗少、启动快、成本低、寿命长、抗冲击能力强、精度高、适合于批量生产等优点,是陀螺仪技术上的重大革新和突破[27]。

早期的挠性支承采用细颈式结构,而目前工程上应用较多的是动力调谐陀螺仪(dynamically tuned gyro,DTG)。动力调谐陀螺仪如图4-22所示,转子和驱动轴间是通过一个平衡环和相互垂直的内外挠性轴连接起来的。正常工作时,驱动电机高速旋转,通过内挠性轴带动平衡环旋转,平衡环再通过外挠性轴带动陀螺转子旋转。

(2) 静电陀螺仪。静电陀螺仪是一种在超高真空中将球形转子由静电场支承悬浮工作的自由陀螺仪,如图4-23所示。静电陀螺仪的核心部件是空心或实心的球形铍转子,转子密封在超高真空陶瓷壳体的球形空腔内。在球形空腔的内壁上,用金属化的方法制成3对三轴正交的电极。通过向3对电极施加可控的高电压,依靠转子表面与电极之间的静电场吸力,将高速旋转的球形转子悬浮在球腔的中心,可实现高速球形转子的空间悬浮支承。

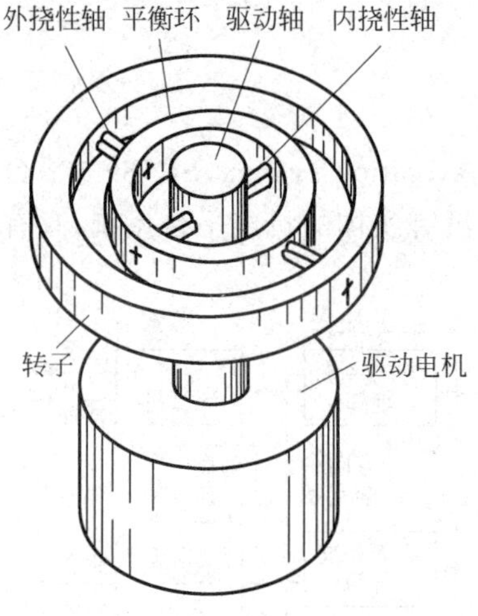

(a)

(b)

图 4-22　动力调谐陀螺仪

(a) 结构图；(b) 实物图

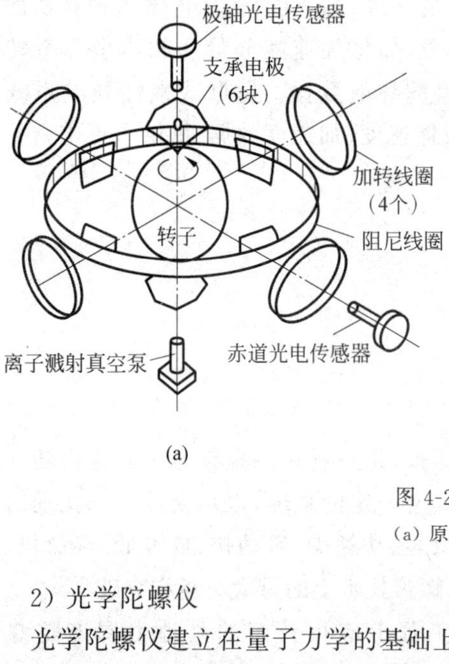

(a)

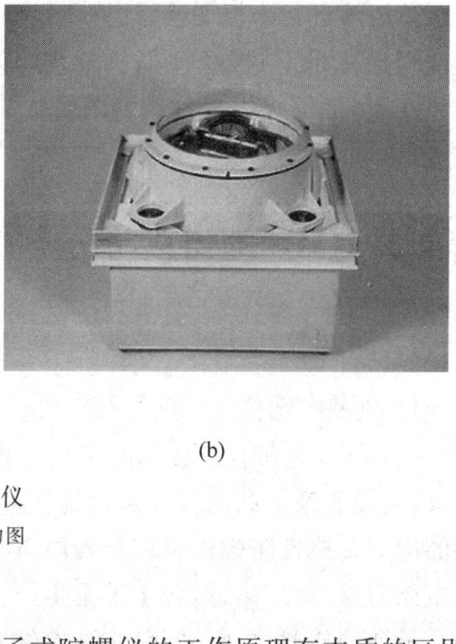

(b)

图 4-23　静电陀螺仪

(a) 原理图；(b) 实物图

2）光学陀螺仪

光学陀螺仪建立在量子力学的基础上，与机械转子式陀螺仪的工作原理有本质的区别。光学陀螺仪具有全固态、启动快、耐冲击、动态测量范围宽、数字输出和工作可靠等优点，同时受温度影响小，因此，光学陀螺仪是构建捷联式惯性导航系统的理想元件，也可以用于构建惯性稳定装置。

（1）激光陀螺仪。激光陀螺仪是现代物理学的突破和现代技术革命的产物，它是基于爱因斯坦的相对论和激光技术发展的一种全新概念的角速率传感器。图 4-24(a)为三角形环形激光陀螺仪的原理图，主要由激光源、环形谐振腔体、反射镜、增益介质和读出机构相关的电子线路组成。激光陀螺仪是捷联式惯性导航系统的理想惯性器件，与机械转子式陀螺仪相比，它具有启动快、可靠性高、寿命长、动态范围宽、标度因数线性度好、数字输出、对加速度不敏感、耐冲击和耐大过载等优点。

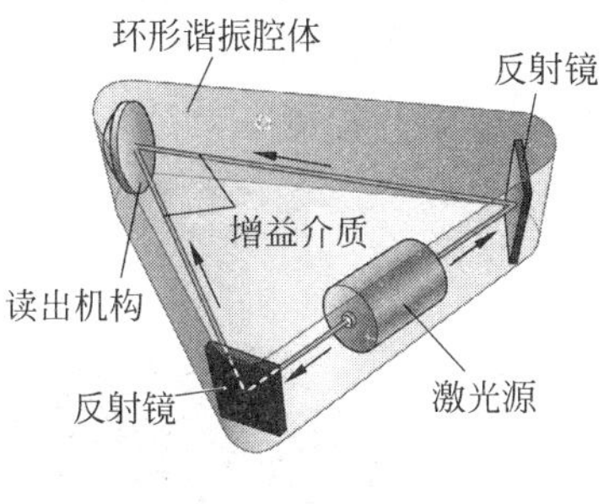

(a)

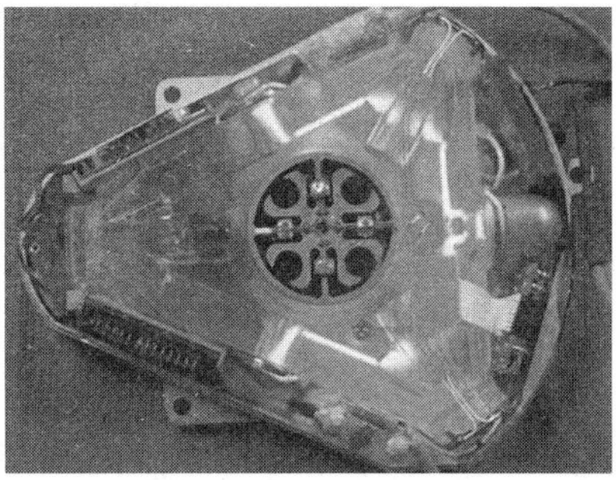

(b)

图 4-24　三角形环形激光陀螺仪

(a) 原理图；(b) 实物图

(2) 光纤陀螺仪。1976 年，美国 Utah 大学的 Vali 和 Shorthill 首次提出光纤陀螺仪的概念，它标志着第二代光学陀螺仪——光纤陀螺仪的诞生。图 4-25 所示为光纤陀螺仪，与激光陀螺仪相比，它除具有激光陀螺仪的优点外，还不需要精细加工和仔细密封的光学谐振腔和高品质反射镜，因而大大降低了结构的复杂性和生产成本，具有极大的设计灵活性，得到了大力研究和发展。

(3) 原子陀螺仪。原子陀螺仪是以原子干涉仪为核心的转动测量装置，它利用原子干涉的 Sagnac 效应来实现转动角速度的测量。原子干涉仪本质上依赖于原子的波动性，属于物质干涉仪的一种。由于原子的德布罗意波短，所以原子干涉仪可以进行很多物理量的高精度测量，其中包括转动惯量。图 4-26 所示为原子陀螺仪，它可以用于惯性导航、地球观测、基础物理学的问题研究等需要进行高精度惯性测量的领域和场合。

图 4-25　光纤陀螺仪

图 4-26　原子陀螺仪

(4) 微机电陀螺仪。20 世纪 80 年代，在微米/纳米这一引人注目的前沿技术背景下，微机电系统(MEMS)受到了人们的广泛关注。微机电系统是电子和机械元件相结合的微装置或系统，尺寸可在毫米范围内变化，功能上则结合了传感和执行功能，并可进行运算处理。微机电陀螺仪是利用 MEMS 技术制作的陀螺仪，被誉为“指尖上的陀螺仪”。

与现有的机械转子式陀螺仪或光纤陀螺仪相比，微机电陀螺仪的主要特征有：体积和能耗小；成本低廉，适合大批量生产；动态范围大，可靠性高，可用于恶劣的力学环境；准备时间短，适合快速响应武器；中低精度，适合短时间使用或与其他信息系统组合应用。由于硅材料固有的温度敏感性,需要对硅微机电陀螺仪的温度特性做特别处理。

图 4-27(a)所示为框架式微机电陀螺仪的结构图。这种陀螺仪的框架包括内、外两个框架,其中一个为驱动框架,另一个为检测框架。驱动框架与固定的驱动电极构成一对差动电容；检测框架与固定的检测电极构成一对差动电容,驱动框架与检测框架是互相联通的。

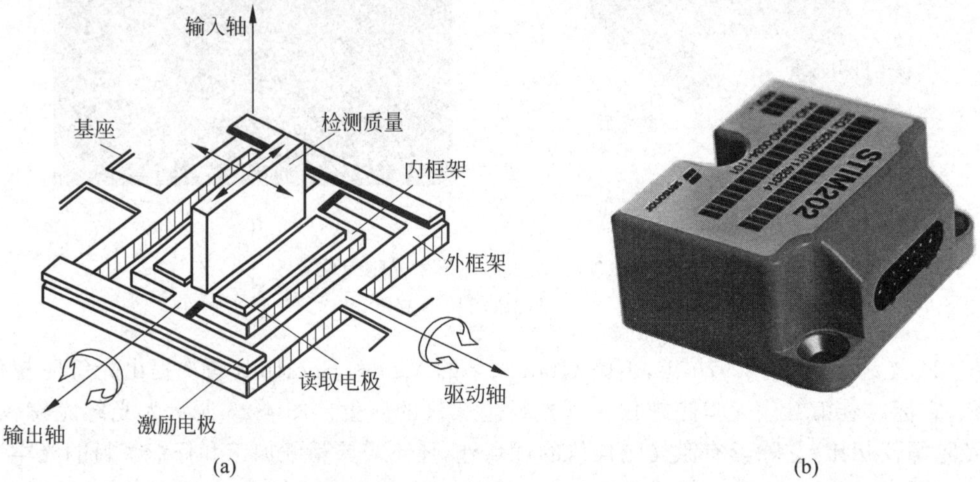

图 4-27 框架式微机电陀螺仪
(a) 结构图；(b) 实物图

2. 加速度计

1) 石英挠性摆式加速度计

石英挠性摆式加速度计以其敏感质量的悬架方式及敏感质量相对于参照物的运动特性均与钟摆类似而得名。石英挠性摆式加速度计由敏感质量(其上带有力矩线圈)、传感器线圈、挠性接头等组成,如图 4-28 所示。敏感质量沿输入轴方向做直线运动,而对其他轴向的运动刚度很大,因此能使其保持稳定的方向。传感器与高性能电路相结合,可以使石英挠性摆式加速度计具有很高的稳定性和很小的耦合误差。

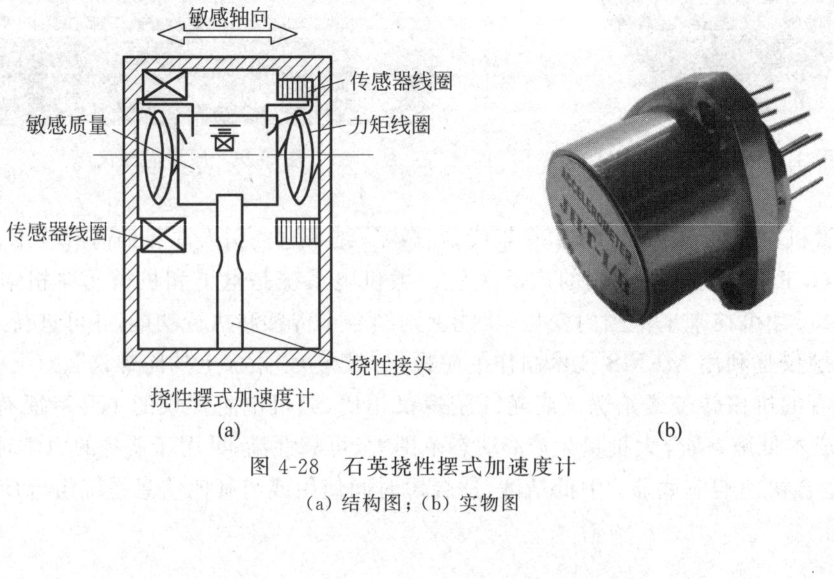

图 4-28 石英挠性摆式加速度计
(a) 结构图；(b) 实物图

2）石英振梁式加速度计

石英振梁加速度计是一种基于石英振梁力频特性的新型高精度固态传感器，其工作原理如图 4-29(a)所示。激振电路对石英谐振器进行压电激励，使其在谐振频率点处形成弯曲振动，敏感质量将外界的输入加速度转换成作用在谐振器上的轴向力。结合谐振器的力频特性，通过改变谐振器的刚度使其谐振频率发生变化，检测两个谐振器的频率差获得加速度的大小和方向信息。

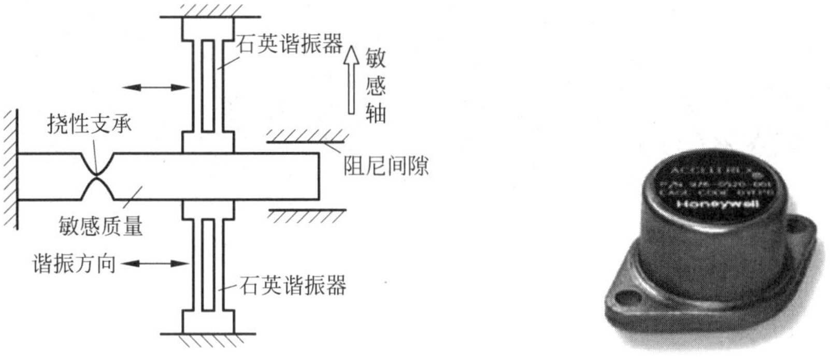

(a)　(b)

图 4-29　石英振梁式加速度计

(a) 原理图；(b) 实物图

4.4.4　惯性导航系统的应用

惯性导航系统综合了当代最新科技成果，因其具有独立性、自主性而被广泛应用于航空、航天、航海、兵器及其他许多领域，在现代国防科学技术中占有十分重要的地位，并在许多民用领域中发挥着越来越大的作用。

如图 4-30 所示，特斯拉在 2020 年推出的 Robotaxi 自动驾驶服务中心就使用了惯性测量单元作为传感器数据缺失时的有效补充，用于确保行车安全，并在其他传感器受损或失效时以可控的方式使车辆停止。

图 4-30　Robotaxi 上的惯性导航系统

如图 4-31 所示，川崎 Ninja 型摩托车装有 Bosch 生产的小型 IMU，能执行精确的计算并测量 3 个方向的角加速度，分别是横摇、侧倾和俯仰。此外，ECU 中的川崎专有软件可计算偏航运动并检测 6 个自由度，这使其成为世界超级摩托车锦标赛中最迅猛、最快捷的赛车。

图 4-31　川崎 Ninja 型摩托车所使用的惯性测量单元

4.5　车高传感器

车辆在行进过程中或载荷发生变化时，都会引起车身高度的变化，为了防止因车身高度的变化引起车辆的乘坐舒适性和操作稳定性发生变化，在车辆的主动悬架中安装有车高传感器。车高传感器可以将车身高度的变化转变为传感器轴的转角变化，并检测出传感器轴的旋转角度，再把它转化为电信号输入电子控制单元(electronic control unit，ECU)。ECU 根据输入的车身高度变化的电信号和车辆载荷的大小，通过执行元件对车身高度进行调节，保持车身高度基本不随载荷变化，同时还可以在车辆起步、转向、制动，以及前、后、左、右车轮载荷相应变化时，调整车轮悬架的刚度、阻尼等参数，提高车辆抗俯仰、抗侧倾的能力，从而维持车身高度基本不变。

常见的车高传感器有霍尔式、光电式、电位计式等，其中光电式的应用最为广泛[28]。

4.5.1　霍尔式车高传感器

霍尔式车高传感器是一种电磁变换式传感器，由霍尔元件、永久磁铁、传感器轴等部分组成，如图 4-32 所示。霍尔式车高传感器安装在车辆左、右前轮胎的挡泥板上或后桥的中部，在悬架与传感器之间有一推杆相连[29]。

霍尔式车高传感器是利用霍尔效应原理工作的，当车身高度发生变化时，悬架就会推动推杆，因为推杆和传感器轴固定在一起，所以推杆会推动传感器轴旋转，传感器轴再带动永久磁铁转动。所以它是将悬架高度的变化转变成永久磁铁的转动，同时会使加在霍尔元件上的磁场强度变化，从而使输出的霍尔电压变化，利用霍尔效应测出轴的旋转角度，进而产生车辆高度电压信号。

道路、车速和车辆装载的变化会使车辆悬架发生上下运动，从而使永久磁铁旋转，并使霍尔元件上产生霍尔电压信号。因为旋转的角度和旋转的方向不同，由 ECU 根据传感器

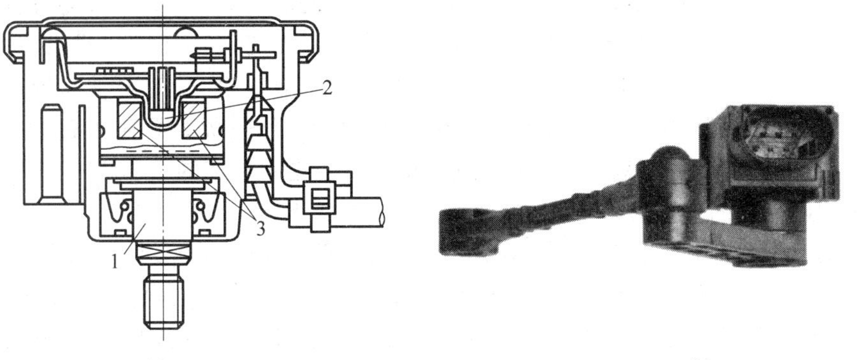

(a)　　　　(b)

1—传感器轴；2—霍尔元件；3—永久磁铁。

图 4-32　霍尔式车高传感器

(a) 结构图；(b) 实物图

信号电压的脉冲数及脉冲间隔识别出霍尔式车高传感器传来的电压信号代表的是标准车高、超高或欠高。ECU 根据霍尔式车高传感器表示的车辆高度的变化，控制相关执行器，使悬架的刚度、阻尼等参数发生变化，保持车辆合适的高度，并减小悬架振动的幅度，使车辆的行驶车高和车辆减振达到安全舒适的要求。

4.5.2　光电式车高传感器

光电式车高传感器的结构与实物外形如图 4-33 所示，主要由传感器轴、光电耦合元件及遮光器组成。在传感器内部，有一个靠连杆带动旋转的轴，轴上装有一个开有若干槽的遮光器，遮光器的两侧装有 4 组光电耦合元件，当连杆带动轴旋转时，光电耦合元件之间或被遮挡，或在各元件之间透光，如图 4-33(a)所示。光电耦合元件将光的变化转换成电信号，输送到 ECU 中。

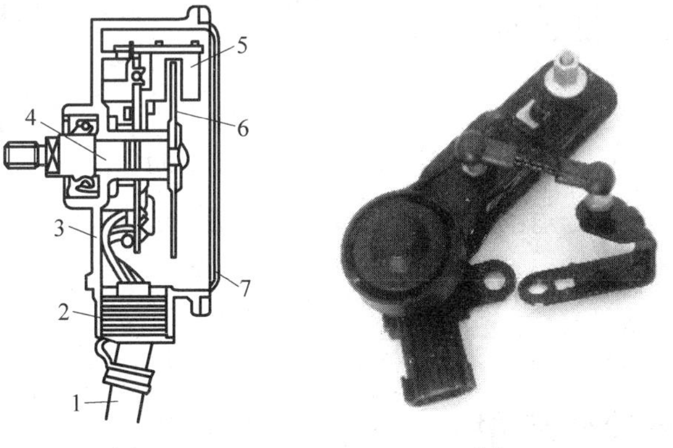

(a)　　　　(b)

1—信号线；2—金属油封环；3—传感器壳；4—传感器轴；5—遮光器；6—圆盘；7—传感器盖。

图 4-33　光电式车高传感器

(a) 结构图；(b) 实物图

光电式车高传感器的核心是由 4 组发光二极管与光敏三极管组成的光电元件。发光二极管与光敏三极管分布在带孔的遮光器的两侧。车身高度变化时，悬架的位移发生变化，与悬架连在一起的拉紧螺栓移动，从而带动连杆与传感器轴转动，传感器轴又带动遮光器转动，使发光二极管时而透光，时而被遮光器挡住，从而使光敏三极管导通与截止进而使电路接通(on)或断开(off)。传感器将这种电路的通断信号输入悬架的 ECU，ECU 根据输入的信号检测出遮光器的转动角度，即检测出车身高度的变化。

在车辆行驶过程中，悬架总是在振动状态，为了防止电控单元对悬架刚度、阻尼等参数的频繁调节，以致形成振动状态，降低乘车的舒适度，ECU 一般每隔 10ms 检测一次传感器的信号，并且根据悬架高度变化的幅度来确定是否调节悬架的刚度。连杆的顶端与悬架臂相连，车高的变化通过连杆的上下位移传至传感器内部后，再把这种变化变换成电信号。

4.5.3 电位计式车高传感器

电位计式车高传感器一般安装在车辆四角的摆臂与车架之间。电位计式车高传感器为电控悬架单元提供按照车轮与车身相对位移，即悬架高度的模拟电压信号，ECU 按照传感器的高度变化情况改变悬架的相关参数，保持合适的悬架离地高度。

电位计式车高传感器如图 4-34 所示，电位计式位置传感器将机械位移转换成与之呈线性或任意函数关系的电阻或电压输出。但是，为实现测量位置的目的而设计的电位计，要求在位置变化和电阻变化之间有一个确定关系。通常在电位计上通以电源电压，把电阻变化转换为电压输出。当悬架随装载、车速和道路情况的不同发生高度变化时，与之联动的电位计式高度传感器中的滑动端便在镀膜电阻体上滑动，改变接触位置，进而改变电阻值及分压比，使传感器的滑动端输出信号发生变化，ECU 根据传感器的信号变化，进行分析判断后，对悬架的相关参数做出调整。

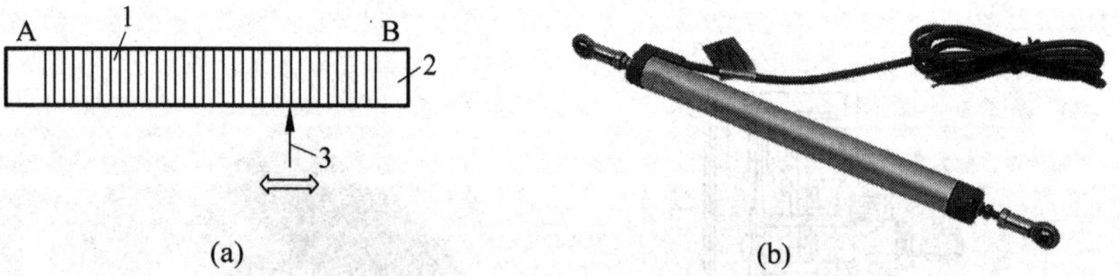

(a)　　　　　　(b)

1—电阻体；2—绝缘骨架；3—滑动端。

图 4-34　电位计式车高传感器

(a) 原理图；(b) 实物图

4.5.4 车高传感器的应用

车高传感器的主要作用是检测出车身高度(车身和下悬臂或减振器下支架上下方向距离的相对位移量)，有了车高传感器，就可以通过车上的 ECU 调节悬架阻尼和刚度参数达到一个合适的值，以兼顾各方面的性能。

如图 4-35 所示为丰田“滑翔”牌车辆悬架，通常采用光电式车高传感器，将传感器主体安装在车身端，通过控制连杆将悬架的上下运动变换为磁盘槽的旋转运动，利用光遮断器输出的变化检测车高，并将其转换成电信号输入控制装置。

如图 4-36 所示的车高传感器通常用于后轮车高的调整，所谓后轮车高调整装置就是能够根据乘车人数及载荷的变化自动调整后部车高的变化，一直保持车辆姿势正常的系统。

图 4-35　丰田“滑翔”所用车高传感器

图 4-36　后轮车高传感器

4.6　车速传感器

车速传感器可将车速信号提供给车速里程表，用以指示车辆的行驶速度，记录车辆的行驶里程。对于自动变速器车辆，车速传感器检测车辆的车速信号，并将车速信号输入 ECU，实现 ECU 对变速器的换挡控制及对发动机的巡航控制。而对于使用主动悬架控制系统的车辆，当车辆在平坦公路上高速行驶时，悬架系统可以自动调整车身高度以降低风阻，提高燃油经济性；而在越野或颠簸路面上低速行驶时，悬架系统可以自动升高以增加通过性和减少底盘磨损。

车速传感器一般安装在变速器的输出轴上或速度表内，主要有光电式、磁阻元件式、电磁感应式和霍尔式等类型[29]。

4.6.1　光电式车速传感器

光电式车速传感器如图 4-37 所示，它用于数字式速度表上，由发光二极管(LED)、光敏晶体管及安装在速度表驱动轴上的遮光器组成。当遮光器没有遮光时，发光二极管的光照射到光敏晶体管上，光敏晶体管的集电极中便有电流通过，这时晶体管导通，因此在晶体管端子上就有 5V 的电压输出。脉冲频率取决于车速，当车速为 60km/h 时，仪表电缆的转速为 637r/min，仪表电缆每转 1 圈，传感器就有 2 个脉冲输出。

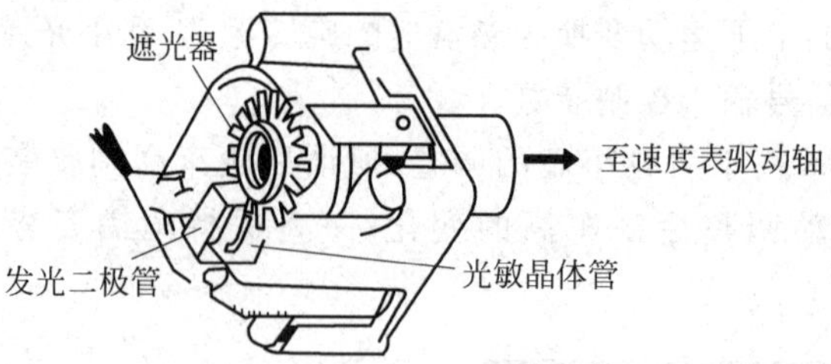

(a)

(b)

图 4-37 光电式车速传感器

(a) 结构图；(b) 实物图

4.6.2 磁阻元件式车速传感器

图 4-38(a)所示的磁阻元件式车速传感器安装在变速器壳体上，直接由变速器齿轮驱动。磁阻元件式车速传感器采用了元件电阻随磁场变化的磁阻元件(magneto resistance element，MRE)，以磁阻元件来检测车速。在检测速度表及变速器等装置的转速时，可以把这种传感器直接安装在变速器上，这样便可取消仪表的电缆了。

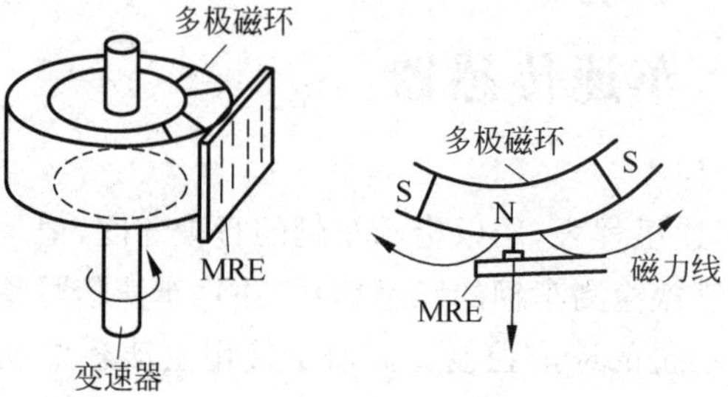

(a)

(b)

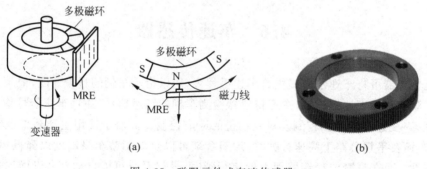

图 4-38 磁阻元件式车速传感器

(a) 原理图；(b) 磁环

磁阻元件式车速传感器主要由磁环与内装磁阻元件(MRE)组成混合集成电路。当齿轮驱动传感器轴旋转时，与轴连在一起的多级磁环也同时旋转，磁环旋转引起的磁通变化使集成电路内磁敏电阻的阻值发生变化。磁通量的变化与磁环转速成正比，这样利用磁阻元件的阻值变化就可以检测出磁环旋转引起的磁通量变化。阻值的变化会引起其上电压的变化，将电压的变化输入比较器中进行比较，再由比较器输出信号控制晶体管的导通和截止，以此检测车速。

4.6.3 电磁感应式车速传感器

电磁感应式车速传感器安装在自动变速器输出轴附近的壳体上，结构如图 4-39(a)所示，主要由永久磁铁和电磁感应线圈组成，用于检测自动变速器输出轴的转速。

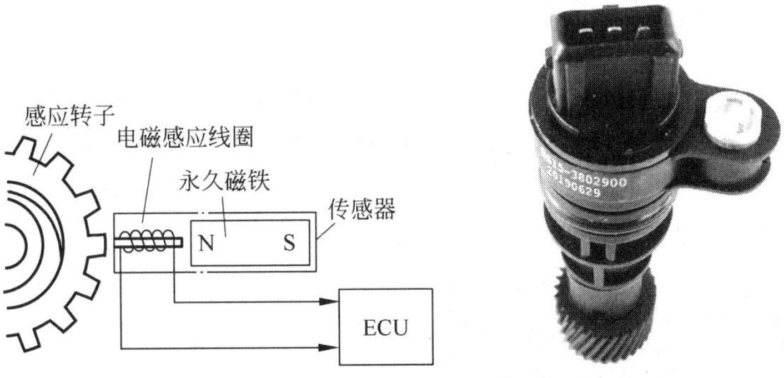

(a)　　　　(b)

图 4-39　电磁感应式车速传感器

(a) 结构图；(b) 实物图

当输出轴转动时，输出轴上的感应转子随之转动，从而使感应转子上的凸齿不断靠近或离开车速传感器，使通过传感器磁感应线圈的磁通量不断变化，进而在线圈上产生一个周期变化的感应电压。车辆行驶的车速越高，输出轴的转速也越高，传感器线圈中产生的感应电压的脉冲频率随之增高，电控组件便根据电压脉冲的大小计算出车辆的行驶速度。

4.6.4　霍尔式车速传感器

霍尔式车速传感器如图 4-40 所示，它安装在转动的输入轴上，主要由触发叶轮、带导板的永久磁铁、霍尔集成块等组成，其中霍尔集成块包括霍尔元件和集成电路。

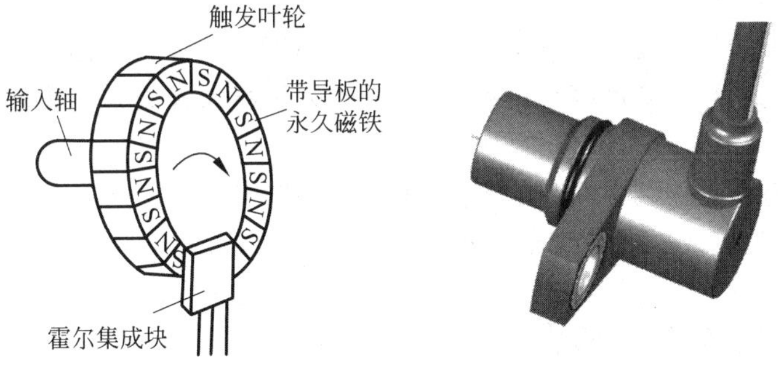

(a)　　　　(b)

图 4-40　霍尔式车速传感器

(a) 原理图；(b) 实物图

霍尔集成块有 3 个接线端子，其中，一个端子通过点火开关与蓄电池连接；另一个端子为信号端子，其输出信号送至计算机；第三个端子为搭铁。霍尔元件产生的电压较弱，所以需要集成电路进行放大、整形，最后输出矩形方波信号。

4.6.5 车速传感器的应用

在主动悬架控制领域，车速传感器是一个非常重要的应用，它能够使车辆在启动、加减速的过程中更加安全、可控。当车辆发生高速转向或者在凹凸不平的路面上行驶时，安装在车辆拐角处的速度传感器将测量车身的速度，并将检测到的车速信号输入需要车速信号的车辆控制系统的 ECU，并以此进行实时调节振动吸收器，达到安全平稳驾驶的目的。如今，各种非接触式电子车速传感器已经被广泛应用于卡车、客车的变速器中，主要以电磁感应式和霍尔式为主。

图 4-41 第九代东风本田思域的车速传感器

图 4-41 所示为第九代东风本田思域的车速传感器。一般来说，车速传感器都是安装在驱动桥壳或变速器壳内，而传感器的信号线则装在屏蔽的外套内。值得一提的是，轮速传感器与齿圈之间的间隙是有讲究的，前轮的正常标准值为 1.10～1.97mm，而后轮则是 0.42～0.80mm。如果间隙过大，则会直接影响轮速传感器的采集和数据的准确性。

4.7 力与压力传感器

压力传感器是能够感受压力信号，并将压力信号转换成可用的电信号的装置。压力传感器的种类很多，传统的测量方法是用弹性元件的形变和位移来表示压力，但这种传感器的体积大且输出为非线性。随着微电子技术的发展，利用半导体材料制成的半导体压力传感器具有体积小、重量轻、灵敏度高等优点。目前，压力传感器在力与压力测量中得到了日益广泛的应用。

根据压力传感器主流技术原理的不同，车辆压力传感器主要分为电阻式压力传感器、压电式压力传感器、电容式压力传感器及电感式压力传感器等类型。

4.7.1 电阻式压力传感器

电阻应变片是电阻式压力传感器的主要组成部分之一。将电阻应变片粘贴在弹性元件的特定表面上，当力、转矩、速度、加速度及流量等物理量作用于弹性元件时，便会导致元件应力和应变的变化，进而引起电阻应变片的电阻变化。电阻的变化经电路处理后以电信号的方式输出，这就是电阻应变片传感器的工作原理[30]。

1. 金属电阻应变式传感器

电阻式压力传感器中应用最多的是金属电阻应变式传感器。如图 4-42 所示，它是利用应变效应原理制成的一种测量微小机械变化量的传感器，主要的敏感元件为感压膜片。感压膜片由金属电阻应变片充当，金属电阻应变片又有丝状应变片和金属箔状应变片两种。通常是将应变片通过特殊的黏合剂紧密黏合在产生力学应变的基体上，当基体受力发生应力变化时，电阻应变片也一起产生形变，使应变片的阻值改变，从而使加在电阻上的电压发生变化。这种应变片在受力时产生的电阻值变化通常较小，一般都是组成应变电桥，并通过后续的仪表放大器进行放大，再传输给处理电路（通常是 A/D 转换和 CPU）显示或执行机构。

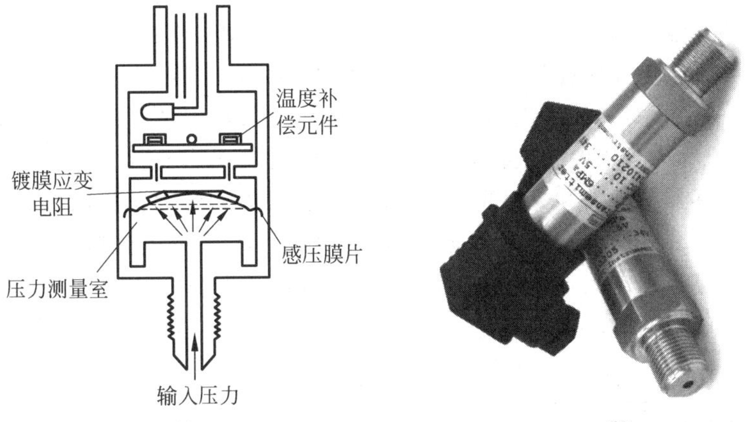

(a)　(b)

图 4-42　电阻应变压力传感器

(a) 结构图；(b) 实物图

2. 压阻式传感器

尽管金属电阻应变式传感器具有性能稳定、精度较高等优点，但存在一大弱点，就是灵敏系数低。因此，在 20 世纪 50 年代中期就出现了利用半导体应变片制成的压阻式传感器，其灵敏系数高，并且具有体积小、分辨率高等优点。

图 4-43 所示为扩散型压阻式传感器，其核心部分是一个圆形硅膜片，在膜片上利用扩散工艺设置 4 个阻值相等的电阻，用导线使其构成一个平衡电桥。膜片的四周用圆环（硅

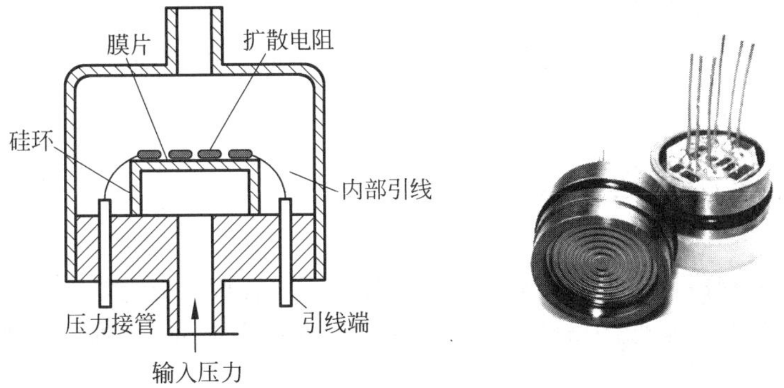

(a)　(b)

图 4-43　扩散型压阻式传感器

(a) 结构图；(b) 实物图

环)固定。膜片的两边有2个压力腔：一个是与被测系统连接的高压腔；另一个是低压腔，一般与大气相通。当膜片两边存在压力差时，膜片产生形变，膜片上各点产生应力。4个电阻在应力作用下阻值发生变化，使电桥失去平衡，产生输出电压。该电压与膜片两边的压力差成正比。这样，测出不平衡电桥的输出电压，就测出了膜片两端压力差的大小。

4.7.2 压电式压力传感器

压电式压力传感器是基于某些介质材料的压电效应原理工作的，是一种典型的有源传感器。压电效应是某些电介质在沿一定方向上受到外力的作用变形时，其内部会产生极化现象，同时在它的两个相对表面上出现正负相反的电荷。当外力去掉后，它又会恢复到不带电的状态，这种现象称为正压电效应；反之，则称为逆压电效应。

压电式压力传感器的种类和型号繁多，按弹性敏感元件和受力机构的形式可分为膜片式和活塞式两类。膜片式压电式压力传感器如图4-44所示，主要由壳体、膜片和压电元件组成。压电元件支撑于壳体上，由膜片将被测压力传递给压电元件，再由压电元件输出与被测压力呈一定关系的电信号。

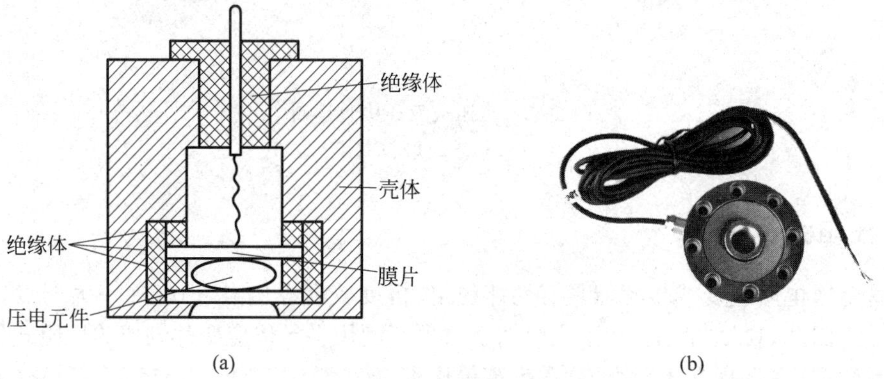

图4-44 膜片式压电式压力传感器

(a) 结构图；(b) 实物图

由于压电式转换元件具有体积小、重量轻、结构简单、固有频率高、工作可靠及信噪比高等特点，又是一种典型的力敏元件，其被广泛地应用于压力、加速度、机械冲击和振动等诸多物理量的测量中。

4.7.3 电容式压力传感器

电容式压力传感器是利用电容敏感元件将被测压力转换成与之呈一定关系的电量输出的压力传感器。其特点是低的输入力和注入能量、高动态响应、小的自然效应、环境适应性好。

电容式压力传感器如图4-45所示，它一般采用圆形金属薄膜或镀金属薄膜作为电容器的一个电极，当薄膜感受压力而变形时，薄膜与固定电极之间形成的电容量发生变化，通过测量电路即可输出与电压呈一定关系的电信号。电容式压力传感器属于极距变化型电容式传感器,可分为单电容式压力传感器和差动电容式压力传感器。

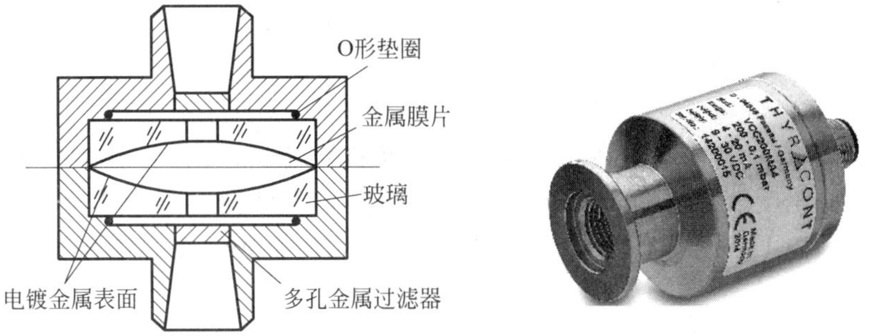

(a)　　　　(b)

图 4-45　电容式压力传感器

(a) 结构图;(b) 实物图

4.7.4　压力传感器的应用

压力传感器是应用最广泛的传感器之一,它广泛应用于车辆、航空、航海、冶金、机械等领域。图 4-46 所示是悬架系统压力监测传感器和激振力传感器,它们在工作过程中都使用了压力传感器。

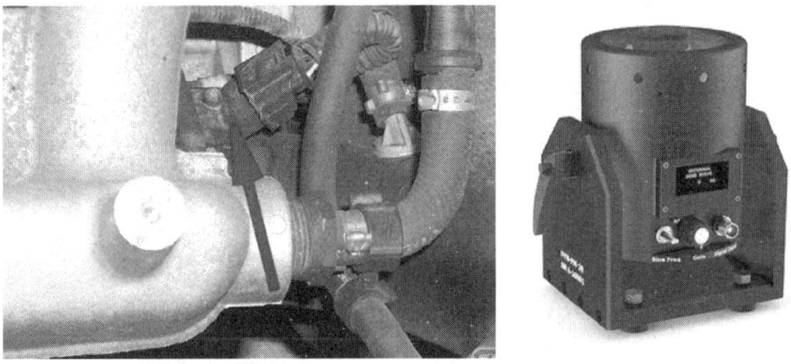

(a)　　　　(b)

图 4-46　压力传感器的应用

(a) 悬架系统压力监测传感器;(b) 激振力传感器

悬架系统需要安装压力传感器,用以监测系统压力,并根据路况不断进行调节,保证车辆的平稳驾驶,对保证悬架发挥良好性能与车辆的平稳驾驶起到了非常重要的作用。安费诺公司旗下 NovaSensor 生产的 P1602 硅压力传感器,以高精度、高可靠性和体积小著称,非常适用于车辆悬架系统压力的监测。

利用压电式测力传感器测量激振力是进行大型结构模态分析的一种常用方法。图 4-47 所示的压电式测力传感器将测得的力信号和压电式加速度传感器的加速度信号(响应)经多路电荷放大器放大后送入数据处理设备,即可求得被测试件的机械阻抗。

4.8 转角传感器

转角传感器又称转向盘位置传感器或转向角度传感器，可作为悬架控制的传感器之一，当车辆转向角度较大，且车速较高时，为防止车辆在转向过程中车身过度倾斜，悬架的刚度应变大，ECU根据转角传感器及其他信号，做出是否改变悬架刚度的判断并发出指令。

4.8.1 光电式转角传感器

光电式转角传感器安装在转向柱或转向轴管上，用于检测转向盘的中间位置、转动方向、转动角度和转动速度，即转向轮的偏转方向和偏转角度，并将所检测的信号输入ECU，使ECU根据转角传感器传来的信号和车速传感器输入的车速信号，判断车辆转向时侧向力的大小，并对车身的侧倾进行控制[32]。

传感器内部有两个发光二极管(LED)和与之相匹配的两个光敏晶体管，安装两对光敏元件是为了区分出转向柱的转动方向。当转向盘转动时，转向轴上一个带槽的遮光盘在发光二极管和光敏晶体管之间转动(见图4-47)。遮光盘上均匀开有许多小槽，发光二极管发出的光线时而透过小槽照射到光敏晶体管，时而被挡住，使光敏晶体管接收不到光线，从而使光敏晶体管时而导通，时而截止，进而使晶体管电路导通与截止，产生相应的电压信号。转角传感器根据光敏晶体管的导通、截止速度检测出转向盘的转动速度，并根据检测到的脉冲信号的相位差判断转向盘的转动方向。与转向盘转动量和转动速度有关的信号从转向传感器送到ECU。

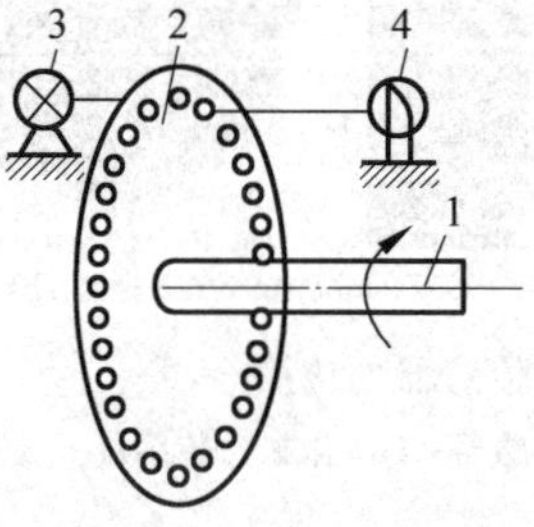

(a)

(b)

1—转向轴；2—遮光盘；3—发光二极管；4—光敏晶体管。

图4-47 光电式转角传感器

(a) 原理图；(b) 实物图

4.8.2 霍尔式转角传感器

霍尔式转角传感器如图4-48所示。转角传感器安装在转向柱上的组合开关下方，传感器内部安装有线圈缠绕的永久磁铁。当被测磁轮转动时，固定的传感器便可在每一个小磁铁通过时产生一个脉冲电压，检测出单位时间内脉冲电压的个数，便可得到被测转轴的旋转速度。转角传感器能够检测转向盘的转动方向、转动速度和转动角速度。磁轮转动时，转角传感器向 ECU 传送前轮转向的信号。

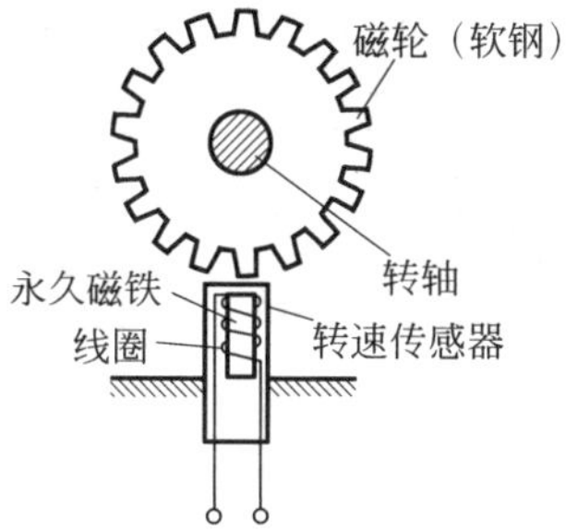

(a)

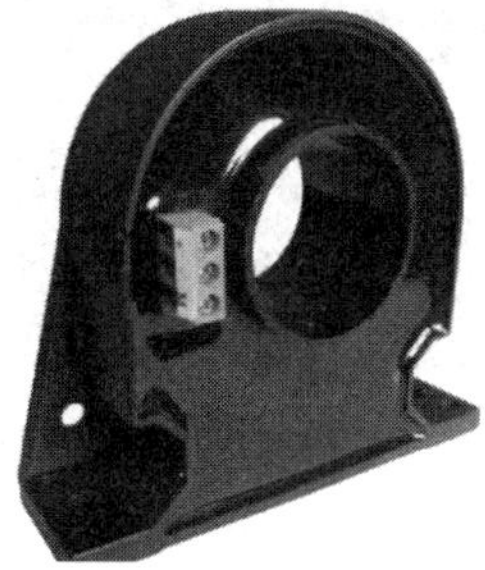

(b)

图 4-48　霍尔式转角传感器

(a) 原理图；(b) 实物图

4.8.3　转角传感器的应用

转角传感器可将机械转角和转速精确地转换成线性变化的电信号，能以转角的电气输出提供转角的位置，可用于角度、角速度测量，可以实现机械上不固连的两轴之间的同步旋转、角度跟踪和伺服控制。由于其加工简便、成本低，在高温、腐蚀、强干扰的环境下能可靠运行，因此广泛应用于工业生产过程控制、航天、航海、机械、车辆等设备中及机械工业中各种转角的测量，电梯、起重机和矿井的提升设备，导弹、坦克、火炮的射角控制系统，机器人的转角控制，车辆安全系统等[33]。

在车辆的主动悬架电子控制系统中，车辆转角传感器用于检测车辆转弯的方向和角度。随着计算机技术的飞速发展，由计算机组成的数字控制系统将逐步取代传统的模拟控制系统，在系统升级改造中，需要将传统的光电脉冲编码器替换为旋转编码器，如图 4-49 所示。旋转编码器的内部使用了转角传感器，该种传感器抗干扰能力强、动态特性好、控制精度高，能将角度模拟量信号转换成计算机可以识别的数字量信号，特别适合在野外等环境恶劣的场合应用。

图 4-49　旋转编码器

如图 4-50 所示，奔驰 C 级的转角传感器在转向盘下方的转向柱内，转角传感器是车辆稳定性控制系统的一个组成部分，一般通过 CAN 总线和 PCM 相连，可以分为模拟式转向盘转角传感器和数字式转向盘转角传感器，在能实时传递数据的同时，具有较高的转向角检测灵敏度。

图 4-50　奔驰 C220500 转角传感器

参考文献

[1] BENDER E K. Optimum linear preview control with application to vehicle suspension[J]. Asme Journal of Basic Engineering,1968,90(2): 213-221.

[2] 喻凡,郭孔辉.结合卡尔曼滤波器的车辆主动悬架轴距预瞄控制研究[J].车辆工程,1999,21(2): 72-80.

[3] LI P,LAM J,CHEUNG K C. Multi-objective control for active vehicle suspension with wheelbase preview[J]. Journal of Sound and Vibration,2014,333(21): 5269-5282.

[4] WONG P,XIE Z,WONG H,et al. Design of a fuzzy preview active suspension system for automobiles [C]//Proceedings 2011 International Conference on System Science and Engineering. IEEE,2011: 525-529.

[5] 庄德军,喻凡,林逸.车辆主动悬架多点预瞄控制算法设计[J].中国机械工程,2006,17(12): 1316-1319.

[6] AHMED M,SVARICEK F. Preview control of semi-active suspension based on a half-car model using fast Fourier transform[C]//10th International Multi-Conferences on Systems,Signals & Devices 2013 (SSD13). IEEE,2013: 1-6.

[7] LEE J H,KIM H J,CHO B J,et al. Road bump detection using LiDAR sensor for semi-active control of front axle suspension in an agricultural tractor[J]. IFAC-PapersOnLine,2018,51(17): 124-129.

[8] KIM M H,CHOI S B. Estimation of road surface height for preview system using ultrasonic sensor [C]//2016 IEEE 13th International Conference on Networking,Sensing,and Control (ICNSC). IEEE, 2016: 1-4.

[9] CYTRYNSKI S,NEERPASCH U,BELLMANN R,et al. The active suspension of the new mercedes-benz GLE[J]. ATZ worldwide,2018,120(12): 42-45.

[10] THEUNISSEN J,SORNIOTTI A,GRUBER P,et al. Regionless explicit model predictive control of active suspension systems with preview[J]. IEEE Transactions on Industrial Electronics,2019, 67(6): 4877-4888.

[11] QIN Y,RATH J J,HU C,et al. Adaptive nonlinear active suspension control based on a robust road classifier with a modified super-twisting algorithm[J]. Nonlinear Dynamics,2019,97: 2425-2442.

[12] KWON B, HYUN Y, YI K. Mode control of electro-mechanical suspension systems for vehicle height,levelling and ride comfort[J]. Proceedings of the Institution of Mechanical Engineers,Part D: Journal of Automobile Engineering,2020,234(2-3): 792-809.

[13] 王豪豪. 基于车前地形预瞄的多轴重载车辆主动悬架控制[D]. 长春：吉林大学，2019.
[14] 姚科业，顾惠烽. 车辆传感器从入门到精通[M]. 北京：化学工业出版社，2021.
[15] 张小红. 机载激光雷达测量技术理论与方法[M]. 武汉：武汉大学出版社，2007.
[16] 李峰，刘文龙. 机载 LiDAR 系统原理与点云处理方法[M]. 北京：煤炭工业出版社，2021.
[17] 左桐舟. 基于车前感知系统的车身位姿偏差研究[D]. 秦皇岛：燕山大学，2020.
[18] 王晨皎. 基于高斯分布的车前高程地形重建研究[D]. 秦皇岛：燕山大学，2020.
[19] 李以磊. 基于激光雷达的车前地形高程信息测量技术研究[D]. 长春：吉林大学，2018.
[20] 毕欣. 自主无人系统的智能环境感知技术[M]. 武汉：华中科技大学出版社，2020.
[21] 徐绍铨. GPS 测量原理及应用[M]. 4 版. 武汉：武汉大学出版社，2017.
[22] 张其善，吴今培，杨康凯. 智能车辆定位导航系统及应用[J]. 交通运输系统工程与信息，2002(3)：70.
[23] 格鲁夫 P. D. GNSS 与惯性及多传感器组合导航系统原理[M]. 北京：国防工业出版社，2011.
[24] 张国良，曾静. 组合导航原理与技术[M]. 西安：西安交通大学出版社，2008.
[25] 邓志红. 惯性器件与惯性导航系统[M]. 北京：科学出版社，2012.
[26] 王海波，周爱军，陈荣娟. 惯性器件原理与应用[M]. 长春：吉林大学出版社，2012.
[27] 刘智平，毕开波. 惯性导航与组合导航基础[M]. 北京：国防工业出版社，2013.
[28] 姜立标. 车辆传感器及其应用[M]. 2 版. 北京：电子工业出版社，2013.
[29] 齐志鹏. 车辆传感器和执行器的原理与检修[M]. 北京：人民邮电出版社，2002.
[30] 吕勇军. 传感器技术实用教程[M]. 北京：机械工业出版社，2012.
[31] 付华，徐耀松，王雨虹. 传感器技术及应用[M]. 北京：电子工业出版社，2012.
[32] 姚科业. 图解车辆传感器识别·检测·拆装·维修[M]. 北京：化学工业出版社，2013.
[33] 薛燕. 车辆底盘及车身电控技术[M]. 北京：化学工业出版社，2013.

第 5 章

主动悬架车前地形感知系统

车前地形可以表示真实路面相对于平坦路面的偏离程度，车前地形的精确测量对主动悬架的可靠性，车辆行驶的平顺性、操纵稳定性和驾乘人员的乘坐舒适性具有重要影响[1]。近些年来，随着人工智能、计算机、电子信息及自动化学科的飞速发展，车辆的智能化水平不断提高，车前地形测量的相关技术迅速发展，目前最有影响力的车前地形测量方法主要有直接测量法、反向分析法及非接触测量法（车前地形感知）等。

直接测量法通过在车身上安装路面不平度仪与地面接触进而直接测得路面的起伏情况，如图 5-1 所示。路面不平度仪主要由惯性器件、弹性元件和阻尼机构组成。其中，阻尼及弹性元件将会影响系统的幅频特性，因此在共振频率内误差较大。

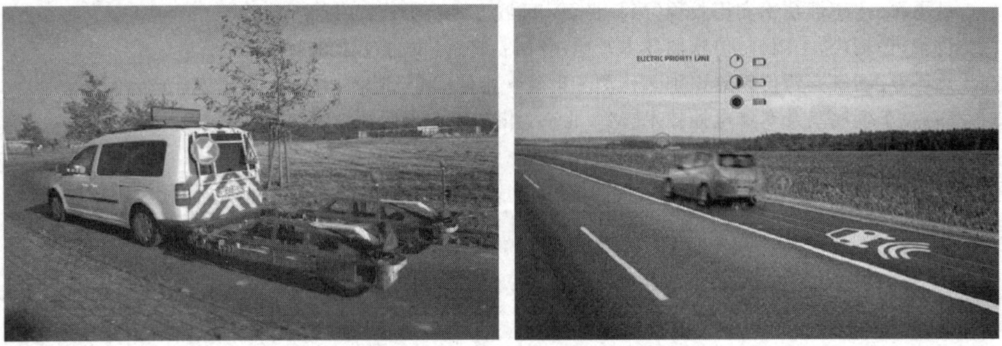

(a) (b)

图 5-1　路面测量装置

(a) LPA 路面纵剖面仪；(b) TRL 高速路面计

基于动力学响应的反向分析法，是近些年应用比较广泛的路面不平度测量方法。该方法是通过安装在车辆上的传感器（如加速度传感器、位移传感器），利用动力学响应感知路面的不平度。目前主要的应用方法包括傅里叶变换法、激励频率能量分段法、小波变换分析法及卡尔曼观测器法等。反向分析法的优点是获取路面不平度的效率高，但在一般情况下，由于车辆悬架模型中参数的时变特性与非线性关系，导致模型的精度较低。

非接触式测量法是基于非接触式感知传感器的环境感知方法，也叫作车前地形感知。如图 5-2 所示，该方法通过安装在车辆前方的激光雷达、惯性测量单元、摄像机、GPS 等多种传感器，扫描获取车辆前方的地形点云数据。使用点云数据滤波、多帧点云数据配准、点云聚类等方法提取车前地形精确的点云数据，进一步通过地形重构技术得到道路的三维高程信息。由于车前地形感知的方法可以实时获取路面时域信息，并且测量精度较高、可开发性较大、应用前景广阔，受到了很多研究人员的青睐。以目前较为成熟的预瞄式主动悬架产品为例，Benz 公司的魔术悬架系统可以探测车前 15m 的距离、路面起伏度大于 3mm 以上的路面，并主动调节悬架系统，提高车辆的平顺性。谷歌在车前地形重构领域也有一定的成果，其研制的车前地形感知系统，运用多种传感器实现了车辆前方路面的重构，将与高精度地图数据融合后的信息提供给车载计算机，进行后续处理。

(a)　　(b)

图 5-2　非接触式测量法应用场景

(a) 谷歌无人驾驶车；(b) 无人车路面感知系统

对比以上 3 种方法可知，直接测量法精度高，但其成本较高；反向分析法实用性强，但是难以得到较为精确的时域信息；随着传感器和感知定位算法的发展，采用车前地形感知技术提前预知道路信息，可同时获取信息的种类全、精度高，是未来车前地形测量的主流发展方向。国内外对车前地形感知技术已开展了大量有益的研究，将多种传感器技术融合，利用计算机模拟分析能力代替人工数据、图形的处理，以满足车前地形感知及高程信息提取的需求。

对于车辆主动悬架控制，预瞄式主动悬架利用车前地形感知技术对车前路面地形进行预瞄感知，并作为主动悬架控制的输入，可以有效消除现有主动悬架调节时间滞后的现象，解决调控精度不到位等问题，显著提高车辆在复杂道路工况下的乘坐舒适性、行驶平顺性和操纵稳定性，满足车辆对悬挂系统的性能需求[1-4]。

5.1　主动悬架车前地形感知系统概述

预瞄式主动悬架所采用的车前地形感知系统，使用安装在车身上的雷达、摄像机等车载传感器实时采集车辆前方的路面信息(如路面高程值、不平度等级和摩擦系数等)。车载计算系统采用传感器融合技术处理所得到的信息，将路面信息与车身运动状态数据进行融合，构建精确的车前地形地图，作为预瞄式主动悬架的控制输入。

预瞄式主动悬架获取相应的车前地形预瞄信息，实现车前地形信息的提前预知，并将处理所得信息作为主动悬架的作动器调控量，以反馈信息的形式对悬架作动器进行控制，对于保证主动悬架的调控精度具有重要意义。在现有的车辆上采用预瞄式主动悬架技术，通过控制悬架作动器输出力或力矩来抵消路面的冲击，基于多传感器信息融合的算法还可以针对特定的场景及需求，在一定程度上可以实现测量效果优化，提高在复杂环境下各种地形实时建图的精度[5,6]。

预瞄式主动悬架及其搭载的车前地形感知系统主要针对车前地形路面信息，结合多传感器信息融合思想，围绕车前地形重构与路面高程信息提取，构建精确的车前地形地图并且将控制输入传递给控制系统[7,8]。使得车辆在复杂的路况下行驶时,车身姿态基本不变。预瞄式主动悬架的使用有效提升了车辆在复杂道路工况下的乘坐舒适性、行驶机动性和操纵稳定性,满足了救援车辆对悬架系统的性能需求,显著提高了复杂地面的行驶速度,改善了驾驶员的操作舒适度[9-11]。本章以提高车辆在复杂路面行驶条件下的行驶性能为工程背景,介绍预瞄式主动悬架的车前地形感知系统。

5.1.1 车前地形感知系统的组成

车前地形感知系统主要由硬件平台与软件系统组成,硬件平台用于获取车前路面地形数据及车辆位姿数据,软件系统的主要作用是进行数据处理、存储及可视化等工作,构建车前局部高程地图。

1. 硬件平台

车前地形感知系统的硬件平台主要包括车体平台、感知定位传感器、车载计算系统等部分,如图 5-3 所示。

图 5-3 硬件平台

1) 车体平台

车体平台作为车前地形感知系统的主要跟踪对象,是系统测量估计的主体,同时也作为传感器的载体提供电源。车体平台主要由制动系统、油气系统、电气系统、液压系统和转向系统等部分构成,由车载计算系统实现主动悬架作动器的力和位移的控制。

2) 感知定位传感器

感知定位传感器用于对车辆前方的地形进行实时测量以及车辆在地图中的定位,主要分为感知传感器和定位传感器。

感知传感器用于感知路面环境等信息,常见的感知传感器主要有激光雷达、毫米波雷达和摄像机等。激光雷达通过主动发射激光束来感知外部环境,可以有效地识别复杂路面环境和动态物体,进行目标检测与跟踪。当遇到烟雾的场景时,可以使用毫米波雷达,它发射出去的电磁波是一个锥状的波束,既有测速的功能,又有测距的功能,在野外复杂环境中也能正常使用。车辆上也经常采用由多个安装在车身周围的鱼眼相机构成的环视摄像机,它的视角比较大,有的甚至超过 180°,包含了车身周边丰富的信息,广泛应用于自动泊车中。

定位传感器用于测量和跟踪载体在环境中的位置姿态,常见的定位传感器可采用 GPS 和惯性测量单元 IMU 等。GPS 定位技术具有全球覆盖、全天候工作、高精度、实时定位等优点，但是其动态性能和抗干扰能力较差。IMU 作为姿态测量传感器不仅可以测量车辆姿态，还可以配合 GPS 形成组合定位系统。IMU 可以在 GPS 信号不稳定甚至短时消失的情况下，持续提供若干秒较为精确的相对位置数据，还可以在 GPS 信号发生漂移的时候对 GPS 信号进行纠偏。

3）车载计算系统

车载计算系统指的是车载控制电脑，与车载传感器进行通信与数据交换，收集传感器采集到的数据信息，并使用相应的算法处理所获取的信息。再对这些数据进行可视化处理，生成直观的车辆轨迹曲线图和地形高程图等可视化界面。

早期车载计算机主要采用安装在防振架上的工业控制计算机，随着嵌入式计算平台的出现，现在开发的项目多采用嵌入式计算平台替代工控机。发展至今，车载计算平台大概分为以下几类：

（1）基于 CPU 的计算平台。利用 GPU 运行机器学习模型，耗费的时间大幅缩短。

（2）基于 DSP 的计算平台。基于 DSP 的无人驾驶解决方案，可实现各种前置摄像机应用的同步运行。

（3）基于 FPGA 的计算平台。例如，奥迪全新 A8L 车型上搭载的 zFAS 域控制器就使用了 FPGA 芯片。

（4）基于 ASIC 的计算平台。ASIC 即专用集成电路，它是应特定用户要求和特定电子系统的需要而设计、制造的集成电路。

（5）其他计算平台。例如，谷歌的计算平台。

2. 软件系统

车前地形感知系统的软件系统可以分为编程语言、操作系统和所使用的第三方库。

1）编程语言

在进行模拟仿真、算法验证时，需要使用合适的计算机语言，实现人与机器之间的交流和沟通，主流的编程语言有 C/C++、C#、Java、Python 等。也可根据使用的方便性与运行实时性的要求，使用 MATLAB 与 C/C++语言。在进行仿真分析时，可使用 MATLAB 编程语言，以达到快速验证算法正确性的目的；当运用到实际工程环境中时，一般使用 C++语言，以保证系统运行的实时性和快速性。

2）操作系统

操作系统是用户和计算机的接口，同时也是计算机硬件和其他软件的接口，为用户提供了一个良好的工作环境和必要的服务等。操作系统常选用 Linux 系统或者 Windows 系统，Linux 系统更加稳定、高效，而 Windows 系统更容易搭建仿真环境，使用更加简便。车前地形感知系统是一个多传感器的复杂系统，工作时，不同传感器数据的融合需要保证数据的同步性，因此数据采集与数据可视化的数据都是实时同步的。在实时采集的过程中，每个传感器采集到的当前时刻数据都会通过操作系统存入计算机内存中，其他模块通过读取内存来获取感知数据，传感器采集的数据会周期性更新。为了使数据可视化时也能做到多传感器数据的同步，每一时刻的数据都带有时间戳。因此在采集数据时，内存中的数据不仅供各个模块读取，还会实时保存到本地。

3）第三方库

第三方库是一些程序员已经完成并且打包好的源码，是可以直接运用的算法，里面包括了很多基础算法功能,使用第三方库可以有效简化程序编写的复杂度。在数据可视化方面,主要使用支持图形界面的第三方库实现,需要具备快速、简易、面向对象的优点,可以方便地嵌入各种操作系统中,实现车辆轨迹与路面高程信息的可视化显示[12]。所使用的第三方库主要有 Qt 和 OpenGL。在点云处理方面,所使用的第三方库主要有 PCL 库。在数据通信和程序设计方面,设计的主要思想是使用多线程的处理技术。为了解决传感器数据采集的时间同步问题,就需要采用多线程技术进行数据采集。多线程是多任务处理的一种特殊形式,多任务处理允许程序同时运行两个或者两个以上的任务,需要相关的第三方库进行支持,主要使用的是 Boost 库。在矩阵运算方面,主要采用 Eigen 库进行处理。

通过上述组成部分,车前地形感知系统可以实现实时的数据采集和数据可视化,使得可视化真实数据时能够最大限度地接近在线情景,大大减轻了调试算法的负担,方便进行算法修改。

5.1.2 系统工作流程

如图 5-4 所示,预瞄式主动悬架在车辆行驶过程中,车前地形感知系统通过感知定位传感器获取原始点云数据和位姿数据,利用车载计算系统进行数据处理及信息融合。其中,原始点云数据需要经过点云数据处理,将其转化为有效的点云数据,再将其与位姿数据进行多传感器信息融合,得到车前地形数据信息。使用得到的车前地形数据信息进行车前地形重构,目的是将其可视化以及提取高程信息。根据所设计的控制策略计算得到预瞄式主动悬架系统的控制量,用于调整车辆的位姿,保证车辆行驶的平顺性和稳定性。

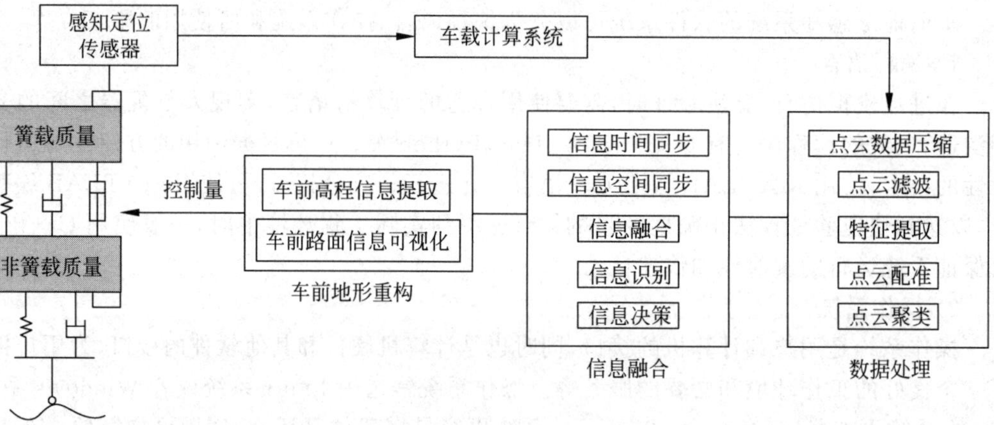

图 5-4 车前地形感知系统

车辆在行驶过程中,安装于车前的环境感知传感器返回基于自身坐标系的三维地形点云数据,精确绘制数字地形的一个重要挑战是估计环境感知传感器的姿态,其变化会影响点云数据的精度。为了将地形三维点云固化于大地表面,需要实现感知传感器的精确定位,对于此问题,定位传感器固连于车辆上,用于采集车辆运动期间环境感知传感器的位姿信息,以补偿姿态变化带来的数据误差。为了利用多种传感器的优势并抵消各自的缺点,多传感器信息融合技术被广泛应用,以获得可靠的车前地形点云数据。

1. 点云数据处理

当车载计算系统收到传感器传回的数据以后，在利用感知传感器的点云数据进行车前地形重构之前，需要对大量的点云数据进行处理，因为这些点云数据中会包含无效点、离群点等无效信息。在对原始点云数据继续预处理时，首先要进行空间索引，将杂乱无序的点云数据进行有序归类，再进行一系列的点云滤波、特征提取、点云配准、点云聚类等操作，剔除无效数据，将语义相近的点云融合为一个整体，使得数据更加平滑、光顺，减少了后续处理流程的误差和计算量，提高数据处理效率。

2. 多传感器信息融合

当获得了有效的点云数据后，就需要使用多传感器数据融合技术将其与定位传感器获得的位姿数据进行融合。由于接收到的点云数据是在感知传感器本身的坐标系下表示的，需要将其进行坐标变换，转换到大地坐标系下。可使用合适的数据融合算法，首先将定位传感器测得的位置信息与姿态信息进行融合，提高定位传感器测量的精度，减小测量误差，得到可靠的位姿数据。然后再将感知传感器的点云数据与位姿数据进行融合，得到大地坐标系下的路面信息。

3. 车前地形重构

在得到经过多传感器信息融合处理修正地形点云数据以后，就可以构建车前地形与提取路面高程信息。首先利用当前时刻得到的点云数据重构车前地形，并存储在栅格地图中，在接收到下一个时刻的数据后，更新现有的车前地形地图，同时也将数据存储在栅格地图中，随着车辆的不断运动，车前地形便在栅格地图中完整地展现出来。同时预测车辆的轨迹，提取一定时间内车辆轨迹上的高程信息，作为主动悬架的控制信息。

5.1.3 系统误差分析

车前地形感知系统的误差主要分为传感器测量误差、系统集成误差和数据处理误差三种类型，如图 5-5 所示。

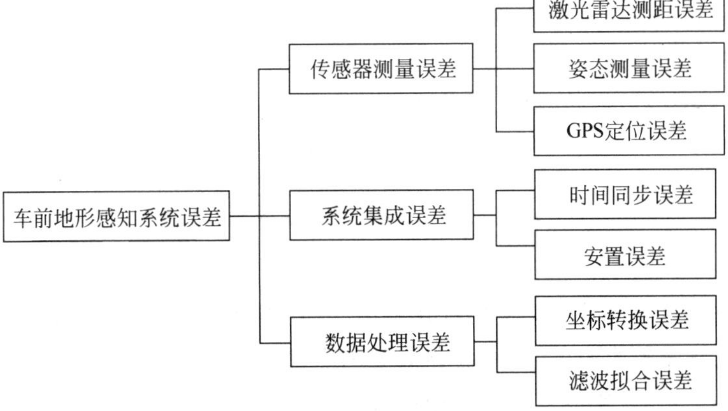

图 5-5　系统误差分析

1. 传感器测量误差

传感器测量误差是不同的传感器产生的误差的统称。基于车前地形感知系统所使用的传感器,产生的传感器测量误差主要包括激光雷达测距误差、姿态测量误差及GPS定位误差。激光雷达测距误差是由多种因素造成的,主要包括:①激光雷达本身的构造所产生的误差,又叫激光雷达系统误差;②目标材质对激光信号的影响所产生的误差;③激光信号在传播过程中受到外界干扰所产生的误差;④车载激光雷达受车体振动所产生的偏移误差。姿态测量误差包括安装误差、解算误差、加速度测量误差、偏移误差等。在试验过程中我们发现,设备安装误差及姿态解算过程中的误差为惯性测量单元的主要误差来源。GPS定位误差的主要来源大致分为三类:①卫星轨道误差;②观测误差,主要受地球自转影响等;③接收机相关误差,主要由接收机钟差组成。

2. 系统集成误差

系统集成误差是影响车前地形测量扫描精度的关键误差。车前地形感知系统涉及多传感器的时间和空间一致性及多传感器数据融合等一系列问题,面对这些问题,会存在时间同步误差及系统安置误差。

3. 数据处理误差

数据处理误差是车前地形测量最主要的误差来源。车前地形测量涉及激光雷达的点云滤波、点云配准、多传感器数据的时间与空间融合等问题。

由于传感器本身硬件特性及数据噪声的影响,原始数据无法直接使用,因此需要对原始数据进行去噪、时间戳对准及有用信息提取等预处理操作。

要消除激光雷达系统误差,就要求在选择激光雷达的型号时考虑是否符合测量精度的要求,选择合理的安装位置与安装角度,对获得的数据进行滤波处理等。

消除惯性导航系统误差可通过在实验室进行矫正的方式;运动时出现误差无法通过处理器进行矫正,但是可以通过INS标定和融合算法进行矫正;始终变化的误差无法通过INS或通过标定算法校正。

对于一些不需要实时位置的定位测量来说,可以通过对GNSS原始数据的后处理获得精确数据。但是对于实时的定位测量任务,则需要实时的定位方法。例如,使用和载波相位差分技术关联的实时动态算法(real-time kinematic,RTK),通过确定卫星和接收器之间的载波周期,并乘以载波的波长,确定二者之间的距离,可以有效提高GNSS的定位准确度。

5.2 点云数据处理技术

使用激光雷达进行环境感知的精度比较高,并且不易受到环境等其他因素的干扰,但是激光雷达容易受到车辆自身的影响,每秒采集的点最多达几十万个,算法处理实时性较差。由于激光雷达的分辨率、精度或自身的振动等因素的影响,点云数据中不可避免地会出现一些噪声点。因此需要对获取的点云数据进行特征分析和预处理,以便提高配准和建图的准确性和效率。本节在第 4 章介绍的传感器获取数据的基础上，对采集到的激光雷达点云数据进行处理。

点云数据处理所使用的软件工具主要是点云库(point cloud library，PCL)。PCL 是一个用于 2D/3D 图像和点云数据处理的大型开源模块化的 C++ 程序库，基于 Boost、CUDA、VTK、OpenNI 等第三方库，支持包括 Windows、Linux、macOS 及 Android 等在内的多操作系统。

PCL 所提供的框架包含多种算法，如点云滤波、点云配准、特征估计、三维表面重构、模型拟合及分割等。这些算法可用于点云数据中的离群点去除、点云数据配准、关键点提取、计算特征量以识别物体及创建可视化的表面。使用该框架进行开发，可以使用这些算法过滤包含噪声信息的异常值、将点云数据进行拼接等。

5.2.1　点云空间索引

激光雷达通过扫描获取了数量巨大而且分布不均匀的目标点云数据，这些数据是物体表面目标点空间坐标的集合，只包括三维坐标信息，每个点的坐标数据之间并没有明显的规律(如拓扑关系)可循。如果要获取目标点云的法向量、特征值等关键信息，那么就需要得到点与点之间的位置关系，即邻域信息，进而得到近似的拓扑关系。点云空间索引就是建立相邻点云数据之间的拓扑关系，实现在处理大量点云数据时可以在某邻域内进行快速检索，提高数据处理效率[13]。

1. 点云邻域

邻域是集合上的一种基础的拓扑结构，例如以点 a 为中心的任何开区间都可称为点 a 的邻域，记作 $U(a)$。将此关系拓展到点云邻域上，即以点云数据集合中任意一点为中心，其周围邻近点的集合。常见的点云邻域有以下两种选取方法：

1) 欧氏邻域

欧氏邻域根据点与点之间的欧几里得距离来体现相似度。对于点云集合中任意一点和给定阈值距离，其欧氏邻域为空间中所有到该点距离小于给定阈值的点的集合。用数学语言描述为：以 p 为中心，以 r 为距离阈值，所有满足表达式 $N_p=\{p_i \mid (p-p_i)^2<r^2\}$ 点的集合称为欧氏邻域。

2) k 最近邻域

对于点云数据集合中的点，将其他点到该点的距离按从小到大排列，其中前 k 个点的集合就称为该点的 k 最近邻域。用数学语言描述为：将集合中的任意一点到其他点的距离，以式(5-1)的形式给出，按照从小到大的顺序排列。该序列为 $p_1,p_2,p_3,\cdots,p_n$，从其中再选取 k 个满足下面条件点的集合 $N_p=\{p_1,p_2,p_3,\cdots,p_k\}$，这个集合就称为该点的 k 最近邻域。

$$r=\max\{(p-p_i)^2<r^2\},\quad i=1,2,\cdots,k \tag{5-1}$$

2. 点云空间索引

由激光雷达获取的大量密集的点云数据在空间中分布不均匀，相邻点之间并没有建立相应的联系。激光雷达获取的点云数据在与车载位置姿态系统获取的车辆姿态与位置信息进行融合后，需要建立前后路面点云数据之间的联系[14]。根据对象在空间中的位置、形状或者对象之间存在的某种空间关系，将对象按照某种顺序排列的数据结构称为点云空间索引。点云空间索引能够显著提高空间数据的查询及数据获取效率。

比较有代表性的点云空间索引方法包括 KD-tree、KDB-tree、BSP-tree、四叉树、八叉树(octree)及空间单元格法等。其中，工程中应用最广泛的算法是八叉树及 KD-tree 方法。

1）八叉树

八叉树是用于描述三维空间的树状数据结构的方法，它可以快速建立空间三维点云的数据拓扑关系，以便于数据后处理过程中快速处理。八叉树的每个节点表示一个正方体的体积元素，并且每个节点包含有 8 个叶子节点，8 个叶子节点所包含的所有数据加在一起的体积等于根节点的体积。通常采用八叉树算法对采集的点云数据进行划分描述时，首先将所有点云数据包围在一个六面体中，之后开始划分，每次划分 $2n\times 2n\times 2n$ 个小的六面体模块，如图 5-6 所示。

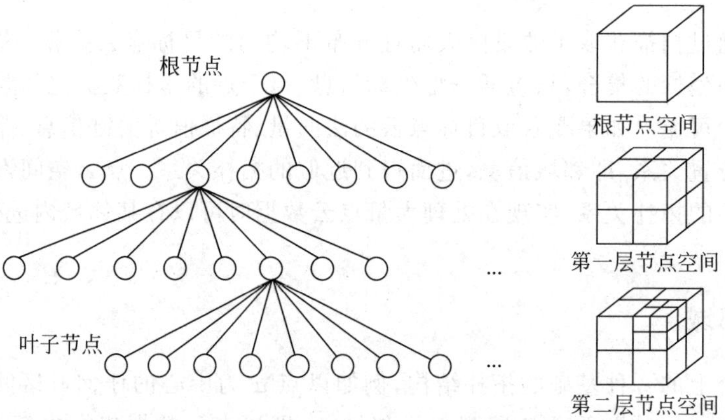

图 5-6　八叉树拓扑索引示意图

2）KD-tree

基于 KD-tree 的数据处理方法是一种对 K 维空间中的实例点进行存储以便对其快速检索的方法。KD-tree 是一种特殊的数据结构，是二进制空间分割树的一种特殊情况。在进行数据后处理时要建立车前地形三维点云数据前后帧数之间的联系，并且点云数据在一定程度上近似于一个平面，KD-tree 在建立地形三维点云数据拓扑关系方面更具优势。

KD-tree 上的每个节点代表一个数据集，该数据集被一分为二，如图 5-7 所示，一部分为左子树，另一部分为右子树。记这两个数据子集为 D_l、D_r，建立此树节点并存储划分情况。对 D_l、D_r 重复进行以上的划分直到不能划分为止，不能再划分时，将对应的数据保存至最后的节点中，这些最后的节点就是叶子节点。若当前节点的划分维度为 K（车前地形点云为三维数据），其左子树上所有点在 K 维的坐标值均小于当前值，右子树上所有点在 K 维的坐标值均大于或等于当前值，则本定义对其任意子节点均成立。

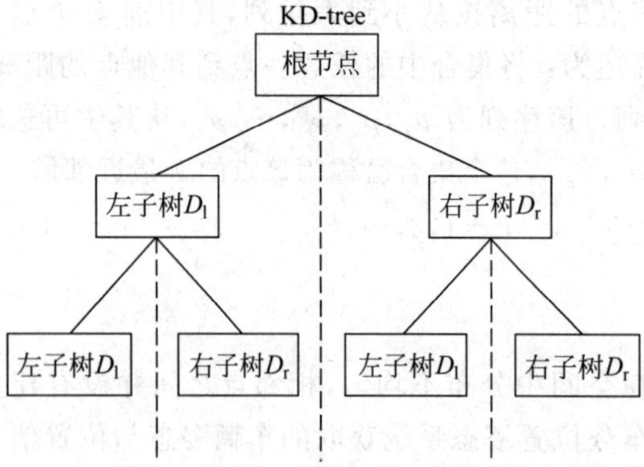

图 5-7　KD-tree 拓扑索引示意图

构建 KD-tree 的运算流程为：

(1) 确定车前地形感知系统所得到的点云数据的维数。

(2) 选择分割域，即计算车辆前方地形三维点云数据在各个维度上的方差，将点云最大方差值所在的维度确定为分割域维度。

(3) 节点值的选取，即将待分割的点云在第二步中获取的维度上进行投影、排序，选择中值处的点作为节点值。

(4) 左、右子域的确定，即将待处理点以第三步中的节点值为参考，分别将点云划分到左、右子域，依次执行直到划分后的子域中没有点云为止。

通过对车辆前方地形点云数据进行 KD-tree 算法 4 个步骤的处理，点云各点之间不再是散乱的点，而是建立了点云之间的拓扑关系，便于后续算法对点云数据的处理。

5.2.2 点云数据压缩处理

在点云数据处理过程中，过于稠密的点会降低数据的处理速度。合适的点云数据压缩处理方式既可以保留车前路面点云的几何特征，又在一定程度上减少了点云的数量，利于达到构建地形模型的要求，提高数据处理速度。例如，由激光雷达扫描的点的分布多而密集，Ibeo-Lux2010 激光雷达的扫描频率为 50Hz，角分辨率为 0.125°，扫描广角为 110°，则该激光雷达每秒的数据量约为 880×4×50＝176000 个数据点。若不经过点云的数据压缩处理而直接进行后续操作，会占用较多的计算机内存，且点云的处理速度也会相应地下降。

使用体素化网格方法实现点云数据压缩是一种在精度和速度上都较为实用的方法，该方法将采集到的点云数据划分为一个个三维体素栅格，可把体素栅格想象为微小的空间三维立方体的集合。首先要设定地形点云体素栅格的大小，然后利用栅格对点云进行划分，处理过后采用栅格中的重心来代替整个栅格中的其他点，再在每个体素栅格中近似地使三维立方体的所有点云的重心替代整个三维立方体。这样在这个体素栅格中的点云数据就由这一个点最终表示出来，从而有效地减少了点云的数量，加快了数据处理速度。采用点云数据压缩算法，可以有效地简化点云数据、减少点云数据的数量，并且不破坏点云数据的精度，能有效地加快点云数据配准、形状识别、数据分割和曲面重建等数据处理算法的速度。

图 5-8 为对采集到的点云数据进行压缩处理的效果，可以看出，点云压缩处理前后的数

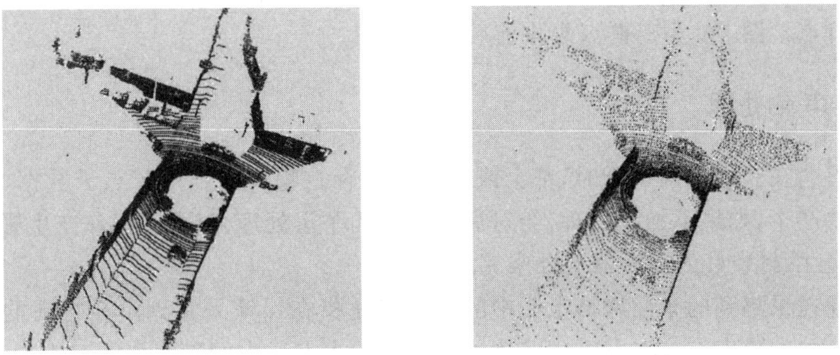

(a) (b)

图 5-8 点云数据压缩处理

(a) 压缩前；(b) 压缩后

据量大大减少，密度和整齐程度也有很大的不同。处理前点云数为 125757，而处理后点云数为 82675，但压缩处理前和压缩处理后的点云数据在形状特征与空间结构等特征方面仍保持一致。很明显处理后的数据在没有影响精度的情况下减少了点云的数量，提高了点云数据的处理速度。

5.2.3 点云滤波

在信号处理、统计分析、计算机视觉及三维物体重构等领域，数据滤波至关重要。在进行车前地形数据采集时，由于激光雷达与车载位置姿态测量装置的精度、车辆运行的环境因素，以及电磁波衍射、车前路面材质的变化等带来的影响，路面点云中将不可避免地掺杂由随机误差产生的噪声点。同时，由于车辆在行驶过程中，还会受到外界视线遮挡、障碍物的干扰等，获取的点云数据中还会有一些离主体点云较远的离群点。过多的噪声点会降低系统对地形点云的处理速度，这些错误的反馈信号会对后续的点云聚类、分隔及点云配准带来干扰，进而影响目标识别及车前地形的构建。因此，为了提高车前地形感知系统的数据处理精度，需要在预处理过程中将点云数据的噪声点和离群点进行剔除，此过程即称为点云滤波。

滤波后的点云数据去除了干扰等问题产生的噪声点和离群点，减少了电磁衍射对点云数据的干扰。所得到的优质点云数据能够更好地进行地面分割、点云配准、障碍物提取、三维重建等其他操作[15]。

1. 离群点去除

对于车前地形扫描系统采集到的点云数据，本书采用距离比较的方法对其进行离群点的滤波处理，通过计算点云中某点与其相邻点或与其 k 最近邻域邻近点之间的距离，并与给定的阈值进行比较，若二者之间的距离大于给定的阈值，则为离群点并删除；若二者之间的距离小于给定的阈值则为有效点，保留并储存。

首先设置 k 值和欧氏距离均值的阈值，例如在点云数据中设置 $k=12$，然后在建立的空间栅格中进行查找，当查找个数不足 k 时，则到相邻空间栅格中继续查找；再进行 k 最近邻域搜索以确定欧氏距离均值；最后将得到的欧氏距离均值与设置阈值进行比较，从而确定是否为离群点。图 5-9 为离群点去除前后的对比图。

2. 噪声点处理

激光雷达在获取三维点云时，都会或多或少地存在噪声点。由于点云数据中的噪声点由各种误差产生，如果不加以处理，会对后续的曲面平滑处理、聚类等操作产生影响，因此需要使用 PCL 中封装好的滤波器对象来完成滤波操作。

除去混在采集到的车前地形点云中的噪声点是指在保证采集到点云特征的情况下，除去真实点云中的噪声点。本书采用双边滤波算法除去点云中的噪声点。双边滤波算法是非线性滤波算法，主要是抑制与中心像素差别较大的像素，即起到保边去噪的效果，具有处理局部、非迭代和相对简单等特点。

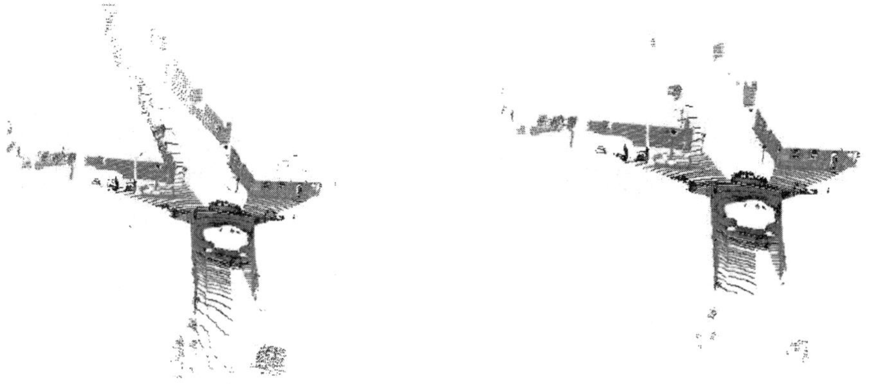

图 5-9　离群点去除效果图

(a) 原始点云；(b) 去除离群点的点云

定义双边滤波器：

$$I^{\text{filtered}}(x)=\frac{1}{W}\sum_{x_i\in\Omega}I(x_i)f_{\mathrm{r}}(\|I(x_i)-I(x)\|)g_{\mathrm{s}}(\|x_i-x\|) \tag{5-2}$$

其中，

$$W=\sum_{x_i\in\Omega}f_{\mathrm{r}}(\|I(\boldsymbol{x}_i)-I(\boldsymbol{x})\|)g_{\mathrm{s}}(\|\boldsymbol{x}_i-\boldsymbol{x}\|)$$

$$f_{\mathrm{r}}(i,j,k,l)=\exp\left(-\frac{(i-k)^2+(j-l)^2}{2\sigma_{\mathrm{d}}^2}\right) \tag{5-3}$$

$$g_{\mathrm{s}}(i,j,k,l)=\exp\left(-\frac{\|I(i,j)-I(k,l)\|^2}{2\sigma_{\mathrm{r}}^2}\right)$$

式中，I^{filtered} 是过滤后的图像，I 是要过滤的原始输入图像，$\boldsymbol{x}$ 是要过滤的当前像素的坐标，Ω 是以 $\boldsymbol{x}$ 为中心的窗口，f_{r} 是像素范围域核，g_{s} 是空间域核。

如上所述，$W(i,j,k,l)$ 由空间域核 g_{s} 与像素范围域核 f_{r} 共同作用，位于 (i,j) 的像素，需要使用其相邻像素对图像进行去噪，其中一个相邻像素位于 (k,l)，由像素 (k,l) 去噪，(i,j) 像素由式(5-4)给出：

$$W(i,j,k,l)=\exp\left(-\frac{(i-k)^2+(j-l)^2}{2\sigma_{\mathrm{d}}^2}-\frac{\|I(i,j)-I(k,l)\|^2}{2\sigma_{\mathrm{r}}^2}\right) \tag{5-4}$$

其中，σ_{d}、σ_{r} 是平滑参数，$I(i,j)$ 和 $I(k,l)$ 分别是点 (i,j) 和 (k,l) 的像素强度。双边滤波的核函数由空间域核与像素范围域核共同组成：在点云数据相对平坦的位置，像素值变化相对较小，此时，与其相对应的像素范围域权重接近于 1，空间域权重起主导作用。相对地，在点云数据边缘区域，相对应的像素值变化较大，此时，空间域权重接近于 1，像素范围域权重起主导作用，从而达到了保边的效果。图 5-10 为噪声点去除前后的对比图。

5.2.4　点云特征提取

在点云数据处理中，点云数据的特征能够反映出被检测物体表面和边缘的点、线、面

(a)

(b)

图 5-10 点云数据去噪处理

(a) 原始点云；(b) 去噪后的点云

等几何元素，这些点、线、面特征是高程信息建模的主要依据，约束着整个模型的建立。点云数据的特征描述和提取是最关键一部分，因为它是点云后期配准、分割和曲面重建的基础。

特征描述分为局部特征描述和全局特征描述，所以对点云数据进行处理时就要从局部和整体两个方面考虑，细节的确定需要从局部估计微分几何特征出发，而对于整体的轮廓和整体的边缘就需要从整体的角度把握。

在采集到的点云数据中通常会存在一些点集，它们能够很好地反映出目标物的几何特征和纹理特征，即特征点，有了这些点就可以对点云数据的各个局部曲面进行优化和约束。通过点云特征提取所获得的特征点的数量要比原始点云的数量要少得多，可以不失描述性和代表性地用来表示原始点云数据，从而加快后期点云数据的分割和配准等的处理速度，所以特征点的提取在 2D 和 3D 图像处理中占据着非常重要的地位。

传统的基于曲率极值提取特征点的方法计算量大、效率低下。下面提出一种效率相对较高的基于曲率极值法的改进算法，先利用高斯曲率极值点选出极值点，再利用主曲率方向极值点确定邻域主方向的极值点，其过程如下。

1. 搜索高斯曲率极值点

(1) 在点云数据中任选一点 P 并进行点 P 的 k 邻近点搜索，然后以这 $k+1$ 个点使用最小二乘法进行局部曲面的二次拟合，当得到二次局部曲面 $r_0(u,v)$ 后，以 P 点为起始点在二次局部曲面 $r_0(u,v)$ 上搜索得到高斯曲率极值点 C_1。

(2) 搜索点 C_1 的 k 邻近点，然后利用这 $k+1$ 个点使用最小二乘法拟合出二次局部曲面 $r_1(u,v)$，并以 C_1 为起始点搜索 $r_1(u,v)$ 得到曲率极值点 C_2。

(3) 接着进行第一步，直到所有的曲率极值点搜索完毕，其中包括极大值和极小值。

(4) 将搜索到的极值点作为主曲率极值点搜索的起始点，如果搜索高斯曲率极值点失败，则进行平均曲率极值点的搜索，使其作为曲率极值点的候选点。

2. 搜索曲率极值点

在上面得到的极值点中任取一个高斯曲率极值点 Q，计算点 Q 的平均曲率 $H(Q)$。以点 Q 为起始点，分别沿着其最小主曲率和最大主曲率进行搜索，找到曲率极值点，具体过程如下：

(1) 当 $H(Q)>0$ 时，则存在曲率极大值。将 Q 点同栅格内偏移量大的点除去，其他的点则作为候选点，然后将这些点按与 Q 点最小曲率正方向夹角的大小进行排序。按第一点 Q_1 的最大主曲率方向找出相邻的两点 A_1、A_2，当 $k_2(Q_1)\geqslant k_2(Q_1A_1)$ 且 $k_2(Q_1)\leqslant k_2(Q_1A_2)$ 时，点 Q_1 为曲率极值点，反之则不是曲率极值点。对所有的点进行上述操作，并进行储存。取最后一个点 Q_n，则最小主曲率正方向指向的栅格为下一个搜索目标，进行搜索直到结束。

(2) 当 $H(Q)<0$ 时，则存在曲率极小值，搜索方法除了过滤的是与曲率极大值偏离较远的点外，其他类似。

(3) 当 $H(Q)=0$ 时，则重复(1)、(2)两个步骤。

图 5-11 为这两种方法的对比图，可以看出基于改进的曲率极值法所提取的特征点比一般算法所提取的特征点更加准确。

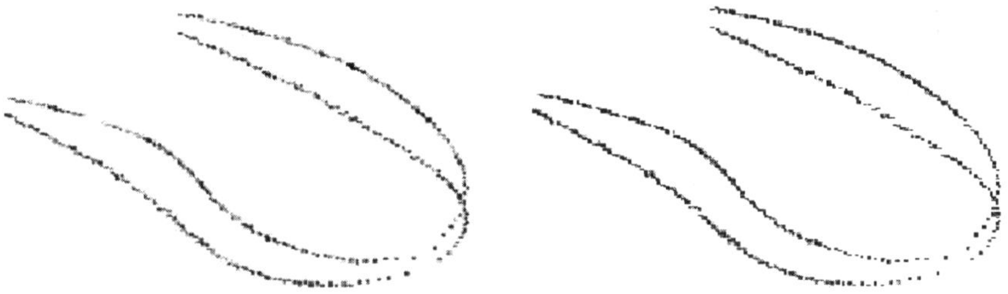

(a)　　(b)

图 5-11　曲率极值法改进前后对比图

(a) 基于曲率极值法；(b) 基于改进的曲率极值法

5.2.5　点云配准

由于点云具有不完整性、平移错位、旋转错位等特点，如果要获得完整的点云数据模型就需要对点云进行配准。三维点云配准就是确定一个合适的坐标系，在不同位置通过点云配准算法将采集的不同视角下描述物体各个表面信息的点云数据信息进行融合，合并到统一的坐标系，并重建该物体的三维模型。

由于激光雷达在不同时刻、不同视角采集的点云数据转换到车体坐标系中需要经过内部和外部两次转换。内部转换是将以强度值和转角为表现形式的点云数据转换到激光雷达坐标系下；外部转换是将激光雷达坐标系中的点云数据通过三维刚体转换到车体坐标系中。本节采集的点云数据就是不同时刻不同视角采集的以时间、转角和强度值为表现形式的点云数据，采用三维点云配准算法的目的是对车前地形路面高程信息进行估计，将不同时刻、不同视角采集到的数据进行完美拟合，当初始时刻的全局姿态为已知量时，便可将点云从车体坐标系转换到大地坐标系中。

1. 点云配准的数学模型

点云配准的实质是通过调整待配准点云的旋转和平移，使两幅点云图重合的过程。激光雷达采集车前地形信息，其地形的原始形状信息不会发生改变，所以在本节中不考虑数据的缩放，仅处理平移和旋转，即只需计算出两幅点云图数据之间的旋转变换和平移变换矩阵即可。

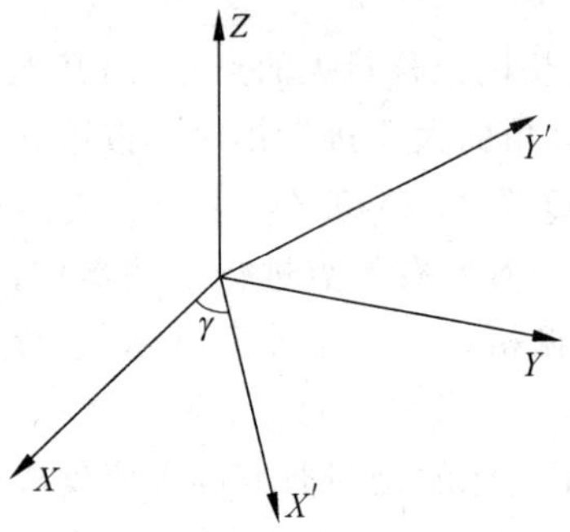

图 5-12　坐标轴旋转关系

1）旋转变换

假如一个物体分别绕坐标轴旋转一定的角度，其外形不变，则该物体初始位置的对应关系可以通过旋转矩阵来表示，即通过组合二维变换，最终得到三维旋转变换。图 5-12 表示三维坐标系绕 Z 轴旋转 γ 角度之后的变换关系。

坐标轴旋转变换的操作矩阵为：

$$\begin{bmatrix} X \\ Y \\ Z \end{bmatrix} = \begin{bmatrix} \cos\gamma & \sin\gamma & 0 \\ -\sin\gamma & \cos\gamma & 0 \\ 0 & 0 & 1 \end{bmatrix} \begin{bmatrix} X \\ Y \\ Z \end{bmatrix} \tag{5-5}$$

式(5-5)中的旋转系数即为旋转矩阵 $\boldsymbol{R}_z(\gamma)$，则

$$\boldsymbol{R}_z(\gamma) = \begin{bmatrix} \cos\gamma & \sin\gamma & 0 \\ -\sin\gamma & \cos\gamma & 0 \\ 0 & 0 & 1 \end{bmatrix} \tag{5-6}$$

若三维坐标系围绕 X 轴旋转 α 角度，则其旋转矩阵为 $\boldsymbol{R}_x(\alpha)$；若三维坐标系绕 Y 轴旋转 β 角度，则其旋转矩阵为 $\boldsymbol{R}_y(\beta)$，于是该旋转矩阵可以表示为

$$\boldsymbol{R}_x(\alpha) = \begin{bmatrix} 1 & 0 & 0 \\ 0 & \cos\alpha & -\sin\alpha \\ 0 & \sin\alpha & \cos\alpha \end{bmatrix} \tag{5-7}$$

$$\boldsymbol{R}_y(\beta) = \begin{bmatrix} \cos\beta & 0 & \sin\beta \\ 0 & 1 & 0 \\ -\sin\beta & 0 & \cos\beta \end{bmatrix} \tag{5-8}$$

按照 Z 轴、Y 轴、X 轴的顺序旋转进行坐标轴变换，其最终的旋转变换关系可以表示为

$$\boldsymbol{R} = \boldsymbol{R}_x(\alpha)\boldsymbol{R}_y(\beta)\boldsymbol{R}_z(\gamma) \tag{5-9}$$

将分别绕 X 轴、Y 轴、Z 轴旋转 α、β、γ 角所得到的旋转矩阵 $\boldsymbol{R}_x(\alpha)$、$\boldsymbol{R}_y(\beta)$、$\boldsymbol{R}_z(\gamma)$ 代入式(5-9)后可以得到解算后的旋转矩阵：

$$\boldsymbol{R} = \begin{bmatrix} \cos\beta\cos\gamma & \cos\beta\cos\gamma & \sin\beta \\ -\cos\alpha\sin\gamma - \sin\alpha\sin\beta\cos\gamma & \cos\alpha\cos\gamma - \sin\alpha\sin\beta\sin\gamma & \sin\alpha\sin\beta \\ \sin\alpha\sin\gamma - \cos\alpha\sin\beta\cos\gamma & -\sin\alpha\cos\gamma - \cos\alpha\sin\beta\sin\gamma & \cos\alpha\cos\beta \end{bmatrix} \tag{5-10}$$

2）平移变换

物体分别沿 X、Y、Z 轴移动了一段距离，移动的过程中物体不发生任何改变，称为平移

变换，通常用平移向量 $\boldsymbol{T}$ 表示，即 $\boldsymbol{T}=[t_X \quad t_Y \quad t_Z]^{\mathrm{T}}$，其中 t_X、t_Y、t_Z 指物体分别沿 X、Y、Z 轴的位移大小。

2. 点云配准算法

1）点云配准的评价指标

点云配准算法实质上是一种优化策略。由于需要配准的两组点云数据彼此之间存在对应点对，如何让车载计算机准确地识别两组点云中的对应点对是配准过程中相对重要的一步。在配准的过程中，局部最优配准和完全配准中正确的配准点对个数是不同的。当前对于配准算法优劣的评定除了目视法外，通常采用正确配准点对个数与全部点对个数的比值作为评价指标。

为了对配准算法的精度进行直观表述，可以通过计算所有配准点对之间的欧氏距离和与配准的总点对个数做商的方法来对不同配准算法的精度进行衡量。假设得到的所有配准点对之间的欧氏距离值为 S，则 S 的表达式为

$$S=\frac{\sum_{i=0}^{n}\|q_i-p_i'\|^2}{n} \tag{5-11}$$

在式(5-11)中，p_i' 表示为待配准点云中某一空间点 p_i 经过最优解变换后得到的配准后点云的某一空间点，q_i 表示为 p_i' 的最近邻点。经过分析可知 S 值越小，配准的效果越好，精度越高。

2）点云配准算法

当前较为主流的点云配准算法是迭代最近点配准算法（iterative closest point，ICP），简称 ICP 配准算法。该算法是利用欧氏最近距离对两组待配准数据中的点云进行匹配，使之形成匹配点对，随后通过匹配点对得到两组数据对应的坐标参数，建立点对之间最近距离的目标函数，通过最小二乘迭代算法使得目标函数最小，迭代至满足精度条件时结束算法。ICP 配准算法匹配精度高，算法相对简单，因而得到广泛应用。

ICP 配准算法的关键是求取源点云和目标点云之间满足最优收敛条件的变换矩阵。在待配准的两个点云数据集的重合部分分别任意选取目标点云集 P 和源点云集 Q，即

$$P=\{p_i \mid p_i\in\boldsymbol{R}^3,\quad i=1,2,\cdots,n\}$$

$$Q=\{q_j \mid q_j\in\boldsymbol{R}^3,\quad j=1,2,\cdots,m\}$$

式中，m、n 分别表示两个点云集的大小。

设旋转矩阵和平移矩阵分别为 $\boldsymbol{R}$ 和 $\boldsymbol{t}$，则能得到误差函数为

$$f(\boldsymbol{R},\boldsymbol{t})=\frac{1}{n}\sum_{i=1}^{n}\|q_i-(\boldsymbol{R}p_i+\boldsymbol{t})\|^2 \tag{5-12}$$

代表源点云在变换矩阵$(\boldsymbol{R},\boldsymbol{t})$的作用下与目标点云之间的误差，变换矩阵$(\boldsymbol{R},\boldsymbol{t})$的求解过程就变为求最小 $f(\boldsymbol{R},\boldsymbol{t})$的最优解$(\boldsymbol{R},\boldsymbol{t})$的过程。

ICP 配准算法步骤：

（1）在目标点云集 P 中取点集 $p_i\in P$，然后在源点云集 Q 中找到对应的点集 $q_i\in Q$，使得 $\|q_i-p_i\|$ 最小。

（2）利用 SVD 分解法计算变换矩阵$(\boldsymbol{R},\boldsymbol{t})$使得误差函数 $f(\boldsymbol{R},\boldsymbol{t})$最小。

(3) 使用变换矩阵($\boldsymbol{R},\boldsymbol{t}$)对 p_i 进行变换得到新的对应点集 $p_i'=\{p_i'=\boldsymbol{R}p_i+\boldsymbol{t},p_i\in P\}$。

(4) 计算 p_i'与Q中对应点集 q_i 的平均距离 d,其中 $d=\frac{1}{n}\sum_{i=1}^{n}\|p_i'-q_i\|^2$。

(5) 比较 d 值与预设的阈值大小,当 d 值小于预设的阈值,或者迭代次数大于预设的最大迭代次数时即满足最优收敛条件,停止迭代,否则继续迭代直到满足要求为止。

5.2.6 点云聚类

通过分析数据之间的相似性,并且以某种相似度为标准,将具有相似性质的对数据从数据集合中分离出来的过程称为聚类。通过聚类分析,使得同一个类别中的数据具有更高的相似性,不同类别之间的数据尽可能具有更高的差异性,最大限度地从原始数据中发现有用信息。目前随着机器学习相关算法的兴起,聚类已经得到广泛的研究和应用,包括数据挖掘、数据压缩和摘要、协同过滤、动态趋势检测等方面[16]。

1. 基于密度的聚类

具有噪声的基于密度的聚类算法(density-based spatial clustering of applications with noise,DBSCAN)是基于密度的聚类算法中具有代表性的算法之一,该算法需要的初始参数较少,发现任意形状类的能力强,处理大规模数据的效率高,能够在有噪声的高密度数据中发现任意形状的聚类。

DBSCAN 的核心思想是将目标数据中的某个点确定为核心,从这个核心点出发,不断向密度可达的区域扩张,最后得到一个包含核心点和边界点的最大化区域,使得该区域中任意两点的密度互相可达。该算法的流程如下:

(1) 检查目标数据中每个样本点的邻域半径内的核心对象来搜索簇。

(2) 若邻域半径内的点数量大于最小数目,则成立一个以该点为核心的簇。

(3) 从核心点出发,依次聚类密度可达对象。

(4) 满足终止条件或者没有剩余点时,该过程结束。

2. 点云聚类数据识别

激光雷达通过扫描周围物体来获取环境信息,这些信息中包括目标物体的距离和位置信息、扫描层信息(体现在扫描数据的颜色上)。将这些环境数据通过网络或者 CAN 总线传递给处理端,每个扫描周期产生一帧数据,处理端处理数据也是以帧为基本单位。图 5-13 是激光雷达扫描后的一帧数据和实际场景的对比,实际场景为结构化道路,且道路远处有若干障碍。通过对扫描图像和实际图像信息的对比分析可以得出激光雷达经扫描后产生的点云数据特点:

(1) 激光雷达采用从左向右的方式进行周期性扫描获取点云数据,这些点云数据包含周围物体的三维空间信息,每个周期的扫描结果形成一帧数据,每帧数据所含信息量类似。

(2) 激光雷达跟随车辆运动而运动,因此周围的环境随时发生变化,经扫描产生的点云数据密度、数据分布等属性有很大的不同。假如对这些数据进行聚类分析,在面对聚类种类、聚类数目和聚类形状均为未知信息的情况下，要求聚类方法能够对数据信息的聚类数量和聚类形状有自适应性。

(3) 对该型号激光雷达的工作特性和实际扫描数据的分析可以看出，道路路面的点云大部分沿水平方向分布，路面外的点云大部分沿车辆行驶方向分布。

(4) 激光雷达对前方环境进行扫描时，距离的增大使得点云变得稀疏，并且点云之间的距离逐渐变大；在相同距离上，随着扫描角度的增加，返回的信息数量和密度也相对减少。

车前地形感知系统进行点云聚类处理的主要目的是获取车辆行进前的道路信息和道路障碍信息，如图 5-13 所示，这些信息是通过激光雷达 4 个扫描层中最下面 2 个扫描层获取的。道路障碍一般分为两种情况：具有负高度值的障碍，比如坑洼及凹陷区域等；具有正高度值的障碍，比如高出地表的凸起或者是散落在路面的障碍物等。为了使车辆预瞄式主动悬架能够适应路面的不平度，从而主动进行伸缩，就需要获取这些障碍的相对高度信息，为主动悬架的伸缩量提供参考长度。

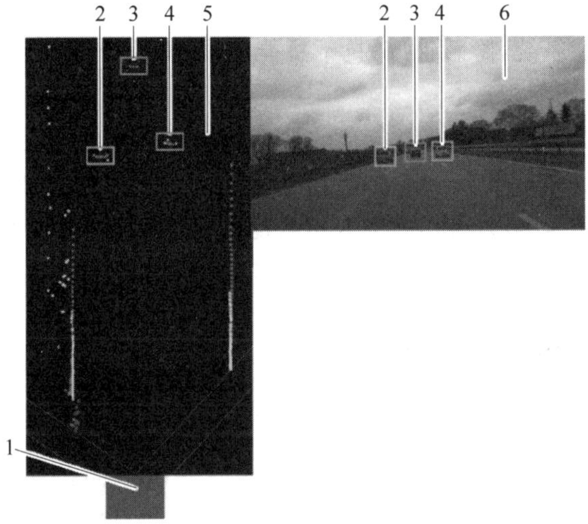

1—激光雷达；2,3,4—障碍物；5—扫描图像；6—实际图像。

图 5-13　点云数据特征

5.3　多传感器信息融合

到目前为止，任何单一功能的传感器都不能随时随地地提供完全可靠的信息，综合考虑各种传感器的优势，充分利用多个传感器数据间的冗余和互补特性，将多个传感器采集获取的信息进行有机合成，即采用多传感器信息融合技术，获得系统运行所需要的、综合的信息已成为无人系统重点研究和要解决的问题[17]。

多传感器信息融合理论起源于人类对自然界的感知，其基本原理是通过合理支配和使用多传感器获得的信息，经过信息处理系统把所获得的信息在空间或时间上进行处理优化，由此获得被测对象的一致性描述[18]。

对于车前地形感知系统来说，预瞄传感器固定安装于车身，势必随着车身姿态的变化而变化，产生的测量误差也随之加大，因此激光雷达采集数据的可靠性评估中必须引入车辆姿态变化，如制动操作期间的车辆点头。同时，主动悬架的实现可以降低车身姿态变化以提高传感器数据的精确度。激光雷达返回车前地形离散点云，因而数据坐标值基于激光雷达自身的坐标系，此坐标系随车辆在地球表面随机运动，为了将点云数据固化于大地表面，需要实时获取激光雷达在地球坐标系中的位置。综上所述，有必要引入感知传感器与定位传感器进行多传感器数据融合，设计车前地形扫描系统。

车辆在行驶过程中，安装于车前的激光雷达返回基于自身坐标系的三维地形点云数据，精确绘制数字地形的一个重要挑战是估计激光雷达的姿态，其变化会影响点云数据的精度。为了解决这一问题，将惯性导航系统(INS)固连于激光雷达，用于采集车辆运动期间的雷达姿态角，以补偿姿态变化带来的数据误差。

为了将地形三维点云固化于大地表面，需要实现激光雷达的精确定位，尽管 GPS 具有高的定位精度，但容易受到干扰，如雷达的多径效应、电磁干扰等。惯性导航系统(INS)是一个由惯性测量单元组成的独立系统，它可以在短时间内提供高频率更新的动态姿态测量，是一个完整的自主导航系统，隐蔽性好，抗干扰能力强，不易受气象条件影响，但由于漂移效应，其测量误差会随时间累积。

为了利用两个系统的优势并抵消各自的缺点，GPS/INS 组合导航系统被广泛应用，它比单个导航系统更有优势。组合导航系统中，卡尔曼滤波是近年来最流行的数据融合方式之一，具有很强的实用性。在本节中，将卡尔曼滤波算法用于 GPS/INS 数据融合，以输出更新的车辆位置、姿态信息。

5.3.1 多传感器信息融合的分类

1. 按判决方式分类

1）硬判决方式

硬判决方式以经典的数理逻辑为基础，设确定的预置判决门限，只有当数据达到或超过预置门限时，系统才做出判决。只有当系统做出了确定的断言时，系统才会向高层次传送结论。

2）软判决方式

软判决方式充分发挥所有有用信息的效用，使信息融合结论更可靠、更合理。系统对所收到的观测数据执行相应分析并做出适当评价，向高层次传送结论意见及有关信息。

2. 按信息融合处理层次分类

1）数据级融合

数据级融合(图 5-14)是对原始信息的融合，直接对未经预处理的传感器原始观测数据或图像进行综合和分析。它只适用于同类传感器的数据融合，如同类(或同质)的雷达数据直接合成或多源图像融合。

数据级融合保留尽可能多的信息，融合性能最好，但由于处理信息量大，所需时间长，其实时性较差。此外，数据级融合要求数据在时间、空间上严格配准，需要严格配准到每个像素的级别上，因此抗干扰性能、容错性差，且算法难度高。

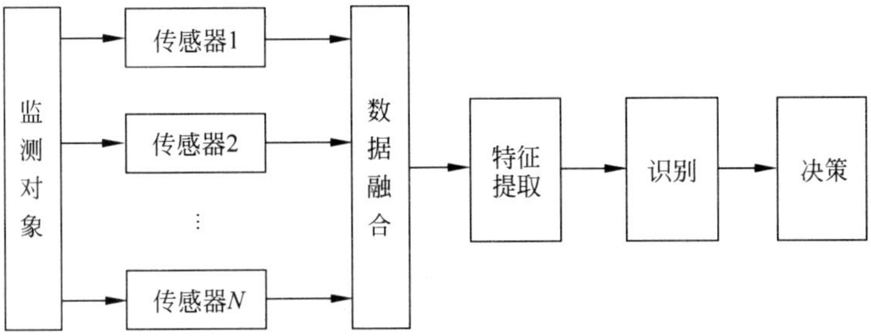

图5-14 数据级融合流程

2）特征级融合

特征级融合(图5-15)利用原始信息中提取的特征信息进行综合分析和处理。既保持足够数量的重要信息，又经过数据压缩稀释数据量，提高了处理过程的实时性。此外，模式识别、图像分析、计算机视觉等现代高技术以特征提取为基础，因此在特征级上进行融合较为方便。

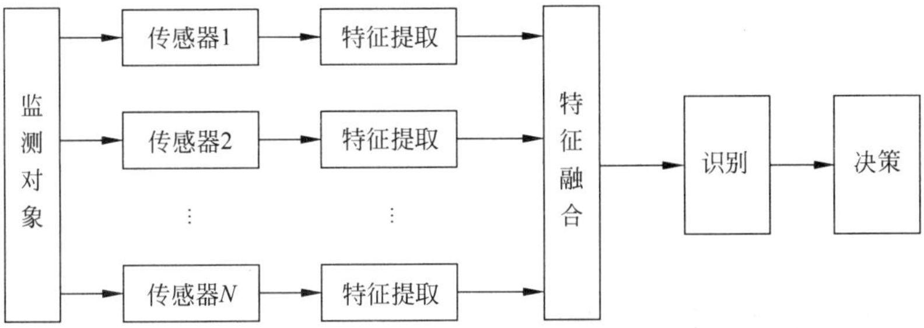

图5-15 特征级融合流程

3）决策级融合

决策级融合是在信息表示的最高层次上进行的融合处理，其流程如图5-16所示。决策级融合以各传感器底层信息的融合中心完成各自决策为基础，根据一定的准则和每个传感器的决策与决策可信度执行综合评判，最终给出统一决策。

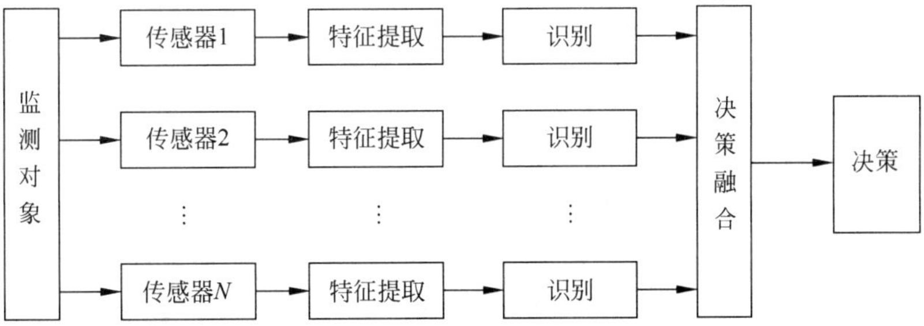

图5-16 决策级融合流程

决策级融合处理的信息量最少、最简单、最实用，其中的传感器可以是异类的，融合中心处理代价低。但是其信息损失量大，性能相对较差。

3. 按信息融合结构模型分类

1）集中式信息融合结构

集中式信息融合将传感器获得的观测数据直接传送至上级信息融合中心，借助一定的准则和算法对数据进行处理，一次性地提供信息融合结论的输出。

2）分布式信息融合结构

在分布式信息融合模型中，传感器先对原始观测数据进行初步分析处理，做出初步判决结论后传送至信息融合中心，然后再由信息融合中心在更高层次上集中多方面数据做进一步的相关处理，获取最终判决结论[19]。

4. 按信息融合目的分类

1）检测融合

检测融合利用多传感器进行信息融合处理，消除单个或单类传感器检测的不确定性，提高检测系统的可靠性，获得对检测对象更准确的认识。

2）估计融合

估计融合利用多个传感器的检测信息对目标运动轨迹进行估计，并对多个估计信息进行融合，以确定目标最终的运动轨迹。

3）属性融合

属性融合的主要目的是利用多传感器检测信息对目标属性、类型进行判断[20]。

5.3.2 多传感器信息融合的方法

1. 数据融合方法

基于目前的研究成果，数据融合虽未形成完整的理论体系，但学者们已经提出了不少成熟且有效的融合算法，主流方法有以下几种[21-23]：

1）加权平均法

加权平均法是一种直接对数据源进行加权平均操作的算法，是多传感器数据融合技术中最基础的一种。该方法从传感器提取数据，并将数据中的冗余信息做加权平均算法处理，以其结果作为融合值进行后续导航工作，这种方法简单有效。

2）卡尔曼滤波法

卡尔曼滤波方法利用测量模型的统计特性，进行数据的递推，继而进行最优估计。近年来，学者们设计了除经典卡尔曼滤波外的一系列数据融合算法，如扩展卡尔曼滤波、无迹卡尔曼滤波、联邦卡尔曼滤波等均取得了良好的效果。卡尔曼滤波方法因其稳定性、容错性良好，在飞行器追踪、惯性导航初始对准等方面得到了广泛应用。

3）多贝叶斯估计法

贝叶斯估计法是将传感器数据进行概率统计并组合，不确定性通过概率条件表达，当获取的传感器数据观测坐标一致时可直接对数据进行融合。多贝叶斯估计法是对导航系统中的多个传感器输出的数据分别制定一个贝叶斯估计，将各个传感器的关联概率分布合成，得到一个联合的后验概率分布，并使联合分布函数的似然数最小，以此得到融合数据。

4）人工神经网络法

神经网络以强大的学习性、自适应性及容错性著称，能够进行大量非线性映射的计算。在数据融合中，各信息源所提供的数据都具有一定的不确定性，神经网络根据样本的相似性特征进行分类处理，同时根据人为设定的学习算法进行学习，得到数据分类的推理机制，实现信息融合。

综合分析上述几种融合算法的特征，及整体考量本书的应用需要和设计需要，选择算法相对简洁，利于系统稳定的卡尔曼滤波算法进行组合导航的信息融合工作。

2. 系统组合方式

GPS 和 INS 的组合方式按照应用场合及应用需求的类型进行划分，大致可分为松组合、紧组合及超紧组合三种组合方式。

1）松组合

松组合是三种结构中最简单的一种组合方式，其结构如图 5-17 所示。在松组合的工作方式中，GPS 及惯性测量单元互不干扰，独立工作，二者的组合表现为 GPS 接收机辅助惯性测量单元修正其参数。松组合中的量测信息主要为速度及位置，将 GPS 接收机和惯性测量单元的位置和速度信息的差值作为观测量，经由组合中的滤波器估计惯性测量单元的误差，进而对惯性导航系统的数据进行校正。

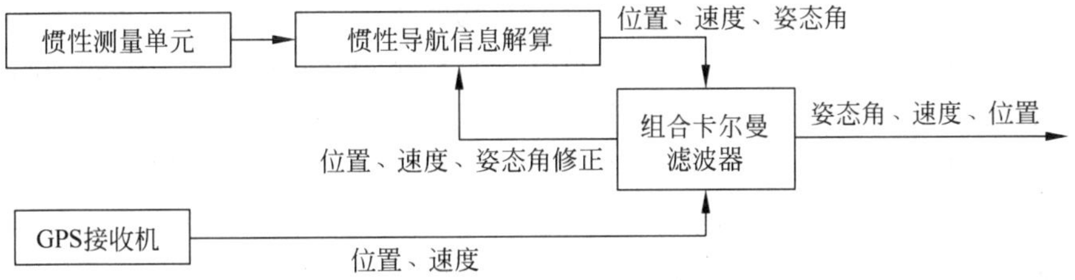

图 5-17　松组合结构图

松组合的优点是组合结构并不复杂，工作流程相对简洁，易于操作；缺点是两个传感系统由于工作过程中互不影响，导致导航信息有一定量的利用余度。

2）紧组合

紧组合与松组合的工作特点相反，GPS 接收机及惯性测量单元在组合中相互辅助，其结构如图 5-18 所示。当 GPS 解算得到载体的导航数据信息后，与 GPS 的星历数据相结合，计算当前时刻载体的伪距和伪距率，并将二者的数据作为组合滤波器的量测量，同时利用组合导航的输出数据对惯性测量单元的数据进行校正。GPS 所提供的各个伪距、伪距率等原始信息相互独立，其量测方程的能观性得到提升，相比于松组合也提升了系统的精度。

3）超紧组合

超紧组合是三种组合中最复杂且精确的一种组合方式，其结构如图 5-19 所示。松组合和紧组合多以 GPS 辅助惯性测量单元数据为主，而在超紧组合中，惯性测量单元与 GPS 之间有更深层次的信息交流及融合。

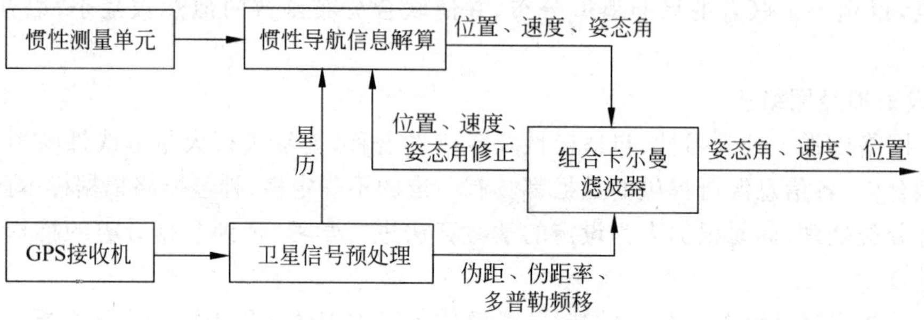

图 5-18　紧组合结构图

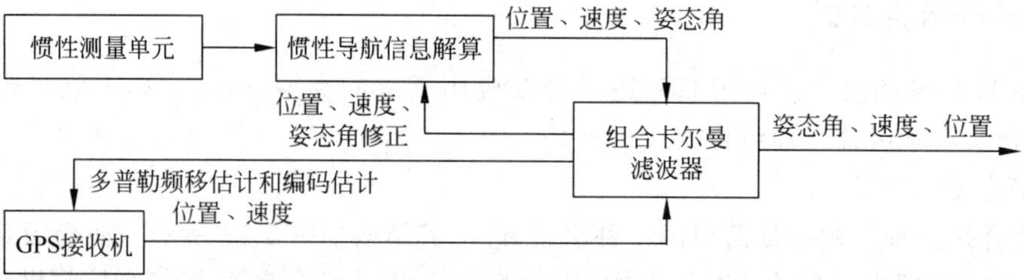

图 5-19　超紧组合结构图

超紧组合与紧组合相同，都是在 GPS 导航系统参与测量后，得到伪距、多普勒频率、载波相位等信息，并辅助参与惯性导航系统的模块解算过程。在超紧组合系统滤波中，以惯性导航系统线性化误差方程为系统方程，采用伪距、伪距率等原始信息作为量测数据，利用滤波算法对系统的位姿、速度、传感器误差等信息进行最优估计，进而给出组合系统的导航定位解。同时依据最优估计结果，对惯性测量单元的误差进行校正，并利用多普勒频移估计和编码估计进行信息等效转换，通过 GPS 接收机对校正后的惯性导航速度信息进行补偿修正，从而减小测距误差。超紧组合设计精密，所得数据相较前两种组合也更为精确，但组合中二者相互辅助，一旦其中一者出现故障，整个超紧组合的效果就会大打折扣，因此须设计相应的故障检测及应对方案。

在工程实际应用中，三种组合的区别主要体现在有部分遮挡的环境，卫星信号时有时无、时好时坏的情况下，此时极易出现频繁失锁、观测量跳变等引发定位异常的问题。超紧组合可以通过辅助信号跟踪更好地解决这个问题，但是系统复杂，成本高，一般适用于卫星信号追踪存在实时性和精准性问题的高速行驶工况；在低速行驶的工况下，松组合反而更加经济实惠。这一细节，也充分体现了车前地形感知系统对场景理解能力的高要求。

5.3.3　多传感器时空同步处理

车前地形感知系统是一个复杂的系统，无论是测量高程地形还是检测周边环境，都离不开定位与导航工作。系统需要计算自身车辆的位置，以及自身与道路、车辆、行人等交通元素之间的相对位置关系和速度关系。不同传感器之间的数据是相互独立的，采样频率各不相同，且由单独的空间和时间坐标表示，当车载计算机利用组合导航系统测量的数据对激光雷达点云数据进行校正时将会出现错误，从而得到错误的三维环境信息，所以传感器采集到的原始数据在未经处理的情况下无法进行多传感器融合工作。因此，时间同步处理与空间同步处理是多传感器融合方案的必要工作。

1. 时间同步

对多传感器信息进行时间同步，统一各传感器采样过程中的时间系统，可以有效减小由于时间不同步所产生的误差。常用的时间系统包括世界时(universal time，UT)、原子时(atomic time，AT)和协调世界时(coordinated universal time，UTC)等。协调世界时以原子时秒长为时间间隔，在时刻上又尽量接近世界时，既符合人们的使用习惯又具有较高的精度，是目前最常用的时间系统。

1) 时间同步方式

车前地形感知系统中的时间同步主要包括统一时间系统和获取同一时刻的信息等部分，其中获取同一时刻的信息又可以分为硬件同步和软件同步。

硬件同步是指在硬件层面上通过对传感器、执行器和控制单元等的精确测量和控制，来达到时间同步。例如，某些传感器能够通过外部触发的方式激活数据采集工作，于是可以使用同一个外部信号，同时激活多个传感器，采集相同时刻的数据信息，以达到时间同步的效果。传统的时间同步方法是通过软件实现的，但其精度受到限制，且容易受环境因素影响。而硬件时间同步方法能够精确地获取各个传感器的数据，但是成本过高，难以满足要求，无法做到实时监控和处理。

软件同步是在程序上进行实现，用来弥补硬件同步触发方案的缺陷：并不是所有传感器都支持外部触发，以及不同传感器的工作频率不一致无法做到严格的硬件同步。软件同步的本质就是插值，通过插值计算获取同一时刻传感器的等效信息。软件同步工作能够拆分为索引和插值两步计算。此处以激光雷达和IMU等传感器融合为例，讲解软件同步工作。

假设激光雷达和IMU的工作周期都是100ms，但是激光雷达每次采集时，都会比IMU滞后几十毫秒，需要进行软件同步工作。以激光雷达作为核心传感器，每当收到一帧雷达数据时，以当前激光雷达数据采集时刻作为要插入的时间点，通过插值获取当前时刻IMU对应的数据。激光雷达数据作为主传感器，不需要进行索引，可直接存入容器中。未进行时间同步的其他传感器数据放在各自对应的未同步的临时容器中，并对未同步的传感器数据对应的时间戳进行索引。如IMU接收一帧激光雷达数据时，通过时间索引找出与激光雷达时间戳最邻近的前一帧和后一帧IMU数据，根据两帧数据的时间戳，对IMU测量数据进行线性插值，就能够获取当前激光雷达时刻的IMU数据，从而达到软件时间对齐的目的，进行时间戳同步。

2) 时间同步方案设计

对于车前地形感知系统而言，时间基准是一个特别重要的要素，是各传感器之间空间配准的纽带和桥梁。由于各传感器的频率及响应速度不同，很难保证多个传感器在同一时间启动工作，并且得到时间对齐的点云和位姿数据。

车前地形感知系统的时间同步方法采用软件同步及线性插值的方法使得多传感器数据的时间保持一致。时间同步以激光雷达的时间为标准通过线性插值的方法找到此时刻对应的IMU及GPS数据，即通过时间外推或者内插的方法进行各传感器之间的时间同步。各个传感器的时间戳如图 5-20 所示。

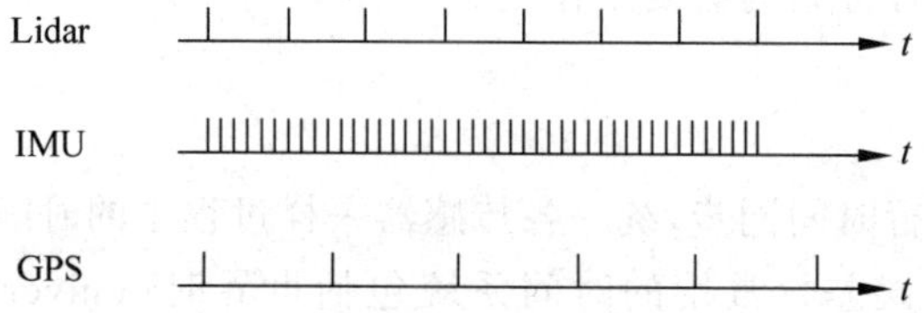

图 5-20 各传感器的时间戳

时间同步的步骤如图 5-21 所示，具体过程为：将 3 个传感器的数据存放到对应的队列中，遍历位姿数据，根据输入点云数据的时间戳，将位于每帧点云数据时间间隔内对应的位姿数据进行保存，用于线性插值得到该帧点云数据每个点对应时刻的位姿数据。遍历第一帧点云数据，对于每个点找到该点时间前后对应的位姿数据，并根据线性插值得到该点对应的位姿数据。

$$t_{\text{lidar}}[i]=\frac{t_{\text{lidar}}[i]-t_{\text{pose}}[j]}{t_{\text{pose}}[j+1]-t_{\text{pose}}[j]} \tag{5-13}$$

式中，t_{pose} 为得到的位姿数据，t_{lidar} 为得到的点云数据。

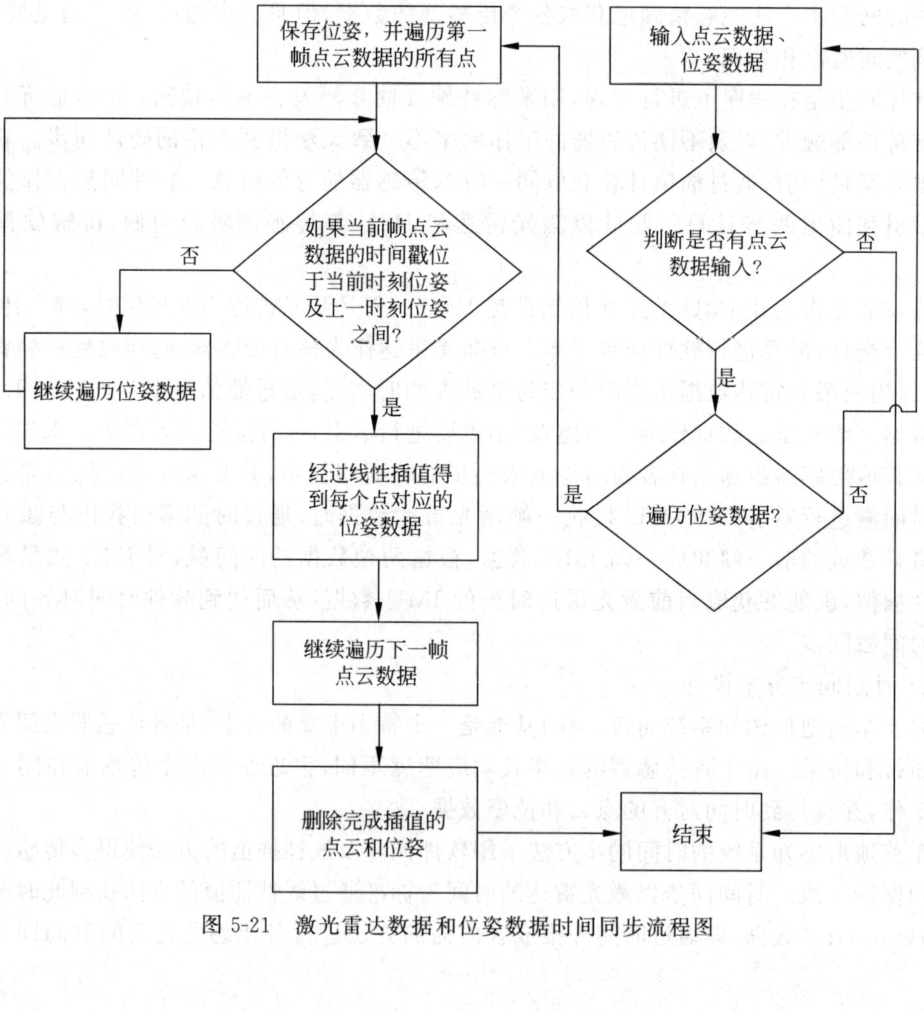

图 5-21 激光雷达数据和位姿数据时间同步流程图

循环处理每帧点云数据的每个点，直到该帧数据处理完成。之后将此帧点云数据及对应的位姿数据删除，继续处理下一帧点云数据，直至所有点云数据处理完成循环结束。如果没有检测到点云数据，则退出循环。

经过上述过程可以实现激光雷达、IMU 及 GPS 数据之间的时间同步处理，有助于提高数据处理的精度。

2. 空间同步

车前地形感知系统中存在多种传感器，每种传感器又存在自身的坐标系，导致系统中的坐标系是复杂多样的。在实际使用过程中，既需要确定车辆自身在地图与世界坐标中的位置和姿态，也需要通过不同传感器感知周围障碍物与车辆本体的位置与姿态关系。因此，需要进行空间同步操作，将不同坐标系关联起来，建立它们之间的转换关系，为车前地形感知系统建立一个空间基准。下面介绍车前地形感知系统中用到的几种坐标系。

1）地心惯性坐标系（i 系）

地心惯性坐标系 $Ox_iy_iz_i$ 是研究地球表面附近运载体的姿态、速度、位置信息要用到的坐标系。地心惯性坐标系的原点位于地球的中心，x_i 轴指向无限远处的春分点，y_i 轴垂直于 x_i 轴与 z_i 轴形成的 Ox_iz_i 面，z_i 轴沿着地球自转轴指向地球的北极，三者构成笛卡儿坐标系。由于地心惯性坐标系不会随着地球运动，所以可以作为惯性元件输出的标准参考系。

2）地心地固坐标系（e 系）

地心地固坐标系主要用于特定位置的 GPS 卫星测量，也被用于航天导航和无人机飞行。地心地固坐标系 $Ox_ey_ez_e$ 的原点位于地球的中心，x_e 轴位于赤道平面内由原点指向本初子午线，y_e 轴垂直于 x_e 轴与 z_e 轴组成的平面 Ox_ez_e，z_e 轴沿着地球自转轴指向北极，三者构成右手直角坐标地心系。由于 x_e 轴永远指向零度经线，所以该坐标系跟随地球的自转转动，称为地心地固坐标系。

3）地理坐标系（n 系）

地理坐标系是使用三维球面来定义地球表面的位置，以实现通过经纬度对地球表面点位引用的坐标系。地理坐标系 $Ox_ny_nz_n$ 的原点位于车身质心处，x_n 轴沿着载体质心所处的水平面指向正东方向，y_n 轴沿着载体质心所处的水平面指向正北方向，z_n 轴垂直于 Ox_ny_n 平面指向上方，三者构成地理坐标系。由于该坐标系的中心位于载体质心，所以地理坐标系会随着车辆移动，其原点位置轨迹也反映了车辆质心的运行轨迹。

i 系、e 系和 n 系间的关系如图 5-22 所示。

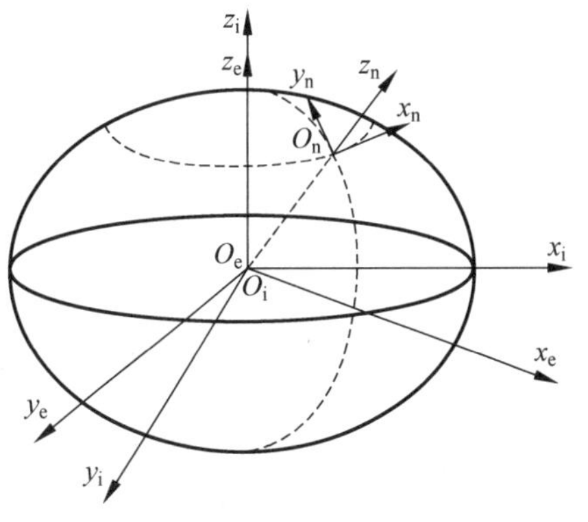

图 5-22　i 系、e 系和 n 系间的关系

4）车体坐标系（b 系）

如图 5-23 所示，车体坐标系 $Ox_by_bz_b$ 与车体固连，原点定义为车体的中心，与地理坐标系的原点重合。x_b 轴沿着车体的横轴方向指向右边，y_b 轴沿着车体的纵轴方向指向前方，z_b 轴垂直于 x_b 轴与 y_b 轴所形成的 Ox_by_b 面，三者构成右手直角坐标系。

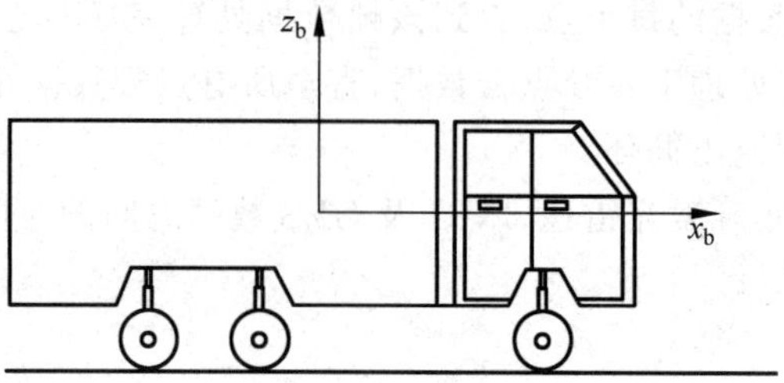

图 5-23　车体坐标系

5）激光雷达坐标系（l 系）

激光雷达坐标系 $Ox_ly_lz_l$ 的原点位于激光雷达的激光发射中心，x_l 轴沿着激光雷达壳体的中心纵切面垂直指向前方，y_l 轴沿着雷达壳体的中心横切面指向雷达的左方，z_l 轴垂直于 x_ly_l 的平面指向上方，三者形成右手直角坐标系，如图 5-24 所示。

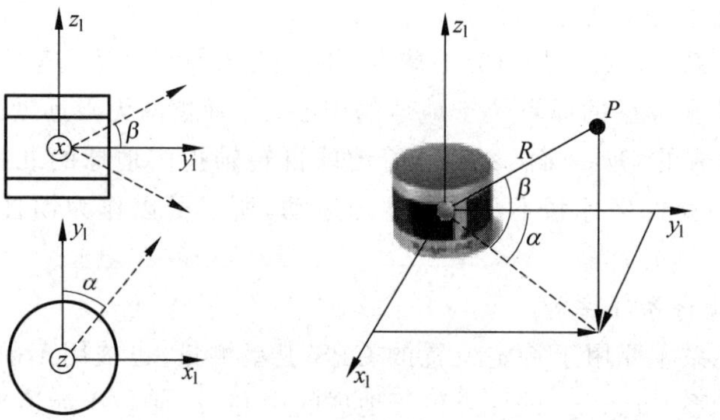

图 5-24　激光雷达坐标系

6）瞬时激光束坐标系（sl 系）

瞬时激光雷达坐标系 $ox_{sl}y_{sl}z_{sl}$ 又称激光棱镜坐标系，此坐标系随着雷达扫描线的运动而运动。其原点位于激光雷达内部的激光发射点，x_{sl} 轴沿着瞬时激光束指向前方，并且随着瞬时激光束方向的改变而改变，y_{sl} 轴垂直于 4 条激光扫描线的扫描面，z_{sl} 轴垂直于 x_{sl}、y_{sl} 轴组成的平面，三者构成右手直角坐标系。激光束的中心线在面 $Ox_{sl}y_{sl}$ 内旋转，如图 5-25 所示，激光束 $L_i(i=1,2,3,4)$ 在平面内以 0.8°的间隔旋转运动。

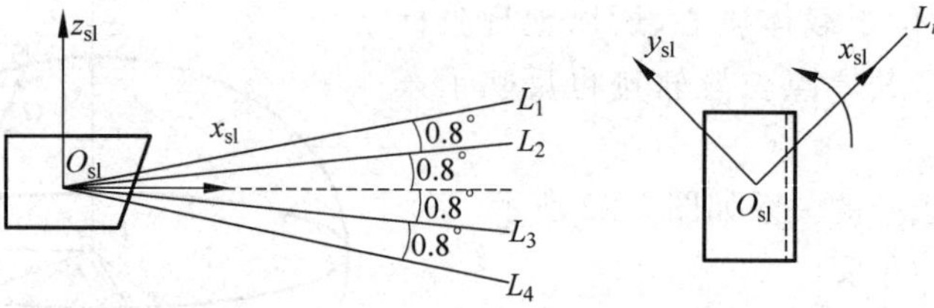

图 5-25　激光雷达扫描线瞬时坐标系

7）惯性平台参考坐标系（I 系）

惯性平台参考坐标系 $Ox_Iy_Iz_I$ 的原点位于惯性平台的中心，x_I 轴沿着车身的纵轴指向前方，y_I 轴沿着车身的横轴指向车辆的右侧，z_I 轴垂直于 x_I 轴与 y_I 轴所形成的平面指向上方，三者构成右手直角坐标系，如图 5-26 所示。

8）世界大地坐标系（WGS-84）

世界大地坐标系（world geodetic system——1984 coordinate system），简称 WGS-84 坐标系。WGS-84 坐标系 $Ox_{84}y_{84}z_{84}$ 是地心固定坐标系的具体应用形式，是最高精度水平的大地参考系。WGS-84 坐标系是 GPS 导航系统所应用的参考坐标系，在导航领域具有重要的地位。WGS-84 坐标系是一个右手地心地固坐标系，坐标原点 O 为地球质心，z_{84} 轴指向国际地球参考系 IERS 极 IRP，平行于国际时间局 BIH1984.0 定义的协议地球极轴（GTP）的方向；x_{84} 轴指向国际时间局 BIH1984.0 定义的零子午面和国际时间局 BIH1984.0 定义的协议地球赤道的交点；y_{84} 轴垂直于 $Ox_{84}z_{84}$ 平面，与 x_{84} 轴、z_{84} 轴构成右手直角坐标系。

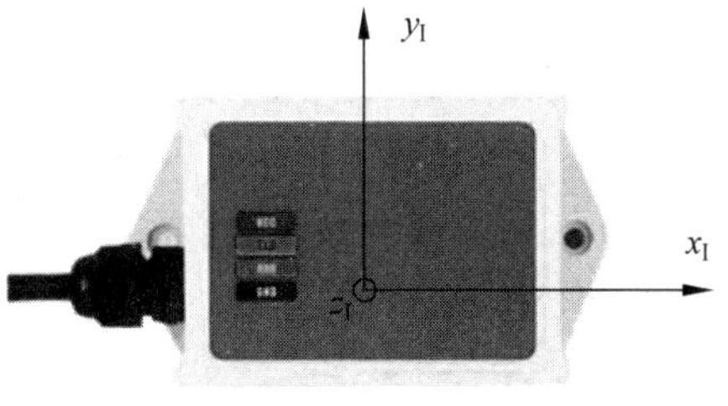

图 5-26 惯性平台参考坐标系

3. 数据融合的数学模型

5.1.1 节中所选取的不同类型传感器输出的信息不同，数据融合的最终目的是形成基于大地坐标系的三维地形点云，且需要考虑传感器姿态误差对地形测量造成的影响，因此数据融合数学模型的推导必须解决以下两方面的问题：

（1）Ibeo-Lux2010 四线激光雷达在工作状态下，如图 5-27 所示，返回数据以极坐标 (L_i,θ) 的形式呈现，L_i 为激光束发射中心至测量点的距离，θ 为激光束与 x_l 轴之间的夹角；而后续的研究过程基于三维直角坐标系，因此需要进行极坐标至直角坐标的转换，这里称为极-直坐标转换。

（2）极-直坐标转换后的点云基于激光雷达坐标系（l 系），l 系在地球表面随机运动，为了方便提取路面高程信息，需要将点云数据转换至 WGS-84 坐标系下，这一转换过程中需要用到 GPS/INS 组合导航系统的测量值，即位置、姿态信息。

1）极-直坐标转换

激光雷达中的激光束绕 z_l 轴逆时针方向旋转，如图 5-27 所示，返回信息包括距离信息 L_i 及角度信息 θ。

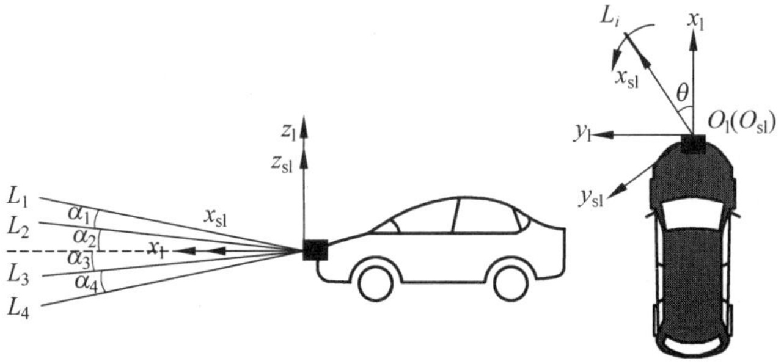

图 5-27 瞬时激光束坐标系与激光雷达坐标系的相对关系

坐标转换只需要根据几何关系进行简单计算即可，下面结合图 5-27 对极-直坐标转换过程加以说明。

(1) 激光雷达返回数据至瞬时激光束坐标系的转换

$[x_{sl}, y_{sl}, z_{sl}]^T$ 为点云数据在瞬时激光雷达坐标系下的坐标表示，转换过程为

$$\begin{bmatrix} x_{sl} \\ y_{sl} \\ z_{sl} \end{bmatrix} = L_i \cdot \begin{bmatrix} \cos\alpha_i^* \\ 0 \\ \sin\alpha_i^* \end{bmatrix} \quad \alpha_i^* = \begin{bmatrix} \alpha_1 + \alpha_2, & i=1 \\ \alpha_2, & i=2 \\ -\alpha_3, & i=3 \\ -\alpha_3 - \alpha_4, & i=4 \end{bmatrix} \tag{5-14}$$

对于 Ibeo-Lux2010 激光雷达，有 $\alpha_1 = \alpha_2 = \alpha_3 = \alpha_4 = 0.8°$。

(2) 瞬时激光束坐标系至激光雷达坐标系的转换

瞬时激光束坐标系由激光雷达坐标系绕 z_l 轴逆时针旋转 θ 角得到，同一点云数据在两坐标系之间的不同数据表示只需要乘以旋转矩阵 $\boldsymbol{R}_l$ 即可，转换过程为

$$\begin{bmatrix} x_l \\ y_l \\ z_l \end{bmatrix} = \boldsymbol{R}_l \cdot \begin{bmatrix} x_{sl} \\ y_{sl} \\ z_{sl} \end{bmatrix} \tag{5-15}$$

根据坐标变换规律可以得出：

$$\boldsymbol{R}_l = \begin{bmatrix} \cos\theta & -\sin\theta & 0 \\ \sin\theta & \cos\theta & 0 \\ 0 & 0 & 1 \end{bmatrix} \tag{5-16}$$

其中，$[x_{sl}, y_{sl}, z_{sl}]^T$ 为点云数据在激光雷达坐标系下的数值表示，$\theta \in [-60°, 50°]$。

2) 数据融合

数据融合过程涉及多坐标系之间的转换，转换矩阵的元素值主要由 GPS/INS 组合导航系统的测量值与传感器安装时的误差决定。

(1) 激光雷达坐标系(l 系)至惯性导航系统坐标系(I 系)的转换。激光雷达坐标系与惯性导航系统坐标系之间存在位置偏差与旋转偏差，因此点云数据于两坐标系之间的转换关系可以表述为

$$\begin{bmatrix} x_I \\ y_I \\ z_I \end{bmatrix} = \begin{bmatrix} \Delta x_{LI} \\ \Delta y_{LI} \\ \Delta z_{LI} \end{bmatrix} + \boldsymbol{R}_I \cdot \begin{bmatrix} x_l \\ y_l \\ z_l \end{bmatrix} \tag{5-17}$$

其中，$[x_I, y_I, z_I]^T$ 为点云数据在惯性导航系统坐标系下的表示；$[\Delta x_{LI}, \Delta y_{LI}, \Delta z_{LI}]^T$ 为两坐标系之间的平移矩阵，即两坐标系之间的原点偏移量，$\boldsymbol{R}_I$ 为两坐标系之间的旋转矩阵。

(2) 惯性导航系统坐标系至地理坐标系的转换。地理坐标系的原点位置由 GPS 相位中心标记，惯性导航系统坐标系与 GPS 相位中心存在安装平移偏差，用$[\Delta x_{In}, \Delta y_{In}, \Delta z_{In}]^T$ 表示。惯性导航系统坐标系与地理坐标系之间存在的旋转角偏差正好为惯性导航系统测量值中的姿态角，分别为绕 x 轴的横滚角 ω，绕 y 轴的俯仰角 φ，绕 z 轴的航向角 κ，旋转矩阵用 $\boldsymbol{R}_n$ 表示。点云数据在地理坐标系下的坐标表示为 $[x_n, y_n, z_n]^T$。则有：

$$\begin{bmatrix} x_n \\ y_n \\ z_n \end{bmatrix} = \boldsymbol{R}_n \cdot \left[\begin{bmatrix} x_I \\ y_I \\ z_I \end{bmatrix} - \begin{bmatrix} \Delta x_{In} \\ \Delta y_{In} \\ \Delta z_{In} \end{bmatrix} \right] \tag{5-18}$$

$$\boldsymbol{R}_{\mathrm{n}} = \boldsymbol{R}_{\kappa} \cdot \boldsymbol{R}_{\varphi} \cdot \boldsymbol{R}_{\omega} \tag{5-19}$$

其中，

$$\boldsymbol{R}_{\kappa} = \begin{bmatrix} \cos\kappa & -\sin\kappa & 0 \\ \sin\kappa & \cos\kappa & 0 \\ 0 & 0 & 1 \end{bmatrix}$$

$$\boldsymbol{R}_{\varphi} = \begin{bmatrix} \cos\varphi & 0 & \sin\varphi \\ 0 & 1 & 0 \\ -\sin\varphi & 0 & \cos\varphi \end{bmatrix}$$

$$\boldsymbol{R}_{\omega} = \begin{bmatrix} 1 & 0 & 0 \\ 0 & \cos\omega & -\sin\omega \\ 0 & \sin\omega & \cos\omega \end{bmatrix}$$

(3) 地理坐标系至 WGS-84 坐标系的转换。根据图 5-28，地理坐标系与 WGS-84 坐标系之间既存在位置偏差，也存在旋转偏差，位置偏差显然为 GPS 相位中心在 WGS-84 坐标系下的坐标值$[x_{\mathrm{GPS}}, y_{\mathrm{GPS}}, z_{\mathrm{GPS}}]^{\mathrm{T}}$。两坐标系之间的旋转矩阵为 $\boldsymbol{R}_{\mathrm{W}}$。点云数据在 WGS-84 坐标系下的坐标表示为$[x_{84}, y_{84}, z_{84}]^{\mathrm{T}}$。GPS 测量值为传感器所在位置的经度 L、纬度 B 与海拔 H。

对于 WGS-84 坐标系来讲，a 为地球椭球体的长半轴，e 为偏心率，N 为卯酉圈的曲率半径。一般认为 $a=6378137\mathrm{m}$，$e^2=0.006694379$。

$$\begin{bmatrix} x_{84} \\ y_{84} \\ z_{84} \end{bmatrix} = \begin{bmatrix} x_{\mathrm{GPS}} \\ y_{\mathrm{GPS}} \\ z_{\mathrm{GPS}} \end{bmatrix} + \boldsymbol{R}_{\mathrm{W}} \cdot \begin{bmatrix} x_{\mathrm{G}} \\ y_{\mathrm{G}} \\ z_{\mathrm{G}} \end{bmatrix} \tag{5-20}$$

其中，

$$\begin{bmatrix} x_{\mathrm{GPS}} \\ y_{\mathrm{GPS}} \\ z_{\mathrm{GPS}} \end{bmatrix} = \begin{bmatrix} (N+H) \cdot \cos B \cdot \cos L \\ (N+H) \cdot \cos B \cdot \sin L \\ [N \cdot (1-e^2)+H] \cdot \sin B \end{bmatrix}$$

$$N = a / \sqrt{1-e^2 \sin^2 B}$$

$$\boldsymbol{R}_{\mathrm{W}} = \begin{bmatrix} -\cos L \sin B & -\sin L & -\cos L \cos B \\ -\sin L \sin B & \cos L & -\sin L \cos B \\ \cos B & 0 & -\sin B \end{bmatrix}$$

综合上述，所有坐标变换，点云数据由瞬时激光束坐标系至 WGS-84 坐标系的转换可以写为式(5-21)，形象化的表示如图 5-28 所示。

$$\begin{bmatrix} x_{84} \\ y_{84} \\ z_{84} \end{bmatrix} = \begin{bmatrix} x_{\mathrm{GPS}} \\ y_{\mathrm{GPS}} \\ z_{\mathrm{GPS}} \end{bmatrix} + \boldsymbol{R}_{\mathrm{W}} \left[R_{\mathrm{G}} \left[R_{\mathrm{I}} R_{\mathrm{L}} \begin{bmatrix} x_{\mathrm{sl}} \\ y_{\mathrm{sl}} \\ z_{\mathrm{sl}} \end{bmatrix} + \begin{bmatrix} \Delta x_{\mathrm{LI}} \\ \Delta y_{\mathrm{LI}} \\ \Delta z_{\mathrm{LI}} \end{bmatrix} - \begin{bmatrix} \Delta x_{\mathrm{In}} \\ \Delta y_{\mathrm{In}} \\ \Delta z_{\mathrm{In}} \end{bmatrix} \right] \right] \tag{5-21}$$

坐标转换过程中的平移矩阵$[\Delta x_{\mathrm{LI}}, \Delta y_{\mathrm{LI}}, \Delta z_{\mathrm{LI}}]^{\mathrm{T}}$、$[\Delta x_{\mathrm{In}}, \Delta \dot{y}_{\mathrm{In}}, \Delta z_{\mathrm{In}}]^{\mathrm{T}}$ 及旋转矩阵 $\boldsymbol{R}_{\mathrm{I}}$ 中的元素值需要在传感器系统安装标定的过程中测定，标定过程需要使用红外线水平尺、直角尺、激光尺等测量工具，必要时需要借助建筑物的垂直墙面。在此对标定过程不再详细阐述。

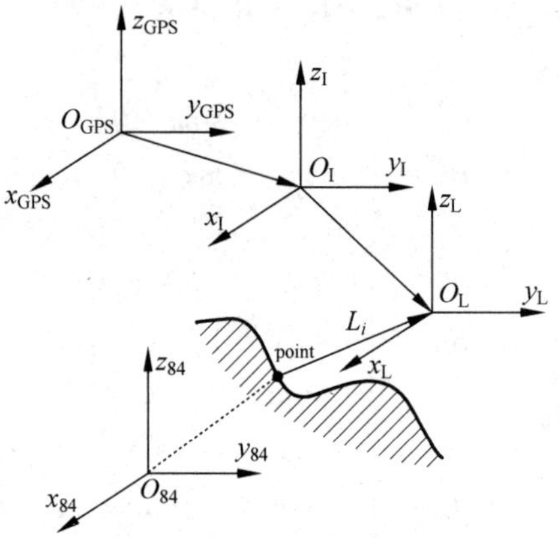

图 5-28 点云数据由瞬时激光束坐标系转换至 WGS-84 坐标系示意图

地形点云数据由瞬时激光束坐标系(sl 系)转换至 WGS-84 坐标系,可以固化于大地表面,形成车辆行驶区域的数字化路面信息,有助于后续数据处理与路面高程信息的提取,当然也会增加数据处理时间,降低系统的实时性。

5.3.4 多传感器信息融合模型设计

本部分主要的工作是进行激光雷达数据与姿态位置信息的数据融合。激光雷达采集的三维点云数据基于雷达坐标系,并不能准确地表示路面的高程信息,因此需要借助于惯性测量单元和 GPS 测得姿态位置信息,将点云数据转换到大地坐标系下。由于惯性测量元件的误差会随时间累积,影响测量精度。为减小测量误差,设计了 INS/GPS 松组合间接卡尔曼滤波器,提高了姿态角的测量精度。

在捷联式惯性导航系统中,卡尔曼滤波算法的构成形式主要有直接滤波和间接滤波两种类型。在直接滤波组合中,卡尔曼滤波算法将系统输出数据作为方程状态向量,进行最优估计,再将估计值直接反馈进入导航系统,校正惯性导航系统参数,以起到修正作用。

间接滤波法的原理如图 5-29 所示,相较于直接滤波法而言,间接滤波法的优势在于进行输出校正和反馈校正两个部分的操作。输出校正利用惯性导航系统数据的误差量估计值校正其输出数据,得到导航参数的最优估计值;反馈校正利用惯性导航系统的误差量估计值校正力学编排下的各个导航信息。在松组合中,GPS 和 INS 导航系统各自独立工作,输出各自的位姿信息给滤波器进行信息融合,继而输出最优滤波信息值。

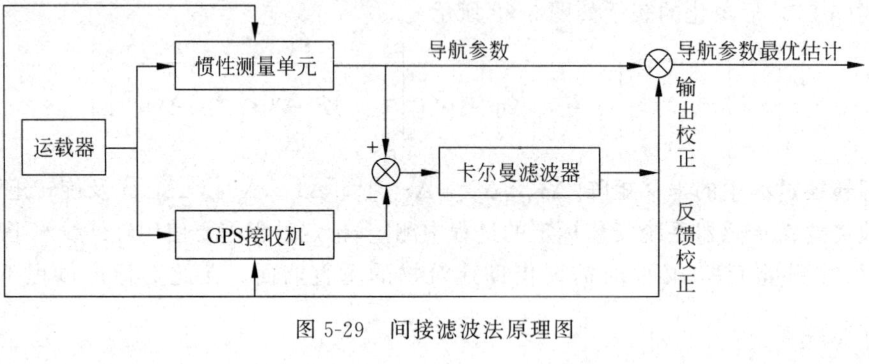

图 5-29 间接滤波法原理图

结合主动悬架系统主要工作环境的非线性特性，本书的融合算法选取松组合方式，利用间接滤波法，即利用捷联式惯性导航（strapdoun intertial navigation system，SINS）输出的速度、位置信息与GPS接收机输出的速度、位置信息作差，其差值作为组合导航卡尔曼滤波器的观测对象。经过卡尔曼滤波器滤波之后，对惯性导航系统的导航信息进行校正，从而提高车前地形扫描系统姿态位置测量的精度。

1. 组合导航系统的状态方程

惯性导航误差参数有载体姿态角误差 φ_E、φ_N、φ_U，载体速度误差 δ_{V_E}、δ_{V_N}、δ_{V_U} 和载体位置误差 δ_L、δ_λ、δ_h，其中 L、λ、h 分别代表经度、纬度与高度。IMU的误差参数有陀螺仪随机漂移误差 ε_{bx}、ε_{by}、ε_{bz}，陀螺仪角随机游走误差 δ_{rx}、δ_{ry}、δ_{rz} 和加速度计误差 ∇_x、∇_y、∇_z。

1）载体姿态角误差方程

载体姿态角误差方程分别为

$$\dot{\varphi}_E=\left(\omega_{ie}\sin L+\frac{V_E}{R+h}\tan L\right)\varphi_N-\left(\omega_{ie}\cos L+\frac{V_E}{R+h}\right)\varphi_U-\frac{\delta_{V_N}}{R+h}+\varepsilon_E \tag{5-22}$$

$$\dot{\varphi}_N=-\left(\omega_{ie}\sin L+\frac{V_E}{R+h}\tan L\right)\varphi_E-\frac{V_N}{R+h}\varphi_U+\frac{\delta_{V_E}}{R+h}-\omega_{ie}\sin L\delta_L+\varepsilon_N \tag{5-23}$$

$$\dot{\varphi}_U=\left(\omega_{ie}\cos L+\frac{V_E}{R+h}\sec^2 L\right)\delta_L+\left(\omega_{ie}\cos L+\frac{V_E}{R+h}\right)\varphi_E+\frac{V_N}{R+h}\varphi_N+\frac{\delta_{V_E}}{R+h}\tan L+\varepsilon_U \tag{5-24}$$

式中　V_E，V_N，V_U——东向、北向和天向的速度，m/s；

L——地球纬度，rad；

ω_{ie}——地球的自转角速度，取值 7.29×10^{-5} rad/s；

R——地球半径，取值6378137m；

ε_E，ε_N，ε_U——载体在东向、北向和天向上的陀螺漂移。

2）载体速度误差方程

载体速度误差方程为

$$\begin{aligned}\delta_{\dot{V}_E}=&\left(2\omega_{ie}\sin L+\frac{V_E}{R+h}\tan L\right)\delta_{V_N}+\frac{V_N\tan L-V_U}{R+h}\delta_{V_E}-\left(2\omega_{ie}\cos L+\frac{V_E}{R+h}\right)\delta_{V_U}+\\&\left(2\omega_{ie}\cos LV_N+2\omega_{ie}\sin LV_U+\frac{V_NV_E}{R+h}\sec^2 L\right)\delta_L+\varphi_Uf_N-\varphi_Nf_U+\nabla_E\end{aligned} \tag{5-25}$$

$$\begin{aligned}\delta_{\dot{V}_N}=&-\frac{V_U}{R+h}\delta_{V_N}-2\left(\omega_{ie}\sin L+\frac{V_E}{R+h}\tan L\right)\delta_{V_E}-\frac{V_N}{R+h}\delta_{V_U}-\\&\left(2\omega_{ie}\cos L+\frac{V_E}{R+h}\sec^2 L\right)V_E\delta_L+\varphi_Ef_U-\varphi_Uf_E+\nabla_N\end{aligned} \tag{5-26}$$

$$\delta_{\dot{V}_U}=2\frac{V_N}{R+h}\delta_{V_N}+2\left(\omega_{ie}\cos L+\frac{V_E}{R+h}\right)\delta_{V_E}-2\omega_{ie}\sin LV_E\delta_L+\varphi_Nf_E-\varphi_Ef_N+\nabla_U \tag{5-27}$$

式中　f_E，f_N，f_U——东向、北向和天向的加速度计比力输出，m/s^2；

∇_E，∇_N，∇_U——东向、北向和天向上的加速度计零偏。

3）载体位置误差方程

载体位置误差方程为

$$\delta_{\dot{L}}=\frac{\delta_{V_N}}{R+h} \tag{5-28}$$

$$\delta_{\dot{\lambda}}=\frac{\delta_{V_E}+V_E\delta_L\tan L}{(R+h)\cos L} \tag{5-29}$$

$$\delta_{\dot{h}}=\delta_{V_U} \tag{5-30}$$

4）陀螺仪随机漂移误差模型

陀螺仪随机漂移误差为

$$\varepsilon=\varepsilon_b+\varepsilon_r+\omega_g \tag{5-32}$$

式中　ε_b——随机常值误差；

ε_r——一阶马尔可夫过程漂移；

ω_g——白噪声。

5）陀螺仪角随机游走误差方程

陀螺仪角随机游走误差方程为

$$\delta_\alpha=\left(\frac{V_E}{\sin L\cos L}\delta_L-\delta_{V_E}\right)\frac{\tan L}{R} \tag{5-31}$$

式中　α——游移角。

6）加速度计误差方程

加速度计误差方程为

$$\nabla=\nabla_r+\omega_g \tag{5-33}$$

式中，∇_r——一阶马尔可夫过程漂移。

7）GPS 接收机误差

GPS 接收机误差是组合导航系统误差的一部分，主要包括时钟相位误差、频率随机速度误差及频率加速度的敏感误差等。在采用松组合方式作为车前地形扫描系统的车辆姿态测量方式时，由于采用速度、位置作为量测信息，GPS 接收机给出的速度位置信息与时间有关，因此对 GPS 误差建模比较困难，所以在设计组合导航系统的滤波器时仅考虑将惯性导航参数和惯性元件误差作为系统的状态量。

将式(5-22)～式(5-33)结合，可以得出车前地形扫描系统姿态测量装置的卡尔曼滤波器状态方程表达式，即

$$\dot{\boldsymbol{X}}=\boldsymbol{F}\boldsymbol{X}+\boldsymbol{G}\boldsymbol{W} \tag{5-34}$$

其中，$\boldsymbol{X}=[\delta_L,\delta_\lambda,\delta_h,\delta_{V_E},\delta_{V_N},\delta_{V_U},\varphi_E,\varphi_N,\varphi_U,\varepsilon_{bx},\varepsilon_{by},\varepsilon_{bz},\delta_{rx},\delta_{ry},\delta_{rz},\nabla_x,\nabla_y,\nabla_z]^T$，系统的过程噪声为 $\boldsymbol{W}=[w_{gx},w_{gy},w_{gz},w_{bx},w_{by},w_{bz},w_{ax},w_{ay},w_{az}]^T$，由此可以推出噪声驱动矩阵 $\boldsymbol{G}$ 与状态转移矩阵 $\boldsymbol{F}$ 为

$$\boldsymbol{G}=\begin{bmatrix}\boldsymbol{C}_b^n & \boldsymbol{0}_{3\times3} & \boldsymbol{0}_{3\times3}\\ \boldsymbol{0}_{9\times3} & \boldsymbol{0}_{9\times3} & \boldsymbol{0}_{9\times3}\\ \boldsymbol{0}_{3\times3} & \boldsymbol{I}_{3\times3} & \boldsymbol{0}_{3\times3}\\ \boldsymbol{0}_{3\times3} & \boldsymbol{0}_{3\times3} & \boldsymbol{I}_{3\times3}\end{bmatrix}_{18\times9} \tag{5-35}$$

$$F=\begin{bmatrix} F_N & F_S \\ 0 & F_M \end{bmatrix}_{18\times18} \tag{5-36}$$

其中，F_N 为对应 9 个基本导航参数的系统矩阵，它的其余元素全部为零。

$$F_S=\begin{bmatrix} C_b^n & C_b^n & 0_{3\times3} \\ 0_{3\times3} & 0_{3\times3} & C_b^n \\ 0_{3\times3} & 0_{3\times3} & 0_{3\times3} \end{bmatrix} \tag{5-37}$$

$$F_M=\mathrm{diag}\left\{0,0,0,-\frac{1}{T_{rx}},-\frac{1}{T_{ry}},-\frac{1}{T_{rz}},-\frac{1}{T_{ax}},-\frac{1}{T_{ay}},-\frac{1}{T_{az}}\right\} \tag{5-38}$$

式中，T_{ri}——陀螺仪一阶马尔可夫漂移时间，s，$i=x,y,z$；

T_{ai}——加速度计一阶马尔可夫漂移时间，s，$i=x,y,z$。

2. 组合导航系统的量测方程

本系统选取松组合方式，这种组合方式的测量值有两种：一种为位置测量值，即惯性导航系统给出的 L、λ、h 信息与 GPS 接收机输出的信息做差；另一种测量方式是使用惯性导航系统与 GPS 接收机输出的东北、天向速度信息的差值。

捷联惯性导航系统的位置信息 L_I、λ_I、h_I 为

$$\begin{cases} L_I=L_t+\delta_L \\ \lambda_I=\lambda_t+\delta_\lambda \\ h_I=h_t+\delta_h \end{cases} \tag{5-39}$$

GPS 系统的位置信息 L_G、λ_G、h_G 为

$$\begin{cases} L_G=L_t-\Delta N/R \\ \lambda_G=\lambda_t-\Delta E/(R\cos L) \\ h_G=h_t-\Delta U \end{cases} \tag{5-40}$$

式中 L_t,λ_t,h_t——载体的真实的经度、纬度及高度；

$\delta_L,\delta_\lambda,\delta_h$——惯性测量的位置误差；

$\Delta E,\Delta N,\Delta U$——GPS 接收机沿东向、北向、天向的位置误差。

位置量测方程为

$$Z_P=\begin{bmatrix} (L_I-L_G)R \\ (\lambda_I-\lambda_G)R\cos L \\ h_I-h_G \end{bmatrix}=\begin{bmatrix} R\delta_L+\Delta N \\ R\cos L\delta_\lambda+\Delta E \\ \delta_h+\Delta U \end{bmatrix}=H_PX+V_P \tag{5-41}$$

式中 $H_P=[0_{3\times6}\quad \mathrm{diag}[R\quad R\cos L\quad 1]\quad 0_{3\times9}]$，$V_P=[\Delta N\quad \Delta E\quad \Delta U]^{\mathrm{T}}$。

惯性导航系统输出的速度信息为

$$\begin{cases} V_{IN}=V_N+\delta_{V_N} \\ V_{IE}=V_E+\delta_{V_E} \\ V_{IU}=V_U+\delta_{V_U} \end{cases} \tag{5-42}$$

GPS 接收机输出的速度信息为

$$\begin{cases} V_{GN} = V_N + \Delta V_N \\ V_{GE} = V_E + \Delta V_E \\ V_{GU} = V_U + \Delta V_U \end{cases} \tag{5-43}$$

式中　$\Delta V_N, \Delta V_E, \Delta V_U$——载体沿着地理坐标系各坐标轴的速度误差；

V_N, V_E, V_U——载体沿着地理坐标系各坐标轴的真实速度。

则组合导航系统的速度量测方程为

$$\begin{aligned} \boldsymbol{Z}_V &= \begin{bmatrix} V_{IN} - V_{GN} \\ V_{IE} - V_{GE} \\ V_{IU} - V_{GU} \end{bmatrix} = \begin{bmatrix} \delta_{V_N} + \Delta V_N \\ \delta_{V_E} + \Delta V_E \\ \delta_{V_U} + \Delta V_U \end{bmatrix} = \boldsymbol{H}_V \boldsymbol{X} + \boldsymbol{V}_V \\ \boldsymbol{H}_V &= [\boldsymbol{0}_{3\times3} \quad \mathrm{diag}[1 \quad 1 \quad 1] \quad \boldsymbol{0}_{3\times12}] \\ \boldsymbol{V}_V &= [\Delta V_N \quad \Delta V_E \quad \Delta V_U]^{\mathrm{T}} \end{aligned} \tag{5-44}$$

将位置量测方程和速度量测方程合在一起，可得到：

$$\boldsymbol{Z} = \begin{bmatrix} \boldsymbol{H}_P \\ \boldsymbol{H}_V \end{bmatrix} X + \begin{bmatrix} \boldsymbol{V}_P \\ \boldsymbol{V}_V \end{bmatrix} = \boldsymbol{HX} + \boldsymbol{V} \tag{5-45}$$

式(5-45)即为车前地形扫描系统姿态组合导航系统的量测方程。

5.4 车前地形重构与路面高程信息提取

车前地形重构就是利用获取的位姿数据及点云数据，以数字的形式按一定的组织形式表示路面高程的模型。对车前路面工况进行重构的核心问题是内插，即根据相邻参考点的高程信息求出特定点的高程值。车前地形感知系统通过传感器数据融合，可得到车前地形的点云信息。在通过数据融合的方式处理车前地形信息之后，还需要对这些环境信息进行表达，基于不同的需求便会产生不同的表达方式，因而环境信息重构结果的表达方法对车前地形重构的研究十分重要。

车辆在行进的过程中，需要对路面的高程地图进行实时构建，并且基于构建完成的地图及定位的思想，明确车辆在地图中的具体位置，进而实现提取路面高程信息的目的。

在获得激光雷达、INS 和 GPS 的融合数据的基础上，已经将点云数据坐标统一到了 WGS-84 坐标系之下。本节主要是在车前地形数字地面的基础上提取车辆通过路径上的地形高程变化量[24]。

车前地形重构与路面高程信息提取的实时性与准确性直接影响着预瞄式主动悬架控制系统的工作效果，所以路面高程激励信号的提取是车辆预瞄式主动悬架实现的核心部分，其生成的可靠性决定了预瞄控制算法的类型[25]。

5.4.1 车前地形重构流程

车前地形重构流程如图 5-30 所示，主要包括数据存储、数据更新、数据提取及数据可视化等模块。由于车前地形感知系统的目的是获取车辆行驶方向上一定范围内的车前地形数据,所以需要重构以车辆为中心的车前局部地形图,在提高构图效率的同时也大大减少了对内存空间的需求[26]。

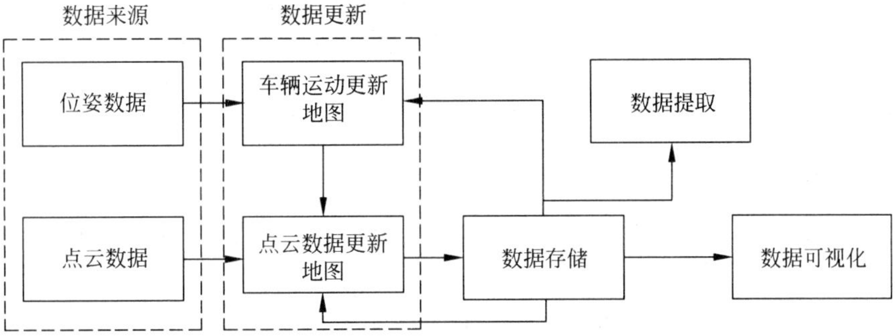

图 5-30　车前地形重构流程图

数据存储指的是将经处理的点云数据存储至计算机内存单元中。系统的数据存储模块基于 GridMap 开源库实现。GridMap 库建立了 2.5D 地图中的每个单元格与计算机内存单元的一一对应关系,方便用户对数据的操作。首先通过设置地图的长度、宽度及分辨率,以确定单元格的数量及大小,然后将更新后的高程数据存储到相应的单元格中,实现对路面工况数据的存储操作,同时还存储了每个网格所对应的三维方差信息。

车辆在移动中需要实时更新数据,数据更新模块分为车辆运动更新地图与点云数据更新地图两个部分。车辆运动更新地图部分将 k 时刻获取的车辆位姿数据用于更新 k 时刻所构建的局部高程图的位置,之后根据误差传递模型计算三维方差。点云数据更新地图部分主要是向 k 时刻的局部高程图中添加 k 时刻测量的路面工况高程数据,形成 k 时刻的局部地图,并根据系统误差传递模型更新三维方差。

数据提取模块主要是提取车辆车轮与地面接触部分的路面工况高程信息。本书根据实际情况,将车轮与地面接触的部分近似为一个椭圆,并把接地椭圆内所有网格高程值的加权均值作为所要提取的车轮接地处的高程值。

数据可视化使得车前地形感知系统更加美观,全面展示了丰富的点云信息及道路信息。数据可视化基于 Qt 通过 C++编程实现了对高程数据的显示,同时使用了 OpenGL 库对所构建的高程图进行渲染。

5.4.2　高程模型数据存储

对于采集的点云在完成坐标换算之后需要对点云进行存储,存储后的数据便可以表示车前地形信息,从而建立车前地形高程地图。本书选取栅格地图(GridMap)作为建立车前地形高程地图的方式,GridMap 是由苏黎世理工自动驾驶实验室发布的一款高程地图数据结构,如图 5-31 所示。GridMap 采用空间占用栅格地图的数据结构存储信息,它既便于保存点云的高度信息,通过滤波算法又可以提高高程信息的精度。在作为点云匹配算法时,能够提高在高度方向上的定位精度;另一方面,GridMap 以车体为中心,能够保存车体周围的地形信息,便于车前预瞄地图的构建和后续车体轮胎轨迹高程信息的提取[27]。

在 GridMap 上添加两个图层:一个图层是高程信息,另一个图层是高度的方差信息。

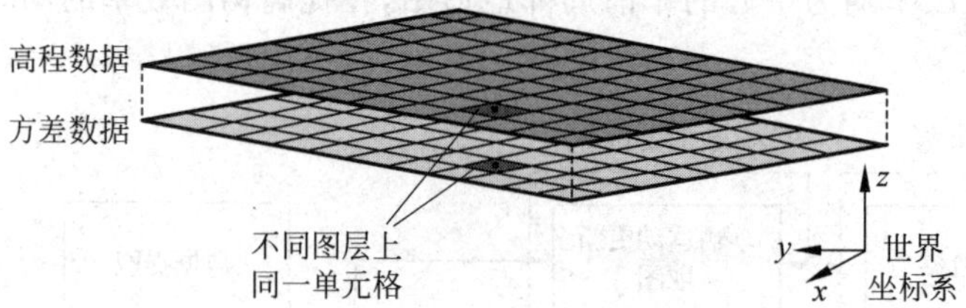

图 5-31　GridMap 分层结构示意图

在局部地图坐标系 M 中，在方格(x,y)中的高度 h 服从高斯分布，h 为测量高度的均值，σ_h^2 为测量高度的方差。

如图 5-32 所示，W 是世界坐标系，M 是地图坐标系，M 与 W 共面，坐标轴相互平行，B 是车体坐标系，L 激光雷达坐标系，则局部高程地图中的 h 为

$$h = \boldsymbol{P}{}_{\mathrm{L}}^{\mathrm{M}}\boldsymbol{T}{}^{\mathrm{L}}\boldsymbol{P} \tag{5-46}$$

式中，$\boldsymbol{P}$ 用于提取高度信息，$\boldsymbol{P}=[0\quad 0\quad 1\quad 0]$；${}^{\mathrm{L}}\boldsymbol{P}$ 为 P 点在激光雷达坐标系下的坐标，即

$${}^{\mathrm{L}}\boldsymbol{P} = \begin{bmatrix} p_x \\ p_y \\ p_z \end{bmatrix} = \begin{bmatrix} l\cos\omega\sin\theta \\ l\cos\omega\cos\theta \\ l\sin\omega \end{bmatrix} \tag{5-47}$$

${}_{\mathrm{L}}^{\mathrm{M}}\boldsymbol{T}$ 为激光雷达坐标系 L 在地图坐标系 M 中的描述，依据图 5-32 中的坐标换算关系可得

$${}_{\mathrm{L}}^{\mathrm{M}}\boldsymbol{T} = {}_{\mathrm{B}}^{\mathrm{M}}\boldsymbol{T}{}_{\mathrm{L}}^{\mathrm{B}}\boldsymbol{T} \tag{5-48}$$

式中，${}_{\mathrm{B}}^{\mathrm{M}}\boldsymbol{T}$ 为车体坐标系 B 在地图坐标系 M 内的描述。地图坐标系 M 与世界坐标系 W 共面，坐标轴相互平行，地图坐标系 M 位于车体坐标系 B 正下方，由此可得，高度误差方程为

$$\delta_h = J_z\delta_z + J_\beta\delta_\beta + J_\gamma\delta_\gamma + J_l\delta_l \tag{5-49}$$

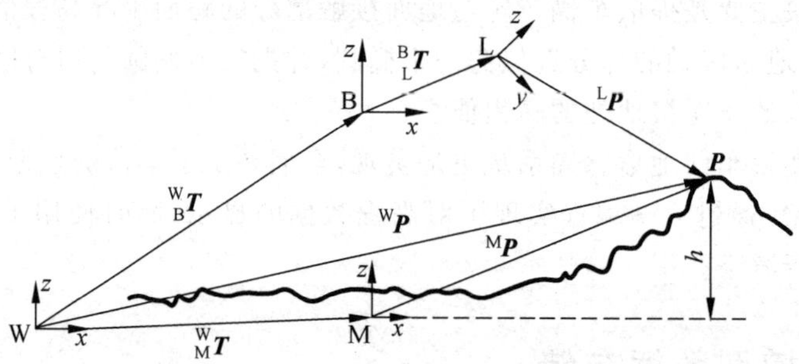

图 5-32　局部地图构建示意图

方差层每个单元格内的数值 σ_h^2 表示对应高度的方差值，其计算方程为

$$\sigma_h^2 = J_z^2\sigma_z^2 + J_\beta^2\sigma_\beta^2 + J_\gamma^2\sigma_\gamma^2 + J_l^2\sigma_l^2 \tag{5-50}$$

式中　σ_z^2——车体在竖直方向上的方差；

σ_β^2——车体在俯仰方向上的方差；

σ_γ^2——车体在滚转方向上的方差；

σ_l^2——激光雷达在长度方向上的方差；

$J_z, J_\beta, J_\gamma, J_l$——$h$ 分别对 z、β、γ、l 的偏导数。

对于第一次扫描的区域直接将计算得到的 h 和 σ_h^2 直接赋值到局部地图对应图层中的单元格中，对于原先地图中被扫描过区域中的 h^- 和 σ_h^{2-} 采用高斯融合算法对地图进行更新，则有

$$h^+=\frac{\sigma_h^2 h^- + \sigma_h^{2-} h}{\sigma_h^2+\sigma_h^{2-}}, \quad \sigma_h^{2+}=\frac{\sigma_h^2\sigma_h^{2-}}{\sigma_h^2+\sigma_h^{2-}} \tag{5-51}$$

5.4.3 车前地形高程模型数据更新

车前地形高程模型数据更新部分包括位姿数据更新高程地图与点云数据更新高程地图两个步骤。

在根据位姿数据更新高程地图时，首先将车辆位姿数据用于更新当前时刻局部地图的位置，即确定当前时刻局部地图坐标系 M_k 的原点在地图坐标系 M 中的位置，之后根据位姿估计的误差传递模型计算因车辆运动造成的误差。

在应用点云数据更新高程地图时，首先计算因激光雷达测量不精确造成的误差，并根据系统误差传递模型获得每个点云数据的三维协方差并存储，然后将点云数据网格化。若单元格中存在上一时刻测量的高程值，则需要基于马氏距离判定该单元格的高程值：当上一时刻的高程值不满足判定条件时，需将当前的测量结果作为该单元格的高程值并保存对应的方差；当上一时刻的高程值满足判定条件时，则将其与当前时刻的高程值通过卡尔曼滤波的方法进行融合，并将融合之后的高程值及方差保存。

随着车辆的运动，每个时刻的位姿数据及点云数据通过上述两个步骤进行数据更新，构建每个时刻以车辆为中心的局部高程地图。

1. 路面工况测量的误差分析及误差传递模型的构建

车前路面工况的测量是一个动态过程，如图 5-33 所示，可以将每个时刻的测量过程分为三个有序的步骤：第一步是测量车辆当前时刻的位姿；第二步是在当前位姿下使用传感器对路面工况测量以获取测量数据；第三步是将测得的数据网格化进而构建当前时刻的车前路面工况局部高程图。

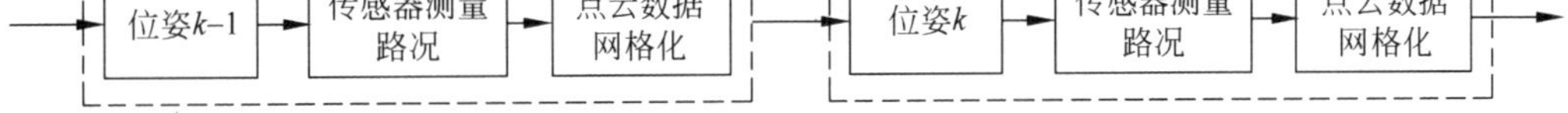

图 5-33 路面工况测量过程框图

在上述三个步骤中，前两个步骤对位姿与路况的测量都存在测量误差，这是由传感器自身的性质决定的，不可避免。在第三个步骤中，点云数据网格化这一处理方式同样会存在误差。由于系统中存在上述误差，故需要对其进行分析，并建立误差传递模型以确定上述误差的存在对最终测量结果的影响。

在进行误差分析时，为了分析过程的方便，本书根据上述测量过程将误差分析分为三个部分：用协方差矩阵 $\boldsymbol{\Sigma}_{\text{move}}\in \boldsymbol{R}^{3\times 3}$ 表示位姿估计的误差对系统测量结果的影响；用协方差矩阵 $\boldsymbol{\Sigma}_L \in \boldsymbol{R}^{3\times 3}$ 表示路况测量的误差对系统测量结果的影响；用协方差矩阵 $\boldsymbol{\Sigma}_P \in \boldsymbol{R}^{3\times 3}$ 表

示因数据网格化造成的误差对系统测量结果的影响。

1）车辆位姿估计的误差分析

由于局部高程地图坐标系 M_k 的原点随着车辆的运动而改变，所以每当车辆相对于惯性坐标系 W 发生运动时，地形数据的三维位置方差也会随之发生变化。下面将根据车辆运动时的数据转换过程对误差的传递模型进行推导。

如图 5-34 所示，假设在 $k-1$ 时刻的地图中存在一点 P，车辆从 $k-1$ 时刻的位置运动到 k 时刻的位置时，r_{M_kP} 在 $k-1$ 时刻的局部地图坐标系 M_{k-1} 中的表示为

$$r_{M_kP}=r_{M_kM_{k-1}}+r_{M_{k-1}P}=-r_{B_kM_k}-r_{B_{k-1}B_k}+r_{B_{k-1}M_{k-1}}+r_{M_{k-1}P} \tag{5-52}$$

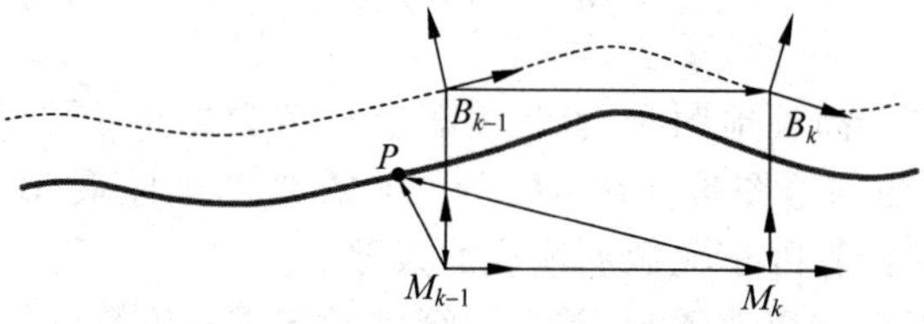

图 5-34　地图移动过程数据转换图

由于需要知道 r_{M_kP} 在 k 时刻局部地图坐标系 M_k 中的表示，因此将 r_{M_kP} 进行转换，转换过程为

$$_{M_k}r_{M_kP}=-_{M_k}r_{B_kM_k}-\Phi^{-1}_{B_kM_k}(_{B_k}r_{B_{k-1}B_k})+\Phi^{-1}_{M_{k-1}M_k}(_{M_{k-1}}r_{B_{k+1}}r_{B_{k+1}}+_{M_{k-1}}r_{M_{k+1}}r_{M_{k+1}}) \tag{5-53}$$

通过式(5-53)可以获得两个相邻时刻之间误差传递的关系，由于 $r_{B_{k-1}B_k}$ 与 $\Phi_{B_{k-1}M_k}$ 是微小量，导致等式中与之相关的结果也是微小量，故其对 $_{M_k}r_{M_kP}$ 的影响可以忽略不计。

2）传感器测量路况的误差分析

传感器对路况的测量结果一般以空间中的三维点来表示，将其映射到高程地图中，会在高程地图中相应的单元格处产生一个新的高度测量值。在 k 时刻，一个点 P 的测量值首先在传感器坐标系 L 下给定，需要将其转换到当前时刻车体坐标系 B_k 下，即

$$_{B_k}r_{B_kP}=\Phi^{-1}_{L_kB_k}(_{L_k}r_{L_kP})+_{B_k}r_{B_kL_k}=\Phi^{-1}_{\mathrm{LB}}(_{L_k}r_{L_kP})+_{\mathrm{B}}r_{\mathrm{BL}} \tag{5-54}$$

式中　Φ_{LB}，$_{\mathrm{B}}r_{\mathrm{BL}}$——定值，不随时间变化。

由式(5-54)求得的传感器测量值的雅可比矩阵 $\boldsymbol{J}_L$ 为

$$\boldsymbol{J}_{L,k}=\frac{\partial_{B_k}r_{B_kP}}{\partial_{L_k}r_{L_kP}}=C(\Phi_{\mathrm{LB}})^{\mathrm{T}} \tag{5-55}$$

则传感器测量的误差传递公式可以表示为

$$\boldsymbol{\Sigma}_{L,k}=\boldsymbol{J}_{L,k}\boldsymbol{\Sigma}_{M,k}\boldsymbol{J}^{\mathrm{T}}_{L,k}$$

其中，$\boldsymbol{\Sigma}_M$ 表示传感器测量模型的协方差矩阵。

3）数据网格化的误差分析

将测量的路况数据映射到地图中相应的网格单元时，点的高程值不产生误差，但单元格范围内所有点的平面坐标会转换为单元格中心位置处的平面坐标，便产生了误差。为了减少运算量，在此将数据网格化所产生的误差设为定值。边长为 d 的正方形网格所带来的误差近似为

$$\sigma_x^2=\sigma_y^2=(d/2)^2 \tag{5-56}$$

因此，每个单元格中因网格化所造成的误差的协方差矩阵$\boldsymbol{\Sigma}_P$为

$$\boldsymbol{\Sigma}_P = \begin{bmatrix} \sigma_x^2 & 0 & 0 \\ 0 & \sigma_y^2 & 0 \\ 0 & 0 & 0 \end{bmatrix} \tag{5-57}$$

4）各部分误差分析的合并

将上述各部分分析的结果相加即可得到 k 时刻每个单元格的水平不确定度与相应的高程值的不确定度，即

$$\boldsymbol{\Sigma}_k = \boldsymbol{\Sigma}_{\text{move},k} + \boldsymbol{\Sigma}_{L,k} + \boldsymbol{\Sigma}_P \tag{5-58}$$

2. 基于位姿信息的地图移动与水平不确定度更新

理想情况下，地图随车辆移动时需要对地图中已经存在的数据进行相应的移动，但每个时刻对大量的数据进行这样的处理无疑降低了系统的处理速度，影响了车前路面工况重构系统的整体性能。为此，本书选择为所有的路况数据建立统一的参考系 M，则构建局部高程地图的过程如下：首先将每次测量的数据转换到地图坐标系 M 下，然后获取每个时刻局部地图坐标系 M_k 与参考系 M 之间的关系，便可以在不改变当前测得数据的情况下构建当前时刻的局部地图。

本书在进行数据处理时，已将每次扫描的路况数据转换到地图坐标系 M 下。在此，还需要确定 M_k 与参考系 M 之间的关系。根据本书对各个坐标系的定义可知：

$${}_{\mathrm{M}}r_{M_k\mathrm{M}} = \boldsymbol{P}({}_{\mathrm{W}}r_{B_k\mathrm{W}}) \tag{5-59}$$

式中　$\boldsymbol{P}$——投影矩阵，即

$$\boldsymbol{P} = \begin{bmatrix} 1 & 0 & 0 \\ 0 & 1 & 0 \\ 0 & 0 & 0 \end{bmatrix}$$

如图 5-35 所示，假设 $k-1$ 时刻地图中的点 P 在地图移动至 k 时刻的位置时依旧在局部地图范围内，则点 P 在局部地图坐标系 M_k 中可以表示为${}_{M_k}r_{M_kP} = {}_{\mathrm{M}}r_{M_k\mathrm{M}} + {}_{\mathrm{M}}r_{\mathrm{MP}}$

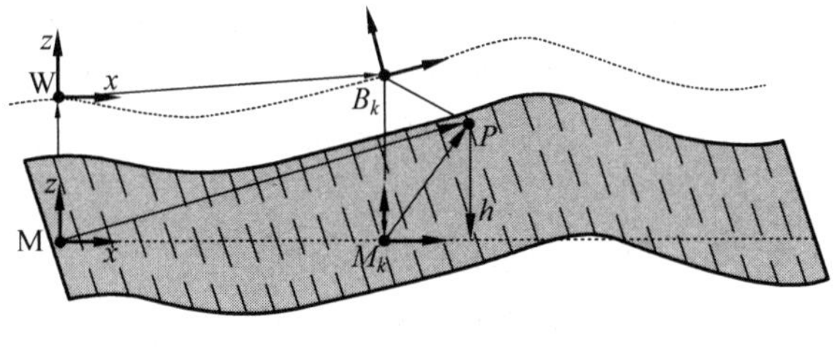

图 5-35　参考系 M 下的数据转换关系图

综上所述，地图移动的实质是：确定 k 时刻 M_k 在参考系 M 中的位置，进而确定 k 时刻局部地图的范围，同时舍弃 k 时刻局部地图范围以外的数据。

在当前时刻所有的测量值更新完毕并进行存储后，便成功地构建了当前时刻的车前局部地图。

5.4.4 高程信息提取

1. 车辆行驶轨迹预测

在进行车辆轨迹预测时，首先要确定车轮在当前地图中的水平位置，然后根据车辆当前的状态预测一定时间内每个车轮在水平面内的行驶轨迹，即确定车轮将要经过的地图中的网格[28]。

1）获取车轮平面位置

在确定车轮在地图坐标系 M 中的平面位置时，首先需要根据车辆的模型及车体坐标系 B_k 的定义获取车轮在 B_k 下的平面位置，然后再根据 B_k 与局部地图坐标系 M_k 之间的位姿关系确定车轮在 M_k 下的平面位置，最后根据地图坐标系 M 与局部地图坐标系 M_k 之间的关系获得车轮在 M 系下的平面位置。为了方便叙述，本书以车辆前轮左侧的车轮 F_L 为例，描述数据转换过程。

根据式(5-60)，可以获取 F_L 在 B_k 下的位置，此处设为 ${}_{B_k}r_{B_kF_L}$。根据各坐标系的定义可知，B_k 与局部地图坐标系 M_k 之间的相对姿态 $\Phi_{B_kM_k}$ 与 Φ_{B_kW} 在数值上相等，因此可以直接利用 Φ_{B_kW} 进行数据转换，即

$$\begin{aligned} M'_kV_{M_kF_L} &= \Phi^{-1}_{B_kM_k}({}_{B_k}r_{B_kF_L}) - {}_{M_k}r_{B_kM_k} \\ &= \Phi^{-1}_{B_kW}({}_{B_k}r_{B_kF_L}) - {}_{M_k}r_{B_kM_k} \end{aligned} \tag{5-60}$$

由于所有路况数据的参考系为 M，所以有

$$\begin{aligned} {}_{M}r_{MF_L} &= {}_{M}r_{MM_k} + {}_{M}r_{M_kF_L} \\ &= -{}_{M}r_{M_kM} + {}_{M_k}r_{M_kF_L} \end{aligned} \tag{5-61}$$

将每个车轮在 B_k 下的位置都经过上述数据转换，便可以获取每个车轮在地图坐标系下的平面位置。

2）车辆在平面内的轨迹预测

预测车辆的行驶轨迹时，由于预测的时间短，可以假定这个时间段内车辆保持当前时刻的状态进行运动，即车辆在当前位置处以速度 v_k 沿着航向角 ψ_k 的方向运动。假设预测的时间长度为 t，由于高程数据是离散化的，所以需要对时间 t 内车辆的位移按照网格的大小进行离散化。

假设时间 t 内的位移为 x_t，离散化的步数为 N，则有

$$\begin{cases} x_t = t \cdot v_t \cdot \cos(\theta_{\text{slope}}) \\ N = \lfloor x_t / r \rfloor \end{cases} \tag{5-62}$$

式(5-62)中符号“⌊⌋”的作用为向下取整，r 为网格分辨率，即正方形单元格的边长。在此仍然以车辆前轮左侧的车轮 F_L 为例进行叙述。设 P_{XY} 的坐标为 (x_k, y_k)，则第 i 步车轮的平面位置 $P_i(x_i, y_i)$ 为

$$\begin{cases} x_i = x_k + r \cdot i \cdot \cos\psi \\ y_i = y_k + r \cdot i \cdot \sin\psi \end{cases} \tag{5-63}$$

通过式(5-63)可获得车轮 N 个离散化的位置，即可获得车轮 F_L 在时间 t 内的轨迹；

通过式(5-63)求取每个车轮在时间 t 内的 N 个离散位置,为之后求取每一步时车辆各个轮子所在位置的高程值做准备。

2. 路面工况高程信息的提取与处理

在提取车轮接地点处的高程值时,仅仅考虑提取车轮接地处所在网格的高程值是不够准确的,因为车轮的高度值还要受到接地处附近路面高度的影响。根据实际情况,将车轮与地面接触的部分近似为一个椭圆,把椭圆范围内所有网格高程值的加权均值作为车轮接地处的高程值,如图 5-36 所示。在选取权重时,以椭圆范围内每个网格距离椭圆中心距离的远近作为权重,即距离越远,权重越小。

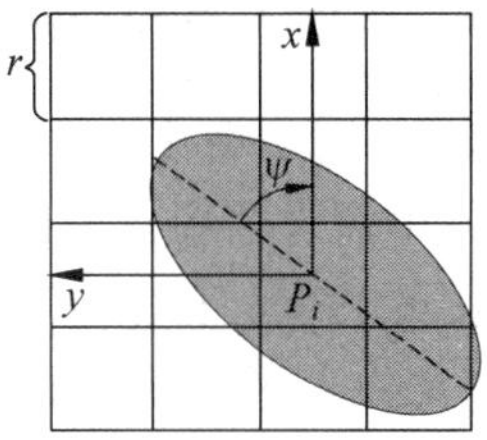

图 5-36　轮胎接地处椭圆区域示意图

在前面的内容中已经获取了每个车轮相应的 N 个位置,此处需要求取车轮在每个位置 P_i 处相应的接地椭圆,从而计算 P_i 处的高程值。在此依旧以车辆前轮左侧的车轮 F_L 为例,根据实际测量所得接地椭圆的长短半轴的长度分别为 b、a,建立以 P_i 为中心,以位移方向与 M 系 x 轴正方向之间的夹角 ψ 为长轴方向的椭圆迭代器,以遍历椭圆区域覆盖的所有网格,获取每个网格的高程值。

假设在椭圆内网格 j 处 (x_j, y_j) 获取的高程值为 h_j,则该高程值的权重 w_j 为

$$w_j = \left| b - ((x_j - x_i)^2 + (y_j - y_i)^2)^{1/2} \right| \tag{5-64}$$

假设椭圆迭代器遍历椭圆区域中包含的网格数为 m,则从 P_i 处提取的高程值 h_i 为

$$h_i = \frac{\sum_{j=1}^{m} h_j \cdot w_j}{\sum_{j=1}^{m} w_j} \tag{5-65}$$

通过式(5-64)及式(5-65)可以获得第 i 步的高程值 h_i,将其与第 i 步的平面位置 P_i 放在一起构成一个三维点,表示车轮 F_L 在第 i 步时的空间位置。按照上述方法计算每个车轮在第 i 步时的空间位置,直至计算完所有 n 个步数的车轮空间位置。将所有车轮的空间位置数据进行存储,便完成了对路况高程数据的提取。这些数据可以直接用来进行车辆的主动悬架控制。

5.4.5　高程信息数据可视化

本书基于 GridMap 库构建了存储路况数据的类,GridMap 库主要是通过建立地图的每个单元格与存储数据的矩阵中对应的元素位置索引,实现地图的移动功能及对最新路况测量数据的更新功能。本节内容叙述了如何存储经过数据更新模块处理之后的路况数据。地图初始化是根据需要设置地图的长宽、分辨率、位置、索引等信息,将初始化的路况数据存储到矩阵中,形成初始时刻的地图;然后根据当前时刻的车辆位姿信息确定当前时刻局部地图的坐标原点,进而移动地图,并计算地图移动之后存储数据的矩阵中每个元素的最新索引;将最新测得的高程值通过索引存储到矩阵中的相应位置,实现对当前时刻路况数据的存储。

每个时刻存储的路况数据即为一个矩阵，矩阵中每个元素即为实际环境中相应位置的高度值，但通过矩阵无法直观地观察当前时刻的高程图，因此系统基于 Qt 及 OpenGL 库实现了对路况数据的实时显示。

1. 基于 GridMap 的路面工况数据存储

1）地图初始化

本书假设需要进行路况重构的区域为矩形区域，则应根据需求设定此区域的范围，即设定地图的长度 l 和宽度 w。地图分辨率即为地图每个单元格的边长 r，则可以根据地图的长、宽及分辨率设置存储数据的矩阵大小。此外，还需要设定初始时刻地图的位置，即车前局部高程地图坐标系的原点在地图坐标系 M 下的位置，本书将其设定在地图坐标系 M 的原点处。最后，设定索引起始值为(0,0)，索引沿内存坐标系 C 的两轴正方向增大。最终初始化的高程地图如图 5-37 所示。

2）高程地图移动与索引计算

地图的数据量比较大，如果因车辆运动而对存储的每个数据进行移动，那么对系统的效率会造成很大影响，并且会引入新的误差，因此建立内存区域与地图单元格之间的二维索引是一种有效的方法。索引的应用使得在移动地图时不必重新分配内存空间及移动、复制内存数据便可保存新的路况数据，这在很大程度上提高了效率。地图移动效果的示意图如图 5-38 所示。

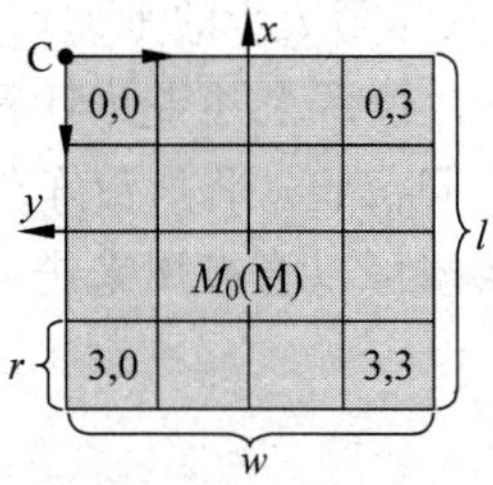

图 5-37 高程地图初始化示意图

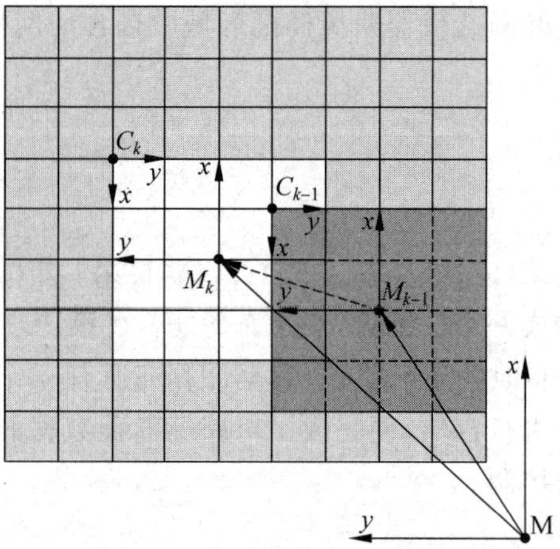

图 5-38 地图移动效果示意图

地图的移动及其索引的计算主要分为两个步骤：首先进行行移动，清除 $k-1$ 时刻内存中对应区域存储的路况数据，并计算行移动过后的内存索引；然后进行列移动，清除 $k-1$ 时刻内存中对应区域存储的路况数据，并再次计算内存索引。两个步骤完成后即为当前时刻未加入最新路况测量数据的地图。整个地图移动的过程示意图如图 5-39 所示。

3）地图路况数据更新

对地图进行移动之后，获得了 k 时刻内存对应的索引，所以将当前 k 时刻所测量的最新路况数据添加到内存中进行存储的关键便是计算每个测量点在当前时刻地图中的索引。

为了方便路况数据转换的描述，需要建立中间过程坐标系 T 及内存坐标系 C，如图 5-40

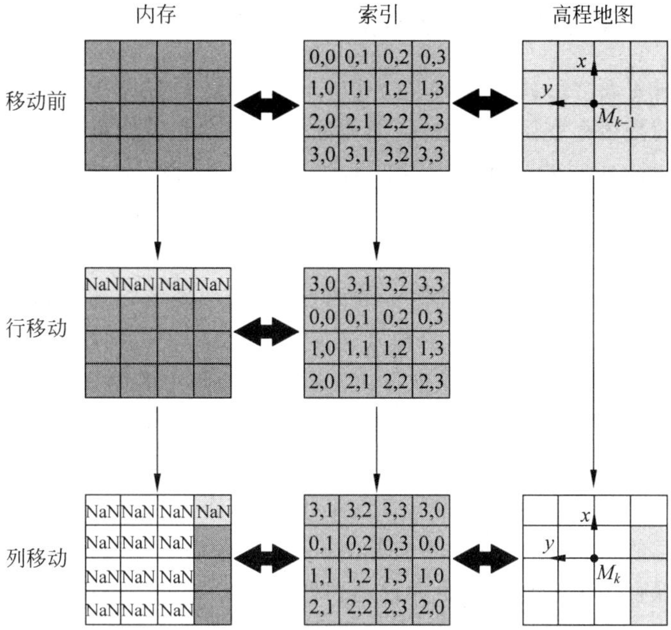

图 5-39 高程地图移动过程示意图

所示。当计算每个测量点在当前时刻地图中的索引时,需要经过三个步骤:首先对测量点进行坐标变换,将其转换到中间过程坐标系 T 下,再转换到内存坐标系 C 下;然后根据索引值与内存坐标系 C 下单元格位置坐标之间的关系,计算其临时索引,此时的索引值对应初始化时的索引;最后通过起始索引值计算获得测量点的当前索引值。

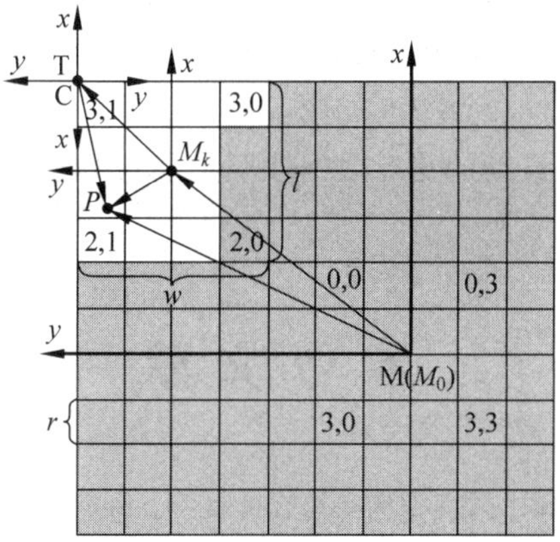

图 5-40 添加最新路况测量值示意图

将最新的测量数据通过上述过程存储到内存中相应的位置,便完成了对路况数据的更新与存储。需注意 GridMap 是一种由多层数据组成的复合地图,每个数据层可以表达不同的信息,但是所有数据层中相同位置的单元格对应的索引是统一的。所以,在进行高程值更新时,每个测量点的三维不确定度同样是根据当前的索引值更新到相应地图数据层的单元格中。

2. 基于 Qt 与 OpenGL 的路面工况数据显示

路况数据经过更新之后便存储到了内存中，但是无法通过路况数据观察当前时刻高程图与真实路况之间是否存在巨大的差异，即无法直观地判断出当前时刻的高程地图是否正确。因此，本书通过 Qt 与 OpenGL 对存储的路况数据进行绘制，实现路况数据的可视化。下面主要讲述如何绘制网格地图。

网格地图的绘制主要分为三步：

第一步是绘制地图边界。以当前时刻的原点为中心，确定矩形区域的四个顶点相对于原点的坐标，并使用 GL_LINE_LOOP 模式连接四个顶点，完成地图边界的绘制。

第二步是当前时刻路况数据的获取。由于存储在矩阵中的值只是每个网格所对应的高度值，并不是一个个三维空间点，所以需要根据高度值对应的索引获取该高度值对应的水平位置，组成空间中的一个三维点。遍历矩阵中所有的高度值并获取每个高度值对应的水平位置，组成空间中一个个三维点，并将所有点保存下来，便完成了路况数据的获取。

需要特别注意的是，为了后续绘图的方便，在进行点的保存时需要特殊处理，并非按照获取的顺序直接保存。由于至少需要两行两列四个点才能进行地图的绘制，所以在进行点的保存时，需要将相邻的两行两列四个点保存在一起。如图 5-41 所示，第一次保存了三个圈中实线圆圈内的四个点，第二次保存了虚线圆圈内的四个点。图 5-41 中，当第一行及第二行保存完毕后，进行了四次存储，而第五次保存了点画线圆圈内的四个点。所以，路况数据会被重复保存。

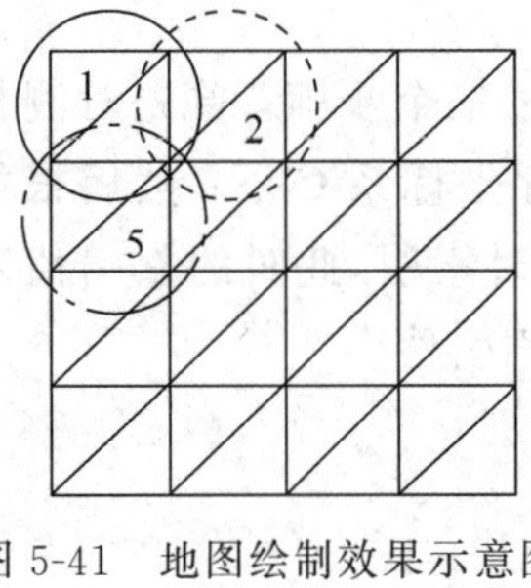

图 5-41　地图绘制效果示意图

第三步是根据获取的路况数据完成地图的绘制。绘制地图时，本书选择将相邻两行两列四个点绘制成两个斜边重合的直角三角形，即选择 GL_TRIANGLES 模式对点进行绘制，如图 5-41 所示。

在每个更新周期内获取最新的路况数据按照上述过程进行地图的绘制，便能实现高程地图的实时显示。

参 考 文 献

[1] 杨国. 考虑轮胎包容特性的预瞄主动悬架自抗扰控制[D]. 南宁：广西大学，2020.

[2] 黄俊明，杨国，杨蓉. 轮胎包容特性滤波下的主动悬架预瞄自抗扰控制研究[J]. 重庆理工大学学报(自然科学)，2022，36(1)：39-50.

[3] 李子先，潘世举，朱愿，等. 基于状态反馈和预瞄前馈的智能车半主动悬架控制[J]. 车辆工程，2023，45(5)：735-745.

[4] 高惠民. 车载视觉感知预瞄下的主动悬架控制分析与实车应用(二)[J]. 车辆维修与保养，2023(2)：41-44.

[5] ZHAO D, WANG L, LI Y, et al. Extraction of preview elevation of road based on 3D sensor[J]. Measurement, 2018, 127: 104-114.

[6] LI P, LAM J, CHEUNG K C. Multi-objective control for active vehicle suspension with wheelbase

preview[J]. Journal of Sound and Vibration,2014,333(21): 5269-5282.
[7] 沈一昕,华斌. 全地形车前悬架系统对操纵稳定性的影响[J]. 技术与市场,2019,26(5): 157-158.
[8] 李文航,倪涛,赵丁选,等. 基于集合卡尔曼滤波的高机动救援车辆主动悬架控制方法[J]. 吉林大学学报(工学版),2022,52(12): 2816-2826.
[9] 王晨皎. 基于高斯分布的车前高程地形重建研究[D]. 秦皇岛: 燕山大学,2020.
[10] 郭强. 基于激光雷达的车前地形复现关键技术研究[D]. 长春: 吉林大学,2019.
[11] 王丽丽. 应急救援车辆主动悬架控制的地形预瞄方法研究[D]. 长春: 吉林大学,2022.
[12] 孔志飞. 应急救援车辆的高精度、高稳定性定位技术研究[D]. 长春: 吉林大学,2020.
[13] 姜小磊. 车载激光雷达点云数据的分析与配准[D]. 长春: 吉林大学,2019.
[14] 孙政扬. 基于激光雷达的车前地形快速测量方法关键技术研究[D]. 长春: 吉林大学,2018.
[15] 朱德海. 点云库 PCL 学习教程[M]. 北京: 北京航空航天大学出版社,2012.
[16] 吴锦进. 基于激光雷达的工程车辆非结构化地形感知研究[D]. 厦门: 厦门大学,2019.
[17] 何友. 多传感器信息融合及应用[M]. 2版. 北京: 电子工业出版社,2007.
[18] 马平,吕锋,杜海莲,等. 多传感器信息融合基本原理及应用[J]. 控制工程,2006,13(1): 5.
[19] KLEIN L A. 多传感器数据融合理论及应用[M]. 戴亚平,译. 北京: 北京理工大学出版社,2004.
[20] 彭冬亮,文成林,薛安克. 多传感器多源信息融合理论及应用[M]. 北京: 科学出版社,2010.
[21] 刘桂辛. 基于多传感器信息融合的 GPS/DR 车载组合导航系统的研究[D]. 秦皇岛: 燕山大学,2013.
[22] 贺娅莉. 多传感器信息融合在车载组合导航系统中的应用研究[D]. 长春: 长春理工大学,2009.
[23] 姚姗. 基于 GPS/IMU 数据融合的车辆位姿控制方法研究[D]. 秦皇岛: 燕山大学,2019.
[24] 杨锐鹏. 基于多传感器信息融合的车前路面高程测量与构建[D]. 长春: 吉林大学,2019.
[25] 汤国安,刘学军,闾国年. 数字高程模型及地学分析的原理与方法[M]. 北京: 科学出版社,2005.
[26] 周磊. 基于卡尔曼估计的车前路面工况 2.5D 实时重构技术研究[D]. 长春: 吉林大学,2020.
[27] 闾国年,钱亚东,陈钟明. 基于栅格数字高程模型提取特征地貌技术研究[J]. 地理学报,1998,53(6): 9.
[28] 何超. 车前地形数字高程模型建立方法研究[D]. 长春: 吉林大学,2019.

第6章

主动悬架系统数学模型

车辆是一个非常复杂的振动系统，为了便于分析车身姿态的运动特性，需对车辆悬架系统实际模型进行简化，以建立主动悬架系统的数学模型。悬架系统建模对研究主动悬架控制问题非常重要，早期人们为了突出主要问题，建立二自由度悬架单元的线性模型来研究悬架性能，随着研究的深入，四自由度半车悬架系统和七自由度整车悬架系统的线性模型先后建立，并以此为基础对主动悬架控制问题进行了广泛研究，这些线性模型成为控制理论研究的经典算例，为控制理论的发展起到了一定的推进作用。

实际的悬架系统存在诸多非线性环节，过度简化的线性模型与实际悬架系统间的差距形成了理论研究成果和实际应用之间的巨大鸿沟。为了使理论研究更易于向实际应用转化，更准确的悬架单元模型、半车悬架模型和整车悬架模型等主动悬架非线性模型逐步建立，然而随着理论模型复杂程度的增加，其所涉及的参数数量及分析研究的难度也将相应地增加。

6.1 悬架单元模型

悬架单元模型是研究悬架控制的基本模型，表示车辆单轮悬架系统，只能反映车辆的垂直振动特性，可以通过车体垂直振动加速度和车轮载荷来评价行驶平顺性和路面附着性等车辆行驶性能指标。在车辆悬架系统的设计开发阶段，可用悬架单元模型进行车辆悬架系统振动特性分析，但无法体现车身的运动情况。

6.1.1 线性悬架单元模型

1. 主动悬架单元模型

车辆主动悬架单元的实物结构如图 6-1(a)所示，忽略实物悬架单元的主销倾角和导向机构的作用，可抽象出车辆主动悬架单元模型，如图 6-1(b)所示，对模型进行如下假设：

(1) 车体弹性中心与质心重合。

(2) 将车身系统简化为刚性簧载质量，车轴和与其相连的车轮视为非簧载质量，车轮与路面之间的接触方式为不间断、无滑移的点接触。

(3) 轮胎的垂直振动特性简化为弹簧和阻尼。

(4) 忽略车辆动力机构产生的振动对车辆的影响，忽略空气动力对车身的影响。

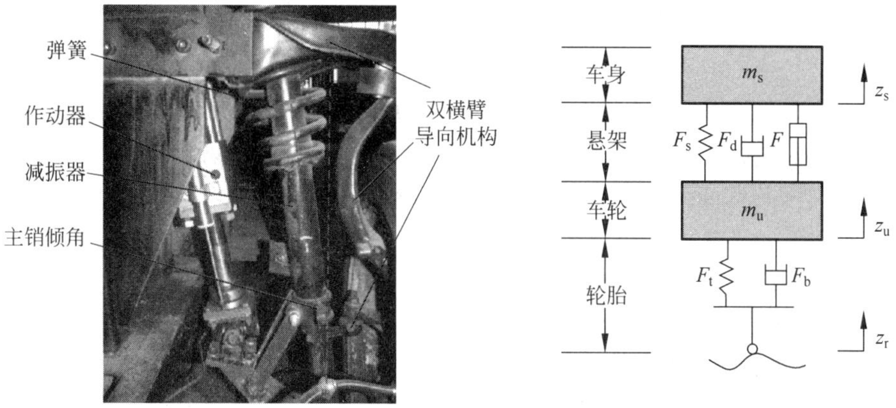

(a)　　　　(b)

图 6-1　主动悬架单元

(a) 实物图；(b) 结构图

在图 6-1(b)中 m_s 为簧载质量，m_u 为非簧载质量，F_s、F_d 和 F 分别为悬架单元的弹簧、减振器和主动作动器在垂直方向上的等效作用力，F_t 和 F_b 分别为轮胎所产生的弹性力和阻尼力，z_s 和 z_u 分别为簧载质量和非簧载质量质心对应的垂向位移，z_r 为轮胎受到的路面激励。

根据垂直方向的受力平衡，可以分别列出簧载质量和非簧载质量的动力学方程：

$$\begin{cases} m_s \ddot{z}_s + F_s + F_d - F = 0 \\ m_u \ddot{z}_u - F_s - F_d + F_t + F_b + F = 0 \end{cases} \tag{6-1}$$

若忽略非线性因素，则式(6-1)的弹性力 F_s 和阻尼力 F_d 分别为

$$F_s = k_s (z_s - z_u) \tag{6-2}$$

$$F_d = c_d (\dot{z}_s - \dot{z}_u) \tag{6-3}$$

式中　k_s——悬架弹簧的刚度系数，N/m；

c_d——悬架减振器的阻尼系数，N・s/m。

轮胎所产生的弹性力 F_t 和阻尼力 F_b 分别为

$$F_t = k_t (z_u - z_r) \tag{6-4}$$

$$F_b = c_b (\dot{z}_u - \dot{z}_r) \tag{6-5}$$

式中　k_t——简化轮胎的刚度系数，N/m；

c_b——简化轮胎的阻尼系数，N・s/m。

将式(6-2)～式(6-5)代入动力学方程(6-1)中，可得

$$\begin{cases} m_s \ddot{z}_s + k_s (z_s - z_u) + c_d (\dot{z}_s - \dot{z}_u) - F = 0 \\ m_u \ddot{z}_u - k_s (z_s - z_u) - c_d (\dot{z}_s - \dot{z}_u) + k_t (z_u - z_r) + c_b (\dot{z}_u - \dot{z}_r) + F = 0 \end{cases} \tag{6-6}$$

2. 半主动悬架单元模型

1) 刚度调节式半主动悬架

刚度调节式半主动悬架单元模型如图 6-2(a)所示，根据垂直方向的受力平衡，可以分别

列出簧载质量和非簧载质量的动力学方程：

$$\begin{cases} m_s\ddot{z}_s + F_s + F_d = 0 \\ m_u\ddot{z}_u - F_s - F_d + F_t + F_b = 0 \end{cases} \tag{6-7}$$

若忽略非线性因素，则式(6-7)的总弹性力 F_s 和阻尼力 F_d 分别为

$$F_s = k_0(z_s - z_u) + k_s(z_s - z_u) \tag{6-8}$$

$$F_d = c_d(\dot{z}_s - \dot{z}_u) \tag{6-9}$$

式中 k_0——悬架静刚度系数，N/m；

k_s——悬架可变刚度系数，N/m；

c_d——悬架减振器的阻尼系数，N·s/m。

轮胎所产生的弹性力 F_t 和阻尼力 F_b 分别为

$$F_t = k_t(z_u - z_r) \tag{6-10}$$

$$F_b = c_b(\dot{z}_u - \dot{z}_r) \tag{6-11}$$

式中 k_t——简化轮胎的刚度系数，N/m；

c_b——简化轮胎的阻尼系数，N·s/m。

2）阻尼调节式半主动悬架

磁流变减振器(magnetorheological damper，MRD)由于其响应快、可控性强，近年来逐渐发展成为半主动悬架的主要执行器类型之一。本节参照主动悬架单元模型的构建方法，建立基于磁流变减振器的半主动悬架单元模型，如图 6-2(b)所示。其中，m_s 为簧载质量，m_u 为非簧载质量，F_s 为悬架单元的弹簧在垂直方向上的等效作用力。此处阻尼值是变量，总阻尼力 F_d 包括基值阻尼力和可调阻尼力两部分。F_t 和 F_b 分别为轮胎所产生的弹性力和阻尼力，z_s 和 z_u 分别为簧载质量和非簧载质量质心对应的垂向位移，z_r 为轮胎受到的路面激励。

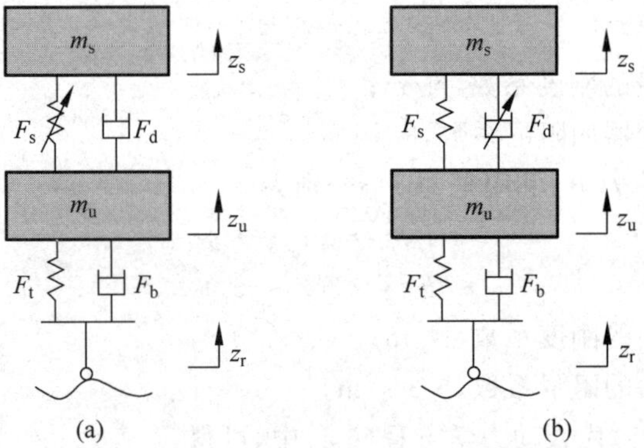

图 6-2 半主动悬架单元

(a) 刚度调节式；(b) 阻尼调节式

根据垂直方向的受力平衡，可以分别列出簧载质量和非簧载质量的动力学方程：

$$\begin{cases} m_s\ddot{z}_s + F_s + F_d = 0 \\ m_u\ddot{z}_u - F_s - F_d + F_t + F_b = 0 \end{cases} \tag{6-12}$$

若忽略非线性因素，则式(6-12)的弹性力 F_s、可调阻尼力 F_f 和总阻尼力 F_d 分别为

$$F_s = k_s(z_s - z_u) \tag{6-13}$$

$$F_f = c_f(\dot{z}_s - \dot{z}_u) \tag{6-14}$$

$$F_d = c_0(\dot{z}_s - \dot{z}_u) + F_f \tag{6-15}$$

式中　k_s——悬架弹簧的刚度系数，N/m；

c_0——基值阻尼系数，N·s/m；

c_f——可调阻尼系数，N·s/m。

轮胎所产生的弹性力 F_t 和阻尼力 F_b 分别为

$$F_t = k_t(z_u - z_r) \tag{6-16}$$

$$F_b = c_b(\dot{z}_u - \dot{z}_r) \tag{6-17}$$

式中　k_t——简化轮胎的刚度系数，N/m；

c_b——简化轮胎的阻尼系数，N·s/m。

6.1.2　非线性悬架单元模型

实际的车辆悬架系统是一个复杂的非线性不确定系统，在设计车辆悬架系统的过程中，如果对车辆行驶性能仿真验证的精确度要求较高，那么线性模型与实际车辆悬架间的差异性是不容忽视的，需要通过建立非线性模型来研究车辆悬架系统的振动特性。非线性悬架的原理图与线性悬架是相同的，模型的区别在于：非线性模型考虑弹簧和减振器的非线性特性，并且考虑悬架系统中存在复杂的非线性动力学，以及外界扰动和环境变化等不确定因素的影响。

悬架单元模型若考虑悬架弹簧和减振器的非线性特性，则弹性力和阻尼力均是与悬架振动状态有关的非线性函数，其由线性部分和非线性部分组成，即弹性力 F_s 和阻尼力 F_d 分别为

$$F_s = k_s(z_s - z_u) + F_{sn} \tag{6-18}$$

$$F_d = c_d(\dot{z}_s - \dot{z}_u) + F_{dn} \tag{6-19}$$

式中　F_{sn}——弹性力的非线性部分；

F_{dn}——阻尼力的非线性部分。

1. 弹簧非线性

经前面章节的学习可知，悬架的主动控制具有多种刚度调节方式，国内外专家学者针对不同的调节方式分别建立了不同的非线性表示方式，在此举例进行说明。

1) 普通弹簧非线性

普通弹簧非线性主要考虑弹簧作用力与弹性变形量之间的高阶分量，将线性刚度转化为非线性刚度。根据高阶分量的不同，非线性弹性力可以有多种形式，其中较为常用的是引入三阶分量，则非线性弹性力表示为

$$F = k\Delta y + \varepsilon k \Delta y^3 \tag{6-20}$$

式中　k——弹簧的刚度系数，N/m；

Δy——弹簧的弹性变形量，m；

ε——弹簧的非线性结构参数，当 $\varepsilon=0$ 时，弹性力变为线性。

2）空气弹簧非线性

与普通弹簧相比，空气弹簧刚度呈现出明显的非线性和不确定性。目前针对车辆用空气弹簧动力学模型主要包括几何模型、等效力学模型、热力学模型等，且不同类型和结构的空气弹簧非线性特性也多有不同，以活塞座为圆柱形的膜式空气弹簧为例进行说明。

空气弹簧的弹性力表示为

$$F=(p-p_a)=p_eA_e \tag{6-21}$$

式中 p——气囊内气体绝对压强，Pa；

P_a——大气压强，Pa；

p_e——气囊内气体相对压强大小，即气囊内气体绝对压强与大气压强之差，Pa；

A_e——空气弹簧有效截面积，m^2。

空气弹簧的刚度可通过弹性力 F 直接对空气弹簧的垂直位移求导得到，即

$$k=\frac{\mathrm{d}F}{\mathrm{d}x}=\frac{\mathrm{d}(p_eA_e)}{\mathrm{d}x}=p_e\frac{\mathrm{d}A_e}{\mathrm{d}x}+A_e\frac{\mathrm{d}p_e}{\mathrm{d}x} \tag{6-22}$$

式中 k——弹簧的刚度系数，N/m；

x——空气弹簧垂直位移，m。

气囊内气体变化情况符合气体状态方程

$$pV^n=\text{const} \tag{6-23}$$

式中 V——气囊内气体体积，m^3；

n——气体多变指数，取决于弹簧的变形速度。

由式(6-23)可得

$$-\frac{\mathrm{d}p}{\mathrm{d}x}=\frac{\mathrm{d}p_e}{\mathrm{d}x}=-\frac{np}{V}\frac{\mathrm{d}V}{\mathrm{d}x}=-\frac{np}{V}A_e \tag{6-24}$$

其中，负号表示压力变化趋势与体积变化趋势相反，计算刚度时取绝对值。

由式(6-22)和式(6-24)可得空气弹簧刚度为

$$k=p_e\frac{\mathrm{d}A_e}{\mathrm{d}x}+np\frac{A_e^2}{V} \tag{6-25}$$

对于活塞座位为圆柱形的膜式空气弹簧，其有效工作面积在行程内的变化可以忽略不计，因此其刚度可进一步简化为

$$k=np\frac{A_e^2}{V}=n(p_e+p_a)\frac{A_e^2}{V} \tag{6-26}$$

由此可以看出，空气弹簧刚度随气囊内相对压强的变化而变化，其变化是非线性的。

3）油气弹簧非线性

油气弹簧的主要性质从本质上来说都是非线性的，本节以雪铁龙 C5 前悬架的油气弹簧为例进行介绍，具体结构原理见图 3-15，并对其进行如图 6-3 所示的简化以便于数学分析。

图 6-3 中 A_z 为活塞有效面积，R 为阻尼阀的等效阻尼，$p_s(t)$ 和 $V_s(t)$ 为蓄能器气室内气体的即使压强和体积，$p_z(t)$ 为液压缸内的即时压力，$q_s(t)$ 表示由于液压缸与活塞的相对运动而产生的油液流量，$q_v(t)$ 为主动控制油液的流量。

(1) 蓄能器。将蓄能器内的气体看作理想气体，使用一个非线性时间函数的关系简记

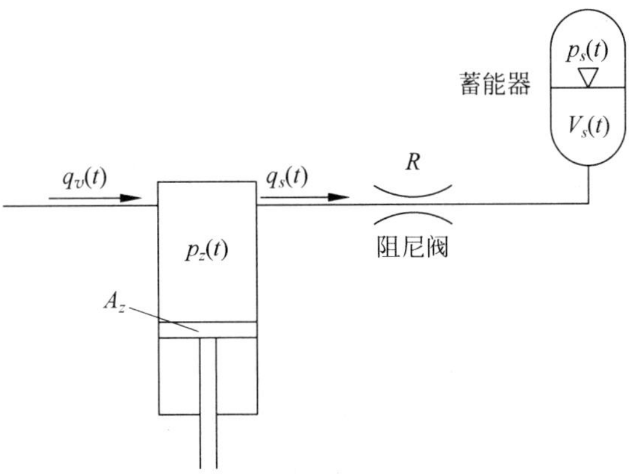

图 6-3　油气弹簧模型

储能器的压力流量方程

$$p_s(t)=p_{s0}+NL_s(q_s(t))$$

$$\mathrm{NL}_s(q_s(t))=p_{s0}\left[\frac{1}{\left(1-\dfrac{p_{s0}}{p_0V_0}\int q_s(t)\right)^{1.4}}-1\right] \tag{6-27}$$

式中　p_{s0}——静平衡状态下的气室压力；

p_0——蓄能器的初始充气气压；

V_0——初始充气体积。

(2) 阻尼阀系。将图 3-15(c)中的阻尼阀系简化为利于分析的阻尼阀模型，如图 6-4 所示，首先分析较为简单的常通孔的数学模型。根据流体力学，一定压力的流体通过固定小孔，在流道方向上会产生能量的损失，因而通过流量与压降之间存在以下关系

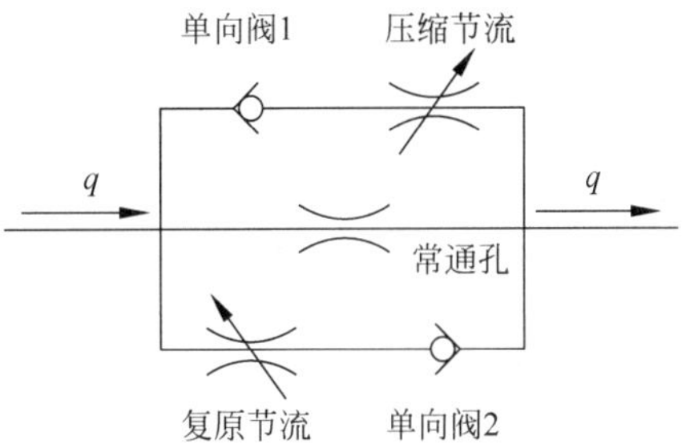

图 6-4　阻尼阀系模型

$$q=C_dA_0\sqrt{\frac{2\mid\Delta p\mid}{\rho}} \tag{6-28}$$

式中　q——通过阻尼阀系的流量；

Δp——阻尼阀系两端的压降；

A_0——常通孔的面积；

C_d——节流孔流量系数；

ρ——油液密度。

将式(6-28)写成流量产生的压降形式为

$$\Delta p=\frac{1}{2}\frac{q^2\rho}{C_d^2A_0^2}\mathrm{sign}(q) \tag{6-29}$$

对于压缩阀及复原阀，一旦被打开则等效节流小孔的阻尼模型与常通孔一样，因此对于这两个阀系的模型，可以使用与常通孔一样的表达式。在进行全面的非线性分析时，将整个阻尼阀系(包括压缩阀和复原阀)的阻尼特性简化记为

$$\Delta p(t)=\mathrm{NL}_R(q_s(t)) \tag{6-30}$$

(3) 油气弹簧输出力。假设图 6-3 的油气弹簧模型中液压缸固定,仅活塞杆做相对运动。忽略摩擦及惯性力,则活塞杆所受到的来自液压缸内的“阻力”即为油气弹簧的输出力,主要包括了油气弹簧气室中高压氮气的弹性力以及油液流经阻尼阀产生的节流阻力两部分。结合式(6-27)和式(6-30)可以建立油气弹簧的输出力方程

$$F = A_z[p_{s0} + \mathrm{NL}_s(q_s(t)) + \mathrm{NL}_R(q_s(t))] \tag{6-31}$$

2. 阻尼非线性

由于阻尼调节的方式多样且具有不同的非线性特性,此处以磁流变减振器为例进行分析。磁流变减振器的力学性能受到外加磁场、激励频率和激励位移等各项因素的影响,其动态阻尼力特性具有强烈的非线性,所以建立磁流变减振器的力学模型,准确描述磁流变减振器的动力学特性,对磁流变减振器输出阻尼力的精确控制具有重要意义。为此,国内外学者进行了大量研究,提出了不同的磁流变减振器动力学模型。

参数化模型通常侧重于模拟减振器的流变特性,在分析磁流变减振器工作机理的基础上,考虑磁流变液、机械结构及外加磁场的相互作用,建立输出阻尼力与磁流变液、机械结构及外加磁场之间的数学关系。

根据磁流变减振器的基本工作原理,得出磁流变减振器的动力学模型基本形式为

$$F = f(x, \dot{x}, \ddot{x}, I) \tag{6-32}$$

式中 x——减振器活塞与缸筒的相对位移,mm;

I——减振器的控制电流,A;

F——减振器的输出阻尼力,N。

1) Bingham 模型

基于 MRF 伪静力学模型形成的 Bingham 力学模型是常用的磁流变力学模型[1]。Hiwatashi 等将此模型用于磁流变减振器振动平台控制中,取得了良好效果[2]。结合式(6-32)得到基于 Bingham 模型的磁流变减振器输出阻尼力为

$$F = f_y \operatorname{sgn}(\dot{x}) + c_0\dot{x} + f_0 \tag{6-33}$$

式中 f_y——库仑阻尼力,N,与磁流变液的屈服应力有关;

c_0——黏滞阻尼系数,N·s/m;

f_0——由补偿器产生的力,N。

如图 6-5 所示,Bingham 模型将磁流变减振器的输出阻尼力分成库仑阻尼力和黏滞阻尼力两部分,变量少且物理意义清晰,是最常用的磁流变减振器阻尼力模型。该模型能够很好地表征磁流变减振器阻尼力的时域特性及阻尼力与位移的非线性关系,但当减振器的速度增大、控制电流增加时,阻尼力-速度曲线的非线性滞回特性的拟合效果差,且其非线性滞后特性无法很好地表现。在减振器活塞相对速度的方向变化时,阻尼力也没有平滑过渡。

2) Bouc-Wen 模型

许多学者为了解决输出阻尼力和速度之间的连续关系问题,提出了采用曲线光滑过渡的数学模型来拟合实验结果,其中比较有代表性的是 Bouc-Wen 模型[3]。如图 6-6 所示,Bouc-Wen 模型的结构由滞回系统、黏滞阻尼单元和弹簧单元并联组成,基于 Bouc-Wen 模型的磁流变减振器输出阻尼力为

$$F = c_0\dot{x} + k_0(x - x_0) + \alpha z \tag{6-34}$$

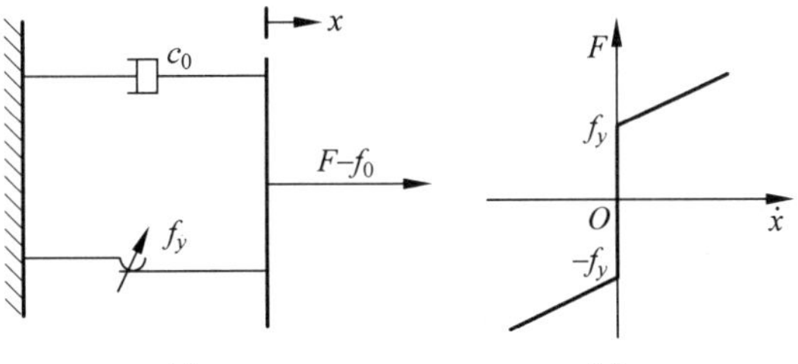

图 6-5　Bingham 模型

（a）示意图；（b）阻尼力与速度关系

式中　c_0——黏滞阻尼系数，N·s/m；

k_0——刚度系数，N/m；

x_0——弹簧的初始位移量，m；

α——由控制系统和磁流变决定的系数；

z——滞变位移，其表达式为

$$z = -\gamma |\dot{x}| z |z|^{n-1} - \beta \dot{x} |z|^n + A\dot{x} \tag{6-35}$$

式中　n——曲线圆滑系数；

γ——过渡区段线性度系数；

β——滞回环形状系数；

A——滞回环幅值系数。

通过调整上述参数值，可以控制卸载时力-速度曲线的形状和屈服前到屈服后渐变段的圆滑性。

Bouc-Wen 模型易于执行数值计算，具有很强的通用性，并且可以反映阻尼力-速度滞回现象，能很好地反映磁流变减振器的非线性特性。然而，由于其模型复杂程度高，具有参数较多且难以识别等缺陷，阻碍了该模型应用于实际工程问题。

3）现象模型

Spencer 等在 Bouc-Wen 模型的基础上提出了现象模型[4]，如图 6-7 所示。

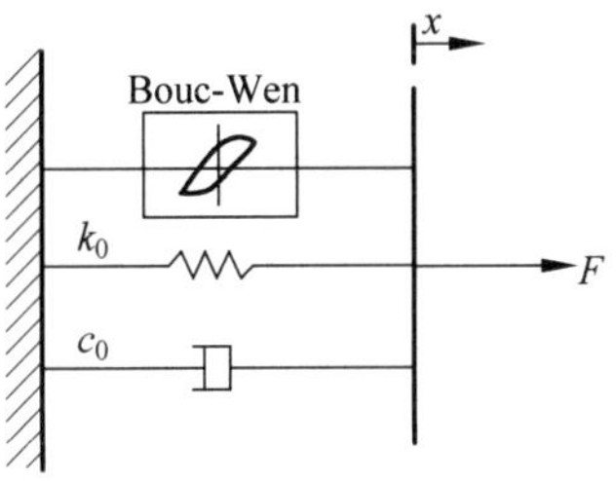

图 6-6　Bouc-Wen 模型

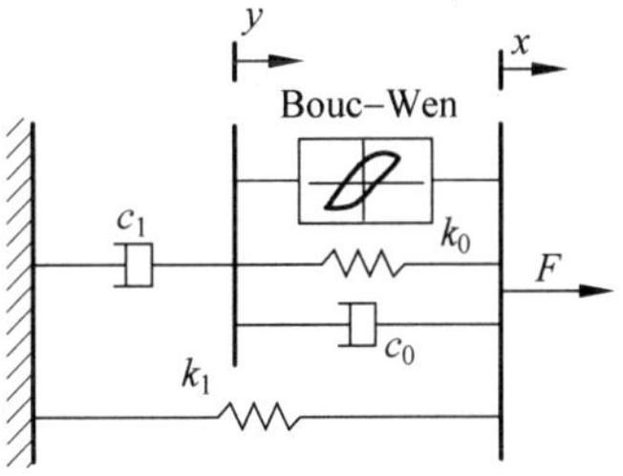

图 6-7　现象模型

基于现象模型的磁流变减振器输出阻尼力为

$$\begin{cases} F = c_1 \dot{y} + k_1 (x - x_0) \\ \dot{y} = \dfrac{1}{c_0 + c_1} [\alpha z + c_0 \dot{x} + k_0 (x - y)] \\ \dot{z} = -\gamma |\dot{x} - \dot{y}| z |z|^{n-1} - \beta (\dot{x} - \dot{y}) |z|^n + A(\dot{x} - \dot{y}) \end{cases} \tag{6-36}$$

式中 c_1——黏性元件,用来产生力-速度关系中低速时的衰减;

k_1——蓄能器刚度,N/m;

x_0——弹簧 k_1 的初始位移,与蓄能器产生的标准阻尼力有关,m;

k_0——刚度系数,N/m;

c_0——黏滞阻尼系数,N·s/m;

z——滞变位移,m;

A、γ、β、α、n——磁流变阻尼器的调节参数。

相比 Bouc-Wen 模型,现象模型增加了弹性元件和阻尼元件,将阻尼元件与原模型串联之后再与弹性元件并联,能很好地反映磁流变减振器的动态性能,且比较灵活,对于描述减振器阻尼力的简谐振动及一般振动都比较准确。模型增加了两个微分方程来描述磁流变减振器的滞后特征,并采用了多个绝对值函数,增加了模型的复杂程度。由于它本来不是针对磁流变减振器而发展起来的,因此有些参数没有明显的物理意义,另外需要用多个参数来控制滞回环的形状,受控制电流影响的参数越多,在控制上就越难处理。因此,该模型不宜用于工程实际应用,多用于试验研究和理论计算。

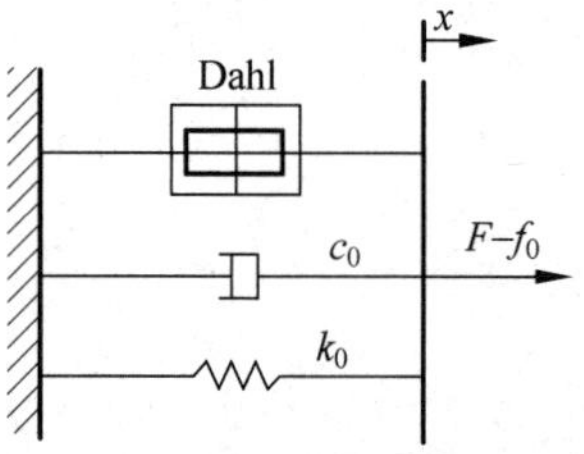

图 6-8 修正 Dahl 模型

4) 修正 Dahl 模型

采用 Bingham 模型能够较好地模拟磁流变减振器的力-位移响应,却不能很好地模拟力-速度的非线性响应,尤其是速度很小且位移与速度同向时。试验表明,当活塞的运动速度相对较小时,减振器的力-速度关系是一个滞回环。采用滞回模型模拟摩擦力,就能够克服 Bingham 模型的不足。采用修正的 Dahl 模型[5](图 6-8)输出的阻尼力:

$$F = k_0 x + c_0 \dot{x} + F_d z - f_0 \tag{6-37}$$

式中 k_0——刚度系数,N/m;

c_0——黏滞阻尼系数,N·s/m;

F_d——可调库仑摩擦力,N,其大小与电流强度有关;

f_0——初始力,N;

z——滞变位移,其表达式为

$$\dot{z} = \sigma \dot{x}\left[1 - z\,\mathrm{sgn}(\dot{x})\right] \tag{6-38}$$

其中,σ——控制滞回曲线形状的参数。

为使模型在改变电流强度下仍然有效,必须确定模型参数和电流强度之间的关系。试验证明,c_0 与 F_d 均与电流有关,为此可取:

$$c_0 = c_{0s} + c_{0d} u,\quad F_d = F_{ds} + F_{dd} u \tag{6-39}$$

式中 c_{0s}——无电流强度下的黏滞阻尼系数;

F_{ds}——无电流强度下的库仑阻尼力;

u——内变量,反映了模型参数与电流强度之间的关系。

6.2 半车主动悬架系统模型

半车主动悬架系统的数学模型能较好地体现车辆的垂直和俯仰振动特性,经过简化后得到四自由度半车主动悬架系统模型如图 6-9 所示,对模型进行如下假设:

(1) 车体弹性中心与质心重合。

(2) 将车身系统简化为刚性簧载质量,车轴和与其相连的车轮视为非簧载质量,车轮与路面之间的接触方式为不间断、无滑移的点接触。

(3) 轮胎垂直振动特性简化为弹簧和阻尼。

(4) 假设车辆相对于纵轴线左右对称,忽略车身两侧几何尺寸、质量分布和运动趋势的影响,车身是只具有垂直和俯仰运动的刚体。

(5) 忽略车辆动力机构产生的振动对车辆的影响,忽略空气动力对车身的影响。

在图 6-9 中,m_s 为簧载质量,m_{u1} 和 m_{u2} 分别为前后轮悬架单元的非簧载质量,z_a 为车身质心处的垂向位移,θ_a 为车身俯仰角,J_θ 为俯仰运动的转动惯量,z_{s1} 和 z_{s2} 分别为前后悬架单元与车身铰接点处的垂向位移,z_{u1} 和 z_{u2} 为前后悬架单元非簧载质量的垂向位移,z_{r1} 和 z_{r2} 为前后悬架单元车轮处的路面输入位移,F_{s1}、F_{d1}、F_1 和 F_{s2}、F_{d2}、F_2 分别为前后悬架单元的弹簧、减振器和主动作动器在垂直方向上的等效作用力,F_{t1}、F_{b1} 和 F_{t2}、F_{b2} 分别为前后轮胎所产生的弹性力和阻尼力,l_f 和 l_r 分别为前轴和后轴悬架单元到车身质心处的纵向距离。

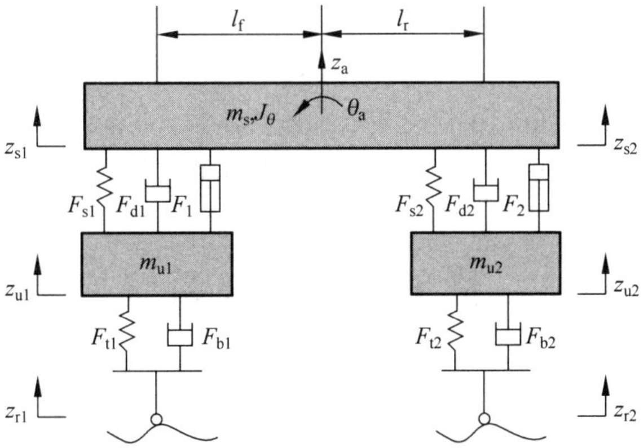

图 6-9 半车主动悬架系统模型

根据牛顿第二定律,车身垂向运动的动力学方程为

$$m_s\ddot{z}_a = -F_{s1} - F_{d1} - F_{s2} - F_{d2} + F_1 + F_2 + \Delta F_z \tag{6-40}$$

车身俯仰运动的动力学方程为

$$J_\theta\ddot{\theta}_a = (F_{s1} + F_{d1} - F_1)l_f - (F_{s2} + F_{d2} - F_2)l_r + \Delta M_\theta \tag{6-41}$$

式中 ΔF_z、ΔM_θ——车身垂向、俯仰动力学中由弹簧和减振器物理参数变化、悬架部件的未建模摩擦力及外界干扰等因素引起的不确定模型动态。

前后悬架单元非簧载质量的动力学方程为

$$m_{u1}\ddot{z}_{u1} = F_{s1} + F_{d1} - F_{t1} - F_{b1} - F_1 \tag{6-42}$$

$$m_{u2}\ddot{z}_{u2} = F_{s2} + F_{d2} - F_{t2} - F_{b2} - F_2 \tag{6-43}$$

前后悬架单元中的弹性力 F_{s1}、F_{s2} 和阻尼力 F_{d1}、F_{d2} 分别为

$$F_{s1} = k_{s1}\Delta y_1 + F_{sn1} \tag{6-44}$$

$$F_{s2} = k_{s2}\Delta y_2 + F_{sn2} \tag{6-45}$$

$$F_{d1}=c_{d1}\Delta\dot{y}_1+F_{dn1} \tag{6-46}$$

$$F_{d2}=c_{d2}\Delta\dot{y}_2+F_{dn2} \tag{6-47}$$

式中 k_{s1},k_{s2}——前后悬架单元中弹簧的线性刚度系数,N/m;

c_{d1},c_{d2}——前后悬架单元中减振器的线性阻尼系数,N·s/m;

F_{sn1},F_{sn2}——前后悬架单元中弹性力的非线性部分,N;

F_{dn1}、F_{dn2}——前后悬架单元中阻尼力的非线性部分,N。

为了使该模型覆盖更广的应用范围,此处 F_{sni} 和 F_{dni} 并未用具体的表达式表示。若忽略非线性因素,则 F_{sn1}、F_{sn2} 和 F_{dn1}、F_{dn2} 可取 0。

Δy_1、Δy_2 分别为前后悬架单元的动行程,满足关系:

$$\Delta y_1=z_{s1}-z_{u1}=z_a-l_f\sin\theta_a-z_{u1} \tag{6-48}$$

$$\Delta y_2=z_{s2}-z_{u2}=z_a+l_r\sin\theta_a-z_{u2} \tag{6-49}$$

忽略非线性因素,前后轮胎所产生的弹性力 F_{t1}、F_{t2} 和阻尼力 F_{b1}、F_{b2} 分别为

$$F_{t1}=k_{t1}(z_{u1}-z_{r1}) \tag{6-50}$$

$$F_{t2}=k_{t2}(z_{u2}-z_{r2}) \tag{6-51}$$

$$F_{b1}=c_{b1}(\dot{z}_{u1}-\dot{z}_{r1}) \tag{6-52}$$

$$F_{b2}=c_{b2}(\dot{z}_{u2}-\dot{z}_{r2}) \tag{6-53}$$

式中 k_{t1},k_{t2}——前后悬架单元中简化轮胎的刚度系数,N/m;

c_{b1},c_{b2}——前后悬架单元中简化轮胎的阻尼系数,N·s/m。

6.3 整车主动悬架系统模型

车辆主动悬架系统由于自身结构特性和外部环境因素的影响,使其振动响应十分复杂。整车主动悬架模型可以反映出车体的垂直、俯仰和侧倾振动特性,以及车轮的垂直振动特性,更为全面地体现车辆主动悬架系统的运动情况。

6.3.1 七自由度整车主动悬架系统模型

本节建立包括簧载质量的垂向、俯仰、侧倾运动及四个非簧载质量的垂向振动特性七个自由度的整车悬架模型,为了便于对车辆的振动特性进行研究,经过简化后得到的七自由度整车主动悬架系统模型如图 6-10 所示,对模型进行如下假设:

(1) 车体弹性中心与质心重合。

(2) 将车身系统简化为刚性簧载质量,车轴和与其相连的车轮视为非簧载质量,车轮与路面之间的接触方式为不间断、无滑移的点接触。

(3) 轮胎垂直振动特性简化为弹簧和阻尼。

(4) 模型的坐标系固定在车身上,且坐标系的坐标轴固定于车身重心处,位于车辆静止时侧倾轴线的高度上。

(5) 忽略车辆动力机构产生的振动对车辆的影响,忽略空气动力对车身的影响。

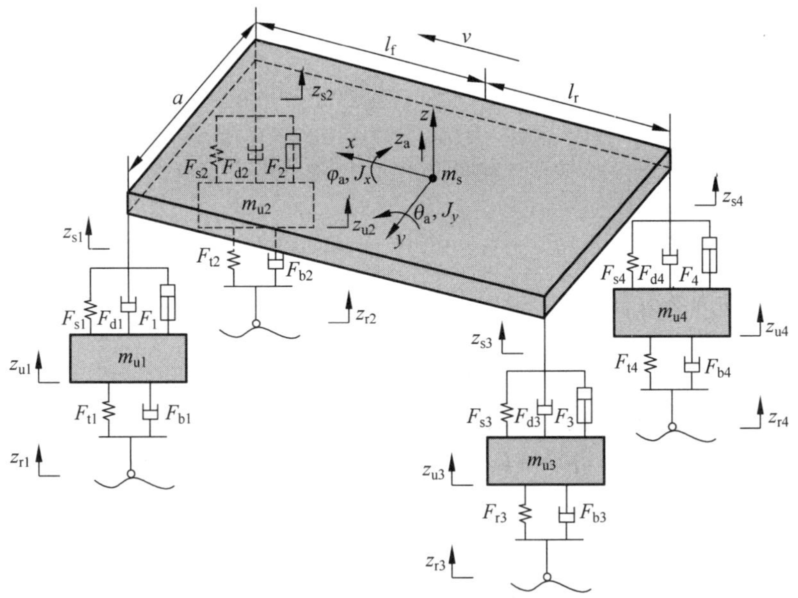

图 6-10 七自由度整车主动悬架系统模型

在图 6-10 中，m_s 为簧载质量，m_{ui} 为第 i 个悬架单元的非簧载质量，z_a 为车身质心沿 z 轴运动的垂向位移，θ_a 为车身绕 y 轴转动的俯仰角，φ_a 为车身绕 x 轴转动的侧倾角，z_{si} 为第 i 个悬架单元与车身铰接点处的垂向位移，z_{ui} 为第 i 个悬架单元非簧载质量的垂向位移，z_{ri} 为第 i 个悬架单元车轮处的路面输入位移，F_{si}、F_{di} 和 F_i 分别为第 i 个悬架单元的弹簧、减振器和主动作动器在垂直方向上的等效作用力，F_{ti} 和 F_{bi} 分别为第 i 个轮胎所产生的弹性力和阻尼力，其中，下标 $i=1\sim4$ 分别对应前左、前右、后左、后右悬架单元；J_x 和 J_y 分别为车身绕 x 轴和 y 轴的转动惯量，a 为左右轮距，l_f 和 l_r 分别为前轴和后轴悬架单元到车身质心处的纵向距离。

根据牛顿第二定律，车身垂向运动的动力学方程为

$$m_s\ddot{z}_a = -\sum_{i=1}^{4}F_{si} - \sum_{i=1}^{4}F_{di} + \sum_{i=1}^{4}F_i + \Delta F_z \tag{6-54}$$

车身俯仰运动的动力学方程为

$$J_y\ddot{\theta}_a = \sum_{i=1}^{2}(F_{si}+F_{di}-F_i)a_{2i} + \sum_{i=3}^{4}(-F_{si}-F_{di}+F_i)a_{2i} + \Delta M_\theta \tag{6-55}$$

车身侧倾运动的动力学方程为

$$J_x\ddot{\varphi}_a = \sum_{i=1,3}(-F_{si}-F_{di}+F_i)a_{3i} + \sum_{i=2,4}(F_{si}+F_{di}-F_i)a_{3i} + \Delta M_\varphi \tag{6-56}$$

第 i 个悬架单元非簧载质量的动力学方程为

$$m_{ui}\ddot{z}_{ui} = F_{si}+F_{di}-F_i-F_{ti}-F_{bi} \quad i=1\sim4 \tag{6-57}$$

在式(6-54)～式(6-56)中，ΔF_z、ΔM_θ 和 ΔM_φ 分别为车身的垂向、俯仰和侧倾动力学中由弹簧和减振器物理参数变化、悬架部件的未建模摩擦力、悬架系统与底盘各子系统之间的动力学耦合及外界干扰等因素引起的不确定模型动态。

根据几何关系，俯仰运动的动力学方程(6-55)中的力臂 a_{2i} 为

$$a_{21}=l_{\mathrm{f}}\cos\theta_{\mathrm{a}}+\frac{a}{2}\sin\varphi_{\mathrm{a}}\sin\theta_{\mathrm{a}} \tag{6-58}$$

$$a_{22}=l_{\mathrm{f}}\cos\theta_{\mathrm{a}}-\frac{a}{2}\sin\varphi_{\mathrm{a}}\sin\theta_{\mathrm{a}} \tag{6-59}$$

$$a_{23}=l_{\mathrm{r}}\cos\theta_{\mathrm{a}}-\frac{a}{2}\sin\varphi_{\mathrm{a}}\sin\theta_{\mathrm{a}} \tag{6-60}$$

$$a_{24}=l_{\mathrm{r}}\cos\theta_{\mathrm{a}}+\frac{a}{2}\sin\varphi_{\mathrm{a}}\sin\theta_{\mathrm{a}} \tag{6-61}$$

侧倾运动的动力学方程(6-56)中的力臂 a_{3i} 为

$$a_{3i}=\frac{a}{2}\cos\varphi_{a}\quad i=1\sim 4 \tag{6-62}$$

每个悬架单元中的弹性力 $F_{\mathrm{s}i}$ 和阻尼力 $F_{\mathrm{d}i}$ 分别为

$$F_{\mathrm{s}i}=k_{\mathrm{s}i}\Delta y_{i}+F_{\mathrm{sn}i}\quad i=1\sim 4 \tag{6-63}$$

$$F_{\mathrm{d}i}=c_{\mathrm{d}i}\Delta\dot{y}_{i}+F_{\mathrm{dn}i}\quad i=1\sim 4 \tag{6-64}$$

式中 $k_{\mathrm{s}i}$——第 i 个悬架单元中弹簧的线性刚度系数，N/m；

$c_{\mathrm{d}i}$——第 i 个悬架单元中减振器的线性阻尼系数，N·s/m；

$F_{\mathrm{sn}i}$ 和 $F_{\mathrm{dn}i}$——第 i 个悬架单元中的非线性弹性力和非线性阻尼力，为了使该模型可以覆盖更广的范围，此处并未用具体的表达式表示；

Δy_{i}——第 i 个悬架单元的动行程，满足关系：

$$\Delta y_{1}=z_{\mathrm{a}}-l_{\mathrm{f}}\sin\theta_{\mathrm{a}}+\frac{a}{2}\sin\varphi_{\mathrm{a}}\cos\theta_{\mathrm{a}}-z_{\mathrm{u1}} \tag{6-65}$$

$$\Delta y_{2}=z_{\mathrm{a}}-l_{\mathrm{f}}\sin\theta_{\mathrm{a}}-\frac{a}{2}\sin\varphi_{\mathrm{a}}\cos\theta_{\mathrm{a}}-z_{\mathrm{u2}} \tag{6-66}$$

$$\Delta y_{3}=z_{\mathrm{a}}+l_{\mathrm{r}}\sin\theta_{\mathrm{a}}+\frac{a}{2}\sin\varphi_{\mathrm{a}}\cos\theta_{\mathrm{a}}-z_{\mathrm{u3}} \tag{6-67}$$

$$\Delta y_{4}=z_{\mathrm{a}}+l_{\mathrm{r}}\sin\theta_{\mathrm{a}}-\frac{a}{2}\sin\varphi_{\mathrm{a}}\cos\theta_{\mathrm{a}}-z_{\mathrm{u4}} \tag{6-68}$$

每个轮胎所产生的弹性力 $F_{\mathrm{t}i}$ 和阻尼力 $F_{\mathrm{b}i}$ 分别为

$$F_{\mathrm{t}i}=k_{\mathrm{t}i}(z_{\mathrm{u}i}-z_{\mathrm{r}i})\quad i=1\sim 4 \tag{6-69}$$

$$F_{\mathrm{b}i}=c_{\mathrm{b}i}(z_{\mathrm{u}i}-z_{\mathrm{r}i})\quad i=1\sim 4 \tag{6-70}$$

式中 $k_{\mathrm{t}i}$——第 i 个悬架单元中简化轮胎的刚度系数，N/m；

$c_{\mathrm{b}i}$——第 i 个悬架单元中简化轮胎的阻尼系数，N·s/m。

6.3.2 九自由度整车主动悬架系统模型

与 6.3.1 节中的七自由度整车悬架系统模型类似，本节经过简化建立包括簧载质量的垂向、俯仰、侧倾运动及六个非簧载质量的垂向振动特性九个自由度的整车主动悬架系统模型，经过简化后的模型如图 6-11 所示。

在图 6-11 中，m_{s} 为簧载质量；$m_{\mathrm{u}i}$ 为第 i 个悬架单元的非簧载质量，z_{a} 为车身质心沿 z 轴运动的垂向位移，θ_{a} 为车身绕 y 轴转动的俯仰角，φ_{a} 为车身绕 x 轴转动的侧倾角，$z_{\mathrm{s}i}$

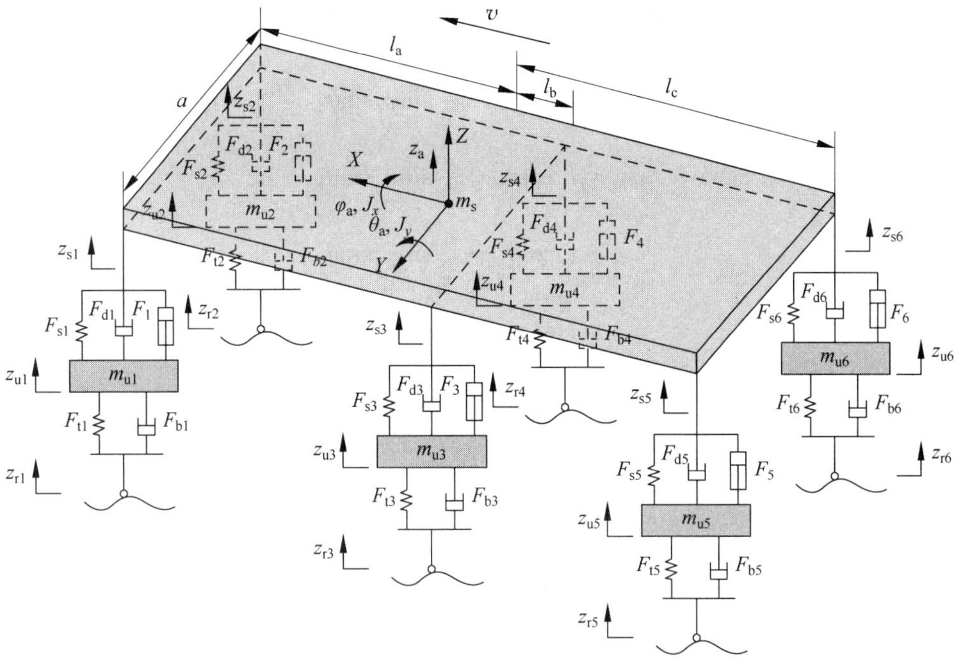

图 6-11 九自由度整车主动悬架系统模型

为第 i 个悬架单元与车身铰接点处的垂向位移，z_{ui} 为第 i 个悬架单元非簧载质量的垂向位移，z_{ri} 为第 i 个悬架单元车轮处的路面输入位移；F_{si}、F_{di} 和 F_i 分别为第 i 个悬架单元的弹簧、减振器和主动作动器在垂直方向上的等效作用力，F_{ti} 和 F_{bi} 分别为第 i 个轮胎所产生的弹性力和阻尼力，其中，下标 $i=1\sim6$ 分别对应前左、前右、中左、中右、后左、后右悬架单元。J_x 和 J_y 分别为车身绕 x 轴和 y 轴的转动惯量，a 为左右轮距，l_a、l_b 和 l_c 分别为前轴、中轴和后轴悬架单元到车身质心处的纵向距离。

根据牛顿第二定律，车身垂向运动的动力学方程为

$$m_s\ddot{z}_a=-\sum_{i=1}^{6}F_{si}-\sum_{i=1}^{6}F_{di}+\sum_{i=1}^{6}F_i+\Delta F_z \tag{6-71}$$

车身俯仰运动的动力学方程为

$$J_y\ddot{\theta}_a=\sum_{i=1}^{2}(F_{si}+F_{di}-F_i)a_{2i}+\sum_{i=3}^{6}(-F_{si}-F_{di}+F_i)a_{2i}+\Delta M_\theta \tag{6-72}$$

车身侧倾运动的动力学方程为

$$J_x\ddot{\varphi}_a=\sum_{i=1,3,5}(-F_{si}-F_{di}+F_i)a_{3i}+\sum_{i=2,4,6}(F_{si}+F_{di}-F_i)a_{3i}+\Delta M_\varphi \tag{6-73}$$

第 i 个悬架单元非簧载质量的动力学方程为

$$m_{ui}\ddot{z}_{ui}=F_{si}+F_{di}-F_i-F_{ti}-F_{bi}\quad i=1\sim6 \tag{6-74}$$

式(6-71)～式(6-73)中，ΔF_z、ΔM_θ 和 ΔM_φ 分别表示车身的垂向、俯仰和侧倾动力学中由弹簧和减振器物理参数变化、悬架部件的未建模摩擦力、悬架系统与底盘各子系统之间的动力学耦合及外界干扰等因素引起的不确定模型动态。

根据几何关系，俯仰运动的动力学方程(6-72)中的力臂 a_{2i} 为

$$a_{21}=l_a\cos\theta_a+\frac{a}{2}\sin\varphi_a\sin\theta_a \tag{6-75}$$

$$a_{22}=l_a\cos\theta_a-\frac{a}{2}\sin\varphi_a\sin\theta_a \tag{6-76}$$

$$a_{23}=l_b\cos\theta_a-\frac{a}{2}\sin\varphi_a\sin\theta_a \tag{6-77}$$

$$a_{24}=l_b\cos\theta_a+\frac{a}{2}\sin\varphi_a\sin\theta_a \tag{6-78}$$

$$a_{25}=l_c\cos\theta_a-\frac{a}{2}\sin\varphi_a\sin\theta_a \tag{6-79}$$

$$a_{26}=l_c\cos\theta_a+\frac{a}{2}\sin\varphi_a\sin\theta_a \tag{6-80}$$

侧倾运动的动力学方程(6-73)中的力臂 a_{3i} 为

$$a_{3i}=\frac{a}{2}\cos\varphi_a \quad i=1\sim 6 \tag{6-81}$$

每个悬架单元中的弹性力 F_{si} 和阻尼力 F_{di} 分别为

$$F_{si}=k_{si}\Delta y_i+F_{sni} \quad i=1\sim 6 \tag{6-82}$$

$$F_{di}=c_{di}\Delta\dot{y}_i+F_{dni} \quad i=1\sim 6 \tag{6-83}$$

式中 k_{si}——第 i 个悬架单元中弹簧的线性刚度系数,N/m;

c_{di}——第 i 个悬架单元中减振器的线性阻尼系数,N·s/m;

F_{sni},F_{dni}——第 i 个悬架单元中的非线性弹性力和非线性阻尼力,为了使该模型可以覆盖更广的范围,此处并未用具体的表达式表示;

Δy_i——第 i 个悬架单元的动行程,满足关系:

$$\Delta y_1=z_a-l_a\sin\theta_a+\frac{a}{2}\sin\varphi_a\cos\theta_a-z_{u1} \tag{6-84}$$

$$\Delta y_2=z_a-l_a\sin\theta_a-\frac{a}{2}\sin\varphi_a\cos\theta_a-z_{u2} \tag{6-85}$$

$$\Delta y_3=z_a+l_b\sin\theta_a+\frac{a}{2}\sin\varphi_a\cos\theta_a-z_{u3} \tag{6-86}$$

$$\Delta y_4=z_a+l_b\sin\theta_a-\frac{a}{2}\sin\varphi_a\cos\theta_a-z_{u4} \tag{6-87}$$

$$\Delta y_5=z_a+l_c\sin\theta_a+\frac{a}{2}\sin\varphi_a\cos\theta_a-z_{u5} \tag{6-88}$$

$$\Delta y_6=z_a+l_c\sin\theta_a-\frac{a}{2}\sin\varphi_a\cos\theta_a-z_{u6} \tag{6-89}$$

每个轮胎所产生的弹性力 F_{ti} 和阻尼力 F_{bi} 分别为

$$F_{ti}(z_{ui},z_{ri})=k_{ti}(z_{ui}-z_{ri}) \quad i=1\sim 6 \tag{6-90}$$

$$F_{bi}(z_{ui},z_{ri})=c_{bi}(z_{ui}-z_{ri}) \quad i=1\sim 6 \tag{6-91}$$

式中 k_{ti}——第 i 个悬架单元中简化轮胎的刚度系数,N/m;

c_{bi}——第 i 个悬架单元中简化轮胎的阻尼系数,N·s/m。

6.4　主动悬架作动器控制系统模型

作动器作为主动悬架系统的关键部位，具有多种形式，本节以电液伺服阀控制非对称式液压作动器为例建立模型。主动悬架系统的主动力由液压作动器提供，控制器根据系统所优化的目标参数计算作动器的输出量，并根据数学模型将控制信号转化为电信号，驱动阀芯运动，进而控制作动器的作动形式。

考虑液压作动器所包含的非线性和模型不确定因素，在建立作动器的数学模型之前，进行如下假设：

(1) 阀口流量系数为定值，不受阀开口大小的影响。

(2) 阀开口处的液压油呈紊流状态，并假设液压油为不可压缩流体。

(3) 伺服阀具有快速响应能力，并且不影响油液压力的变化。

(4) 阀与液压管路的压力损失较小，可以忽略不计。

(5) 忽略油液温度的影响，将油液的体积弹性模量视为常数。

(6) 供油压力恒定，回油腔与外界大气相通，压力为 0。

图 6-12 为非对称式液压作动器控制系统示意图，图中的质量块 m 代表主动悬架单元中作动器所支撑的簧载质量；X 为质量块的位移(对应主动悬架单元中的悬架动行程量)。Q_1、Q_2 分别为作动器无杆腔和有杆腔的流量，p_1、p_2 分别为作动器无杆腔和有杆腔的压力，A_1、A_2 分别为作动器无杆腔和有杆腔的有效作用面积，p_s、p_r 分别为液压系统的供油压力和回油压力，F 为作动器输出力。列力平衡方程：

$$p_1 A_1 - p_2 A_2 = F \tag{6-92}$$

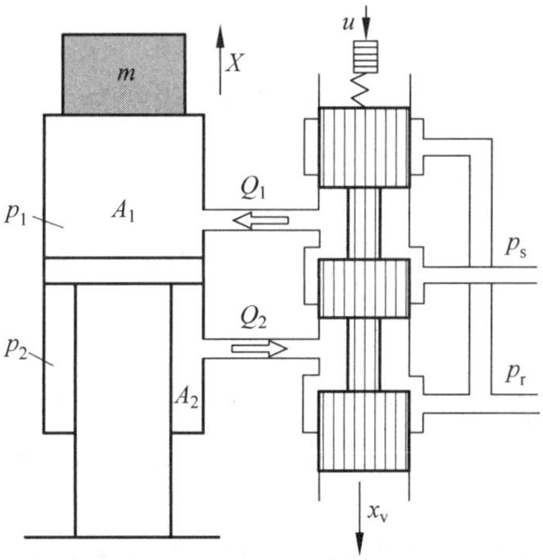

图 6-12　非对称液压作动器控制系统示意图

电液伺服阀的阀芯位移与驱动电流的关系可表示为

$$\dot{x}_v = \frac{1}{\tau}(-x_v + k_v u) \tag{6-93}$$

式中　x_v——阀芯位移，m；

k_v——伺服阀增益，m/V；

u——电液伺服阀的驱动电压，V。

1. 驱动电压为正值

当电液伺服阀输入正向控制电流时($u \geqslant 0$)，阀芯正向移动($x_v \geqslant 0$)。电液伺服阀节流口将主动悬架作动器的无杆腔与供油管路相连，则伺服阀节流口两侧的压差为

$$\Delta p_1 = | p_s - p_1 | \tag{6-94}$$

主动悬架作动器有杆腔通过伺服阀节流口与油液压力为 0 的回油管相连。因此，伺服阀节流口两侧的压差为

$$\Delta p_2 = | p_2 | \tag{6-95}$$

根据薄壁小孔节流原理可分别列出非对称作动器两腔的流量方程为

$$Q_1 = \mathrm{sgn}(p_s - p_1) C_d \omega x_v \sqrt{\frac{2}{\rho} \Delta p_1} \tag{6-96}$$

$$Q_2 = \mathrm{sgn}(p_2) C_d \omega x_v \sqrt{\frac{2}{\rho} \Delta p_2} \tag{6-97}$$

式中 p_s——液压系统供油压力，Pa；

C_d——节流口的流量系数；

ω——阀芯控制口的面积梯度，m；

ρ——油液密度，kg/m^3；

sgn(·)为符号函数，其定义为

$$\mathrm{sgn}(x) = \begin{cases} 1, & x > 0 \\ 0, & x = 0 \\ -1, & x < 0 \end{cases} \tag{6-98}$$

令 $\gamma = C_d \omega \sqrt{\frac{2}{\rho}}$，则式(6-96)和式(6-97)可分别表示为

$$Q_1 = \mathrm{sgn}(p_s - p_1) \gamma x_v \sqrt{\Delta p_1} \tag{6-99}$$

$$Q_2 = \mathrm{sgn}(p_2) \gamma x_v \sqrt{\Delta p_2} \tag{6-100}$$

2. 驱动电压为负值

同理，当电液伺服阀输入反向控制电流时($u < 0$)，阀芯正向移动($x_v < 0$)。此时，电液伺服阀节流口将主动悬架作动器无杆腔与回油管路相连，则伺服阀节流口两侧的压差为

$$\Delta p_1 = | p_1 | \tag{6-101}$$

主动悬架作动器有杆腔则通过伺服阀节流口与供油管路相连，伺服阀节流口两侧的压差为

$$\Delta p_2 = | p_s - p_2 | \tag{6-102}$$

此时，主动悬架作动器两腔的流量方程为

$$Q_1 = \mathrm{sgn}(p_1) C_d \omega x_v \sqrt{\frac{2}{\rho} \Delta p_1} \tag{6-103}$$

$$Q_2 = \operatorname{sgn}(p_s - p_2) C_d \omega x_v \sqrt{\frac{2}{\rho} \Delta p_2} \tag{6-104}$$

令 $\gamma = C_d \omega \sqrt{\dfrac{2}{\rho}}$，则式(6-103)和式(6-104)可分别表示为

$$Q_1 = \operatorname{sgn}(p_1) \gamma x_v \sqrt{\Delta p_1} \tag{6-105}$$

$$Q_2 = \operatorname{sgn}(p_s - p_2) \gamma x_v \sqrt{\Delta p_2} \tag{6-106}$$

液压缸两腔的流量连续性方程为

$$Q_1 = A_1 \dot{X} + C_{ip}(p_1 - p_2) + \frac{V_1}{\beta_e} \dot{p}_1 \tag{6-107}$$

$$Q_2 = A_2 \dot{X} + C_{ip}(p_1 - p_2) - C_{ep} p_2 - \frac{V_2}{\beta_e} \dot{p}_2 \tag{6-108}$$

式中　$A_1 \dot{X}, A_2 \dot{X}$——作动器两腔因活塞移动形成的流量变化；

C_{ip}——作动器内泄漏系数，$m^3/(s \cdot Pa)$；

C_{ep}——作动器外泄漏系数，$m^3/(s \cdot Pa)$；

β_e——油液弹性模量，Pa；

V_1, V_2——无杆腔和有杆腔的容积，m^3，可表示为

$$V_1 = V_{01} + A_1 X \tag{6-109}$$

$$V_2 = V_{02} - A_2 X \tag{6-110}$$

式中　V_{01}, V_{02}——活塞处于初始位置时，无杆腔和有杆腔的容积。

由式(6-103)～式(6-110)可以推出主动悬架液压作动器的非线性微分方程：

$$\dot{p}_1 = \begin{cases} \dfrac{\operatorname{sgn}(p_s - p_1)\gamma x_v \sqrt{|p_s - p_1|} - A_1 \dot{X} - C_{ip}(p_1 - p_2)}{V_{01} + A_1 X} \cdot \beta_e & x_v \geqslant 0 \\[2ex] \dfrac{\operatorname{sgn}(p_1)\gamma x_v \sqrt{|p_1|} - A_1 \dot{X} - C_{ip}(p_1 - p_2)}{V_{01} + A_1 X} \cdot \beta_e & x_v < 0 \end{cases} \tag{6-111}$$

$$\dot{p}_2 = \begin{cases} \dfrac{-\operatorname{sgn}(p_2)\gamma x_v \sqrt{|p_2|} + A_2 \dot{X} + C_{ip}(p_1 - p_2) - C_{ep} p_2}{V_{02} - A_2 X} \cdot \beta_e & x_v \geqslant 0 \\[2ex] \dfrac{-\operatorname{sgn}(p_s - p_2)\gamma x_v \sqrt{|p_s - p_2|} + A_2 \dot{X} + C_{ip}(p_1 - p_2) - C_{ep} p_2}{V_{02} - A_2 X} \cdot \beta_e & x_v < 0 \end{cases} \tag{6-112}$$

6.5　路面激励模型

路面激励模型是悬架系统的输入量之一，在车辆行驶过程中，路面激励输入是影响车身姿态变化的主要因素，建立正确的路面激励模型是研究悬架系统的必要环节。

对车辆而言，大多数路面可以看作随机路面激励，随机路面激励模型为无规则的不确定波动，在对车辆性能进行研究和测试中，往往可以采用路面振动轮廓确定的激励模型，如脉

冲路面、正弦路面、阶跃路面等。此外,车辆的试验路面是对实际中存在的各种道路,经过集中、浓缩而构建的特定形状路面,如沥青路面、卵石路面、扭曲路面、搓板路面等。

6.5.1 随机路面激励模型

路面不平度表示道路表面对于理想平面的偏离,通常把路面相对基准平面的高度 q 沿道路走向长度 I 的变化 $q(I)$,称为路面纵断面线或不平度函数,如图 6-13 所示。国际标准化组织在文件 ISO/TC108/SC2N67 中提出的《描述不平度表示方法草案》,以及我国制定的《机械振动　道路路面谱测量数据报告》(GB/T 7031—2005/ISO 8608:1995)[6],均建议使用功率谱密度(power spectral density,PSD)来描述路面不平度的统计特性。

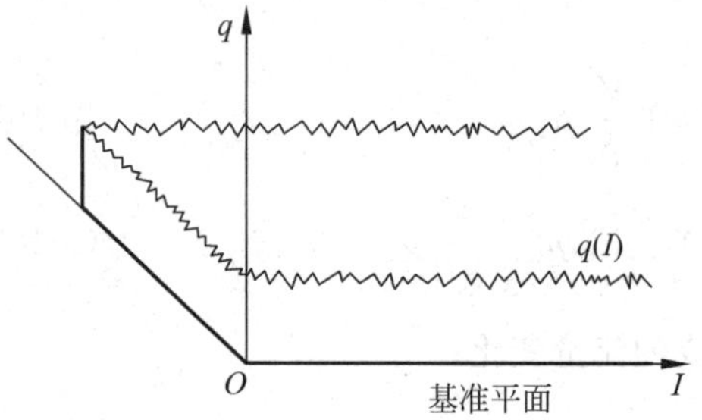

图 6-13　不平度函数

1. 频域模型

1) 空间频率

(1) 位移功率谱密度(displacement PSD),指路面垂直位移的功率谱密度。依照上述标准可知,路面位移功率谱密度可采用幂函数的形式作为拟合表达式:

$$G_q(n)=G_q(n_0)\left(\frac{n}{n_0}\right)^{-W} \tag{6-113}$$

式中　n——空间频率,m^{-1} 是波长 λ 的倒数,表示每米长度中包含波长的个数;

n_0——参考空间频率,一般 $n_0=0.1\mathrm{m}^{-1}$;

$G_q(n_0)$——路面不平度系数,m^3,表示参考空间频率 n_0 下的路面功率谱密度值;

W——频率指数,是双对数坐标下谱密度曲线的斜率,通常取 $W=2$。

按照不同路面功率谱密度可将路面分为从 A 级到 H 级 8 个等级,见表 6-1。据统计,我国高等级公路路面谱基本在 A~D 四级范围内,其中 B、C 级路面所占比重较大。表 6-1 中列出了各级路面不平度系数 $G_q(n_0)$ 和路面不平度相应的均方根值 σ_q 的几何平均值及上下限。该分级方法假设速度功率谱密度是常数,即参考空间频率指数 $W=2$。

表 6-1　路面不平度分级

路面等级	$G_q(n_0)/(10^{-6}\mathrm{m}^3)$ ($n_0=0.1\mathrm{m}^{-1}$)			$\sigma_q/(10^{-3}\mathrm{m})$ ($0.011\mathrm{m}^{-1}<n<2.83\mathrm{m}^{-1}$)		
	下限	几何平均值	上限	下限	几何平均值	上限
A	—	16	32	2.69	3.81	5.38
B	32	64	128	5.38	7.61	10.77
C	128	256	512	10.77	15.23	21.53
D	512	1024	2048	21.53	30.45	43.06
E	2048	4096	8192	43.06	60.90	86.13

续表

路面等级	$G_q(n_0)/(10^{-6}\,m^3)$ ($n_0=0.1m^{-1}$)			$\sigma_q/(10^{-3}\,m)$ ($0.011m^{-1}<n<2.83m^{-1}$)		
	下限	几何平均值	上限	下限	几何平均值	上限
F	8192	16384	32768	86.13	121.80	172.26
G	32768	65536	131072	172.26	243.61	344.52
H	131072	262144	—	344.52	487.22	689.04

(2) 速度功率谱密度(velocity PSD)。采用不平度函数 $q(I)$ 对纵向长度 I 的一阶导数,即速度功率谱密度 $G_{\dot{q}}(n)$(单位为 m)来补充描述路面不平度特性。表示在单位距离内,路面垂直位移变化率(路面垂直位移的斜率)的功率谱密度。速度功率谱密度与位移功率谱密度之间的关系为

$$G_{\dot{q}}(n)=G_q(n)(2\pi n)^2 \tag{6-114}$$

当频率指数 $W=2$ 时,$G_{\dot{q}}(n)=G_q(n_0)(2\pi n_0)^2$,此时空间频率 n 不会影响速度功率谱密度,速度功率谱的大小只与路面不平度系数 $G_q(n_0)$ 有关,速度功率谱密度为常数,符合白噪声的定义和统计特性,经适当变换后可拟合出路面随机不平度的时域模型。

(3) 加速度功率谱密度(acceleration PSD)。加速度功率谱密度 $G_{\ddot{q}}(n)$(单位为 m^{-1})表示在单位距离内,路面垂直斜率的变化率的功率谱密度。加速度功率谱密度与位移功率谱密度之间的关系为

$$G_{\ddot{q}}(n)=G_q(n)(2\pi n)^4 \tag{6-115}$$

2) 时间频率

研究发现,如果直接使用频域模型对实际路面进行仿真,通常结果失真。在信号与系统的分析中,时域模型比频域模型更加可靠,所以将频域模型转变为时域模型是很有必要的,同时在实践中也需要将空间频率谱转化为时间频率谱。

对于车辆悬架系统动力学特性分析而言,引入车辆行驶速度 v 可以把空间域的路面不平度变换为时间域的激励,其关系为

$$f=nv \tag{6-116}$$

式中 f——时间频率,Hz;

n——空间频率,m^{-1};

v——车辆行驶速度,m/s。

空间频率的位移功率谱密度 $G_q(n)$ 和时间频率的位移功率谱密度 $G_q(f)$ 之间的关系为

$$G_q(f)=\frac{1}{v}G_q(n) \tag{6-117}$$

当频率指数 $W=2$ 时,时间频率的位移功率谱密度为

$$G_q(f)=\frac{1}{v}G_q(n)=\frac{1}{v}G_q(n_0)\left(\frac{n}{n_0}\right)^{-2}=G_q(n_0)n_0^2\frac{v}{f^2} \tag{6-118}$$

由此可以看出,若仅作为悬架系统的输入来考虑路面激励,提高车速和增加路面不平度系数的效果是相同的。

同理，可得时间频率的速度功率谱密度 $G_{\dot{q}}(f)$（单位为 m^2/s）和加速度功率谱密度 $G_{\ddot{q}}(f)$（单位为 m^2/s^3）分别为

$$G_{\dot{q}}(f)=(2\pi f)^2 G_q(f)=4\pi^2 G_q(n_0)n_0^2 v \tag{6-119}$$

$$G_{\ddot{q}}(f)=(2\pi f)^4 G_q(f)=16\pi^4 G_q(n_0)n_0^2 v f^2 \tag{6-120}$$

在式(6-113)中，当 n_0 趋于 0 时，$G_q(n)$趋于无穷大；在式(6-118)中，当 f 趋于 0 时，$G_q(f)$趋于无穷大，这不符合工程实际情况。为了避免出现这种情况，可以引入空间下限截止频率 $n_{\min}$（取 $n_{\min}=0.01\mathrm{m}^{-1}$）和时间下限截止频率 $f_{\min}=vn_{\min}$，则式(6-113)和式(6-118)分别为

$$G_q(n)=G_q(n_0)\frac{n_0^2}{n^2+n_{\min}^2} \tag{6-121}$$

$$G_q(f)=G_q(n_0)n_0^2\frac{v}{f^2+f_{\min}^2} \tag{6-122}$$

2. 时域模型

路面功率谱密度是对应某一种确定的路面不平度的统计量，但对于给定的路面功率谱密度，其重构的路面高程并不是唯一的，所得到的道路函数只是相应于某一车速时，给定路面谱的当量路面高程中的一个样本函数。从已知的路面谱重构道路时域模型必须满足两个前提条件：①道路过程是平稳的 Gauss 随机过程；②道路过程具有遍历性。

国内外学者已经研究出多种随机路面激励时域模型的建模方法，基本思想是将路面高程的随机波动抽象为满足一定条件的白噪声，然后进行变换，从而拟合出路面随机不平度的时域模型。常见方法主要有滤波白噪声法、谐波叠加法、ARMA 模型法、傅里叶逆变换法和小波分析法等。使用滤波白噪声法对路面进行仿真分析，具有仿真精确度高、计算量小、匹配度高等优点，也可以有效满足国际和国内标准中不平路面模型的随机激励要求，下面以此为例进行介绍。

滤波白噪声法生成的路面激励模型是通过一阶滤波白噪声系统来描述的。一阶滤波白噪声系统是指激励为白噪声的一阶单自由度线性系统，仅有一个激励量 $w(t)$ 和一个响应量 $z_r(t)$，频域表示分别为 $w(f)$ 和 $z_r(f)$。

依据随机振动理论，响应量和激励量在频域内的关系和功率谱密度之间的关系分别为

$$z_r(f)=H(f)w(f) \tag{6-123}$$

$$G_q(f)=|H(f)|^2 G_w(f) \tag{6-124}$$

式中 $H(f)$—— 一阶滤波白噪声系统的频率响应函数，表征系统在频域内的传递特性；

$G_w(f)$——激励量的功率谱密度；

$G_q(f)$——响应量的功率谱密度。

一阶滤波白噪声系统时域的一般表示为

$$A\dot{z}_r(t)+Bz_r(t)=Cw(t) \tag{6-125}$$

式中，A、B、C 均为系统参数。

滤波白噪声法生成路面激励模型的基本思想是将标准高斯白噪声作为激励量 $w(t)$，输入一阶滤波白噪声系统(6-125)，经过运算可将系统的响应量 $z_r(t)$ 作为时域上的路面不平度。

对式(6-125)进行变化，可得

$$\dot{z}_r(t)+az_r(t)=bw(t) \tag{6-126}$$

其中，$a=\dfrac{B}{A}$，$b=\dfrac{C}{A}$。

经傅里叶变换可得

$$z_r(f)(2\pi f\cdot \mathrm{j}+a)=bw(f) \tag{6-127}$$

可得一阶滤波白噪声系统的频率响应函数

$$H(f)=\frac{z_r(f)}{w(f)}=\frac{b}{2\pi f\cdot \mathrm{j}+a} \tag{6-128}$$

由式(6-124)可得一阶滤波白噪声系统响应量的功率谱密度为

$$G_q(f)=|H(f)|^2G_w(f)=\frac{\left(\dfrac{b}{2\pi}\right)^2}{\left(\dfrac{a}{2\pi}\right)^2+f^2}G_w(f) \tag{6-129}$$

如果 $w(t)$ 为标准高斯白噪声激励量，则其功率谱密度 $G_w(f)=1$，代入式(6-129)得

$$G_q(f)=\frac{\left(\dfrac{b}{2\pi}\right)^2}{\left(\dfrac{a}{2\pi}\right)^2+f^2} \tag{6-130}$$

对比式(6-122)和式(6-130)，可得一阶滤波白噪声系统参数为

$$a=2\pi f_{\min},\quad b=2\pi n_0\sqrt{G_q(n_0)v} \tag{6-131}$$

由此，基于滤波白噪声法生成的随机路面激励的时域模型为

$$\dot{z}_r(t)+2\pi f_{\min}z_r(t)=2\pi n_0\sqrt{G_q(n_0)v}\,w(t) \tag{6-132}$$

式中 $z_r(t)$——随机路面激励；

n_0——参考空间频率，$n_0=0.1\text{m}^{-1}$；

$G_q(n_0)$——路面不平度系数，m^3；

v——车辆行驶速度，m/s；

$w(t)$——标准高斯白噪声激励量；

$f_{\min}$——时间下限截止频率，通常下限截止频率可取在 0.01Hz 附近，以保证所构建的随机路面激励模型与实际路面相符合，当 $f_{\min}=0$ 时，

$$\dot{z}_r(t)=2\pi n_0\sqrt{G_q(n_0)v}\,w(t) \tag{6-133}$$

称为积分白噪声形式表达的时域模型。

6.5.2 脉冲路面激励模型

脉冲路面激励是指路面上的凸块或凹坑所引起的暂时性高强度随机信号。当车辆行驶的路面存在石块、减速带、坑洼或者路牙等障碍物时，车轮与障碍物的撞击会使车身明显晃动，这些情况可以看作脉冲路面激励，车辆在这种路面上应保持良好的行驶平顺性与操纵稳定性。

脉冲激励主要用于测试悬架的抗冲击性能，可以很好地反映主动悬架的瞬态响应特性和控制方法对主动悬架饱和问题的处理效果。根据 GB/T 4970—2009《汽车平顺性试验方法》[7]，脉冲激励可采用三角形凸块，也可以根据自身需要采用其他形状的凸块。这里忽略一些较小的影响因素，建立脉冲路面的数学模型：

$$z_r(t)=\begin{cases}0 & 0\leqslant t\leqslant \dfrac{l}{v}\\ \dfrac{A_m}{2}\left[1-\cos\left(\dfrac{2\pi v}{L}t\right)\right] & \dfrac{L}{v}<t\leqslant \dfrac{l+L}{v}\\ 0 & t>\dfrac{l+L}{v}\end{cases} \tag{6-134}$$

式中 A_m——凸块路面的高度，m；

v——车辆行驶速度，m/s；

l——车轮到凸块前端的距离，m；

L——凸块的长度，m。

根据减速带的生产制作标准，取 $A_m=0.05$m，$L=0.3$m，则在车辆行驶速度为 20km/h 时的脉冲路面激励如图 6-14 所示。

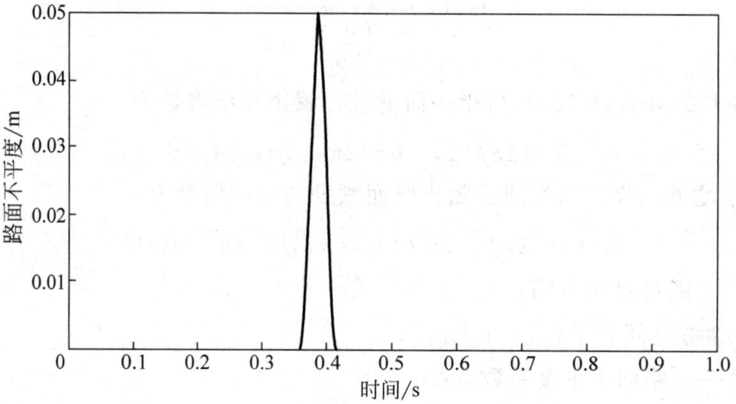

图 6-14 脉冲路面激励曲线

6.5.3 正弦路面激励模型

正弦路面激励来自连续起伏的颠簸路面、连续减速带、比利时路面等都可近似看作正弦路面。

在进行车辆悬架系统振动特性仿真分析和台架试验时，常采用正弦路面作为激励来考察悬架系统在特定激振频率下的响应特性，也可以用于测试减振器的静态力学性能。

定频正弦路面激励可用来对车辆悬架系统在某特定频率下的响应特性进行分析，并能够据此得到车辆的 2 个共振频率。定频正弦路面激励可表示为

$$z_r(t)=A\sin\omega t \tag{6-135}$$

式中 A——激励振幅，m；

ω——正弦激励的角频率，rad/s，$\omega=2\pi f$；

f——时间频率，Hz；

t——时间，s。

某定频正弦路面激励时域曲线如图 6-15 所示。

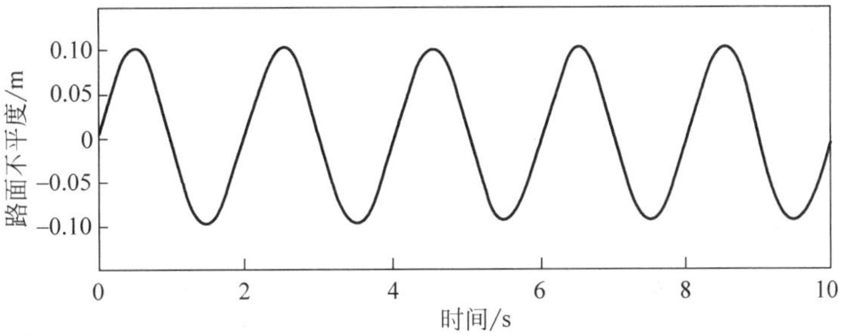

图 6-15　定频正弦路面激励时域曲线

扫频正弦激励是振动研究中常用的激励方式，其正弦波函数的频率随着时间的推移逐渐增大，可用来分析车辆悬架系统振动的频率相应特性。扫频正弦激励的频率变化有线性变化和对数变化两种，悬架研究中多采用频率线性变化的扫频正弦路面，其正弦路面激励可表示为

$$z_r(L)=A\sin(\Omega S) \tag{6-136}$$

式中　A——激励振幅，m；

S——车辆行驶距离，m，$S=vt$，v 为车速；

Ω——正弦路面的角空间频率，rad/m；$\Omega=kS$，k 为常数。故扫频正弦激励在时域内的表达式为

$$\begin{cases} z_r(t)=A\sin(\omega t) \\ \omega=kv^2t \end{cases} \tag{6-137}$$

由式(6-137)可以看出，若 v 固定不变，则扫频正弦路面频率随时间线性变化。

某扫频正弦路面激励时域曲线如图 6-16 所示。

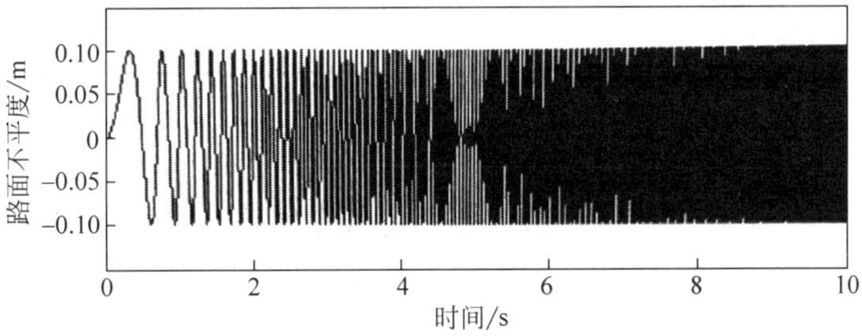

图 6-16　扫频正弦路面激励时域曲线

6.5.4　我国公路等级和国际不平度分级的关系

车辆工程充分考虑路面不平度对车辆的激励，并用路面功率谱密度把路面进行分级，而

我国以公路等级来表明车辆行驶条件。《公路工程技术标准》(JTG B01—2014)根据使用任务、功能和适应的交通量,将公路划分为高速公路、一级公路、二级公路、三级公路、四级公路等级别[7]。并根据路面的施工技术及材料,将路面等级按面层类型划分为高级、次高级、中级和低级。

1. 高级路面

高速、一级、二级公路为高级路面,采用沥青混凝土、水泥混凝土、厂拌沥青碎石、整齐石块或条石等做面层,是连接重要政治经济文化中心、部分立交的公路。

2. 次高级路面

二、三级公路为次高级路面,采用沥青贯入式、沥青碎石、沥青表面处治工艺、半整齐石块等做面层,是连接政治、经济中心或大工矿区的干线公路,或运输繁忙的城郊公路。

3. 中级路面

三、四级公路为中级路面,采用水结碎石、泥结碎石、级配碎(砾)石,不整齐石块、其他粒料等做面层,是沟通县或县以上城市的支线公路。

4. 低级路面

此外,部分四级公路也有低级路面,采用粒料加固土、其他当地材料加固或改善土,如炉渣土、砾石土和砂砾土等,是沟通县、乡(镇)、村的公路。

以上标准规定了公路等级与路面等级的关系,但未涉及路面不平度分级,对二至四级公路进行测量,用统计的方法得出公路等级与路面不平度的关系[8],如表 6-2 所示。

表 6-2 公路等级与路面不平度的关系

ISO 标准,$G_d(n_0)\cdot 10^{-6}/m^3$		C 级:128～512		D 级:512～2048
按 ISO 分级	$G_d(n_0)\cdot 10^{-6}/m^3$	163.9516	328.2569	1170.6685
	指数 w	−2.40251	−2.22540	−2.15580
	平均样本个数	3	6	6
我国公路等级		二	三	四

参考文献

[1] STANWAY R, SPROSTON J L, STEVENS N G. Non-linear modeling of an electro-rheological Vibration Dampers[J]. Journal of Electrostatics, 1987, 20(2): 167-184.

[2] HIWATASHI T, SHIOZAKI Y, FUJITANI H, et al. Shaking table tests on semi-active base-isolation system by magnetorheological fluid damper[C]//Smart Structures and Materials 2003: Smart Structures and Integrated Systems. SPIE, 2003, 5056: 400-411.

[3] WEN Y K. Method for random vibration of hysteretic systems[J]. Journal of the engineering mechanics division, 1976, 102(2): 249-263.

[4] SPENCER B F, DYKE S J, SAIN M K, et al. Phenomenological model for magnetorhe ological dampers[J]. Journal of Engineering Mechanics, 1997, 123(3): 230-238.
[5] 周强，瞿伟廉. 磁流变阻尼器的两种力学模型和实验验证[J]. 地震工程与工程振动，2002, 22(4).
[6] 全国机械振动与冲击标准化技术委员会. GB/T 7031—2005 机械振动道路路面谱测量数据报告[S]. 北京：中国标准出版社，2006.
[7] 交通运输部公路局. JTG B01—2014 公路工程技术标准[S]. 北京：人民交通出版社，2014.
[8] 赵济海，王哲人，关朝阳. 路面不平度的测量分析与应用[M]. 北京：北京理工大学出版社，2000.

第7章

主动悬架经典控制算法

在自动控制系统中,控制器输出的控制信号决定了执行机构的动作,也决定着控制系统能否克服扰动使被控变量跟踪设定值。控制算法指的是控制器的输出信号与输入信号之间的函数关系。在相同测量值的情况下,不同的控制算法会产生不同的输出控制信号。对于车辆主动悬架系统,主动悬架所包含的执行机构完全按照控制算法的要求来输出作动量。通过施加一定的控制算法,使车辆悬架系统按照特定的要求改变振动特性,可以达到提高车辆行驶性能的目的。不同的控制算法,将会导致不同的悬架特性和减振效果,因此,主动悬架系统设计的关键就是选取能够为车辆提供良好性能的控制算法。

悬架系统控制理论的发展主要经历了两个阶段:第一阶段从20世纪60年代至20世纪90年代,为主动悬架的经典PID控制和线性最优控制研究时期;第二阶段从20世纪90年代初至今,主要为主动悬架预见控制和智能控制等高级控制理论的兴起和发展阶段。到目前为止,主动悬架控制理论发展的第一阶段已经结束。作为发展的高潮时期,第二阶段的理论正处于研究和探讨之中。下面简要介绍一些经典的主动悬架控制算法,并在此基础上进行主动悬架控制器的设计。当然,控制算法不仅仅在于设计一个合理的控制器,还应当包括基于模型的控制器参数整定规律的获取,并利用这个规律指导实践。

7.1 天棚阻尼控制

7.1.1 天棚阻尼控制概述

天棚阻尼(skyhook damper)控制是一种常见的主动悬架控制策略,其控制过程是假想存在一个固定“天棚”,在簧载质量和假想“天棚”之间有一个天棚阻尼器,该阻尼器只起耗能作用,当路面不平度激励引起簧载质量发生振动时,能够对簧载质量产生与其运动方向相反的阻尼力。在该阻尼力的作用下,簧载质量的垂向振动可得到有效抑制。但在实际控制中,由于不存在这样的天棚阻尼器,因此该原理不能直接在实际悬架上应用,必须通过其他方式间接实现,比如在簧载质量与非簧载质量之间放置一个主动作动器或者可调阻尼器。但是,这些方法在改善簧载质量振动效果的同时,也对非簧载质量产生力的作用,整个系统并不完全与天棚阻尼悬架系统相同,这样产生的效果和理想天棚阻尼控制产生的效果会存在一些误差。

天棚阻尼控制的最初目的是通过在被动悬架基础上建立理想的模型,控制簧载质量的振动效果。随着主动悬架技术的出现,天棚阻尼控制思想获得了更广泛的应用和发展,也衍生出了一系列基于天棚阻尼控制思想的改进天棚控制策略。基于天棚阻尼控制思想及其理想模型在改善车辆行驶平顺性方面的突出效果，通常将其作为其他控制策略的参考模型使用。

天棚阻尼控制最初是由 Karnopp 于 1974 年对车辆悬架系统提出的，Karnopp 等[1]还提出了具有开、关两种状态的 On-Off 天棚阻尼控制策略，该控制策略可以在高阻尼和低阻尼两种状态之间切换，以保持车身的平顺性。1983 年，Karnopp[2]又提出了一种变刚度的半主动悬架控制方法，这种方法将阻尼器与高刚度弹簧串联，根据阻尼器阻尼系数的变化来改变弹簧的刚度。之后，研究人员对天棚阻尼控制策略的改进进行了大量研究，如最优天棚控制、模糊天棚阻尼控制等[3]。1999 年，Li 和 Goodall[4]将天棚阻尼控制策略应用于轨道列车的主动悬架系统控制。2002 年，Hong 等[5]提出了一种道路自适应改进的天棚阻尼控制方法。2009 年，Priyandoko 等[8]研究了融合自适应神经网络理论的天棚控制器，实现车辆主动悬架的实时控制。2012 年，江苏大学的张孝良[6]研究了理想天棚阻尼的被动实现及其在车辆悬架中的应用。2013 年，郭孔辉等[7]结合天棚阻尼控制和地棚阻尼控制的特点，研究了混合阻尼控制对高速列车横向振动的抑制作用。2021 年，Savaia 等[9]通过机器学习提高了半主动悬架天棚阻尼的控制效果。2022 年，张孝良等[10]以二自由度悬架系统模型为研究对象，研究了阻尼连续可调的半主动悬架平滑天棚控制策略。目前，天棚阻尼控制因其结构简单而广泛应用于车辆半主动、主动悬架控制，并且常被作为新的控制算法的比较对象。

1. 理想天棚阻尼控制

如图 7-1 所示，理想天棚阻尼控制假设将天棚阻尼器安装在惯性系（天棚）和簧载质量之间，天棚阻尼器对簧载质量产生与其运动方向相反的天棚阻尼力。天棚阻尼力直接控制簧载质量的绝对运动速度，而与非簧载质量的运动无关。因此，天棚阻尼控制可以有效地抑制簧载质量的运动，提高车辆的平顺性。

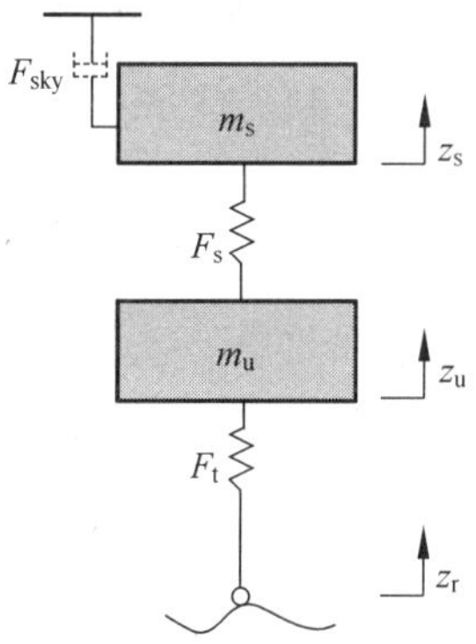

图 7-1　理想天棚阻尼示意图

忽略轮胎的阻尼力，悬架单元的理想天棚阻尼动力学方程为

$$\begin{cases} m_s\ddot{z}_s + k_s(z_s - z_u) - F_{sky} = 0 \\ m_u\ddot{z}_u - k_s(z_s - z_u) - k_t(z_u - z_r) = 0 \end{cases} \tag{7-1}$$

$$F_{sky} = -c_{sky}\dot{z}_s \tag{7-2}$$

式中　c_{sky}——天棚阻尼器的阻尼系数；

F_{sky}——天棚阻尼力。

2. 连续天棚阻尼控制

由于实际不存在假想的“天棚”，所以理想天棚阻尼控制策略仅可以在试验台上实现，无法应用于实际车辆。但是天棚阻尼控制策略给车辆振动控制提供了思路，如果悬架上实际可调的阻尼器施加给簧载质量的力 F_d 可以与理想天棚阻尼器施加给簧载质量的力 F_{sky} 相同，则可以实现等效的天棚阻尼控制。

图 7-1 所示的悬架单元实际阻尼控制的动力学方程表示为

$$\begin{cases} m_s\ddot{z}_s + k_s(z_s - z_u) + c_d(\dot{z}_s - \dot{z}_u) = 0 \\ m_u\ddot{z}_u - k_s(z_s - z_u) - c_d(\dot{z}_s - \dot{z}_u) + k_t(z_u - z_r) = 0 \end{cases} \tag{7-3}$$

对于簧载质量而言，两种控制是等效的，可得

$$-k_s(z_s - z_u) - c_{sky}\dot{z}_s = -k_s(z_s - z_u) - c_d(\dot{z}_s - \dot{z}_u) \tag{7-4}$$

$$c_{sky}\dot{z}_s = c_d(\dot{z}_s - \dot{z}_u) \tag{7-5}$$

所以有

$$c_d = \frac{c_{sky}\dot{z}_s}{\dot{z}_s - \dot{z}_u} \tag{7-6}$$

根据式(7-6)可以快速求出实际阻尼力：

$$F_d = c_d(\dot{z}_s - \dot{z}_u) = c_{sky}\dot{z}_s \tag{7-7}$$

天棚阻尼器的阻尼系数 c_{sky} 是一个事先规定好的固定参数，一旦确定就不再变化。簧载质量速度 $\dot{z}_s$ 和非簧载质量速度 $\dot{z}_u$ 是随时间连续变化的，所以可控阻尼系数 c_d 也随时间连续变化。

天棚阻尼系数 c_{sky} 为标量，实际阻尼力的方向是由悬架行程速度 $\dot{z}_s - \dot{z}_u$ 和簧载质量速度 $\dot{z}_s$ 的正负决定的。如果由式(7-6)计算出需要的阻尼系数为负值，则显然不符合客观事实，此时最好的解决方法是将可调阻尼器的阻尼系数设置为零，但在实际应用中，任何可调阻尼器都不能实现零阻尼，因此将可调阻尼系数设置为能达到的最小值 c_{min}，即 $c_d = c_{min}$。如果需要的阻尼系数大于可调阻尼器所能达到的阻尼系数，则将可调阻尼系数设置为能达到的最大值 c_{max}，即 $c_d = c_{max}$。

对于半主动控制，可以通过可调阻尼器实现连续天棚阻尼控制策略：

$$c_d = \begin{cases} c_{max} & c_d > c_{max}, \quad \dot{z}_s(\dot{z}_s - \dot{z}_u) \geqslant 0 \\ \dfrac{c_{sky}\dot{z}_s}{\dot{z}_s - \dot{z}_u} & c_d < c_{max}, \quad \dot{z}_s(\dot{z}_s - \dot{z}_u) \geqslant 0 \\ c_{min} & \dot{z}_s(\dot{z}_s - \dot{z}_u) < 0 \end{cases} \tag{7-8}$$

对于主动控制，可以通过作动器提供相应的力实现连续天棚阻尼控制。

3. On-Off 天棚阻尼控制

On-Off 天棚阻尼控制可认为是简化版的连续天棚阻尼控制，仅根据簧载质量速度和非簧载质量速度的大小关系对可调阻尼器进行高、低阻尼控制。其数学模型为

$$c_d = \begin{cases} c_{max} & \dot{z}_s(\dot{z}_s - \dot{z}_u) \geqslant 0 \\ c_{min} & \dot{z}_s(\dot{z}_s - \dot{z}_u) < 0 \end{cases} \tag{7-9}$$

On-Off 天棚阻尼控制运算简单，使用更加广泛，但是存在高频振颤现象。

4. 改进的 On-Off 天棚阻尼控制

簧载质量垂向加速度是反映车辆平顺性的重要指标。天棚阻尼控制实质是通过对簧载质量垂向速度的抑制来实现的，由于没有考虑簧载质量的速度与加速度之间的影响关系，所

以对改善车辆平顺性的作用有限，对此可采用一种改进的 On-Off 天棚阻尼控制[11]。

当簧载质量速度 $\dot{z}_s$ 和簧载质量加速度 $\ddot{z}_s$ 的方向相同时，$\ddot{z}_s$ 的作用是使 $\dot{z}_s$ 增大，此时通过增大阻尼系数，可最大限度地抑制簧载质量速度 $\dot{z}_s$ 的增大，间接降低簧载质量加速度 $\ddot{z}_s$；当簧载质量速度 $\dot{z}_s$ 和簧载质量加速度 $\ddot{z}_s$ 的方向相反时，$\ddot{z}_s$ 的作用是使 $\dot{z}_s$ 减小，此时可通过施加最小的天棚阻尼系数来减小对簧载质量速度 $\dot{z}_s$ 变化的抑制，从而控制簧载质量加速度 $\ddot{z}_s$ 的增大趋势。

综上，改进的 On-Off 天棚阻尼控制策略表示为

$$c_d = \begin{cases} c_{\max} & \ddot{z}_s \dot{z}_s > 0 \\ c_{\min} & \text{其他} \end{cases} \tag{7-10}$$

5. 理想地棚阻尼控制

参考理想天棚阻尼的控制策略，为抑制非簧载质量的振动，理想地棚阻尼控制也被提出。相同地，理想地棚阻尼控制是假设在非簧载质量和虚拟地面之间有一个阻尼器，对非簧载质量产生与其运动方向相反的阻尼力。地棚阻尼直接控制非簧载质量的绝对运动速度，而与簧载质量的运动无关，可以最大限度地抑制非簧载质量的振动，提高车辆的操纵稳定性。

理想地棚阻尼控制的输出控制力 F_{gnd} 与非簧载质量速度 $\dot{z}_u$ 成正比，其表达式为

$$F_{gnd} = -c_{gnd}\dot{z}_u \tag{7-11}$$

式中 c_{gnd}——地棚阻尼器的阻尼系数。

通过选择合适的天棚阻尼系数，可以抑制簧载质量的振动，有效提高车辆行驶的平顺性；选择合适的地棚阻尼系数，可有效抑制非簧载质量的振动，增加轮胎接地能力，提高车辆操纵的稳定性。将天棚阻尼和地棚阻尼两种思想结合起来，选择合适的天棚阻尼和地棚阻尼可兼顾车辆的平顺性和操纵稳定性。

7.1.2 基于天棚阻尼控制的主动悬架控制器设计

本例引用 6.3.1 节中的七自由度整车悬架系统模型，不考虑悬架弹簧和减振器的非线性特性，忽略未建模摩擦力及外界干扰等不确定项的影响，忽略轮胎阻尼力。基于天棚阻尼控制思想，使用主动悬架实现。针对垂向运动，通过主动悬架输出阻尼力使垂向加速度降低；针对俯仰和侧倾方向的转动，通过主动悬架作动器输出阻尼力矩使转动的角加速度降低，然后将阻尼力和阻尼力矩分别折算为主动悬架各作动器的输出力[12]。

1. 设定各方向运动的天棚阻尼系数

天棚阻尼系数可以使用各种优化方法进行选择，依次设置垂向天棚阻尼系数 c_s、俯仰天棚阻尼系数 $c_{s\theta}$ 和侧倾天棚阻尼系数 $c_{s\varphi}$。

因为固定天棚阻尼系数不一定适用所有路段，所以也可以采用如模糊控制策略等方法

进行阻尼系数的在线调节，通过阻尼系数可变的天棚阻尼控制方法获得最优车辆性能。簧载质量的垂向运动、俯仰运动和侧倾运动需要不同的阻尼系数进行控制调节，模糊控制器分别以运动速度和运动加速度作为输入量，输出是垂向运动的阻尼系数或转动的阻尼系数，三个控制器互不影响，都是进行单独控制，但是在结构上三者是类似的，关于阻尼系数的模糊控制内容这里不作赘述。

2. 主动悬架各作动器输出力的分配与求解

假设抑制簧载质量垂向振动的阻尼力为 F_{s0}、抑制簧载质量俯仰转动的阻尼力矩为 $M_{s\theta}$、抑制簧载质量侧倾转动的阻尼力矩为 $M_{s\varphi}$。

$$F_{s0}=F_1+F_2+F_3+F_4 \tag{7-12}$$

$$M_{s\varphi}=(F_1-F_2+F_3-F_4)\frac{a}{2}\cos\varphi_a \tag{7-13}$$

$$M_{s\theta}=[(-F_1-F_2)l_f+(F_3+F_4)l_r]\cos\theta_a \tag{7-14}$$

通过伪逆矩阵将阻尼力、阻尼力矩转换为主动悬架各作动器的输出力。

将式(7-12)～式(7-14)改写成矩阵形式：

$$\begin{bmatrix} F_{s0} \\ M_{s\varphi} \\ M_{s\theta} \end{bmatrix}=\begin{bmatrix} 1 & 1 & 1 & 1 \\ \frac{a}{2}\cos\varphi_a & -\frac{a}{2}\cos\varphi_a & \frac{a}{2}\cos\varphi_a & -\frac{a}{2}\cos\varphi_a \\ -l_f\cos\theta_a & -l_f\cos\theta_a & l_r\cos\theta_a & -l_r\cos\theta_a \end{bmatrix}\begin{bmatrix} F_1 \\ F_2 \\ F_3 \\ F_4 \end{bmatrix} \tag{7-15}$$

令

$$\boldsymbol{B}=\begin{bmatrix} F_{s0} \\ M_{s\varphi} \\ M_{s\theta} \end{bmatrix},\quad \boldsymbol{A}=\begin{bmatrix} 1 & 1 & 1 & 1 \\ \frac{a}{2}\cos\varphi_a & -\frac{a}{2}\cos\varphi_a & \frac{a}{2}\cos\varphi_a & -\frac{a}{2}\cos\varphi_a \\ -l_f\cos\theta_a & -l_f\cos\theta_a & l_r\cos\theta_a & -l_r\cos\theta_a \end{bmatrix},\quad \boldsymbol{X}=\begin{bmatrix} F_1 \\ F_2 \\ F_3 \\ F_4 \end{bmatrix}$$

则式(7-15)可表示为

$$\boldsymbol{B}=\boldsymbol{A}\boldsymbol{X} \tag{7-16}$$

原则上通过等式左右两边分别与$\boldsymbol{A}^{-1}$ 相乘，便可以获得 $\boldsymbol{X}$ 的有效解，但 $\boldsymbol{A}$ 矩阵非方阵，不能直接求逆，因此通过广义逆矩阵的方式构造 $\boldsymbol{A}$ 的伪逆矩阵。令 $\boldsymbol{CA}=\boldsymbol{I}$，则 $\boldsymbol{C}=\boldsymbol{A}^{\mathrm{T}}(\boldsymbol{AA}^{\mathrm{T}})^{-1}$，经过运算求得

$$\boldsymbol{C}=\begin{bmatrix} \frac{l_r}{2(l_f+l_r)} & \frac{1}{a\cos\varphi_a} & -\frac{1}{2(l_f+l_r)\cos\theta_a} \\ \frac{l_r}{2(l_f+l_r)} & -\frac{1}{a\cos\varphi_a} & -\frac{1}{2(l_f+l_r)\cos\theta_a} \\ \frac{l_f}{2(l_f+l_r)} & \frac{1}{a\cos\varphi_a} & \frac{1}{2(l_f+l_r)\cos\theta_a} \\ \frac{l_f}{2(l_f+l_r)} & -\frac{1}{a\cos\varphi_a} & \frac{1}{2(l_f+l_r)\cos\theta_a} \end{bmatrix} \tag{7-17}$$

可得整车主动悬架系统四个作动器的控制力为

$$\begin{bmatrix} F_1 \\ F_2 \\ F_3 \\ F_4 \end{bmatrix} = \begin{bmatrix} \dfrac{l_r}{2(l_f+l_r)} & \dfrac{1}{a\cos\varphi_a} & -\dfrac{1}{2(l_f+l_r)\cos\theta_a} \\ \dfrac{l_r}{2(l_f+l_r)} & -\dfrac{1}{a\cos\varphi_a} & -\dfrac{1}{2(l_f+l_r)\cos\theta_a} \\ \dfrac{l_f}{2(l_f+l_r)} & \dfrac{1}{a\cos\varphi_a} & \dfrac{1}{2(l_f+l_r)\cos\theta_a} \\ \dfrac{l_f}{2(l_f+l_r)} & -\dfrac{1}{a\cos\varphi_a} & \dfrac{1}{2(l_f+l_r)\cos\theta_a} \end{bmatrix} \begin{bmatrix} F_{s0} \\ M_{s\varphi} \\ M_{s\theta} \end{bmatrix} \tag{7-18}$$

至此，可以通过控制作动器的输出力实现基于天棚阻尼的主动悬架控制。

7.2　线性二次型最优控制

7.2.1　线性二次型最优控制概述

最优控制理论是研究和解决从一切可能的控制方案中确定最优方案的一门基础科学，是 20 世纪 60 年代发展起来的以状态空间描述为基础的现代控制理论的重要组成部分[13]。半个多世纪以来，最优控制理论在现实需求的推动下不断发展和完善。以美国学者贝尔曼(Bellman)为代表的动态规划理论、以苏联学者庞特里亚金(Pontryagin)为代表的极小(大)值原理、以美国学者卡尔曼(Kalman)为代表的线性二次型最优控制理论等，已成为当今最优控制理论的基石[14]。这些理论逐渐成为近现代非常活跃的学科，对促进控制论、系统工程、运筹学和管理学等学科的发展起到了非常重要的作用。迄今为止，最优化和最优控制理论在科学技术的诸多方面有着广泛的应用领域和广阔的发展空间。

常见的应用于主动悬架系统控制的最优控制理论有最优预测控制、线性最优控制及 H_∞ 最优控制等。其中线性最优控制中的线性二次型最优控制因其结构简单、性能指标能较好地反映控制效果、物理意义清晰等优点而被广泛应用于主动悬架系统控制。

线性二次型最优控制问题最早是在 1958 年由贝尔曼开始研究的[15]。1960 年，卡尔曼建立了线性二次型最优控制问题的状态反馈最优控制，并把黎卡提(Riccati)方程引入了控制理论。在车辆悬架控制系统领域，线性二次型最优控制得到了广泛研究和应用。早在 20 世纪 90 年代，研究人员就已经针对悬架单元模型[16]、半车悬架系统模型[17]和全车悬架系统模型[18]的线性二次型最优控制进行了研究和推导。2006 年，曹友强等[19]根据某轿车的整车悬架系统动力学模型设计了一种基于随机最优控制策略的状态反馈控制器，并探讨了性能函数加权系数对悬架控制力最大值和悬架性能的影响。在线性二次型最优控制中，权重系数的选择往往需要具备一定的工程经验，存在很大的主观性。2007 年，张国胜等[20]利用遗传算法优化了线性二次型最优控制的权重矩阵，提出了遗传线性二次型最优控制器。2013 年，Song 等[21]研究了在主动悬架系统的随机预瞄控制中考虑时滞问题，并将考虑时滞的预瞄控制器简化为经典线性二次型最优控制问题。2014 年，Meng 等[22]利用模拟退火算法的随机搜索特性对线性二次型最优控制器的权重矩阵进行了优化。2016 年，金耀等[23]对传统线性二次型最优控制策略进行了改进，提出了一种内分泌最优控制策略，将该控制策略应用于车辆主动悬架，其减振效果被证实优于传统的线性二次型最优控制。2023年，Kozek等[24]提出一种基于强化学习的神经辅助算法，并将其用于轮式车辆的主动悬架线性二次型控制器的优化。此外，随着各种优化方法的不断发展，模糊优化、粒子群算法、蚁群算法等优化方法也被引入线性二次型最优控制领域。

1. 线性二次型最优控制的基本形式

线性二次型最优控制是指受控系统为线性系统，性能指标是状态变量和控制变量的二次型函数的最优控制问题。该最优控制问题的最优解具有统一的解析表达式，并且可以导出一个简单的线性状态负反馈控制率，构成闭环最优负反馈控制。

设线性时变系统的状态空间表达式为

$$\begin{cases}\dot{\boldsymbol{x}}(t)=\boldsymbol{A}(t)\boldsymbol{x}(t)+\boldsymbol{B}(t)\boldsymbol{u}(t), \quad \boldsymbol{x}(t_0)=\boldsymbol{x}_0 \\ \boldsymbol{y}(t)=\boldsymbol{C}(t)\boldsymbol{x}(t)\end{cases} \tag{7-19}$$

式中 $\boldsymbol{x}(t)$——n 维状态向量；

$\boldsymbol{u}(t)$——m 维控制向量；

$\boldsymbol{y}(t)$——p 维输出向量；

$\boldsymbol{A}(t)$、$\boldsymbol{B}(t)$、$\boldsymbol{C}(t)$——维数适当的时变矩阵，且假定 $0<p\leqslant m\leqslant n$，$\boldsymbol{u}(t)$不受约束。

在实际工程中总是要求系统输出 $\boldsymbol{y}(t)$尽可能地接近某一期望输出 $\boldsymbol{y}_{\mathrm{r}}(t)$，为此定义误差向量

$$\boldsymbol{e}(t)=\boldsymbol{y}_{\mathrm{r}}(t)-\boldsymbol{y}(t) \tag{7-20}$$

最优控制的目的是选择最优控制 $\boldsymbol{u}^*(t)$，使得二次型性能指标

$$J=\frac{1}{2}\boldsymbol{e}^{\mathrm{T}}(t_{\mathrm{f}})\boldsymbol{F}\boldsymbol{e}(t_{\mathrm{f}})+\frac{1}{2}\int_{t_0}^{t_{\mathrm{f}}}[\boldsymbol{e}^{\mathrm{T}}(t)\boldsymbol{Q}(t)\boldsymbol{e}(t)+\boldsymbol{u}^{\mathrm{T}}(t)\boldsymbol{R}(t)\boldsymbol{u}(t)]\mathrm{d}t \tag{7-21}$$

为极小，这就是线性二次型最优控制问题。

式中，$\boldsymbol{F}$ 为 $n\times n$ 维对称半正定常矩阵，$\boldsymbol{Q}(t)$为 $n\times n$ 维对称半正定时变矩阵，$\boldsymbol{R}(t)$为 $m\times m$ 维对称正定时变矩阵，初始时刻 t_0 和终端时刻 t_{f} 固定。在工程应用中，性能指标泛函中的加权矩阵 $\boldsymbol{F}$、$\boldsymbol{Q}(t)$和 $\boldsymbol{R}(t)$通常取对角矩阵，以满足其对称性。如何根据系统实际要求，选择加权矩阵的各元素至今尚未很好地解决。

式(7-21)中各项的含义分别为

终端项$\frac{1}{2}\boldsymbol{e}^{\mathrm{T}}(t_{\mathrm{f}})\boldsymbol{F}\boldsymbol{e}(t_{\mathrm{f}})$，表示控制结束后($t_{\mathrm{f}}$ 时刻)对系统终端跟踪误差的要求，当对终端误差要求非常严格时，性能指标中会包括此项。

误差积分项 $\frac{1}{2}\int_{t_0}^{t_{\mathrm{f}}}\boldsymbol{e}^{\mathrm{T}}(t)\boldsymbol{Q}(t)\boldsymbol{e}(t)\mathrm{d}t$，表示在系统控制过程中($[t_0,t_{\mathrm{f}}]$区间)系统动态跟踪误差的累积和，反映了系统的控制效果。

控制积分项 $\frac{1}{2}\int_{t_0}^{t_{\mathrm{f}}}\boldsymbol{u}^{\mathrm{T}}(t)\boldsymbol{R}(t)\boldsymbol{u}(t)\mathrm{d}t$，表示系统在整个控制过程中($[t_0,t_{\mathrm{f}}]$区间)消耗的能量。

因此，二次型性能指标极小的物理意义是使系统在整个控制过程中用尽可能小的控制能量获得尽可能好的控制效果和终端精度[25]。

2. 线性二次型最优控制的分类

根据系统状态空间表达式(7-19)中的 $\boldsymbol{C}(t)$ 矩阵和期望输出 $\boldsymbol{y}_{\mathrm{r}}(t)$ 的不同情况，式(7-21)有不同的形式，由此可以将线性二次型最优控制分成状态调节器、输出调节器和输出跟踪器等类型[26]。

1) 状态调节器

在系统状态空间表达式(7-19)和误差向量式(7-20)中，如果满足 $\boldsymbol{C}(t)=\boldsymbol{I}$，$\boldsymbol{y}_{\mathrm{r}}(t)=\boldsymbol{0}$，则有

$$\boldsymbol{e}(t)=-\boldsymbol{y}(t)=-\boldsymbol{x}(t)$$

从而二次型性能指标式(7-21)变为

$$J=\frac{1}{2}\boldsymbol{x}^{\mathrm{T}}(t_{\mathrm{f}})\boldsymbol{F}\boldsymbol{x}(t_{\mathrm{f}})+\frac{1}{2}\int_{t_0}^{t_{\mathrm{f}}}[\boldsymbol{x}^{\mathrm{T}}(t)\boldsymbol{Q}(t)\boldsymbol{x}(t)+\boldsymbol{u}^{\mathrm{T}}(t)\boldsymbol{R}(t)\boldsymbol{u}(t)]\mathrm{d}t \tag{7-22}$$

此时，线性二次型问题归结为：当系统受扰偏离原零平衡状态时，要求系统产生一控制向量，使系统状态 $\boldsymbol{x}(t)$ 恢复到原平衡状态附近，并使式(7-22)极小，这类线性二次型最优控制器称为状态调节器。

根据终端时刻 t_{f}，可将状态调节器分为有限时间状态调节器和无限时间状态调节器。

(1) 有限时间状态调节器。若系统是线性时变的，终端时刻 t_{f} 是有限的，则称这样的状态调节器为有限时间状态调节器。

设线性时变系统的状态方程如式(7-19)所示。使式(7-22)取极小的最优控制 $\boldsymbol{u}^*(t)$ 存在的充分必要条件为

$$\boldsymbol{u}^*(t)=-\boldsymbol{R}(t)^{-1}\boldsymbol{B}(t)^{\mathrm{T}}\boldsymbol{P}(t)\boldsymbol{x}(t) \tag{7-23}$$

最优性能指标为

$$J^*=\frac{1}{2}\boldsymbol{x}^{\mathrm{T}}(t_0)\boldsymbol{P}(t_0)\boldsymbol{x}(t_0) \tag{7-24}$$

$\boldsymbol{P}(t)$ 是非负定对称矩阵，满足黎卡提矩阵微分方程，即

$$\dot{\boldsymbol{P}}(t)=-\boldsymbol{P}(t)\boldsymbol{A}(t)-\boldsymbol{A}(t)^{\mathrm{T}}\boldsymbol{P}(t)+\boldsymbol{P}(t)\boldsymbol{B}(t)\boldsymbol{R}^{-1}(t)\boldsymbol{B}^{\mathrm{T}}(t)\boldsymbol{P}(t)-\boldsymbol{Q}(t) \tag{7-25}$$

其终端边界条件为

$$\boldsymbol{P}(t_{\mathrm{f}})=\boldsymbol{F} \tag{7-26}$$

而最优曲线 $\boldsymbol{x}^*(t)$ 是下列线性向量微分方程的解，即

$$\dot{\boldsymbol{x}}^*(t)=[\boldsymbol{A}(t)-\boldsymbol{B}(t)\boldsymbol{R}^{-1}(t)\boldsymbol{B}^{\mathrm{T}}(t)\boldsymbol{P}(t)]\boldsymbol{x}(t),\quad \boldsymbol{x}(t_0)=\boldsymbol{x}_0 \tag{7-27}$$

(2) 无限时间状态调节器。若终端时刻 t_{f} 趋于无穷，系统及性能指标中的各矩阵均为常值矩阵，则称这样的状态调节器为无限时间状态调节器。若系统受干扰偏离原平衡状态后，希望系统能最优地恢复到原平衡状态不产生稳态误差，则必须采用无限时间状态调节器。

设完全能控的线性定常系统的状态方程为

$$\begin{cases}\dot{\boldsymbol{x}}(t)=\boldsymbol{A}\boldsymbol{x}(t)+\boldsymbol{B}\boldsymbol{u}(t),\quad \boldsymbol{x}(t_0)=\boldsymbol{x}_0\\ \boldsymbol{y}(t)=\boldsymbol{C}\boldsymbol{x}(t)\end{cases} \tag{7-28}$$

二次性能指标为

$$J = \frac{1}{2}\int_{0}^{\infty} [\boldsymbol{x}^{\mathrm{T}}(t)\boldsymbol{Q}\boldsymbol{x}(t) + \boldsymbol{u}^{\mathrm{T}}(t)\boldsymbol{R}\boldsymbol{u}(t)]\mathrm{d}t \tag{7-29}$$

$\boldsymbol{Q}$ 为半正定常值对称矩阵，且$(\boldsymbol{A},\boldsymbol{Q}^{1/2})$可观测；$\boldsymbol{R}$ 为正定常值对称矩阵。使式(7-29)极小的最优控制 $\boldsymbol{u}^*(t)$存在，且唯一地由式(7-30)确定：

$$\boldsymbol{u}^*(t) = -\boldsymbol{R}^{-1}\boldsymbol{B}^{\mathrm{T}}\boldsymbol{P}\boldsymbol{x}(t) \tag{7-30}$$

$\boldsymbol{P}$ 是代数黎卡提方程(7-31)的解。

$$\boldsymbol{P}\boldsymbol{A} + \boldsymbol{A}^{\mathrm{T}}\boldsymbol{P} - \boldsymbol{P}\boldsymbol{B}\boldsymbol{R}^{-1}\boldsymbol{B}^{\mathrm{T}}\boldsymbol{P} + \boldsymbol{Q} = \boldsymbol{0} \tag{7-31}$$

此时最优性能指标为

$$J^* = \frac{1}{2}\boldsymbol{x}^{\mathrm{T}}(0)\boldsymbol{P}\boldsymbol{x}(0) \tag{7-32}$$

最优曲线 $\boldsymbol{x}^*(t)$，是状态方程(7-33)的解，即

$$\dot{\boldsymbol{x}}^*(t) = (\boldsymbol{A} - \boldsymbol{B}\boldsymbol{R}^{-1}\boldsymbol{B}^{\mathrm{T}}\boldsymbol{P})\boldsymbol{x}(t), \quad \boldsymbol{x}(0) = \boldsymbol{x}_0 \tag{7-33}$$

2）输出调节器

在误差向量式(7-20)中，如果 $\boldsymbol{y}_{\mathrm{r}}(t)=\boldsymbol{0}$，则有 $\boldsymbol{e}(t)=-\boldsymbol{y}(t)$，则性能指标式(7-21)变为

$$J = \frac{1}{2}\boldsymbol{y}^{\mathrm{T}}(t_{\mathrm{f}})\boldsymbol{F}\boldsymbol{y}(t_{\mathrm{f}}) + \frac{1}{2}\int_{t_0}^{t_{\mathrm{f}}} [\boldsymbol{y}^{\mathrm{T}}(t)\boldsymbol{Q}(t)\boldsymbol{y}(t) + \boldsymbol{u}^{\mathrm{T}}(t)\boldsymbol{R}(t)\boldsymbol{u}(t)]\mathrm{d}t \tag{7-34}$$

此时，线性二次型问题归结为：当系统受扰偏离原零平衡状态时，要求系统产生一控制向量，使系统输出 $\boldsymbol{y}(t)$保持在原平衡状态附近，并使式(7-34)极小，这一类线性二次型最优控制器称为输出调节器。

输出调节器可以转化成等效的状态调节器，因此对于所有的状态调节器成立的结论都可以推广到输出调节器中。

(1) 有限时间输出调节器。设线性时变系统的状态方程如式(7-19)所示，使式(7-34)取极小的唯一的最优控制为

$$\boldsymbol{u}^*(t) = -\boldsymbol{R}(t)^{-1}\boldsymbol{B}(t)^{\mathrm{T}}\boldsymbol{P}(t)\boldsymbol{x}(t) \tag{7-35}$$

最优性能指标为

$$J^* = \frac{1}{2}\boldsymbol{x}^{\mathrm{T}}(t_0)\boldsymbol{P}(t_0)\boldsymbol{x}(t_0) \tag{7-36}$$

$\boldsymbol{P}(t)$是非负定矩阵，满足黎卡提矩阵微分方程，即

$$\dot{\boldsymbol{P}}(t) = -\boldsymbol{P}(t)\boldsymbol{A}(t) - \boldsymbol{A}(t)^{\mathrm{T}}\boldsymbol{P}(t) + \boldsymbol{P}(t)\boldsymbol{B}(t)\boldsymbol{R}^{-1}(t)\boldsymbol{B}^{\mathrm{T}}(t)\boldsymbol{P}(t) - \boldsymbol{C}^{\mathrm{T}}(t)\boldsymbol{Q}(t)\boldsymbol{C}(t) \tag{7-37}$$

其终端边界条件为

$$\boldsymbol{P}(t_{\mathrm{f}}) = \boldsymbol{C}^{\mathrm{T}}(t_{\mathrm{f}})\boldsymbol{F}\boldsymbol{C}(t_{\mathrm{f}}) \tag{7-38}$$

而最优曲线 $\boldsymbol{x}^*(t)$是线性向量微分方程(7-39)的解，即

$$\dot{\boldsymbol{x}}^*(t) = [\boldsymbol{A}(t) - \boldsymbol{B}(t)\boldsymbol{R}^{-1}(t)\boldsymbol{B}^{\mathrm{T}}(t)\boldsymbol{P}(t)]\boldsymbol{x}(t), \quad \boldsymbol{x}(t_0) = \boldsymbol{x}_0 \tag{7-39}$$

通过分析，有限时间输出调节器的最优解与有限时间状态调节器的最优解具有相同的最优控制与最优性能指标表达式，仅在黎卡提方程及其边界条件的形式上有微小的差别。同时，最优输出调节器的最优控制函数并不是输出量 $\boldsymbol{y}(t)$的线性函数，仍然是状态向量 $\boldsymbol{x}(t)$的线性函数，说明构成最优控制系统需要全部状态信息反馈。

(2) 无限时间输出调节器。设状态完全能控和完全能观的线性定常系统的状态方程为

$$\begin{cases}\dot{\boldsymbol{x}}(t)=\boldsymbol{A}\boldsymbol{x}(t)+\boldsymbol{B}\boldsymbol{u}(t), & \boldsymbol{x}(t_0)=\boldsymbol{x}_0\\ \boldsymbol{y}(t)=\boldsymbol{C}\boldsymbol{x}(t)\end{cases} \tag{7-40}$$

二次性能指标为

$$J=\frac{1}{2}\int_0^{\infty}[\boldsymbol{y}^{\mathrm{T}}(t)\boldsymbol{Q}\boldsymbol{y}(t)+\boldsymbol{u}^{\mathrm{T}}(t)\boldsymbol{R}\boldsymbol{u}(t)]\mathrm{d}t \tag{7-41}$$

$\boldsymbol{Q}$ 为半正定常值对称矩阵，$\boldsymbol{R}$ 为正定常值对称矩阵。使式(7-41)极小的最优控制 $\boldsymbol{u}^*(t)$存在，且唯一地由式(7-42)确定：

$$\boldsymbol{u}^*(t)=-\boldsymbol{R}^{-1}\boldsymbol{B}^{\mathrm{T}}\boldsymbol{P}\boldsymbol{x}(t) \tag{7-42}$$

$\boldsymbol{P}$ 满足代数黎卡提方程：

$$\boldsymbol{PA}+\boldsymbol{A}^{\mathrm{T}}\boldsymbol{P}-\boldsymbol{PBR}^{-1}\boldsymbol{B}^{\mathrm{T}}\boldsymbol{P}+\boldsymbol{C}^{\mathrm{T}}\boldsymbol{QC}=\boldsymbol{0} \tag{7-43}$$

最优性能指标为

$$J^*=\frac{1}{2}\boldsymbol{x}^{\mathrm{T}}(0)\boldsymbol{P}\boldsymbol{x}(0) \tag{7-44}$$

最优曲线 $\boldsymbol{x}^*(t)$是状态方程(7-45)的解：

$$\dot{\boldsymbol{x}}^*(t)=(\boldsymbol{A}-\boldsymbol{BR}^{-1}\boldsymbol{B}^{\mathrm{T}}\boldsymbol{P})\boldsymbol{x}(t),\quad \boldsymbol{x}(0)=\boldsymbol{x}_0 \tag{7-45}$$

3) 输出跟踪器

在误差向量式(7-20)中，如果 $\boldsymbol{y}_{\mathrm{r}}(t)\neq\boldsymbol{0}$，则式(7-20)成立，从而使性能指标式(7-21)的形式不变，线性二次型问题归结为：当期望输出量 $\boldsymbol{y}_{\mathrm{r}}(t)$作用于系统时，要求系统产生一控制向量，使系统输出 $\boldsymbol{y}(t)$始终跟随期望输出 $\boldsymbol{y}_{\mathrm{r}}(t)$的变化并使性能指标式(7-21)极小。因而，这类线性二次型最优控制器称为输出跟踪器。

输出跟踪器与输出调节器的主要差别在 $\boldsymbol{Q}(t)$上，$\boldsymbol{Q}(t)$的系统矩阵与 $\boldsymbol{x}(t)$的系统矩阵只差一个负号，因此 $\boldsymbol{Q}(t)$的动态性能与期望输出 $\boldsymbol{y}_{\mathrm{r}}(t)$无关。期望输出 $\boldsymbol{y}_{\mathrm{r}}(t)$可以看成是加给动态系统的驱动函数，用以激励信号 $\boldsymbol{Q}(t)$。

3. 线性二次型最优控制的特点

(1) 控制器结构简单。线性二次型最优控制的数学表达式简单，其最优解可以用统一的解析式表示，并且可得到一个简单的线性状态反馈控制律而构成闭环最优控制，易于计算和实现。这使得它成为许多控制问题的有效解决方法。

(2) 能够综合考虑多种性能指标。线性二次型最优控制可以同时兼顾系统性能指标的多方面因素，如系统稳定性、快速响应、误差抑制等多种性能指标，并通过调整性能指标的权重来实现不同性能指标之间的平衡。

(3) 需要系统状态信息。线性二次型最优控制需要系统的状态信息，因此需要较为复杂的传感器和测量系统，增加了系统的成本和复杂度。

(4) 受模型误差和扰动影响。由于在客观实际中不可避免地存在着各种不满足理想条件的不确定性因素，很难获得控制对象的精确数学模型和干扰信号统计特性，所以完全依赖于被控对象动态特性精确数学模型及对系统干扰信号严格限定为白噪声而设计的线性二次型最优控制系统的性能就会变得很差，即对不确定性不能保证系统的鲁棒性。

(5) 参数调整困难。线性二次型最优控制需要调整性能指标的权重，一般采用经验法和数值优化法进行参数调整。经验法是基于经验和直觉，根据控制对象的特点和控制目标选择合适的参数值。数值优化法则是通过计算机模拟和优化算法自动地搜索最优的参数值。常用的数值优化方法包括梯度下降法、遗传算法、粒子群算法等。

7.2.2 主动悬架线性二次型最优控制器设计

主动悬架具有外部能源的输入，可根据车辆的行驶状态和道路激励的大小做出主动响应，产生相应的力与其平衡，以使悬架处于最优状态。本节将最优控制理论运用到主动悬架的控制策略中，选择合适的性能指标和控制变量加权矩阵，通过求解最优控制反馈增益矩阵得到最优控制力，完成主动悬架的线性二次型最优控制器设计[27]。

1. 系统模型的建立

引用6.1.1节中的主动悬架单元模型，不考虑悬架弹簧和减振器的非线性特性，忽略未建模摩擦力及外界干扰等不确定项的影响，忽略悬架和轮胎阻尼力。选择路面输入模型为基于滤波白噪声法生成的随机路面激励的时域模型。

选取状态变量 $\boldsymbol{X}=(\dot{z}_s\ \dot{z}_u\ z_s\ z_u\ z_r)^{\mathrm{T}}$，则系统的动力学方程可以写成状态方程的形式：

$$\dot{\boldsymbol{X}}=\boldsymbol{AX}+\boldsymbol{BU}+\boldsymbol{FW} \tag{7-46}$$

其中，

$$\boldsymbol{A}=\begin{bmatrix}0 & 0 & \dfrac{-k_s}{m_s} & \dfrac{k_s}{m_s} & 0\\ 0 & 0 & \dfrac{k_s}{m_u} & \dfrac{-k_s-k_t}{m_u} & \dfrac{k_t}{m_u}\\ 1 & 0 & 0 & 0 & 0\\ 0 & 1 & 0 & 0 & 0\\ 0 & 0 & 0 & 0 & -2\pi f_{\min}\end{bmatrix},\quad \boldsymbol{B}=\begin{bmatrix}\dfrac{1}{m_s}\\ -\dfrac{1}{m_u}\\ 0\\ 0\\ 0\end{bmatrix},\quad \boldsymbol{F}=\begin{bmatrix}0\\ 0\\ 0\\ 0\\ 2\pi n_0\sqrt{G_q(n_0)v}\end{bmatrix}$$

选取输出变量 $\boldsymbol{Y}=(\ddot{z}_s\ z_u-z_s\ z_r-z_u)^{\mathrm{T}}$，则系统的输出方程为

$$\boldsymbol{Y}=\boldsymbol{CX}+\boldsymbol{DU} \tag{7-47}$$

其中，

$$\boldsymbol{C}=\begin{bmatrix}0 & 0 & \dfrac{-k_s}{m_s} & \dfrac{k_s}{m_s} & 0\\ 0 & 0 & -1 & 1 & 0\\ 0 & 0 & 0 & -1 & 1\end{bmatrix},\quad \boldsymbol{D}=\begin{bmatrix}\dfrac{1}{m_s}\\ 0\\ 0\end{bmatrix}$$

2. 控制器设计

1）选取性能指标

在设计线性二次型最优控制器时，需要综合考虑各项性能评价指标，以获得更好的综合车辆动力学性能。在车辆悬架设计中，主要的性能指标通常包括：

(1) 表示轮胎接地性的车轮动载荷。

(2) 表示乘坐舒适性的车身垂向振动加速度。

(3) 影响车身姿态且与结构设计和布置相关的悬架动行程。

控制目标是使车辆获得较高的平顺性和操纵稳定性，反映在物理量上，就是要尽可能地降低车身垂向振动加速度、轮胎动载荷、悬架动行程，同时不要消耗太多的能量，反馈控制力不要太大。这里，车身加速度的大小同时也意味着作动器输出力的大小。

在此，取

$$J=\lim_{T\to\infty}\frac{1}{T}\int_0^T[q_1(z_u-z_r)^2+q_2(z_s-z_u)^2+q_3\ddot{z}_s^2]\mathrm{d}t \tag{7-48}$$

作为主动悬架单元的线性二次型最优控制器的性能指标。选择车身加速度 $\ddot{z}_s$ 作为基准，其系数 q_3 取为 1，q_1、q_2 的值是相对于 $\ddot{z}_s$ 来确定的，分别是车轮动载荷和悬架动行程的加权系数。

把式(7-48)写成标准二次型的形式，即

$$J=\lim_{T\to\infty}\frac{1}{T}(\boldsymbol{X}^{\mathrm{T}}\boldsymbol{Q}\boldsymbol{X}+\boldsymbol{U}^{\mathrm{T}}\boldsymbol{R}\boldsymbol{U}+2\boldsymbol{X}^{\mathrm{T}}\boldsymbol{N}\boldsymbol{U})\mathrm{d}t \tag{7-49}$$

因此得到

$$\boldsymbol{Q}=\begin{bmatrix}0&0&0&0&0\\0&0&0&0&0\\0&0&\dfrac{k_s^2}{m_s^2}+q_2&-\dfrac{k_s^2}{m_s^2}-q_2&0\\0&0&-\dfrac{k_s^2}{m_s^2}-q_2&\dfrac{k_s^2}{m_s^2}+q_1+q_2&-q_1\\0&0&0&-q_1&q_1\end{bmatrix},\quad \boldsymbol{N}=\begin{bmatrix}0\\0\\-\dfrac{k_s}{m_s^2}\\\dfrac{k_s}{m_s^2}\\0\end{bmatrix},\quad \boldsymbol{R}=\frac{1}{m_s^2}$$

在式(7-49)中，$\boldsymbol{Q}$ 是状态变量的加权矩阵，$\boldsymbol{R}$ 是控制变量的加权矩阵，因为式(7-48)中具有交叉项，所以在整理出标准二次型的形式后有 $\boldsymbol{N}$，$\boldsymbol{N}$ 为交叉项的权重。

2）确定加权系数

式(7-49)中的 $\boldsymbol{Q}$ 矩阵与车轮动载荷的加权系数 q_1 和悬架动行程的加权系数 q_2 有关。加权系数的选取决定了设计者对悬架性能的倾向，当某个分量要特别约束时，可以增大该分量的权系数，如果某个分量对我们所研究的性能影响无足轻重时，可以直接设置其权系数为 0。因此，选择适当的加权矩阵的值对于二次型最优控制器的设计是十分重要的。

本例选择 q_1、q_2 的原则为：在车身加速度最小的同时，能够维持悬架的动行程在设计的悬架行程范围内且轮胎与地面有较好的接触[27]。

目前，大多数关于线性二次型最优控制控制器加权系数的研究通常集中在通过专家经验和随机重复试验来选择。选择加权系数是一个复杂且不可控的过程，权重系数一旦被确定就不会改变，这也限制了线性二次型最优控制算法的适应性。为了克服这一缺点，在控制器的设计中，可以采用遗传算法、粒子群算法等优化算法优化加权系数，以缩短设计时间，避免主观性。

3）求解最优控制反馈增益矩阵

当车辆参数的值和加权系数的值被确定后，最优控制反馈增益矩阵 $\boldsymbol{K}$ 可由黎卡提方程求出，其形式为

$$\boldsymbol{AK}+\boldsymbol{KA}^{\mathrm{T}}+\boldsymbol{Q}-\boldsymbol{KBR}^{-1}\boldsymbol{B}^{\mathrm{T}}\boldsymbol{K}+\boldsymbol{FWF}^{\mathrm{T}}=\boldsymbol{0} \tag{7-50}$$

反馈增益矩阵 $\boldsymbol{K}$ 也可以运用 MATLAB 中提供的 LQR 函数求解，基本格式为

$$(\boldsymbol{K}, S, E) = \mathrm{LQR}(A, B, Q, R, N) \tag{7-51}$$

其中，S 是黎卡提方程的解，E 是系统的特征值。

4）得出最优控制力矩阵

由最优控制反馈增益矩阵 $\boldsymbol{K}$ 和任意时刻的反馈状态变量 $\boldsymbol{X}$，可以得出作动器的最优控制力矩阵

$$\boldsymbol{U} = -\boldsymbol{K}\boldsymbol{X} \tag{7-52}$$

即

$$\boldsymbol{U} = -(k_1\dot{z}_s + k_2\dot{z}_u + k_3 z_s + k_4 z_u + k_5 z_r) \tag{7-53}$$

7.3 鲁棒控制

7.3.1 鲁棒控制概述

在进行控制系统设计时，往往需要建立被控对象、控制器等模型并设定常参数。但在实际控制系统中，因为受参数变化、未建模动态、未建模延时、传感器噪声及未预测扰动等因素的影响，所建模型往往只是实际物理系统的不确定描述。为了保证控制效果，在控制系统设计的过程中，需要考虑模型的不确定性。

含有潜在不确定性的控制系统结构如图 7-2 所示，该系统的目标输入为 $\boldsymbol{r}$，控制输入为 $\boldsymbol{u}$，传感器输入为 $\boldsymbol{v}$，被控对象输出为 $\boldsymbol{y}$，并包含了传感器噪声 $\boldsymbol{n}$、未预测扰动输入 $\boldsymbol{d}$，以及具有潜在未建模动态和参数变化的被控对象。在控制系统中，控制器输出的控制信号 $\boldsymbol{u}$ 是根据被控对象的模型得到的。根据实际被控对象建立的模型越准确，控制器的控制效果越好。然而，建立一个完全反映实际被控对象特征的模型是非常困难的。所以我们需要一种控制理论，能够让控制器在上述不确定性的影响下正常工作，我们称这样一个反馈控制系统是鲁棒的，或者说这个反馈控制器具有鲁棒性。

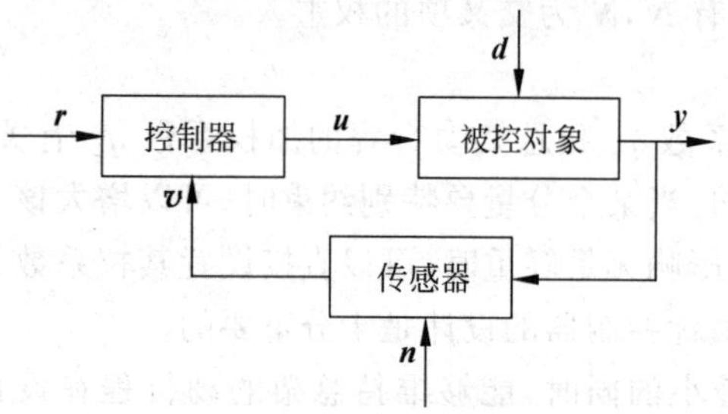

图 7-2 控制系统框图

为了满足上述需求，在 20 世纪 50 年代，专门用来分析和处理不确定性系统的鲁棒控制理论诞生了。由于鲁棒控制能够在不确定因素的影响下保持控制系统的稳定性并且使系统具有一定的动态特性，因此得到了广泛的应用，不仅应用在机械、电子电力等系统控制中，还被用于经济控制、社会管理等诸多领域。

采用主动悬架的车辆是一个复杂的不确定性系统。鲁棒控制可以在复杂不确定性的影响下降低车身振动、维持车身稳定，为驾驶员和乘客提供良好的乘坐舒适性。2004 年，史明光等[28]通过选取恰当的加权函数对系统的频域特性进行整定，利用线性矩阵不等式方法设计了 H_∞ 输出反馈控制器。2006 年，孙涛等[29]对频率整型的 H_∞ 主动悬架控制进行了研究。通过 H_∞ 控制方法，应用频率加权函数对系统的输出性能进行整型，使悬架系统的性能明显提升。2011 年，Sun 等[30]对有限频域内主动车辆悬架系统的控制问题进行了研究。利

用广义卡尔曼-雅库博维奇-波波夫(Kalman-Yakubovich-Popov ,KYP)引理,在特定的频段内降低从干扰输入到控制输出的范数。有限频率法在有关频率范围内更有效地抑制了振动,并在线性矩阵不等式(LMI)优化的框架下,设计了一种状态反馈控制器,通过 1/4 车辆模型,验证了控制器的有效性。2021 年,Hu 等[31]利用 T-S 模糊模型来表征车辆参数不确定性,并针对传输延迟问题,提出了一种针对悬架系统的鲁棒模糊延迟采样数据控制策略。最后根据 Lyapunov 稳定性理论,保证了主动悬架系统的状态与该控制器所需的 H_∞ 性能的渐近稳定。通过仿真分析验证了控制器的有效性,并且,在有限频域内满足了悬架约束的要求。

1. 鲁棒控制的特点

(1) 从根本上解决了被控对象模型的不确定性和外界扰动的不确定性问题。在实际问题中,不确定性往往是有界的,鲁棒控制系统的设计思路是在不确定性界限内的最坏情况下进行控制器设计,最终得到的控制器能够避免此界限内不确定性的影响对被控对象进行控制。

(2) 鲁棒控制确定了系统地在频域内进行回路成形的技术和手段,充分克服了经典控制理论仅能描述单输入单输出系统、无法描述系统内部变化、忽略初始条件等方面的不足及现代控制理论时域下状态空间方法不容易描述出系统稳定裕度等方面的不足,使经典的频域概念与现代的状态空间方法融合在一起。

(3) 鲁棒控制具有明确的控制系统设计方法,可以通过求解两个黎卡提方程或一组线性矩阵不等式来获得 H_∞ 控制器,从根本上解决了系统不确定性带来的影响,不仅能保证控制系统的鲁棒稳定性,还能优化一些性能指标。

(4) 人们常采用频域整型的方法,即选择频率加权函数来对闭环系统回路进行频率整型,使系统性能在不同频段内尽可能得到满足。然而,频率加权后的系统阶次高于原系统的阶次,导致系统输出反馈控制器的阶次过高,实际应用困难。

2. 典型的鲁棒控制方法

20 世纪 80 年代以来,关于控制系统的鲁棒性引起了学界的高度重视,鲁棒控制理论高速发展,诞生的反馈控制系统的鲁棒性分析和设计方法主要有 H_∞ 控制方法、结构奇异值 μ 方法、基于分解的参数化方法、在 LQG 控制的基础上使用 LTR 技术的 LQG/LTR 方法、二次镇定方法及基于平衡实现原理、卡里托诺夫定理和棱边定理等。其中,H_∞ 控制方法根据 Zames 的最优灵敏度控制方法和 Doyle 和 Stein 的回路成形理论,使控制系统设计中的鲁棒稳定性和鲁棒性能指标可以表达为特定闭环传递函数矩阵的 H_∞ 范数[32],因 H_∞ 控制方法性能优越,求解方法简单,本节以此为例进行介绍。

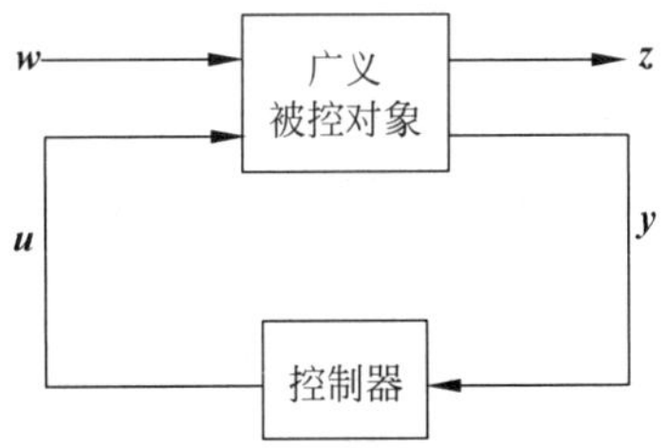

图 7-3　H_∞ 控制方法一般框架

图 7-3 为 H_∞ 控制方法的一般框架,图中 $\boldsymbol{w}$ 是外部输入信号,$\boldsymbol{z}$ 是受控输出信号,$\boldsymbol{u}$ 是控制输入信号,$\boldsymbol{y}$ 是被控对象输出信号,广义控制对象用 $\boldsymbol{G}$ 表示,控制器为 $\boldsymbol{K}$。则图 7-3 可以表达为

$$\begin{bmatrix} \boldsymbol{z} \\ \boldsymbol{y} \end{bmatrix} = \begin{bmatrix} \boldsymbol{G}_{11} & \boldsymbol{G}_{12} \\ \boldsymbol{G}_{21} & \boldsymbol{G}_{22} \end{bmatrix} \begin{bmatrix} \boldsymbol{w} \\ \boldsymbol{u} \end{bmatrix} \tag{7-54}$$

$$u = Ky \tag{7-55}$$

得到

$$z = [G_{11} + G_{12}(I - KG_{22})^{-1}KG_{21}]w \tag{7-56}$$

则 $w \sim z$ 的传递函数矩阵为

$$T_{zw}(s) = G_{11} + G_{12}(I - KG_{22})^{-1}KG_{21} \tag{7-57}$$

H_∞ 标准控制方法可以描述为：对于式(7-54)中的广义被控对象，求反馈控制器 K 使闭环传递函数内部稳定，并满足 $\|T_{zw}(s)\|_\infty < \gamma(\gamma = 1)$。$H_\infty$ 最优控制方法则是寻找反馈控制器 K，使闭环传递函数内部稳定，而且使传递函数矩阵的 H_∞ 范数 $\|T_{zw}(s)\|_\infty$ 最小，即 $\min\limits_K \|T_{zw}(s)\|_\infty = \gamma_{\min}(\gamma_{\min} < \gamma)$。

H_∞ 控制理论的研究大致分为基于传递函数和基于状态空间描述两类，现下大多数控制问题是基于状态空间描述进行的，下面就状态空间 H_∞ 控制理论进行介绍，根据控制问题的具体形式，可以分为 H_∞ 状态反馈控制方法和 H_∞ 输出反馈控制方法。

1) H_∞ 状态反馈控制方法

根据图 7-3 假设广义被控对象 G 的状态空间方程为

$$\begin{cases} \dot{x} = Ax + B_1 w + B_2 u \\ z = C_1 x + D_{11} w + D_{12} u \\ y = x \end{cases} \tag{7-58}$$

即

$$G = \begin{bmatrix} G_{11} & G_{12} \\ G_{21} & G_{22} \end{bmatrix} = \begin{bmatrix} A & B_1 & B_2 \\ C_1 & D_{11} & D_{12} \\ I & 0 & 0 \end{bmatrix} \tag{7-59}$$

式中，

$$G_{ij} = C_i(sI - A)^{-1}B_j + D_{ij} \quad i, j = 1, 2 \tag{7-60}$$

应用状态反馈控制律

$$u = Kx \tag{7-61}$$

式中　K——相应维数的状态反馈增益矩阵。

根据式(7-57)～式(7-60)，可以求出闭环控制系统由 $w \sim z$ 的闭环传递函数矩阵为

$$T_{zw}(s) = (C_1 + D_{12}K)(sI - A - B_2 K)^{-1}B_1 + D_{11} \tag{7-62}$$

H_∞ 状态反馈控制方法可以描述为：对于式(7-54)所示的广义被控对象，求反馈控制器 K 使闭环传递函数内部稳定，并满足关系式 $\|T_{zw}(s)\|_\infty < \gamma(\gamma = 1)$。$H_\infty$ 最优状态反馈控制方法则是寻找反馈控制器 K，使闭环传递函数内部稳定，而且使传递函数矩阵的 H_∞ 范数 $\|T_{zw}(s)\|_\infty$ 最小，即 $\min\limits_K \|T_{zw}(s)\|_\infty = \gamma_{\min}$。

2) H_∞ 输出反馈控制方法

当研究输出反馈控制方法时，假设图 7-3 中的广义被控对象 G 的状态空间为

$$\begin{cases} \dot{x} = Ax + B_1 w + B_2 u \\ z = C_1 x + D_{11} w + D_{12} u \\ y = C_2 x + D_{21} w + D_{22} u \end{cases} \tag{7-63}$$

即

$$G=\begin{bmatrix} A & B_1 & B_2 \\ C_1 & D_{11} & D_{12} \\ C_2 & D_{21} & D_{22} \end{bmatrix} \tag{7-64}$$

控制器 $\boldsymbol{K}$ 是动态输出反馈补偿器，其状态空间描述为

$$\begin{cases} \dot{\boldsymbol{\xi}} = \boldsymbol{A}_k \boldsymbol{\xi} + \boldsymbol{B}_k \boldsymbol{y} \\ \boldsymbol{u} = \boldsymbol{C}_k \boldsymbol{\xi} + \boldsymbol{D}_k \boldsymbol{y} \end{cases} \tag{7-65}$$

即

$$\boldsymbol{K}=\begin{bmatrix} \boldsymbol{A}_k & \boldsymbol{B}_k \\ \boldsymbol{C}_k & \boldsymbol{D}_k \end{bmatrix} \tag{7-66}$$

式中　$\boldsymbol{\xi}$——控制器的状态向量。

根据式(7-54)、式(7-57)、式(7-60)和式(7-64)，闭环控制系统(7-63)由 $\boldsymbol{w}\sim\boldsymbol{z}$ 的闭环传递函数矩阵为

$$\boldsymbol{T}_{zw}(s)=\bar{\boldsymbol{C}}(s\boldsymbol{I}-\bar{\boldsymbol{A}})^{-1}\bar{\boldsymbol{B}}+\bar{\boldsymbol{D}} \tag{7-67}$$

式中，

$$\bar{\boldsymbol{A}}=\begin{bmatrix} \boldsymbol{A}+\boldsymbol{B}_2\boldsymbol{F}_L\boldsymbol{D}_k\boldsymbol{C}_2 & \boldsymbol{B}_2\boldsymbol{F}_L\boldsymbol{C}_k \\ \boldsymbol{B}_k\boldsymbol{E}_L\boldsymbol{C}_2 & \boldsymbol{A}_k+\boldsymbol{B}_k\boldsymbol{E}_L\boldsymbol{D}_{22}\boldsymbol{C}_k \end{bmatrix}$$

$$\bar{\boldsymbol{B}}=\begin{bmatrix} \boldsymbol{B}_1+\boldsymbol{B}_2\boldsymbol{F}_L\boldsymbol{D}_k\boldsymbol{D}_{21} \\ \boldsymbol{B}_k\boldsymbol{E}_L\boldsymbol{D}_{21} \end{bmatrix}$$

$$\bar{\boldsymbol{C}}=\begin{bmatrix} \boldsymbol{C}_1+\boldsymbol{D}_{12}\boldsymbol{F}_L\boldsymbol{D}_k\boldsymbol{C}_2 & \boldsymbol{D}_{12}\boldsymbol{F}_L\boldsymbol{C}_k \end{bmatrix}$$

$$\bar{\boldsymbol{D}}=\boldsymbol{D}_{11}+\boldsymbol{D}_{12}\boldsymbol{F}_L\boldsymbol{D}_k\boldsymbol{C}_{21}$$

$$\boldsymbol{F}_L=(\boldsymbol{I}-\boldsymbol{D}_k\boldsymbol{D}_{22})^{-1}$$

$$\boldsymbol{E}_L=(\boldsymbol{I}-\boldsymbol{D}_{22}\boldsymbol{D}_k)^{-1}$$

H_∞ 输出反馈控制方法可以描述为：对于式(7-54)所示的广义被控对象，求反馈控制器 $\boldsymbol{K}$ 使闭环传递函数内部稳定，并满足 $\|\boldsymbol{T}_{zw}(s)\|_\infty<\gamma(\gamma=1)$。$H_\infty$ 最优输出反馈控制方法则是寻找反馈控制器 $\boldsymbol{K}$，使闭环传递函数内部稳定，而且使传递函数矩阵的 H_∞ 范数 $\|\boldsymbol{T}_{zw}(s)\|_\infty$ 最小，即 $\min\limits_{\boldsymbol{K}}\|\boldsymbol{T}_{zw}(s)\|_\infty=\gamma_{\min}$。

3. 求解鲁棒控制器

求解鲁棒控制器大多数采用了线性矩阵不等式(LMI)方法和求解黎卡提方程方法。由于线性矩阵不等式的优良性质及其数学规划与解法的突破，特别是内点法的提出及 MATLAB 软件中的 LMI 工具箱的推出，使得 LMI 方法的应用日益广泛。下面分别针对 H_∞ 状态反馈控制方法和 H_∞ 输出反馈控制方法，介绍使用 LMI 方法求解控制器的步骤。

1) H_∞ 状态反馈控制器的 LMI 方法

假定系统的状态是可以直接测量得到的，要求设计一个静态状态反馈控制器

$$\boldsymbol{u}=\boldsymbol{K}\boldsymbol{x} \tag{7-68}$$

使得相应的闭环系统

$$\begin{cases}\dot{\boldsymbol{x}}=(\boldsymbol{A}+\boldsymbol{B}_2\boldsymbol{K})\boldsymbol{x}+\boldsymbol{B}_1\boldsymbol{w}\\ \boldsymbol{z}=(\boldsymbol{C}_1+\boldsymbol{D}_{12}\boldsymbol{K})\boldsymbol{x}+\boldsymbol{D}_{11}\boldsymbol{w}\end{cases} \tag{7-69}$$

是渐近稳定的，并且其闭环传递函数 $\boldsymbol{T}_{zw}(s)$ 满足

$$\|\boldsymbol{T}_{zw}(\boldsymbol{s})\|=\|(\boldsymbol{C}_1+\boldsymbol{D}_{12}\boldsymbol{K})(s\boldsymbol{I}-\boldsymbol{A}-\boldsymbol{B}_2\boldsymbol{K})^{-1}\boldsymbol{B}_1+\boldsymbol{D}_{11}\|_{\infty}<1 \tag{7-70}$$

可以得到 H_{∞} 状态反馈控制器的存在条件和求解方法，即定理 7.1。

定理 7.1 对广义被控对象式(7-58)，存在一个 H_{∞} 状态反馈控制器的充要条件是存在一个对称正定矩阵 $\boldsymbol{X}$ 和任意合适维数的矩阵 $\boldsymbol{V}$，使得 LMI

$$\begin{bmatrix}\boldsymbol{AX}+\boldsymbol{B}_2\boldsymbol{V}+(\boldsymbol{AX}+\boldsymbol{B}_2\boldsymbol{V})^{\mathrm{T}} & \boldsymbol{B}_1 & \boldsymbol{C}_1\boldsymbol{X}+\boldsymbol{D}_{12}\boldsymbol{V}\\ * & -\boldsymbol{I} & \boldsymbol{D}_{11}^{\mathrm{T}}\\ * & * & -\boldsymbol{I}\end{bmatrix}<\boldsymbol{0} \tag{7-71}$$

成立，并且控制器为 $\boldsymbol{u}=\boldsymbol{VX}^{-1}\boldsymbol{x}$。

2) H_{∞} 输出反馈控制器的 LMI 方法

针对前文提到的 H_{∞} 输出反馈控制方法，我们需要设计一个 H_{∞} 输出反馈控制器 $\boldsymbol{u}=\boldsymbol{K}(\boldsymbol{s})\boldsymbol{y}$，见式(7-65)和式(7-66)，使系统是渐近稳定的，且从 $\boldsymbol{w}\sim\boldsymbol{z}$ 的闭环传递函数矩阵式(7-67)的 H_{∞} 范数小于 1 的充要条件是存在一个对阵正定矩阵 $\boldsymbol{P}$，使得

$$\begin{bmatrix}\boldsymbol{P}\bar{\boldsymbol{A}}+\bar{\boldsymbol{A}}^{\mathrm{T}}\boldsymbol{P} & \boldsymbol{P}\bar{\boldsymbol{B}} & \bar{\boldsymbol{C}}^{\mathrm{T}}\\ * & -\boldsymbol{I} & \bar{\boldsymbol{D}}^{\mathrm{T}}\\ * & * & -\boldsymbol{I}\end{bmatrix}<\boldsymbol{0} \tag{7-72}$$

式中，“ * ”表示沿对角线对称位置的块矩阵的转置。

由于 $\bar{\boldsymbol{A}}$、$\bar{\boldsymbol{B}}$、$\bar{\boldsymbol{C}}$ 和 $\bar{\boldsymbol{D}}$ 依赖于未知的控制器参数，因此在矩阵不等式(7-72)中，矩阵变量 $\boldsymbol{P}$ 和控制器参数 $\boldsymbol{A}_k$、$\boldsymbol{B}_k$、$\boldsymbol{C}_k$ 和 $\boldsymbol{D}_k$ 以非线性的方式出现，难以简单地直接应用状态反馈控制器中的变量替换来处理，这就给 H_{∞} 输出反馈控制器的求解带来了极大困难。

为此，将矩阵 $\boldsymbol{P}$ 和它的逆矩阵进行以下分块

$$\boldsymbol{P}=\begin{bmatrix}\boldsymbol{Y} & \boldsymbol{N}\\ * & \boldsymbol{W}\end{bmatrix},\quad \boldsymbol{P}^{-1}=\begin{bmatrix}\boldsymbol{X} & \boldsymbol{M}\\ * & \boldsymbol{Z}\end{bmatrix} \tag{7-73}$$

式中，$\boldsymbol{X},\boldsymbol{Y}\in\mathbf{R}^{n\times n}$，是对称矩阵。则有

$$\boldsymbol{P}\begin{bmatrix}\boldsymbol{X}\\ \boldsymbol{M}^{\mathrm{T}}\end{bmatrix}=\begin{bmatrix}\boldsymbol{I}\\ \boldsymbol{0}\end{bmatrix},\quad \boldsymbol{P}\begin{bmatrix}\boldsymbol{X} & \boldsymbol{I}\\ \boldsymbol{M}^{\mathrm{T}} & \boldsymbol{0}\end{bmatrix}=\begin{bmatrix}\boldsymbol{I} & \boldsymbol{Y}\\ \boldsymbol{0} & \boldsymbol{N}^{\mathrm{T}}\end{bmatrix} \tag{7-74}$$

定义

$$\boldsymbol{F}_1=\begin{bmatrix}\boldsymbol{X} & \boldsymbol{I}\\ \boldsymbol{M}^{\mathrm{T}} & \boldsymbol{0}\end{bmatrix},\quad \boldsymbol{F}_2=\begin{bmatrix}\boldsymbol{I} & \boldsymbol{Y}\\ \boldsymbol{0} & \boldsymbol{N}^{\mathrm{T}}\end{bmatrix} \tag{7-75}$$

即 $\boldsymbol{PF}_1=\boldsymbol{F}_2$，这样就有

$$\boldsymbol{F}_1^{\mathrm{T}}\boldsymbol{P}\bar{\boldsymbol{A}}\boldsymbol{F}_1=\boldsymbol{F}_2^{\mathrm{T}}\bar{\boldsymbol{A}}\boldsymbol{F}_1=\begin{bmatrix}\boldsymbol{\phi}_{11} & \boldsymbol{\phi}_{12}\\ \boldsymbol{\phi}_{21} & \boldsymbol{\phi}_{22}\end{bmatrix} \tag{7-76}$$

$$\boldsymbol{F}_1^{\mathrm{T}}\boldsymbol{P}\bar{\boldsymbol{B}}=\begin{bmatrix}\boldsymbol{B}_1+\boldsymbol{B}_2\boldsymbol{D}_k\boldsymbol{D}_{21}\\ \boldsymbol{YB}_1+(\boldsymbol{YB}_2\boldsymbol{D}_k+\boldsymbol{NB}_k)\boldsymbol{D}_{21}\end{bmatrix} \tag{7-77}$$

$$\bar{\boldsymbol{C}}\boldsymbol{F}_1=[\boldsymbol{C}_1\boldsymbol{X}+\boldsymbol{D}_{12}(\boldsymbol{D}_k\boldsymbol{C}_2\boldsymbol{X}+\boldsymbol{C}_k\boldsymbol{M}^{\mathrm{T}})\quad \boldsymbol{C}_1+\boldsymbol{D}_{12}\boldsymbol{D}_k\boldsymbol{C}_2] \tag{7-78}$$

$$F_1^{\mathrm{T}}PF_1 = F_2^{\mathrm{T}}F_1 = \begin{bmatrix} X & I \\ I & Y \end{bmatrix} \tag{7-79}$$

式中，

$$\begin{aligned}
\phi_{11} &= AX + B_2(D_kC_2X + C_kM^{\mathrm{T}}) \\
\phi_{12} &= A + B_2D_kC_2 \\
\phi_{21} &= Y(A + B_2D_kC_2)X + NB_kC_2X + YB_2C_kM^{\mathrm{T}} + NA_kM^{\mathrm{T}} \\
\phi_{22} &= YA + (YB_2D_k + NB_k)C_2
\end{aligned}$$

结合式(7-76)～式(7-79)，定义以下的变量替换公式

$$\begin{cases} \hat{A} = \phi_{11} \\ \hat{B} = YB_2D_k + NB_k \\ \hat{C} = D_kC_2X + C_kM^{\mathrm{T}} \\ \hat{D} = D_k \end{cases} \tag{7-80}$$

则给定正定矩阵 X、Y 及满秩矩阵 M、N，由 $\hat{A}$、$\hat{B}$、$\hat{C}$、$\hat{D}$ 可以唯一确定矩阵 A_k、B_k、C_k、D_k。另一方面，利用变量替换式(7-80)对不等式(7-72)左、右两边分别左乘矩阵 $\mathrm{diag}\{F_1^{\mathrm{T}}, I, I\}$ 和右乘矩阵 $\mathrm{diag}\{F_1, I, I\}$，可以得到矩阵不等式(7-72)等价于

$$\begin{bmatrix} \Psi_{11} & \Psi_{12} & \Psi_{13} & \Psi_{14} \\ * & \Psi_{22} & \Psi_{23} & \Psi_{24} \\ * & * & -I & \Psi_{34} \\ * & * & * & -I \end{bmatrix} < 0 \tag{7-81}$$

式中，

$$\begin{aligned}
\Psi_{11} &= AX + XA^{\mathrm{T}} + B_2\hat{C} + (B_2\hat{C})^{\mathrm{T}} \\
\Psi_{12} &= \hat{A}^{\mathrm{T}} + A + B_2\hat{D}C_2 \\
\Psi_{13} &= B_1 + B_2\hat{D}D_{21} \\
\Psi_{14} &= (C_1X + D_{12}\hat{C})^{\mathrm{T}} \\
\Psi_{22} &= A^{\mathrm{T}}Y + YA + \hat{B}C_2 + (\hat{B}C_2)^{\mathrm{T}} \\
\Psi_{23} &= YB_1 + \hat{B}D_{21} \\
\Psi_{24} &= (C_1 + D_{12}\hat{D}C_2)^{\mathrm{T}} \\
\Psi_{34} &= (D_{11} + D_{12}\hat{D}D_{21})^{\mathrm{T}}
\end{aligned}$$

式(7-81)是关于 X、Y、$\hat{A}$、$\hat{B}$、$\hat{C}$、$\hat{D}$ 的一个 LMI，应用求解 LMI 的方法(如 MATLAB 中的 LMI 工具箱)可以判断这个 LMI 是否存在可行解，若存在，则可以通过求解 LMI 获得相应的一组可行解。

在得到了 LMI 的一个可行解后，为了通过变量替换关系得到所要设计的控制器参数，首先需要知道矩阵 M、N 的值。由于 $PP^{-1} = I$，则有

$$MN^{\mathrm{T}} = I - XY \tag{7-82}$$

得到矩阵 X、Y 之后，通过矩阵 $I - XY$ 的奇异值分解得到满秩矩阵 M、N。同时，$P > 0$ 保证了

$$\begin{bmatrix} \boldsymbol{X} & \boldsymbol{I} \\ * & \boldsymbol{Y} \end{bmatrix} > \boldsymbol{0} \tag{7-83}$$

从而有 $\boldsymbol{I}-\boldsymbol{XY}>\boldsymbol{0}$。因此，通过奇异值分解得到满足式(7-82)的可逆矩阵 $\boldsymbol{M}$、$\boldsymbol{N}$。控制器参数为

$$\begin{aligned} &\boldsymbol{D}_k = \hat{\boldsymbol{D}} \\ &\boldsymbol{C}_k = (\hat{\boldsymbol{C}} - \boldsymbol{D}_k \boldsymbol{C}_2 \boldsymbol{X})(\boldsymbol{M}^{\mathrm{T}})^{-1} \\ &\boldsymbol{B}_k = \boldsymbol{N}^{-1}(\hat{\boldsymbol{B}} - \boldsymbol{Y}\boldsymbol{B}_2\boldsymbol{D}_k) \\ &\boldsymbol{A}_k = \boldsymbol{N}^{-1}[\hat{\boldsymbol{A}} - \boldsymbol{Y}(\boldsymbol{A} + \boldsymbol{B}_2\boldsymbol{D}_k\boldsymbol{C}_2)\boldsymbol{X}](\boldsymbol{M}^{\mathrm{T}})^{-1} - \boldsymbol{B}_k\boldsymbol{C}_2\boldsymbol{X}(\boldsymbol{M}^{\mathrm{T}})^{-1} - \boldsymbol{N}^{-1}\boldsymbol{Y}\boldsymbol{B}_2\boldsymbol{C}_k \end{aligned} \tag{7-84}$$

从而得到如下定理。

定理 7.2 系统存在一个 H_∞ 输出反馈控制器的充分与必要条件是存在对称矩阵 $\boldsymbol{X}$、$\boldsymbol{Y}$、$\hat{\boldsymbol{A}}$、$\hat{\boldsymbol{B}}$、$\hat{\boldsymbol{C}}$、$\hat{\boldsymbol{D}}$ 是 LMI(7-81)和 LMI(7-83)的一组可行解。

4. DELMI 优化算法

双线矩阵不等式(BMI)是指具有形式

$$f(x,y) = \boldsymbol{U}_0 + \sum_{i=1}^{m} \boldsymbol{x}_i \boldsymbol{U}_i + \sum_{j=1}^{n} \boldsymbol{y}_j \boldsymbol{O}_j + \sum_{i=1}^{m}\sum_{j=1}^{n} \boldsymbol{x}_i \boldsymbol{y}_j \boldsymbol{H}_{ij} < 0 \tag{7-85}$$

的表达式，式中 $\boldsymbol{U}_i$、$\boldsymbol{O}_i$ 和 $\boldsymbol{H}_{ij}$ 为给定的常数对称矩阵，$\boldsymbol{x} = [x_1 x_2 \cdots x_m]^{\mathrm{T}} \in \mathbf{R}^m$ 与 $\boldsymbol{y} = [y_1 y_2 \cdots y_n]^{\mathrm{T}} \in \mathbf{R}^n$ 为未知变量。

BMI 问题已被证明是非凸的多项式复杂程度的非确定性问题，是指不存在多项式时间算法求解相应全局极小值的复杂问题，因此直接采用 LMI 方法求解 BMI 问题十分困难。本节提出一种将差分进化算法(differential evolution，DE)与 LMI 相结合的新型混合算法(DELMI)，首先用 LMI 来优化局部目标函数 $\Gamma(\boldsymbol{S}) = \min\Gamma$，即对种群个体进行局部目标优化，而后利用 DE 来找出目标函数 $\Gamma(\boldsymbol{S})$ 的下确界，从而确定出系统的全局最优性能 $\boldsymbol{\Gamma}^*$。算法实现步骤如图 7-4 所示。

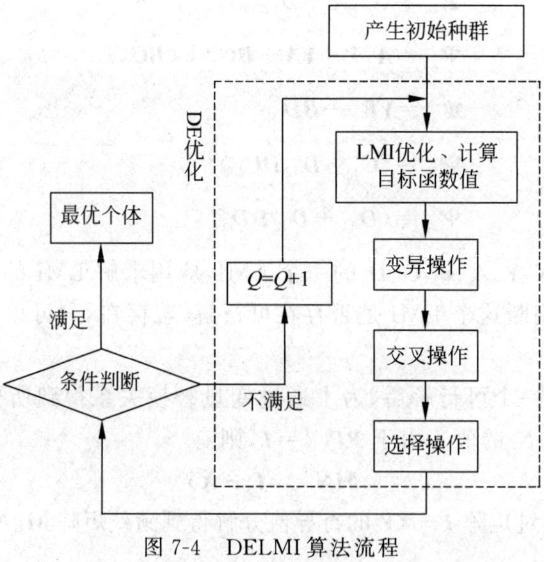

图 7-4　DELMI 算法流程

1）产生初始种群

在一个确定的范围内对反馈增益 $\boldsymbol{S}$ 进行随机初始化。种群数量一般在向量维数的 5～10 倍之间选取。对于确定的 $\boldsymbol{S}$ 而言，BMI 约束问题就转变为了线性的凸约束刻画，此时就可以使用 LMI 方法对其进行求解。然而，并不是所有初始化得到的反馈增益 $\boldsymbol{S}$ 都能满足不等式的约束。为了缩短进化时间，保证初始种群的有效性，需要对不满足优化问题中约束条件的不可行个体重新进行初始化操作，直至它们成为可行性个体。此时，所有可行的反馈增益样本组成了初始种群。种群个体可以表示为

$$x_{i,Q}(i=1,2,\cdots,\mathrm{NP}) \tag{7-86}$$

式中 i——个体在种群中的序列；

Q——种群进化代数；

NP——种群数量，且在进化过程中保持不变。

2）LMI 优化、计算目标函数值

对于每一个可行的反馈增益样本，依据不同的目标函数 Γ(可以是系统的 H_∞ 范数，H_2 范数，广义 H_2 范数及多种目标的不同组合）列写矩阵不等式。选取反馈增益样本的目标函数为 $\Gamma(\boldsymbol{S})=\min\Gamma$，其目标函数值是通过 LMI 优化得到的，并成为评价和选择优良个体的重要依据。

3）进化操作

为了找出系统的最优性能 $\boldsymbol{\Gamma}^*$，需要采用如下的进化操作：

(1) 对反馈增益样本进行变异和交叉操作，将此操作结束后的样本称为试验样本。通常将操作中的交叉率和变异率分别取为 0.5 和 0.8。操作细节如下：

变异样本

$$v_{i,Q+1}=x_{r_1,Q}+F(x_{r_2,Q}-x_{r_3,Q}) \tag{7-87}$$

式中，r_1、r_2 和 r_3 是随机选择的三个互不相同的正数，且与当前目标索引 i 的取值不同，因此要求种群数量满足 NP≥4。变异率 a 是一个实常数，满足 $a\in(0,2]$，其主要作用是控制差分向量 $x_{r_2,Q}-x_{r_3,Q}$ 的放大程度。

交叉操作产生的实验样本可以表示为

$$u_{i,Q}=(u_{1i,Q+1},u_{2i,Q+1},\cdots,u_{Di,Q+1}) \tag{7-88}$$

其中，

$$u_{ji,Q+1}\begin{cases}v_{ji,Q+1}, & (\mathrm{rand}b(j)\leqslant \mathrm{CR})\ \mathrm{or}\ (j=\mathrm{rnbr}(i))\\ x_{ji,Q}, & (\mathrm{rand}b(j)>\mathrm{CR})\ \mathrm{or}\ (j\neq \mathrm{rnbr}(i))\end{cases},\quad i=1,2,\cdots,\mathrm{NP},j=1,2,\cdots,D \tag{7-89}$$

CR 为用户定义的交叉率，满足 CR∈[0,1]，rand$b(j)\in[0,1]$为随机数，rnbr$(i)\in[1,2,\cdots,D]$为随机选择的维数变量索引，以保证实验样本至少有一个变量由变异样本提供。

(2) 通过对试验样本进行选择操作来确定优良后代。在选择操作中，对不可行的试验样本采用增大目标函数值的方法进行淘汰；对于可行的试验样本，若其目标函数值小于对应的父代个体，则该试验样本个体存活并成为下一代种群中的个体。选择操作的具体表达式为

$$x_{i,Q+1}=\begin{cases}v_{i,Q+1}, & \Gamma(u_{i,Q+1})<\Gamma(x_{i,Q})\\ x_{i,Q}, & \Gamma(u_{i,Q+1})\geqslant\Gamma(x_{i,Q})\end{cases} \tag{7-90}$$

4）确定算法的终止条件

经过 Q 代的进化，若干相邻代的最优目标函数值之差小于设定的误差限或最大进化代数 Q_{max} 已达到其设定值，算法终止。

7.3.2 主动悬架鲁棒控制系统设计

针对采用主动悬架的三轴应急救援车辆存在的参数不确定性问题，刘树博等[33]提出了一种主动悬架鲁棒输出反馈控制方法。首先，完成含有参数不确定性的三轴应急救援车辆系统动力学建模，车辆参数见文献[34]。其次，基于双线性矩阵不等式(BMI)技术提出了鲁棒输出反馈控制器存在的充分条件，以保证主动悬架闭环系统具有一定的稳态和动态性能。最后，通过 DELMI 优化算法求解出运用于三轴应急救援车辆的鲁棒输出反馈控制器，改善了车辆行驶的平顺性。

1. 半车主动悬架系统动力学模型

本小节采用的半车主动悬架系统模型参见 6.2 节半车悬架系统模型，略有不同的是，这里忽略轮胎的阻尼力 F_{b1}、F_{b2}，以及悬架单元中弹性力的非线性部分 F_{sn1}、F_{sn2} 和阻尼力的非线性部分 F_{dn1}、F_{dn2}，且忽略不确定模型动态 ΔF_z、$\Delta\theta_z$ 的影响。

状态空间表达式为

$$\begin{cases}\boldsymbol{M}_s\ddot{\boldsymbol{q}}=\boldsymbol{L}\boldsymbol{c}_d(\dot{\boldsymbol{z}}_u-\dot{\boldsymbol{z}}_s)+\boldsymbol{L}\boldsymbol{k}_s(\boldsymbol{z}_u-\boldsymbol{z}_s)+\boldsymbol{L}\boldsymbol{F}\\ \boldsymbol{M}_u\ddot{\boldsymbol{z}}_u=\boldsymbol{c}_d(\dot{\boldsymbol{z}}_s-\dot{\boldsymbol{z}}_u)-\boldsymbol{k}_s(\boldsymbol{z}_u-\boldsymbol{z}_s)-\boldsymbol{k}_t(\boldsymbol{z}_u-\boldsymbol{z}_r)-\boldsymbol{F}\end{cases} \tag{7-91}$$

其中，

$$\boldsymbol{q}=[z_a \quad \theta_a]^T,\quad \boldsymbol{z}_u=[z_{u1} \quad z_{u2}]^T,\quad \boldsymbol{z}_s=[z_{s1} \quad z_{s2}]^T$$

$$\boldsymbol{z}_r=[z_{r1} \quad z_{r2}]^T,\quad \boldsymbol{F}=[F_1 \quad F_2]^T;$$

$$\boldsymbol{M}_s=\begin{bmatrix}m_s & 0\\ 0 & J_\theta\end{bmatrix},\quad \boldsymbol{M}_u=\begin{bmatrix}m_{u1} & 0\\ 0 & m_{u2}\end{bmatrix},\quad \boldsymbol{c}_d=\begin{bmatrix}c_{d1} & 0\\ 0 & c_{d2}\end{bmatrix},$$

$$\boldsymbol{k}_s=\begin{bmatrix}k_{s1} & 0\\ 0 & k_{s2}\end{bmatrix},\quad \boldsymbol{k}_t=\begin{bmatrix}k_{t1} & 0\\ 0 & k_{t2}\end{bmatrix},\quad \boldsymbol{L}=\begin{bmatrix}1 & 1\\ -l_f & l_r\end{bmatrix}$$

由于矩阵 $\boldsymbol{M}_s$ 与 $\boldsymbol{M}_u$ 为可逆矩阵，而且 $\boldsymbol{z}_s$ 与 $\boldsymbol{q}$ 在动力学上满足 $\boldsymbol{z}_s=\boldsymbol{L}^T\boldsymbol{q}$ 的关系，因此可以得到关系式：

$$\ddot{\boldsymbol{z}}_s=\boldsymbol{M}_{sl}[\boldsymbol{c}_d(\dot{\boldsymbol{z}}_u-\dot{\boldsymbol{z}}_s)+\boldsymbol{k}_s(\boldsymbol{z}_u-\boldsymbol{z}_s)+\boldsymbol{F}] \tag{7-92}$$

其中，

$$\boldsymbol{M}_{sl}=\boldsymbol{L}^T\boldsymbol{M}_s^{-1}\boldsymbol{L}$$

选取状态向量 $\boldsymbol{x}=[(\boldsymbol{z}_s-\boldsymbol{z}_u)^T \quad \dot{\boldsymbol{z}}_s^T \quad (\boldsymbol{z}_u-\boldsymbol{z}_r)^T \quad \dot{\boldsymbol{z}}_u^T]^T$，控制向量 $\boldsymbol{u}=[\boldsymbol{F}_1 \quad \boldsymbol{F}_2]^T$，扰动向量 $\dot{\boldsymbol{z}}_r=[\dot{z}_{r1} \quad \dot{z}_{r2}]^T$，输出变量 $\boldsymbol{z}=[\ddot{\boldsymbol{q}} \quad (\boldsymbol{z}_s-\boldsymbol{z}_u)^T \quad (\boldsymbol{z}_u-\boldsymbol{z}_r)^T \quad \boldsymbol{F}]^T$，根据式(7-91)，可以得到半车主动悬架模型的状态空间描述：

$$\begin{cases}\dot{\boldsymbol{x}}=\boldsymbol{A}\boldsymbol{x}+\boldsymbol{B}_v\dot{\boldsymbol{z}}_r+\boldsymbol{B}_2\boldsymbol{u}\\ \boldsymbol{z}=\boldsymbol{C}\boldsymbol{x}+\boldsymbol{D}\boldsymbol{u}\end{cases} \tag{7-93}$$

其中，

$$\boldsymbol{A}=\begin{bmatrix}\boldsymbol{0}_{2\times2} & \boldsymbol{I}_{2\times2} & \boldsymbol{0}_{2\times2} & -\boldsymbol{I}_{2\times2}\\ -\boldsymbol{M}_{\mathrm{sl}}\boldsymbol{k}_{\mathrm{s}} & -\boldsymbol{M}_{\mathrm{sl}}\boldsymbol{c}_{\mathrm{d}} & \boldsymbol{0}_{2\times2} & \boldsymbol{M}_{\mathrm{sl}}\boldsymbol{c}_{\mathrm{d}}\\ \boldsymbol{0}_{2\times2} & \boldsymbol{0}_{2\times2} & \boldsymbol{0}_{2\times2} & \boldsymbol{I}_{2\times2}\\ \boldsymbol{M}_{\mathrm{u}}^{-1}\boldsymbol{k}_{\mathrm{s}} & \boldsymbol{M}_{\mathrm{u}}^{-1}\boldsymbol{c}_{\mathrm{d}} & -\boldsymbol{M}_{\mathrm{u}}^{-1}\boldsymbol{k}_{\mathrm{t}} & -\boldsymbol{M}_{\mathrm{u}}^{-1}\boldsymbol{c}_{\mathrm{d}}\end{bmatrix},\quad \boldsymbol{B}_{\mathrm{v}}=\begin{bmatrix}\boldsymbol{0}_{2\times2}\\ \boldsymbol{0}_{2\times2}\\ -\boldsymbol{I}_{2\times2}\\ \boldsymbol{0}_{2\times2}\end{bmatrix},\quad \boldsymbol{B}_2=\begin{bmatrix}\boldsymbol{0}_{2\times2}\\ \boldsymbol{M}_{\mathrm{sl}}\\ \boldsymbol{0}_{2\times2}\\ -\boldsymbol{M}_{\mathrm{u}}^{-1}\end{bmatrix},$$

$$\boldsymbol{C}=\begin{bmatrix}-\boldsymbol{M}_{\mathrm{s}}^{-1}\boldsymbol{L}\boldsymbol{k}_{\mathrm{s}} & -\boldsymbol{M}_{\mathrm{s}}^{-1}\boldsymbol{L}\boldsymbol{c}_{\mathrm{d}} & \boldsymbol{0}_{2\times2} & \boldsymbol{M}_{\mathrm{s}}^{-1}\boldsymbol{L}\boldsymbol{c}_{\mathrm{d}}\\ \boldsymbol{I}_{2\times2} & \boldsymbol{0}_{2\times2} & \boldsymbol{0}_{2\times2} & \boldsymbol{0}_{2\times2}\\ \boldsymbol{0}_{2\times2} & \boldsymbol{0}_{2\times2} & \boldsymbol{I}_{2\times2} & \boldsymbol{0}_{2\times2}\\ \boldsymbol{0}_{2\times2} & \boldsymbol{0}_{2\times2} & \boldsymbol{0}_{2\times2} & \boldsymbol{0}_{2\times2}\end{bmatrix},\quad \boldsymbol{D}=\begin{bmatrix}\boldsymbol{M}_{\mathrm{s}}^{-1}L\\ \boldsymbol{0}_{2\times2}\\ \boldsymbol{0}_{2\times2}\\ \boldsymbol{I}_{2\times2}\end{bmatrix}$$

根据 6.5.1 节随机路面激励模型中式(6-133)，主动悬架半车系统的状态空间方程可以表达为

$$\dot{\boldsymbol{x}}=\boldsymbol{A}\boldsymbol{x}+\boldsymbol{B}_1\boldsymbol{w}+\boldsymbol{B}_2\boldsymbol{u} \tag{7-94}$$

式中，

$\boldsymbol{B}_1=[\boldsymbol{0}_{2\times2}\quad \boldsymbol{0}_{2\times2}\quad -\boldsymbol{I}_{2\times2}W(G_0,v)\quad \boldsymbol{0}_{2\times2}]^{\mathrm{T}}$，$W(G_0,v)=2\pi\sqrt{G_0 v}$，$G_0=G_{\mathrm{q}}(n_0)n_0^2$，$\boldsymbol{w}=[w_{11}\quad w_{12}]^{\mathrm{T}}$表示路面白噪声扰动，$w_{11}$、$w_{12}$ 表示均值为 0、强度为 1 的高斯白噪声。

2. 半车主动悬架系统不确定性描述

由于悬架质量 m_{s}、悬架刚度 k_{s1}、k_{s2} 和轮胎刚度 k_{t1}、k_{t2} 等均属于参数不确定问题，因此可用参数的名义值及其变化范围表示参数的不确定性：

$$\begin{cases} m_{\mathrm{s}}=\bar{m}_{\mathrm{s}}(1+d_{m_{\mathrm{s}}}\delta_{m_{\mathrm{s}}})\\ k_{\mathrm{s}i}=\bar{k}_{\mathrm{s}i}(1+d_{k_{\mathrm{s}i}}\delta_{k_{\mathrm{s}i}})\\ k_{\mathrm{t}i}=\bar{k}_{\mathrm{t}i}(1+d_{k_{\mathrm{t}i}}\delta_{k_{\mathrm{t}i}}),\quad i=1,2\end{cases} \tag{7-95}$$

式中，$\bar{m}_{\mathrm{s}}$、$\bar{k}_{\mathrm{s}i}$、$\bar{k}_{\mathrm{t}i}(i=1,2)$ 分别表示悬架质量、前后悬架刚度及前后轮胎刚度的名义值；$d_{m_{\mathrm{s}}}$、$d_{k_{\mathrm{s}i}}$ 和 $d_{k_{\mathrm{t}i}}$ 分别表示参数摄动的范围；相应地，实参数的不确定性表示为 $-1\leqslant\delta_{m_{\mathrm{s}}}$、$\delta_{k_{\mathrm{s}i}}$、$\delta_{k_{\mathrm{t}i}}\leqslant1$，由此确定了实际参数偏离其名义值的程度。

由于系统模型中参数 m_{s} 出现在分母中，因此经过适当的变化，可得其线性分式结构(LFT)：

$$\frac{1}{m_{\mathrm{s}}}=\frac{1}{\bar{m}_{\mathrm{s}}(1+d_{m_{\mathrm{s}}}\delta_{m_{\mathrm{s}}})}=\frac{1}{\bar{m}_{\mathrm{s}}}-\frac{d_{m_{\mathrm{s}}}}{\bar{m}_{\mathrm{s}}}\delta_{m_{\mathrm{s}}}(1+d_{m_{\mathrm{s}}}\delta_{m_{\mathrm{s}}})^{-1}=F_{\mathrm{L}}(\boldsymbol{M}_{m_{\mathrm{s}}},\delta_{m_{\mathrm{s}}}) \tag{7-96}$$

而前后悬架刚度 k_{s1}、k_{s2} 及轮胎刚度 k_{t1}、k_{t2} 的变化可以表示为：

$$k_p=\bar{k}_p(1+d_{k_p}\delta_{k_p})=F_{\mathrm{L}}(\boldsymbol{M}_{k_p},\delta_{k_p}),\quad p\in(s_1,s_2,t_1,t_2) \tag{7-97}$$

式中，

$$\boldsymbol{M}_{m_{\mathrm{s}}}=\begin{bmatrix}\dfrac{1}{\bar{m}_{\mathrm{s}}} & -\dfrac{d_{m_{\mathrm{s}}}}{\bar{m}_{\mathrm{s}}}\\ 1 & d_{m_{\mathrm{s}}}\end{bmatrix},\delta_{m_{\mathrm{s}}},\quad \boldsymbol{M}_{k_p}=\begin{bmatrix}\bar{k}_p & 1\\ d_{k_p}\bar{k}_p & 0\end{bmatrix},\delta_{k_p},$$

$\boldsymbol{F}_{\mathrm{L}}(\boldsymbol{M}_{m_s},\delta_{m_s})$和$\boldsymbol{F}_{\mathrm{L}}(\boldsymbol{M}_{k_p},\delta_{k_p})$表示各个参数摄动的 LFT 变换，其变换结构如图 7-5 所示。图中$\boldsymbol{u}_{m_s}$ 和 $\boldsymbol{u}_{k_p}$ 是由参数变化而产生的摄动输入，$\boldsymbol{y}_{m_s}$ 和 $\boldsymbol{y}_{k_p}$ 则代表相应的摄动输出。

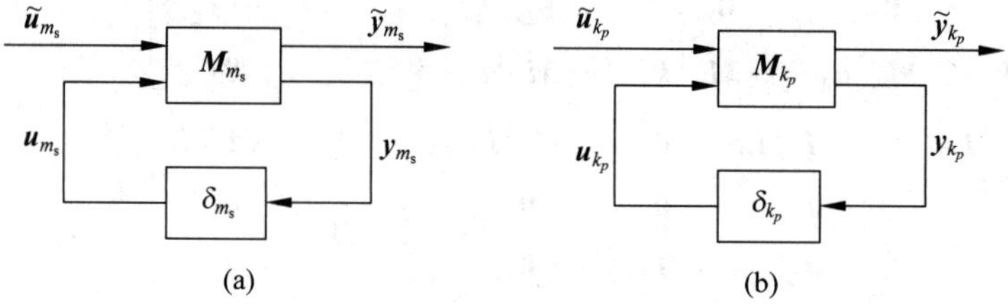

图 7-5　不确定参数 LFT 结构图

由图 7-5 可知，经过 LFT 变换后，$\boldsymbol{M}_{m_s}$ 的输出 $\tilde{\boldsymbol{y}}_{m_s}$ 和$\boldsymbol{M}_{k_p}$ 的输出 $\tilde{\boldsymbol{y}}_{k_p}$ 可以表示为

$$\begin{cases}\tilde{\boldsymbol{y}}_{m_s}=\dfrac{1}{\bar{m}_s}(\tilde{\boldsymbol{u}}_{m_s}-d_{m_s}\boldsymbol{u}_{m_s})\\ \tilde{\boldsymbol{y}}_{k_p}=\bar{k}_p\tilde{\boldsymbol{u}}_{k_p}+\boldsymbol{u}_{k_p}\end{cases}\tag{7-98}$$

基于上述讨论，可以得到悬架系统参数摄动时的动力学方程形式：

$$\begin{cases}\boldsymbol{M}_s\ddot{\boldsymbol{q}}=\boldsymbol{L}\boldsymbol{c}_d(\dot{\boldsymbol{z}}_u-\dot{\boldsymbol{z}}_s)+\boldsymbol{L}\boldsymbol{k}_s(\boldsymbol{z}_u-\boldsymbol{z}_s)+\boldsymbol{L}\boldsymbol{F}+\boldsymbol{f}_1\boldsymbol{u}_\delta\\ \boldsymbol{M}_u\ddot{\boldsymbol{z}}_u=\boldsymbol{c}_d(\dot{\boldsymbol{z}}_s-\dot{\boldsymbol{z}}_u)-\boldsymbol{k}_s(\boldsymbol{z}_u-\boldsymbol{z}_s)-\boldsymbol{k}_t(\boldsymbol{z}_u-\boldsymbol{z}_r)-\boldsymbol{F}+\boldsymbol{f}_2\boldsymbol{u}_\delta\end{cases}\tag{7-99}$$

式中，

$$\boldsymbol{q}=[z_a\quad\theta_a]^{\mathrm{T}},\quad \boldsymbol{z}_u=[z_{u1}\quad z_{u2}]^{\mathrm{T}},\quad \boldsymbol{z}_s=[z_{s1}\quad z_{s2}]^{\mathrm{T}},$$

$$\boldsymbol{z}_r=[z_{r1}\quad z_{r2}]^{\mathrm{T}},\quad \boldsymbol{F}=[F_1\quad F_2]^{\mathrm{T}},\quad \boldsymbol{u}_\delta=[u_{m_s}\quad u_{k_{s1}}\quad u_{k_{s2}}\quad u_{k_{t1}}\quad u_{k_{t2}}]^{\mathrm{T}},$$

$$\boldsymbol{M}_s=\begin{bmatrix}\bar{m}_s&0\\0&J_\theta\end{bmatrix},\quad \boldsymbol{M}_u=\begin{bmatrix}m_{u1}&0\\0&m_{u2}\end{bmatrix},\quad \boldsymbol{c}_d=\begin{bmatrix}c_{d1}&0\\0&c_{d2}\end{bmatrix},$$

$$\boldsymbol{k}_s=\begin{bmatrix}\bar{k}_{s1}&0\\0&\bar{k}_{s2}\end{bmatrix},\quad \boldsymbol{k}_t=\begin{bmatrix}\bar{k}_{t1}&0\\0&\bar{k}_{t2}\end{bmatrix},\quad \boldsymbol{L}=\begin{bmatrix}1&1\\-l_f&l_r\end{bmatrix},$$

$$\boldsymbol{f}_1=[[-d_{m_s}\quad 0]^{\mathrm{T}}\quad \boldsymbol{L}\quad \boldsymbol{0}_{2\times2}],\quad \boldsymbol{f}_2=[\boldsymbol{0}_{2\times2}\quad -\boldsymbol{I}_{2\times2}\quad -\boldsymbol{I}_{2\times2}]。$$

由于 $\boldsymbol{z}_s$ 与 $\boldsymbol{q}$ 在动力学上满足 $\boldsymbol{z}_s=\boldsymbol{L}^{\mathrm{T}}\boldsymbol{q}$ 的关系，因此可得关系式：

$$\begin{aligned}\ddot{\boldsymbol{z}}_s&=\boldsymbol{L}^{\mathrm{T}}\ddot{\boldsymbol{q}}=\boldsymbol{L}^{\mathrm{T}}[\boldsymbol{M}_s^{-1}\boldsymbol{L}\boldsymbol{c}_d(\dot{\boldsymbol{z}}_u-\dot{\boldsymbol{z}}_s)+\boldsymbol{M}_s^{-1}\boldsymbol{L}\boldsymbol{k}_s(\boldsymbol{z}_u-\boldsymbol{z}_s)+\boldsymbol{M}_s^{-1}\boldsymbol{L}\boldsymbol{F}+\boldsymbol{M}_s^{-1}\boldsymbol{f}_1\boldsymbol{u}_\delta]\\&=[\boldsymbol{M}_{sl}\boldsymbol{c}_d(\dot{\boldsymbol{z}}_u-\dot{\boldsymbol{z}}_s)+\boldsymbol{M}_{sl}\boldsymbol{k}_s(\boldsymbol{z}_u-\boldsymbol{z}_s)+\boldsymbol{M}_{sl}\boldsymbol{F}+\boldsymbol{L}^{\mathrm{T}}\boldsymbol{M}_s^{-1}\boldsymbol{f}_1\boldsymbol{u}_\delta]\end{aligned}\tag{7-100}$$

通过 LFT 变换后可以得到由系统参数不确定带来的摄动输出：

$$\begin{cases}\boldsymbol{y}_{m_s}=\tilde{\boldsymbol{L}}\boldsymbol{c}_d(\dot{\boldsymbol{z}}_u-\dot{\boldsymbol{z}}_s)+\tilde{\boldsymbol{L}}\boldsymbol{k}_s(\boldsymbol{z}_u-\boldsymbol{z}_s)+\tilde{\boldsymbol{L}}\boldsymbol{F}+\tilde{\boldsymbol{f}}_1\boldsymbol{u}_\delta\\ \boldsymbol{y}_{k_s}=\boldsymbol{D}_{k_s}\boldsymbol{k}_s(\boldsymbol{z}_u-\boldsymbol{z}_s)\\ \boldsymbol{y}_{k_t}=\boldsymbol{D}_{k_t}\boldsymbol{k}_t(\boldsymbol{z}_u-\boldsymbol{z}_r)\end{cases}\tag{7-101}$$

式中，

$$\widetilde{\boldsymbol{L}}=[1\quad 0],\quad \widetilde{\boldsymbol{f}}_1=[1\quad 0]\boldsymbol{f}_1,\quad \boldsymbol{D}_{k_s}=\begin{bmatrix} d_{k_{s1}} & 0 \\ 0 & d_{k_{s2}} \end{bmatrix},\quad \boldsymbol{D}_{k_t}=\begin{bmatrix} d_{k_{t1}} & 0 \\ 0 & d_{k_{t2}} \end{bmatrix}$$

根据以上运动方程,选取状态变量

$$\boldsymbol{x}=[(\boldsymbol{z}_s-\boldsymbol{z}_u)^{\mathrm{T}}\quad \dot{\boldsymbol{z}}_s^{\mathrm{T}}\quad (\boldsymbol{z}_u-\boldsymbol{z}_r)^{\mathrm{T}}\quad \dot{\boldsymbol{z}}_u^{\mathrm{T}}]^{\mathrm{T}} \tag{7-102}$$

可以得到不确定系统的状态方程为

$$\dot{\boldsymbol{x}}=\boldsymbol{A}\boldsymbol{x}+\boldsymbol{B}_{11}\boldsymbol{w}_1+\boldsymbol{B}_{12}\boldsymbol{w}_2+\boldsymbol{B}_2\boldsymbol{F} \tag{7-103}$$

其中,

$$\boldsymbol{A}=\begin{bmatrix} \boldsymbol{0}_{2\times2} & \boldsymbol{I}_{2\times2} & \boldsymbol{0}_{2\times2} & -\boldsymbol{I}_{2\times2} \\ -\boldsymbol{M}_{sl}\boldsymbol{k}_s & -\boldsymbol{M}_{sl}\boldsymbol{c}_d & \boldsymbol{0}_{2\times2} & \boldsymbol{M}_{sl}\boldsymbol{c}_d \\ \boldsymbol{0}_{2\times2} & \boldsymbol{0}_{2\times2} & \boldsymbol{0}_{2\times2} & \boldsymbol{I}_{2\times2} \\ \boldsymbol{M}_u^{-1}\boldsymbol{k}_s & \boldsymbol{M}_u^{-1}\boldsymbol{c}_d & -\boldsymbol{M}_u^{-1}\boldsymbol{k}_t & -\boldsymbol{M}_u^{-1}\boldsymbol{c}_d \end{bmatrix},\quad \boldsymbol{B}_{11}=\begin{bmatrix} \boldsymbol{0}_{2\times5} \\ \boldsymbol{L}^{\mathrm{T}}\boldsymbol{M}_s^{-1}\boldsymbol{f}_1 \\ \boldsymbol{0}_{2\times5} \\ \boldsymbol{M}_u^{-1}\boldsymbol{f}_2 \end{bmatrix},$$

$$\boldsymbol{B}_{12}=\begin{bmatrix} \boldsymbol{0}_{2\times2} \\ \boldsymbol{0}_{2\times2} \\ -\boldsymbol{I}_{2\times2}\boldsymbol{W}(G_0,v) \\ \boldsymbol{0}_{2\times2} \end{bmatrix},\quad \boldsymbol{B}_2=\begin{bmatrix} \boldsymbol{0}_{2\times2} \\ \boldsymbol{M}_{sl} \\ \boldsymbol{0}_{2\times2} \\ -\boldsymbol{M}_u^{-1} \end{bmatrix}。$$

式中,$\boldsymbol{w}_1=\boldsymbol{u}_\delta$ 为参数变化引起的摄动输入; $\boldsymbol{w}_2=[w_{21}\quad w_{22}]$为路面白噪声扰动。

选取参数不确定输出和系统的性能输出作为扰动模型的输出,即 $\boldsymbol{z}_\delta=[\boldsymbol{y}_\delta\quad \boldsymbol{z}]^{\mathrm{T}}$,则系统的输出方程为

$$\boldsymbol{z}_\delta=\boldsymbol{C}_1\boldsymbol{x}+\boldsymbol{D}_{11}\boldsymbol{w}_1+\boldsymbol{D}_2\boldsymbol{F} \tag{7-104}$$

式中,$\boldsymbol{y}_\delta=[\boldsymbol{y}_{m_s}\quad \boldsymbol{y}_{k_{s1}}\quad \boldsymbol{y}_{k_{s2}}\quad \boldsymbol{y}_{k_{t1}}\quad \boldsymbol{y}_{k_{t2}}]$为参数变化引起的摄动输出; $\boldsymbol{z}=[\ddot{\boldsymbol{q}}\quad \boldsymbol{z}_s-\boldsymbol{z}_u\quad \boldsymbol{z}_u-\boldsymbol{z}_r\quad \boldsymbol{F}]$为不确定模型输出。

$$\boldsymbol{C}_1=\begin{bmatrix} -\widetilde{\boldsymbol{L}}\boldsymbol{k}_s & -\widetilde{\boldsymbol{L}}\boldsymbol{c}_d & \boldsymbol{0}_{1\times2} & \widetilde{\boldsymbol{L}}\boldsymbol{c}_d \\ -\boldsymbol{D}_{k_s}\boldsymbol{k}_s & \boldsymbol{0}_{2\times2} & \boldsymbol{0}_{2\times2} & \boldsymbol{0}_{2\times2} \\ \boldsymbol{0}_{2\times2} & \boldsymbol{0}_{2\times2} & \boldsymbol{D}_{k_t}\boldsymbol{k}_t & \boldsymbol{0}_{2\times2} \\ -\boldsymbol{M}_s^{-1}\boldsymbol{L}\boldsymbol{k}_s & -\boldsymbol{M}_s^{-1}\boldsymbol{L}\boldsymbol{c}_d & \boldsymbol{0}_{2\times2} & \boldsymbol{M}_s^{-1}\boldsymbol{L}\boldsymbol{c}_d \\ \boldsymbol{I}_{2\times2} & \boldsymbol{0}_{2\times2} & \boldsymbol{0}_{2\times2} & \boldsymbol{0}_{2\times2} \\ \boldsymbol{0}_{2\times2} & \boldsymbol{0}_{2\times2} & \boldsymbol{I}_{2\times2} & \boldsymbol{0}_{2\times2} \\ \boldsymbol{0}_{2\times2} & \boldsymbol{0}_{2\times2} & \boldsymbol{0}_{2\times2} & \boldsymbol{0}_{2\times2} \end{bmatrix},\quad \boldsymbol{D}_{11}=\begin{bmatrix} \widetilde{\boldsymbol{f}}_1 \\ \boldsymbol{0}_{2\times5} \\ \boldsymbol{0}_{2\times5} \\ \boldsymbol{M}_s^{-1}\boldsymbol{f}_1 \\ \boldsymbol{0}_{2\times5} \\ \boldsymbol{0}_{2\times5} \\ \boldsymbol{0}_{2\times5} \end{bmatrix},\quad \boldsymbol{D}_2=\begin{bmatrix} \widetilde{\boldsymbol{L}} \\ \boldsymbol{0}_{2\times2} \\ \boldsymbol{0}_{2\times2} \\ \boldsymbol{M}_s^{-1}\boldsymbol{L} \\ \boldsymbol{0}_{2\times2} \\ \boldsymbol{0}_{2\times2} \\ \boldsymbol{I}_{2\times2} \end{bmatrix}$$

3. 多目标鲁棒输出反馈控制

在多数情况下,系统的性能要求是多方面的,这里对主动悬架的多目标控制方法进行研究。为了满足车辆乘坐舒适性的要求,同时考虑到操纵稳定性、悬架行程限制及执行机构输出饱和限制,将悬架系统的输出划分为性能输出和约束输出两个部分。性能输出即为悬架系统的加速度输出;约束输出是指系统的悬架动行程、轮胎动静载荷比及作动器主动力等不需要最小化的输出。选取加权后的性能输出和归一化约束输出分别为 $\boldsymbol{z}_1$ 和 $\boldsymbol{z}_2$,其中

$$z_1=\begin{bmatrix} q_1\ddot{z}_a \\ q_2\ddot{\theta}_a \end{bmatrix},\quad z_2=\begin{bmatrix} \dfrac{z_s-z_u}{s_{\max}} & F_k(z_u-z_r) & \dfrac{F}{F_{\max}} \end{bmatrix}^{T} \tag{7-105}$$

式中，加权系数选取为 $q_1=1, q_2=q_1\sqrt{l_f l_r}$； $F_k=\mathrm{diag}\left(\dfrac{k_{t1}}{f_{k_{t1}}},\dfrac{k_{t2}}{f_{k_{t2}}}\right)$

主动悬架多目标控制系统可以描述为

$$\begin{cases} \dot{x}=Ax+B_1w+B_2u \\ z_1=C_1x+D_{12}u \\ z_2=C_2x+D_{22}u \\ y=Cx \end{cases} \tag{7-106}$$

式中，状态变量 x，控制输入 u 及扰动输入 w 的选取，参见式(7-93)。

主动悬架多目标控制系统如图 7-6 所示。

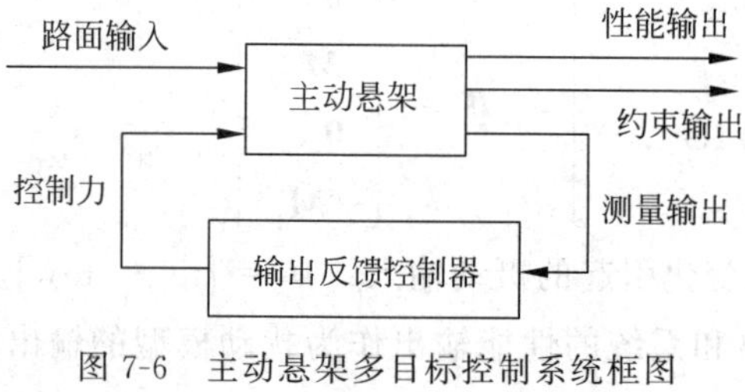

图 7-6 主动悬架多目标控制系统框图

设计输出反馈控制为

$$u=Ky=KCx \tag{7-107}$$

相应的闭环系统方程为

$$\begin{cases} \dot{x}=(A+B_2KC)x+B_1w \\ z_1=(C_1+D_{12}KC)x \\ z_2=(C_2+D_{22}KC)x \end{cases} \tag{7-108}$$

对于闭环系统(7-108)，从干扰输入 w 到性能输出 z_1 的传递函数矩阵记为 T_{z_1w}，从 w 到约束输出 z_2 的传递函数矩阵记为 T_{z_2w}，选择 T_{z_1w} 的 H_∞ 范数作为系统的优化性能指标，利用 T_{z_2w} 的广义 H_2 范数(记为 $\|T_{z_2w}\|_g$)来描述系统的时域约束，则 H_∞ 主动悬架控制问题可以描述为：对于所有能量有界的扰动，设计输出反馈控制器使得主动悬架系统在满足全部硬约束条件下($\|T_{z_2w}\|_g\leqslant 1$)，闭环系统稳定，并尽可能地使 $\|T_{z_1w}\|_\infty$ 达到最小。

定理 7.3 在 $\|T_{z_2w}\|_g\leqslant 1$ 的条件下，存在输出反馈 $K\in\kappa$ 使 $\|T_{z_1w}\|_\infty$ 达到最小，等价于求解具有 BMI 约束的优化问题，即

$$\min_{K\in\kappa}\gamma$$

$$\begin{bmatrix} (A+B_2KC)^T P_1+P_1(A+B_2KC) & P_1B_1 & (C_1+D_{12}KC)^T \\ * & -\gamma I & 0 \\ * & * & -\gamma I \end{bmatrix}<0$$

$$\begin{bmatrix} (A+B_2KC)^T P_2+P_2(A+B_2KC) & P_2B_1 \\ * & -I \end{bmatrix}<0$$

$$\begin{bmatrix} \boldsymbol{P}_2 & (\boldsymbol{C}_2+\boldsymbol{D}_{22}\boldsymbol{K}\boldsymbol{C})^{\mathrm{T}} \\ * & \boldsymbol{I} \end{bmatrix} > 0 \tag{7-109}$$

$$\boldsymbol{P}_1 > 0, \boldsymbol{P}_2 > 0$$

式中，$\kappa = \{\boldsymbol{K} \mid \|\boldsymbol{T}_{z_1 w}\|_{\infty} \leqslant \gamma\}$。

针对优化问题(7-109)可以采用 DELMI 算法进行求解，分别选择单独悬架动行程及悬架动行程和车身加速度作为反馈信号设计控制算法，分别为：

控制算法 1 当采用悬架动行程和车身加速度作为反馈信号设计控制算法时，求得最优反馈增益矩阵为

$$\boldsymbol{K} = \begin{bmatrix} 11866 & 11625 & -1322.4 & -1394.2 \\ 6977.8 & 297.82 & 2404.3 & -2032 \end{bmatrix} \tag{7-110}$$

得到从路面干扰输入 $\boldsymbol{w}$ 到加速度输出 $\boldsymbol{z}_1$ 的最优 H_{∞} 性能为 6.2576。

控制算法 2 当单独悬架动行程作为反馈信号设计控制算法时，求得最优反馈增益矩阵为

$$\boldsymbol{K} = \begin{bmatrix} 14896 & 5117.7 \\ 788.44 & 16266 \end{bmatrix} \tag{7-111}$$

得到从路面干扰输入 $\boldsymbol{w}$ 到加速度输出 $\boldsymbol{z}_1$ 的最优 H_{∞} 性能为 6.1292。

7.4 自适应控制

7.4.1 自适应控制概述

在反馈控制和最优控制中，往往假定被控对象或过程的数学模型已知，且具有线性特性。然而在许多实际工程中，被控对象或过程的数学模型事先是难以确定的，即使在某一条件下确定了数学模型，在工况和条件改变了之后，其动态参数乃至模型结构仍然经常发生变化。为此，需要设计一种特殊的控制系统，用以自动补偿因过程对象的参数、环境的不定性而造成的系统性能变化，即自适应控制(adaptive control，APC)。自适应控制也可以看作能根据环境变化智能调节自身特性的反馈控制系统，以使系统能按照一些设定的标准，在最优状态工作。

自适应控制系统首先是由 Draper 和 Li 于 1951 年提出的，而自适应这一专业名词是 1954 年由钱学森在《工程控制论》一书中提出的。1955 年，Bennner 和 Drenick 也提出了一个控制系统具有“自适应”的概念。1973 年，Astrom 和 Wittenmark 对另一类重要的自适应控制，即自校正调节器(STR)作出重要贡献[35]。随着控制理论和计算机技术的发展和完善，自适应控制的应用领域也日益扩大，各种自适应控制策略相继问世，其理论成果和应用案例不断涌现。

1997 年，陈志林等[36]考虑了二自由度模型的主动悬架，通过采用最优控制策略的理想模型作为参考模型，实现了悬架系统的渐近稳定自适应控制。2003 年，孙建民等[37]将起源于信号处理的 LMS 自适应方法应用于主动悬架控制，并做了一系列研究。2005 年，

Karami[38]综合滑模控制和传统的模型参考自适应控制，提出了一种变结构模型参考自适应控制方法。2013 年，Sun 等[39]针对系统中的不确定性和作动器饱和问题，提出了一种饱和自适应鲁棒控制策略。2018 年，Hua 等[40]针对具有未知死区输入的半车主动悬架系统，提出了一种全新的自适应控制策略。2019 年，Pang 等[41]在改进模型参考系统的基础上，提出了一种自适应反步跟踪控制方法，实现了非线性不确定性主动悬架系统对簧载质量加速度和悬架动行程的协调控制。2020 年，Sun 等[42]结合天棚、地棚的方法，设计了一种模型参考滑模控制器。2022 年，Suhail 等[43]考虑了悬架系统中参数不确定性、非线性和外部扰动等问题，提出了一种基于自适应滑模的自抗扰控制策略。

1. 自适应控制系统的基本结构与原理

由于自适应控制的被控对象是那些存在不确定性的系统，所以这种控制应首先能在控制系统的运行过程中，通过不断地量测系统的输入信号、被控对象输出和性能指标，逐渐了解和掌握被控对象。然后根据所得信息，按照自适应机构去更新控制器的结构、参数或控制作用，以便达到在某种意义下控制效果的最优或次最优，或实现某个预期目标，按此设计思想建立的控制系统便是自适应控制系统。

自适应控制系统的基本结构如图 7-7 所示。图中 J 为性能指标，r 为输入信号，y 为被控对象输出[44]。系统中存在一个对性能指标 J 的闭环控制，这是判断一个系统是否真正具有“自适应”的基本特征。其中，虚线部分代表的是自适应机构，由辨识机构、决策机构和修正机构构成，它是自适应控制系统的核心，其本质是一种自适应算法。

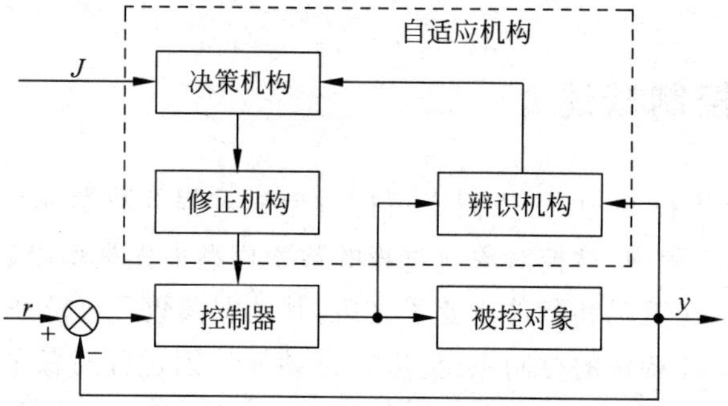

图 7-7　自适应控制系统的基本结构

当输入信号 r 加到系统时，此时被控对象的初始参数不确定，控制器的初始参数不能很好调节，之后系统通过辨识机构根据实时检测的信息对被控对象输出 y 和控制器参数连续或周期地进行辨识，然后由决策机构根据获得的信息，按照评价系统优劣的性能指标 J 决定所需的控制器参数及被控对象输出 y，最后通过修正机构实现这项控制决策，使系统趋向所期望的性能，从而保证系统具有自动适应的能力。

2. 自适应控制系统的特点

一个较完善的自适应控制系统具有以下特点。

(1) 与常规反馈控制器固定的结构和参数相比，自适应控制系统的控制器可在控制的过程中根据一定的自适应规则不断更改或变动其结构和参数，使整个系统始终自动运行在最优或次最优的工作状态下[45]。

（2）相较于常规反馈控制系统的结构，自适应控制系统中增加了自适应机构。通过自适应机构来辨识系统运行情况、决策控制器参数或控制信号、修正控制决策，实现自动调整控制器控制律，并且更新自适应律，以适应被控对象特性的变化。

（3）自适应控制适用于被控对象具有强非线性、参数未知或环境未知等情况，可以使系统保持高性能指标。而且在控制设计时不需要被控对象的准确数学模型，通过在系统的运行过程中不断提取有关模型的信息，使模型愈发完善。

上述特点从本质上决定了自适应系统是一个非线性时变系统。

3. 自适应控制的分类

自适应控制具有多种分类方式。根据被控对象的性质，可将自适应控制分为确定性自适应控制和随机性自适应控制；根据获得控制参数的方法，可将自适应控制分为直接自适应控制和间接自适应控制；根据控制系统的结构，可将自适应控制分为前馈自适应控制和反馈自适应控制。此外，亦可将自适应控制分为模型参考自适应控制、自校正控制和其他自适应控制。其中，前两种是自适应控制中较为成熟的理论体系，都是在控制器和被控对象组成的闭环回路外再建立一个附加回路用于调整控制器参数。

1）模型参考自适应控制

如图 7-8 所示，模型参考自适应控制由参考模型、被控对象、反馈控制器、自适应机构和控制器等部分组成。其中 r 代表输入信号，y_d 为参考模型输出，y 为被控对象输出，u 是控制器控制律。从图中可以看出，这类自适应控制实际上是在传统反馈控制的基础上添加了参考模型和自适应机构。

当输入信号 r 同时加到系统和参考模型的入口时，由于被控对象的初始参数不确定（事先未知），控制器的初始参数不能很好地调节，导致被控对象输出 y 与参考模型输出 y_d 之间存在控制误差。将控制误差引入自适应机构，经由自适应控制规律运算，直接调节控制器的参数或结构更新自适应律，改变控制器控制律 u，使被控对象输出 y 逐步与参考模型输出 y_d 相接近，直至二者相等（即控制误差为零），控制器参数自动整定完毕，自适应调节过程即停止。若不便直接改变控制器的参数，也可以如图 7-8 中虚线所示产生等效的附加控制作用。

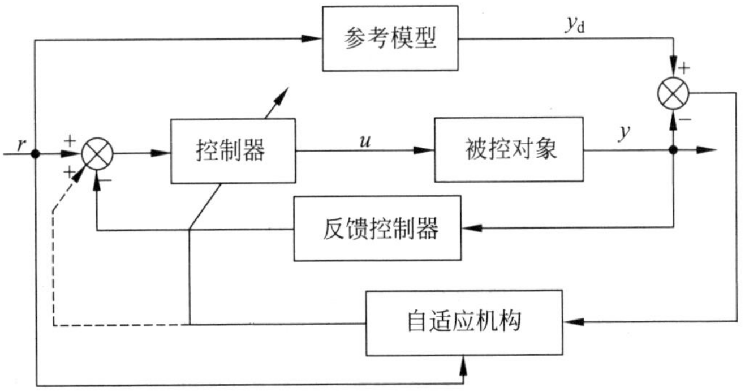

图 7-8　模型参考自适应控制框图

由此可见，尽管模型参考自适应控制的初始参数未知，但通过对被控对象输出与参考模型输出的比较及控制器参数的自适应调节，初始参数不确定对系统运行性能的影响将逐步减小，直至系统对参考输入的动态响应调整到与期望的动态响应一致。

模型参考自适应控制的核心问题是如何选择自适应机构的自适应算法，在确保系统有足够稳定性的同时消除控制误差。目前对于自适应机构设计主要有两种方法：参数最优化方法通过最优化技术搜索到一组控制器的参数，使某个预定的性能指标达到最小。基于稳定理论方法在保证控制器参数自适应调节过程稳定的同时，加快调节过程的收敛速度。考虑自适应控制的非线性，自适应机构的设计需采用适用于非线性系统的稳定理论，李雅普诺夫稳定理论和波波夫超稳定理论都是设计自适应控制的有效工具。

2）自校正控制

自校正控制可分为显式（间接）自校正控制和隐式（直接）自校正控制。图 7-9 为显式自校正控制框图。若利用参数估计器直接估计控制器参数，则可省去参数设计器而变为隐式自校正控制。

图 7-9 中的自校正控制在传统反馈控制（称为内环）的基础上，增加了由参数估计器和参数设计器所组成的外环，使系统具有了自适应能力。图中 J 代表性能指标，r 为输入信号，u 是控制器控制律，y 为被控对象输出，$\hat{\theta}$ 为参数估计值，θ 为参数真值。参数估计器根据控制器控制律 u 和被控对象输出 y 得到被控对象的参数估计值 $\hat{\theta}$，参数设计器根据该估计值 $\hat{\theta}$，按照评价系统优劣的性能指标 J 设计出符合一定规律的控制器参数来调节控制器控制律 u。当输入信号 r 加到系统时，系统开始运行，此时参数估计值 $\hat{\theta}$ 与参数真值 θ 的差别可能很大，导致控制效果较差。但随着控制过程的进行，参数估计值 $\hat{\theta}$ 会越来越精确，控制效果也会越来越好。当被控对象的特性发生变化时，参数估计值 $\hat{\theta}$ 会发生相应的改变，控制器参数随之变化，控制器控制律 u 和被控对象输出 y 也会发生改变，以自动适应变化的被控对象特性。

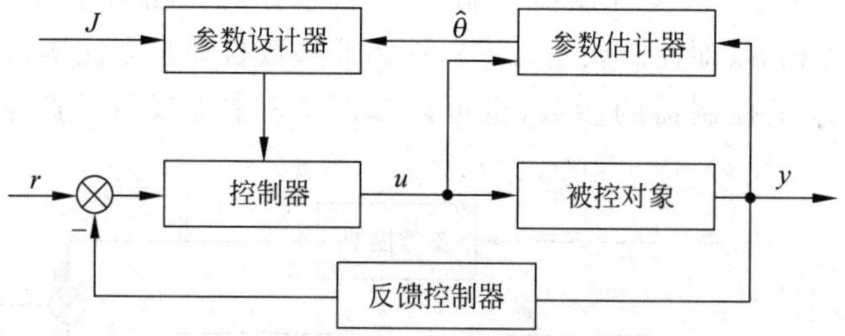

图 7-9 自校正控制框图

自校正控制的设计通常采用确定性等价原理，认为被控对象的未知参数真值 θ 用它们相应的估计值 $\hat{\theta}$ 代替后，其控制器的形式恰好与被控对象参数已知时控制器的形式相同。但设计过程中并未考虑参数估计器的精度及估计值与真值的偏离程度，此时的系统控制效果不是最优的。因此，系统辨识和随机最优控制理论成为设计这类控制的理论基础。

4. 自适应控制的设计

1）模型参考自适应控制设计

假设被控对象是线性时变系统[46]，被控对象的结构已知、参数未知，被控对象的全部状态都能直接获得，则被控对象的状态方程为

$$\dot{\boldsymbol{x}}=\boldsymbol{A}_{\mathrm{p}}(t)\boldsymbol{x}+\boldsymbol{B}_{\mathrm{p}}(t)\boldsymbol{u} \tag{7-112}$$

式中 $\boldsymbol{x}$——被控对象的 n 维向量；

$\boldsymbol{u}$——控制器控制律；

$\boldsymbol{A}_{\mathrm{p}}(t)=(a_{\mathrm{p}_{ij}})_{n\times n}$、$\boldsymbol{B}_{\mathrm{p}}(t)=(b_{\mathrm{p}_{ij}})_{n\times m}$——被控对象包含输入信号 r 的参数矩阵。

设参考模型为

$$\dot{\boldsymbol{x}}_{\mathrm{d}}=\boldsymbol{A}_{\mathrm{m}}\boldsymbol{x}_{\mathrm{d}}+\boldsymbol{B}_{\mathrm{m}}\boldsymbol{u}_{\mathrm{d}} \tag{7-113}$$

式中 $\boldsymbol{x}_{\mathrm{d}}$——参考模型的 n 维向量；

$\boldsymbol{u}_{\mathrm{d}}$——$m$ 维输入向量；

$\boldsymbol{A}_{\mathrm{m}}$ 和 $\boldsymbol{B}_{\mathrm{m}}$——常参数阵，其维数分别同 $\boldsymbol{A}_{\mathrm{p}}(t)$ 和 $\boldsymbol{B}_{\mathrm{p}}(t)$。

定义广义状态误差向量为

$$\boldsymbol{e}=\boldsymbol{x}_{\mathrm{d}}-\boldsymbol{x} \tag{7-114}$$

且假定 $\boldsymbol{x}(0)=\boldsymbol{x}_{\mathrm{d}}(0)$。

对被控对象引入增益矩阵 $\boldsymbol{K}(t)$，反馈控制器设计引入反馈矩阵 $\boldsymbol{F}(t)$。系统参数未受到扰动时可选择适当的 $\boldsymbol{K}(t)$ 和 $\boldsymbol{F}(t)$ 以保证系统的静态和动态品质。在系统参数受扰而变化时，可调整 $\boldsymbol{K}(t)$ 和 $\boldsymbol{F}(t)$ 以补偿系统参数的变化。

控制器控制律可表示为

$$\boldsymbol{u}=\boldsymbol{F}(t)\boldsymbol{x}+\boldsymbol{K}(t)\boldsymbol{u}_{\mathrm{d}} \tag{7-115}$$

将式(7-115)代入式(7-112)得

$$\dot{\boldsymbol{x}}=[\boldsymbol{A}_{\mathrm{p}}(t)+\boldsymbol{B}_{\mathrm{p}}(t)\boldsymbol{F}(t)]\boldsymbol{x}+\boldsymbol{B}_{\mathrm{p}}(t)\boldsymbol{K}(t)\boldsymbol{u}_{\mathrm{d}} \tag{7-116}$$

令 $\boldsymbol{F}^*$ 和 $\boldsymbol{K}^*$ 分别为 $\boldsymbol{F}(t)$ 和 $\boldsymbol{K}(t)$ 调整后的理想目标值，若满足以下条件：

$$\boldsymbol{A}_{\mathrm{p}}(t)+\boldsymbol{B}_{\mathrm{p}}(t)\boldsymbol{F}^*=\boldsymbol{A}_{\mathrm{m}} \tag{7-117}$$

$$\boldsymbol{B}_{\mathrm{p}}(t)\boldsymbol{K}^*=\boldsymbol{B}_{\mathrm{m}} \tag{7-118}$$

则被控对象与参考模型完全匹配。

对式(7-114)两边求导，可得

$$\dot{\boldsymbol{e}}=\boldsymbol{A}_{\mathrm{m}}\boldsymbol{e}+(\boldsymbol{A}_{\mathrm{m}}(t)-\boldsymbol{A}_{\mathrm{p}}(t)-\boldsymbol{B}_{\mathrm{p}}(t)\boldsymbol{F}(t))\boldsymbol{x}+(\boldsymbol{B}_{\mathrm{m}}(t)-\boldsymbol{B}_{\mathrm{p}}(t)\boldsymbol{K}(t))\boldsymbol{u}_{\mathrm{d}} \tag{7-119}$$

定义参数误差矩阵

$$\boldsymbol{\varphi}=\boldsymbol{F}^*-\boldsymbol{F}(t) \tag{7-120}$$

$$\boldsymbol{\psi}=\boldsymbol{K}^*-\boldsymbol{K}(t) \tag{7-121}$$

将式(7-117)、式(7-118)、式(7-120)和式(7-121)代入式(7-119)，整理后可得广义误差状态方程

$$\dot{\boldsymbol{e}}=\boldsymbol{A}_{\mathrm{m}}\boldsymbol{e}+\boldsymbol{B}_{\mathrm{p}}(t)\boldsymbol{\varphi}\boldsymbol{x}+\boldsymbol{B}_{\mathrm{p}}(t)\boldsymbol{\psi}\boldsymbol{u}_{\mathrm{d}} \tag{7-122}$$

令 $\boldsymbol{\Phi}=[\boldsymbol{\varphi},\boldsymbol{\psi}]$，$\boldsymbol{Z}=[\boldsymbol{x},\boldsymbol{u}_{\mathrm{d}}]^{\mathrm{T}}$，$\boldsymbol{B}_{\mathrm{p}}(t)=\boldsymbol{B}$，则式(7-122)可简化为

$$\dot{\boldsymbol{e}}=\boldsymbol{A}_{\mathrm{m}}\boldsymbol{e}+\boldsymbol{B}\boldsymbol{\Phi}\boldsymbol{Z} \tag{7-123}$$

构造李雅普诺夫函数

$$V(x)=\frac{1}{2}\left[\boldsymbol{e}^{\mathrm{T}}\boldsymbol{P}\boldsymbol{e}+\operatorname{tr}(\boldsymbol{\Phi}\boldsymbol{\Gamma}^{-1}\boldsymbol{\Phi}^{\mathrm{T}})\right] \tag{7-124}$$

式中，$\boldsymbol{P}=\boldsymbol{P}^{\mathrm{T}}>0$，$\boldsymbol{\Gamma}=\begin{bmatrix}\boldsymbol{\Gamma}_1 & 0\\ 0 & \boldsymbol{\Gamma}_2\end{bmatrix}=\boldsymbol{\Gamma}^{\mathrm{T}}>0$，且 $\boldsymbol{P}$ 满足

$$\boldsymbol{A}_{\mathrm{m}}^{\mathrm{T}}\boldsymbol{P}+\boldsymbol{P}^{\mathrm{T}}\boldsymbol{A}_{\mathrm{m}}=-\boldsymbol{Q},\quad \boldsymbol{Q}>0 \tag{7-125}$$

可得

$$\dot{V}(x)=-\frac{1}{2}\boldsymbol{e}^{\mathrm{T}}\boldsymbol{Q}\boldsymbol{e}+\operatorname{tr}(\boldsymbol{B}^{\mathrm{T}}\boldsymbol{P}\boldsymbol{e}\boldsymbol{Z}^{\mathrm{T}}\boldsymbol{\Phi}^{\mathrm{T}})+\operatorname{tr}(\dot{\boldsymbol{\Phi}}\boldsymbol{\Gamma}^{-1}\boldsymbol{\Phi}^{\mathrm{T}}) \tag{7-126}$$

要保证模型参考自适应控制所设计的闭环系统满足渐近稳定，必须保证$\dot{V}(x)<0$。因此，令

$$\operatorname{tr}(\boldsymbol{B}^{\mathrm{T}}\boldsymbol{P}\boldsymbol{e}\boldsymbol{Z}^{\mathrm{T}}\boldsymbol{\Phi}^{\mathrm{T}})+\operatorname{tr}(\dot{\boldsymbol{\Phi}}\boldsymbol{\Gamma}^{-1}\boldsymbol{\Phi}^{\mathrm{T}})=0 \tag{7-127}$$

即

$$\boldsymbol{B}^{\mathrm{T}}\boldsymbol{P}\boldsymbol{e}\boldsymbol{Z}^{\mathrm{T}}+\dot{\boldsymbol{\Phi}}\boldsymbol{\Gamma}^{-1}=0 \tag{7-128}$$

可得

$$\dot{\boldsymbol{\Phi}}=-\boldsymbol{B}^{\mathrm{T}}\boldsymbol{P}\boldsymbol{e}\boldsymbol{Z}^{\mathrm{T}}\boldsymbol{\Gamma} \tag{7-129}$$

对式(7-120)和式(7-121)求导，并将式(7-129)代入可得

$$\dot{\boldsymbol{F}}(t)=-\dot{\boldsymbol{\varphi}}=\boldsymbol{B}_{\mathrm{p}}^{\mathrm{T}}\boldsymbol{P}\boldsymbol{e}\boldsymbol{x}^{\mathrm{T}}\boldsymbol{\Gamma}_1=(\boldsymbol{B}_{\mathrm{m}}\boldsymbol{K}^{*-1})^{\mathrm{T}}\boldsymbol{P}\boldsymbol{e}\boldsymbol{x}^{\mathrm{T}}\boldsymbol{\Gamma}_1 \tag{7-130}$$

$$\dot{\boldsymbol{K}}(t)=-\dot{\boldsymbol{\psi}}=\boldsymbol{B}_{\mathrm{p}}^{\mathrm{T}}\boldsymbol{P}\boldsymbol{e}\boldsymbol{u}_{\mathrm{d}}^{\mathrm{T}}\boldsymbol{\Gamma}_2=(\boldsymbol{B}_{\mathrm{m}}\boldsymbol{K}^{*-1})^{\mathrm{T}}\boldsymbol{P}\boldsymbol{e}\boldsymbol{u}_{\mathrm{d}}^{\mathrm{T}}\boldsymbol{\Gamma}_2 \tag{7-131}$$

其积分形式为

$$\boldsymbol{F}(t)=\int_0^t(\boldsymbol{B}_{\mathrm{m}}\boldsymbol{K}^{*-1})^{\mathrm{T}}\boldsymbol{P}\boldsymbol{e}\boldsymbol{x}^{\mathrm{T}}\boldsymbol{\Gamma}_1\mathrm{d}t+\boldsymbol{F}(0) \tag{7-132}$$

$$\boldsymbol{K}(t)=\int_0^t(\boldsymbol{B}_{\mathrm{m}}\boldsymbol{K}^{*-1})^{\mathrm{T}}\boldsymbol{P}\boldsymbol{e}\boldsymbol{u}_{d}^{\mathrm{T}}\boldsymbol{\Gamma}_2\mathrm{d}t+\boldsymbol{K}(0) \tag{7-133}$$

2）自校正控制设计

最小方差自校正控制是最早广泛应用于实际的自校正控制算法，是其他自校正控制算法的基础。最小方差自校正控制以最小输出方差为目标设计自校正控制律，用递推最小二乘估计算法直接估计控制器参数，是一种最简单的隐式自校正控制器[47]。在控制设计中，由于被控对象存在纯延迟 k，当前的控制作用要滞后 k 个采样周期才能影响被控对象输出。因此，要使输出方差最小，就必须提前 k 步对被控对象输出进行预测，然后根据预测值来设计所需的控制。不断地预测和控制，才能保证稳态输出方差最小。

假设在自校正过程中系统参数不变，被控对象单输入单输出的差分方程为

$$\boldsymbol{y}(t)=\frac{z^{-k}\boldsymbol{B}(z^{-1})}{\boldsymbol{A}(z^{-1})}\boldsymbol{u}(t)+\frac{\boldsymbol{C}(z^{-1})}{\boldsymbol{A}(z^{-1})}\boldsymbol{w}(t) \tag{7-134}$$

式中，$\boldsymbol{w}(t)$是均值为零，方差为 σ^2 的独立随机序列；$\boldsymbol{A}(z^{-1})$、$\boldsymbol{B}(z^{-1})$和 $\boldsymbol{C}(z^{-1})$多项式的所有零点都在单位圆内；$\boldsymbol{y}(t)$为被控对象输出；$\boldsymbol{u}(t)$为控制器控制律。

由式(7-134)可得被控对象差分方程为

$$\boldsymbol{A}(z^{-1})\boldsymbol{y}(t)=\boldsymbol{B}(z^{-1})\boldsymbol{u}(t-k)+\boldsymbol{C}(z^{-1})\boldsymbol{w}(t) \tag{7-135}$$

令 $\boldsymbol{u}(t)=0$，可得

$$\boldsymbol{y}(t+k)=\frac{\boldsymbol{C}(z^{-1})}{\boldsymbol{A}(z^{-1})}\boldsymbol{w}(t+k) \tag{7-136}$$

式(7-136)中的$\dfrac{\boldsymbol{C}(z^{-1})}{\boldsymbol{A}(z^{-1})}$项经由 Diophantine 方程展开成

$$\frac{\boldsymbol{C}(z^{-1})}{\boldsymbol{A}(z^{-1})}=\boldsymbol{D}(z^{-1})+\frac{z^{-k}\boldsymbol{E}(z^{-1})}{\boldsymbol{A}(z^{-1})} \tag{7-137}$$

式中，$\boldsymbol{D}(z^{-1})=1+d_1z^{-1}+\cdots+d_{k-1}z^{-k+1}$，且 $\deg\boldsymbol{D}(z^{-1})=k-1$；$\boldsymbol{E}(z^{-1})=e_0+e_1z^{-1}+\cdots+e_{n_a-1}z^{-n_a+1}$，且 $\deg\boldsymbol{E}(z^{-1})=n_a-1$。又已知 $\boldsymbol{C}(z^{-1})$ 多项式的所有零点在单位圆内，可得

$$\boldsymbol{w}(t)=\frac{\boldsymbol{A}(z^{-1})}{\boldsymbol{C}(z^{-1})}\boldsymbol{y}(t) \tag{7-138}$$

将式(7-137)和式(7-138)代入式(7-136)得

$$\boldsymbol{y}(t+k)=\boldsymbol{D}(z^{-1})\boldsymbol{w}(t+k)+\frac{\boldsymbol{E}(z^{-1})}{\boldsymbol{C}(z^{-1})}\boldsymbol{y}(t) \tag{7-139}$$

令 $\hat{\boldsymbol{y}}(t+k|t)$ 表示基于输出观测数据 $\boldsymbol{Y}^t=[y(t),y(t-1),\cdots,y(0)]$ 对 $(t+k)$ 时刻输出量 $\boldsymbol{y}(t+k)$ 的预测估计。令预测误差 $\tilde{\boldsymbol{y}}(t+k|t)=\boldsymbol{y}(t+k)-\hat{\boldsymbol{y}}(t+k|t)$，要使预测误差的方差最小，即

$$E\{\tilde{\boldsymbol{y}}(t+k\mid t)^2\}=0 \tag{7-140}$$

将式(7-140)代入式(7-139)，可得

$$E\{\tilde{\boldsymbol{y}}(t+k\mid t)^2\}=E\{[\boldsymbol{D}(z^{-1})\boldsymbol{w}(t+k)]^2\}+E\left\{\left[\frac{\boldsymbol{E}(z^{-1})}{\boldsymbol{C}(z^{-1})}\boldsymbol{y}(t)-\hat{\boldsymbol{y}}(t+k\mid t)\right]^2\right\} \tag{7-141}$$

要使最小 $E\{\tilde{\boldsymbol{y}}(t+k|t)^2\}$，必须使 $E\left\{\left[\dfrac{\boldsymbol{E}(z^{-1})}{\boldsymbol{C}(z^{-1})}\boldsymbol{y}(t)-\hat{\boldsymbol{y}}(t+k|t)\right]^2\right\}=0$，即

$$\hat{\boldsymbol{y}}(t+k\mid t)=\frac{\boldsymbol{E}(z^{-1})}{\boldsymbol{C}(z^{-1})}\boldsymbol{y}(t) \tag{7-142}$$

式(7-142)即为最小方差预测律。最小预测误差的方差为

$$E\{\tilde{\boldsymbol{y}}(t+k\mid t)^2\}=E\{[\boldsymbol{D}(z^{-1})\boldsymbol{w}(t+k)]^2\} \tag{7-143}$$

最小预测误差为

$$\tilde{\boldsymbol{y}}(t+k\mid t)=\boldsymbol{D}(z^{-1})\boldsymbol{w}(t+k) \tag{7-144}$$

由式(7-144)可得被控对象的差分方程为

$$\boldsymbol{y}(t+k)=\frac{\boldsymbol{B}(z^{-1})}{\boldsymbol{A}(z^{-1})}\boldsymbol{u}(t)+\frac{\boldsymbol{C}(z^{-1})}{\boldsymbol{A}(z^{-1})}\boldsymbol{w}(t+k) \tag{7-145}$$

最小方差控制的性能指标要求输出 $\boldsymbol{y}(t+k)$ 与真值 $\boldsymbol{y}_{\mathrm{r}}(t)$ 的误差的方差最小，即

$$J=E\{[\boldsymbol{y}(t+k)-\boldsymbol{y}_{\mathrm{r}}(t)]^2\}=\min \tag{7-146}$$

假设 $\boldsymbol{y}_{\mathrm{r}}(t)=0$，则式(7-146)可表示为

$$J=E\{\boldsymbol{y}^2(t+k)\}=\min \tag{7-147}$$

将式(7-136)代入式(7-145)，可得

$$\boldsymbol{y}(t+k)=\boldsymbol{D}(z^{-1})\boldsymbol{w}(t+k)+\frac{\boldsymbol{E}(z^{-1})}{\boldsymbol{C}(z^{-1})}\boldsymbol{y}(t)+\frac{\boldsymbol{B}(z^{-1})\boldsymbol{D}(z^{-1})}{\boldsymbol{C}(z^{-1})}\boldsymbol{u}(t) \tag{7-148}$$

将式(7-148)代入式(7-146),可得

$$J=E\{\boldsymbol{y}^2(t+k)\}=E\{[\boldsymbol{D}(z^{-1})\boldsymbol{w}(t+k)]^2\}+E\left\{\left[\frac{\boldsymbol{E}(z^{-1})}{\boldsymbol{C}(z^{-1})}\boldsymbol{y}(t)+\frac{\boldsymbol{B}(z^{-1})\boldsymbol{D}(z^{-1})}{\boldsymbol{C}(z^{-1})}\boldsymbol{u}(t)\right]^2\right\} \tag{7-149}$$

要使 J 最小,需令

$$\frac{\boldsymbol{E}(z^{-1})}{\boldsymbol{C}(z^{-1})}\boldsymbol{y}(t)+\frac{\boldsymbol{B}(z^{-1})\boldsymbol{D}(z^{-1})}{\boldsymbol{C}(z^{-1})}\boldsymbol{u}(t)=0$$

即可得最小方差控制律

$$\boldsymbol{u}(t)=-\frac{\boldsymbol{E}(z^{-1})}{\boldsymbol{B}(z^{-1})\boldsymbol{D}(z^{-1})}\boldsymbol{y}(t) \tag{7-150}$$

故可得,$\boldsymbol{y}(t+k)=\boldsymbol{w}(t+k)$。将式(7-150)代入式(7-148),可得

$$\boldsymbol{y}(t+k)=\boldsymbol{F}(z^{-1})\boldsymbol{u}(t)+\boldsymbol{E}(z^{-1})\boldsymbol{y}(t)+\boldsymbol{w}(t+k) \tag{7-151}$$

式中,$\boldsymbol{F}(z^{-1})=f_0+f_1z^{-1}+\cdots+f_{n_f-1}z^{-n_f+1}$,$\boldsymbol{E}(z^{-1})=e_0+e_1z^{-1}+\cdots+e_{n_e-1}z^{-n_e+1}$。由于 $f_0=b_0$,则式(7-151)可改写为

$$\boldsymbol{y}(t+k)=b_0\boldsymbol{u}(t)+\boldsymbol{\varphi}^{\mathrm{T}}(t)\boldsymbol{\theta}^{\mathrm{T}}+\boldsymbol{w}(t+k) \tag{7-152}$$

式中,$\boldsymbol{\theta}^{\mathrm{T}}=[f_1,\cdots,f_{n_f};e_0,\cdots,e_{n_e}]$,$\boldsymbol{\varphi}^{\mathrm{T}}(t)=[u(t-1),\cdots,u(t-n_f);y(t),\cdots,y(t-n_e)]$。最小方差控制律等价为

$$\boldsymbol{u}(t)=-\frac{1}{b_0}\boldsymbol{\varphi}^{\mathrm{T}}(t)\hat{\boldsymbol{\theta}}(t) \tag{7-153}$$

式中,参数估计 $\hat{\boldsymbol{\theta}}(t)=\hat{\boldsymbol{\theta}}(t-1)+\boldsymbol{K}(t)[\boldsymbol{y}(t)-\boldsymbol{\varphi}^{\mathrm{T}}(t-k)\hat{\boldsymbol{\theta}}(t-1)]$;
协方差矩阵 $\boldsymbol{K}(t)=\boldsymbol{P}(t-1)\boldsymbol{\varphi}(t-k)/[\lambda+\boldsymbol{\varphi}^{\mathrm{T}}(t-k)\boldsymbol{P}(t-1)\boldsymbol{\varphi}(t-k)]^{-1}$;
增益向量 $\boldsymbol{P}(t)=\dfrac{1}{\lambda}[1-\boldsymbol{K}(t)\boldsymbol{\varphi}^{\mathrm{T}}(t-k)]\boldsymbol{P}(t-1)$。

7.4.2 主动悬架系统的模型参考自适应控制

本小节针对具有液压作动器的主动悬架单元,提出一种级联控制方法,在主回路设计模型参考自适应控制器来减弱由崎岖道路引起的干扰,内回路中利用比例控制器跟踪主回路的控制信号。在存在作动器时变参数和模型不确定性的情况下,所设计的控制方法不仅实现了闭环系统的全局稳定,还满足了悬架系统的约束条件。本小节控制方法的设计思路如图 7-10 所示。

1. 主动悬架液压系统动力学模型

这里引用 6.1.1 节主动悬架单元模型,忽略轮胎阻尼力 F_{b},并考虑了作动器和电液伺服阀间相互作用而产生的摩擦力 F_{f},则具有液压作动器的悬架单元的动力学方程可描述为

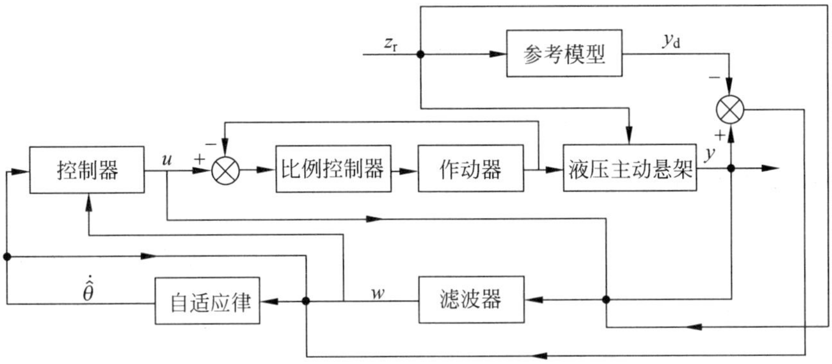

图 7-10 本小节控制方法设计思路

$$
\begin{cases}
m_s\ddot{z}_s + k_s(z_s - z_u) + c_d(\dot{z}_s - \dot{z}_u) = u \\
m_u\ddot{z}_u - k_s(z_s - z_u) - c_d(\dot{z}_s - \dot{z}_u) + k_t(z_u - z_r) = -u \\
u = F - F_f = Ap_L \\
\dot{p}_L = -\beta p_L - \alpha A(\dot{z}_s - \dot{z}_u) + \gamma x_v\sqrt{p_s - \text{sgn}(x_v)p_L} \\
\dot{x}_v = \dfrac{1}{\tau}(-x_v + k_v v)
\end{cases}
\tag{7-154}
$$

式中，

$$
F_f = \begin{cases}
\mu\,\text{sgn}(\dot{z}_s - \dot{z}_u), & |\dot{z}_s - \dot{z}_u| \geqslant 0.01 \\
\mu\sin[(\dot{z}_s - \dot{z}_u)\pi/0.02], & |\dot{z}_s - \dot{z}_u| \leqslant 0.01
\end{cases}
$$

式中 u——控制器控制律；

p_L——负载压力，Pa；伺服阀增益 $k_v = 1$；

p_s——供油压力，Pa；

A——活塞有效面积，m^2；

v——电液伺服阀的驱动电压，V；

α、β 和 γ——作动器参数，随时间会发生变化。

将状态空间变量分别定义为 $x_1 = z_s - z_u$、$x_2 = \dot{z}_s$、$x_3 = z_u$、$x_4 = \dot{z}_u$、$x_5 = p_L$ 和 $x_6 = x_v$，因此状态空间方程表示为

$$
\begin{cases}
\dot{x}_1 = x_2 - x_4 \\
\dot{x}_2 = \dfrac{1}{m_s}[-k_s x_1 - c_d(x_2 - x_4) + Ax_5 - F_f] \\
\dot{x}_3 = x_4 \\
\dot{x}_4 = \dfrac{1}{m_u}[k_s x_1 + c_d(x_2 - x_4) - k_t(x_3 - z_r) - Ax_5 + F_f] \\
\dot{x}_5 = -\beta x_5 - \alpha A(x_2 - x_4) + \gamma x_6\sqrt{p_s - \text{sgn}(x_6)x_5} \\
\dot{x}_6 = \dfrac{1}{\tau}(-x_6 + v)
\end{cases}
\tag{7-155}
$$

选择被控对象输出作为测量信号，则被控对象输出的线性传递函数可表示为

$$\begin{cases} \boldsymbol{y} = G_0(s)\boldsymbol{u} + z_r \\ G_0(s) = k_p \dfrac{Z_p(s)}{R_p(s)} = k_p \dfrac{s^3 + b_2 s^2 + b_3 s + b_4}{s^4 + a_1 s^3 + a_2 s^2 + a_3 s + a_4} \end{cases} \tag{7-156}$$

2. 参考模型的选取

选取的参考模型[48]如图 7-11 所示，其中 F_m 表示和顶部相连阻尼器产生的阻尼力，c_m 为阻尼系数，F_n 表示轮胎的弹性力，k_m 为弹性系数，z_d 表示簧载质量的垂直位移，z_w 表示轮胎受到的路面激励，则参考模型的动力学方程表示为

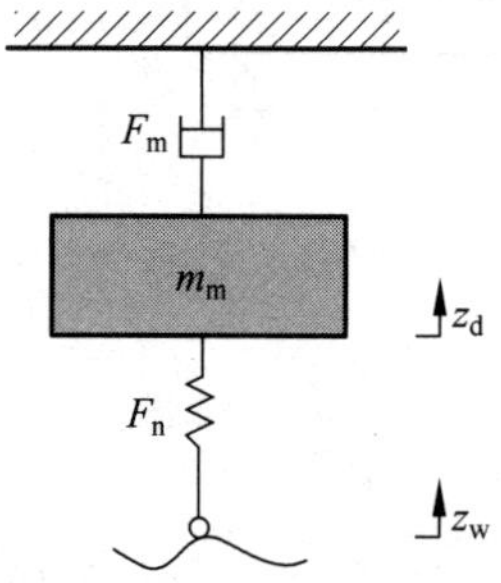

图 7-11 参考模型

$$m_m \ddot{z}_d + k_m(z_d - z_w) + c_m \dot{z}_d = 0 \tag{7-157}$$

将状态空间变量定义为 $x_1 = z_d - z_w$、$x_2 = \dot{z}_d$，则参考模型的特征多项式表示为

$$R_d(s) = s^2 + \frac{c_m}{m_m}s + \frac{k_m}{m_m} \tag{7-158}$$

根据控制思路，使用 Lyapunov 严格正实方法时，参考模型应该满足严格正实条件，因此，将参考模型的参数设计为 $m_m = 400\text{kg}$、$k_m = 9000\text{N/m}$、$c_m = 5000\text{N}\cdot\text{s/m}$。故，参考模型的传递函数表示为

$$W_d(s) = k_m \frac{Z_d(s)}{R_d(s)} = 12.5 \times \frac{s+1}{s^2 + 12.5s + 22.5} \tag{7-159}$$

3. 模型参考自适应控制器设计

模型参考自适应控制的目的是使悬架系统输出和参考模型输出之间的控制误差趋于零。考虑式(7-154)和式(7-155)，设计控制器控制律为[49]

$$\boldsymbol{u} = \boldsymbol{\theta}^{\mathrm{T}} \boldsymbol{w} \tag{7-160}$$

式中，$\boldsymbol{w}$ 是由输入输出滤波信号组成的向量，有

$$\begin{cases} \dot{\boldsymbol{w}}_1 = \boldsymbol{M}\boldsymbol{w}_1 + \boldsymbol{g}\boldsymbol{u}, \boldsymbol{w}_1(0) = 0 \\ \dot{\boldsymbol{w}}_2 = \boldsymbol{M}\boldsymbol{w}_2 + \boldsymbol{g}\boldsymbol{y}, \boldsymbol{w}_2(0) = 0 \end{cases}, \quad \boldsymbol{g} = [1 \quad 0 \quad 0]^{\mathrm{T}}, \quad \boldsymbol{M} = \begin{bmatrix} -f_2 & -f_1 & -f_0 \\ 0 & 1 & 0 \\ 0 & 0 & 1 \end{bmatrix},$$

$$\begin{cases} \boldsymbol{w} = [\boldsymbol{w}_1^{\mathrm{T}} \quad \boldsymbol{w}_2^{\mathrm{T}} \quad \boldsymbol{y} \quad z_r], & \boldsymbol{w}_1^{\mathrm{T}}, \boldsymbol{w}_2^{\mathrm{T}} \in \mathbf{R}^3 \\ \boldsymbol{\theta} = [\boldsymbol{\theta}_1^{\mathrm{T}} \quad \boldsymbol{\theta}_2^{\mathrm{T}} \quad \boldsymbol{\theta}_3^{\mathrm{T}} \quad c_0], & \boldsymbol{\theta}_i^{\mathrm{T}} \in \mathbf{R}^3, i = 1,2,3 \end{cases}$$

$\boldsymbol{M}$、$\boldsymbol{g}$ 是滤波器信号，有

$$\boldsymbol{M}(s) = \boldsymbol{g}^{\mathrm{T}}(sI - \boldsymbol{M}^{\mathrm{T}})^{-1}$$

在设计过程中，悬架单元和参考模型的传递函数必须具有最小相位，分母与分子的阶数相差为 1，并且是高频增益信号。同样，满足严格正实条件的传递函数 $W_m(s)$ 也具有最小相位，分母与分子的阶数相差为 1，并且传递函数阶数的上界小于 n。

当悬架系统和所选参考模型满足上述条件时，设计控制误差为

$$\begin{cases}\dot{\boldsymbol{e}}=\boldsymbol{A}_c\boldsymbol{e}+\boldsymbol{B}_c\dfrac{k_p}{k_m}(\boldsymbol{u}-\boldsymbol{\theta}^T\boldsymbol{w}+\eta^*)\\ \boldsymbol{e}_1=\boldsymbol{C}_c^T\boldsymbol{e}\\ \eta^*=\dfrac{1}{k_pk_m}(1-\boldsymbol{\theta}_1^T\boldsymbol{F}(s))W_d(s)z_r\end{cases}\tag{7-161}$$

式中，η^* 是有界的干扰，$\boldsymbol{A}_c$、$\boldsymbol{B}_c$、$\boldsymbol{C}_c$ 满足条件 $W_d(s)=\boldsymbol{C}_c^T(sI-\boldsymbol{A}_c)^{-1}\boldsymbol{B}_c$，且根据 MKY(Meyer-Kalman-Yakubovich)引理[50]，闭环中的矩阵满足式(7-162)，$\boldsymbol{P}_c$ 和 $\boldsymbol{L}_c$ 是正定矩阵。

$$\begin{cases}\boldsymbol{A}_c^T\boldsymbol{P}_c+\boldsymbol{P}_c\boldsymbol{A}_c=-\boldsymbol{L}_c\\ \boldsymbol{P}_c\boldsymbol{B}_c=\boldsymbol{C}_c\end{cases}\tag{7-162}$$

由于系统具有参数不确定性，因此将控制器参数$\boldsymbol{\theta}$ 估计为 $\hat{\boldsymbol{\theta}}$。故有

$$\boldsymbol{u}=\hat{\boldsymbol{\theta}}^T\boldsymbol{w}\tag{7-163}$$

式中，$\tilde{\boldsymbol{\theta}}=\hat{\boldsymbol{\theta}}-\boldsymbol{\theta}$，将其代入式(7-161)可得

$$\begin{cases}\dot{\boldsymbol{e}}=\boldsymbol{A}_c\boldsymbol{e}+\boldsymbol{B}_c\dfrac{k_p}{k_m}(\tilde{\boldsymbol{\theta}}^T\boldsymbol{w}+\eta)\\ \boldsymbol{e}_1=\boldsymbol{C}_c^T\boldsymbol{e}=W_d(s)\dfrac{k_p}{k_m}(\tilde{\boldsymbol{\theta}}^T\boldsymbol{w}+\eta^*)\end{cases}\tag{7-164}$$

考虑闭环误差和参数误差，设计 Lyapunov 函数为

$$V(\tilde{\boldsymbol{\theta}},\boldsymbol{e})=\frac{\boldsymbol{e}^T\boldsymbol{P}_c\boldsymbol{e}}{2}+\frac{\tilde{\boldsymbol{\theta}}^T\boldsymbol{\Gamma}^{-1}\tilde{\boldsymbol{\theta}}}{2}\left|\frac{k_p}{k_m}\right|\tag{7-165}$$

式中，自适应增益为 $\boldsymbol{\Gamma}^{-1}=(\boldsymbol{\Gamma}^{-1})^T>0$。为了处理干扰的影响，设计自适应律[51]为

$$\dot{\hat{\boldsymbol{\theta}}}=-\boldsymbol{\Gamma}\boldsymbol{e}_1\boldsymbol{w}\operatorname{sgn}\left(\frac{k_p}{k_m}\right)-\boldsymbol{\Gamma}\hat{\boldsymbol{\theta}}\operatorname{sgn}\left(\frac{k_p}{k_m}\right)\sigma\tag{7-166}$$

式中，σ 为调节参数。可以得出，式(7-165)的 Lyapunov 函数关于时间的导数为

$$\dot{V}(\tilde{\boldsymbol{\theta}},\boldsymbol{e})=-\frac{\boldsymbol{e}^T\boldsymbol{L}_c\boldsymbol{e}}{2}+\boldsymbol{e}_1\left(\frac{k_p}{k_m}\right)\eta^*-\tilde{\boldsymbol{\theta}}^T\left(\frac{k_p}{k_m}\right)\sigma$$

又因为$-\sigma^*\tilde{\boldsymbol{\theta}}^T\hat{\boldsymbol{\theta}}\leqslant-\dfrac{\sigma^*}{2}|\tilde{\boldsymbol{\theta}}|^2+\dfrac{\sigma^*}{2}|\boldsymbol{\theta}|^2$，且 $\sigma^*=\sigma\left(\dfrac{k_p}{k_m}\right)$，$e_1\left(\dfrac{k_p}{k_m}\right)\eta^*\leqslant c|\boldsymbol{e}|\bar{\eta}$，$c=\|\boldsymbol{C}_c^T\|$，$\bar{\eta}=\sup_{t>0}\left|\eta^*\left(\dfrac{k_p}{k_m}\right)\right|$，$-\dfrac{\boldsymbol{e}^T\boldsymbol{L}_c\boldsymbol{e}}{2}\leqslant-\dfrac{\lambda_c|\boldsymbol{e}|^2}{2}\leqslant-\dfrac{\lambda_c\boldsymbol{e}_1^2}{2c}$，$\lambda_c=\lambda_{\min}(\boldsymbol{L}_c)$，可得

$$\dot{V}(\tilde{\boldsymbol{\theta}},\boldsymbol{e})\leqslant-\frac{\lambda_c|\boldsymbol{e}|^2}{2}+c|\boldsymbol{e}|\bar{\eta}-\frac{\sigma^*}{2}|\tilde{\boldsymbol{\theta}}|^2+\frac{\sigma^*}{2}|\boldsymbol{\theta}|^2\tag{7-167}$$

故可以得出

$$-\frac{\lambda_c|\boldsymbol{e}|^2}{2}+c|\boldsymbol{e}|\bar{\eta}\leqslant-\frac{\lambda_c|\boldsymbol{e}|^2}{4}+\frac{c^2}{\lambda_c}\bar{\eta}^2$$

又 $\lambda_p=\lambda_{\min}(\boldsymbol{P}_c)$，$\lambda_\Gamma=\lambda_{\min}\left(\boldsymbol{\Gamma}^{-1}\left(\dfrac{k_p}{k_m}\right)\right)$，代入式(7-165)可得

$$V(\tilde{\boldsymbol{\theta}},\boldsymbol{e})=\frac{\boldsymbol{e}^T\boldsymbol{P}_c\boldsymbol{e}}{2}+\frac{\tilde{\boldsymbol{\theta}}^T\boldsymbol{\Gamma}^{-1}\tilde{\boldsymbol{\theta}}}{2}\left|\frac{k_p}{k_m}\right|\leqslant\frac{\lambda}{2}|\boldsymbol{e}|^2+\frac{\lambda_\Gamma}{2}|\tilde{\boldsymbol{\theta}}|^2$$

在式(7-167)中代入 $\alpha V(\widetilde{\boldsymbol{\theta}},\boldsymbol{e})$ 并化简，可得

$$\dot{V}(\widetilde{\boldsymbol{\theta}},\boldsymbol{e}) \leqslant -\alpha V + \frac{c^2}{\lambda_c}\bar{\eta}^2 + \frac{\sigma^*}{2}|\boldsymbol{\theta}|^2 \tag{7-168}$$

式中，$\alpha = \min\left\{\frac{\lambda_c}{2\lambda_p}, \frac{\sigma^*}{\lambda_\Gamma}\right\}$。又因为 $V_0 = \frac{c^2}{\lambda_c \alpha}\bar{\eta}^2 + \frac{\sigma^*}{2\alpha}|\boldsymbol{\theta}|^2$，因此可以看出式(7-164)和式(7-168)满足整个闭环信号的有界性。

7.5 反步控制

7.5.1 反步控制概述

反步控制(backstepping)又称反步法、反演法，最早的由 Kanellakopoulos 等[52]于 1991 年提出，由于其在处理非线性问题上的优越性，此后越来越多的论文集和学术文献中引用此方法。反步控制的基本方法是从一个高阶系统的内核开始(通常是系统输出量满足的动态方程)，设计虚拟控制律，保证内核系统的某种性能，如稳定性、无源性等；然后对得到的虚拟控制律逐步修正算法来保证要求的性能，进而设计出控制器以实现系统的全局调节或跟踪，使系统达到期望的性能指标。反步控制通常与李雅普诺夫(Lyapunov)函数结合使用，使整个闭环系统满足期望的动静态性能。通常情况下，为了使整个闭环系统的控制性能满足一定的指标，常将反步控制与其他算法相结合，如自适应控制算法或者鲁棒控制算法。

鉴于反步控制在处理非线性类控制问题上的优越性，其在主动悬架控制领域亦取得了相应的研究进展。2008 年，Yagiz N 等[53]，提出了用于控制车辆主动悬架系统的反步控制设计，在改善了系统的稳定性和驾乘舒适性的同时，在时域和频域中验证了控制器的效率。2013 年，Sun W 等[54]提出了针对具有固定限制的车辆主动悬架的自适应反步控制策略，用于稳定车辆姿态的同时，在参数不确定性的情况下改善了行驶舒适度，从而构成精确控制的基础。2017 年，Nkomo L I 等[55]构建了半车悬架系统测试装置，对反步控制器的性能进行了全面比较，并以逐步增量方式对比例积分微分和自适应反步控制器进行了测试及对比结果。2018 年，王新[56]针对车辆二自由度半主动悬架系统，通过采用滑模控制降低外部干扰对系统造成的影响，采用反步控制器使系统在输入饱和的情况下快速趋于稳定，同时有效提高了悬架系统的隔振性能。2021 年，Guo H 等[57]提出了具有确定功能、不确定参数的车辆悬架系统的自适应反步跟踪控制，包含约束功能的约束跟踪错误系统被转换为无约束的形式，使用反步控制设计了自适应非线性控制器，同时还保证了内部动力系统的状态收敛。2023 年，Wong P K 等[58]采用改进的天棚悬架参考模型来生成所需的动力学判据，利用反步控制提出一种新颖的阻尼力控制器来逼近期望的动态准则，并通过参数估计方法对空气弹簧压力进行估计。数值结果表明，所提出的模型参考反步控制的半主动空气悬架系统可以显著改善车辆的乘坐舒适性。

1. 反步控制的基本原理

反步控制将复杂的非线性系统分解成若干个不超过系统阶次的子系统，从系统最外环

开始进行设计，结合李雅普诺夫稳定性定理为每个子系统单独设计李雅普诺夫函数，通过引入跟踪误差并设计虚拟控制律，使得状态分量与虚拟控制律间具有某种渐近特性。一步一步向系统最内环设计，一直“反步”到整个系统并最终得出控制律，实现系统的全局跟踪以达到期望的性能指标。

如图7-12所示，对于满足严格反馈结构的系统[59]，其状态变量为 $x_1,x_2,\cdots,x_n$，跟踪误差为 $e_i(i=1,2,\cdots,n)$。若系统期望信号为 x_{1d}，则跟踪误差 $e_1=x_1-x_{1d}$，结合李雅普诺夫稳定性定理设计出第1步虚拟控制律 x_{2d}，以使系统的前面状态达到渐近稳定并作为下一子系统的跟踪控制量。依次类推，直至第 $n-1$ 步所设计的虚拟控制律 x_{nd} 成为第 n 个子系统的跟踪控制量，则第 n 步的跟踪误差为 $e_n=x_n-x_{nd}$，设计第 n 步 Lyapunov 函数 V_n 并最终得出控制律 u。结合李雅普诺夫稳定性定理可得系统呈渐近稳定状态，系统的输出可以跟踪系统的输入。

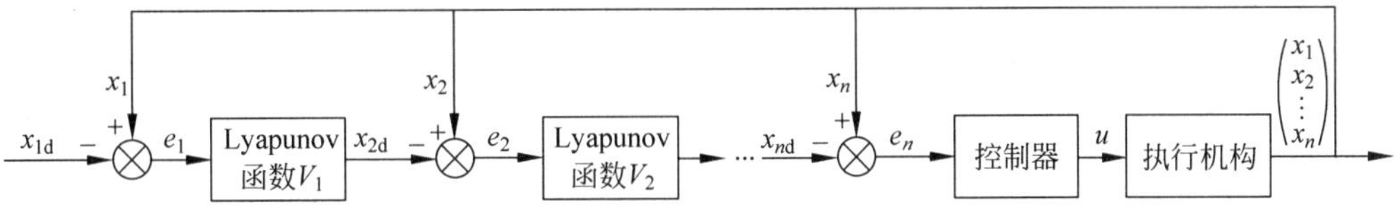

图7-12 反步控制的基本原理

2. 反步控制的特点

(1) 反向设计使系统的李雅普诺夫函数和控制器的设计过程简单化、结构化、系统化。

(2) 反向设计可控制在相对阶次为 $n(n\geqslant 1)$ 的非线性系统，打破了经典无源设计中相对阶次为1的限制。

(3) 与传统非线性反馈控制设计不同，反步控制是一种系统化的层叠设计，全局与局部的稳定特性贯穿在每一步中，保留了系统的非线性特性，提高了模型的精确性。

(4) 反步控制使系统保有一定的鲁棒性，但鲁棒性较弱，可将反步控制同鲁棒性强的非线性设计方法相结合，进一步增强鲁棒性。

(5) 在反步控制多步的递归设计中，每一步要对系统参数进行估计，不仅增大了计算量，还带来了“过参数化”问题，导致自适应控制器的动态阶增大。

3. 反步控制器的设计

以三阶非线性严格反馈系统为例

$$\begin{cases}\dot{x}_1=x_2+f_1(x_1)\\ \dot{x}_2=x_3+f_2(x_1,x_2)\\ \dot{x}_3=u+f_3(x_1,x_2,x_3)\\ y=x_1\end{cases}\tag{7-169}$$

式中，$\boldsymbol{x}\in\mathbf{R}^n$ 是系统状态变量，u 为系统控制输入，y 为系统输出，$f_i(x_1,\cdots,x_i)$ 为系统中存在的光滑的非线性函数。

第一步：跟踪期望信号 x_{1d}，定义跟踪误差并求其导数

$$e_1 = x_1 - x_{1d} \tag{7-170}$$

$$\dot{e}_1 = x_2 + f_1(x_1) - \dot{x}_{1d} \tag{7-171}$$

为保证跟踪误差收敛，设计虚拟控制律 x_{2d}，并得出

$$e_2 = x_2 - x_{2d} \tag{7-172}$$

对第一个子系统定义 Lyapunov 函数为 $V_1 = \frac{1}{2}e_1^2$，可得

$$\dot{V}_1 = e_1\dot{e}_1 = e_1(e_2 + x_{2d} + f_1(x_1) - \dot{x}_{1d}) \tag{7-173}$$

欲使系统更有效趋于稳定，构造虚拟反馈控制律 $x_{2d} = -f_1(x_1) + \dot{x}_{1d} - k_1e_1, k_1 > 0$，代入式(7-173)中可得

$$\dot{V}_1 = e_1e_2 - k_1e_1^2 \tag{7-174}$$

当 $e_2 = 0$ 时，e_1 趋于稳定；但一般情况下 $e_2 \neq 0$，则需要分析下一阶子系统收敛情况。

第二步：定义控制误差变量

$$e_3 = x_3 - x_{3d} \tag{7-175}$$

对第二个子系统定义 Lyapunov 函数为 $V_2 = V_1 + \frac{1}{2}e_2^2$，可得

$$\dot{V}_2 = \dot{V}_1 + e_2\dot{e}_2 = -k_1e_1^2 + e_2(e_1 + \dot{x}_2 - \dot{x}_{2d}) \tag{7-176}$$

将式(7-169)代入式(7-176)，并构造虚拟控制律 $x_{3d} = -e_1 - f_2(x_1, x_2) + \dot{x}_{2d} - k_2e_2$，$k_2 > 0$，可得

$$\dot{V}_2 = -k_1e_1^2 - k_2e_2^2 + e_2e_3 \tag{7-177}$$

第三步：第三个子系统中包含了控制律 u，无需构建虚拟控制律，对第三个子系统定义 Lyapunov 函数为 $V_3 = V_2 + \frac{1}{2}e_3^2$，可得

$$\dot{V}_3 = -k_1e_1^2 - k_2e_2^2 + e_3(e_2 + \dot{x}_3 - \dot{x}_{3d}) \tag{7-178}$$

将式(7-169)代入式(7-178)，并设计控制律

$$u = -e_2 - f_3(x_1, x_2, x_3) + \dot{x}_{3d} - k_3e_3, \quad k_3 > 0 \tag{7-179}$$

此时

$$\dot{V}_3 = -\sum_{i=1}^{3} k_ie_i^2, \quad k_i > 0 \tag{7-180}$$

表明系统在 u 和各子系统虚拟控制律的共同作用下渐近稳定。

不失一般性，对任意 $n(n > 1)$ 阶系统，采用反步控制设计控制器均存在以下 Lyapunov 函数，使系统在 u 和各子系统虚拟控制的共同作用下渐近稳定。

$$V_n = \sum_{i=1}^{n} \frac{1}{2}e_i^2 \tag{7-181}$$

存在

$$u_i = -z_{i-1} - f(x_1, x_2, \cdots, x_i) + \dot{x}_{id} - k_ie_i, \quad k_i > 0 \tag{7-182}$$

使 Lyapunov 函数导数负定或半负定，$\dot{V}_n = -\sum_{i=1}^{n} k_ie_i^2, k_i > 0$。

7.5.2 基于滤波技术的主动悬架反步控制

在悬架系统设计中考虑到车身加速度与悬架动挠度性能提升之间的矛盾性，通常认为在良好的路面，车身加速度一般能保证最优，所以需要重点提升悬架动挠度；而在恶劣的路面，需要重点考虑车身加速度。本小节在反推控制理论的基础上，设计自适应高低通滤波器，即同时引入非线性高通滤波器和非线性低通滤波器对控制目标进行协调优化，并在此基础上采用反步控制逆向递推设计一种自适应控制器[60]。

1. 相关动力学模型

本例引用 6.3.2 节中的九自由度整车悬架系统模型，忽略轮胎所产生的阻尼力，忽略车身的垂向、俯仰和侧倾动力学中由弹簧和减振器物理参数变化、悬架部件的未建模摩擦力、悬架系统与底盘各子系统之间动力学耦合及外界干扰等因素的不确定性影响，并假设车身俯仰角和侧倾角都在小范围内变化。

2. 高低通滤波器设计

车辆在平坦路面上行驶时，应重点考虑悬架动行程的优化；若车辆在粗糙路面上行驶时，则需重点考虑车身加速度的优化。下面以此为设计基础来设计滤波器及控制目标。

依据自适应高低通滤波器设计控制目标函数：

$$J=\frac{s}{s+\varepsilon_1}x_1+\frac{\varepsilon_2}{s+\varepsilon_2}(x_1-x_3) \tag{7-183}$$

式中 $W_h=\frac{s}{s+\varepsilon_1}$——高通滤波器；

$W_l=\frac{\varepsilon_2}{s+\varepsilon_2}$——低通滤波器。

对于较小的 ε_1 和 ε_2，当激励路面较光滑（干扰信号为低频）时，W_h 幅值较小；当干扰信号频率极低时，其幅值近于零，且 $|W_l|\approx 1$，此时控制目标主要为悬架动行程。当激励路面较粗糙（即干扰信号为高频）时，W_h 幅值较大而 W_l 值较小；当干扰信号频率极高时，$|W_h|\approx 1$，$|W_l|\approx 0$，此时重点考虑车身加速度。

尤其是车辆在粗糙路面上行驶时，为有效控制悬架动行程在最优范围内，以控制车身加速度为前提，依据悬架动挠度变化调节 ε_1 和 ε_2。当悬架动行程变大时，可增大 ε_1 和 ε_2 的值，使高通滤波器 W_h 的通频带变窄，而低通滤波器 W_l 的加宽，从而增加悬架动挠度在目标函数中的比重，缩小车身位移所占比重；反之，随着悬架动行程的减小，可减小 ε_1 和 ε_2 的值，从而减小悬架动挠度在目标函数中的比重，增加车身位移的占比。

令 $\varepsilon_1=\varepsilon_{10}+\tau_1 f_h(\xi)$，$\varepsilon_2=\varepsilon_{20}+\tau_2 f_l(\xi)$，其中 ε_{10}、ε_{20}、τ_1、τ_2 为大于 0 的常数。

选取滤波器中的函数为

$$f_{\mathrm{h}}(\xi)=\begin{cases}\left(\dfrac{\xi-\lambda_1}{\lambda_2}\right)^3, & \xi>\lambda_1\\ 0, & |\xi|\leqslant\lambda_1\\ -\left(\dfrac{\xi+\lambda_1}{\lambda_2}\right)^3, & \xi<-\lambda_1\end{cases} \tag{7-184}$$

$$f_{1}(\xi)=\begin{cases}\left(\dfrac{\xi-\mu_1}{\mu_2}\right)^3, & \xi>\mu_1\\ 0, & |\xi|\leqslant\mu_1\\ -\left(\dfrac{\xi+\mu_1}{\mu_2}\right)^3, & \xi<-\mu_1\end{cases} \tag{7-185}$$

式中，$\xi=x_1-x_3$，λ_1、λ_2、μ_1、μ_2 均为正常数，且 $\lambda_1>\mu_1$。

3. 主动悬架反步控制器设计

选取系统状态变量

$$\boldsymbol{x}=[z_{s2},\dot{z}_{s2},z_{u2},\dot{z}_{u2},z_{s1},\dot{z}_{s1},z_{u1},\dot{z}_{u1},z_{s4},\dot{z}_{s4},z_{u4},\dot{z}_{u4},z_{s3},\dot{z}_{s3},z_{u3},\dot{z}_{u3}, \\ z_{s6},\dot{z}_{s6},z_{u6},\dot{z}_{u6},z_{s5},\dot{z}_{s5},z_{u5},\dot{z}_{u5}]^{\mathrm{T}} \tag{7-186}$$

定义前轴右侧悬架

$$e_1=W_{\mathrm{h}}(s)x_1+W_1(s)(x_1-x_3) \tag{7-187}$$

令 $y_1=W_{\mathrm{h}}(s)x_1$，$y_2=W_1(s)(x_1-x_3)$，可得

$$\begin{cases}\dot{y}_1=x_2-\varepsilon_1 y_1\\ \dot{y}_2=\varepsilon_2(x_1-x_3-y_2)\end{cases} \tag{7-188}$$

构造 Lynapunov 函数

$$V_1=\frac{1}{2}e_1^2 \tag{7-189}$$

则有

$$\dot{V}_1=e_1\dot{e}_1=(y_1+y_2)(\dot{y}_1+\dot{y}_2) \tag{7-190}$$

由(7-188)可得

$$\dot{e}_1=x_2-\varepsilon_1 y_1+\varepsilon_2(x_1-x_3-y_2) \tag{7-191}$$

构造虚拟反馈控制量

$$x_{2\mathrm{d}}=-k_1e_1+\varepsilon_1y_1-\varepsilon_2(x_1-x_3-y_2) \tag{7-192}$$

式中，$k_1>0$；此时 $\dot{V}_1\leqslant 0$，子系统趋于稳定。

定义第二个误差变量

$$e_2=x_2-x_{2\mathrm{d}} \tag{7-193}$$

构造 Lyapunov 函数

$$V_2=V_1+\frac{1}{2}e_2^2 \tag{7-194}$$

求导并代入式(7-191)、(7-192)，可得

$$\dot{V}_2=e_1\dot{e}_1+e_2\dot{e}_2=-k_1e_1^2+e_2(e_1+\dot{e}_2) \tag{7-195}$$

取

$$e_1+\dot{e}_2=-k_2e_2 \tag{7-196}$$

式中，$k_2>0$；可得 $\dot{V}_2\leqslant 0$，子系统趋于稳定。

由式(7-191)和(7-192)可得

$$\dot{e}_1=-k_1e_1+e_2 \tag{7-197}$$

则

$$\dot{x}_{2d}=-k_1(-k_1e_1+e_2)+\varepsilon_1\dot{y}_1-\varepsilon_2(\dot{x}_1-\dot{x}_3-\dot{y}_2) \tag{7-198}$$

根据6.3.2节中建立的九自由度整车悬架模型可得

$$\begin{aligned}\ddot{z}_{s1}=&-n_2F_{s1}-n_1F_{s2}-n_4F_{s3}-n_3F_{s4}-n_6F_{s5}-n_5F_{s6}-n_2F_{d1}-n_1F_{d2}-n_4F_{d3}-\\&n_3F_{d4}-n_6F_{d5}-n_5F_{d6}+n_2F_1+n_1F_2+n_4F_3+n_3F_4+n_6F_5+n_5F_6\end{aligned} \tag{7-199}$$

$$\begin{aligned}\ddot{z}_{s2}=&-n_1F_{s1}-n_2F_{s2}-n_3F_{s3}-n_4F_{s4}-n_5F_{s5}-n_6F_{s6}-n_1F_{d1}-n_2F_{d2}-n_3F_{d3}-\\&n_4F_{d4}-n_5F_{d5}-n_6F_{d6}+n_1F_1+n_2F_2+n_3F_3+n_4F_4+n_5F_5+n_6F_6\end{aligned} \tag{7-200}$$

$$\begin{aligned}\ddot{z}_{s3}=&-n_4F_{s1}-n_3F_{s2}-n_8F_{s3}-n_7F_{s4}-n_{10}F_{s5}-n_9F_{s6}-n_4F_{d1}-n_3F_{d2}-n_8F_{d3}-\\&n_7F_{d4}-n_{10}F_{d5}-n_9F_{d6}+n_4F_1+n_3F_2+n_8F_3+n_7F_4+n_{10}F_5+n_9F_6\end{aligned} \tag{7-201}$$

$$\begin{aligned}\ddot{z}_{s4}=&-n_3F_{s1}-n_4F_{s2}-n_7F_{s3}-n_8F_{s4}-n_9F_{s5}-n_{10}F_{s6}-n_3F_{d1}-n_4F_{d2}-n_7F_{d3}-\\&n_8F_{d4}-n_9F_{d5}-n_{10}F_{d6}+n_3F_1+n_4F_2+n_7F_3+n_8F_4+n_9F_5+n_{10}F_6\end{aligned} \tag{7-202}$$

$$\begin{aligned}\ddot{z}_{s5}=&-n_6F_{s1}-n_5F_{s2}-n_{10}F_{s3}-n_9F_{s4}-n_{12}F_{s5}-n_{11}F_{s6}-n_6F_{d1}-n_5F_{d2}-n_{10}F_{d3}-\\&n_9F_{d4}-n_{12}F_{d5}-n_{11}F_{d6}+n_6F_1+n_5F_2+n_{10}F_3+n_9F_4+n_{12}F_5+n_{11}F_6\end{aligned} \tag{7-203}$$

$$\begin{aligned}\ddot{z}_{s6}=&-n_5F_{s1}-n_6F_{s2}-n_9F_{s3}-n_{10}F_{s4}-n_{11}F_{s5}-n_{12}F_{s6}-n_5F_{d1}-n_6F_{d2}-n_9F_{d3}-\\&n_{10}F_{d4}-n_{11}F_{d5}-n_{12}F_{d6}+n_5F_1+n_6F_2+n_9F_3+n_{10}F_4+n_{11}F_5+n_{12}F_6\end{aligned} \tag{7-204}$$

其中，

$$n_1=\frac{1}{m_s}+\frac{l_a^2}{J_y}+\frac{a^2}{4J_x},\quad n_2=\frac{1}{m_s}+\frac{l_a^2}{J_y}-\frac{a^2}{4J_x},\quad n_3=\frac{1}{m_s}-\frac{l_al_b}{J_y}+\frac{a^2}{4J_x},$$

$$n_4=\frac{1}{m_s}-\frac{l_al_b}{J_y}-\frac{a^2}{4J_x}\quad n_5=\frac{1}{m_s}-\frac{l_al_c}{J_y}+\frac{a^2}{4J_x},\quad n_6=\frac{1}{m_s}-\frac{l_al_c}{J_y}-\frac{a^2}{4J_x},$$

$$n_7=\frac{1}{m_s}+\frac{l_b^2}{J_y}+\frac{a^2}{4J_x},\quad n_8=\frac{1}{m_s}+\frac{l_b^2}{J_y}-\frac{a^2}{4J_x}\quad n_9=\frac{1}{m_s}+\frac{l_bl_c}{J_y}+\frac{a^2}{4J_x},$$

$$n_{10}=\frac{1}{m_s}+\frac{l_bl_c}{J_y}-\frac{a^2}{4J_x},\quad n_{11}=\frac{1}{m_s}+\frac{l_c^2}{J_y}+\frac{a^2}{4J_x},\quad n_{12}=\frac{1}{m_s}+\frac{l_c^2}{J_y}-\frac{a^2}{4J_x}$$

由于 $\dot{e}_2=\dot{x}_2-\dot{x}_{2d}$，将式(7-199)代入可得

$$\dot{e}_2=-\sum_{i=1}^{6}n_iF_{si}-\sum_{i=1}^{6}n_iF_{di}+\sum_{i=1}^{6}n_iF_i-\dot{x}_{2d} \tag{7-205}$$

结合式(7-196)，可设计控制力输入为

$$F_2=\dot{x}_{2d}+\sum_{i=1}^{6}n_iF_{si}+\sum_{i=1}^{6}n_iF_{di}-k_2e_2-e_1 \tag{7-206}$$

使系统趋于稳定。

代入式(7-198)，则右前轮的输入力 F_2 为

$$F_2=\sum_{i=1}^{6}n_iF_{si}+\sum_{i=1}^{6}n_iF_{di}-(k_1+k_2)e_2+(k_1^2-1)e_1+\alpha_1 \tag{7-207}$$

其中，$\alpha_1=\varepsilon_1\left[x_2-\varepsilon_1\dfrac{s}{s+\varepsilon_{10}+\tau_1f_h(\xi)}x_1\right]-\varepsilon_2\left[x_2-x_4-\varepsilon_2\dfrac{s}{s+\varepsilon_{20}+\tau_2f_l(\xi)}(x_1-x_3)\right]$，同理可得其他车轮的虚拟控制量和输入控制力，在此不再赘述。

7.6 滑模控制

7.6.1 滑模控制概述

滑模控制(sliding mode control,SMC)也称变结构控制，于20世纪50年代由苏联学者Utkin和Emelyanov提出。滑模控制是一种特殊的非线性控制，其特殊性表现为即使系统在运行过程中结构并不固定，但是可以在动态运行过程中根据系统的状态有目的地不断变化，迫使系统的轨迹沿着预先设定的滑模面(sliding manifold,SM)进行滑动，使系统收敛至平衡点或其附近领域。在系统动态过程中，滑模控制的滑动模态与控制系统的参数和扰动无关，能够快速调节系统进入最佳的控制稳定区域，这使得滑模控制的性能明显优于一般固定结构的控制方法。滑模控制现已广泛应用于电气工程、机械工程、化工工业、民用、军事、航空航天工程等实际应用领域。

悬架系统是一个多变的非线性系统，随着外界的输入系统变化波动非常大，运用滑模控制可以有效地阻隔外界对控制系统稳定性的影响，并且不需要考虑系统的在线识别与自适应等功能。2003年，郑玲等[61]研究了车辆半主动悬架的模型参考滑模控制，取得了比较好的效果。2005年，Dixit等[62]采用模型参考的方法研究了滑模控制在半主动悬架车辆上的应用，揭示了滑模控制在改善车辆乘坐舒适性方面的工作机理。2007年，Sung等[63]设计了针对车辆电流变悬架系统的新型模糊滑模控制器并验证了该控制器的有效性。2008年，Liu H等[64]将模糊输出反馈滑模控制应用于二自由度实车半主动悬架系统，分别在时域和频域范围分析了其减振效果。2011年，韩卫沙等[65]针对滑模控制的半主动悬架系统进行了仿真分析，能够有效地提高车辆行驶的平顺性和安全性。2017年，梁军等[66]采用极点配置法设计滑模面，提高了车辆行驶的平顺性并减小了轮胎对路面的动载荷。2019年，寇发荣等[67]为了抑制主动悬架作动器输出力的脉动现象，提出了一种双滑模控制策略，提高了主动悬架的动态性能。2020年，高坤明等[68]采用滑模控制的方法对重型车辆的乘坐舒适性和操纵稳定性进行了研究，结果表明重型车辆的各项性能均有明显提高和改善。

2021 年，Ho C M 等[69]针对空气悬架设计了一种基于非线性干扰观测器的自适应滑模控制方法，经台架试验证明所设计的控制方法明显降低了车身在颠簸路面上的加速度值。2023 年，Chen T 等[70]针对主动液压互联悬架进行了反步滑模控制，仿真分析及试验验证表明，滑模控制方法对抗侧倾性能有明显的提高作用。

1. 滑模控制的基本原理

对于一个给定的系统，假设可以表示为

$$\dot{x}=f(x),\quad x\in\mathbf{R}^n \tag{7-208}$$

则根据系统所期望的动态特性来设计系统的滑面，表达式为

$$s(x)=s(x_1,x_2,\cdots,x_n)=0 \tag{7-209}$$

假设上述滑模面可以用图 7-13 中的一条曲线表示，则可以发现滑模面将状态空间分为 $s>0$ 和 $s<0$ 两部分，滑模面上的运动点可以分为穿越点、起点和终点三类。

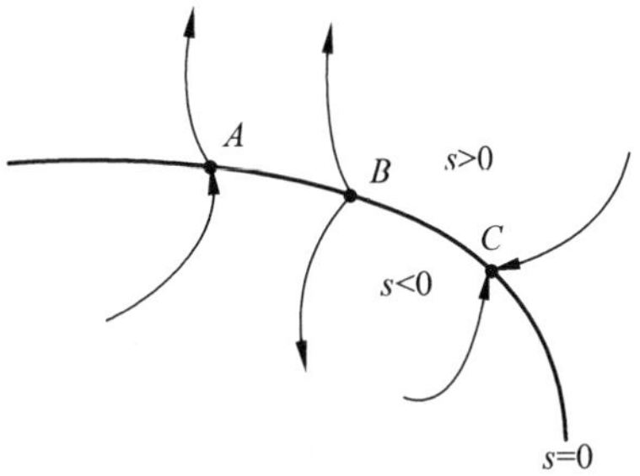

图 7-13　滑模面上点的特性

穿越点（A 点）表示系统运动到滑模面 $s=0$ 上的时候并不停留，而是直接穿越过去，这个时候系统在 A 点附近满足关系式：

$$\begin{cases}\dot{s}>0, & s(0)>0\\ \dot{s}<0, & s(0)<0\end{cases} \tag{7-210}$$

式中，$s(0)>0$ 表示从正侧穿越滑模面，$s(0)<0$ 表示从负侧穿越滑模面。

起点（B 点）表示系统运动到滑模面 $s=0$ 上的时候会从其两边离开，这个时候系统在 B 点附近满足关系式：

$$\begin{cases}\dot{s}>0, & s>0\\ \dot{s}<0, & s<0\end{cases} \tag{7-211}$$

终点（C 点）表示系统运动到滑模面 $s=0$ 上的时候会停留在滑模面上，这个时候系统在 C 点附近满足关系式：

$$\begin{cases}\dot{s}<0, & s>0\\ \dot{s}>0, & s<0\end{cases} \tag{7-212}$$

由以上分析可知，滑模控制中终点具有较为重大的研究意义。若滑模面上某一区域内运动点都是终点，一旦运动点趋于该区域，就会被“吸引”到该区域运动。此时，称在滑模面 $s=0$ 上的运动点都是终点的区域为滑动模态区，系统在滑动模态区的运动即为滑模运动。

滑模控制根据系统所期望的动态特性来设计系统的滑模面，通过滑模控制器使系统状态从滑模面之外向滑模面收束。如图 7-14 所示，系统一旦到达滑模面，控制作用将使系统在滑模面附近不断穿梭，最终到达系统原点，这一沿滑模面向原点滑动的过程即为滑模控制。

在图 7-14 中，滑模控制系统的响应由趋近模态、滑动模态和稳定模态三个阶段组成，因此，滑模控制需要满足三个不可或缺的条件。

1）保证滑模运动存在

状态变量能够从任意初始状态趋近滑模面 $s=0$ 是滑模运动中非常关键的部分。与此

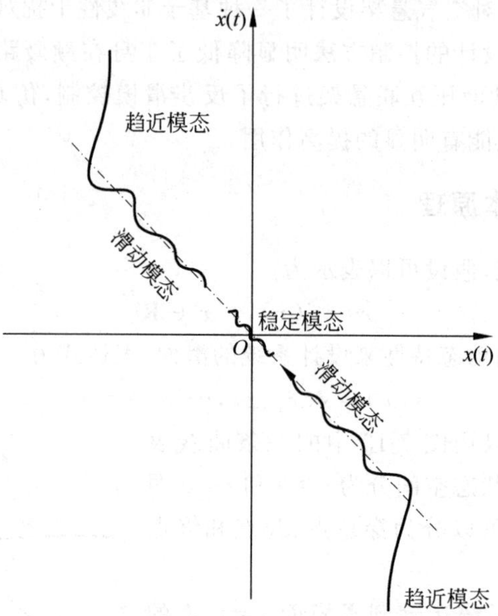

图 7-14 滑模控制中的趋近模态和滑动模态

同时，系统运动点在滑模面 $s=0$ 两侧小幅度高频率地来回运动，使得滑动模态区的滑模存在表达式：

$$\lim_{s\to\infty} s\dot{s} < 0 \tag{7-213}$$

2）滑模运动可达性

可达性条件可叙述为除了滑模面上的任意运动点全部可在限定时间内到达滑模面 $s=0$，根据李雅普诺夫稳定性理论，可达性表达式为

$$\begin{cases} V(x)=\dfrac{1}{2}s^2 \\ \dot{V}(x)=s\dot{s}<0 \end{cases} \tag{7-214}$$

其中，状态变量 x 能够从各个位置到达 $s=0$，因此上述条件也可以叫作全局到达性条件。

3）滑模运动的稳定性

当系统进入滑动模态区以后，较理想的结果应该是沿着这一滑动模态渐近稳定，即无限趋近滑模面 $s=0$。

2. 切换函数和控制律

设计滑模控制系统的基本步骤包括设计切换函数和设计滑动模态控制律等两个相对独立的部分。

1）设计切换函数

滑模切换函数为系统引入了一种滑动模态，当系统状态从一个区域滑动到另一个区域时，切换函数将两个区域结合起来，使得滑模可以被有效地调节，并消除掉参数扰动、抗噪声和其他不确定性因素。切换函数 $s(x)$ 使它所确定的滑动模态渐近稳定且具有良好的动态

品质。根据滑动方程设计出切换函数，应该确保滑动模式的快速收敛，并且要尽可能地减小波动范围。常见的切换函数有以下几种：

(1) 符号函数，即

$$\operatorname{sgn}(s)=\begin{cases}1, & s>0\\0, & s=0\\-1, & s<0\end{cases} \tag{7-215}$$

(2) 饱和函数，即

$$\operatorname{sat}(s)=\begin{cases}1, & s\geqslant\Delta\\ks, & |s|<\Delta, k=\dfrac{1}{\Delta}\\-1, & s\leqslant-\Delta\end{cases} \tag{7-216}$$

式中，Δ 为边界层。

(3) 双曲正切函数，即

$$\tanh\left(\frac{s}{\varepsilon}\right)=\frac{e^{\frac{s}{\varepsilon}}-e^{\frac{-s}{\varepsilon}}}{e^{\frac{s}{\varepsilon}}+e^{\frac{-s}{\varepsilon}}},\quad \varepsilon>0 \tag{7-217}$$

2) 设计滑动模态控制律

滑动模态控制律使到达条件得到满足，从而在切换面上形成滑动模态区。常用的趋近律有等速趋近律、指数趋近律、幂次趋近律和一般趋近律。

(1) 等速趋近律，即滑模函数以常值趋近速度到达滑模面：

$$\dot{s}=-\varepsilon\operatorname{sgn}(s),\quad \varepsilon>0 \tag{7-218}$$

式中，$\operatorname{sgn}(\cdot)$为符号函数；常数 ε 为趋近速率，也称为滑模切换控制增益，$\varepsilon>0$。

趋近速度取决于切换增益 ε，若 ε 较小，则趋近速度慢；若 ε 较大，则系统到达滑模面 $s=0$ 时也将具有较大的速度，但会导致抖振也较大。

(2) 指数趋近律，即滑模函数距离滑模面越远，具有越快的趋近速度：

$$\dot{s}=-\varepsilon\operatorname{sgn}(s)-ks,\quad \varepsilon>0,\quad k>0 \tag{7-219}$$

式(7-219)中增加了指数趋近项 $s=-ks$，加速了趋近过程，缩短了趋近时间，减小了系统到达滑模面时的速度，因此也成为减小抖振的方法之一。适当地减小 ε 可以减小抖振，但过小的 ε 将削弱系统的鲁棒性。

(3) 幂次趋近律，即滑模函数以幂次规律到达滑模面，彻底消除抖振：

$$\dot{s}=-k|s|^{\alpha}\operatorname{sgn}(s),\quad k>0,\quad 0<\alpha<1 \tag{7-220}$$

(4) 一般趋近律，即

$$\dot{s}=-k\operatorname{sgn}(s)-f(s),\quad k>0 \tag{7-221}$$

式中，$f(0)=0$，且 $s\neq0$ 时，$f(0)>0$。

切换函数和滑动模态控制律确定之后，滑模控制系统就能完全建立起来。

3. 滑模控制的分类

根据滑模面的种类，滑模控制主要分为具有指数渐进收敛特性的线性滑模控制(linear sliding mode control，LSMC)、具备有限时间收敛特性的终端滑模控制(terminal sliding mode control，TSMC）和非奇异终端滑模控制（nonsingular terminal sliding mode control，NTSMC）。

1）LSMC 控制

传统的滑模控制通常是指 LSMC 控制，即滑模为系统状态的线性组合。LSMC 控制决定了系统状态与给定轨迹之间的偏差以指数形式渐进收敛，即意味着系统状态不断趋近，但永远无法到达给定的轨迹。LSMC 控制为最常见的一种滑模控制，具有渐进收敛特性。一般 LSMC 的滑模面设计为

$$s = x_2 + cx_1 \tag{7-222}$$

式中 c——设计参数，$c>0$。

2）TSMC 控制

TSMC 控制是一种有限时间收敛的滑模控制策略，通过滑模中有目的地引入非线性项，使得系统状态在有限时间内收敛到给定轨迹。TSMC 具备有限时间收敛特性和更高的控制精度，滑模面设计为

$$s = x_2 + cx_1^{q/p} \tag{7-223}$$

式中 p 和 q——正奇数，且 $p>q>0$。

系统在有限时间 t_s 内收敛到平衡点，即

$$t_s = \frac{p}{c(p-q)} x_1^{p-q/p}(t_r) \tag{7-224}$$

式中 t_r——系统的到达时间，且 $x_1(t_r) \neq 0$。

3）NTSMC 控制

由于 TSMC 引入非线性项，导致控制会发生奇异现象，这在系统设计中非常不利。Feng 等首次提出非奇异终端滑模控制，直接从滑模面的设计上解决 TSMC 的奇异问题[71]。NTSMC 的滑模面为

$$s = x_1 + cx_2^{p/q} \tag{7-225}$$

式中 p 和 q——正奇数，$p>q$，且 $1<p/q<2$。

4. 滑模控制的特点

（1）鲁棒性强。由于滑模控制只与自身的切换函数和状态空间有关，与外界干扰无关；理论上只要满足可达性，即使控制系统状态参数发生了变化，系统也会按照预定的滑动模态运动，不受参数变化的影响。

（2）跟踪性好。滑模控制可以在某种程度上实现对任意连续变化信号的跟踪。

（3）响应速度快。以指数趋近律为例，系统滑模运动沿指数曲线响应，没有超调过程的渐近稳定。

（4）算法简单。滑模控制策略算法简单，适用于复杂系统和非线性系统控制。

（5）多变量局限性。为了实现滑模控制一般要取系统相关的全部变量，现实中很难获取所有的状态变量。当系统变量过多时，滑模控制策略的应用存在局限性。

（6）存在抖振。当状态轨迹到达滑动模态面后，难以严格沿着滑动模态面向平衡点滑动，而是在其两侧来回穿越地趋近平衡点，从而产生抖振。

5. 滑模控制系统设计

1）模型参考滑模控制器设计

以图 7-15 所示的两轮小车为例，其状态由点 M 在坐标系中的位置及航向角 θ 来表示，

令 $\boldsymbol{P}=(x \quad y \quad \theta)^{\mathrm{T}}$，$\boldsymbol{q}=(v \quad w)^{\mathrm{T}}$，其中$(x,y)$为两轮小车的位置，$\theta$ 为前进方向与 X 轴的夹角，v 和 w 分别为两轮小车的线速度和角速度，在运动学模型中它们是控制输入[72]。

两轮小车的运动学方程为

$$\dot{\boldsymbol{p}}=\begin{bmatrix}\dot{x}\\ \dot{y}\\ \dot{\theta}\end{bmatrix}=\begin{bmatrix}\cos\theta & 0\\ \sin\theta & 0\\ 0 & 1\end{bmatrix}\boldsymbol{q} \tag{7-226}$$

考虑对具有位姿指令 $\boldsymbol{p}_{\mathrm{r}}=(x_{\mathrm{r}} \quad y_{\mathrm{r}} \quad \theta_{\mathrm{r}})^{\mathrm{T}}$ 和速度指令 $\boldsymbol{q}_{\mathrm{r}}=(v_{\mathrm{r}} \quad w_{\mathrm{r}})^{\mathrm{T}}$ 参考小车的跟踪。

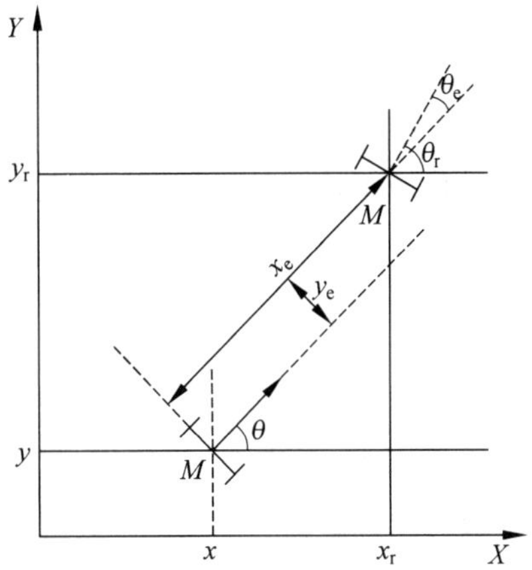

图 7-15　两轮小车位姿误差坐标

在图 7-15 中，从位姿 $\boldsymbol{p}=(x \quad y \quad \theta)^{\mathrm{T}}$ 移动到位姿 $\boldsymbol{p}_{\mathrm{r}}=(x_{\mathrm{r}} \quad y_{\mathrm{r}} \quad \theta_{\mathrm{r}})^{\mathrm{T}}$，在新坐标系 X_{e}-Y_{e} 中的坐标为

$$\boldsymbol{p}_{\mathrm{e}}=[x_{\mathrm{e}} \quad y_{\mathrm{e}} \quad \theta_{\mathrm{e}}]^{\mathrm{T}} \tag{7-227}$$

其中，

$$\theta_{\mathrm{e}}=\theta_{\mathrm{r}}-\theta$$

设新坐标系 X_{e}-Y_{e} 与坐标系 X-Y 之间的夹角为 θ。根据坐标变换公式，可得描述两轮小车位姿的误差方程为

$$\boldsymbol{p}_{\mathrm{e}}=\begin{bmatrix}x_{\mathrm{e}}\\ y_{\mathrm{e}}\\ \theta_{\mathrm{e}}\end{bmatrix}=\begin{bmatrix}\cos\theta & \sin\theta & 0\\ -\sin\theta & \cos\theta & 0\\ 0 & 0 & 1\end{bmatrix}\begin{bmatrix}x_{\mathrm{r}}-x\\ y_{\mathrm{r}}-y\\ \theta_{\mathrm{r}}-\theta\end{bmatrix} \tag{7-228}$$

所以，位姿误差微分方程为

$$\dot{\boldsymbol{p}}_{\mathrm{e}}=\begin{bmatrix}\dot{x}_{\mathrm{e}}\\ \dot{y}_{\mathrm{e}}\\ \dot{\theta}_{\mathrm{e}}\end{bmatrix}=\begin{bmatrix}y_{\mathrm{e}}\omega-v+v_{\mathrm{r}}\cos\theta_{\mathrm{e}}\\ -x_{\mathrm{e}}\omega+v_{\mathrm{r}}\sin\theta_{\mathrm{e}}\\ \omega_{\mathrm{r}}-\omega\end{bmatrix} \tag{7-229}$$

两轮小车运动学模型的轨迹跟踪即寻找控制输入 $\boldsymbol{q}=(v \quad w)^{\mathrm{T}}$，使对任意初始误差，系统在该控制输入作用下，$\boldsymbol{p}_{\mathrm{e}}=(x_{\mathrm{e}} \quad y_{\mathrm{e}} \quad \theta_{\mathrm{e}})^{\mathrm{T}}$ 有界，且 $\lim\limits_{t\to\infty}\|(x_{\mathrm{e}} \quad y_{\mathrm{e}} \quad \theta_{\mathrm{e}})^{\mathrm{T}}\|=0$。

两轮小车运动学模型式(7-229)是一个多输入非线性系统，其切换函数的设计是一个难点，可采用反步控制方法设计切换函数。

2）切换函数设计

基于反步控制的滑模切换函数的过程如下：

当 $x_{\mathrm{e}}=0$ 时，考查 Lyapunov 函数

$$V_y=\frac{1}{2}y_{\mathrm{e}}^2 \tag{7-230}$$

假设 $\theta_{\mathrm{e}}=-\arctan(v_{\mathrm{r}}y_{\mathrm{e}})$，则

$$\dot{V}_y=y_{\mathrm{e}}\dot{y}_{\mathrm{e}}=-y_{\mathrm{e}}x_{\mathrm{e}}\omega-v_{\mathrm{r}}y_{\mathrm{e}}\sin[\arctan(v_{\mathrm{r}}y_{\mathrm{e}})] \tag{7-231}$$

所以有

$$v_{\mathrm{r}}y_{\mathrm{e}}\sin[-\arctan(v_{\mathrm{r}}y_{\mathrm{e}})]\geqslant 0\text{（当且仅当}v_{\mathrm{r}}y_{\mathrm{e}}=0\text{ 时“=”成立）}$$

则

$$\dot{V}_y \leqslant 0 \tag{7-232}$$

可得结论：若 x_e 收敛到零且 θ_e 收敛到 $-\arctan(v_r y_e)$，则系统状态 y_e 收敛到零。

根据该结论，可设计切换函数为

$$s=\begin{bmatrix} s_1 \\ s_2 \end{bmatrix}=\begin{bmatrix} x_e \\ \theta_e+\arctan(v_r y_e) \end{bmatrix} \tag{7-233}$$

通过设计滑模控制器，使 $s_1 \rightarrow 0$，$s_2 \rightarrow 0$，即实现 x_e 收敛到零且 θ_e 收敛到 $-\arctan(v_r y_e)$，从而实现 $y_e \rightarrow 0, \theta_e \rightarrow 0$。

3）滑模控制器设计

取等速趋近律，令

$$\dot{\boldsymbol{s}}=-k \operatorname{sgn} \boldsymbol{s} \tag{7-234}$$

为了减弱抖振，采用连续函数取代符号函数

$$\dot{s}_i=-k_i \frac{s_i}{|s_i|+\delta_i} \quad i=1,2 \tag{7-235}$$

其中，δ_i 为正小数。

令 $\alpha=\arctan(v_r y_e)$，由式(7-229)和式(7-233)得

$$\dot{\boldsymbol{s}}=\begin{bmatrix} \dot{s}_1 \\ \dot{s}_2 \end{bmatrix}=\begin{bmatrix} y_e \omega-v+v_r \cos\theta_e \\ \omega_r-\omega+\dfrac{\partial \alpha}{\partial v_r} \dot{v}_r+\dfrac{\partial \alpha}{\partial y_e}(-x_e \omega+v_r \sin\theta_e) \end{bmatrix} \tag{7-236}$$

经整理，得控制律为

$$\boldsymbol{q}=\begin{bmatrix} v \\ \omega \end{bmatrix}=\begin{bmatrix} y_e \omega+v_r \cos\theta_e+k_1 \dfrac{s_1}{|s_1|+\delta_1} \\ \dfrac{\omega_r+\dfrac{\partial \alpha}{\partial v_r} \dot{v}_r+\dfrac{\partial \alpha}{\partial y_e}(v_r \sin\theta_e)+k_2 \dfrac{s_2}{|s_2|+\delta_2}}{1+\dfrac{\partial \alpha}{\partial y_e} x_e} \end{bmatrix} \tag{7-237}$$

其中，

$$\frac{\partial \alpha}{\partial v_r}=\frac{y_e}{1+(v_r y_e)^2}, \quad \frac{\partial \alpha}{\partial y_e}=\frac{v_r}{1+(v_r y_e)^2}$$

7.6.2 基于滑模控制技术的救援车辆液压悬架系统控制方法

针对三轴车辆主动悬架系统存在作动器非线性、参数不确定和外界干扰等问题，本节提出一种基于整车天棚阻尼作为参考模型的滑模控制方法。首先根据整车天棚阻尼模型作为参考模型，并建立实际被控悬架系统模型，然后做出二者之间的误差动力学模型。采用参考模型进行控制的基本原理是输出恰当的控制力，使得被控系统的控制效果与理想的控制效果接近；其中理想的模型仅作为参考模型，无须实际可行，只需与实际情况近似[73,74]。最后通过基于滑模控制的方法设计主动悬架系统的控制器，使每个液压作动器的输出在限制范围内对期望位移信号进行追踪。

1. 主动悬架系统动力学模型

本例引用 6.3.2 节中的九自由度整车悬架模型，具体参数参见文献[75]。忽略轮胎的阻尼作用，忽略车身的垂向、俯仰和侧倾动力学中由弹簧和减振器物理参数变化、悬架部件的未建模摩擦力、悬架系统与底盘各子系统之间的动力学耦合及外界干扰等不确定项的影响。

选取状态向量

$$\boldsymbol{X}=\begin{bmatrix}z_a & \theta_a & \varphi_a & z_{u1} & z_{u2} & z_{u3} & z_{u4} & z_{u5} & z_{u6} & \dot{z}_a & \dot{\theta}_a & \dot{\varphi}_a \\ \dot{z}_{u1} & \dot{z}_{u2} & \dot{z}_{u3} & \dot{z}_{u4} & \dot{z}_{u5} & \dot{z}_{u6}\end{bmatrix}^{\mathrm{T}}$$

结合运动学方程和路面激励方程，则系统方程以状态方程表示为

$$\dot{\boldsymbol{X}}=\boldsymbol{AX}+\boldsymbol{BF}+\boldsymbol{HZ}_r \tag{7-238}$$

式中 $\boldsymbol{A}$——系统状态方程中变量 $\boldsymbol{X}$ 的系数矩阵；

$\boldsymbol{B}$——主动控制力 $\boldsymbol{F}$ 的系数矩阵；

$\boldsymbol{H}$——路面激励 $\boldsymbol{Z}_r$ 的系数矩阵；

$\boldsymbol{F}$——每个悬架子系统作动器的主动控制力，$\boldsymbol{F}=[F_1\quad F_2\quad F_3\quad F_4\quad F_5\quad F_6]^{\mathrm{T}}$。

$\boldsymbol{Z}_r$——路面激励，$\boldsymbol{Z}_r=[z_{r1}\quad z_{r2}\quad z_{r3}\quad z_{r4}\quad z_{r5}\quad z_{r6}]^{\mathrm{T}}$。

选取输出向量 $\boldsymbol{Y}$ 如下：

$$\boldsymbol{Y}=[\ddot{z}_a\quad \ddot{\theta}_a\quad \ddot{\varphi}_a\quad z_{s1}-z_{u1}\quad z_{s2}-z_{u2}\quad z_{s3}-z_{u3}\quad z_{s4}-z_{u4}\quad z_{s5}-z_{u5}\quad z_{s6}-z_{u6}\\ z_{u1}-z_{r1}\quad z_{u2}-z_{r2}\quad z_{u3}-z_{r3}\quad z_{u4}-z_{r4}\quad z_{u5}-z_{r5}\quad z_{u6}-z_{r6}]^{\mathrm{T}} \tag{7-239}$$

则系统的输出方程如下：

$$\boldsymbol{Y}=\boldsymbol{PX}+\boldsymbol{QF}+\boldsymbol{RZ}_r \tag{7-240}$$

式中 $\boldsymbol{P}$——系统输出方程中变量 $\boldsymbol{X}$ 的系数矩阵；

$\boldsymbol{Q}$——主动控制力 $\boldsymbol{F}$ 的系数矩阵；

$\boldsymbol{R}$——路面激励 $\boldsymbol{Z}_r$ 的系数矩阵。

2. 基于参考模型的误差动力学模型的建立

基于天棚阻尼算法建立九自由度整车模型作为参考模型，z_s、θ_s、φ_s 分别为参考模型的车身垂向位移、俯仰角和侧倾角，具体建模过程见[75]。

定义广义误差矢量 $\boldsymbol{E}$

$$\begin{aligned}\boldsymbol{E}&=\left[\int e_z\quad \int e_\theta\quad \int e_\varphi\quad e_z\quad e_\theta\quad e_\varphi\quad \dot{e}_z\quad \dot{e}_\theta\quad \dot{e}_\varphi\right]^{\mathrm{T}}\\&=\left[\int(z_s-z_a)\quad \int(\theta_s-\theta_a)\quad \int(\varphi_s-\varphi_a)\quad z_s-z_a\quad \theta_s-\theta_a\quad \varphi_s-\varphi_a\right.\\&\qquad\left.\dot{z}_s-\dot{z}_a\quad \dot{\theta}_s-\dot{\theta}_a\quad \dot{\varphi}_s-\dot{\varphi}_a\right]^{\mathrm{T}}\end{aligned}$$

根据滑模控制，选取合适的误差状态方程，表示为

$$\dot{\boldsymbol{E}}=\boldsymbol{A}_{\mathrm{e}}\boldsymbol{E}+\boldsymbol{B}_{\mathrm{e}}\boldsymbol{U}+\boldsymbol{H}_{\mathrm{e}}\boldsymbol{X}_{\mathrm{s}} \tag{7-241}$$

式中 $\boldsymbol{A}_{\mathrm{e}}$——误差系统状态方程中广义误差矢量 $\boldsymbol{E}$ 的系数矩阵；

$\boldsymbol{B}_{\mathrm{e}}$——等效总控制力和力矩 $\boldsymbol{U}$ 的系数矩阵；

$\boldsymbol{H}_{\mathrm{e}}$——参考系统状态变量 $\boldsymbol{X}_{\mathrm{s}}$ 的系数矩阵。

$\boldsymbol{U}=[U_{\mathrm{sa}}\quad U_{\mathrm{s}\theta}\quad U_{\mathrm{s}\varphi}]^{\mathrm{T}}$ 为等效总控制力和力矩，由六个作动器共同输出产生。

根据三轴车辆整车九自由度主动悬架模型，构造伪逆矩阵，以此来求解每个作动器的输出控制力，其控制结构如图 7-16 所示。

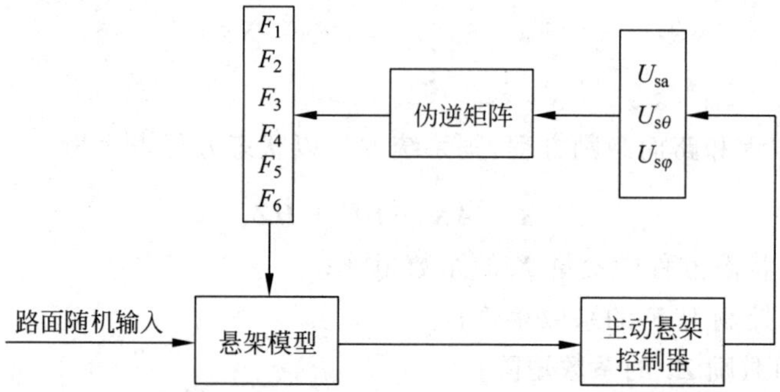

图 7-16　伪逆矩阵控制结构

设 U_{sa} 为车身垂向运动的阻尼控制力，$U_{\mathrm{s}\theta}$ 为车身抗俯仰控制力矩；$U_{\mathrm{s}\varphi}$ 为车身抗侧倾控制力矩，其运动学方程表示为

$$\begin{cases}U_{\mathrm{sa}}=F_1+F_2+F_3+F_4+F_5+F_6\\ U_{\mathrm{s}\theta}=-l_{\mathrm{a}}(F_1+F_2)+l_{\mathrm{b}}(F_3+F_4)+l_{\mathrm{c}}(F_5+F_6)\\ U_{\mathrm{s}\varphi}=\dfrac{a}{2}(F_1-F_2+F_3-F_4+F_5-F_6)\end{cases} \tag{7-242}$$

整理可得

$$\begin{bmatrix}U_{\mathrm{sa}}\\ U_{\mathrm{s}\theta}\\ U_{\mathrm{s}\varphi}\end{bmatrix}=\begin{bmatrix}1&1&1&1&1&1\\ -l_{\mathrm{a}}&-l_{\mathrm{a}}&l_{\mathrm{b}}&l_{\mathrm{b}}&l_{\mathrm{c}}&l_{\mathrm{c}}\\ \dfrac{a}{2}&-\dfrac{a}{2}&\dfrac{a}{2}&-\dfrac{a}{2}&\dfrac{a}{2}&-\dfrac{a}{2}\end{bmatrix}\cdot\begin{bmatrix}F_1\\ F_2\\ F_3\\ F_4\\ F_5\\ F_6\end{bmatrix} \tag{7-243}$$

那么可得，$\boldsymbol{U}=[U_{\mathrm{sa}}\quad U_{\mathrm{s}\theta}\quad U_{\mathrm{s}\varphi}]^{\mathrm{T}}$ 为等效总控制力和力矩，由六个作动器共同输出产生；$\boldsymbol{M}=\begin{bmatrix}1&1&1&1&1&1\\ -l_{\mathrm{a}}&-l_{\mathrm{a}}&l_{\mathrm{b}}&l_{\mathrm{b}}&l_{\mathrm{c}}&l_{\mathrm{c}}\\ \dfrac{a}{2}&-\dfrac{a}{2}&\dfrac{a}{2}&-\dfrac{a}{2}&\dfrac{a}{2}&-\dfrac{a}{2}\end{bmatrix}$ 为 $\boldsymbol{F}$ 的系数矩阵；$\boldsymbol{F}=[F_1\quad F_2\quad F_3\quad F_4\quad F_5\quad F_6]^{\mathrm{T}}$ 为每个悬架子系统作动器输出的主动控制力。则有

$$\boldsymbol{U}=\boldsymbol{M}\boldsymbol{F} \tag{7-244}$$

由式(7-244)可求解出 $\boldsymbol{F}$，但是 $\boldsymbol{M}$ 不是方阵，对 $\boldsymbol{M}$ 直接求逆矩阵是不可行的，也就是不

能求解。因此，本小节构造 $\boldsymbol{M}$ 的广义矩阵，得到 $\boldsymbol{M}$ 的伪逆矩阵 $\boldsymbol{N}=\boldsymbol{M}^{-1}$，则有 $\boldsymbol{N}=\boldsymbol{M}^{\mathrm{T}}(\boldsymbol{M}\boldsymbol{M}^{\mathrm{T}})^{-1}$，则 $\boldsymbol{F}=\boldsymbol{M}^{-1}\boldsymbol{U}=\boldsymbol{N}\boldsymbol{U}$。若采用 Simulink 进行仿真，可利用其内部命令得到 $\boldsymbol{M}$ 的伪逆矩阵，其表达式为

$$\boldsymbol{N}=\mathrm{pinv}(\boldsymbol{M}) \tag{7-245}$$

那么每个悬架子系统作动器输出的主动控制力 $\boldsymbol{F}$ 为

$$\boldsymbol{F}=\mathrm{pinv}(\boldsymbol{M})\cdot\boldsymbol{U} \tag{7-246}$$

3. 系统的可控性分析

在实际工作中，系统总是受各种干扰因素的影响，使得系统发生变化。但是，滑模控制拥有特有的鲁棒性，这样就可以保证滑动模态对扰动不变。

滑动模态对扰动 f 的不变性条件，以及系统的状态方程和切换函数，表示为

$$\begin{cases}\dfrac{\mathrm{d}}{\mathrm{d}t}\boldsymbol{x}=\boldsymbol{A}\boldsymbol{x}+\boldsymbol{B}\boldsymbol{u}+\boldsymbol{H}\boldsymbol{f}\\ \boldsymbol{s}=\boldsymbol{C}\boldsymbol{x}\end{cases} \tag{7-247}$$

有 $\mathrm{rank}(\boldsymbol{B},\boldsymbol{H})=\mathrm{rank}(\boldsymbol{B})$，此式称为扰动与系统的完全匹配条件或者系统对扰动的不变性条件[76]。

在设计滑模控制器的过程中，首先要选取和确定滑动模态的参数 C。本小节利用滑动模态极点配置法来选取和确定参数。

对系统的状态方程和切换函数，表示为

$$\begin{cases}\dfrac{\mathrm{d}}{\mathrm{d}t}\boldsymbol{x}=\boldsymbol{A}\boldsymbol{x}+\boldsymbol{B}\boldsymbol{u}\\ \boldsymbol{s}=\boldsymbol{C}\boldsymbol{x}\end{cases} \tag{7-248}$$

通过变化处理得到形式上的二次型，即

$$\begin{cases}\dfrac{\mathrm{d}}{\mathrm{d}t}x_1=A_{11}x_1+A_{12}x_2\\ \dfrac{\mathrm{d}}{\mathrm{d}t}x_2=A_{21}x_1+A_{22}x_2+B_2\boldsymbol{u}\\ \boldsymbol{s}=C_1x_1+C_2x_2\end{cases} \tag{7-249}$$

求解得出滑模运动方程为

$$\frac{\mathrm{d}}{\mathrm{d}t}x_1=(A_{11}-A_{12}C_2^{-1}C_1)x_1 \tag{7-250}$$

由式(7-250)可配置极点，配置极点的条件为(A_{11},A_{12})可控。此时，若原系统(A,B)为可控的，那么(A_{11},A_{12})也是可控的[77]。

根据现代控制理论[78]，系统的状态方程表示为

$$\frac{\mathrm{d}}{\mathrm{d}t}\boldsymbol{x}=\boldsymbol{A}\boldsymbol{x}+\boldsymbol{B}\boldsymbol{u} \tag{7-251}$$

式中　$\boldsymbol{x}$——n 维状态向量；

$\boldsymbol{u}$——p 维输入向量；

$\boldsymbol{A}$——$n\times n$ 阶系统矩阵；

$\boldsymbol{B}$——$n\times p$ 阶控制矩阵。

系统状态完全可控的充分必要条件是能控性矩阵 $\boldsymbol{U}_c=[\boldsymbol{B}\quad \boldsymbol{AB}\quad \cdots\quad \boldsymbol{A}^{n-1}\boldsymbol{B}]$ 的秩为 n，即

$$\mathrm{rank}[\boldsymbol{B}\quad \boldsymbol{AB}\quad \cdots\quad \boldsymbol{A}^{n-1}\boldsymbol{B}]=n \tag{7-252}$$

对于基于参考模型的误差系统，可得

$$\mathrm{rank}(\boldsymbol{B}_e,\boldsymbol{H}_e)=3$$
$$\mathrm{rank}(\boldsymbol{B}_e)=3$$
$$\mathrm{rank}[\boldsymbol{B}_e\quad \boldsymbol{A}_e\boldsymbol{B}_e\quad \cdots\quad \boldsymbol{A}_e^{9-1}\boldsymbol{B}_e]=9$$

因此，$\mathrm{rank}(\boldsymbol{B}_e,\boldsymbol{H}_e)=\mathrm{rank}(\boldsymbol{B}_e)=3$，根据滑模控制理论可知，所研究的系统在进行滑模运动时，抗外界干扰能力强。

由于 $n=9$，所以 $\mathrm{rank}[\boldsymbol{B}_e\quad \boldsymbol{A}_e\boldsymbol{B}_e\quad \boldsymbol{A}_e^{9-1}\boldsymbol{B}_e]=9$，也就是说，基于参考模型的误差系统状态是可控的，即 $(\boldsymbol{A}_e,\boldsymbol{B}_e)$ 是可控的。

4. 基于主动悬架系统的整车模型滑模控制

1) 滑模参数的选定

对于三轴车辆整车九自由度主动悬架系统，在本节 1. 中已经求出基于参考模型的误差动力学模型。因此，根据滑模控制理论设计滑模控制系统如图 7-17 所示。

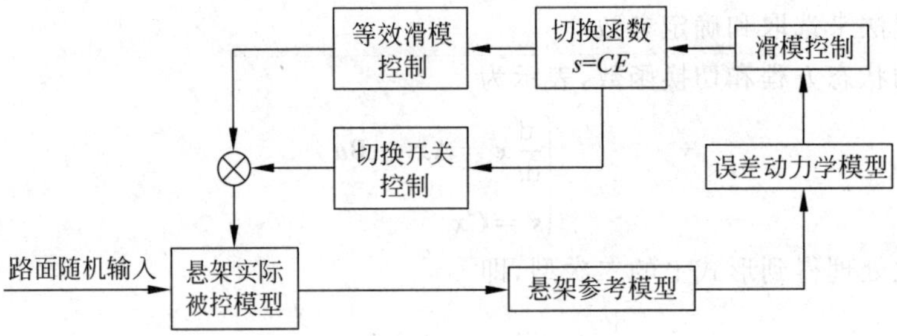

图 7-17 主动悬架滑模控制框图

误差状态方程和切换函数表示为

$$\begin{cases}\dot{\boldsymbol{E}}=\boldsymbol{A}_e\boldsymbol{E}+\boldsymbol{B}_e\boldsymbol{U}+\boldsymbol{H}_e\boldsymbol{X}_s\\ s=\boldsymbol{CE}\end{cases} \tag{7-253}$$

式中 s——切换函数；

$\boldsymbol{C}$——滑模参数系数矩阵。

在设计切换面时，先不考虑外部的扰动 X_s，设计滑模控制律时再考虑外部扰动。矩阵 $\boldsymbol{B}_e$ 列满秩，且矩阵 $\mathrm{rank}(\boldsymbol{B}_e)=3$，那么必有一个非奇异线性变换矩阵 $\boldsymbol{T}$：

$$\boldsymbol{T}=\begin{bmatrix}\boldsymbol{E}_{6\times6} & -\boldsymbol{B}_{e11}\boldsymbol{B}_{e21}^{-1}\\ \boldsymbol{O}_{3\times6} & \boldsymbol{E}_{3\times3}\end{bmatrix} \tag{7-254}$$

使得 $\boldsymbol{E}'=\boldsymbol{TE}$，则有标准型：

$$\begin{cases}\dot{\boldsymbol{E}}=\boldsymbol{A}'_e\boldsymbol{E}'+\boldsymbol{B}'_e\boldsymbol{F}\\ s=\boldsymbol{C}'\boldsymbol{E}'\end{cases}$$

$$\boldsymbol{A}'_{\mathrm{e}}=\boldsymbol{T}\boldsymbol{A}_{\mathrm{e}}\boldsymbol{T}^{-1}=\begin{bmatrix}\boldsymbol{A}'_{\mathrm{e}11} & \boldsymbol{A}'_{\mathrm{e}12}\\ \boldsymbol{A}'_{\mathrm{e}21} & \boldsymbol{A}'_{\mathrm{e}22}\end{bmatrix}$$

$$\boldsymbol{B}'_{\mathrm{e}}=\boldsymbol{T}\boldsymbol{B}_{\mathrm{e}}=\begin{bmatrix}\boldsymbol{0}\\ \boldsymbol{B}'_{\mathrm{e}21}\end{bmatrix} \tag{7-255}$$

$$\boldsymbol{C}'=\boldsymbol{C}\boldsymbol{T}^{-1}=[\boldsymbol{C}'_1\quad \boldsymbol{C}'_2]$$

得到系统滑模运动方程：

$$\dot{\boldsymbol{E}}'_1=(\boldsymbol{A}'_{\mathrm{e}11}-\boldsymbol{A}'_{\mathrm{e}12}\boldsymbol{C}'^{-1}_2\boldsymbol{C}'_1)E'_1 \tag{7-256}$$

由系统的可控性分析可知，系统$\boldsymbol{A}_{\mathrm{e}}$、$\boldsymbol{B}_{\mathrm{e}}$可控，那么$\boldsymbol{A}'_{\mathrm{e}11}$、$\boldsymbol{A}'_{\mathrm{e}12}$也是可控的，因此，可以配置极点。设有矩阵$\boldsymbol{K}=\boldsymbol{C}'^{-1}_2\boldsymbol{C}'_1$使得$\boldsymbol{A}'_{\mathrm{e}11}-\boldsymbol{A}'_{\mathrm{e}12}\boldsymbol{K}$能够有满足要求的极点$\lambda_1,\lambda_2,\cdots,\lambda_6$，即方程

$$|\ [\boldsymbol{E}_6\lambda-(\boldsymbol{A}'_{\mathrm{e}11}-\boldsymbol{A}'_{\mathrm{e}12}\boldsymbol{K})]\ |=0 \tag{7-257}$$

的根$\lambda_i(i=1,2,\cdots,6)$都有负实部，此时基于参考模型的误差系统的滑模运动稳定性良好。利用式(7-256)确定$\boldsymbol{K}$的值后，就可以把这个系数矩阵$\boldsymbol{C}$求解出来，$\boldsymbol{C}'=[\boldsymbol{C}'_1\quad \boldsymbol{C}'_2]=[\boldsymbol{C}'_2\boldsymbol{K}\quad \boldsymbol{C}'_2]=\boldsymbol{C}'_2[\boldsymbol{K}\quad \boldsymbol{E}_3]$，其中$\boldsymbol{C}'_2$是非奇异矩阵，这个矩阵是任置的，通常情况下，选定$\boldsymbol{C}'_2=\boldsymbol{E}_3$，那么$\boldsymbol{C}'=[\boldsymbol{K}\quad \boldsymbol{E}_3]$，由式$\boldsymbol{C}'=\boldsymbol{C}\boldsymbol{T}^{-1}$可以求得原误差系统滑模参数矩阵，最终滑模参数矩阵为

$$\boldsymbol{C}=\boldsymbol{C}'\boldsymbol{T}=[\boldsymbol{K}\quad \boldsymbol{E}_3]\boldsymbol{T} \tag{7-258}$$

滑模参数确定之后，就可以确定切换函数$\boldsymbol{s}=\boldsymbol{C}\boldsymbol{E}$。

2）基于主动悬架的整车模型滑模控制器的设计

采用递阶算法，滑模参数选定为$\boldsymbol{s}=[s_1\quad s_2\quad s_3]^{\mathrm{T}}$。误差系统的运动点到达最终切换面的过程为，系统的运动点从任何一点出发，先运动到切换面$s_1=0$，经过滑模运动后到达切换面$s_1=0$与$s_2=0$的交界处；然后再经过滑模运动，最终到达切换面$s_1=0$、$s_2=0$、$s_3=0$三者交界处，这就是最终的滑动模态$\boldsymbol{s}=0$。

采用自由递阶变结构控制，同时采取等速趋近律，求解出滑模控制律：

$$\frac{\mathrm{d}\boldsymbol{s}}{\mathrm{d}t}=-\boldsymbol{\varepsilon}\,\mathrm{sgn}(\boldsymbol{s}) \tag{7-259}$$

式中，$\mathrm{sgn}(\boldsymbol{s})=[\mathrm{sgn}(s_1)\quad \mathrm{sgn}(s_2)\quad \mathrm{sgn}(s_3)]^{\mathrm{T}}$

$$\boldsymbol{\varepsilon}=\mathrm{diag}[\varepsilon_1\quad \varepsilon_2\quad \varepsilon_3],\quad \varepsilon_i>0(i=1,2,3) \tag{7-260}$$

式(7-259)满足广义滑模条件$\boldsymbol{s}\dfrac{\mathrm{d}\boldsymbol{s}}{\mathrm{d}t}\leqslant 0$，因此，满足滑模的可达性。

又因为$\dot{\boldsymbol{s}}=\boldsymbol{C}\dot{E}$，将整车误差动力学方程(7-241)代入其中，可得到：

$$\dot{\boldsymbol{s}}=\boldsymbol{C}(\boldsymbol{A}_{\mathrm{e}}\boldsymbol{E}+\boldsymbol{B}_{\mathrm{e}}\boldsymbol{U}+\boldsymbol{H}_{\mathrm{e}}\boldsymbol{X}_{\mathrm{s}}) \tag{7-261}$$

将等速趋近律式(7-259)代入式(7-261)的左端，可得到：

$$-\boldsymbol{\varepsilon}\,\mathrm{sgn}(\boldsymbol{s})=\boldsymbol{C}(\boldsymbol{A}_{\mathrm{e}}\boldsymbol{E}+\boldsymbol{B}_{\mathrm{e}}\boldsymbol{U}+\boldsymbol{H}_{\mathrm{e}}\boldsymbol{X}_{\mathrm{s}}) \tag{7-262}$$

求解式(7-262)，滑模控制$\boldsymbol{U}$可表示为

$$\boldsymbol{U}=-(\boldsymbol{C}\boldsymbol{B}_{\mathrm{e}}^{-1})[\boldsymbol{C}\boldsymbol{A}_{\mathrm{e}}\boldsymbol{E}+\boldsymbol{C}\boldsymbol{H}_{\mathrm{e}}\boldsymbol{X}_{\mathrm{s}}+\boldsymbol{\varepsilon}\,\mathrm{sgn}(\boldsymbol{s})] \tag{7-263}$$

滑模控制$\boldsymbol{U}$被求解出来后，可根据式(7-244)利用伪逆矩阵将各个悬架子系统作动器输出的主动控制力求解出来。

7.7 自抗扰控制

7.7.1 自抗扰控制概述

自抗扰控制(active disturbance rejection control,ADRC)由中国科学院研究员韩京清提出,吸收现代控制理论成果、借鉴 PID 控制的精髓思想而成。自抗扰控制基于被控对象的输入与输出,实时地对系统内扰、外扰进行估计并给予动态补偿,抵消掉这些扰动对系统的影响。ADRC 不依赖于所建模型的精确性,具有结构简单、算法容易实现、解耦方便及鲁棒性强等特点,在解决不确定系统的控制问题方面具有较大的优势。

2007 年,王维锐[79]提出一种改进的双筒式液压减振器建模方法,将自抗扰控制算法用于电液伺服阀控激振系统的控制结果表明,采用自抗扰控制算法时系统具有更高的稳态精度、对大范围的负载干扰和参数扰动具有更强的抑制作用。2012 年,Shi M 等[80]使用双回路自动扰动控制六轮越野车的液压悬架,并设计压力控制系统的位移是随机值对负载变化的响应,大大提高了车辆的路面适应性和稳定性。2015 年,白玉等[81]设计了半车主动悬架的自抗扰控制器,使车辆质心垂向加速度和前、后悬架动挠度均方根值均大幅下降。2017 年,桑楠等[82]采用自抗扰方法对主动前轮转向系统与主动悬架系统进行集成控制,并进行了路面扰动输入下的双移线试验,对比分析了无控制、主动转向单独控制和主动悬架单独控制系统集成的控制特性。王凯[83]设计了车辆主动悬架的自抗扰控制器,并针对其参数整定困难的问题,采用自适应遗传算法对其中的部分参数进行了优化。2018 年,Lu Y 等[84]将三个主动自抗扰控制应用于控制系统,使用扩展的状态观测器进行估计。解耦完整的车辆系统后,以平衡垂直振动、滚动和俯仰运动,从而通过矩阵转换产生每个悬架的四个主动控制力。2022 年,Muhammed A 等[85]采用了主动自抗扰控制的自适应特性来构建全车悬架系统的控制器,在降低计算量的同时可不断监测系统的性能。2023 年,Chen G 等[86]提出了改进的主动抗扰动滑模控制器(R-ADRSMC)并建立了测试平台,以验证刚度和阻尼非线性特征的准确性;同时使用扩展观测器来估计由非线性和不确定性引起的干扰。提出的 R-ADRSMC 可以有效地改善复杂道路条件下车辆的垂直稳定性,并且具有良好的控制特性。

1. 自抗扰控制的结构和原理

自抗扰控制器主要由跟踪微分器(tracking differentiator,TD)、扩张状态观测器(extended state observer,ESO)及非线性误差反馈律(nonlinear state error feedback,NLSEF)等部分构成。通过跟踪微分器安排系统的过渡过程并提取其微分信号,利用扩张状态观测器估计系统状态,即估计系统的模型和内外的实时扰动,最后用跟踪微分器与状态估计之间误差的非线性组合和扰动估计量的补偿来生成控制信号。

自抗扰控制器的结构如图 7-18 所示,n 阶跟踪微分器提供快速无超调的过渡过程,并给出输入信号 r 的各阶导数跟踪信号 $v_i\ (i=1,2,\cdots,n)$,这实际上解决了系统输入突变导致的偏差迅速增加及其微分过大的问题;$n+1$ 阶扩张状态观测器估计对象的各阶状态变

量 $z_i(i=1,2,\cdots,n)$ 和系统模型及外扰实时总和作用的估计值 z_{n+1}，用于系统的前馈补偿；非线性误差反馈律利用跟踪微分器和扩张状态观测器对应输出量之间的误差信号 $e_i=v_i-z_i(i=1,2,\cdots,n)$ 产生控制量 u；b_0 是控制增益，$\omega(t)$ 是未知扰动，y 是系统输出。

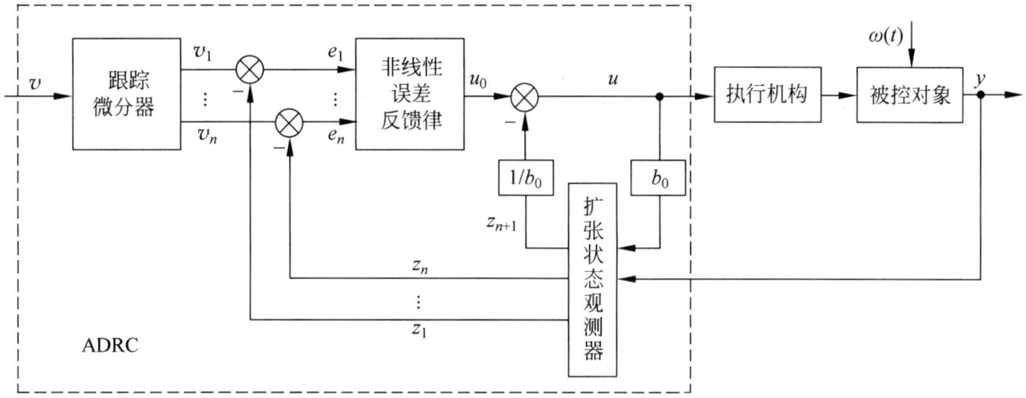

图 7-18　自抗扰控制器的结构

非线性误差反馈控制律中的补偿分量是由扩张状态观测器中估计的扩张状态 z_{n+1} 提供的，可自动给予补偿。若把系统的模型作用当作系统的内扰，那么它同系统的外扰一起，均可看作对系统的扰动。这个补偿分量并不区分内扰和外扰，直接检测并补偿外扰与内扰的总扰动。在补偿分量的作用下，被控对象实际上被化成积分器串联型。这样，利用非线性误差反馈律可构造出理想的控制器。由此看来，补偿分量实质上是一种抗扰作用。

2. 自抗扰控制器设计

对于二阶非线性系统

$$\begin{cases}\dot{x}_1=x_2\\ \dot{x}_2=f(x_1,x_2,\omega(t),t)+bu\\ y=x_1\end{cases}\tag{7-264}$$

其中，$\omega(t)$ 为外扰作用，$f(x_1,x_2,\omega(t),t)$ 为综合了外扰、内扰及所有不确定因素的控制系统总体干扰。

1）扩张状态观测器

将总体干扰视作一个新的状态变量，即扩展状态变量

$$x_3(t)=f(x_1,x_2,\omega(t),t)\tag{7-265}$$

将 $\dot{x}_3(t)=\omega_0(t)$ 加入原系统中，即在原系统状态的基础上扩张出一个新状态，则原系统变为

$$\begin{cases}\dot{x}_1=x_2\\ \dot{x}_2=x_3+bu\\ \dot{x}_3=\dot{f}(x_1,x_2,\omega(t),t)=\omega_0(t)\\ y=x_1\end{cases}\tag{7-266}$$

系统扩张后的非线性 ESO 表达式为

$$\begin{cases} e = z_1 - y \\ \dot{z}_1 = z_2 - \beta_{01} e \\ \dot{z}_2 = z_3 - \beta_{02} \mathrm{fal}(e, \alpha_1, \delta) + bu \\ \dot{z}_3 = -\beta_{03} \mathrm{fal}(e, \alpha_2, \delta) \end{cases} \tag{7-267}$$

其中，z_1，z_2 分别是对被控对象状态变量 x_1，x_2 的实时观测量，扩张状态变量 z_3 是对总扰动的估计量。e 是 ESO 观测量和系统输出之间的误差值。观测器中参数 β_{01}，β_{02}，β_{03} 和非线性函数 $\mathrm{fal}(e,\alpha,\delta)$ 对 ESO 的性能影响很大，只有合适地选取它们才能使观测器较为准确地估计系统的状态和扰动[87]。

非线性函数 $\mathrm{fal}(e,\alpha,\delta)$ 可选取为

$$\mathrm{fal}(e, \alpha, \delta) = \begin{cases} \dfrac{e}{\delta^{\alpha-1}}, & |e| \leqslant \delta \\ |e|^{\alpha} \mathrm{sign}(e), & |e| > \delta \end{cases} \tag{7-268}$$

式中，α 为非线性因子，$0<\alpha<1$；δ 为滤波因子，$\delta>0$。fal 函数也可以取其他形式，对应的 ESO 性能会有一定的差异，但只要形式合理并适当选择参量，一般都能取得较好的效果。对应的离散形式 ESO 可表示为

$$\begin{cases} e = z_1(k) - y(k) \\ z_1(k+1) = z_1(k) + h[z_2(k) - \beta_{01} e] \\ z_2(k+1) = z_2(k) + h[z_3(k) - \beta_{02} \mathrm{fal}(e, \alpha_1, \delta) + bu] \\ z_3(k+1) = z_3(k) - h\beta_{03} \mathrm{fal}(e, \alpha_2, \delta) \end{cases} \tag{7-269}$$

式(7-267)为系统(7-264)的非线性 ESO，当把非线性 ESO 表达式中的非线性函数 fal 用误差 e 代替，则变为线性 ESO

$$\begin{cases} e = z_1 - y \\ \dot{z}_1 = z_2 - \beta_{01} e \\ \dot{z}_2 = z_3 - \beta_{02} e + bu \\ \dot{z}_3 = -\beta_{03} e \end{cases} \tag{7-270}$$

2）跟踪微分器

为适应数值计算的需求，韩京清[88]对离散系统

$$\begin{cases} x_1(k+1) = x_1(k) + hx_2(k) \\ x_2(k+1) = x_2(k) + hu, \quad |u| \leqslant r \end{cases} \tag{7-271}$$

推导出了一种最速控制综合函数 $u = \mathrm{fhan}(x_1, x_2, r, h)$：

$$\begin{cases} d = rh^2 \\ a_0 = hx_2 \\ y = x_1 + a_0 \\ a_1 = \sqrt{d(d + 8|y|)} \\ a_2 = a_0 + \mathrm{sgn}(y)(a_1 - d)/2 \\ s_y = [\mathrm{sgn}(y+d) - \mathrm{sgn}(y-d)]/2 \\ a = (a_0 + y - a_2)s_y + a_2 \\ s_a = [\mathrm{sgn}(a+d) - \mathrm{sgn}(a-d)]/2 \\ \mathrm{fhan} = -r[a/d - \mathrm{sgn}(a)]s_a - r\,\mathrm{sgn}(a) \end{cases} \tag{7-272}$$

其中，x_1、x_2 为系统状态变量，h 为采样步长；r 为速度因子，是根据过渡过程快慢的需要和系统的承受能力来决定的。

把函数 $u=\mathrm{fhan}(x_1,x_2,r,h)$ 代入系统(7-271)并用 $x_1(k)-v(k)$ 代替方程中的 $x_1(k)$，就得到离散化的跟踪微分器

$$\begin{cases}\mathrm{fh}=\mathrm{fhan}(x_1(k)-r(k),x_2(k),r,h_0)\\ x_1(k+1)=x_1(k)+hx_2(k)\\ x_2(k+1)=x_2(k)+h\,\mathrm{fh}\end{cases} \tag{7-273}$$

该式把函数 $\mathrm{fhan}(x_1,x_2,r,h)$ 中的采样步长 h 改为适当大于步长的新变量 h_0，可更好地抑制微分信号中的噪声，我们把 h_0 称为跟踪微分器的滤波因子。

3) 非线性状态误差反馈控制律

误差反馈控制律是根据系统的状态误差 e_1，e_2 来决定的控制纯积分器串联型对象的控制规律 u_0。非线性 ADRC 推荐采用的非线性组合主要有如下两种形式

$$u_0=\beta_1\mathrm{fal}(e_1,\alpha_1,\delta)+\beta_2\mathrm{fal}(e_2,\alpha_2,\delta) \tag{7-274}$$

其中，$\mathrm{fal}(e,\alpha,\delta)$ 宜 $0<\alpha_1<1<\alpha_2$。

$$u_0=\mathrm{fhan}(e_1,ce_2,r,h_1) \tag{7-275}$$

式中，c 为阻尼因子，h_1 为精度因子。

将扩张状态观测器中的扩展状态变量 $x_3(t)=f(x_1,x_2,\omega(t),t)$ 代入到原二阶非线性系统(7-264)中，可得

$$\begin{cases}\dot{x}_1=x_2\\ \dot{x}_2=x_3+bu\\ y=x_1\end{cases} \tag{7-276}$$

可将控制量可以取成

$$u=u_0-\frac{z_3}{b_0}\quad\left(\text{或 } u=\frac{u_0-z_3}{b_0}\right) \tag{7-277}$$

其中，b_0 是决定补偿强弱的补偿因子，作为可调参数；$-\frac{z_3}{b_0}$是补偿扰动的分量；$\frac{u_0}{b_0}$是用非线性反馈来控制积分器串联型的分量。

把式(7-277)代入式(7-276)，并调整 b_0 使$\frac{z_3}{b_0}\rightarrow x_3$，可得

$$\begin{cases}\dot{x}_1=x_2\\ \dot{x}_2=bu_0\\ y=x_1\end{cases}\quad\left(\text{或}\begin{cases}\dot{x}_1=x_2\\ \dot{x}_2=u_0\\ y=x_1\end{cases}\right) \tag{7-278}$$

即原来的非线性控制系统(7-264)变成线性的积分器串联型控制系统。

3. 自抗扰控制的特点

(1) 自抗扰控制通用性强，参数可调，且不依赖于被控对象模型，又可将已知的对象信息加入设计中。因此，适用于从未知对象模型到掌握对象模型的任何情况。

(2) 自抗扰控制具有天然的解耦性，对于多输入多输出系统的自抗扰控制而言，当输入

与输出对应时，通道之间的交叉影响（耦合）被当成每个单输入单输出回路的扰动加以估计和消除。

（3）随着总扰动的消减，自抗扰控制可以通过抑制扰动达到一种物理过程的理想动态，即自抗扰控制并非先建立系统再设计相应的控制器模型，而是通过估计扰动并加以消除，使物理过程表现得像一个理想模型。

（4）自抗扰控制可以通过观测及时消除扰动，而非误差产生之后再消耗能量来进行修正，因此自抗扰控制具有预测性。

（5）自抗扰控制具有灵活性，模型信息可以集成到 ESO 中，从而减轻 ESO 的计算负担，并减小扰动估计的滞后。

7.7.2 基于自抗扰技术的主动悬架系统非线性控制

本节针对三轴车辆整车主动悬架系统设计基于非线性 ESO 的有限时间稳定输出反馈控制器，使车身的垂向、俯仰和侧倾振动状态在有限时间内收敛到零或极小的有界范围内，从而有效提高车辆行驶的平顺性[89]。图 7-19 为基于自抗扰技术的整车主动悬架系统控制原理。先针对解耦后的车身动力学分别设计可以抵抗系统不确定扰动的垂向运动、俯仰运动和侧倾运动有限时间稳定输出反馈控制器，再对所求得的垂向、俯仰和侧倾运动虚拟控制律进行解耦，得到 6 个悬架单元的主动作动力，分析子系统的零动态稳定性以保证整个主动悬架系统的闭环稳定性，同时合理调节控制器的设计参数以保证悬架系统的约束性能。

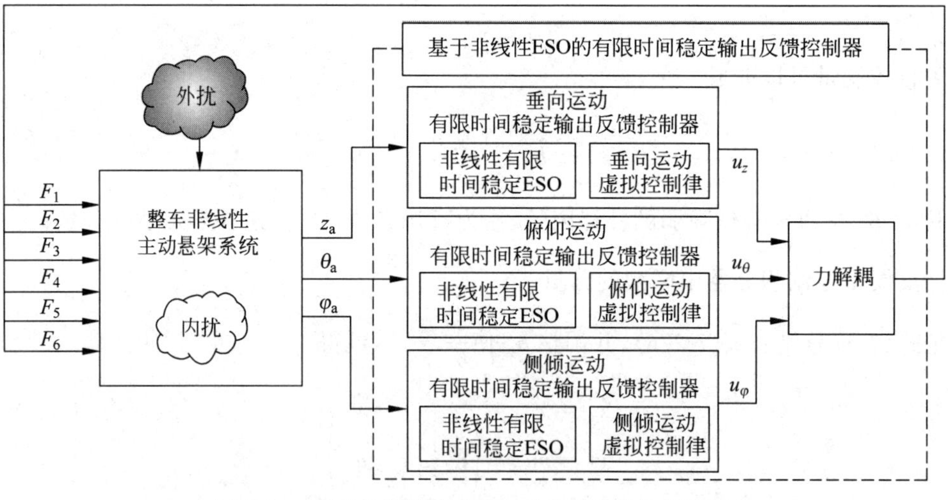

图 7-19　基于自抗扰技术的主动悬架系统控制原理

1. 主动悬架系统动力学模型及车身运动解耦

整车主动悬架系统动力学模型见 6.3.2 节。由于车身的垂向运动、俯仰运动和侧倾运动相互影响，存在严重的耦合非线性关系。在进行控制器设计之前，需要对三轴车辆主动悬架系统的车身动力学进行运动解耦。

定义系统状态变量为 $[x_{1z}\quad x_{2z}]^{\mathrm{T}}=[z_{\mathrm{a}}\quad \dot{z}_{\mathrm{a}}]^{\mathrm{T}}$，$[x_{1\theta}\quad x_{2\theta}]^{\mathrm{T}}=[\theta_{\mathrm{a}}\quad \dot{\theta}_{\mathrm{a}}]^{\mathrm{T}}$，$[x_{1\varphi}\quad x_{2\varphi}]^{\mathrm{T}}=[\varphi_{\mathrm{a}}\quad \dot{\varphi}_{\mathrm{a}}]^{\mathrm{T}}$，$[x_4\quad x_5\quad x_6\quad x_7\quad x_8\quad x_9\quad x_{10}\quad x_{11}\quad x_{12}\quad x_{13}\quad x_{14}\quad x_{15}]^{\mathrm{T}}=[z_{\mathrm{u1}}\quad \dot{z}_{\mathrm{u1}}\quad z_{\mathrm{u2}}\quad \dot{z}_{\mathrm{u2}}\quad z_{\mathrm{u3}}\quad \dot{z}_{\mathrm{u3}}\quad z_{\mathrm{u4}}\quad \dot{z}_{\mathrm{u4}}\quad z_{\mathrm{u5}}\quad \dot{z}_{\mathrm{u5}}\quad z_{\mathrm{u6}}\quad \dot{z}_{\mathrm{u6}}]^{\mathrm{T}}$，输出变量为$[y_1\quad y_2\quad y_3]^{\mathrm{T}}=[x_{1z}\quad x_{1\theta}\quad x_{1\varphi}]^{\mathrm{T}}$。

由于车身质量会随车辆载荷的变化而变化，因此参数 m_{s}、J_x 和 J_y 均是不确定的，这里用 m_{sn}，$J_{x\mathrm{n}}$ 和 $J_{y\mathrm{n}}$ 表示 m_{s}，J_x 和 J_y 的标称量。

对于车身垂向运动的动力学方程(6-71)，将式(6-82)～式(6-89)代入可得

$$\begin{aligned}
\dot{x}_{2z}&=\frac{1}{m_{\mathrm{s}}}\left\{-\sum_{i=1}^{6}[k_{\mathrm{s}i}\Delta y_i(x)+F_{\mathrm{sn}i}(x)]-\sum_{i=1}^{6}[c_{\mathrm{d}i}\Delta\dot{y}_i(x)+F_{\mathrm{dn}i}(x)]+\sum_{i=1}^{6}F_i+\Delta F_z(t)\right\}\\
&=\frac{1}{m_{\mathrm{s}}}\left(-\sum_{i=1}^{6}k_{\mathrm{s}i}x_{1z}-\sum_{i=1}^{6}c_{\mathrm{d}i}x_{2z}\right)+\frac{1}{m_{\mathrm{s}}}\sum_{i=1}^{6}F_i+\\
&\quad\frac{1}{m_{\mathrm{s}}}\left\{-\sum_{i=1}^{6}[k_{\mathrm{s}i}(\Delta y_i-x_{1z})+F_{\mathrm{sn}i}]-\sum_{i=1}^{6}[c_{\mathrm{d}i}(\Delta\dot{y}_i-x_{2z})+F_{\mathrm{dn}i}]+\Delta F_z\right\}\\
&=-\frac{1}{m_{\mathrm{sn}}}\left(\sum_{i=1}^{6}k_{\mathrm{s}i}x_{1z}+\sum_{i=1}^{6}c_{\mathrm{d}i}x_{2z}\right)+\frac{1}{m_{\mathrm{sn}}}u_z+\left(\frac{1}{m_{\mathrm{s}}}-\frac{1}{m_{\mathrm{sn}}}\right)\left(-\sum_{i=1}^{6}k_{\mathrm{s}i}x_{1z}-\sum_{i=1}^{6}c_{\mathrm{d}i}x_{2z}+\sum_{i=1}^{6}F_i\right)+\\
&\quad\frac{1}{m_{\mathrm{s}}}\left\{-\sum_{i=1}^{6}[k_{\mathrm{s}i}(\Delta y_i-x_{1z})+F_{\mathrm{sn}i}]-\sum_{i=1}^{6}[c_{\mathrm{d}i}(\Delta\dot{y}_i-x_{2z})+F_{\mathrm{dn}i}]+\Delta F_z\right\}
\end{aligned}\tag{7-279}$$

式中，第一项为仅与车身垂向运动状态有关的解耦项；第二项为车身垂向运动的虚拟控制输入，其中 $u_z=\sum_{i=1}^{6}F_i$；第三项是由车身质量变化引起的不确定项；第四项为集成干扰项，主要包括车身垂向动力学中的非线性动态、与俯仰和侧倾运动有关的复杂耦合动态及其他不确定干扰。

解耦后的垂向运动状态空间方程可表示为

$$\begin{cases}\dot{x}_{1z}=x_{2z}\\ \dot{x}_{2z}=\phi_z(y_1,x_{2z})+\dfrac{1}{m_{\mathrm{sn}}}u_z+f_z(x,t)\end{cases}\tag{7-280}$$

式中，

$$\phi_z(y_1,x_{2z})=-\frac{1}{m_{\mathrm{sn}}}\left(\sum_{i=1}^{6}k_{\mathrm{s}i}y_1+\sum_{i=1}^{6}c_{\mathrm{d}i}x_{2z}\right)\tag{7-281}$$

$$\begin{aligned}
f_z(x,t)=&\left(\frac{1}{m_{\mathrm{s}}}-\frac{1}{m_{\mathrm{sn}}}\right)\left(-\sum_{i=1}^{6}k_{\mathrm{s}i}x_{1z}-\sum_{i=1}^{6}c_{\mathrm{d}i}x_{2z}+\sum_{i=1}^{6}F_i\right)+\\
&\frac{1}{m_{\mathrm{s}}}\left\{-\sum_{i=1}^{6}[k_{\mathrm{s}i}(\Delta y_i-x_{1z})+F_{\mathrm{sn}i}]-\right.\\
&\left.\sum_{i=1}^{6}[c_{\mathrm{d}i}(\Delta\dot{y}_i-x_{2z})+F_{\mathrm{dn}i}]+\Delta F_z(t)\right\}
\end{aligned}\tag{7-282}$$

$f_z(x,t)$为解耦后车身垂向动力学中的总体扰动，其导数用 $h_z(x,t)$表示。

将式(6-75)～式(6-80)和式(6-82)～式(6-89)代入车身俯仰运动动力学方程(6-72)，为

了实现解耦，对 $a_{2i}(x)$ 进行近似处理，取 $a_{2i}(x)\approx l_i(i=1\sim6$，且 $l_1=l_2=l_a, l_3=l_4=l_b$，$l_5=l_6=l_c)$。同时，考虑俯仰转动惯量 J_y 的不确定性，可得

$$
\begin{aligned}
\dot{x}_{2\theta}=&\frac{1}{J_{yn}}\left(-\sum_{i=1}^{6}k_{si}l_i^2\sin x_{1\theta}-\sum_{i=1}^{6}c_{di}l_i^2x_{2\theta}\cos x_{1\theta}\right)+\frac{1}{J_{yn}}u_\theta+\\
&\frac{1}{J_{yn}}\left\{\sum_{i=1}^{6}(-k_{si}l_i\sin x_{1\theta}-c_{di}l_ix_{2\theta}\cos x_{1\theta})\,[a_{2i}(x)-l_i]\right\}+\\
&\frac{1}{J_{yn}}\left\{-\sum_{i=1}^{2}F_i\,[a_{2i}(x)-l_i]+\sum_{i=3}^{6}F_i\,[a_{2i}(x)-l_i]\right\}+\\
&\left(\frac{1}{J_y}-\frac{1}{J_{yn}}\right)\left[\sum_{i=1}^{6}(-k_{si}l_i\sin x_{1\theta}-c_{di}l_ix_{2\theta}\cos x_{1\theta})a_{2i}(x)\right]+\\
&\left(\frac{1}{J_y}-\frac{1}{J_{yn}}\right)\left[-\sum_{i=1}^{2}F_ia_{2i}(x)+\sum_{i=3}^{6}F_ia_{2i}(x)\right]+\\
&\frac{1}{J_y}\left\{\sum_{i=1}^{2}\left[k_{si}(\Delta y_i+l_i\sin x_{1\theta})+c_{di}(\Delta\dot{y}_i+l_ix_{2\theta}\cos x_{1\theta})+F_{sni}+F_{dni}\right]a_{2i}(x)+\right.\\
&\left.\sum_{i=3}^{6}\left[-k_{si}(\Delta y_i-l_i\sin x_{1\theta})-c_{di}(\Delta\dot{y}_i-l_ix_{2\theta}\cos x_{1\theta})-F_{sni}-F_{dni}\right]a_{2i}(x)+\Delta M_\theta\right\}
\end{aligned}
\tag{7-283}
$$

式中，第一项为仅与车身俯仰运动状态有关的解耦项；第二项为车身俯仰运动的虚拟控制输入，其中 $u_\theta=-\sum_{i=1}^{2}F_il_i+\sum_{i=3}^{6}F_il_i$；第三项和第四项为 $a_{2i}(x)$ 的近似处理所引起的误差项；第五项和第六项为俯仰转动惯量变化所引起的不确定项；第七项为集成干扰项，主要包括车身俯仰动力学中的非线性动态、与垂向和侧倾运动有关的复杂耦合动态及其他不确定干扰。

解耦后的俯仰运动状态空间方程可表示为

$$
\begin{cases}
\dot{x}_{1\theta}=x_{2\theta}\\
\dot{x}_{2\theta}=\phi_\theta(y_2,x_{2\theta})+\dfrac{1}{J_{yn}}u_\theta+f_\theta(x,t)
\end{cases}
\tag{7-284}
$$

式中，

$$
\phi_\theta(y_2,x_{2\theta})=\frac{1}{J_{yn}}\left(-\sum_{i=1}^{6}k_{si}l_i^2\sin y_2-\sum_{i=1}^{6}c_{di}l_i^2x_{2\theta}\cos y_2\right)
\tag{7-285}
$$

$$
\begin{aligned}
f_\theta(x,t)=&-\phi_\theta(y_2,x_{2\theta})-\frac{1}{J_{yn}}u_\theta+\frac{1}{J_y}\left[-\sum_{i=1}^{2}F_ia_{2i}(x)+\sum_{i=3}^{6}F_ia_{2i}(x)\right]+\\
&\frac{1}{J_y}\left\{\sum_{i=1}^{2}(k_{si}\Delta y_i+F_{sni}+c_{di}\Delta\dot{y}_i+F_{dni})a_{2i}(x)-\right.\\
&\left.\sum_{i=3}^{6}(k_{si}\Delta y_i+F_{sni}+c_{di}\Delta\dot{y}_i+F_{dni})a_{2i}(x)+\Delta M_\theta(t)\right\}
\end{aligned}
\tag{7-286}
$$

$f_\theta(x,t)$ 为解耦后车身俯仰动力学中的总体扰动，其导数用 $h_\theta(x,t)$ 表示。

将式(6-81)～式(6-89)代入车身侧倾运动动力学方程(6-73)，并对 $a_{3i}(x)$ 进行近似处

理，取 $a_{3i}(x)\approx\frac{a}{2}$。同时考虑侧倾转动惯量 J_x 的不确定性，可得

$$\begin{aligned}\dot{x}_{2\varphi}=&\frac{1}{J_{xn}}u_\varphi+\frac{1}{J_{xn}}\left\{\sum_{i=1,3,5}F_i\left[a_{3i}(x)-\frac{a}{2}\right]-\sum_{i=2,4,6}F_i\left[a_{3i}(x)-\frac{a}{2}\right]\right\}+\\&\left(\frac{1}{J_x}-\frac{1}{J_{xn}}\right)\left[\sum_{i=1,3,5}F_ia_{3i}(x)-\sum_{i=2,4,6}F_ia_{3i}(x)\right]+\\&\frac{1}{J_x}\left\{\sum_{i=1,3,5}(-k_{si}\Delta y_i-F_{sni}-c_{di}\Delta\dot{y}_i-F_{dni})a_{3i}(x)+\right.\\&\left.\sum_{i=2,4,6}(k_{si}\Delta y_i+F_{sni}+c_{di}\Delta\dot{y}_i+F_{dni})a_{3i}(x)+\Delta M_\varphi\right\}\end{aligned}\tag{7-287}$$

式中，第一项为车身侧倾运动的虚拟控制输入，其中 $u_\varphi=\sum_{i=1,3,5}F_i\frac{a}{2}-\sum_{i=2,4,6}F_i\frac{a}{2}$；第二项为 $a_{3i}(x)$ 的近似处理所引起的误差项；第三项为侧倾转动惯量变化所引起的不确定项；第四项为集成干扰项，主要包括车身侧倾动力学中的非线性动态、与垂向和俯仰运动有关的复杂耦合动态及其他不确定干扰。

解耦后的侧倾运动状态空间方程可表示为

$$\begin{cases}\dot{x}_{1\varphi}=x_{2\varphi}\\\dot{x}_{2\varphi}=\dfrac{1}{J_{yn}}u_\varphi+f_\varphi(x,t)\end{cases}\tag{7-288}$$

其中，

$$\begin{aligned}f_\varphi(x,t)=&-\frac{1}{J_{yn}}u_\varphi+\frac{1}{J_x}\left[\sum_{i=1,3,5}F_ia_{3i}(x)-\sum_{i=2,4,6}F_ia_{3i}(x)\right]+\\&\frac{1}{J_x}\left\{\sum_{i=1,3,5}(-k_{si}\Delta y_i-F_{sni}-c_{di}\Delta\dot{y}_i-F_{dni})a_{3i}(x)+\right.\\&\left.\sum_{i=2,4,6}(k_{si}\Delta y_i+F_{sni}+c_{di}\Delta\dot{y}_i+F_{dni})a_{3i}(x)+\Delta M_\varphi(t)\right\}\end{aligned}\tag{7-289}$$

$f_\varphi(x,t)$ 为解耦后车身侧倾动力学中的总体扰动，其导数用 $h_\varphi(x,t)$ 表示。

以上过程实现了三轴车辆主动悬架系统模型在车身垂向、俯仰和侧倾三个运动方向上的解耦，解耦后车身垂向、俯仰和侧倾运动的虚拟控制输入与整车主动悬架系统的六个主动作动力之间存在关系：

$$\begin{bmatrix}u_z\\u_\theta\\u_\varphi\end{bmatrix}=\boldsymbol{WF}=\begin{bmatrix}1&1&1&1&1&1\\-l_a&-l_a&l_b&l_b&l_c&l_c\\\dfrac{a}{2}&-\dfrac{a}{2}&\dfrac{a}{2}&-\dfrac{a}{2}&\dfrac{a}{2}&-\dfrac{a}{2}\end{bmatrix}\begin{bmatrix}F_1\\F_2\\F_3\\F_4\\F_5\\F_6\end{bmatrix}\tag{7-290}$$

因此，若求解出车身垂向、俯仰和侧倾运动的虚拟控制输入，便可根据式(7-290)得到每个作动器的主动控制力。

2. 有限时间稳定输出反馈控制器设计

有限时间稳定输出反馈控制器包括垂向运动、俯仰运动和侧倾运动三部分，由于设计过程相似，此处以垂向运动为例进行介绍。图 7-20 为垂向运动有限时间稳定输出反馈控制器的结构，该控制器包含一个三阶非线性有限时间稳定 ESO 和垂向运动有限时间稳定控制率。三阶非线性有限时间稳定 ESO 利用车身的垂向位移输出 y_1 和虚拟控制输入 u_z，对车身垂向动力学中的不可测速度信息 x_{2z} 和总体干扰 $f_z(x,t)$ 进行实时估计，并保证观测器估计误差的有限时间收敛性；进而，基于三阶非线性 ESO 所得到的不可测状态和干扰估计值及系统的垂向位移输出设计有限时间稳定控制律 u_z，使车身的垂向运动状态在有限时间内收敛到较小的范围，从而达到改善车身垂向振动性能的目的。

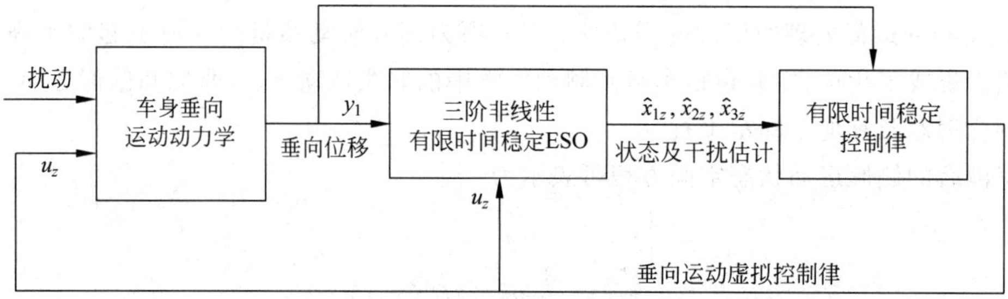

图 7-20 垂向运动有限时间稳定输出反馈控制器的结构

将解耦后的垂向运动状态空间方程(7-280)中的 $f_z(x,t)$ 视为扩张状态 x_{3z}，构建垂向运动三阶非线性有限时间稳定 ESO：

$$\begin{cases}\dot{\hat{x}}_{1z}=\hat{x}_{2z}+\dfrac{\alpha_{1z}}{\rho_z^3}\lceil\rho_z^5(y_1-\hat{x}_{1z})\rfloor^{\beta_{1z}}\\ \dot{\hat{x}}_{2z}=\hat{x}_{3z}+\phi_z(y_1,\hat{x}_{2z})+\dfrac{1}{m_{sn}}u_z+\dfrac{\alpha_{2z}}{\rho_z}\lceil\rho_z^5(y_1-\hat{x}_{1z})\rfloor^{\beta_{2z}}\\ \dot{\hat{x}}_{3z}=\alpha_{3z}\rho_z\lceil\rho_z^5(y_1-\hat{x}_{1z})\rfloor^{\beta_{3z}}\end{cases}\tag{7-291}$$

式中，$\hat{x}_{1z}$、$\hat{x}_{2z}$ 和 $\hat{x}_{3z}$ 分别为车身垂向位移 x_{1z}、垂向速度 x_{2z} 和总体干扰 x_{3z} 的估计值；ρ_z 为非线性 ESO 的设计参数，函数$\lceil\cdot\rfloor^{\beta_{iz}}=|\cdot|^{\beta_{iz}}\mathrm{sgn}(\cdot)$，$\beta_{iz}=i\beta_z-(i-1)$，$i=1,2,3$，其中 $0<\beta_z<1$，设计参数 α_{1z}、α_{2z} 和 α_{3z} 满足 $\boldsymbol{\Xi}_z$ 为 Hurwitz 矩阵，即 $\boldsymbol{\Xi}_z=\begin{bmatrix}-\alpha_{1z} & 1 & 0\\ -\alpha_{2z} & 0 & 1\\ -\alpha_{3z} & 0 & 0\end{bmatrix}$。

车身垂向动力学中的不可测状态 x_{2z} 和不确定干扰 x_{3z} 可由观测器(7-291)得到，基于输出信号 y_1 和观测器的估计状态 $\hat{x}_{2z}$ 和 x_{3z} 设计垂向运动有限时间稳定控制律：

$$u_z=m_{sn}(\rho_z^2\varepsilon_{1z}y_1+\rho_z\varepsilon_{2z}\hat{x}_{2z}-\hat{x}_{3z})\tag{7-292}$$

式中，控制参数 ε_{1z}、ε_{2z} 满足 $\boldsymbol{A}_z=\begin{bmatrix}0 & 1\\ \varepsilon_{1z} & \varepsilon_{2z}\end{bmatrix}$ 为 Hurwitz 矩阵，$-\hat{x}_{3z}$ 用来抵消不确定干

扰 $f_z(x,t)$带来的影响。

基于所设计的垂向运动三阶非线性有限时间稳定 ESO(7-291)和有限时间稳定控制律(7-292)可以得到如下结论:

定理 7.4　针对车身垂向动力学(7-280)设计由三阶非线性有限时间稳定 ESO(7-291)和有限时间稳定输出反馈控制器。假设$\boldsymbol{\Xi}_z$和 $\boldsymbol{A}_z$ 是 Hurwitz 矩阵,则存在常数 $\beta_z^* \in \left(\frac{2}{3},1\right)$,$\rho_z^*>1$,对于任意的 $\beta_z \in (\beta_z^*,1)$,$\rho_z>\rho_z^*$,三阶非线性 ESO 的估计误差和车身的垂向运动状态满足:

$$x_{iz}(t)-\hat{x}_{iz}(t)=0,\quad \forall t>t_{pz}, i=1,2,3 \tag{7-293}$$

$$|x_{jz}(t)| \leqslant \gamma_{1z}\left(\frac{1}{\rho_z}\right)^{2-j}\exp^{-\tau_{1z}t}+\gamma_{2z}\left(\frac{1}{\rho_z}\right)^{3-j} \leqslant \vartheta_{jz},\quad \forall t>t_{rz}, j=1,2 \tag{7-294}$$

式中,t_{pz} 和 t_{rz} 为依赖于参数 ρ_z 的时间常数,$\tau_{1z}>0$、γ_{1z},$\gamma_{2z}>0$。

定理 7.4 表明,通过选择合适的控制参数,三阶非线性 ESO 的估计误差将在有限时间内收敛到 0,车身的垂向运动状态也会在有限时间内收敛到极小的范围,进而保证车辆在垂直方向上的乘坐舒适性。

有限时间稳定输出反馈控制器的稳定性证明包括三阶非线性 ESO 和垂向运动状态的有限时间收敛性证明和该控制器作用下车身垂向动力学系统的闭环稳定性证明,具体证明过程略。

根据解耦式(7-290)及垂向运动、俯仰运动和侧倾运动有限时间稳定控制律可以计算出三轴车辆主动悬架系统的六个主动控制力:

$$\begin{bmatrix} F_1 \\ F_2 \\ F_3 \\ F_4 \\ F_5 \\ F_6 \end{bmatrix} = \boldsymbol{W}^{-1}\boldsymbol{u} = \begin{bmatrix} \dfrac{l_b^2+l_c^2+l_al_b+l_al_c}{w} & \dfrac{-2l_a-l_b-l_c}{w} & \dfrac{1}{3a} \\ \dfrac{l_b^2+l_c^2+l_al_b+l_al_c}{w} & \dfrac{-2l_a-l_b-l_c}{w} & \dfrac{-1}{3a} \\ \dfrac{l_a^2+l_c^2+l_al_b-l_bl_c}{w} & \dfrac{l_a+2l_b-l_c}{w} & \dfrac{1}{3a} \\ \dfrac{l_a^2+l_c^2+l_al_b-l_bl_c}{w} & \dfrac{l_a+2l_b-l_c}{w} & \dfrac{-1}{3a} \\ \dfrac{l_a^2+l_b^2+l_al_c-l_bl_c}{w} & \dfrac{l_a-l_b+2l_c}{w} & \dfrac{1}{3a} \\ \dfrac{l_a^2+l_b^2+l_al_c-l_bl_c}{w} & \dfrac{l_a-l_b+2l_c}{w} & \dfrac{-1}{3a} \end{bmatrix} \begin{bmatrix} u_z \\ u_\theta \\ u_\varphi \end{bmatrix} \tag{7-295}$$

其中,

$$w=4(l_a^2+l_b^2+l_c^2+l_al_b+l_al_c-l_bl_c)$$

3. 零动态稳定性分析

根据 6.3.2 节的式(6-71)～式(6-74)可知,三轴车辆整车主动悬架系统模型包含车身和非簧载质量的振动动力学,而上述控制器的设计过程针对的是三个与车身动力学相关的二阶系统。接下来需要考虑余下的与非簧载质量动力学相关的六个二阶子系统零动态稳定性，以确保整个主动悬架系统的闭环稳定性。

为此，将主动悬架系统的输出设为 0，即 $y_1=y_2=y_3=0$。于是，车身运动变量 $x_{1z}=x_{2z}=0$，$x_{1\theta}=x_{2\theta}=0$，$x_{1\varphi}=x_{2\varphi}=0$。将其代入式(6-71)～式(6-73)可得

$$u_z=F_z-\Delta F_z \tag{7-296}$$

$$u_\theta=M_\theta-\Delta M_\theta \tag{7-297}$$

$$u_\varphi=M_\varphi-\Delta M_\varphi \tag{7-298}$$

其中，

$$F_z=\sum_{i=1}^{6}(F_{si}+F_{di})$$

$$M_\theta=-\sum_{i=1}^{2}(F_{si}+F_{di})a_{2i}+\sum_{i=3}^{6}(F_{si}+F_{di})a_{2i}$$

$$M_\varphi=\sum_{i=1,3,5}(F_{si}+F_{di})a_{3i}-\sum_{i=2,4,6}(F_{si}+F_{di})a_{3i}$$

将式(7-296)～式(7-298)代入式(7-295)可得零动态下的主动控制力，结合式(6-74)可以推导出整车主动悬架系统的零动态动力学方程。令 $\bar{\boldsymbol{x}}=[x_4\ x_5\ x_6\ x_7\ x_8\ x_9\ x_{10}\ x_{11}\ x_{12}\ x_{13}\ x_{14}\ x_{15}]^{\mathrm{T}}$，$\boldsymbol{z}_{\mathrm{r}}=[z_{\mathrm{r1}}\ \dot{z}_{\mathrm{r1}}\ z_{\mathrm{r2}}\ \dot{z}_{\mathrm{r2}}\ z_{\mathrm{r3}}\ \dot{z}_{\mathrm{r3}}\ z_{\mathrm{r4}}\ \dot{z}_{\mathrm{r4}}\ z_{\mathrm{r5}}\ \dot{z}_{\mathrm{r5}}\ z_{\mathrm{r6}}\ \dot{z}_{\mathrm{r6}}]^{\mathrm{T}}$，$\boldsymbol{d}=[\Delta F_z\ \Delta M_\theta\ \Delta M_\varphi]^{\mathrm{T}}$，$\boldsymbol{f}=[f_1\ f_2\ f_3\ f_4\ f_5\ f_6]^{\mathrm{T}}$，则有

$$\dot{\bar{\boldsymbol{x}}}=\boldsymbol{A}\bar{\boldsymbol{x}}+\boldsymbol{B}_{\mathrm{r}}\boldsymbol{z}_{\mathrm{r}}+\boldsymbol{B}_{\mathrm{d}}\boldsymbol{d}+\boldsymbol{B}_{\mathrm{f}}\boldsymbol{f} \tag{7-299}$$

其中，

$$\boldsymbol{A}=\begin{bmatrix}
0 & 1 & 0 & 0 & 0 & 0 & 0 & 0 & 0 & 0 & 0 & 0\\
-\frac{k_{\mathrm{t1}}}{m_{\mathrm{u1}}} & -\frac{c_{\mathrm{b1}}}{m_{\mathrm{u1}}} & 0 & 0 & 0 & 0 & 0 & 0 & 0 & 0 & 0 & 0\\
0 & 0 & 0 & 1 & 0 & 0 & 0 & 0 & 0 & 0 & 0 & 0\\
0 & 0 & -\frac{k_{\mathrm{t2}}}{m_{\mathrm{u2}}} & -\frac{c_{\mathrm{b2}}}{m_{\mathrm{u2}}} & 0 & 0 & 0 & 0 & 0 & 0 & 0 & 0\\
0 & 0 & 0 & 0 & 0 & 1 & 0 & 0 & 0 & 0 & 0 & 0\\
0 & 0 & 0 & 0 & -\frac{k_{\mathrm{t3}}}{m_{\mathrm{u3}}} & -\frac{c_{\mathrm{b3}}}{m_{\mathrm{u3}}} & 0 & 0 & 0 & 0 & 0 & 0\\
0 & 0 & 0 & 0 & 0 & 0 & 0 & 1 & 0 & 0 & 0 & 0\\
0 & 0 & 0 & 0 & 0 & 0 & -\frac{k_{\mathrm{t4}}}{m_{\mathrm{u4}}} & -\frac{c_{\mathrm{b4}}}{m_{\mathrm{u4}}} & 0 & 0 & 0 & 0\\
0 & 0 & 0 & 0 & 0 & 0 & 0 & 0 & 0 & 1 & 0 & 0\\
0 & 0 & 0 & 0 & 0 & 0 & 0 & 0 & -\frac{k_{\mathrm{t5}}}{m_{\mathrm{u5}}} & -\frac{c_{\mathrm{b5}}}{m_{\mathrm{u5}}} & 0 & 0\\
0 & 0 & 0 & 0 & 0 & 0 & 0 & 0 & 0 & 0 & 0 & 1\\
0 & 0 & 0 & 0 & 0 & 0 & 0 & 0 & 0 & 0 & -\frac{k_{\mathrm{t6}}}{m_{\mathrm{u6}}} & -\frac{c_{\mathrm{b6}}}{m_{\mathrm{u6}}}
\end{bmatrix}$$

$$
\boldsymbol{B}_{\mathrm{r}}=\begin{bmatrix}
0 & 0 & 0 & 0 & 0 & 0 & 0 & 0 & 0 & 0 & 0 & 0\\
\frac{k_{\mathrm{t1}}}{m_{\mathrm{u1}}} & \frac{c_{\mathrm{b1}}}{m_{\mathrm{u1}}} & 0 & 0 & 0 & 0 & 0 & 0 & 0 & 0 & 0 & 0\\
0 & 0 & 0 & 0 & 0 & 0 & 0 & 0 & 0 & 0 & 0 & 0\\
0 & 0 & \frac{k_{\mathrm{t2}}}{m_{\mathrm{u2}}} & \frac{c_{\mathrm{b2}}}{m_{\mathrm{u2}}} & 0 & 0 & 0 & 0 & 0 & 0 & 0 & 0\\
0 & 0 & 0 & 0 & 0 & 0 & 0 & 0 & 0 & 0 & 0 & 0\\
0 & 0 & 0 & 0 & \frac{k_{\mathrm{t3}}}{m_{\mathrm{u3}}} & \frac{c_{\mathrm{b3}}}{m_{\mathrm{u3}}} & 0 & 0 & 0 & 0 & 0 & 0\\
0 & 0 & 0 & 0 & 0 & 0 & 0 & 0 & 0 & 0 & 0 & 0\\
0 & 0 & 0 & 0 & 0 & 0 & \frac{k_{\mathrm{t4}}}{m_{\mathrm{u4}}} & \frac{c_{\mathrm{b4}}}{m_{\mathrm{u4}}} & 0 & 0 & 0 & 0\\
0 & 0 & 0 & 0 & 0 & 0 & 0 & 0 & 0 & 0 & 0 & 0\\
0 & 0 & 0 & 0 & 0 & 0 & 0 & 0 & \frac{k_{\mathrm{t5}}}{m_{\mathrm{u5}}} & \frac{c_{\mathrm{b5}}}{m_{\mathrm{u5}}} & 0 & 0\\
0 & 0 & 0 & 0 & 0 & 0 & 0 & 0 & 0 & 0 & 0 & 0\\
0 & 0 & 0 & 0 & 0 & 0 & 0 & 0 & 0 & 0 & \frac{k_{\mathrm{t6}}}{m_{\mathrm{u6}}} & \frac{c_{\mathrm{b6}}}{m_{\mathrm{u6}}}
\end{bmatrix}
$$

$$
\boldsymbol{B}_{\mathrm{d}}=\begin{bmatrix}
0 & 0 & 0\\
\frac{l_{\mathrm{b}}^{2}+l_{\mathrm{c}}^{2}+l_{\mathrm{a}}l_{\mathrm{b}}+l_{\mathrm{a}}l_{\mathrm{c}}}{w} & -\frac{2l_{\mathrm{a}}+l_{\mathrm{b}}+l_{\mathrm{c}}}{w} & \frac{1}{3a}\\
0 & 0 & 0\\
\frac{l_{\mathrm{b}}^{2}+l_{\mathrm{c}}^{2}+l_{\mathrm{a}}l_{\mathrm{b}}+l_{\mathrm{a}}l_{\mathrm{c}}}{w} & -\frac{2l_{\mathrm{a}}+l_{\mathrm{b}}+l_{\mathrm{c}}}{w} & -\frac{1}{3a}\\
0 & 0 & 0\\
\frac{l_{\mathrm{a}}^{2}+l_{\mathrm{c}}^{2}+l_{\mathrm{a}}l_{\mathrm{b}}-l_{\mathrm{b}}l_{\mathrm{c}}}{w} & \frac{l_{\mathrm{a}}+2l_{\mathrm{b}}-l_{\mathrm{c}}}{w} & \frac{1}{3a}\\
0 & 0 & 0\\
\frac{l_{\mathrm{a}}^{2}+l_{\mathrm{c}}^{2}+l_{\mathrm{a}}l_{\mathrm{b}}-l_{\mathrm{b}}l_{\mathrm{c}}}{w} & \frac{l_{\mathrm{a}}+2l_{\mathrm{b}}-l_{\mathrm{c}}}{w} & -\frac{1}{3a}\\
0 & 0 & 0\\
\frac{l_{\mathrm{a}}^{2}+l_{\mathrm{b}}^{2}+l_{\mathrm{a}}l_{\mathrm{c}}-l_{\mathrm{b}}l_{\mathrm{c}}}{w} & \frac{l_{\mathrm{a}}-l_{\mathrm{b}}+2l_{\mathrm{c}}}{w} & \frac{1}{3a}\\
0 & 0 & 0\\
\frac{l_{\mathrm{a}}^{2}+l_{\mathrm{b}}^{2}+l_{\mathrm{a}}l_{\mathrm{c}}-l_{\mathrm{b}}l_{\mathrm{c}}}{w} & \frac{l_{\mathrm{a}}-l_{\mathrm{b}}+2l_{\mathrm{c}}}{w} & -\frac{1}{3a}
\end{bmatrix}
$$

$$
\boldsymbol{B}_{\mathrm{f}}=\begin{bmatrix}
0&0&0&0&0&0\\
1&0&0&0&0&0\\
0&0&0&0&0&0\\
0&1&0&0&0&0\\
0&0&0&0&0&0\\
0&0&1&0&0&0\\
0&0&0&0&0&0\\
0&0&0&1&0&0\\
0&0&0&0&0&0\\
0&0&0&0&1&0\\
0&0&0&0&0&0\\
0&0&0&0&0&1
\end{bmatrix}
$$

$$
\boldsymbol{f}=\begin{bmatrix}
F_{\mathrm{s1}}+F_{\mathrm{d1}}-\dfrac{l_{\mathrm{b}}^2+l_{\mathrm{c}}^2+l_{\mathrm{a}}l_{\mathrm{b}}+l_{\mathrm{a}}l_{\mathrm{c}}}{w}F_z+\dfrac{2l_{\mathrm{a}}+l_{\mathrm{b}}+l_{\mathrm{c}}}{w}M_\theta-\dfrac{1}{3a}M_\varphi\\
F_{\mathrm{s2}}+F_{\mathrm{d2}}-\dfrac{l_{\mathrm{b}}^2+l_{\mathrm{c}}^2+l_{\mathrm{a}}l_{\mathrm{b}}+l_{\mathrm{a}}l_{\mathrm{c}}}{w}F_z+\dfrac{2l_{\mathrm{a}}+l_{\mathrm{b}}+l_{\mathrm{c}}}{w}M_\theta+\dfrac{1}{3a}M_\varphi\\
F_{\mathrm{s3}}+F_{\mathrm{d3}}-\dfrac{l_{\mathrm{a}}^2+l_{\mathrm{c}}^2+l_{\mathrm{a}}l_{\mathrm{b}}-l_{\mathrm{b}}l_{\mathrm{c}}}{w}F_z-\dfrac{l_{\mathrm{a}}+2l_{\mathrm{b}}-l_{\mathrm{c}}}{w}M_\theta-\dfrac{1}{3a}M_\varphi\\
F_{\mathrm{s4}}+F_{\mathrm{d4}}-\dfrac{l_{\mathrm{a}}^2+l_{\mathrm{c}}^2+l_{\mathrm{a}}l_{\mathrm{b}}-l_{\mathrm{b}}l_{\mathrm{c}}}{w}F_z-\dfrac{l_{\mathrm{a}}+2l_{\mathrm{b}}-l_{\mathrm{c}}}{w}M_\theta+\dfrac{1}{3a}M_\varphi\\
F_{\mathrm{s5}}+F_{\mathrm{d5}}-\dfrac{l_{\mathrm{a}}^2+l_{\mathrm{b}}^2+l_{\mathrm{a}}l_{\mathrm{c}}-l_{\mathrm{b}}l_{\mathrm{c}}}{w}F_z-\dfrac{l_{\mathrm{a}}-l_{\mathrm{b}}+2l_{\mathrm{c}}}{w}M_\theta-\dfrac{1}{3a}M_\varphi\\
F_{\mathrm{s6}}+F_{\mathrm{d6}}-\dfrac{l_{\mathrm{a}}^2+l_{\mathrm{b}}^2+l_{\mathrm{a}}l_{\mathrm{c}}-l_{\mathrm{b}}l_{\mathrm{c}}}{w}F_z-\dfrac{l_{\mathrm{a}}-l_{\mathrm{b}}+2l_{\mathrm{c}}}{w}M_\theta+\dfrac{1}{3a}M_\varphi
\end{bmatrix}
$$

这里，$\boldsymbol{f}$ 是关于 $F_{\mathrm{s}i}$ 和 $F_{\mathrm{d}i}$ 的向量，当输出为零时，$F_{\mathrm{s}i}$ 和 $F_{\mathrm{d}i}$ 显然有界。若取 $a_{2i}(x)\approx l_i$，$a_{3i}(x)\approx\dfrac{a}{2}$，$i=1\sim6$，则 $\boldsymbol{B}_{\mathrm{f}}\boldsymbol{f}\approx0$。

因为零动态动力学方程(7-299)中的矩阵 $\boldsymbol{A}$ 为 Hurwitz 矩阵，故定义 Lyapunov 函数 $V=\bar{\boldsymbol{x}}^{\mathrm{T}}\boldsymbol{P}\bar{\boldsymbol{x}}$。其中 $\boldsymbol{P}$ 是 Lyapunov 方程 $\boldsymbol{A}^{\mathrm{T}}\boldsymbol{P}+\boldsymbol{P}^{\mathrm{T}}\boldsymbol{A}=-\boldsymbol{Q}$ 的正定解，$\boldsymbol{Q}$ 为一正定矩阵。对 Lyapunov 函数 V 求导可得

$$
\begin{aligned}
\dot{V}&=\bar{\boldsymbol{x}}^{\mathrm{T}}(\boldsymbol{A}^{\mathrm{T}}\boldsymbol{P}+\boldsymbol{P}^{\mathrm{T}}\boldsymbol{A})\bar{\boldsymbol{x}}+2\bar{\boldsymbol{x}}^{\mathrm{T}}\boldsymbol{P}\boldsymbol{B}_{\mathrm{r}}\boldsymbol{z}_{\mathrm{r}}+2\bar{\boldsymbol{x}}^{\mathrm{T}}\boldsymbol{P}\boldsymbol{B}_{\mathrm{d}}\boldsymbol{d}+2\bar{\boldsymbol{x}}^{\mathrm{T}}\boldsymbol{P}\boldsymbol{B}_{\mathrm{f}}\boldsymbol{f}\\
&\leqslant-\bar{\boldsymbol{x}}^{\mathrm{T}}\boldsymbol{Q}\bar{\boldsymbol{x}}+\frac{1}{\sigma_1}\bar{\boldsymbol{x}}^{\mathrm{T}}\boldsymbol{P}\boldsymbol{B}_{\mathrm{r}}\boldsymbol{B}_{\mathrm{r}}^{\mathrm{T}}\boldsymbol{P}\bar{\boldsymbol{x}}+\sigma_1\boldsymbol{z}_{\mathrm{r}}^{\mathrm{T}}\boldsymbol{z}_{\mathrm{r}}+\\
&\quad\frac{1}{\sigma_2}\bar{\boldsymbol{x}}^{\mathrm{T}}\boldsymbol{P}\boldsymbol{B}_{\mathrm{d}}\boldsymbol{B}_{\mathrm{d}}^{\mathrm{T}}\boldsymbol{P}\bar{\boldsymbol{x}}+\sigma_2\boldsymbol{d}^{\mathrm{T}}\boldsymbol{d}+\frac{1}{\sigma_3}\bar{\boldsymbol{x}}^{\mathrm{T}}\boldsymbol{P}\boldsymbol{B}_{\mathrm{f}}\boldsymbol{B}_{\mathrm{f}}^{\mathrm{T}}\boldsymbol{P}\bar{\boldsymbol{x}}+\sigma_3\boldsymbol{f}^{\mathrm{T}}\boldsymbol{f}\\
&\leqslant\Big[-\lambda_{\min}(\boldsymbol{P}^{-\frac{1}{2}}\boldsymbol{Q}\boldsymbol{P}^{-\frac{1}{2}})+\frac{1}{\sigma_1}\lambda_{\max}(\boldsymbol{P}^{\frac{1}{2}}\boldsymbol{B}_{\mathrm{r}}\boldsymbol{B}_{\mathrm{r}}^{\mathrm{T}}\boldsymbol{P}^{\frac{1}{2}})+\frac{1}{\sigma_2}\lambda_{\max}(\boldsymbol{P}^{\frac{1}{2}}\boldsymbol{B}_{\mathrm{d}}\boldsymbol{B}_{\mathrm{d}}^{\mathrm{T}}\boldsymbol{P}^{\frac{1}{2}})+\\
&\quad\frac{1}{\sigma_3}\lambda_{\max}(\boldsymbol{P}^{\frac{1}{2}}\boldsymbol{B}_{\mathrm{f}}\boldsymbol{B}_{\mathrm{f}}^{\mathrm{T}}\boldsymbol{P}^{\frac{1}{2}})\Big]V+\sigma_1\boldsymbol{z}_{\mathrm{r}}^{\mathrm{T}}\boldsymbol{z}_{\mathrm{r}}+\sigma_2\boldsymbol{d}^{\mathrm{T}}\boldsymbol{d}+\sigma_3\boldsymbol{f}^{\mathrm{T}}\boldsymbol{f}
\end{aligned}
\tag{7-300}
$$

其中，σ_1、σ_2 和 σ_3 为正实数，对于零动态系统，必存在正实数 δ_1 和 δ_2 满足条件

$$-\lambda_{\min}(\boldsymbol{P}^{-\frac{1}{2}}\boldsymbol{Q}\boldsymbol{P}^{-\frac{1}{2}})+\frac{1}{\sigma_1}\lambda_{\max}(\boldsymbol{P}^{\frac{1}{2}}\boldsymbol{B}_{\mathrm{r}}\boldsymbol{B}_{\mathrm{r}}^{\mathrm{T}}\boldsymbol{P}^{\frac{1}{2}})+\frac{1}{\sigma_2}\lambda_{\max}(\boldsymbol{P}^{\frac{1}{2}}\boldsymbol{B}_{\mathrm{d}}\boldsymbol{B}_{\mathrm{d}}^{\mathrm{T}}\boldsymbol{P}^{\frac{1}{2}})+\frac{1}{\sigma_3}\lambda_{\max}(\boldsymbol{P}^{\frac{1}{2}}\boldsymbol{B}_{\mathrm{f}}\boldsymbol{B}_{\mathrm{f}}^{\mathrm{T}}\boldsymbol{P}^{\frac{1}{2}})\leqslant-\delta_1 \tag{7-301}$$

$$\sigma_1\boldsymbol{z}_{\mathrm{r}}^{\mathrm{T}}\boldsymbol{z}_{\mathrm{r}}+\sigma_2\boldsymbol{d}^{\mathrm{T}}\boldsymbol{d}+\sigma_3\boldsymbol{f}^{\mathrm{T}}\boldsymbol{f}\leqslant\delta_2 \tag{7-302}$$

故有

$$\dot{V}\leqslant-\delta_1 V+\delta_2 \tag{7-303}$$

两边积分可得

$$V(t)\leqslant\left(V(0)-\frac{\delta_2}{\delta_1}\right)\mathrm{e}^{-\delta_1 t}+\frac{\delta_2}{\delta_1}\leqslant q \tag{7-304}$$

其中，

$$q=\begin{cases}V(0), & V(0)\geqslant\dfrac{\delta_2}{\delta_1}\\[2mm] \dfrac{2\delta_2}{\delta_1}-V(0), & V(0)<\dfrac{\delta_2}{\delta_1}\end{cases} \tag{7-305}$$

于是有

$$|x_k|\leqslant\sqrt{\frac{q}{\lambda_{\min}(P)}},\quad k=4\sim 15 \tag{7-306}$$

由式(7-304)～式(7-306)可知，Lyapunov 函数 V 是有界的。因此，本节所设计的基于非线性 ESO 的有限时间稳定输出反馈控制器保证了整车主动悬架系统的零动态稳定性。结合车身的垂向、俯仰和侧倾动力学系统的闭环稳定性可以得出，所设计的输出反馈控制器可以保证三轴车辆整车主动悬架系统的闭环稳定性。

7.8　模糊控制

7.8.1　模糊控制概述

模糊逻辑控制(fuzzy logic control，FLC)简称模糊控制，是一种以模糊集合论、模糊语言变量和模糊逻辑推理为基础的计算机数字控制技术。模糊控制是建立在人工经验基础之上的，它通过模拟人脑的不确定性概念及推理思维方式，结合模糊集合和模糊控制规则进行推理。由于模糊控制在一定程度上模仿了人的高级智能活动，因此属于智能控制的范畴。

Zadeh 教授于 1965 年提出的 Type-1 型模糊集合概念[90]为模糊控制的诞生提供了数学理论基础。模糊集合的定义如下：

给定论域 X 中的一个模糊集合 A，是指对任意 $x\in X$，都为其指定一个数 $\mu_A(x)\in[0,1]$ 与之对应，$\mu_A(x)$ 叫作 x 对 A 的隶属度，并称映射 $\mu_A: x\rightarrow[0,1]$ 为 A 的隶属函数。模糊集合 A 就是以这个隶属函数为特征的集合。论域是指被研究对象的全体。隶属度反映了模糊集合中该元素属于该集合的程度。

与传统集合具有确定性不同，模糊集合使用数值来衡量某个元素属于该集合的程度，这种做法与人类观念中部分事物模糊不清的事实相契合，为解释模糊事物和模糊概念提供了可能。

为了进一步拓展 Type-1 型模糊集合，Zadeh 教授在 1975 年提出了 Type-2 型模糊集合[91]的概念。Type-2 型模糊集合的隶属度不再是确定的数值而是模糊数，Type-2 型模糊集合的隶属函数可以看作一个 Type-1 型模糊集合。这样一来，Type-2 型模糊集合的隶属函数将提高一个维度，从而可以更好地处理不确定信息。

1974 年，英国人 Mamdani 首次将模糊理论应用于蒸汽机的控制，该应用标志着模糊控制的诞生。随着对模糊控制理论的不断研究，模糊控制也发展出了不同分支并且衍生出与其他控制方法相结合的复合控制方法，如 Takagi-Sugeno 模糊控制、模糊 PID 复合控制、变结构模糊控制、基于神经网络的模糊控制等。

随着模糊控制算法应用的深入发展，一些学者开始将模糊控制应用在车辆主动悬架上。Liu[92]、Sun[93]等将模糊控制用在 1/4 车辆主动悬架模型上并取得了较好的控制效果。Du 等[94]考虑了驱动器的非线性动力学、簧载质量变化和控制约束提出一种基于 Takagi-Sugeno 模型的电液主动悬架系统的模糊控制设计方法。Li 等[95]在 2013 年研究了具有执行器延迟和故障的主动悬架控制问题，利用并行分布补偿方案建立了可靠的模糊 H_∞ 性能分析准则，设计了模糊 H_∞ 控制器保证了系统的渐近稳定且在给定约束条件下具有规定的 H_∞ 性能。Bao 等[96]分别提出了传感器故障和执行器故障情况下的主动悬架模糊 PID 控制方法。Elias 等[97]提出了一种连续时间非线性系统的鲁棒静态输出反馈设计方法，该方法最大的特点是不需要像标准模糊并行分布式补偿设计那样对所有前提的变量实时测量。Zhang 等[98]在实现所研究系统稳定的前提下，首次建立了模糊悬架系统的隶属函数在线优化策略，进一步提升了车辆乘坐的舒适度。

1. 模糊控制的基本原理

模糊控制系统通常由模糊控制器、执行机构、传感器和被控对象等部分组成。模糊控制器是模糊控制系统的核心，其控制规律由计算机程序实现。被控对象是一种设备、装置或是由若干个装置或设备组成的群体，在一定的约束下进行工作来实现人们的某种控制目的。执行机构直接作用于被控对象，驱动被控对象工作。传感器将被控对象或各种控制过程的被控制量转换为电信号，并返回输入端。

模糊控制的基本原理如图 7-21 所示。通过处理传感器采集的信号获取被控制量的精确值，将此量与给定值 r 比较得到误差信号 e 作为模糊控制器的一个输入量。将精确的误差信号 e 进行模糊化处理变成模糊量，将模糊量用相应的模糊语言表示，可得误差 e 的模糊集合的一个模糊子集 $\underset{\sim}{e}$（模糊向量）。再由 $\underset{\sim}{e}$ 和模糊控制规则 $\underset{\sim}{R}$（模糊关系）根据推理的合成规则进行模糊推理，得到模糊控制量 $\underset{\sim}{u}=\underset{\sim}{e}\circ\underset{\sim}{R}$。为了向被控对象传递控制信号还需要将模糊量通过清晰化处理将模糊控制量 $\underset{\sim}{u}$ 转换为精确的数字控制量 u，并传递给执行机构对被控对象进行第一步控制。中断等待传感器第二次采样，进行第二步控制，如此循环往复，就实现了对被控对象的模糊控制。

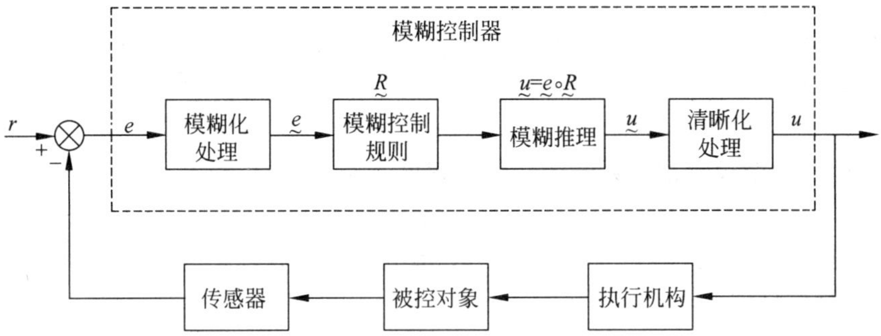

图 7-21　模糊控制的基本原理

2. 模糊控制的特点

(1) 适用于难以获得精确数学模型的被控对象。模糊控制是模仿人的控制过程,依靠的是人的控制经验和知识,因此不需要被控对象精确的数学模型也能实现控制。

(2) 适应性强,容错能力高。模糊控制不依赖被控对象精确的数学模型且在模糊控制器中输入和输出是映射关系,所以若对象具有非线性、时变、滞后等特点或对象某部分出现故障,模糊控制器也能对被控对象实施控制。

(3) 鲁棒性好。模糊控制系统对于外界环境的变化并不敏感,具有较高的鲁棒性,同时仍能保持足够的灵敏度。

(4) 构造容易。相比经典控制采用传递函数描述系统模型、现代控制中应用状态方程来描述系统模型,模糊控制器是一种语言变量控制器,所要设计的模糊控制规则也因只需用语言变量定性表达而更容易构造。

(5) 组织功能。对于复杂、分散的信息,控制器可以在任务范围内自行裁决,具有一定的自行组织和协调功能。

(6) 学习能力。模糊控制通过特殊的设计能够使用从外界获取的信息进行学习,使得系统的控制性能得到改善。

(7) 传统模糊控制最大的缺点是过度依赖专家经验。对于不熟悉的被控对象,设计者由于没有足够的专家经验很难构造出合适的模糊控制规则、选择合适的设计参数等,而信息过于简单的模糊控制器设计将导致控制精度变低、动态性能变差,即便通过试错法或其他模糊控制设计方法设计出了合适的控制器,也无法保证控制器能够达到最优或次优的控制性能。

3. 模糊控制系统的分类

1) 按信号的时变特性分类

(1) 恒值模糊控制系统。恒值模糊控制系统又称自镇定模糊控制系统,其系统的指令信号为恒定值,模糊控制器消除外界对系统的扰动作用,使系统的输出跟踪输入的恒定值。

(2) 随动模糊控制系统。随动模糊控制系统又称模糊控制跟踪系统或模糊控制伺服系统,其系统的指令信号为时间函数,要求系统的输出高精度、快速地跟踪系统输入。

2）按模糊控制的线性特性分类

对于开环模糊控制系统，设控制量为 u，输出变量为 v。对任意输入误差 Δu 和输出误差 Δv，满足$\frac{\Delta v}{\Delta u}=k$，$u\in U$，$v\in V$。

用线性度 δ 衡量模糊控制系统的线性化程度[99]：

$$\delta=\frac{\Delta v_{\max}}{2\xi\Delta u_{\max}m} \tag{7-307}$$

式中 ξ——线性化因子；

m——模糊子集 V 的个数。

其中，

$$\Delta v_{\max}=v_{\max}-v_{\min},\quad \Delta u_{\max}=u_{\max}-u_{\min}$$

设 k_0 为一经验值，则定义模糊系统的线性特性为：①当 $|k-k_0|\leqslant\delta$ 时，系统为线性模糊系统；②当 $|k-k_0|>\delta$ 时，系统为非线性模糊系统。

3）按是否存在静态误差分类

有差模糊控制系统，是将误差的大小及其误差变化作为系统的输入。

无差模糊控制系统，是在有差模糊控制系统的基础上引入积分作用，使系统的静态误差降至最小。

4）按系统输入变量的数量分类

（1）单变量模糊控制。若控制器的输入变量和输出变量都只有一个（这里指一种类型），则称为单变量模糊控制器。在单变量模糊控制系统中，将模糊控制器输入的个数定义为模糊控制器的维数，如图 7-22 所示。

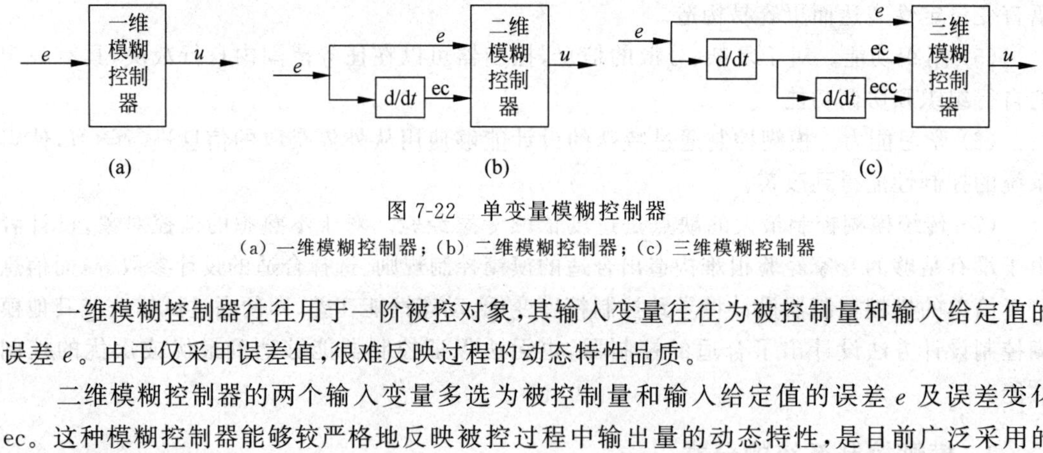

图 7-22 单变量模糊控制器

（a）一维模糊控制器；（b）二维模糊控制器；（c）三维模糊控制器

一维模糊控制器往往用于一阶被控对象，其输入变量往往为被控制量和输入给定值的误差 e。由于仅采用误差值，很难反映过程的动态特性品质。

二维模糊控制器的两个输入变量多选为被控制量和输入给定值的误差 e 及误差变化 ec。这种模糊控制器能够较严格地反映被控过程中输出量的动态特性，是目前广泛采用的一类模糊控制器。

三维模糊控制器的三个输入变量分别为系统误差 e、误差变化 ec 和误差的变化率 ecc。这种模糊控制器的结构较复杂，推理运算较为困难，可用于对动态特性要求高的场合。

（2）多变量模糊控制。若模糊控制器的输入变量和输出变量均为多个物理量，则称为多变量模糊控制器。如图 7-23 所示，多变量模糊控制器具有多变量结构，可利用模糊控制器本身的解耦特点，通过模糊关系方程求解，在控制器结构上实现解耦，即将一个多输入多输出（MIMO）的模糊控制器分解成若干个多输入单输出（MISO）的模糊控制器，采用单变量模糊控制方法进行设计。

4. 模糊控制器的结构和设计

模糊控制器一般包含模糊化接口、知识库、模糊推理机和清晰化接口四部分，如图7-24所示。

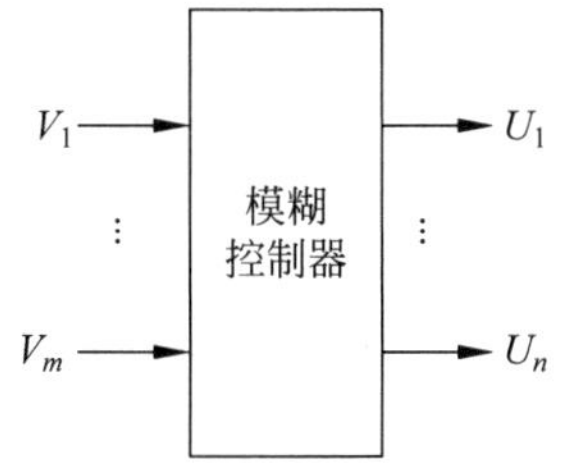

图7-23 多变量模糊控制器

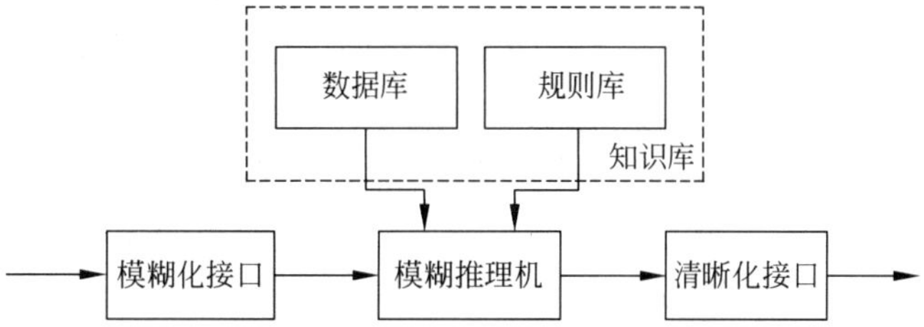

图7-24 模糊控制器的结构

1）模糊化接口

模糊化接口是模糊控制器的输入接口。模糊化就是通过在控制器的输入、输出论域上定义语言变量，将精确的输入、输出值转换为模糊的语言值，模糊控制器的输入必须通过模糊化才能用于控制输出。

（1）确定语言变量。在进行模糊化之前，首先要确定语言变量。针对模糊控制器的每个输入、输出量，各定义一个语言变量。以二维模糊控制器为例，取系统误差 e 和误差变化 ec 为模糊控制器的两个输入量，设模糊控制器的输出为控制量 u。在 e 的论域上定义语言变量"误差 E"，在 ec 的论域上定义语言变量"误差变化 EC"，在控制量 u 的论域上定义语言变量"控制量 U"。

（2）设计语言变量论域及尺度变换因子。在模糊控制器的设计中，通常把语言变量的论域设计为有限整数的、均匀量化的离散型论域。在减小计算量的同时，可以通过计算不同输入状态的组合列出控制表，更易于实现实时控制。例如，可以将 E 的论域定义为$\{-m,-m+1,\cdots,-1,0,1,\cdots,m-1,m\}$，将 EC 的论域定义为$\{-n,-n+1,\cdots,-1,0,1,\cdots,n-1,n\}$，将 U 的论域定义为$\{-l,-l+1,\cdots,-1,0,1\cdots,l-1,l\}$。

尺度变换因子是指在各个输入变量变换到各自论域时所需的缩放比例。假设误差 e 的论域为 $[e_{\min},e_{\max}]$，误差变化 ec 的论域为 $[\mathrm{ec}_{\min},\mathrm{ec}_{\max}]$，控制量 u 的变化范围为 $[u_{\min},u_{\max}]$，则 e、ec 和 u 的尺度变换因子分别为

$$K_e=m/e_{\max} \tag{7-308}$$

$$K_{\mathrm{ec}}=n/\mathrm{ec}_{\max} \tag{7-309}$$

$$K_u=u_{\max}/l \tag{7-310}$$

（3）定义语言变量的模糊语言值。通常在语言变量的论域上划分出有限的几档，如将 E、EC 和 U 的论域划分为"正大(PB)""正中(PM)""正小(PS)""零(ZO)""负小(NS)""负中(NM)""负大(NB)"七档。模糊语言划分的类别越多，规则制定越灵活，模糊控制规则越细致，但会增加规则的复杂程度和编制程序的困难度，并占用更多内存；过少的规则会使控制作用粗糙而达不到预期效果。原则上，对于某个控制对象设计模糊控制器时，初始的档数可划分得少一些，根据实际情况考虑增加，并尽量做到以较少的档数实现理想的控制效果。

(4) 定义各语言值的隶属函数。将各个输入变量变换到各自论域后便得到了各变量对应的模糊变量,接着需要建立起相应的模糊集合以便于后续的操作。模糊集合是以隶属函数为特征的集合,要定义一个模糊集合,实际上就是要确定模糊集合隶属函数曲线的形状。将确定的隶属函数曲线离散化,可以得到有限个点上的隶属度,从而构成一个相应的模糊变量的模糊集合。确定隶属函数,通常可通过以下途径:

① 根据实践经验,针对某个具体问题确定合理的隶属函数。

a. 模糊统计法。模糊统计法确定隶属度函数的基本思想是通过重复模糊统计试验,计算出元素对模糊集合的隶属频率。当统计总数足够大时,这个隶属频率会趋于一个稳定值,频率趋于稳定所在的那个数值就是元素对模糊集合的隶属函数。

设 x 是论域 U 上的一个确定元素,可变动的清晰集合 $A^* \in U$,A^* 对应一个模糊集合 $\underset{\sim}{A} \in U$,统计总数为 n,则 x 对 $\underset{\sim}{A}$ 的隶属函数为

$$\mu_{\underset{\sim}{A}}(x) = \lim_{n \to \infty} \frac{x \in A^* \text{ 的次数}}{n} \tag{7-311}$$

b. 专家经验法。专家经验法是根据专家的实际经验来确定隶属函数的一种方法。在许多情况下,经常是初步确定粗略的隶属函数,然后通过“学习”和实践检验逐步修改和完善,而实际效果正是检验和调整隶属函数的依据。

c. 二元对比排序法。二元对比排序法通过对多个事物之间的两两对比来确定某种特征下的顺序,由此决定该特征隶属函数的大体形状。要对论域中的元素按某种特征进行排序,先在二元对比中建立比较等级,再用一定的方法进行总体排序,以获得诸元素对该特性的隶属度。

② 根据问题的性质,选用某些典型函数作为隶属函数,这些论域元素多半是连续的。图 7-25 所示为模糊控制中常用的隶属函数曲线,对应的表达式如下:

a. 三角形隶属函数,即

$$\mu_{\underset{\sim}{A}}(x) = \begin{cases} 0, & x \leqslant a \\ \dfrac{x-a}{b-a}, & a \leqslant x < b \\ \dfrac{c-x}{c-b}, & b \leqslant x < c \\ 0, & x \geqslant c \end{cases} \tag{7-312}$$

式中,参数 a 和 c 对应三角形两个下顶点,b 对应三角形上顶点。

b. 梯形隶属函数,即

$$\mu_{\underset{\sim}{A}}(x) = \begin{cases} 0, & x \leqslant a \\ \dfrac{x-a}{b-a}, & a \leqslant x < b \\ 1, & b \leqslant x < c \\ \dfrac{d-x}{d-c}, & c \leqslant x < d \\ 0, & x \geqslant d \end{cases} \tag{7-313}$$

式中,参数 a 和 d 对应梯形两个下顶点,b 和 c 对应梯形两个上顶点。

c. 高斯型隶属函数，即

$$\mu_{\underset{\sim}{A}}(x)=e^{-\frac{(x-c)^2}{2\sigma^2}} \tag{7-314}$$

式中，c 表示隶属函数的中心值，σ 决定隶属函数的宽度。

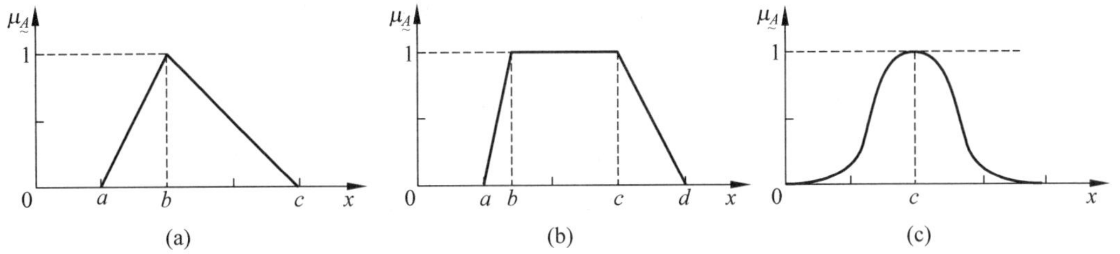

图 7-25　常用的隶属函数曲线

(a) 三角形隶属函数；(b) 梯形隶属函数；(c) 高斯型隶属函数

③ 根据主观认识或个人经验，给出隶属函数的具体数值，此时论域元素多半是离散的。

需要注意的是隶属函数在整个论域上可以是均匀对称分布的，也可以是非均匀非对称分布的，选择何种类型分布的依据在于这种分布是否有助于提高系统的控制精度。

2）知识库

知识库中包含了具体应用领域中的知识和要求的控制目标，由数据库和规则库组成。

(1) 数据库。数据库用于在规则推理的模糊关系方程求解过程中向推理机提供数据，主要包括所有输入、输出变量的模糊子集的隶属函数（连续论域）或隶属度向量值（离散型论域）、尺度变换因子及模糊空间的档数等。

(2) 规则库。规则库基于专家知识或手动操作人员长期积累的经验，包含了用模糊语言变量表示的一系列控制规则，是依据人的直觉推理的一种语言形式。模糊控制规则通常由一系列关系词连接而成，如 IF-THEN、ELSE 等，经过翻译才能将模糊控制规则数值化。模糊控制规则的形式与模糊控制器的输入输出维数相关，以二维模糊控制器为例，若规则库有 n 条规则，则可以写成

规则 1：IF E is $\underset{\sim}{A}_1$ and EC is $\underset{\sim}{B}_1$ THEN U is $\underset{\sim}{C}_1$

规则 2：IF E is $\underset{\sim}{A}_2$ and EC is $\underset{\sim}{B}_2$ THEN U is $\underset{\sim}{C}_2$

⋮

规则 n：IF E is $\underset{\sim}{A}_n$ and EC is $\underset{\sim}{B}_n$ THEN U is $\underset{\sim}{C}_n$

其中，E、EC 为输入语言变量“误差”和“误差变化”，U 为输出语言变量“控制量”，$\underset{\sim}{A}_i$、$\underset{\sim}{B}_i$、$\underset{\sim}{C}_i$ 为第 i 条规则中与 E、EC、U 对应的语言值。将上述设计的 n 条规则绘制成表，便可得到模糊控制规则表。

3）模糊推理机

模糊推理机是模糊控制系统的决策中枢，具备模拟人基于模糊概念的推理能力。以已知的规则库和输入变量为依据，基于模糊变换推出新的模糊命题作为结论的过程叫作模糊推理。模糊推理的过程是通过蕴含关系及推理规则推进的，其本质是将一个论域的模糊集合变换到另一个论域的模糊集合。模糊推理包括大前提、小前提和结论等部分。大前提是

多个模糊条件语句，小前提是模糊判断句，结论则是模糊推理的结果语句。常用的模糊推理方法有 Mamdani min-max 推理法、Larsen 乘积推理法及 Tsukamoto 推理法等。

Mamdani min-max 推理法是先在推理条件中选取各个条件中隶属度最小的值作为这条规则的适配程度，以得到这条规则的结论，称为取小操作；再对各个规则的结论综合选取最大适配度的部分，即取最大操作。如图 7-26 所示，其具体过程如下：

设有两条模糊控制规则分别为

规则 1　IF x_1 is $\underset{\sim}{A}_1$ and x_2 is $\underset{\sim}{B}_1$ THEN y is $\underset{\sim}{C}_1$；

规则 2　IF x_1 is $\underset{\sim}{A}_2$ and x_2 is $\underset{\sim}{B}_2$ THEN y is $\underset{\sim}{C}_2$

其中，规则 1 的大前提为 IF x_1 is $\underset{\sim}{A}_1$ and x_2 is $\underset{\sim}{B}_1$，小前提为 x_1 is $\underset{\sim}{A}_1$、x_2 is $\underset{\sim}{B}_1$；结论为 y is $\underset{\sim}{C}_1$。规则 2 的大前提、小前提和结论以此类推。

取小操作为

$$\mu_{\underset{\sim}{C}_1}(y)=\min\{\max[\mu_{\underset{\sim}{A}_1}(x)\wedge\mu(x_1)],\max[\mu_{\underset{\sim}{B}_1}(x)\wedge\mu(x_2)]\}\tag{7-315}$$

$$\mu_{\underset{\sim}{C}_2}(y)=\min\{\max[\mu_{\underset{\sim}{A}_2}(x)\wedge\mu(x_1)],\max[\mu_{\underset{\sim}{B}_2}(x)\wedge\mu(x_2)]\}\tag{7-316}$$

取大操作为

$$\mu_{\underset{\sim}{C}}(y)=\max[\mu_{\underset{\sim}{C}_1}(y)\wedge\mu_{\underset{\sim}{C}_2}(y)]\tag{7-317}$$

其中，$\mu_{\underset{\sim}{C}}(y)$是基于两条模糊控制规则的总输出模糊集 $\underset{\sim}{C}$ 的隶属函数。

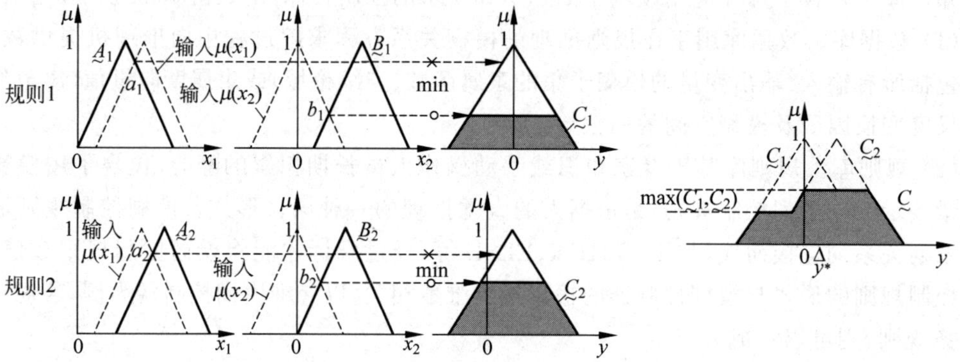

图 7-26　Mamdani min-max 推理示意图

注：y^* 表示模糊推理最终输出的模糊集合。

4）清晰化接口

清晰化接口是模糊控制器的输出接口。由模糊推理得到的模糊输出值是输出论域上的模糊子集，只有经过清晰化接口将其转化为精确控制量才能施加于被控对象，这种转化过程叫作清晰化（又称解模糊、去模糊化、模糊判决）。设模糊控制量 $\underset{\sim}{u}$ 的模糊集合为 U，输出的清晰值为 u，常见的清晰化方法有：

（1）最大隶属度法。最大隶属度法选择隶属函数 $\mu_U(\underset{\sim}{u})$ 的最大值为清晰值 u，所选择的隶属度最大的元素 $\underset{\sim}{u}^*$ 应满足关系式

$$\mu_U(\underset{\sim}{u}^*)\geqslant\mu_U(\underset{\sim}{u}_i)\tag{7-318}$$

若输出的隶属函数有多个极值，则取所有极值的平均值。最大隶属度法虽然简单易算但完全排除了隶属函数较小元素对清晰值 u 的影响，造成了较大的信息缺失。

(2) 中位数法。中位数法选择隶属函数 $\mu_U(\underset{\sim}{u})$ 的中位数为清晰值 u，即以清晰值 u 为横坐标将隶属函数 $\mu_U(\underset{\sim}{u})$ 分成面积相等的左右两部分，满足关系式

$$\int_a^u \mu_U(\underset{\sim}{u})\,\mathrm{d}\underset{\sim}{u} = \int_u^b \mu_U(\underset{\sim}{u})\,\mathrm{d}\underset{\sim}{u} \tag{7-319}$$

(3) 重心法。重心法是取隶属函数 $\mu_U(\underset{\sim}{u})$ 与横坐标围成面积的重心作为模糊推理的最终输出值 u，其计算公式为

$$u = \frac{\int_a^b \underset{\sim}{u}\mu_U(\underset{\sim}{u})\,\mathrm{d}\underset{\sim}{u}}{\int_a^b \mu_U(\underset{\sim}{u})\,\mathrm{d}\underset{\sim}{u}} \tag{7-320}$$

离散情况时为

$$u = \frac{\sum_{i=1}^{n} \underset{\sim}{u}_i \mu_{U_i}(\underset{\sim}{u}_i)}{\sum_{i=1}^{n} \mu_{U_i}(\underset{\sim}{u}_i)} \tag{7-321}$$

若用系数 k_i 代替 $\mu_{U_i}(\underset{\sim}{u}_i)$，就转化为了加权平均法。

7.8.2 主动悬架的模糊控制

车辆悬架单元具有强非线性、参数不确定性等特点。本节以主动悬架单元模型为研究对象，以主动悬架系统的车身垂直速度、悬架动挠度及轮胎动载荷为被控参数，通过使用模糊控制算法来达到改善车辆行驶平顺性的目的[100]。

1. 主动悬架系统动力学模型

引用 6.1.1 节中的主动悬架单元模型，忽略阻尼器在垂直方向上的等效作用力 F_d 和轮胎阻尼力 F_b，将作动器在垂直方向上的等效作用力 F 作为控制量 u。根据牛顿定律，可得运动方程为

$$\begin{cases} m_\mathrm{s}\ddot{z}_\mathrm{s} - u + k_\mathrm{s}(z_\mathrm{s} - z_\mathrm{u}) = 0 \\ m_\mathrm{u}\ddot{z}_\mathrm{u} + u - k_\mathrm{s}(z_\mathrm{s} - z_\mathrm{u}) + k_\mathrm{t}(z_\mathrm{u} - z_\mathrm{r}) = 0 \end{cases} \tag{7-322}$$

采用基于滤波白噪声法生成的随机路面激励，其时域模型见式(6-132)。为了使模型更接近真实路面，本例的时间下限截止频率 $f_{\min}$ 取值为 0.01。

选取状态变量 $\boldsymbol{x} = [\dot{z}_\mathrm{s} \quad \dot{z}_\mathrm{u} \quad z_\mathrm{s} \quad z_\mathrm{u} \quad z_\mathrm{r}]^\mathrm{T}$。

系统运动学一阶微分方程组表示为

$$\begin{cases} \dot{x}_1 = \dfrac{-k_\mathrm{s}}{m_\mathrm{s}}x_3 + \dfrac{k_\mathrm{s}}{m_\mathrm{s}}x_4 + \dfrac{1}{m_\mathrm{s}}u \\ \dot{x}_2 = \dfrac{k_\mathrm{s}}{m_\mathrm{u}}x_3 - \dfrac{k_\mathrm{s} + k_\mathrm{t}}{m_\mathrm{u}}x_4 + \dfrac{k_\mathrm{t}}{m_\mathrm{u}}x_5 - \dfrac{1}{m_\mathrm{u}}u \\ \dot{x}_3 = x_1 \\ \dot{x}_4 = x_2 \\ \dot{x}_5 = -2\pi f_{\min}x_5 + 2\pi n_0\sqrt{G_\mathrm{q}(n_0)v}\,w(t) \end{cases} \tag{7-323}$$

若以车身垂直振动加速度$\ddot{z}_s$、悬架动挠度(z_s-z_u)、轮胎动变形(z_u-z_r)、轮胎动载荷$k_t(z_u-z_r)$为输出变量，则输出方程为

$$\begin{cases} y_1=\dfrac{-k_s}{m_s}x_3+\dfrac{k_s}{m_s}x_4+\dfrac{1}{m_s}u \\ y_2=x_3-x_4 \\ y_3=x_4-x_5 \\ y_4=k_t(x_4-x_5) \end{cases} \tag{7-324}$$

综上，本例的主动悬架系统状态空间描述为

$$\begin{cases} \dot{\boldsymbol{x}}=\boldsymbol{A}\boldsymbol{x}+\boldsymbol{B}\boldsymbol{u}+\boldsymbol{F}\boldsymbol{W} \\ \boldsymbol{y}=\boldsymbol{C}\boldsymbol{x}+\boldsymbol{D}\boldsymbol{u} \end{cases} \tag{7-325}$$

其中，

$$\boldsymbol{A}=\begin{bmatrix} 0 & 0 & -\dfrac{k_s}{m_s} & \dfrac{k_s}{m_s} & 0 \\ 0 & 0 & \dfrac{k_s}{m_u} & \dfrac{-k_t-k_s}{m_u} & \dfrac{k_t}{m_u} \\ 1 & 0 & 0 & 0 & 0 \\ 0 & 1 & 0 & 0 & 0 \\ 0 & 0 & 0 & 0 & -2\pi f_{\min} \end{bmatrix},\quad \boldsymbol{B}=\begin{bmatrix} \dfrac{1}{m_s} \\ -\dfrac{1}{m_u} \\ 0 \\ 0 \\ 0 \end{bmatrix},\quad \boldsymbol{F}=\begin{bmatrix} 0 \\ 0 \\ 0 \\ 0 \\ 2\pi n_0\sqrt{G_q(n_0)v} \end{bmatrix},$$

$$\boldsymbol{C}=\begin{bmatrix} 0 & 0 & -\dfrac{k_s}{m_s} & \dfrac{k_s}{m_s} & 0 \\ 0 & 0 & 1 & -1 & 0 \\ 0 & 0 & 0 & 1 & -1 \\ 0 & 0 & 0 & k_t & -k_t \end{bmatrix},\quad \boldsymbol{D}=\begin{bmatrix} \dfrac{1}{m_s} \\ 0 \\ 0 \\ 0 \end{bmatrix}$$

2. 模糊控制器设计

1）确定语言变量

本例采用二维模糊控制器，选取参考模型和实际悬架模型的车身垂直速度信号误差e和误差变化 ec 作为模糊控制器的两个输入量，将作动器在垂直方向上的等效作用力F作为控制量u。在e的论域上定义语言变量“误差E”，在 ec 的论域上定义语言变量“误差变化 EC”，在u的论域上定义语言变量“控制量U”。

2）设计语言变量论域及尺度变换因子

根据车身振动的信息和传感器的测试范围，定义两个输入量的测量范围分别为$e\in[-5,5]$，$\mathrm{ec}\in[-10,10]$；根据控制源的输出功率，确定控制变量的作用范围$u\in[-1500,1500]$，各语言变量的论域为

$$E=\{-6,-5,-4,-3,-2,-1,0,1,2,3,4,5,6\}$$

$$\mathrm{EC}=\{-6,-5,-4,-3,-2,-1,0,1,2,3,4,5,6\}$$

$$U=\{-7,-6,-5,-4,-3,-2,-1,0,1,2,3,4,5,6,7\}$$

由式(7-308)～式(7-310)可得e、ec 和u的尺寸变换因子分别为$K_e=1.2$，$K_{ec}=0.6$，

$K_u = 214.3$。

3）定义语言变量的模糊语言值

本例输入输出的语言变量在论域上划分为“正大（PB）”“正中（PM）”“正小（PS）”“零（0）”“负小（NS）”“负中（NM）”“负大（NB）”七档。则语言变量“误差 E”“误差变化 EC”和“控制量 U”的模糊语言值分别为

$$E = \{NB, NM, NS, 0, PS, PM, PB\}$$

$$EC = \{NB, NM, NS, 0, PS, PM, PB\}$$

$$U = \{NB, NM, NS, 0, PS, PM, PB\}$$

4）定义各语言值的隶属函数

为了便于计算且保持较高的控制精度，选用典型隶属函数中的高斯型隶属函数，具体公式见式（7-314），模糊变量 E、EC、U 的隶属函数分别见图 7-27～图 7-29。

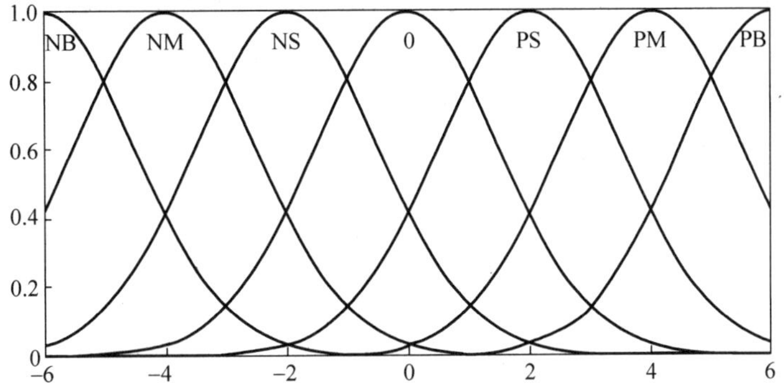

图 7-27　模糊变量 E 的隶属函数

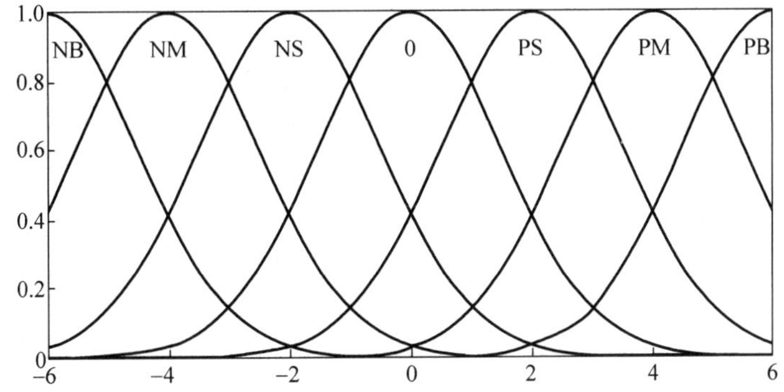

图 7-28　模糊变量 EC 的隶属函数

5）设计控制规则

为了保证控制机制的稳定性，减少受控参数的超调量和振荡，采用如下控制规则：

当误差 E 为“负大”时，无论误差变化 EC 如何，为尽快消除已有的“负大”误差并抑制误差变大，控制量应取“正大”。当误差 E 为“负小”“负中”或“零”时，并且误差变化为正时，系统本身已有减小误差的趋势，为尽快消除误差而又不超调，则应取较小的控制量。当误差为“负小”“负中”或“零”且误差变化为负时，表明误差有增大的趋势，则应增大控制量。

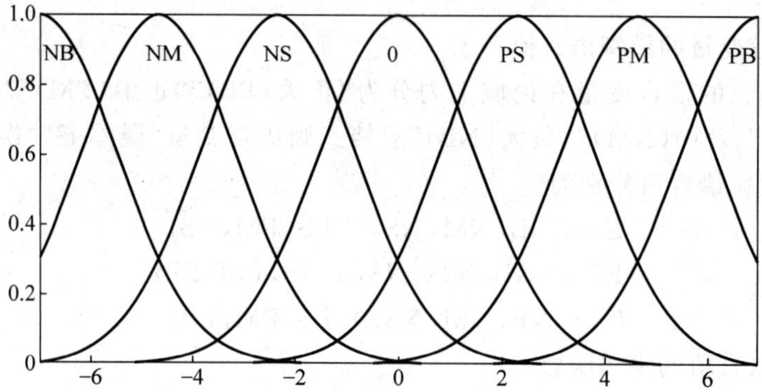

图 7-29 模糊变量 U 的隶属函数

根据上述规则设计方法和主动悬架的特性，结合专家经验和试验验证，设计如下模糊控制规则：

$$\underset{\sim}{R}_1: \text{IF } E=E_1(\text{NB}) \text{ and } \text{EC}=\text{EC}_1(\text{NB}) \text{ THEN } U=U_1(\text{PB})$$

$$\underset{\sim}{R}_2: \text{IF } E=E_1(\text{NB}) \text{ and } \text{EC}=\text{EC}_2(\text{NM}) \text{ THEN } U=U_2(\text{PB})$$

$$\vdots$$

$$\underset{\sim}{R}_{49}: \text{IF } E=E_7(\text{PB}) \text{ and } \text{EC}=\text{EC}_7(\text{PB}) \text{ THEN } U=U_{49}(\text{NB})$$

根据上述模糊控制规则，可得表 7-1 的模糊控制规则。

表 7-1 模糊控制规则

E	EC						
	NB	NM	NS	0	PS	PM	PB
	U						
NB	PB	PB	PB	PM	PM	0	0
NM	PB	PB	PB	PM	PM	0	0
NS	PM	PM	PM	PM	0	NS	NS
0	PM	PM	PS	0	NS	NM	NM
PS	PS	PS	0	NM	NM	NM	NM
PM	0	0	NM	NB	NB	NB	NB
PB	0	0	NM	NB	NB	NB	NB

6）模糊推理

本例的模糊推理方法选用 Mamdani min-max 推理法。

取小操作：

$$\mu_{U_f}(U)=\min\{\max[\mu_{E_i}(x)\wedge\mu(E_i)],\max[\mu_{\text{EC}_j}(x)\wedge\mu(\text{EC}_j)]\} \tag{7-326}$$

式中，$i=1,2,\cdots,7, j=1,2,\cdots,7, f=1,2,\cdots,49, \mu_{U_f}(U)$ 表示对第 49 条规则进行模糊推理得到相应的输出模糊集合的隶属函数。

取大操作：

$$\mu_U(U)=\max[\mu_{U_1}(U)\wedge\mu_{U_2}(U)\wedge\cdots\wedge\mu_{U_{49}}(U)] \tag{7-327}$$

式中，$\mu_U(U)$表示最终输出模糊集合对应的隶属函数。

7）清晰化

不同的清晰化方法所得到的结果也是不同的，重心法将隶属函数所围面积的重心作为输出值，直观合理，并且隶属函数所围面积的微小变化不会造成输出值也就是重心的大幅度变动，因此本例采用重心法，考虑到积分域是离散的，故选用式(7-321)，此处不再赘述。

7.9 神经网络控制

7.9.1 神经网络控制概述

人工神经网络是由多个神经元按某种连接结构形成的网络，用以模仿人类大脑的构造和信息处理功能。虽然这种模仿在当前还相对粗糙，但是它已在信息联想记忆、聚类和对环境的适应及学习等方面显示出优越的性能，并且在模式识别、图像处理、算法优化、动态系统的模型化和控制决策等诸多领域取得了巨大进展。基于神经网络的控制称为神经网络控制(Neural Network Control，NNC)。区别于传统的控制方式，神经网络控制不善于通过已有的信息推导和设计控制律，而是使用其强大的逼近非线性函数的能力获得被控对象的信息，从而设计相应的控制律。

早在 1990 年，Narendra[101]等证明了神经网络可以有效地识别和控制非线性动力学系统，并说明了多层神经网络和递归网络结构的特点。由于车辆悬架系统较为复杂，除了系统本身的性能外，还需要考虑其他非线性参数，这就要求控制方法具有强大的处理未知非线性问题的能力。1993 年，Moran 和 Nagai 利用所建的神经网络模型对实际的非线性悬架系统做了系统识别和控制[102,103]，结果表明神经网络控制优于线性反馈控制。Watanabe 等[104]将神经网络控制与车辆悬架的多种主动模型相结合，为非线性的主动悬架系统设计了有效的神经网络控制方法，经过反复试验和参数修改的神经网络显著提高了系统性能。2005 年，陈龙等[105]针对半主动悬架系统，设计间接学习的神经网络反馈控制器，显著提升了控制效果。2021 年，李永明等[106]针对悬架系统状态变量无法测量的问题，设计神经网络状态观测器估计模型中不可测量的状态，并通过强化学习，设计了一个评论家-行动者体系结构来获得 Hamilton-Jacobi-Bellman(HJB)方程的近似解，从而优化神经网络的性能。2023 年，Issam 等[107]使用均方根评级值训练神经网络，用以解决重型车辆的非线性问题。由此可见，神经网络较好地解决了具有不确定性、严重非线性、时变和滞后的悬架系统的建模和控制问题。

1. 神经元与神经网络

1）生物神经元

生物神经元是构成神经系统的基本单元，其主要结构形式如图 7-30 所示。细胞体是生物神经元的新陈代谢中心，负责接收并处理其他神经元传递的信息。细胞体由细胞核、细胞质与细胞膜等组成。从细胞体中伸出很多树突和一条长的轴突。树突相当于神经元的输入端，用于接收从四面八方传来的神经冲动，传入神经元的神经冲动经整合后使细胞电位升高，超过动作电位的阈值则激发该神经元的活性，产生神经冲动。轴突相当于神经元的“输出电缆”，神经冲动通过尾部的神经末梢和末梢端的突触传递给其他神经元。突触相当于神经元的“连接接口”，用以实现神经元间的信息传递。随着神经冲动传递方式的变化，传递作用强弱不同，形成了神经元之间的柔性连接。本节以人工神经元模型[108]为例进行说明。

2）人工神经元模型

人工神经元(processing element，PE)是对生物神经元若干基本特征的抽象和模拟。阈值单元模型是最基本、最经典的人工神经元模型，其基本原理如图 7-31 所示。

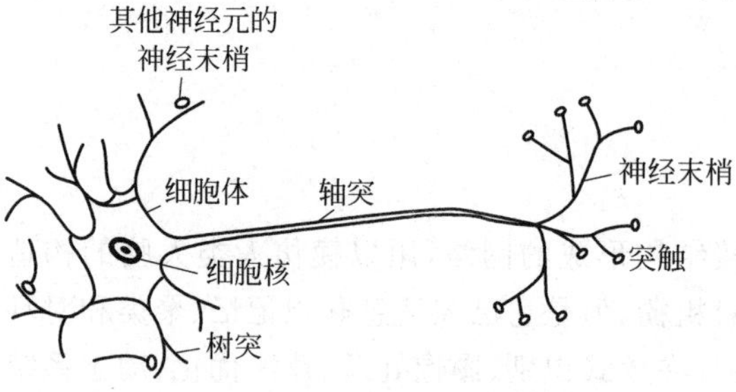

图 7-30 生物神经元结构

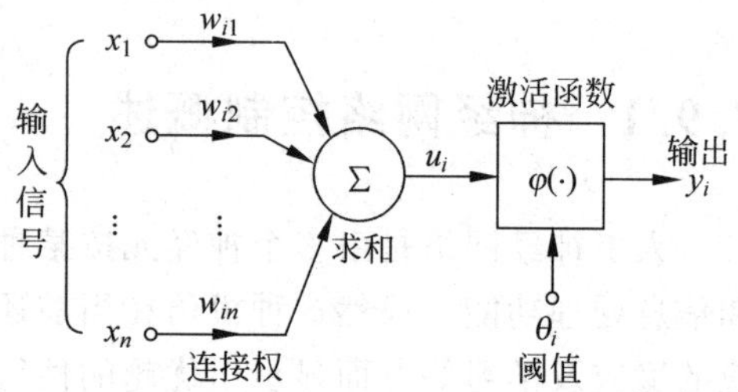

图 7-31 人工神经元模型

连接权对应于生物神经元的突触，各个神经元之间的连接强度由连接权的权值表示，权值为正表示激活，权值为负表示抑制。求和单元用于求取各输入信号的加权和(线性组合)。激活函数(又称传输函数)起非线性映射作用，并将人工神经元的输出幅度限制在一定范围内。输出端用以输出信息，相当于生物神经元的轴突。

设有 n 个神经元互连，以第 i 个神经元作为对象，它从神经元 $j\,(j=1,2,\cdots,n,j\neq i)$ 处获得输入信息，则该神经元模型的数学表达式为

$$y_i=\varphi(u_i-\theta_i),\quad u_i=\sum_{j=1}^{n}w_{ij}x_j \tag{7-328}$$

式中，$x_1,x_2,\cdots,x_n$ 为输入信号；$w_{i1},w_{i2},\cdots,w_{in}$ 为第 i 个神经元的连接权值；u_i 为线性组合的结果；θ_i 为阈值；$\varphi(\cdot)$为激活函数；y_i 为输出信号。

根据神经元的响应要求和特点不同，可以选用不同的激活函数 $\varphi(\cdot)$，常用的激活函数为

(1) 阶跃函数，即

$$\varphi(x)=\begin{cases}1 & (x\geqslant 0)\\ 0 & (x<0)\end{cases} \tag{7-329}$$

此时，当神经元的输入信号加权超过阈值时，第 i 个神经元的输出 y_i 为 1，表示神经元 i 处于兴奋状态；当输出为 0 时，表示神经元 i 处于抑制状态。

(2) Sigmoid 函数。Sigmoid 函数的图形是递增 S 型函数，其函数值在(0,1)之间，在构造人工神经网络中是最常用的激活函数，在线性与非线性之间呈现出较好的平衡，表示为

$$\varphi(x)=\frac{1}{1+\mathrm{e}^{-\alpha x}}\quad \alpha>0 \tag{7-330}$$

式中，α 为 Sigmoid 函数的倾斜参数，改变 α 就可以改变函数的倾斜程度。

(3) 双曲正切函数,即

$$\varphi(x)=\frac{1-e^{-\alpha x}}{1+e^{-\alpha x}}\quad \alpha>0 \tag{7-331}$$

此函数可看成是对 S 型函数的改进,将原来函数隐射范围的[0,1]改成了[−1,1],在大部分情况下,神经网络隐层中采用双曲正切函数效果比较好。但是这种函数也存在收敛太慢、模型训练时间长,并且非线性映射能力不强的问题。

(4) 高斯函数。高斯函数主要用于径向基神经网络,这种激活函数的特点在于神经元的输入离高斯函数中心越远,神经元的激活程度就越低,即

$$\varphi(x)=\exp\left(-\frac{x^2}{\sigma^2}\right) \tag{7-332}$$

式中,σ 表示输入数据的方差。

3) 人工神经网络

人工神经网络是由大量的人工神经元按照类似人脑的组织形态所构成的网络系统,各神经元并行工作,且结构有序。人工神经网络面对训练数据或模式具有学习、联想和范化功能,因而特别适于完成诸如模式匹配和分类,数据聚类,函数逼近、优化及动态系统模型化和控制等方面的任务。

人工神经元以不同的方式连接,可以构成多种神经网络结构,下面介绍几种典型的网络结构:

(1) 前馈网络。前馈网络又称前向网络,其结构如图 7-32(a)所示,图中输入层负责接收输入信号,输出层负责提供输出信号。输入层到输出层之间存在一个以上的隐层,隐层与网络外界没有直接接口。从输入层经隐层到输出层,每个神经元可以从前一层接收多个输入,并只有一个输出给下一层的各神经元,信号沿网络方向单向传递,既不存在层间反馈,也不存在层内连接。

(2) 反馈网络。反馈网络又称递归网络,反馈网络从输出层到输入层都有反馈,即每一个节点同时接收外来输入和来自其他节点的反馈输入,其中也包括神经元输出信号引回到本身输入构成的自环反馈,如图 7-32(b)所示,这种反馈网络的每个节点都是一个计算单元。

从控制论和系统论的观点看,前馈网络表述的是一种从输入端到输出端的静态非线性映射关系;而反馈网络则因存在反馈而成为一种动力学系统,具有比前馈网络更强的计算能力,却存在着稳定性问题。从实际应用来看,前馈网络的作用效果主要是函数映射,可用于模式识别和函数逼近。反馈网络的应用按对能量函数的极小点的利用,可分为两种:第一种是能量函数的所有极小点都起作用,主要用作各种联想存储器;第二种是只利用全局极小点,主要用于求解最优化问题。

(3) 相互结合型网络。相互结合型网络属于网状结构,如图 7-32(c)所示。构成网络的各个神经元都可以相互连接,所有的神经元既作输入,也作输出。在相互结合型网络中,通过在某一时刻从神经网络外部施加一个输入,各个神经元一边相互作用,一边进行信息处理,直到网络所有神经元的活性度或输出值收敛于某个平均值,信息处理结束。

(4) 混合型网络。混合型网络是在同一层内的神经元有互联的结构,如图 7-32(d)所示,这种结构的目的是限制同层内同时兴奋或抑制的神经元数目,以完成特定的功能。

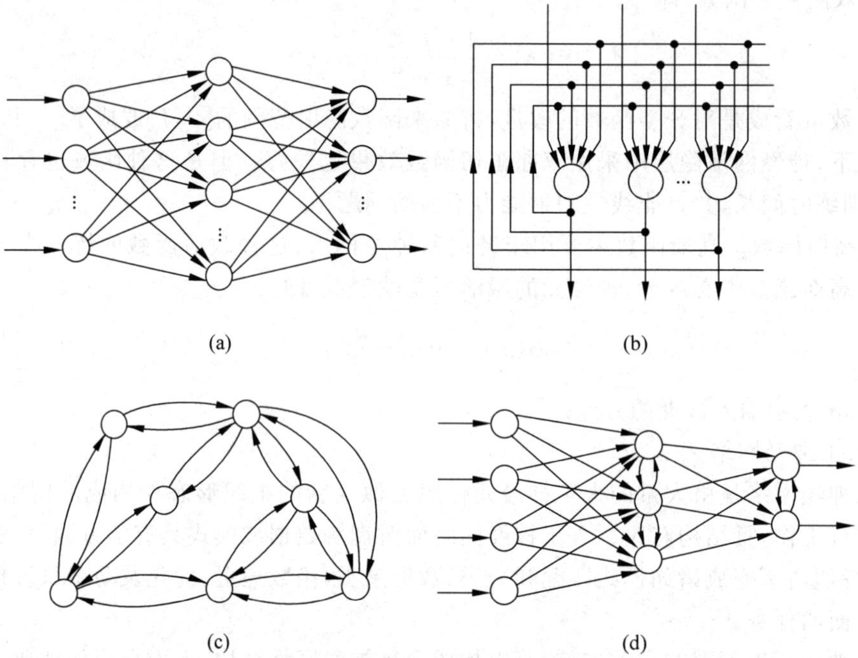

图 7-32　典型的神经网络结构

(a) 前馈网络；(b) 反馈网络；(c) 相互结合型网络；(d) 混合型网络

2. 神经网络的学习

神经网络的学习是指神经网络从训练数据中自动获取最优连接权值的过程，即通过将目标系统已有的输入和输出数据作为训练集，优化神经网络的连接权值，最终达到神经网络逼近目标系统的目的。

1）学习方式

神经网络的学习方式通常分为监督学习、无监督学习和强化学习三种方式，其区别在于学习中是否存在着教师信号，以及存在着怎样的教师信号。

(1) 监督学习。监督学习又称为有教师学习，如图 7-33(a)所示，该学习方式要求在给出输入信号 $\boldsymbol{X}$ 的同时，还要给出与之相应的期望输出 $\boldsymbol{T}$(又称教师信号或目标信号)。神经网络学习时，将输入信号 $\boldsymbol{X}$ 依次输入神经网络中，计算出网络的实际输出信号 $\boldsymbol{Y}$，再与教师信号 $\boldsymbol{T}$ 相比，求出误差信号 e，再按某种算法调整各层的连接权值 w_{in}，使误差朝着减小的方向变化。逐个使用训练集中的每个训练对并不断修改网络权值，直到在整个训练集作用下的误差小于事前规定的容许值为止。

(2) 无监督学习。无监督学习又称为无教师学习，该学习方式的训练集仅由输入信号 $\boldsymbol{X}$ 组成，而不提供相应的目标信号，如图 7-33(b)所示。当神经网络系统学习时，仅仅通过输出信号 $\boldsymbol{Y}$ 反馈调节自身的连接权值，以表示外部输入的某种固有特性。在无监督学习中，学习算法应保证向神经网络输入类似的信号时能产生相同的输出信号。也就是说，神经网络能抽取训练集的统计特性，从而把输入信号按其相似程度划分为若干类，这种方法常应用于诸如向量量化等应用问题。

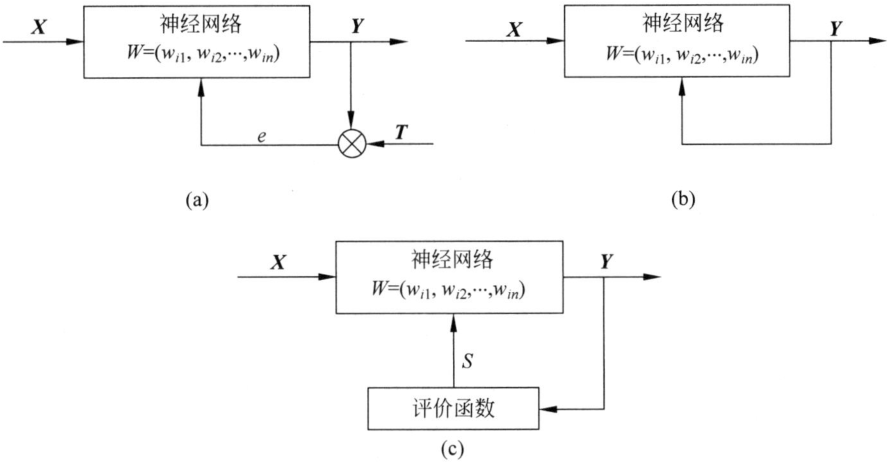

图 7-33　学习方式

(a) 监督学习；(b) 无监督学习；(c) 强化学习

(3) 强化学习。强化学习是采用一个评价函数实现给定输入对应神经网络输出的趋向评价，而非为每个输入提供相应的期望输出，学习系统通过强化那些受奖励的评价信号 S 来改善自身的性能，如图 7-33(c)所示。强化学习在控制系统中的应用相对较多，是当前神经网络研究领域的热点之一。

2) 学习规则

神经网络运算和训练的关键在于对权值的调整，权值的调整方式不同，也就衍生出了不同的学习规则。应用比较广泛的学习规则主要有 Delta 学习规则、梯度下降学习规则、Hebb 学习规则、Kohonen 学习规则等。大多数学习规则是基于非线性优化和统计学估计的原理设计的，一般形式如图 7-34 所示。

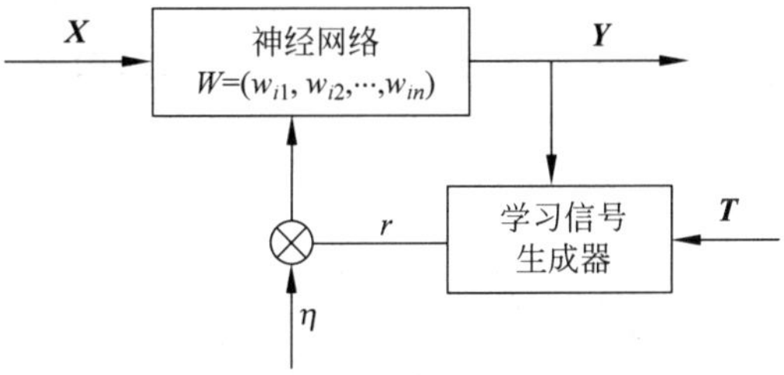

图 7-34　学习规则的一般形式

学习信号 r 一般是权值 w_{in} 及输入向量 $\boldsymbol{X}$ 的函数，有时还是教师信号 $\boldsymbol{T}$ 的函数，即

$$r = r(w_{in}, \boldsymbol{X}, \boldsymbol{T}) \tag{7-333}$$

通常取 w_{in} 的变化量正比于学习效率 η、学习信号 r 及输入向量三者之积，学习规则的一般式为

$$\Delta w_{in} = \eta r(w_{in}, \boldsymbol{X}, \boldsymbol{T})\boldsymbol{X}^{\mathrm{T}} \tag{7-334}$$

故而，神经网络的权值调整为

$$w_{in}(t+1) = w_{in}(t) + \Delta w_{in}(t) \tag{7-335}$$

对于离散系统

$$w_{i,n+1} = w_{i,n} + \eta r(w_{i,n}, \boldsymbol{X}_n, \boldsymbol{T}_n)\boldsymbol{X}_n^{\mathrm{T}} \tag{7-336}$$

以常见的 Hebb 学习规则为例，取神经元的输出为学习信号 r，即

$$r = \boldsymbol{Y} = f(w_{in}\boldsymbol{X}) \tag{7-337}$$

代入式(7-334)，可得 Hebb 学习规则的向量表达式

$$\Delta w_{in} = \eta f(w_{in}\boldsymbol{X})\boldsymbol{X}^{\mathrm{T}} \tag{7-338}$$

相应的元素表达式为

$$\Delta w_{in} = \eta \cdot \boldsymbol{Y} \cdot \boldsymbol{X} \tag{7-339}$$

3. 神经网络的典型模型

自 1957 年 F. Rosenblatt 在第一届人工智能会议上展示他构造的第一个人工神经网络模型以来，据统计，目前已有上百种神经网络模型问世。BP 神经网络模型由于其典型的结构和较小的计算量，在未知参数和非线性函数的近似估计等方面都有很好的效果，一直以来被广泛应用于控制领域，下面以 BP 神经网络模型为例进行介绍。

1) BP 算法的原理

BP 学习算法的基本原理是梯度下降法，它的中心思想是通过调整权值使得神经网络的实际输出与期望输出的误差最小。多层网络运用 BP 学习算法时，实际上包含了正向和反向传播两个阶段。在正向传播过程中，输入信息从输入层经隐含层逐层处理，并传向输出层，每一层神经元的状态只影响下一层神经元的状态。如果在输出层不能得到期望输出，则转入反向传播，将误差信号沿原来的连接通道返回，通过修改各层神经元的权值，使误差信号最小。

2) BP 神经网络的结构

BP 神经网络是一种按照 BP 算法原理训练的多层前馈网络，三层神经网络结构如图 7-35 所示。图中设有 M 个输入节点、L 个输出节点、网络的隐含层共有 q 个神经元。其中，$x_k(k=1,2,\cdots,M)$为网络的实际输入，$y_k(k=1,2,\cdots,L)$为网络的实际输出，$t_k(k=1,2,\cdots,L)$为网络的目标输出，$e_k(k=1,2,\cdots,L)$为网络的输出误差。

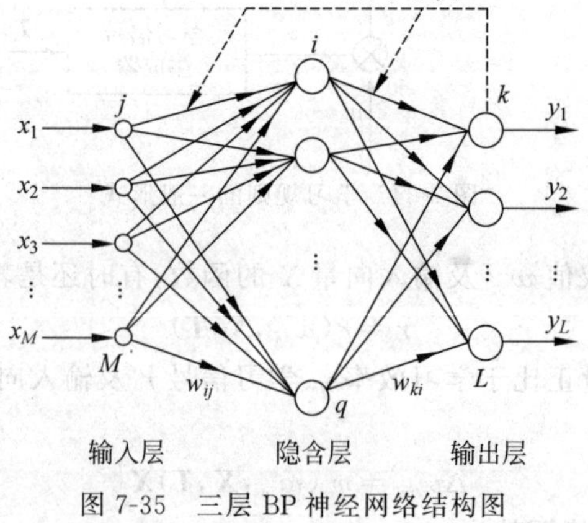

图 7-35　三层 BP 神经网络结构图

3) BP 网络学习算法

下面以三层 BP 神经网络模型[108]为例介绍 BP 网络学习算法。

(1) BP 网络的前馈计算。在训练网络的学习阶段，设有 N 个训练样本，先假定用其中的某一个样本 p 的输入/输出模式即 $\{x^p\}$ 和 $\{t^p\}$ 对网络进行训练，隐含层的第 i 个神经元在样本 p 作用下的输入为

$$\mathrm{net}_i^p = \sum_{j=1}^{M} w_{ij} o_j^p = \sum_{j=1}^{M} w_{ij} x_j^p \quad (i=1,2,\cdots,q) \tag{7-340}$$

式中，x_j^p 和 o_j^p 分别为神经元 j 在样本 p 作用时的输入和输出，w_{ij} 为输入层神经元 j 与隐含层神经元 i 之间的连接权值，M 为输入层的节点数。

隐含层神经元 i 的输出为

$$o_j^p = \varphi(\mathrm{net}_i^p - \theta_i) \quad i=1,2,\cdots,q \tag{7-341}$$

式中，$\varphi(\cdot)$为隐含层的激活函数，θ_i 为隐含层神经元 i 的阈值。

隐含层激活函数(7-341)的微分函数为

$$\varphi'(\mathrm{net}_i^p - \theta_i) = \varphi(\mathrm{net}_i^p - \theta_i)[1-\varphi(\mathrm{net}_i^p - \theta_i)] = o_j^p(1-o_j^p) \quad i=1,2,\cdots,q \tag{7-342}$$

隐含层神经元 i 的输出 o_i^p 将通过连接权值向前传播到输出层神经元 k，作为它的输入之一，而输出层神经元 k 的总输入为

$$\mathrm{net}_k^p = \sum_{j=1}^{q} w_{kj} o_i^p \quad (k=1,2,\cdots,L) \tag{7-343}$$

式中，w_{ki} 为隐含层神经元 i 与输出层神经元 k 之间的连接权值，q 为隐含层的节点数。

输出层的神经元 k 的实际输出为

$$o_k^p = g(\mathrm{net}_k^p - \theta_k) \quad (k=1,2,\cdots,L) \tag{7-344}$$

式中，$g(\cdot)$为输出层的激活函数，θ_k 为隐含层神经元 k 的阈值。

输出层激活函数(7-344)的微分函数为

$$g'(\mathrm{net}_k^p - \theta_k) = g(\mathrm{net}_k^p - \theta_k)[1-g(\mathrm{net}_k^p - \theta_k)] = o_k^p(1-o_k^p) \quad (k=1,2,\cdots,L) \tag{7-345}$$

若其输出与给定模式的期望输出 t_k^p 不一致，则将其误差信号从输出端反向传播回来，并在传播过程中对连接权值不断修正，直到在输出层神经元上得到所需要的期望输出值 t_k^p 为止。对样本 p 完成权值的调整后，再送入另一样本模式对进行类似的学习，直到完成 N 个样本的训练学习为止。

(2) 连接权值的调整。对于样本 p 输入模式的二次型误差函数为

$$J_p = \frac{1}{2}\sum_{k=1}^{L}(t_k^p - o_k^p)^2 \tag{7-346}$$

则系统的总误差函数为

$$J = \sum_{p=1}^{N} J_p = \frac{1}{2}\sum_{p=1}^{N}\sum_{k=1}^{L}(t_k^p - o_k^p)^2 \tag{7-347}$$

式中，N 为模式样本对数，L 为网络输出节点数。

输出层连接权值应按函数梯度变化的反方向调整，使网络逐渐收敛。根据梯度法，可得输出层每个神经元连接权值的修正公式为

$$\Delta w_{ki} = -\eta\frac{\partial J_p}{\partial w_{ki}} = -\eta\frac{\partial J_p}{\partial \mathrm{net}_k^p}\cdot\frac{\partial}{\partial w_{ki}}\left(\sum_{i=1}^{q} w_{ki} o_i^p\right) = -\eta\frac{\partial J_p}{\partial \mathrm{net}_k^p} o_i^p \tag{7-348}$$

式中，η 为学习速率，$\eta>0$。

定义

$$\delta_k^p=-\eta\frac{\partial J_p}{\partial \mathrm{net}_k^p}=-\frac{\partial J_p}{\partial o_k^p}\cdot\frac{\partial o_k^p}{\partial \mathrm{net}_k^p}=(t_k^p-o_k^p)g'(\mathrm{net}_k^p-\theta_k)=(t_k^p-o_k^p)o_k^p(1-o_k^p) \tag{7-349}$$

因此输出层的任意神经元的连接权值修正公式为

$$\Delta w_{ki}=\eta\delta_k^p o_i^p=\eta o_i^p(t_k^p-o_k^p)o_k^p(1-o_k^p) \tag{7-350}$$

式中，o_k^p 为输出层神经元 k 在样本 p 作用时的输出，o_i^p 为隐含层神经元 i 在样本 p 作用时的输出，t_k^p 为在样本 p 输入/输出时，神经元 k 的目标值。

同理，定义隐含层任意神经元的连接权值修正公式为

$$\Delta w_{ij}=-\eta\frac{\partial J_p}{\partial \mathrm{net}_i^p}o_j^p \tag{7-351}$$

定义

$$\delta_i^p=-\eta\frac{\partial J_p}{\partial \mathrm{net}_i^p}=-\frac{\partial J_p}{\partial o_i^p}\cdot\frac{\partial o_i^p}{\partial \mathrm{net}_i^p}=-\frac{\partial J_p}{\partial o_i^p}\cdot g'(\mathrm{net}_i^p-\theta_i)=-\frac{\partial J_p}{\partial o_i^p}\cdot o_i^p(1-o_i^p) \tag{7-352}$$

由于隐含层一个单元输出的改变会影响与该单元相连接的所有输出单元的输入，即

$$-\frac{\partial J_p}{\partial o_i^p}=\sum_{k=1}^{L}w_{ki}\delta_k^p \tag{7-353}$$

所以，

$$\delta_i^p=\left(\sum_{k=1}^{L}w_{ki}\delta_k^p\right)o_i^p(1-o_i^p) \tag{7-354}$$

因此隐含层任意神经元 i 的连接权值修正公式为

$$\Delta w_{ij}=\eta\delta_i^p o_j^p=\eta\left(\sum_{k=1}^{L}w_{ki}\delta_k^p\right)o_i^p(1-o_i^p)o_j^p \tag{7-355}$$

输出层的任意神经元 k 在样本 p 作用时的连接权值增量公式为

$$w_{ki}(k+1)=w_{ki}(k)+\eta\delta_k^p o_i^p \tag{7-356}$$

隐含层的任意神经元 i 在样本 p 作用时的连接权值增量公式为

$$w_{ij}(k+1)=w_{ij}(k)+\eta\delta_i^p o_j^p \tag{7-357}$$

综上所述，BP 网络学习算法的计算步骤为

① 初始化，置所有的连接权值为最小的随机数。

② 提供训练集，给出顺序赋值的输入向量 $\boldsymbol{x}^{(1)},\boldsymbol{x}^{(2)},\cdots,\boldsymbol{x}^{N}$ 和期望的输出向量 $\boldsymbol{t}^{(1)},\boldsymbol{t}^{(2)},\cdots,\boldsymbol{t}^{N}$。

③ 按式(7-340)～式(7-345)计算隐含层、输出层各神经元的输出。

④ 按式(7-346)或式(7-347)计算期望值与实际输出的误差。

⑤ 按式(7-356)调整输出层的连接权值。

⑥ 按式(7-357)调整隐含层的连接权值。

⑦ 返回计算步骤③，直到误差满足要求为止。

4. 神经网络控制的主要功能

在控制系统中采用神经网络对难以精确描述的复杂的非线性对象进行建模，或充当控制器，进行优化、推理、故障诊断等操作，以及兼有上述某些功能的组合的控制方式称为神经网络控制。据此给出神经网络控制的主要功能[109]：

1）神经网络的系统辨识

神经网络的系统辨识也称神经网络建模，是用神经网络实现对线性与非线性系统、静态与动态系统进行离线或在线辨识，其实质是选择一个适当的神经网络逼近待辨识系统。图 7-36 为系统辨识的一般结构，其中神经网络辨识模型与待辨识的动态系统并联，神经网络辨识模型的输出为 $\hat{y}$，其与动态系统的输出 y 的误差 e 被作为教师信号，使神经网络辨识模型逼近动态系统。

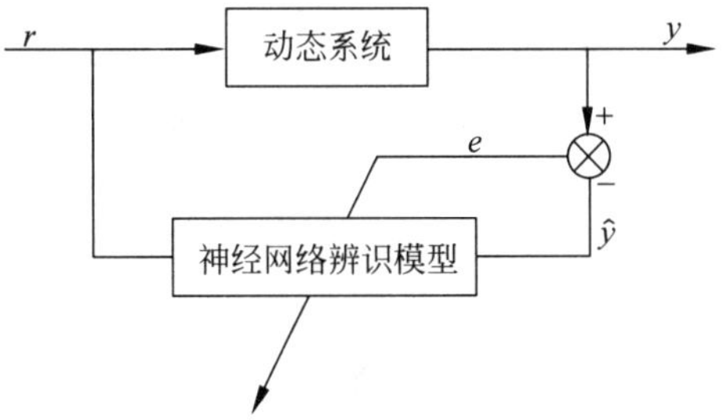

图 7-36　系统辨识的一般结构

利用神经网络辨识系统是指在已知的系统模型结构中用神经网络代替非线性函数，然后根据辨识模型的输出和系统的输出来调整神经网络的连接权值，使神经网络的影响和对应的非线性函数相同。

2）神经网络控制

(1) 神经网络监督控制。通过对常规控制器进行学习，再用神经网络控制器逐渐取代常规控制器的方法，称为神经网络监督控制（COPY 控制），其结构如图 7-37 所示。神经网络控制器实际上是一个前馈控制器，建立的是被控对象的逆模型。神经网络控制器通过对常规控制器的输出进行学习，在线调整网络的权值，使反馈控制输入 u_p 趋近于零，从而使神经网络控制器逐渐在控制作用中占据主导地位，最终取消常规控制器的反馈作用。一旦系统出现干扰，传统控制器将重新起作用，确保控制系统的稳定性和鲁棒性，有效地提高系统的精度和自适应能力。

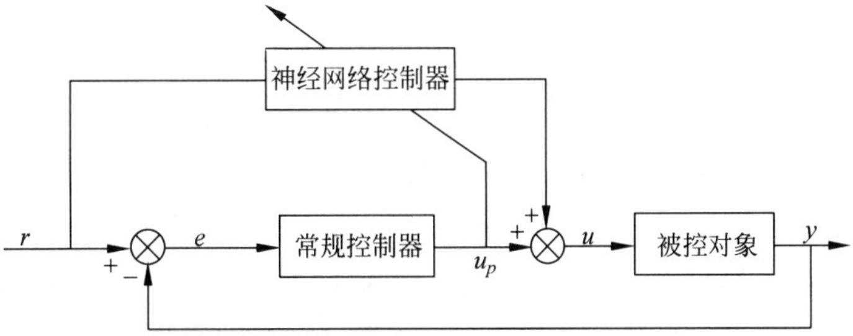

图 7-37　神经网络监督控制

(2) 神经网络直接反馈控制。在这种控制系统中,神经网络直接用作控制系统的反馈控制器,神经网络控制器首先利用其他已有的控制样本进行离线训练,而后以系统误差的均方差为教师信号进行学习,这是使用神经网络的最基本的智能控制方式,其控制系统如图 7-38 所示。

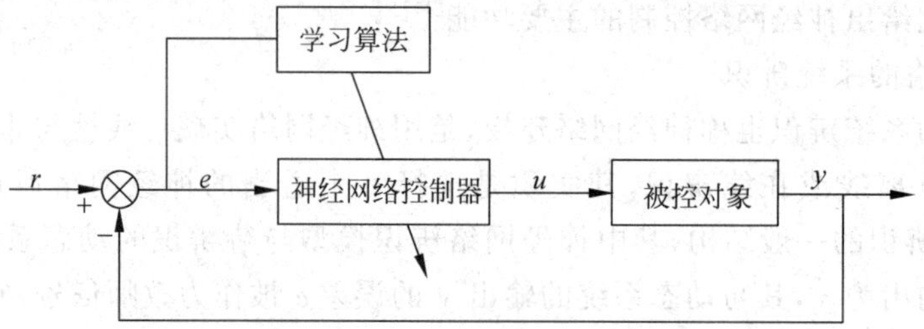

图 7-38 神经网络直接反馈控制

(3) 神经网络直接逆控制。神经网络直接逆控制就是将被控对象的神经网络逆模型直接与被控对象串联起来,使系统在期望响应与被控系统输出间得到一个相同的映射。将此网络作为前馈控制器后,被控对象的输出即为期望输出。由此可见,神经网络直接逆控制系统的性能在相当程度上取决于逆模型的准确程度。由于缺乏反馈,该方法的鲁棒性不足,为此一般应使其具有在线学习能力,即作为逆模型的神经网络连接权值可以在线调整。

图 7-39 所示为神经直接逆动态控制的两种结构方案。在图 7-39(a)中,神经网络 1 作为前馈控制器,输出控制信号 u 作用于被控对象;神经网络 2 作为逆辨识器,接收被控对象输出 y,并产生相应的输出。利用 1 和 2 两个神经网络输出的差值 e,同时调整两个神经网络的连接权值,使差值 e 最终趋于零,做到输出信号 y 趋近于期望输出信号 r。图 7-39(b) 为神经网络直接逆控制的另一种结构方案,神经网络通过评价函数进行学习,实现被控对象的逆控制。

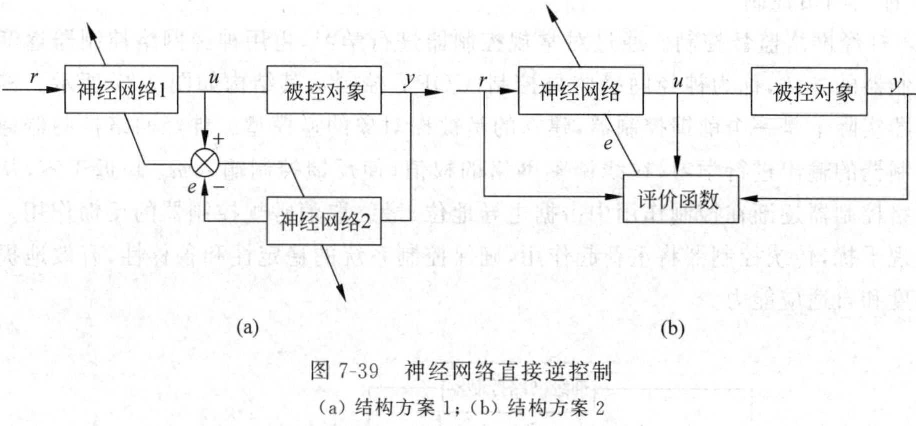

图 7-39 神经网络直接逆控制
(a) 结构方案 1;(b) 结构方案 2

(4) 神经网络内模控制。神经网络内模控制系统如图 7-40 所示,其中,f 为外部干扰,神经网络 1 作为神经网络控制器,神经网络 2 作为神经网络估计器,并在神经网络控制器前连接滤波器。图中的神经网络估计器用于充分逼近被控对象的动态模型,神经网络控制器以估计器的神经网络模型(内部模型)作为训练对象,间接地学习被控对象的逆动态特性,在该系统中,神经网络估计器作为被控对象的近似模型与实际模型并行设置,它们输出的差值

$y_m - y$ 同期望的给定值之差经滤波器处理后，送给神经网络控制器。经过多次训练，它将间接地学习到对象的逆动态特性，此时系统误差将趋于零。

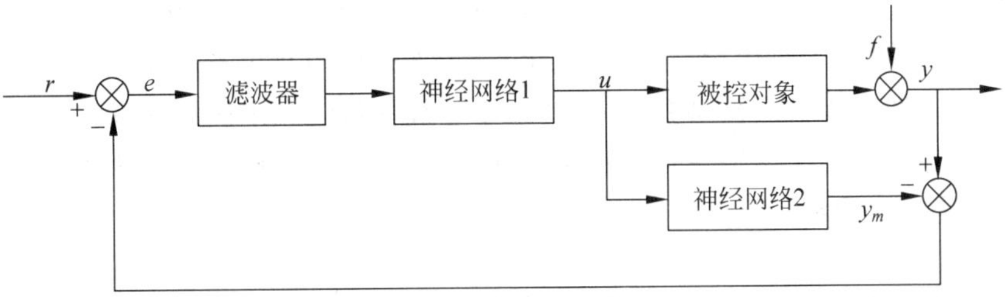

图 7-40　神经网络内模控制

(5) 神经网络学习控制。神经网络需要一个过程来进行学习，若未经学习而直接用于系统，则系统的初始响应不能令人满意。为提高系统的初始鲁棒性，神经网络学习控制系统将神经网络与常规控制器结合起来，其控制系统的结构如图 7-41 所示。用神经网络学习被控对象的逆动力学模型，然后用神经网络控制器作为前馈控制器，与常规控制器构成复合控制器来控制对象，系统以常规控制器的输出 u_1 作为教师信号来调节神经网络的权值。在控制之初，常规控制器的作用较强，而随着控制过程的进行，神经网络得到越来越多的学习，常规控制器的作用便越来越弱，而神经网络控制器的作用越来越强。

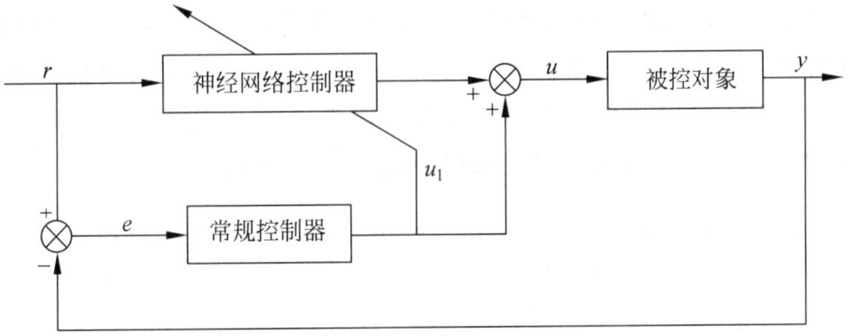

图 7-41　神经网络学习控制

3) 神经网络的优化

神经网络的优化结构如图 7-42 所示，神经网络模型内部有些参数，如权值和偏差是用来计算测试集中目标值 r 的真实值和预测值的偏差值 e 的，在训练神经网络模型时起到主要作用。基于这些参数，可以构建损失函数 $E(x)$。神经网络的优化就是通过改善训练方式，更新和计算影响模型训练和模型输出的网络参数，从而最小化(或最大化)损失函数 $E(x)$，使训练方式达到最优，与神经网络的学习不同，神经网络的优化主要是对于神经网络训练结构的优化。

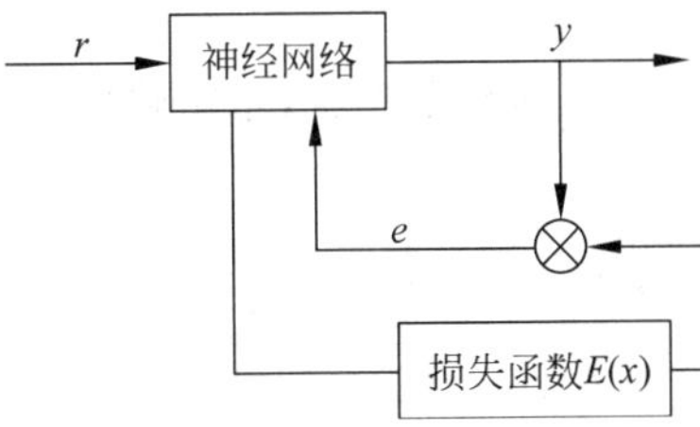

图 7-42　神经网络的优化

4）神经网络复合控制

神经网络复合控制是集成人工智能各分支的优点，由神经网络技术与其他控制方式相结合而形成的智能控制系统。如神经网络与模糊控制、专家控制、遗传算法等相结合用于控制系统中，为其提供非参数化对象模型、优化参数、推理模型及故障诊断等。此外，神经网络具有逼近任意连续有界非线性函数的能力，对于非线性系统和不确定性系统，无疑是一条解决问题的有效途径。神经网络在控制系统中的应用增强了控制系统学习、推理和决策的能力，提高了系统的智能水平。

7.9.2 半主动空气悬架神经网络的自适应控制

针对变刚度半主动悬架这种时变、非线性的复杂系统，用车身垂直加速度作为主要控制目标，将神经网络自适应控制策略用于该悬架的控制，可以提高车辆行驶的平顺性[110]。在仿真控制研究中，控制系统兼顾悬架动挠度和车轮动载荷的变化，以提高车辆行驶的安全性和操纵稳定性，并通过仿真计算和结果分析验证了其可行性和有效性。

图 7-43 为半主动空气悬架神经网络自适应控制系统，其中三层神经网络辨识器用于对被控对象进行在线辨识，三层神经网络控制器用于自适应控制。r 为悬架系统的期望输出，y 为悬架系统的实际输出，z_r 为悬架系统的路面激励，$\hat{y}$ 为神经网络辨识器的输出，u 为神经网络控制器的输出，其作用是对悬架系统刚度进行控制。学习算法 1 是根据神经网络辨识器的输出和悬架系统的实际输出误差 e_1 进行学习，使辨识的结果更加准确；学习算法 2 是利用悬架系统的期望输出和神经网络辨识器的输出之差 e_2 进行学习，调整神经网络控制器的输出，使两者的误差达到最小，实现悬架系统控制的目的。

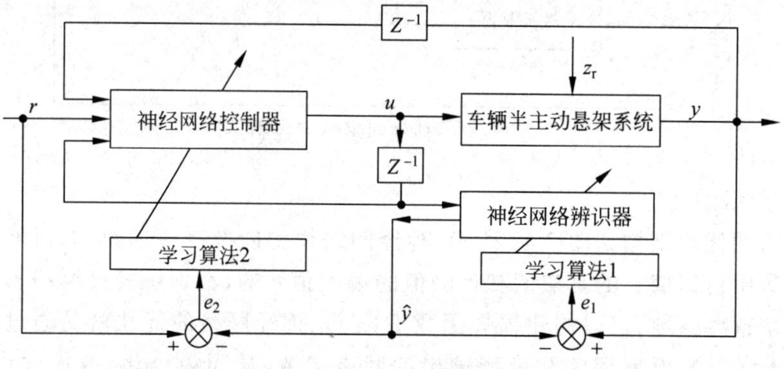

图 7-43 半主动空气悬架神经网络自适应控制系统

1. 半主动空气悬架系统模型

引用 6.1 节中的刚度调节式半主动悬架模型，忽略轮胎阻尼力，半主动悬架单元的动力学方程可描述为

$$\begin{cases} m_s\ddot{z}_s + k_0(z_s - z_u) + k_s(z_s - z_u) + c_d(\dot{z}_s - \dot{z}_u) = 0 \\ m_u\ddot{z}_u - k_0(z_s - z_u) - k_s(z_s - z_u) - c_d(\dot{z}_s - \dot{z}_u) + k_t(z_u - z_r) = 0 \end{cases} \tag{7-358}$$

取状态向量：

$$\boldsymbol{X}_1=[z_s-z_u \quad z_u-z_r \quad \dot{z}_u \quad \dot{z}_s]^{\mathrm{T}}$$

$$\boldsymbol{Y}_1=[\ddot{z}_s \quad k_t(z_u-z_r)]^{\mathrm{T}}$$

设 $\boldsymbol{W}=\dot{z}_r$，则控制方程为

$$\begin{cases}\dot{\boldsymbol{X}}_1=\boldsymbol{A}\boldsymbol{X}_1+\boldsymbol{G}\boldsymbol{W}\\ \boldsymbol{Y}_1=\boldsymbol{C}\boldsymbol{X}_1\end{cases} \tag{7-359}$$

其中，

$$\boldsymbol{A}=\begin{bmatrix}0 & 0 & -1 & 1\\ 0 & 0 & 1 & 0\\ -\dfrac{k_0+k_s}{m_u} & -\dfrac{k_t}{m_u} & -\dfrac{c_d}{m_u} & \dfrac{c_d}{m_u}\\ -\dfrac{k_0+k_s}{m_s} & 0 & \dfrac{c_d}{m_s} & -\dfrac{c_d}{m_s}\end{bmatrix},\quad \boldsymbol{G}=\begin{bmatrix}0\\ -1\\ 0\\ 0\end{bmatrix},$$

$$\boldsymbol{C}=\begin{bmatrix}-\dfrac{k_0+k_s}{m_s} & 0 & \dfrac{c_d}{m_s} & -\dfrac{c_d}{m_s}\\ 0 & k_t & 0 & 0\end{bmatrix}$$

2. 神经网络辨识器设计

利用神经网络辨识器辨识半主动空气悬架模型，设车辆半主动悬架系统是一个单输入单输出非线性系统，可描述为

$$y(k)=f[y(k-1),\cdots,y(k-n),u(k-1),\cdots,u(k-m)] \tag{7-360}$$

式中，$y(k)$为车身加速度在 k 时刻的值；$u(k-1)$为系统在$(k-1)$时刻的刚度控制值；y,u 为悬架系统的输出和输入，代表簧载质量质心处的垂直振动加速度 $\ddot{z}_s$ 和控制刚度；n,m 分别为时间序列$\{y(k)\}$和$\{u(k)\}$的阶次；$f[\cdot]$为非线性函数。

要使性能指标

$$J_1=\frac{1}{2}[y(k+1)-\hat{y}(k+1)]^2 \tag{7-361}$$

最小化，则利用梯度下降法可得权值学习公式为

$$w_{ij}(k+1)=w_{ij}(k)+\lambda[y(k+1)-\hat{y}(k+1)]f'[\mathrm{net}_i(k)]w_i(k)\mathrm{net}_i(k) \tag{7-362}$$

式中，λ 为学习系数，$0<\lambda\leqslant 1$；$\hat{y}$ 为估计输出；$f[\mathrm{net}_i(k)]$为激活函数；$\mathrm{net}_i(k)$为隐含层输入。

3. 神经网络控制器设计

为了使悬架系统输出信号跟踪输入，神经网络控制器的设计如下：

$$u(k)=G[y(k),y(k-1),\cdots,y(k-n+1),y_r(k+d),u(k-1),\cdots,u(k-m+1)] \tag{7-363}$$

其性能指标函数为

$$J_c = \frac{1}{2}[y^*(k+1) - \hat{y}(k+1)]^2 \tag{7-364}$$

式中，y^* 为期望输出。

经过学习后，将 $\hat{y}$ 逼近 y，则

$$J_p = \frac{1}{2}[y^*(k+1) - y(k+1)]^2 \tag{7-365}$$

可由 $\hat{y}(k+1)$ 代替 $y(k+1)$，即性能指标由 J_c 代替 J_p，神经网络控制器的权值调整公式用 BP 算法，即

$$u = f\left[\sum_{i=1}^{R} w_i^1(k) o_i^2(k)\right] \tag{7-366}$$

$$w_i^1(k+1) = w_i^1(k) + \Delta w_i^1(k) \partial y(k+1)/\partial u \tag{7-367}$$

式中，$o_i^2(k)$ 为隐含层的输出。

$\partial y(k+1)/\partial u$ 的特性未知，可以用辨识器的信息，由 $\hat{y}(k+1)$ 代替 $y(k+1)$ 得到

$$w_i^1(k+1) = w_i^1(k) + \Delta w_i^1(k) \cdot \sum_{i=1}^{R} w_i f'[\text{net}_i(k)] w_{ij}(k) \tag{7-368}$$

综上所述，可得如下半主动空气悬架控制系统的神经网络自适应算法：

(1) 用(−0.95,0.95)间的随机值对神经网络的权值初始化；

(2) 采样得到 $y(k)$；

(3) 计算误差信号 $e_1(k)$，调整神经网络辨识器(图 7-44)的权值，计算估计输出 $\hat{y}(k)$；

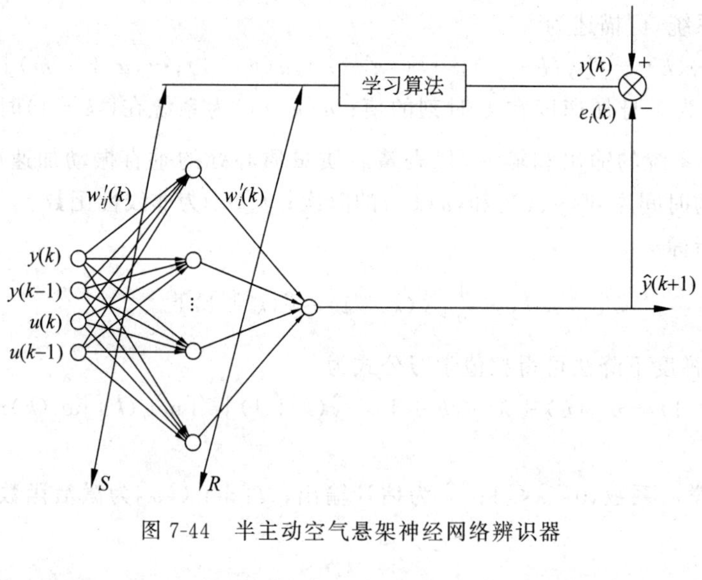

图 7-44　半主动空气悬架神经网络辨识器

(4) 计算误差信号 $e_2(k)$，调整神经网络控制器(图 7-45)的权值；

(5) 用神经网络控制器产生控制信号 $u(k)$；

(6) 令 $k=k+1$，返回步骤(2)。

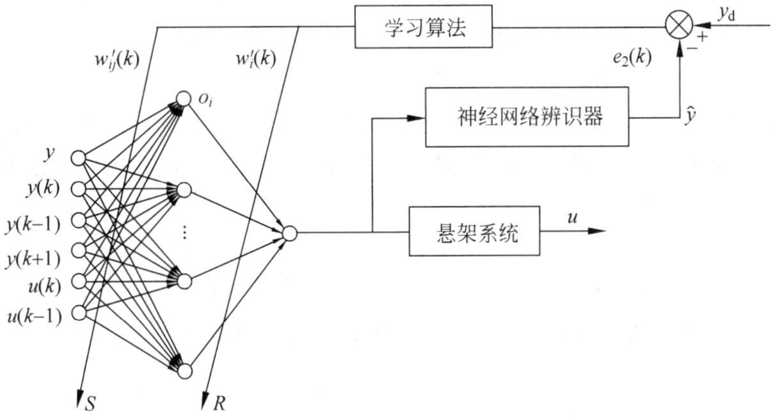

图 7-45　半主动空气悬架神经网络控制器

7.10　模型预测控制

7.10.1　模型预测控制概述

现代控制理论的基础是精确的对象参数模型，而实际的工业过程常具有非线性、时变性、强耦合和不确定性等特点，难以得到精确的数学模型，控制效果会大大降低。模型预测控制(model predictive control，MPC)在这种背景下应运而生。模型预测控制善于处理多输入多输出的非线性系统，可以对未来系统的状态进行预估并考虑空间状态变量的各种约束，在处理有限时域约束优化问题上有着杰出的效果，可用于具有不确定因素和输入输出约束的悬架系统，适用于预测路面状况的车辆悬架系统等控制问题。

20 世纪 90 年代末，Cho[111]、Mehra[112]、Gopalasamy[113] 及 Donaue[114] 等针对主动悬架的模型预测控制进行了研究。2005 年，Canale 等[115] 提出了一种基于非线性函数逼近技术的“快速”模型预测控制实现方法，克服了计算复杂度的问题。2014 年，Göhrle 等[116] 提出了两种优化预览主动悬架控制器的模型预测方法，优化了在预览视距中非等距网格上的执行器位移及车身在预览视野上的起伏、俯仰和滚动轨迹。与最优预览控制方法相比，实现了更好的性能。Ahmed 等[117] 选用前馈控制器检测到车辆前方的道路轮廓高度，通过反馈控制器预测控制优化问题，但为了减少控制器计算时间和设计复杂度给出了简单性准则和控制规律。Theunissen 等[118] 对预瞄悬架采用无区域显式模型预测控制方法，与基于区域的显式 MPC 相比，无区域显式 MPC 能以更短的时间步长实现控制并大大降低存储需求。于舒友等[119] 设计了一种道路预览模型预测控制器，以道路激励为可测量扰动，以簧载质量加速度为代价函数，以悬架行程、轮胎变形和执行器饱和度为约束条件。对悬架单元的仿真结果表明，与广义 H_2 控制策略相比，道路预览 MPC 方案可以有效地权衡约束满意度和提高性能。

1. 模型预测控制的基本原理

模型预测控制通常简称为预测控制，它是以各种不同的预测模型为基础，采用在线滚动优化指标和反馈自校正策略，力求有效地克服被控对象的不确定性、时滞和时变等因素的动态影响，从而达到预期的控制目标，并使系统有良好的鲁棒性和稳定性。

模型预测控制的基本原理如图 7-46 所示。在控制过程中，考虑到过程的动态特性，为了使过程中避免出现输入和输出的急剧变化，往往要求过程输出沿着一条期望的、平缓的曲线达到设定轨迹，这条曲线通常称为参考轨迹，它是设定轨迹经过在线“柔化”后的产物。在当前采样时刻 k，根据当前时刻获得的测量信息和预测模型，通过求解目标函数及各种约束优化问题，得到在控制时域 m 内的一系列将来控制信号，并将该控制信号序列的第一个元素作用于被控对象，得到预测时域 P 内系统的输出，使其尽可能接近参考轨迹。在下一个采样时刻 $k+1$，重复上述过程，用新的测量信息刷新优化问题并重新求解。

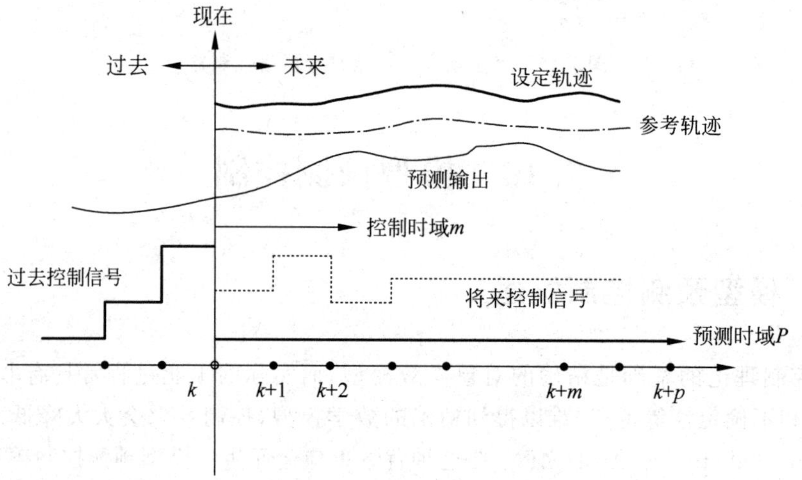

图 7-46 模型预测控制的基本原理

2. 模型预测控制系统的结构

模型预测控制系统的结构如图 7-47 所示，主要包括预测模型、滚动优化和反馈校正三部分。

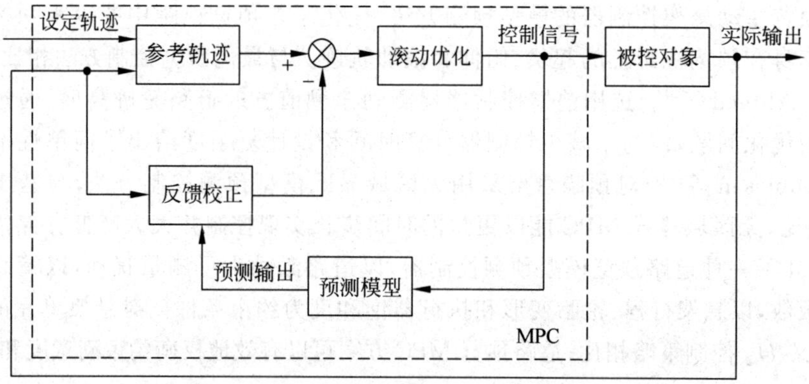

图 7-47 模型预测控制系统的结构

1）预测模型

预测模型是模型预测控制的基础，它能够通过控制系统中被控对象提供的当前系统状态信息，再加上未来的控制输入变量，预测未来被控对象的状态。预测模型具有展示过程未来动态行为的功能，这样就可以任意给出未来控制策略，观察不同控制策略下的输出变化，从而为比较这些控制策略的优劣提供了基础。

预测模型的形式可以是状态空间方程、传递函数，也可以是阶跃响应模型、脉冲响应模型等。根据被控对象和需要预测的状态选择合适的预测模型，对于车辆悬架方向而言，模型预测控制选择状态空间模型比较合适。

2）滚动优化

模型预测控制是一种优化控制算法，需要通过某一性能指标的最优化来确定未来的控制作用，模型预测控制中的优化与通常的离散最优控制算法不同，并不是采用一个不变的全局最优目标。在每一个采样时刻，根据该时刻的优化性能指标，求解自该时刻起有限时段的最优控制律。计算得到的控制作用序列也只有第一个值是实际执行的，在下一个采样时刻又重新求取最优控制律。所以，模型预测控制不是用一个对全局相同的优化性能指标，而是在每一个时刻有一个相对于该时刻的局部优化性能指标。通过滚动优化策略，始终在实际的基础上建立新的优化目标，兼顾了对未来有限时域内的理想优化和实际不确定性的影响。

3）反馈校正

在模型预测控制中，对预测模型进行预测输出是一种较为理想的方式，实际控制过程由于受到非线性、时变、模型失配和干扰等不确定因素的影响，基于理论模型的预测输出无法准确地与被控对象的实际输出相符。因此，在模型预测控制中，通过被控对象的实际输出与预测模型的预测输出进行修正，得出模型预测误差，再利用该误差校正下一时刻的预测输出，从而得到更为准确的预测输出。正是这种由预测模型加反馈校正的过程，使模型预测控制具有很强的抗干扰和克服系统不确定的能力，不断根据系统的实际输出对预测输出做出修正。

3. 模型预测控制的特点

从模型预测控制的基本原理和结构来看，与其他控制算法相比，模型预测控制具有如下特点：

（1）对模型的精度要求不高，建模方便，建模过程可以通过简单的实验获得。

（2）采用了非最小化描述的离散卷积和模型，信息冗余量大，有利于提高系统的鲁棒性。

（3）通过滚动优化策略、在线反复进行优化计算，滚动实施，使模型失配、畸变、扰动等引起的不确定性及时得到弥补，从而得到较好的动态控制性能。

（4）能够有效地处理多变量、有约束的问题，能很好地应用到有约束、大迟延、非线性等实际过程。

4. 模型预测控制器的设计

根据所采用的模型不同，模型预测控制主要包括动态矩阵控制（dynamic matrix control，DMC）、模型算法控制（model algorithmic control，MAC）、广义预测控制（generalized predictive control,GPC)等。在现代控制理论中广泛使用的状态空间模型同样可以应用于模型预测控制中。

考虑线性离散时间系统的状态空间模型为

$$\begin{cases} x(k+1)=Ax(k)+Bu(k)+Hw(k) \\ y(k)=Cx(k) \end{cases} \tag{7-369}$$

式中,$x(k)$为状态变量,$u(k)$是控制变量,$y(k)$是被控输出变量,$w(k)$是不确定性扰动变量。

式(7-369)的离散时间模型与连续时间模型之间的转换关系为

$$\begin{cases} \dot{x}(t)=A_c x(t)+B_c u(t)+H_c w(t) \\ y(t)=Cx(t) \end{cases} \tag{7-370}$$

$$A=e^{A_c T_s} \tag{7-371}$$

$$B=\int_0^{T_s} e^{A_c \tau} d\tau \cdot B_c \tag{7-372}$$

$$H=\int_0^{T_s} e^{A_c \tau} d\tau \cdot H_c \tag{7-373}$$

式中,T_s是系统采样时间。

1) 预测模型

基于模型预测系统的未来动态,假设系统的全部状态都是可以测量的,为了引入积分以减少或消除静态误差,将式(7-370)的连续模型改写为增量模型

$$\begin{cases} \Delta x(k+1)=A\Delta x(k)+B\Delta u(k)+H\Delta w(k) \\ y(k)=C\Delta x(k)+y(k-1) \end{cases} \tag{7-374}$$

式中,

$$\Delta x(k)=x(k)-x(k-1)$$

$\Delta u(k)$、$\Delta w(k)$以此类推。

基于上述增量模型预测系统未来的动态,设定预测时域为p,控制时域为m,且$m\leqslant p$,需做如下假设:

① 在控制时域m之外,控制量不变,即$\Delta u(k+i)=0, i=m,m+1,\cdots,p-1$。

② 可测的干扰在k时刻后不变,即$\Delta w(k+i)=0, i=1,\cdots,p-1$。

当前时刻为k,测量值为$x(k)$,预测系统未来动态的起点为$\Delta x(k)$,则预测其他时刻的状态如下:

$$\Delta x(k+1\mid k)=A\Delta x(k)+B\Delta u(k)+H\Delta w(k)$$

$$\begin{aligned}\Delta x(k+2\mid k)&=A\Delta x(k+1\mid k)+B\Delta u(k+1)+H\Delta w(k+1)\\&=A^2\Delta x(k)+AB\Delta u(k)+B\Delta u(k+1)+AH\Delta w(k)\end{aligned}$$

$$\begin{aligned}\Delta x(k+3\mid k)&=A\Delta x(k+2\mid k)+B\Delta u(k+2)+H\Delta w(k+2)\\&=A^3\Delta x(k)+A^2B\Delta u(k)+AB\Delta u(k+1)+B\Delta u(k+2)+A^2H\Delta w(k)\end{aligned}$$

$$\vdots$$

$$\begin{aligned}\Delta x(k+m\mid k)&=A\Delta x(k+m-1\mid k)+B\Delta u(k+m-1)+H\Delta w(k+m-1)\\&=A^m\Delta x(k)+A^{m-1}B\Delta u(k)+A^{m-2}B\Delta u(k+1)+\cdots+B\Delta u(k+m-1)+\\&\quad A^{m-1}H\Delta w(k)\end{aligned}$$

$$\vdots$$

$$\begin{aligned}\Delta x(k+p\mid k)&=A\Delta x(k+p-1\mid k)+B\Delta u(k+p-1)+H\Delta w(k+p-1)\\&=A^{p}\Delta x(k)+A^{p-1}B\Delta u(k)+A^{p-2}B\Delta u(k+1)+\cdots+\\&\quad A^{p-m}B\Delta u(k+m-1)+A^{p-1}H\Delta w(k)\end{aligned}\tag{7-375}$$

式中，$k+1|k$ 表示在 k 时刻预测的 $k+1$ 时刻的状态。

由输出方程可以预测 $k+1\sim k+p$ 时刻的控制输出如下：

$$\begin{aligned}y(k+1\mid k)&=C\Delta x(k+1\mid k)+y(k)\\&=CA\Delta x(k)+CB\Delta u(k)+CH\Delta w(k)+y(k)\\y(k+2\mid k)&=C\Delta x(k+2\mid k)+y(k+1\mid k)\\&=(CA^{2}+CA)\Delta x(k)+(CAB+CB)\Delta u(k)+CB\Delta u(k+1)+\\&\quad(CAH+CH)\Delta w(k)+y(k)\\&\ \ \vdots\\y(k+m\mid k)&=C\Delta x(k+m\mid k)+y(k+m-1\mid k)\\&=\sum_{i=1}^{m}CA^{i}\Delta x(k)+\sum_{i=1}^{m}CA^{i-1}B\Delta u(k)+\sum_{i=1}^{m-1}CA^{i-1}B\Delta u(k+1)+\cdots+\\&\quad CB\Delta u(k+m-1)+\sum_{i=1}^{m}CA^{i-1}H\Delta w(k)+y(k)\\&\ \ \vdots\\y(k+p\mid k)&=C\Delta x(k+p\mid k)+y(k+p-1\mid k)\\&=\sum_{i=1}^{p}CA^{i}\Delta x(k)+\sum_{i=1}^{p}CA^{i-1}B\Delta u(k)+\sum_{i=1}^{p-1}CA^{i-1}B\Delta u(k+1)+\cdots+\\&\quad\sum_{i=1}^{p-m+1}CA^{i-1}B\Delta u(k+m-1)+\sum_{i=1}^{p}CA^{i-1}H\Delta w(k)+y(k)\end{aligned}\tag{7-376}$$

定义系统未来 p 时刻预测所对应的状态为 $\Delta\boldsymbol{X}(k+p|k)$、输出向量为 $\boldsymbol{Y}_p(k+1|k)$ 与 m 时刻预测控制输入为 $\Delta\boldsymbol{U}(k)$，则有

$$\Delta\boldsymbol{X}(k+p\mid k)=\begin{bmatrix}\Delta x(k+1\mid k)\\\Delta x(k+2\mid k)\\\vdots\\\Delta x(k+p\mid k)\end{bmatrix}_{p\times1},\quad\boldsymbol{Y}_p(k+1\mid k)=\begin{bmatrix}\Delta y(k+1\mid k)\\\Delta y(k+2\mid k)\\\vdots\\\Delta y(k+p\mid k)\end{bmatrix}_{p\times1},$$

$$\Delta\boldsymbol{U}(k)=\begin{bmatrix}\Delta u(k\mid k)\\\Delta u(k+1\mid k)\\\vdots\\\Delta u(k+m-1\mid k)\end{bmatrix}_{m\times1}$$

$\Delta\boldsymbol{X}(k+p|k)$ 与 $\boldsymbol{Y}(k+p|k)$ 可以由如下预测方程(7-377)计算

$$\Delta\boldsymbol{X}(k+p\mid k)=\begin{bmatrix}A\\A^{2}\\\vdots\\A^{p}\end{bmatrix}_{p\times1}\times\Delta x(k)+\begin{bmatrix}B&0&\cdots&0\\AB&B&\cdots&0\\\vdots&\vdots&\ddots&0\\A^{p-1}B&A^{p-2}B&\cdots&A^{p-m}B\end{bmatrix}_{p\times m}\times$$

$$\Delta\boldsymbol{U}(k)+\begin{bmatrix} H \\ AH \\ \vdots \\ A^{p-1}H \end{bmatrix}_{p\times 1}\times \Delta w(k)$$

$$\boldsymbol{Y}_p(k+1\mid k)=\boldsymbol{S}_x\Delta x(k)+\boldsymbol{S}_u\Delta\boldsymbol{U}(k)+\boldsymbol{S}_w\Delta w(k)+\boldsymbol{I}y(k) \tag{7-377}$$

其中，

$$\boldsymbol{S}_x=\begin{bmatrix} CA \\ \sum_{i=1}^{2}CA^{i} \\ \vdots \\ \sum_{i=1}^{p}CA^{i} \end{bmatrix}_{p\times 1},\quad \boldsymbol{S}_w=\begin{bmatrix} CH \\ \sum_{i=1}^{2}CA^{i-1}H \\ \vdots \\ \sum_{i=1}^{p}CA^{i-1}H \end{bmatrix}_{p\times 1},$$

$$\boldsymbol{S}_u=\begin{bmatrix} CB & 0 & 0 & \cdots & 0 \\ \sum_{i=1}^{2}CA^{i-1}B & CB & 0 & \cdots & 0 \\ \vdots & \vdots & \vdots & \ddots & \vdots \\ \sum_{i=1}^{m}CA^{i-1}B & \sum_{i=1}^{m-1}CA^{i-1}B & \cdots & \cdots & CB \\ \vdots & \vdots & \vdots & \ddots & \vdots \\ \sum_{i=1}^{p}CA^{i-1}B & \sum_{i=1}^{p-1}CA^{i-1}B & \cdots & \cdots & \sum_{i=1}^{p-m+1}CA^{i-1}B \end{bmatrix}_{p\times m}$$

2）滚动优化

目标函数的选取反映了系统对性能的要求，系统的模型预测是根据控制增量来决定的。如希望系统在未来 $n(p\geqslant n\geqslant m)$ 个时刻的输出值尽可能接近期望值且控制增量变化不剧烈，可采用下列目标函数：

$$J=\sum_{i=1}^{p}\|\Gamma_{y,i}(y(k+i\mid k)-r(k+i))\|^2+\sum_{i=1}^{m}\|\Gamma_{u,i}\Delta u(k+i-1)\|^2 \tag{7-378}$$

式中，$r(k+i),i=1,2,3,\cdots;p$ 为给定的参考输入序列；$\Gamma_{y,i}$ 是预测时刻 i 对预测控制输出误差的加权因子，$\Gamma_{u,i}$ 是预测时刻 i 对控制增量误差的加权因子。

$\Gamma_{y,i}$ 越大，表明期望对应的控制输出越接近给定的参考输出；$\Gamma_{u,i}$ 越大，表明期望对应的控制动作变化越小。在整个控制时域中，加权因子也可以不一样，即采用时变加权因子。

将式(7-378)写成矩阵向量形式为

$$\boldsymbol{J}=\|\boldsymbol{\Gamma}_y(\boldsymbol{Y}_p(k+1\mid k)-\boldsymbol{R}(k+i))\|^2+\|\boldsymbol{\Gamma}_u\Delta\boldsymbol{U}(k)\|^2 \tag{7-379}$$

式中，

$$\boldsymbol{\Gamma}_y=\mathrm{diag}(\Gamma_{y,1},\Gamma_{y,2},\cdots,\Gamma_{y,p}),$$
$$\boldsymbol{\Gamma}_u=\mathrm{diag}(\Gamma_{u,1},\Gamma_{u,2},\cdots,\Gamma_{u,m}),$$

预测输出序列 $\boldsymbol{Y}_p(k+1|k)$ 由式(7-377)给出。

参考轨迹的序列为

$$\boldsymbol{R}(k+1)=\begin{bmatrix} r(k+1) \\ r(k+2) \\ \vdots \\ r(k+p) \end{bmatrix} \tag{7-380}$$

为方便求解优化问题，定义辅助变量

$$\boldsymbol{\rho} \stackrel{\text{def}}{=} \begin{bmatrix} \boldsymbol{\Gamma}_y(\boldsymbol{Y}_p(k+1 \mid k)-\boldsymbol{R}(k+1)) \\ \boldsymbol{\Gamma}_u \Delta \boldsymbol{U}(k) \end{bmatrix} \tag{7-381}$$

则最优化准则(7-379)变为

$$\boldsymbol{J}=\boldsymbol{\rho}^{\mathrm{T}} \boldsymbol{\rho} \tag{7-382}$$

将预测方程(7-377)代入式(7-381)，得

$$\begin{aligned}
\boldsymbol{\rho} &= \begin{bmatrix} \boldsymbol{\Gamma}_y(\boldsymbol{S}_x \Delta x(k)+\boldsymbol{S}_u \Delta \boldsymbol{U}(k)+\boldsymbol{S}_w \Delta w(k)+\boldsymbol{I} y(k)-\boldsymbol{R}(k+1)) \\ \boldsymbol{\Gamma}_u \Delta \boldsymbol{U}(k) \end{bmatrix} \\
&= \begin{bmatrix} \boldsymbol{\Gamma}_y \boldsymbol{S}_u \\ \boldsymbol{\Gamma}_u \end{bmatrix} \Delta \boldsymbol{U}(k)-\begin{bmatrix} \boldsymbol{\Gamma}_y \overbrace{(\boldsymbol{R}(k+i)-\boldsymbol{S}_x \Delta x(k)-\boldsymbol{S}_w \Delta w(k)-\boldsymbol{I} y(k))}^{\boldsymbol{E}_p(k+1 \mid k)} \\ 0 \end{bmatrix} \\
&= \underbrace{\begin{bmatrix} \boldsymbol{\Gamma}_y \boldsymbol{S}_u \\ \boldsymbol{\Gamma}_u \end{bmatrix} \Delta \boldsymbol{U}(k)}_{Az}-\underbrace{\begin{bmatrix} \boldsymbol{\Gamma}_y \boldsymbol{E}_p(k+1 \mid k) \\ 0 \end{bmatrix}}_{b}=\boldsymbol{A z}-\boldsymbol{b}
\end{aligned} \tag{7-383}$$

式中，

$$\boldsymbol{z}=\Delta \boldsymbol{U}(k), \quad \boldsymbol{A}=\begin{bmatrix} \boldsymbol{\Gamma}_y \boldsymbol{S}_u \\ \boldsymbol{\Gamma}_u \end{bmatrix}, \quad \boldsymbol{b}=\begin{bmatrix} \boldsymbol{\Gamma}_y \boldsymbol{E}_p(k+1 \mid k) \\ 0 \end{bmatrix}$$

$$\boldsymbol{E}_p(k+1 \mid k)=\boldsymbol{R}(k+1)-\boldsymbol{S}_x \Delta x(k)-\boldsymbol{S}_w \Delta w(k)-\boldsymbol{I} y(k)$$

因此，预测控制的开环优化问题变为

$$\min_{z} \boldsymbol{\rho}^{\mathrm{T}} \boldsymbol{\rho}, \text{其中}, \boldsymbol{\rho}=\boldsymbol{A z}-\boldsymbol{b} \tag{7-384}$$

由 $\boldsymbol{\rho}^{\mathrm{T}} \boldsymbol{\rho}=(\boldsymbol{A z}-\boldsymbol{b})^{\mathrm{T}}(\boldsymbol{A z}-\boldsymbol{b})$ 的极值条件

$$\frac{\partial \boldsymbol{\rho}^{\mathrm{T}} \boldsymbol{\rho}}{\partial \boldsymbol{z}}=2\left(\frac{\partial \boldsymbol{\rho}}{\partial \boldsymbol{z}}\right)^{\mathrm{T}} \boldsymbol{\rho}=2 \boldsymbol{A}^{\mathrm{T}}(\boldsymbol{A z}-\boldsymbol{b})=0 \tag{7-385}$$

得极值解为

$$\boldsymbol{z}^*=(\boldsymbol{A}^{\mathrm{T}} \boldsymbol{A})^{-1} \boldsymbol{A}^{\mathrm{T}} \boldsymbol{b} \tag{7-386}$$

又由

$$\frac{\partial^2 \boldsymbol{\rho}^{\mathrm{T}} \boldsymbol{\rho}}{\partial^2 \boldsymbol{z}}=2 \boldsymbol{A}^{\mathrm{T}} \boldsymbol{A}>0 \tag{7-387}$$

可知式(7-386)是取得的最小值的解，将式(7-383)中 $\boldsymbol{z}=\Delta \boldsymbol{U}(k)$，$\boldsymbol{A}=\begin{bmatrix} \boldsymbol{\Gamma}_y \boldsymbol{S}_u \\ \boldsymbol{\Gamma}_u \end{bmatrix}$，$\boldsymbol{b}=\begin{bmatrix} \boldsymbol{\Gamma}_y \boldsymbol{E}_p(k+1 \mid k) \\ 0 \end{bmatrix}$ 代入可得优化问题的求解，即 k 时刻的最优控制序列为

$$\Delta \boldsymbol{U}^*(k)=(\boldsymbol{S}_u^{\mathrm{T}} \boldsymbol{\Gamma}_y^{\mathrm{T}} \boldsymbol{\Gamma}_y \boldsymbol{S}_u+\boldsymbol{\Gamma}_u^{\mathrm{T}} \boldsymbol{\Gamma}_u)^{-1} \boldsymbol{S}_u^{\mathrm{T}} \boldsymbol{\Gamma}_y^{\mathrm{T}} \boldsymbol{\Gamma}_y \boldsymbol{E}_p(k+1 \mid k) \tag{7-388}$$

可见，在采样时刻 k，根据该时刻的优化性能指标，求解自该时刻起有限时段的最优控制律，计算得到的控制作用序列也只有当前值是实际执行的，在 $k+1$ 采样时刻又重新求取最优控制序列。分析滚动优化过程可知，在每一采样时刻，优化性能指标只涉及从该时刻起到未来有限的优化时段，而到下一个采样时刻，这一优化时段会同时向前推移。优化过程并非一次离线完成，而是反复在线进行的。

3）反馈校正

用被控对象的实际输出与预测模型的预测输出构建模型预测误差，利用该误差来校正下一时刻的预测输出，来修正预测的不确定性。

7.10.2 基于模型预测反馈技术的救援车辆液压悬架系统控制方法

针对现有救援车辆的液压悬架系统存在作动器非线性、参数不确定性及对动力学模型依赖性较强等问题，本节提出了一种基于扩张状态观测器的模型预测控制方法[120]（ESO-MPC）。首先，通过车载惯性导航系统实时获取车辆位姿信息，并基于位姿偏差方法计算出各个液压作动器的输出位移量。其次，完成救援车辆液压悬架系统动力学建模，通过扩张状态观测器估计系统中的非线性扰动和未知输出信号。最后，通过基于扩张状态观测器的模型预测控制方法使每个液压作动器的输出在限制范围内对期望位移信号进行有效追踪。

1. 主动悬架系统动力学模型

本例引用 6.3.2 节中的九自由度整车悬架系统模型，且中间轴安装在车体质心处，即 $l_b=0$。忽略车身的垂向、俯仰和侧倾动力学中由弹簧和减振器物理参数变化、悬架部件的未建模摩擦力、悬架系统与底盘各子系统之间动力学耦合及外界干扰等因素的不确定性影响。

2. 车辆位姿偏差算法的构建

将图 6-11 所示的车辆动力学模型转化为液压作动器构成的整车悬架模型。将组合导航系统安装在车体质心处，假设当前时刻为 t，测得车身的垂向位移为 z_{a_t}，俯仰角为 θ_{a_t}，侧倾角为 φ_{a_t}；$t+1$ 时刻测得车身质心处的垂向位移为 $z_{a_{t+1}}$，俯仰角为 $\theta_{a_{t+1}}$，侧倾角为 $\varphi_{a_{t+1}}$，则车身质心处的位姿增量为：$\Delta z_a=z_{a_{t+1}}-z_{a_t}$，$\Delta\theta_a=\theta_{a_{t+1}}-\theta_{a_t}$，$\Delta\varphi_a=\varphi_{a_{t+1}}-\varphi_{a_t}$。为使车辆在行进过程中保证行驶平顺性，则在 $t+1$ 时刻以 $-\Delta z_a$、$-\Delta\theta_a$、$-\Delta\varphi_a$ 为位姿补偿量控制液压作动器，使车身位姿恢复至 t 时刻状态即可。根据几何关系可知，六个悬架单元的液压杆伸缩量为

$$\begin{cases} z_{s1}=\Delta z_a-l_a\sin(\Delta\theta_a)+\dfrac{a}{2}\sin(\Delta\varphi_a) \\ z_{s2}=\Delta z_a-l_a\sin(\Delta\theta_a)-\dfrac{a}{2}\sin(\Delta\varphi_a) \\ z_{s3}=\Delta z_a+\dfrac{a}{2}\sin(\Delta\varphi_a) \\ z_{s4}=\Delta z_a-\dfrac{a}{2}\sin(\Delta\varphi_a) \\ z_{s5}=\Delta z_a+l_c\sin(\Delta\theta_a)+\dfrac{a}{2}\sin(\Delta\varphi_a) \\ z_{s6}=\Delta z_a+l_c\sin(\Delta\theta_a)-\dfrac{a}{2}\sin(\Delta\varphi_a) \end{cases} \tag{7-389}$$

通过控制每个悬架单元中液压作动器的输出位移为 $z_{s1} \sim z_{s6}$，即可使车身的姿态保持平稳，从而提高车辆的行驶平顺性。

3. 液压系统动力学模型

本例引用 6.4 节的非对称式作动器控制系统模型，考虑液压动力学模型中的系统扰动等不确定性影响，将在系统处于平衡状态时建立的动力学方程改写为方程：

$$m\ddot{X} = p_1 A_1 - p_2 A_2 - B_m \dot{X} + g(t) \tag{7-390}$$

式中，B_m 为黏性阻尼系数，$g(t)$ 为液压动力学模型中的系统扰动。

考虑液压动力学模型中的扰动，将液压缸两腔的流量连续性方程式(6-107)和式(6-108)分别改写为：

$$\frac{V_1}{\beta_e}\dot{p}_1 = -A_1 \dot{X} - C_{ip}(p_1 - p_2) + Q_1 + w_1(t) \tag{7-391}$$

$$\frac{V_2}{\beta_e}\dot{p}_2 = A_2 \dot{X} + C_{ip}(p_1 - p_2) - Q_2 + w_2(t) \tag{7-392}$$

式中，$w_1(t)$、$w_2(t)$ 分别为液压动力学模型中的系统扰动。

对于高频率响应的电液伺服阀，假设控制信号 u 和伺服阀芯位移信号 x_v 成比例关系，即

$$x_v = k_v \cdot u \tag{7-393}$$

为了解决液压系统的非线性和参数不确定性问题，做如下假设：

假设 7.1　$w_1(t)$ 和 $w_2(t)$ 在时间域内是连续可导的，且参数 β_e 和 C_{ip} 变化所引起的误差项可以集成到扰动项 $w_1(t)$ 和 $w_2(t)$ 中。

基于假设 7.1 和式(6-94)～式(6-106)及式(7-390)～式(7-393)，选取状态变量 $\boldsymbol{X} = [X_1, X_2, X_3]^{\mathrm{T}} = [X, \dot{X}, \ddot{X}]^{\mathrm{T}}$，得到液压悬架系统的状态空间方程为

$$\begin{cases} \dot{X}_1 = X_2 \\ \dot{X}_2 = X_3 \\ \dot{X}_3 = \lambda_1 X_2 + \lambda_2 X_3 + \lambda_3 u + w(t) \end{cases} \tag{7-394}$$

其中，

$$\lambda_2 = -\frac{B_m}{m} - \frac{2\beta_e C_{ip}}{A_1 + A_2}\left(\frac{A_1}{V_1} + \frac{A_2}{V_2}\right),$$

$$\lambda_3 = \sqrt{\frac{2}{\rho}}\frac{\beta_e C_d \omega k_v}{m}\left(\frac{A_1}{V_1}T_1 + \frac{A_2}{V_2}T_2\right),$$

$$T_1 = \begin{cases} \mathrm{sgn}(p_s - p_1)\sqrt{|p_s - p_1|}, & x_v \geqslant 0, \\ \mathrm{sgn}(p_1)\sqrt{|p_1|}, & x_v < 0 \end{cases}$$

$$T_2 = \begin{cases} \mathrm{sgn}(p_2)\sqrt{|p_2|}, & x_v \geqslant 0, \\ \mathrm{sgn}(p_s - p_2)\sqrt{|p_s - p_2|}, & x_v < 0 \end{cases}$$

通过近似化表达 $(p_1 - p_2)(A_1 + A_2) \approx 2(A_1 p_1 - A_2 p_2)$，可得到：

$$\lambda_1=-\frac{\beta_e}{m}\left(\frac{A_1^2}{V_1}+\frac{A_2^2}{V_2}\right)-\frac{2\beta_e C_{ip}B_m}{m(A_1+A_2)}\left(\frac{A_1}{V_1}+\frac{A_2}{V_2}\right)$$

由近似化引起的误差同样集成到系统扰动 $w_1(t)$ 和 $w_2(t)$ 中，则系统的总扰动项为

$$w(t)=\frac{\dot{g}(t)}{m}+\frac{\beta_e C_{ip}g(t)}{m(A_1+A_2)}\left(\frac{A_1}{V_1}+\frac{A_2}{V_2}\right)+\frac{\beta_e}{m}\left(\frac{A_1}{V_1}w_1(t)+\frac{A_2}{V_2}w_2(t)\right) \tag{7-395}$$

4. 扩张状态观测器设计

本例通过 GPS 和 IMU 融合技术得到精准的车辆位姿信息，从而得到精准的垂向位移信号 $\boldsymbol{X}$。根据垂向位移信号设计扩张状态观测器，评估系统的 $\dot{\boldsymbol{X}}$、$\ddot{\boldsymbol{X}}$ 和未知扰动。

为实现上述目标，扩展系统的状态变量 $\boldsymbol{X}_4=f(\boldsymbol{X},w,t)=\lambda_1\boldsymbol{X}_2+\lambda_2\boldsymbol{X}_3+w(t)$，且定义 X_4 相对于时间 t 的导数为 $r(t)$。结合式(7-394)，建立状态空间方程：

$$\begin{cases}\dot{\boldsymbol{X}}(t)=\boldsymbol{A}\boldsymbol{X}(t)+\boldsymbol{B}\boldsymbol{U}(t)+\boldsymbol{d}(t)\\ \boldsymbol{Y}(t)=\boldsymbol{C}\boldsymbol{X}(t)\end{cases} \tag{7-396}$$

其中，

$$\boldsymbol{A}=\begin{bmatrix}0&1&0&0\\0&0&1&0\\0&0&0&1\\0&0&0&0\end{bmatrix},\quad \boldsymbol{B}=\begin{bmatrix}0\\0\\\lambda_3\\0\end{bmatrix},\quad \boldsymbol{C}=\begin{bmatrix}1\\0\\0\\0\end{bmatrix},\boldsymbol{d}(t)=\begin{bmatrix}0\\0\\0\\r(t)\end{bmatrix}$$

系统(7-394)和系统(7-396)为时间域内的连续系统，但车载传感器获取的数据是具有固定时间间隔的离散数据。

为设计状态观测器，对式(7-396)进行离散化：

$$\begin{cases}\boldsymbol{X}_m(k+1)=\boldsymbol{A}_{om}\boldsymbol{X}_m(k)+\boldsymbol{B}_{om}\boldsymbol{U}_m(k)+\boldsymbol{d}_{om}(k)\\ \boldsymbol{Y}_m(k)=\boldsymbol{C}_{om}\boldsymbol{X}_m(k)\end{cases} \tag{7-397}$$

其中，

$$\boldsymbol{A}_{om}=\begin{bmatrix}1&T&0&0\\0&1&T&0\\0&0&1&T\\0&0&0&1\end{bmatrix},\quad \boldsymbol{B}_{om}=\begin{bmatrix}0\\0\\T\lambda_3\\0\end{bmatrix},$$

$$\boldsymbol{d}_{om}(k)=[0\quad 0\quad 0\quad Tr(k)]^{\mathrm{T}},\quad \boldsymbol{C}_{om}=[1\quad 0\quad 0\quad 0]^{\mathrm{T}}$$

在设计扩张状态观测器前做如下假设：

假设 7.2 扩张状态 X_4 在时间域内是连续可导的。

假设 7.3 存在正定函数 $V(z)$、$W(z)$ 和正实数 λ_1、λ_2、λ_3、λ_4、β 满足不等式：

(1) $\lambda_1\|z\|\leqslant W(z)\leqslant\lambda_2\|z\|,\lambda_3\|z\|\leqslant V(z)\leqslant\lambda_4\|z\|$；

(2) $\sum\limits_{i=1}^{n}\frac{\partial V}{\partial z_i}(z_{i+1}-g_i(z_1))-\frac{\partial V}{\partial z_{n+1}}g_{n+1}(z_1)\leqslant -W(z)$；

(3) $\left\|\frac{\partial V}{\partial z}\right\|\leqslant\beta\|z\|$。

基于离散系统(7-397)建立扩张状态观测器：

$$\begin{aligned}
\hat{\boldsymbol{X}}_1(k+1) &= \hat{\boldsymbol{X}}_1(k) + T\left[\hat{\boldsymbol{X}}_2(k) + \delta^2 g_1\left(\frac{\boldsymbol{Y}_m(k) - \hat{\boldsymbol{X}}_1(k)}{\delta^3}\right)\right] \\
\hat{\boldsymbol{X}}_2(k+1) &= \hat{\boldsymbol{X}}_2(k) + T\left[\hat{\boldsymbol{X}}_3(k) + \delta g_2\left(\frac{\boldsymbol{Y}_m(k) - \hat{\boldsymbol{X}}_1(k)}{\delta^3}\right)\right] \\
\hat{\boldsymbol{X}}_3(k+1) &= \hat{\boldsymbol{X}}_3(k) + T\left[\hat{\boldsymbol{X}}_4(k) + g_3\left(\frac{\boldsymbol{Y}_m(k) - \hat{\boldsymbol{X}}_1(k)}{\delta^3}\right)\right] \\
\hat{\boldsymbol{X}}_4(k+1) &= \hat{\boldsymbol{X}}_4(k) + T\delta^{-1} g_4\left(\frac{\boldsymbol{Y}_m(k) - \hat{\boldsymbol{X}}_1(k)}{\delta^3}\right)
\end{aligned} \tag{7-398}$$

式中，$\hat{\boldsymbol{X}}_n(k+1)$表示第 n 个状态的观测器；$g_n(x)$表示观测函数；δ 表示观测器增益，通过调节其值可以改善观测器的动态追踪效果。

通过选取适当的时间间隔 T 和函数 $g_n(x)$且满足假设 7.2 和假设 7.3，则可以保证观测器是渐近稳定的，即满足

$$\lim \hat{\boldsymbol{X}}_i(k+1) - \boldsymbol{X}_i(k+1) = 0 \quad i = 1,2,3,4 \tag{7-399}$$

5. 模型预测控制器设计

模型预测控制器也需要离散模型，所以对式(7-394)进行离散化得到：

$$\begin{cases}\boldsymbol{X}(k+1) = \boldsymbol{A}_m\boldsymbol{X}(k) + \boldsymbol{B}_m\boldsymbol{U}(k) + \boldsymbol{d}_m(k) \\ \boldsymbol{Y}(k) = \boldsymbol{C}\boldsymbol{X}(k)\end{cases} \tag{7-400}$$

式中，

$$\boldsymbol{A}_m = \begin{bmatrix}1 & T & 0 \\ 0 & 1 & T \\ 0 & 0 & 1\end{bmatrix}, \quad \boldsymbol{B}_m = \begin{bmatrix}0 \\ 0 \\ T\lambda_3\end{bmatrix}, \quad \boldsymbol{d}_m(k) = \begin{bmatrix}0 \\ 0 \\ Tf(\boldsymbol{X}, w, t)\end{bmatrix}$$

为了设计模型预测控制器并减少静态误差，将式(7-400)改为增量模型：

$$\begin{cases}\Delta\boldsymbol{X}(k+1) = \boldsymbol{A}_m\Delta\boldsymbol{X}(k) + \boldsymbol{B}_m\Delta\boldsymbol{U}(k) + \Delta\boldsymbol{d}_m(k) \\ \Delta\boldsymbol{Y}(k) = \boldsymbol{C}\Delta\boldsymbol{X}(k)\end{cases} \tag{7-401}$$

其中，

$$\begin{aligned}
\Delta\boldsymbol{X}(k) &= \boldsymbol{X}(k) - \boldsymbol{X}(k-1) \\
\Delta\boldsymbol{U}(k) &= \boldsymbol{U}(k) - \boldsymbol{U}(k-1) \\
\Delta\boldsymbol{Y}(k) &= \boldsymbol{Y}(k) - \boldsymbol{Y}(k-1) \\
\Delta\boldsymbol{d}_m(k) &= \boldsymbol{d}_m(k) - \boldsymbol{d}_m(k-1)
\end{aligned}$$

式中，$\Delta\boldsymbol{X}(k)$、$\Delta\boldsymbol{U}(k)$、$\Delta\boldsymbol{d}_m(k)$和 $\Delta\boldsymbol{Y}(k)$分别为系统的状态增量、控制增量、扰动增量及输出增量。

根据模型预测控制原理，假设 k 时刻的测量值为初始条件，设定的预测时域为 p，控制时域为 n，且 $n \leqslant p$，则做如下假设：

假设 7.4　控制时域外，控制量保持不变，即 $\Delta\boldsymbol{U}(k+i)=0, i=n, n+1, \cdots, p-1$。

假设 7.5　系统扰动 $\boldsymbol{d}_m(k)$在 k 时刻之后保持不变，即 $\Delta\boldsymbol{d}_m(k+i)=0, i=1,2,\cdots, p-1$。基于假设 7.4，假设 7.5 及式(7-401)，定义预测状态向量、预测输出向量和控制输出向量：

$$\boldsymbol{X}_p(k+1 \mid k)=[\boldsymbol{X}(k+1 \mid k),\quad \boldsymbol{X}(k+2 \mid k),\cdots,\boldsymbol{X}(k+p \mid k)]^{\mathrm{T}}$$

$$\boldsymbol{Y}_p(k+1 \mid k)=\begin{bmatrix}\boldsymbol{Y}(k+1 \mid k)\\ \boldsymbol{Y}(k+2 \mid k)\\ \vdots \\ \boldsymbol{Y}(k+p \mid k)\end{bmatrix}_{p\times 1},\quad \Delta\boldsymbol{U}_p(k)=\begin{bmatrix}\Delta\boldsymbol{U}(k)\\ \Delta\boldsymbol{U}(k+1)\\ \vdots \\ \Delta\boldsymbol{U}(k+n-1)\end{bmatrix}_{n\times 1}$$

则得到系统状态预测矩阵的表达形式为

$$\Delta\boldsymbol{X}_p(k+1 \mid k)=\begin{bmatrix}\boldsymbol{A}_m\\ \boldsymbol{A}_m^2\\ \cdots \\ \boldsymbol{A}_m^p\end{bmatrix}\Delta\boldsymbol{X}(k)+\begin{bmatrix}1\\ \boldsymbol{A}_m^1\\ \cdots \\ \boldsymbol{A}_m^{p-1}\end{bmatrix}\Delta\boldsymbol{d}_m(k)+$$
$$\begin{bmatrix}\boldsymbol{B}_m & 0 & \cdots & 0\\ \boldsymbol{A}_m\boldsymbol{B}_m & \boldsymbol{B}_m & \cdots & 0\\ \vdots & \vdots & \ddots & \vdots\\ \boldsymbol{A}_m^{p-1}\boldsymbol{B}_m & \boldsymbol{A}_m^{p-2}\boldsymbol{B}_m & \cdots & \boldsymbol{A}_m^{p-n}\boldsymbol{B}_m\end{bmatrix}\Delta\boldsymbol{U}_p(k) \tag{7-402}$$

同理，得到系统的输出预测方程为

$$\boldsymbol{Y}_p(k+1 \mid k)=\boldsymbol{S}_x\Delta\boldsymbol{X}(k)+\boldsymbol{S}_z\Delta\boldsymbol{U}_p(k)+\boldsymbol{S}_o\Delta\boldsymbol{d}_m(k)+\boldsymbol{S}_y\boldsymbol{Y}(k) \tag{7-403}$$

联立式(7-398)和式(7-403)可得到基于状态观测器的输出：

$$\boldsymbol{Y}_p(k+1 \mid k)=\boldsymbol{S}_x\Delta\hat{\boldsymbol{X}}(k)+\boldsymbol{S}_z\Delta\boldsymbol{U}_p(k)+\boldsymbol{S}_y\boldsymbol{Y}(k)+\boldsymbol{S}_o\Delta\hat{\boldsymbol{X}}_4(k) \tag{7-404}$$

式中，$\boldsymbol{S}_x$、$\boldsymbol{S}_y$、$\boldsymbol{S}_z$ 和 $\boldsymbol{S}_o$ 为由矩阵 $\boldsymbol{A}_m$、$\boldsymbol{B}_m$ 和 $\boldsymbol{C}$ 组成的系数矩阵。

系统的输入向量通过最优控制函数计算：

$$\min\boldsymbol{J}_{\mathrm{MPC}}=\|\boldsymbol{R}(\boldsymbol{Y}_p(k+1 \mid k)-\boldsymbol{Y}_d(k+1))\|^2+\|\boldsymbol{P}\Delta\boldsymbol{U}_p(k)\|^2$$
$$\boldsymbol{U}_p(k)_{\min}\leqslant\boldsymbol{U}_p(k)\leqslant\boldsymbol{U}_p(k)_{\max}$$
$$\Delta\boldsymbol{U}_p(k)_{\min}\leqslant\Delta\boldsymbol{U}_p(k)\leqslant\Delta\boldsymbol{U}_p(k)_{\max}$$

式中，$\boldsymbol{R}$，$\boldsymbol{P}$ 是权重矩阵，$\boldsymbol{Y}_d(k+1)$为液压作动器期望位移输出。

根据滚动优化理论，控制器输出为

$$\Delta\boldsymbol{U}_p=\boldsymbol{\psi}\boldsymbol{S}_z^{\mathrm{T}}\boldsymbol{R}^{\mathrm{T}}\boldsymbol{R}\boldsymbol{E}_p(k+1 \mid k) \tag{7-405}$$

其中，

$$\boldsymbol{E}_p(k+1 \mid k)=\boldsymbol{Y}_{\mathrm{d}}(k+1)-\boldsymbol{S}_x\Delta\hat{\boldsymbol{X}}(k)-\boldsymbol{S}_y\boldsymbol{Y}(k)-\boldsymbol{S}_o\Delta\hat{\boldsymbol{X}}_4(k) \tag{7-406}$$

$$\boldsymbol{\psi}=(\boldsymbol{S}_z^{\mathrm{T}}\boldsymbol{R}^{\mathrm{T}}\boldsymbol{R}\boldsymbol{S}_z+\boldsymbol{P}^{\mathrm{T}}\boldsymbol{P})^{-1} \tag{7-407}$$

稳定性分析过程见文献[120]。

7.11 遗传算法

7.11.1 遗传算法概述

遗传算法(genetic algorithm，GA)最早由 John Holland 于 20 世纪 70 年代提出，该算

法是根据大自然中的生物体进化规律设计提出的，是一种基于生物界进化理论和生物遗传机制的随机搜索算法[119]，它的基本思想是模拟生物和人类的方法求解复杂的优化问题。达尔文的进化论认为生物种群并非一成不变，而是随着时间的推移，在自然选择的作用下逐渐发生变异和进化。有利的变异被保留并传递给后代，不利的变异则被淘汰。在某一环境中也是那些更能适应环境的个体特征能被保留下来，即适者生存。

遗传算法将问题看作群体中的个体并对其编码，模拟达尔文生物进化理论中自然界遗传和淘汰机制的繁殖、交叉及基因突变现象，根据目标适应度函数对后代评估，不断获得更优的群体，重复此过程，直到满足已设定的收敛指标为止。作为一种通用的优化算法，遗传算法具有编码和遗传操作简单、优化不受限制条件约束等优势，其并行性和全局搜索能力使其适用于各种应用领域的优化求解。

遗传算法作为一种全局优化算法，已成功应用于各种研究和工业领域，尤其是优化和控制领域，包括应用于主动悬架控制系统。20 世纪 90 年代末，Y. Tsao 等[120-122]提出使用遗传算法对主动悬架作动力的控制参数进行寻优控制。A. E. Baumal 等[123]利用遗传算法在五自由度半车模型中对主动悬架控制参数和被动机械参数进行了优化和选取。2008 年，Jiangtao Cao 等[124]针对现有的主动悬架遗传算法控制进行了详细的分析和对比，说明了遗传算法在主动悬架控制领域具有较大的应用潜力。2010 年，湖南大学的曾洁如等[125]设计了一种半主动悬架的模糊 PID 控制器，并利用遗传算法来优化模糊控制器的量化因子和 PID 整定公式的比例因子。2016 年，西安理工大学的陈英等[126]设计了车辆主动悬架系统的 LQG 控制器，重点研究了基于遗传算法对车辆控制器中各项性能评价指标加权系数的优化。2022 年，重庆大学的胡建军[127]等在设计主动悬架系统与车辆直接横摆力矩协调控制器中，利用遗传算法优化主动悬架系统 PI 控制器的参数，从而有效提升了车辆行驶的稳定性和安全性。

1. 遗传算法的基本概念和术语

遗传算法受到了自然界生物进化现象的启发，作为模拟生物进化的专门方法，它的一些基本术语源自遗传学，下面就遗传算法中使用的基本概念和术语加以说明。

(1) 染色体(chromosome)。染色体是遗传物质的主要载体，代表个体基因组成的数据结构。染色体在遗传算法中起着重要的作用，决定了个体的遗传信息和特征。

(2) 个体(individual)。染色体带有特征的实体称为个体。

(3) 种群(population)。染色体中带有特征的个体集合称为种群，个体是种群中的元素。

(4) 种群规模(population size)。在种群中个体的数量称为种群规模，也叫群体大小。

(5) 基因(gene)。基因又称遗传因子，是染色体中的一个元素，用以表示个体的特征。

(6) 基因型(genotype)。基因型又称遗传子型，是基因组合的模型，是性状染色体的内部表现。

(7) 表现型(phenotype)。根据基因型形成的个体，由染色体决定性状的外部表现称为表现型。

(8) 适应度(fitness)。个体对生存环境的适应程度称为适应度。

2. 遗传算法的基本原理

遗传算法是从代表问题可能潜在于解集中的任一种群开始的，初始种群由一定数目且带有染色体特征的个体组成。染色体作为遗传物质的主要载体，表示给定问题搜索空间的一个解点，所有问题解的信息包含在这个复杂而又微小的染色体中。染色体由多个基因编码组成，每个基因分别控制着个体的某个特征，这些基因组合决定了个体表现的各种性质和状态。

遗传算法的基本原理如图 7-48 所示。首先从实际问题参数集 $A_1, A_2, A_3, \cdots, A_n$ 开始编码，实现从表现型到基因型的映射。初始种群产生后，按照“适者生存”和“优胜劣汰”的原则，借助于自然遗传学的遗传算子进行选择、交叉和变异，产生出代表新解集的种群。每完成一次选择、交叉和变异后，经过解码操作，计算个体适应度值，并判断该次结果是否满足终止条件。若满足，则输出最佳个体，这样种群中的最佳个体就可以作为问题最优解 A 输出了；若不满足终止条件，则继续执行选择、交叉和变异操作，直至满足终止条件，输出最优解 A。这个过程将使种群类似自然进化一样，下一代种群比前一代更适应环境。

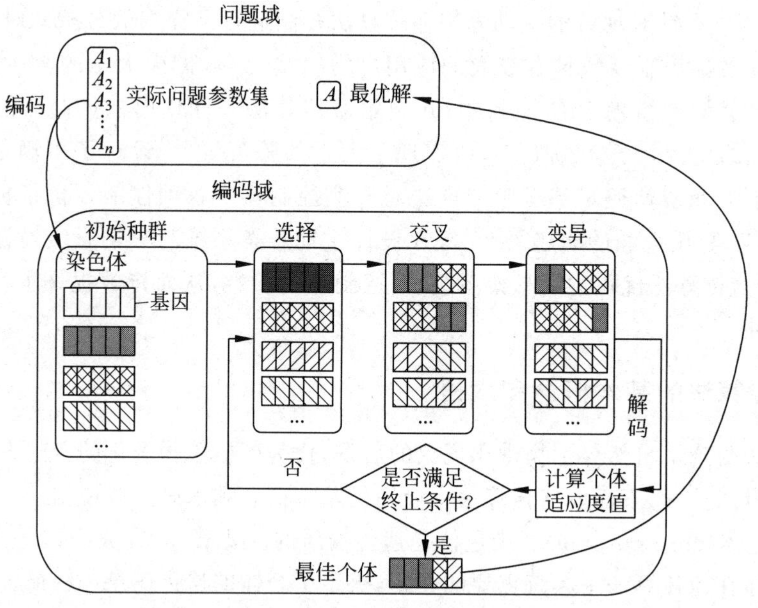

图 7-48 遗传算法运算原理图

3. 遗传算法的运算过程

1）编码

编码是指染色体中的基因在一个长链上按一定模式排列，即进行了遗传编码，其实质是从表现型到基因型的映射。

在利用遗传算法解决问题的过程中，首先需要对实际问题参数集进行编码。遗传算法在进行搜索之前先将表现型的解表示成遗传算法基因型的染色体结构数据，这些基因型中染色体结构数据的不同组合就构成了不同的基因。常见的编码方法有二进制编码、十进制编码、格雷编码、浮点数编码和实数编码等。

(1) 二进制编码。二进制编码是遗传算法中较为常用的编码方法，它使用的编码符号集由二进制符号“0”和“1”组成，所构成的表现型是一个二进制编码染色体，该二进制编码染色体的长度与问题所要求的求解精度有关。二进制编码首先需要确定实际问题参数集的具体求解范围，随后将实际问题参数集转化为二进制数，形成二进制编码染色体，再进行选择/复制、交叉、变异等遗传操作过程。

假设实际问题参数集的取值范围是$[U_{\min},U_{\max}]$，可用编码长度为 l 的二进制编码染色体表示该参数，则它总共能够产生 2^l 种不同的编码，若使参数编码时的对应关系如图 7-49 所示：

$000000\cdots0000=0 \rightarrow U_{\min}$

$000000\cdots0001=1 \rightarrow U_{\min}+\delta$

$000000\cdots0010=2 \rightarrow U_{\min}+2\delta$

$\vdots \qquad \vdots \qquad \vdots$

$111111\cdots1111=2^l-1 \rightarrow U_{\max}$

图 7-49　二进制编码过程

则二进制编码的编码精度为

$$\delta=\frac{U_{\max}-U_{\min}}{2^l-1} \tag{7-408}$$

二进制编码具有编码、解码简洁明了，交叉、变异易于程序实现等优点，但也存在着需要频繁编码/解码、计算量大、可能产生额外最优解等缺点，需要根据实际求解问题进行合理选用。

(2) 十进制编码。十进制编码将问题的解表示为一个实数，将解的每个分量都表示为一个十进制数，这个十进制数的范围通常是表现型的一个区间。假设最小化一个实数函数 $f(x)$，若实数变量 x 的取值范围是[0,10]，则具体编码过程为：

① 确定编码长度。根据实际问题要求确定每个十进制数可以表示的小数位数。例如，若使用三位小数，那么每个十进制数可以表示为 0.001 的倍数，将范围[0,10]划分成 10000 等分(0.000、0.001、0.002、…、9.998、9.999、10.000)，因此染色体编码长度为 5。

② 从表现型到基因型的映射。对于上述范围为[0,10]的实数变量 x，可以通过简单的线性映射将其映射为一个五位的十进制数，如实数值 3.14 可以映射为编码值 03140。再使用遗传算法对这些十进制数进行进化，以求解函数 $f(x)$的最小值。在进化过程中，需要进行选择/复制、交叉、变异等遗传操作，以保证进化的多样性和有效性。

十进制编码使用十进制数，具有简单易懂、直观简便、精度固定等优点，适用于各种数值范围的计数、计量或定量问题。然而，十进制编码仅限于整数表示，无法直接表示小数或分数，且每位数字都有固定的精度，无法表示超过 9 的数字。因此，如果问题需要涉及小数、分数、更高的精度或更大的数值范围，则需要考虑其他编码方式。

(3) 格雷编码。在传统的二进制编码中，相邻的两个解之间可能会产生很大的差异，从而降低进化效率。格雷编码作为二进制编码的一种变形，其连续的两个整数所对应的编码值之间仅有一个码位不同，可以提高进化效率。

假设有一个二进制编码为 $X=b_l b_{l-1}\cdots b_2 b_1$，其对应的格雷编码为

$$G=g_l g_{l-1}\cdots g_2 g_1 \tag{7-409}$$

式中，$g_l=b_l$，$g_i=b_{i+1}+b_i(i=l-1,l-2,\cdots,1)$。

将二进制码转换为格雷编码时，高位是完全相同的，下一位格雷编码是“1”或“0”取决于相邻两位二进制码是否相同，若不同则取“1”，若相同则取“0”。例如，$X=110110$ 转换成格

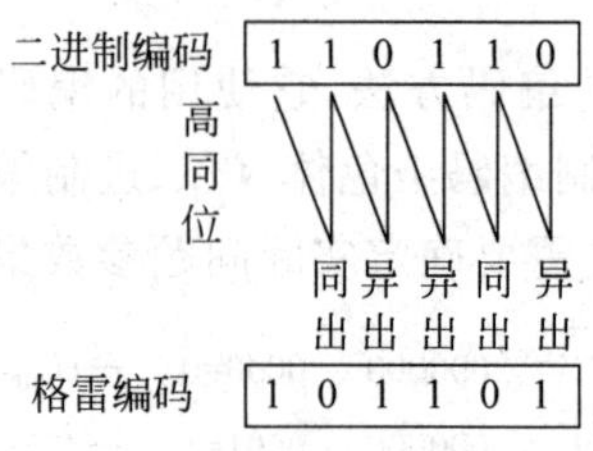

图 7-50 二进制编码转换为格雷编码

雷编码为 $G=101101$，其过程如图 7-50 所示。

格雷编码是一种二进制编码的变形，在遗传算法中常用于表示基因型，其特点是相邻两个解所对应的基因型只有一位二进制数不同，从而可以简化基因型转换、优化搜索空间，但全局搜索性能较差。

2）初始种群

遗传算法要对一定数目个体组成的群体进行遗传操作，一般用随机方法给种群赋初始值作为遗传算法的起始搜索点，而一定数目的个体就构成了种群规模 n。种群规模越大，种群的多样性就越丰富，降低了陷入局部收敛的可能性，但种群规模越大会导致每代群体的计算量增大，可能使收敛速度减慢；种群规模越小，则减小了可行解在搜索空间的分布范围，增大了"早熟"收敛的可能性。种群规模 n 通常取为 20～150，针对不同的问题要求，种群规模也会不同。通常采用如下选取原则：

（1）根据对问题的了解，设法把握最优解所占空间在整个问题空间的分布范围，然后在此范围内设定初始种群。

（2）先随机生成一定数目的个体，然后从中挑出最好的个体加到初始种群中，通过不断迭代这种过程，直至初始种群中的个体数达到预先确定的规模。

3）计算个体适应度值

在自然界中，个体的适应度即个体的繁殖能力，直接关系到后代的数量。在遗传算法中，通常将个体适应度值的大小作为衡量个体性能的指标。个体的适应度值越大，则该个体被选择遗传到下一代的概率就越大；反之，被遗传到下一代的概率越小。因此，个体适应度值是进化过程中优胜劣汰的主要性能指标。

适应度函数就是度量个体适应度值的函数。目标函数是用来衡量表现型中个体性能的函数，通常根据表现型中的具体要求和目标设定。一般情况下，适应度函数是由目标函数转换而来的。评价个体适应度值的基本过程为

（1）通过解码将个体由基因型转化为对应的表现型；

（2）根据个体的表现型计算出该个体的目标函数值；

（3）根据表现型的类型，将目标函数值转化为个体适应度函数值，从而求解出个体适应度值。

通常情况下，可以直接将待求的目标函数定义为遗传算法的适应度函数，能够直接反映表现型的最初求解目标。但这样也可能导致适应度值出现负值，对于进化计算中的某些选择/复制操作要求适应度值全部为正值的情况，就需要将所得到的原始适应度函数 J 经尺度变换，转换成标准适应度函数 J'，从而满足进化操作的要求。

（1）线性变换法，即

$$J'=\alpha \cdot J+\beta \tag{7-410}$$

式中，α、β 为转换系数。

（2）幂函数尺度变化法，即

$$J'=J^k \tag{7-411}$$

式中，k 与所求的优化问题有关。

(3) 指数尺度变换法,即

$$J'=e^{-\beta J} \tag{7-412}$$

4) 遗传操作

遗传操作模拟自然进化过程中生物基因遗传的操作过程,通过选择、交叉和变异等遗传操作的相互配合,保持遗传多样性,保留优秀基因,探索新的解,并最终收敛到最优解。遗传操作在遗传算法中具有极其重要的作用,是模拟自然进化过程的关键步骤。

(1) 选择。在遗传算法中,通常通过选择操作以一定的概率 p_r 从种群中选取若干个体进行复制,并插入下一代的新个体群体,因此选择操作又被称为复制操作。个体适应度值是该个体被选择或被淘汰的决定因素,具有较高适应度值的个体更有可能在下一代中产生一个或多个后代。显然,这个操作是模仿自然选择现象,将达尔文的适者生存理论应用于遗传算法中。

常用的选择方法有轮盘选择法、最优个体保存法、排序选择法等。

① 轮盘选择法。轮盘选择法也叫适应度比例复制法,是目前遗传算法中最基本、最常用的选择方法。在该方法中,个体被选择的概率和其适应度函数值成比例。采用轮盘选择法,则第 i 个个体 x_i 被选择的概率 p_r 为

$$p_r=J_i/\sum_{i=1}^{n}J_i \tag{7-413}$$

式中,n 为种群规模;J_i 为个体 x_i 的适应度函数值。

选择概率 p_r 反映了个体 x_i 的适应度值与群体适应度值的总和之比。个体适应度值越大,其被选择的概率就越高;反之,概率就越低。按式(7-413)计算出群体中各个个体的选择概率后,就可以确定哪些个体被选出了。

② 最佳个体保存法。最佳个体保存法的思想是把群体中适应度值最高的个体不进行配对交叉,而是直接复制到下一代中。采用这种方法在进化过程中,某一代的最优解可不被交叉和变异等操作所破坏,但也会使得局部最优个体的遗传基因急速增加而使进化可能限于局部解。该方法全局搜索能力较差,更适合单峰性质的空间搜索,而不是多峰性质的空间搜索,所以此方法一般与其他选择方法结合使用。

③ 排序选择法。排序选择法在计算每个个体的适应度值后,根据适应度值的大小顺序对群体中的个体排序,然后把事先设计好的概率表按序分配给个体,作为各自的选择概率。表 7-2 给出了排序选择法的案例,表中所有个体按适应度值大小排序,而选择概率和适应度值无直接关系,仅与排列的序号有关。

表 7-2　排序选择法案例

排序	个体	适应度值	选择概率	排序	个体	适应度值	选择概率
1	3	3.0	0.35	6	9	1.3	0.05
2	1	2.5	0.20	7	8	1.2	0.04
3	7	2.5	0.15	8	6	1.0	0.03
4	5	2.1	0.10	9	10	0.9	0.02
5	2	1.8	0.06	10	4	0.8	0.00

这种方法简单高效,有助于确保优秀个体传递到下一代中,但是不足之处在于选择的概

率和序号的关系需事先确定。此外，它和轮盘选择法一样都是基于概率的选择，所以仍有统计误差。

(2) 交叉。交叉又称为重组，是指两个染色体换组的操作。交叉的目的是将不同的基因组合在一起形成新的个体，从而增加种群的多样性。染色体随机地配对后得到父代，按照选定的交叉方式及确定的交叉概率 p_c，把父代的基因进行部分交换形成子代。交叉概率 p_c 越大，则实施交换的个体数目越多、个体更新越快，但优良个体被破坏得也越快。如果交换概率过低，则群体中新个体的增加率也要减小，使得搜索渠道变窄，这样既影响了收敛速度，也失去了遗传算法的优越性。通常交叉概率 p_c 取为 0.5～1.0。

对于不同的编码方式，交叉运算具有多种交叉方式，可以根据具体问题选定。下面以十进制编码为例说明混合交叉的运算。

当随机选择交换点后，将交换点以后的每对父代个体和母代个体的十进制数按以下方式产生新基因：

$$a_i = \alpha a_{i1} + (1-\alpha) a_{i2} \tag{7-414}$$

式中，a_i 表示新个体的第 i 个十进制数；a_{i1}，a_{i2} 表示父代两个个体的第 i 个十进制数；α 为区间[0,1]的随机数。

(3) 变异。染色体中的基因以一定的概率变化的操作称为变异。若染色体基因中某个或某几个位置上的等位基因从一种状态跳变到另一种状态(如 0 变为 1 或 1 变为 0)，则该基因发生了变异。变异的位置是随机的，如基因型 $a_1a_2\cdots a_ia_{i+1}\cdots a_l$ 中的 a_i 位置上变异为 b_i，则产生新的基因型 $a_1a_2\cdots b_ia_{i+1}\cdots a_l$。

变异需要根据具体问题设置合理的变异概率 p_m，以平衡多样性和收敛性之间的关系。太大的变异概率容易导致丢失最优解，也将使算法趋于纯粹的随机搜索；较小的变异概率可以降低群体中重要的、单一基因的丢失，而过小的概率可能会使遗传算法过早收敛于局部最优点。因此，变异概率 p_m 通常取为 0.001～0.100。对于不同的编码方式，变异操作具有多种变异方式，具体的变异方式可根据具体问题确定。

5) 解码

在完成遗传算子的基本操作后，还需要将遗传算法中的基因型数据向表现型数据转换，这个过程称为解码，又称为译码。

假设某个体采用的二进制编码为 X：$b_lb_{l-1}b_{l-2}\cdots b_2b_1$，则对应的解码公式为

$$x = U_{\min} + \sum_{i=1}^{l} b_i \cdot \frac{U_{\max} - U_{\min}}{2^l - 1} \tag{7-415}$$

6) 算法终止条件

算法终止条件是指遗传算法结束的条件，根据具体问题的差异，常见的算法终止条件如下：

(1) 如果目标函数的最优值(适应度最大值)是已知的，则某代群体中的最优值一旦出现就停止求解，相应的个体就是所求最优解。

(2) 遗传算法通过迭代搜索可以逐渐逼近最优解，但是不一定能达到最优解，达到事先确定的误差亦可满足算法终止条件，输出最终结果。

(3) 对于最优解适应度值未知的优化问题，可以依据专家经验进行判断，或对问题的期望提出一个理想的适应度值，一旦某代最优个体的适应度值超过了该理想值，即可终止运算。

(4) 可规定迭代次数,若当前迭代次数达到规定迭代次数时,即可终止运算。

(5) 可规定最小迭代次数,当迭代次数超过该值时,开始检查每代群体中最优个体适应度值的变化情况。一旦最优个体适应度值不再增长或增长非常缓慢,即可终止运算。

4. 遗传算法的特点

遗传算法具有较强的鲁棒性,这是因为比起普通的优化搜索方法,它采用了许多独特的方法和技术,归纳起来,主要有以下几个方面的特点:

(1) 遗传算法是对实际问题参数集的编码进行操作,而不是参数本身,此编码操作使得遗传算法可直接对结构对象进行操作。所谓结构对象泛指集合、序列、矩阵、树、图、链和表等各种一维或二维甚至三维结构形式的对象。这一特点,使得遗传算法具有广泛的应用领域。

(2) 许多传统搜索方法都是单点搜索算法,对于多峰分布问题常常会陷入局部的某个单峰最优解。相反,遗传算法同时处理群体中多个个体,即同时对多个解进行评估。因此,遗传算法更有利于搜索到全局最优解,也使得遗传算法本身十分易于并行化,可通过大规模并行计算来提高计算速度。

(3) 遗传算法基本上不用其他辅助信息,而是仅用适应度函数值来评估个体,并在此基础上进行遗传操作。遗传算法的适应度函数不但不受连续可微的约束,而且其定义域可以任意设定。

(4) 遗传算法并不采用确定性规则,而是采用概率的变迁规则来指导它的搜索方向。遗传算法采用概率仅仅是作为一种工具来引导其搜索过程朝着更优化的解移动,具有明确的搜索方向。

(5) 遗传算法计算简单,功能强,也便于计算机编程。但其更适于大规模复杂问题的优化求解,在解决简单问题的过程中,遗传算法的效率并不高。

7.11.2 基于遗传算法的主动悬架 PID 控制器设计

在悬架控制系统中,PID 控制器往往可以用来调节悬架弹性元件的刚度和阻尼参数,PID 控制器的控制原理简单、鲁棒性好、可靠性强,但其控制效果依赖于选取合适的控制参数。本小节基于遗传算法设计主动悬架 PID 控制器(GA-PID),通过遗传算法对 PID 控制器的参数进行优化调整[128],在提高寻优速度的同时,使得悬架系统具有更好的行驶稳定性和乘坐舒适性。

1. 主动悬架单元传递函数模型

本小节对车辆主动悬架单元模型进行控制器设计,如图 6-1(b)所示。

假设车辆行驶的悬架动位移初始状态均为零,模拟车轮经过一个凸起的路面情况。将式(6-6)的车辆悬架单元动力学模型,通过拉普拉斯变换表示为传递函数形式:

$$\begin{cases}(m_s s^2+c_d s+k_s)Z_s(s)-(c_d s+k_s)Z_u(s)=F(s)\\-(c_d s+k_s)Z_s(s)+[m_u s^2+(c_d+c_b)s+(k_s+k_t)]Z_u(s)=(c_b+k_t)Z_r(s)-F(s)\end{cases}\tag{7-416}$$

$$\begin{bmatrix} m_s s^2 + c_d s + k_s & -(c_d s + k_s) \\ -(c_d s + k_s) & m_u s^2 + (c_d + c_b)s + (k_s + k_t) \end{bmatrix} \begin{bmatrix} Z_s(s) \\ Z_u(s) \end{bmatrix} = \begin{bmatrix} F(s) \\ (c_b + k_t) Z_r(s) - F(s) \end{bmatrix} \tag{7-417}$$

$$\boldsymbol{A} = \begin{bmatrix} m_s s^2 + c_d s + k_s & -(c_d s + k_s) \\ -(c_d s + k_s) & m_u s^2 + (c_b + c_d)s + (k_t + k_s) \end{bmatrix} \tag{7-418}$$

$$\Delta = \mathrm{dec} \begin{bmatrix} m_s s^2 + c_d s + k_s & -(c_d s + k_s) \\ -(c_d s + k_s) & m_u s^2 + (c_b + c_d)s + (k_t + k_s) \end{bmatrix} \tag{7-419}$$

在式(7-416)中，传递函数中有一个输出 $z_s - z_u$ 及对应的输入 F 和 z_r。将式(7-419)进行整理变形可得

$$\begin{bmatrix} Z_s(s) \\ Z_r(s) \end{bmatrix} = \frac{1}{\Delta} \begin{bmatrix} m_u s^2 + c_b + k_t & c_d c_b s^2 + (c_d k_t + c_b k_s)s + k_s k_t \\ -m_s s^2 & m_s c_b s^3 + (m_s k_t + c_d c_b)s^2 + (c_d k_t + c_b k_s)s + k_s k_t \end{bmatrix} \begin{bmatrix} F(s) \\ Z_r(s) \end{bmatrix} \tag{7-420}$$

当只考虑控制输入 $F(s)$ 时，假定 $Z_r(s)=0$，可以得到传递函数 $G_1(s)$

$$G_1(s) = \frac{Z_s(s) - Z_u(s)}{F(s)} = \frac{(m_s + m_u)s^2 + c_d s + k_t}{\Delta} \tag{7-421}$$

当只考虑扰动输入 $Z_r(s)$ 时，假定 $F(s)=0$，可以得到传递函数 $G_2(s)$

$$G_2(s) = \frac{Z_s(s) - Z_u(s)}{Z_r(s)} = \frac{-m_s c_d s^3 - m_s k_t s^2}{\Delta} \tag{7-422}$$

为了有效改善车辆行驶的平顺性，在闭环控制系统中需要增加一个反馈控制器，从而改善系统的性能，闭环控制系统示意图如图 7-51 所示，图中 r 为该系统的目标输入，e 为反馈误差。

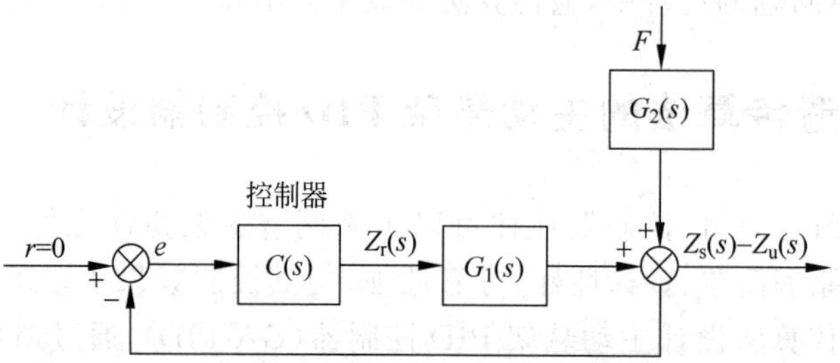

图 7-51 闭环控制系统示意图

2. 基于遗传算法的 PID 控制器设计

GA-PID 的控制原理是利用遗传算法对 PID 控制器的控制参数[k_p, k_i, k_d]进行寻优，使控制系统的性能最优。GA-PID 控制器参数优化的具体流程如图 7-52 所示。

1）编码和初始化种群

根据本例所选取的主动悬架系统模型参数，可以大致确定 PID 控制器参数[k_p, k_i, k_d]的范围，从而对控制器参数进行编码，编码后需要设定遗传算法的参数初值。

本例采用十进制编码方法。选取初始种群规模 $n=50$，每个个体可通过随机方法产生，

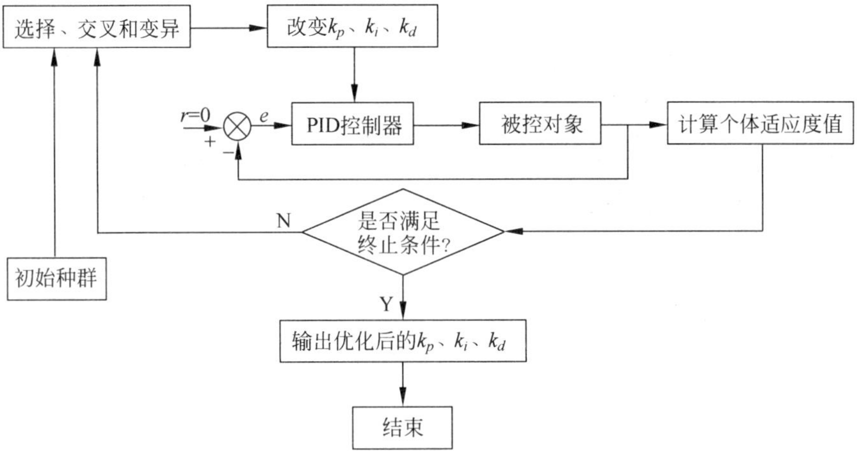

图 7-52　GA-PID 控制器参数优化流程图

种群初始染色体基因如图 7-53 所示。确定编码长度 $l=18$，其中参数$[k_p, k_i, k_d]$精确到个位数，每个参数占 6 位，通过计算机可以随机生成初始种群的 50 条染色体，完成从表现型到基因型的映射。

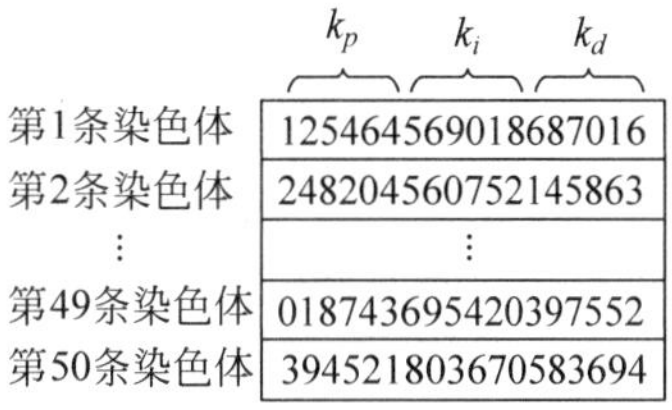

图 7-53　种群初始染色体基因

2) 计算个体适应度值

遗传算法中以个体适应度值的大小来评定各个体的优劣程度，从而决定其遗传机会的大小。对于一个闭环控制系统而言，动态性能指标有上升时间 t_r、峰值时间 t_p、调节时间 t_s 及超调量 $\sigma\%$，因此本节选取的适应度函数将综合考虑系统动态性能的各项指标，寻求最优参数，从而有效改善车辆行驶的平顺性。本节选取的适应度函数为

$$J=\int_0^{\infty}(\omega_1 t_r+\omega_2 t_p+\omega_3 t_s+\omega_4 \sigma)\,\mathrm{d}t \tag{7-423}$$

式中，ω_1、ω_2、ω_3、ω_4 为加权值，分别设置为 200、1000、1500、20000。

3) 遗传操作

本例中，适应度函数值越小，则个体适应度越好。因此本例采用排序选择方法，通过计算与适应度值成反比的概率来确定个体被复制到下一代群体中的数量。具体操作如下：

(1) 将每条基因译码成功后代入适应度函数 J 中，根据适应度函数值 J_i 对基因组进行升序排列，如图 7-54 所示。本例选取的染色体数目 $n=50$，经过重新排列后，第 i 条染色体被选择的概率 p_{ri} 定义为

$$p_{ri}=i/n \tag{7-424}$$

(2) 计算机随机生成一个 0～1 之间的随机数 p。

(3) 判断第 i 条染色体被选择的概率 p_{ri} 是否小于 p，若 $p_{ri}<p$，则选择留下该条染色体基因，反之则舍弃。

(4) 重复步骤(2)，继续判断第 $i+1$ 条染色体(当 $i>n$ 时，令 $i=1$)，直至留下的染色体数量等于种群初始数量。

交叉是遗传算法中产生新个体的主要操作过程，它以某一概率 p_c 进行染色体间的相互

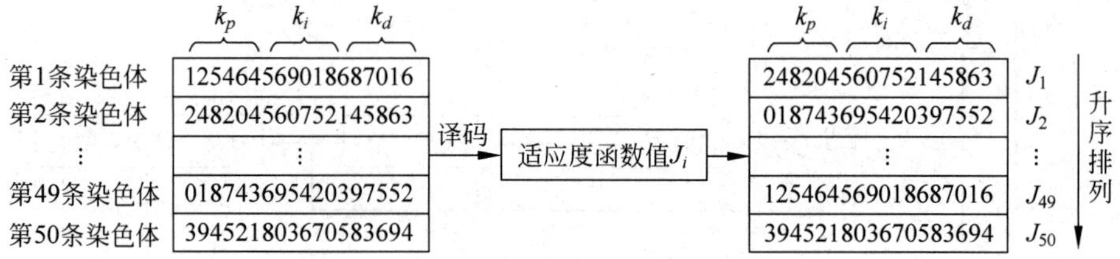

图 7-54 种群染色体重新排列示意图

交换,本例中的交叉过程如图 7-55 所示。

变异是对个体的某一个或某一些基因的基因值按某一较小概率 p_m 进行改变,本例中染色体的变异过程如图 7-56 所示。

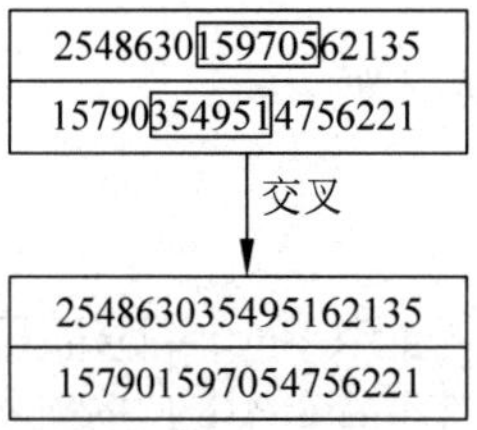

图 7-55 染色体交叉过程

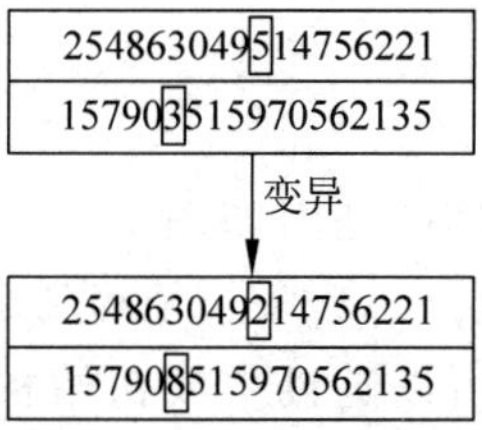

图 7-56 染色体变异过程

本节介绍的遗传算法首先设置初始种群并进行编码,然后进行选择、交叉、变异、解码,将求解出的 PID 三个参数输入控制器,根据图 7-52 所示控制器的输出量计算适应度函数值和个体被选择的概率,进而产生新个体,往复循环直到产生满足要求的优良个体。

4) 算法终止条件

经过上述遗传操作后,再对每条染色体进行译码操作,得到优化一次后的 PID 参数值 $[k_{p_1}, k_{i_1}, k_{d_1}]$,代入适应度函数式(7-423)中。本例选择的迭代次数为 10 次即可进行算法终止条件。

参考文献

[1] KARNOPP D C, CROBY M J, HARWOOD R A. Vibration control using semi-active force generators [J]. Journal of Engineering for Industry, 1974, 96(2): 619-626.

[2] KARNOPP D. Active damping in road vehicle suspension systems[J]. Vehicle System Dynamics, 1983, 12(6): 291-311.

[3] CAPONETTO R, DIAMANTE O, FARGIONE G, et al. A soft computing approach to fuzzy sky-hook control of semiactive suspension[J]. IEEE Transactions on Control Systems Technology, 2003, 11(6): 786-798.

[4] LI H, GOODALL R M. Linear and non-linear skyhook damping control laws for active railway suspensions[J]. Control Engineering Practice, 1999, 7(7): 843-850.

[5] HONG K S, SOHN H C, HEDRICK J K. Modified skyhook control of semi-active suspensions: a new model, gain scheduling, and hardware-in-the-loop tuning [J]. Journal of Dynamic Systems

Measurement and Control,2002,124(1): 158-167.
[6] 张孝良. 理想天棚阻尼的被动实现及其在车辆悬架中的应用[D]. 镇江: 江苏大学,2012.
[7] 郭孔辉,隋记魁,郭耀华. 基于天棚和地棚混合阻尼的高速车辆横向减振器半主动控制[J]. 振动与冲击,2013,32(2): 18-23.
[8] PRIYANDOKO G, MAILAH M, JAMALUDDIN H. Vehicle active suspension system using skyhook adaptive neuro active force control[J]. Mechanical Systems & Signal Processing, 2009, 23(3): 855-868.
[9] SAVAIA G, FORMENTIN S, PANZANI G, et al. Enhancing skyhook for semi-active suspension control via machine learning[J]. IFAC Journal of Systems and Control,2021,17: 100161.
[10] ZHANG X L, ZHU J, NIE J, et al. Analysis of inertance and damping double-skyhook control strategies for a semi-active device combining an adjustableinerter and damper[J]. Structural Control and Health Monitoring,2022,29(10): e3040.
[11] 张磊,张进秋,彭志召,等. 车辆半主动悬架改进型天棚阻尼控制算法[J]. 车辆工程,2015(8): 931-935.
[12] 李元鹏. 电液伺服控制主动悬架控制策略研究[D]. 长春: 吉林大学,2015.
[13] 雍炯敏,楼红卫. 最优控制理论简明教程[M]. 北京: 高等教育出版社,2006.
[14] 张锋. 线性二次型最优控制问题的研究[D]. 天津: 天津大学,2009.
[15] 刘豹. 现代控制理论[M]. 北京: 机械工业出版社,1983.
[16] ELMADANY M M, ABDULJABBAR Z S. Linear quadratic Gaussian control of a quarter-car suspension[J]. Vehicle System Dynamics, 1999, 32(6): 479-497.
[17] KRTOLICA R, HROVAT D. Optimal active suspension control based on a half-car model: An analytical solution[J]. IEEE Transactions on Automatic Control,1992,37(4): 528-532.
[18] HROVAT D. Optimal active suspensions for 3d vehicle models[C]//1991 American Control Conference. IEEE,1991: 1534-1541.
[19] 曹友强,罗虹,董红亮. 主动悬架最优控制性能函数的加权系数研究[J]. 系统仿真学报,2007,19(23): 4.
[20] 张国胜,方宗德,李爱民,等. 基于遗传算法的主动悬架最优控制方法研究[J]. 中国机械工程,2007,18(12): 5.
[21] SONG G, XU C. Stochastic optimal preview control of active vehicle suspension with time-delay consideration[J]. Transactions of the Chinese Society for Agricultural Machinery,2013,44(6): 1-7.
[22] MENG J, CHEN Q, HE R. Research on optimal control for the vehicle suspension based on the simulated annealing algorithm[J]. Journal of Applied Mathematics, 2014: 1-5.
[23] 金耀,于德介,陈中祥,等. 内分泌 LQR 控制策略及其主动悬架减振研究[J]. 振动与冲击,2016(35): 54.
[24] KOZEK M, SMOTER A, LALIK K. Neural-assisted synthesis of a linear quadratic controller for applications inactive suspension systems of wheeled vehicles[J]. Energies,2023,16(4): 1677.
[25] 张莲,胡小倩,彭涛,等. 现代控制理论[M]. 北京: 清华大学出版社,2016.
[26] 姜万录. 现代控制理论基础[M]. 北京: 化学工业出版社,2018.
[27] 兰波,喻凡,刘娇蛟. 主动悬架 LQG 控制器设计[J]. 系统仿真学报,2003,15(1): 138-140,153.
[28] 史明光,方敏,陈无畏. 基于 LMI 的四自由度车辆模型主动悬架 H_∞ 控制[J]. 合肥工业大学学报(自然科学版),2004,27(3): 237-241.
[29] 孙涛,喻凡,沈晓鸣. 基于频率整型 H_∞ 主动悬架控制研究[J]. 振动与冲击,2006,25(1): 146-149,158.
[30] SUN W, GAO H, KAYNAK O. Finite frequency H_∞ control for vehicle active suspension systems[J]. IEEE Transactions on Control Systems Technology,2011,19(2),416-422.

[31] HU M J, PARK J H, CHENG J. Robust fuzzy delayed sampled-data control for nonlinear active suspension systems with varying vehicle load and frequency-domain constraint [J]. Nonlinear Dynamics, 2021, 105(3), 2265-2281.

[32] 吴敏. 鲁棒控制理论[M]. 北京：高等教育出版社，2010.

[33] 刘树博. 基于新型优化算法的主动悬架鲁棒输出反馈控制研究[D]. 长春：吉林大学，2010.

[34] 刘树博，赵丁选，尚涛. 主动悬架非脆弱 H_2/广义 H_2 静态输出反馈最优控制[J]. 四川大学学报(工程科学版)，2011，43(1)：240-246.

[35] 韩曾晋. 自适应控制[M]. 北京：清华大学出版社，1995.

[36] 陈志林，金达锋，赵六奇. 汽车主动悬架系统的渐近稳定自适应控制[J]. 清华大学学报(自然科学版)，1997，17(12)：106-110.

[37] 孙建民，王芝秋，张新玉. 车辆主动悬架系统的 LMS 自适应控制[J]. 汽车工程，2003，25(4)：360-363.

[38] KARAMI M A. Active control of vehicle active suspension with preview, using a variable structure model reference adaptive controller[J]. International journal of vehicle autonomous systems, 2005, 3(2-4): 253-264.

[39] SUN W C, ZHAO Z L, GAO H J, Saturated adaptive robust control for active suspension systems [J]. IEEE Transactions on Industrial Electronics, 2013, 60(9): 3889-3896.

[40] HUA C H, CHEN J N, LI Y F, et al. Adaptive prescribed performance control of half-car active suspension system with unknown dead-zone input[J]. Mechanical Systems and Signal Processing, 2018, 111: 135-148.

[41] PANG H, ZHANG X, CHEN J, et al. Design of a coordinated adaptive backstepping tracking control for nonlinear uncertain active suspension system[J]. Applied Mathematical Modelling, 2019, 76: 479-494.

[42] SUN J W, ZHAO K. Adaptive neural network sliding mode control for active suspension systems with electrohydraulic actuator dynamics[J]. International Journal of Advanced Robotic Systems, 2020, 17(4): 1729-8814.

[43] SUHAIL S A, BAZAZ M A, HUSSAIN S. Adaptive sliding mode-based active disturbance rejection control for vehicle suspension control[J]. Proceedings of the Institution of Mechanical Engineers Part 1-Journal of Systems and Control Engineering, 2022, 236(8): 1523-1533.

[44] 董宁. 自适应控制[M]. 北京：北京理工大学出版社，2009.

[45] 杨承志，孙棣华，张长胜. 系统辨识与自适应控制[M]. 重庆：重庆大学出版社，2003.

[46] 高国琴. 微型计算机控制技术[M]. 北京：机械工业出版社，2019.

[47] 丁科，侯朝桢. 车辆主动悬架的自适应控制研究[J]. 北京理工大学学报，2001(6)：706-709.

[48] SUNWOO M, CHEOK K C, HUANG N J. Model reference adaptive control for vehicle active suspension systems[J]. IEEE Transactions on Industrial Electronics, 1991, 38: 217-222.

[49] IOANNOU P A, BALDI S. Robust adaptive control[M]. Boca Raton: CRC Press, 1996.

[50] SINGH V. A counterexample to a recent MKY type lemma concerning discrete-time systems stability[J]. IEEE Transactions on Circuits and Systems, 1985, 32: 207.

[51] IOANNOU P A, KOKOTOVIE P V. Instability analysis and improvement of robustness of adaptive control[J]. Automatica, 1984, 20: 583-594.

[52] KANELLAKOPOULOS I, KOTOVIC. Systematic design of adaptive controllers for feedback linearizable systems[J]. IEEE Transactions on Automatic Control, 1991, 36(11): 1241-1253.

[53] YAGIZ N, HACIOGLU Y. Backstepping control of a vehicle with active suspensions[J]. Control Engineering Practice, 2008, 16(12): 1457-1467.

[54] SUN W, GAO H, KAYNAK O. Adaptive backstepping control for active suspension systems with

hard constraints[J]. IEEE/ASME transactions on mechatronics,2012,18(3): 1072-1079.

[55] NKOMO L I, NYANDORO O T, DOVE A. Comparison of backstepping and sliding mode controltechiniques for a high performance active vehicle suspension system[J]. IFAC-PapersOnLine, 2017,50(1): 12604-12610.

[56] 王新. 考虑输入约束的半主动悬架系统控制研究[D]. 锦州: 辽宁工业大学,2018.

[57] GUO H, LIANG J. Adaptive back-stepping based control for active suspension systems with prescribed performance[C]//2021 40th Chinese Control Conference (CCC). IEEE,2021: 2121-2126.

[58] WONG P K,DENG M,ZHAO J,et al. Model reference backstepping control for semi-active air suspension systems with parameter uncertainty[J]. Proceedings of the Institution of Mechanical Engineers,Part D: Journal of Automobile Engineering,2023: 09544070231173168.

[59] YUENENG Y, YE Y. Backstepping sliding mode control for uncertain strict-feedback nonlinear systems using neural-network-based adaptive gain scheduling[J]. in Journal of Systems Engineering and Electronics,2018,29(3): 580-586.

[60] 刘强. 基于特种车辆的主动悬架分层控制策略研究[D]. 长春: 吉林大学,2019.

[61] 郑玲,邓兆祥,李以农. 车辆半主动悬架的滑模变结构控制[J]. 振动工程学报,2003(4): 69-74.

[62] DIXIT R K,BUCKNER G D. Sliding mode observation and control for semiactive vehicle suspensions [J]. Vehicle System Dynamics,2005,43(2): 83-105.

[63] SUNG K G, HAN Y M, LIM K H, et al. Discrete-time fuzzy sliding mode control for a vehicle suspension system featuring an electrorheological fluid damper[J]. Smart Materials and Structures, 2007,16(3): 798.

[64] LIU H,NONAMI K,HAGIWARA T. Active following fuzzy output feedback sliding mode control of real-vehicle semi-active suspensions[J]. Journal of Sound and Vibration,2008,314(1-2): 39-52.

[65] 韩卫沙,张京军. 基于滑模控制的半主动悬架系统仿真分析[J]. 西华大学学报(自然科学版),2011,30(2): 43-46.

[66] 梁军,庞辉,王建平,等. 车辆半主动悬架的模型参考滑模控制器设计与分析[J]. 机械科学与技术,2017,36(7): 1022-1028.

[67] 寇发荣,许家楠,刘大鹏,等. 电动静液压主动悬架双滑模控制研究[J]. 中国机械工程,2019,30(5): 542-548.

[68] 高坤明,郭宗和,于瑶瑶,等. 重型车辆主动悬架的滑模控制器设计及优化[J]. 山东理工大学学报(自然科学版),2020,34(4): 30-36.

[69] HO C M, TRAN D T, AHN K K. Adaptive sliding mode control based nonlinear disturbance observer for active suspension with pneumatic spring[J]. Journal of Sound and Vibration,2021,509.

[70] CHEN T,ZHENG M,ZHANG N,et al. Backstepping sliding mode control for an active hydraulically interconnected suspension[J]. Proceedings of the Institution of Mechanical Engineers, Part D: Journal of Automobile Engineering,2023: 09544070231158436.

[71] FENG Y,YU X H,MAN Z H. Non-singular terminal sliding mode control of rigid manipulators[J]. Automatica,2002,38(12): 2159-2167

[72] 刘金琨. 滑模变结构控制 MATLAB 仿真[M]. 北京: 清华大学出版社,2005.

[73] 陈云微. 基于滑模变结构控制的车辆半主动座椅悬架研究[D]. 哈尔滨: 东北林业大学,2012.

[74] 史舒麟. 基于量子遗传算法的整车主动悬架模糊滑模控制研究[D]. 长春: 吉林大学,2013.

[75] 韩畅铭. 三轴车辆主动悬架 RBF 滑模变结构控制方法与仿真研究[D]. 长春: 吉林大学,2018.

[76] 高为炳. 变结构控制的理论及设计方法[M]. 北京: 科学出版社,1996.

[77] 王丰尧. 滑模变结构控制[M]. 北京: 机械工业出版社,1995.

[78] 张嗣瀛,高立群. 现代控制理论[M]. 北京: 清华大学出版社,2006.

[79] 王维锐. 车辆悬架系统关键技术研究[D]. 杭州: 浙江大学,2007.

[80] SHI M, LIU X, SHI Y. Adaptive hydraulic active suspension control for traversing rough terrain [C]//Proceedings of the 10th World Congress on Intelligent Control and Automation. IEEE, 2012: 1130-1134.
[81] 白玉，桑楠. 车辆主动悬架舒适性的自抗扰控制[J]. 解放军理工大学学报(自然科学版)，2015，16(6)：575-581.
[82] 桑楠，魏民祥. 车辆主动前轮转向与主动悬架的自抗扰控制方法[J]. 南京理工大学学报，2017，41(2)：165-172.
[83] 王凯. 基于自适应遗传算法的整车主动悬架自抗扰控制研究[D]. 长春：吉林大学，2017.
[84] LU Y, WANG H, TIAN Y. Active disturbance rejection control for active suspension system of nonlinear full car [C]//2018 IEEE 7th Data Driven Control and Learning Systems Conference (DDCLS). IEEE, 2018: 724-729.
[85] MUHAMMED A, YAZAN D, GAVRILOV A. Reference governed ADRC approach to manage the handling-comfort contradiction in a full-vehicle suspension [J]. Transactions of the Institute of Measurement and Control, 2022, 44(14): 2693-2708.
[86] CHEN G, JIANG Y, TANG Y, et al. Revised adaptive active disturbance rejection sliding mode control strategy for vertical stability of active hydro-pneumatic suspension [J]. ISA transactions, 2023, 132: 490-507.
[87] 朱斌. 自抗扰控制入门[M]. 北京：北京航空航天大学出版社，2017.
[88] 韩京清. 自抗扰控制技术：估计补偿不确定因素的控制技术[M]. 北京：国防工业出版社，2008.
[89] 杜苗苗. 多轴应急救援车辆主动悬架系统的控制策略研究[D]. 长春：吉林大学，2021.
[90] ZADEH L A. Fuzzy sets[J]. Information and Control, 1965, 8(3): 338-356.
[91] ZADEH L A. The concept of a linguistic variable and its application to approximate reasoning—I[J]. Information Sciences, 1975, 8(3): 199-249.
[92] LIU S, HUANG Z. Automobile active suspension system with fuzzy control[J]. Journal of Central South University of Technology, 2004, 11(2): 206-209.
[93] SUN Y Q, ZHAO L F, XIANG W. A fuzzy logic controller for vehicle-active suspension systems[J]. Advanced Materials Research, 2013, 805-806.
[94] DU H, ZHANG N. Fuzzy control for nonlinear uncertain electrohydraulic active suspensions with input constraint[J]. IEEE Transactions Fuzzy Systems, 2009, 17(2): 343-356.
[95] LI H, LIU H, GAO H, et al. Reliable fuzzy control for active suspension systems with actuator delay and fault[J]. IEEE Transactions on Fuzzy Systems, 2012, 20(2): 342-357.
[96] BAO L, CHEN S, YU S. Research on active fault-tolerant control on active suspension of vehicle based on fuzzy PID control[C]. Chinese Automation Congress. IEEE, 2017: 20-22.
[97] ELIAS L J, FARIA F A, ARAUJO R F Q, et al. Robust static output feedback H_∞ control for uncertain takagi-sugeno fuzzy systems[J]. IEEE Transactions on Fuzzy Systems, 2022, 30(10): 4434-4446.
[98] ZHANG Z, DONG J. A new optimization control policy for fuzzy vehicle suspension systems under membership functions online learning[J]. IEEE Transactions on Systems, Man, and Cybernetics: Systems, 2022, 53(5): 3255-3266.
[99] 刘金琨. 智能控制[M]. 4版. 北京：电子工业出版社，2017.
[100] 刘哲. 主动悬架的控制策略与仿真研究[D]. 长春：吉林大学，2007.
[101] NARENDRA K S, PARTHASARATHY K. Identification and control of dynamical systems using neural networks[J]. IEEE Transactions on Neural Networks, 1990, 1(1): 4-27.
[102] MORAN A, NAGAI M. Optimal preview control of rear suspension using nonlinear neural networks[J]. Vehicle System Dynamics, 1993, 22(5-6): 321-334.

[103] MORAN A, NAGAI M. Optimal active control of nonlinear vehicle suspensions using neural networks[J]. JSME Int J Series III,1994,37(4): 707-718.

[104] WATANABE Y,SHARP R S. Neural network learning control of automotive active suspension systems[J]. International Journal of Vehicle Design,1999,21 (2/3): 124-147.

[105] 陈龙,江浩斌,周孔亢. 半主动悬架系统设计及控制[J]. 机械工程学报,2005,41(5): 137-141.

[106] LI Y,WANG T,LIU W,et al. Neural network adaptive output-feedback optimal control for active suspension systems[J]. IEEE Transactions on Systems, Man, and Cybernetics: Systems, 2021, 52(6): 4021-4032.

[107] ISSAM D, ANIS H, NOUREDDINE B Y. Control of an active suspension system based on long short-term memory learning[J]. Advances in Mechanical Engineering 15(2): 1-12.

[108] 李国勇,杨丽娟. 神经 · 模糊 · 预测控制及其 MATLAB 实现[M]. 3 版. 北京: 电子工业出版社,2013.

[109] 易继锴,侯媛彬. 智能控制技术[M]. 北京: 北京工业大学出版社,1999.

[110] 王辉,朱思洪. 半主动空气悬架神经网络的自适应控制[J]. 农业机械学报,2006(1): 28-31.

[111] CHO B K. Active suspension controller design using MPC with preview information[J]. Ksme Int J,1999,13(2): 168-174.

[112] MEHRA R K,AMIN J N,HEDRICK K J,et al. Active suspension using preview information and model predictive control[C]//Proceedings of the 1997 IEEE international conference on control applications. IEEE,1997: 860-865.

[113] GOPALASAMY S, OSORIO C, HEDRICK J K, et al. Model predictive control for active suspensions controller design and experimental study[C]. ASME DSCC. 1997: 725-733.

[114] DONAHUE M D. Implementation of an active suspension,Preview controller for improved ride comfort[D]. Department of Mechanical Engineering,University of California at Berkeley,1998.

[115] CANALE M, MILANESE M, NOVARA C. Semi-active suspension control using fast model-predictive techniques[J]. IEEE Transactions on Control Systems Technology, 2006, 14 (6): 1034-1046.

[116] GÖHRLE C,SCHINDLER A,WAGNER A,et al. Design and vehicle implementation of preview active suspension controllers[J]. IEEE Transactions on Control Systems Technology,2013,22(3): 1135-1142.

[117] AHMED M M,SVARICEK F. Preview optimal control of vehicle semi-active suspension based on partitioning of chassis acceleration and tire load spectra[C]//2014 European Control Conference (ECC). IEEE,2014: 1669-1674.

[118] THEUNISSEN J,SORNIOTTI A,GRUBER P,et al. Regionless explicit model predictive control of active suspension systems with preview[J]. IEEE Transactions on Industrial Electronics, 2019, 67(6): 4877-4888.

[119] YU S, GUO J, XU M, et al. Road preview MPC of semi-active suspension with magneto-rheological damper[J]. International Journal of Robust and Nonlinear Control, 2023,40: 1-24.

[120] 李文航,倪涛,赵丁选,等. 基于模型预测反馈技术的救援车辆液压悬架系统控制方法[J]. 吉林大学学报(工学版),2024,54(3): 610-619.

[121] 郑书泉. 工业智能技术与应用[M]. 上海: 上海科学技术出版社,2019.

[122] TSAO Y,CHEN R. Force control for active suspension design with a half car model by using genetic algorithms[J]. Proc 4th Int. Symp. AVEC, Nagoya, Japan, 1998: 243-248.

[123] BAUMAL A E, MCPHEEJ J, CALAMAI P H. Application of genetic algorithms to the design optimization of an active vehicle suspension system[J]. Comput. Methods Appl. Mech. Eng., 1998(9): 87-94.

[124] CAO J,LIU H,LI P,et al. State of the art in vehicle active suspension adaptive control systems based on intelligent methodologies[J]. IEEE Transactions on Intelligent Transportation Systems, 2008,9(3): 392-405.

[125] 曾洁如,谷正气,李伟平,等. 基于遗传算法的半主动悬架模糊 PID 控制研究[J]. 车辆工程,2010, 32(5): 429-433.

[126] 陈英,庞辉,陈嘉楠,等. 基于遗传算法的主动悬架 LQG 控制器设计[C]//中国车辆工程学会. 2016 中国车辆工程学会年会论文集. 北京: 机械工业出版社,2016.

[127] HU J,LIU Y,XIAO F,et al. Coordinated control of active suspension and DYC for four-wheel independent drive electric vehicles based on stability[J]. Applied Sciences,2022,12(22): 11768.

[128] 王沛元. 基于遗传算法优化 PID 参数的风电机组独立变桨控制[D]. 长沙: 湖南大学,2018.

第 8 章

主动悬架控制算法的综合运用

8.1 非线性主动悬架自适应鲁棒控制

目前，大多数研究主动悬架控制系统的文献集中在主环控制器的设计上，即找出能够有效抑制悬架系统振动的理想控制力。这些研究中都忽略了作动器复杂动力学，视其为理想的力发生器。电液作动器作为主动悬架系统中最广泛使用的作动器之一，受到高度非线性和不确定性的影响，复杂的动态特性使其难以实现所需的控制规律。忽视作动器的动态特性将导致理论研究和实际应用之间的巨大差距。

本节提出了一种用于非对称电液作动器的 1/4 车主动悬架系统的双 ARC（adaptive robust control）控制器，控制器的结构如图 8-1 所示。充分考虑主动悬架系统的非线性和参数不确定性及电液作动器的非线性动力学的影响，如流体流量和压力差之间的非线性函数，

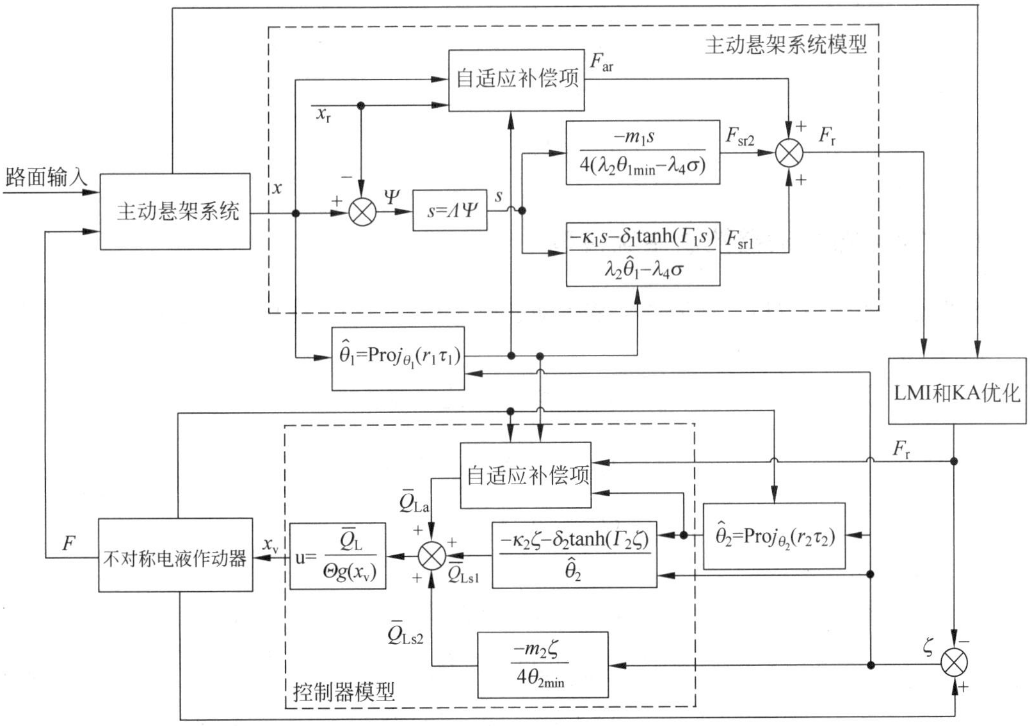

图 8-1　双 ARC 控制方案

阀门开启方向变化引起的不连续非线性。此外，还将考虑电液系统中的一些参数（如液压油的体积模量、液压缸的原始控制量）具有的不确定性。

8.1.1 模型构建

1. 非线性悬架单元模型

本节采用的非线性悬架单元模型参照6.1.2节中的主动悬架单元模型，不同的是，本节忽略了轮胎的阻尼力 F_b。

考虑到弹簧和阻尼器的非线性特性，非线性部分为

$$\begin{cases} F_{sn}=k_2(z_s-z_u)^3 \\ F_{dn}=c_2(\dot{z}_s-\dot{z}_u)^2 \end{cases} \tag{8-1}$$

式中，k_2 和 c_2 为弹簧和阻尼器的非线性刚度和阻尼系数。

定义状态变量：

$$\boldsymbol{x}=[x_1 \quad x_2 \quad x_3 \quad x_4]^{\mathrm{T}}=[z_s \quad \dot{z}_s \quad z_u \quad \dot{z}_u]^{\mathrm{T}}$$

根据式(8-1)悬架单元模型可表示为

$$\begin{cases} \dot{x}_1=x_2 \\ \dot{x}_2=\theta_1[-k_s(x_1-x_3)-c_d(x_2-x_4)-F_{sn}-F_{dn}+F] \\ \dot{x}_3=x_4 \\ \dot{x}_4=\sigma[k_s(x_1-x_3)+c_d(x_2-x_4)+F_{sn}+F_{dn}-F-k_t(x_3-z_r)] \end{cases} \tag{8-2}$$

式中，

$$\theta_1=\frac{1}{m_s}, \quad \sigma=\frac{1}{m_u}$$

2. 主动悬架作动器控制系统模型

本节使用的作动器模型参照6.4节主动悬架作动器控制系统模型。为了后续控制器的设计，对模型进行如下改动：

(1) 忽略液压缸的泄漏流量和弹性流体，得到连续流量方程

$$\begin{cases} Q_1 \approx A_1\dot{X}\operatorname{sgn}(\dot{X}) \\ Q_2 \approx A_2\dot{X}\operatorname{sgn}(\dot{X}) \end{cases} \tag{8-3}$$

又因为

$$F=p_1A_1-p_2A_2 \tag{8-4}$$

$$Q_L=\frac{Q_1+Q_2}{2} \tag{8-5}$$

根据式(6-96)、式(6-97)、式(6-103)、式(6-104)、式(8-3)、式(8-4)和式(8-5)得到

$$Q_L=\bar{Q}_L\operatorname{sgn}(\dot{X})=\Theta g(x_v)x_v\operatorname{sgn}(\dot{X}) \tag{8-6}$$

式中，

$$\Theta = C_d\omega\sqrt{\frac{2}{\rho(A_1^3+A_2^3)}}\cdot\frac{A_1+A_2}{2}$$

$$g(x_v)=\sqrt{\frac{A_1+A_2}{2}P_s-\left(\frac{A_2-A_1}{2}p_s+A_1p_L\right)\text{sgn}(x_v)}$$

(2) 将负载流量方程写成

$$Q_L=\left[\frac{A_1+A_2}{2}\dot{X}+C_{ie}(p_1-p_2)+\left(\frac{V_1}{2\beta}\dot{p}_1-\frac{V_2}{2\beta}\dot{p}_2\right)\right]\text{sgn}(\dot{X}) \tag{8-7}$$

式中，$C_{ie}=C_{ip}+C_{ep}/2$ 为总泄漏系数。

定义 $p_L=F/A_1$，用 p_L 和 p_s 替换 p_1 和 p_2，可以得到

$$Q_L=\left(\eta_1\dot{X}+\eta_2F+\eta_3+\frac{\dot{F}}{\theta_2}\right)\text{sgn}(\dot{X}) \tag{8-8}$$

式中，

$$\theta_2=\frac{2(A_1^3+A_2^3)\beta_e}{V_{01}A_1^2+V_{02}A_2^2+(A_1^3-A_2^3)X},\quad \eta_1=\frac{A_1+A_2}{2},\quad \eta_2=\frac{C_{ie}(A_1^2+A_2^2)}{A_1^3+A_2^3}$$

$$\eta_3=\frac{C_{ie}P_s(A_2-A_1)h}{A_1^3+A_2^3},\quad h=\frac{A_1^2+A_2^2}{2}+\frac{A_2^2-A_1^2}{2}\text{sgn}(x_v)$$

根据式(8-6)和式(8-8)得到

$$\dot{F}=\theta_2(-\eta_1\dot{X}-\eta_2F-\eta_3+\bar{Q}_L) \tag{8-9}$$

再令 $A_1=A_2=A_r$，$V_{01}=V_{02}=\dfrac{V_t}{2}$，则式(8-9)可以写为

$$\dot{F}=\frac{4\beta_eA_r}{V_t}\left[-A_r(\dot{z}_s-\dot{z}_u)-C_{ie}\frac{F}{A_r}+\bar{Q}_L\right] \tag{8-10}$$

式中，V_t 为作动器的总容积。其中，

$$\bar{Q}_L=C_d\omega\sqrt{\frac{p_s-p_L\text{sgn}(x_v)}{\rho}}$$

8.1.2　ARC 控制器设计

1. 主环 ARC 控制器设计

在设计主回路系统 ARC 控制器时，不考虑执行器动力学，得到一个所需的 ARC 控制力 F_r 以稳定车身的垂直运动，同时提高乘坐舒适性。假设簧载质量和非簧载质量的理想轨迹都为零，即 x_{1r}、x_{2r}、x_{3r}、x_{4r} 都为 0，此时悬架处于最佳状态。

设轨迹跟踪误差为：$\boldsymbol{\Psi}=[e_1\quad e_2\quad e_3\quad e_4]^T=[x_1-x_{1r}\quad x_2-x_{2r}\quad x_3-x_{3r}\quad x_4-x_{4r}]^T$

设函数 s 是由跟踪误差变量 e_1、e_2、e_3 和 e_4 定义的

$$s=\boldsymbol{\Lambda\Psi} \tag{8-11}$$

式中，$\boldsymbol{\Lambda}=[\lambda_1\quad\lambda_2\quad\lambda_3\quad\lambda_4]$ 并且 $\lambda_i>0(i=1,2,3,4)$。

根据系统(8-2)中的非线性和不确定动力学对函数 s 进行微分

$$\begin{aligned}\dot{s}&=\lambda_1(\dot{x}_1-\dot{x}_{1r})+\lambda_2(\dot{x}_2-\dot{x}_{2r})+\lambda_3(\dot{x}_3-\dot{x}_{3r})+\lambda_4(\dot{x}_4-\dot{x}_{4r})\\&=\lambda_1(x_2-x_{2r})+\lambda_3(x_4-x_{4r})-\lambda_2\dot{x}_{2r}-\lambda_4\dot{x}_{4r}+\\&\quad\lambda_2(\hat{\theta}_1+\tilde{\theta}_1)[-k_s(x_1-x_3)-c_d(x_2-x_4)-F_{sn}-F_{dn}+F]+\\&\quad\lambda_4\sigma[k_s(x_1-x_3)+c_d(x_2-x_4)+F_{sn}+F_{dn}-F-k_t(x_3-z_r)]\end{aligned}\tag{8-12}$$

式中，$\hat{\theta}_1$ 是不确定参数 θ_1 的估计值，$\tilde{\theta}_1$ 定义为不确定参数 θ_1 和其估计值 $\hat{\theta}_1$ 的差，即 $\tilde{\theta}_1=\theta_1-\hat{\theta}_1$。其自适应更新定律将在 8.1.3 节介绍。

根据式(8-12)参数适应自适应模型补偿项设计为

$$\begin{aligned}F_{ar}&=k_s(x_1-x_3)+c_d(x_2-x_4)+F_{sn}+F_{dn}+\frac{1}{\lambda_2\hat{\theta}_1-\lambda_4\sigma}[-\lambda_1(x_2-x_{2r})-\\&\quad\lambda_3(x_4-x_{4r})+\lambda_2\dot{x}_{2r}+\lambda_4\dot{x}_{4r}+\lambda_4\sigma k_t x_3]\end{aligned}\tag{8-13}$$

针对不确定参数和路面扰动带来的影响，建立一个鲁棒项 F_{sr}，于是 $F_r=F_{ar}+F_{sr}$，其中 $F_{sr}=F_{sr1}+F_{sr2}$。

选择 Lyapunov 函数

$$V_1=\frac{1}{2}s^2\tag{8-14}$$

根据式(8-12)和式(8-13)有

$$\dot{V}_1=s\left\{(\lambda_2\hat{\theta}_1-\lambda_4\sigma)F_{sr}+\lambda_4\sigma k_t z_r+\lambda_2\tilde{\theta}_1[-k_s(x_1-x_3)-c_d(x_2-x_4)-F_{sn}-F_{dn}+F_r]\right\}\tag{8-15}$$

设抗路面干扰的鲁棒项为

$$F_{sr1}=\frac{1}{\lambda_2\hat{\theta}_1-\lambda_4\sigma}[-\kappa_1 s-\delta_1\tanh(\Gamma_1 s)],(|\lambda_4\sigma k_t z_r|<\delta_1)\tag{8-16}$$

式中，κ_1 是一个正可调参数，$\tanh(\Gamma_1 s)$是一个可微函数，可以通过将 Γ_1 设置为更大的值，使其接近 $\mathrm{sgn}(s)$。

通过将 F_{sr1} 代入式(8-15)得到 V_1 的时间导数：

$$\begin{aligned}\dot{V}_1&=s\{-\kappa_1 s-\delta_1\tanh(\Gamma_1 s)+\lambda_4\sigma k_t z_r+(\lambda_2\hat{\theta}_1-\lambda_4\sigma)F_{sr2}+\\&\quad\lambda_2\tilde{\theta}_1[-k_s(x_1-x_3)-c_d(x_2-x_4)-F_{sn}-F_{dn}+F_r]\}\leqslant s\{-\kappa_1 s+\\&\quad(\lambda_2\hat{\theta}_1-\lambda_4\sigma)F_{sr2}+\lambda_2\tilde{\theta}_1[-k_s(x_1-x_3)-c_d(x_2-x_4)-F_{sn}-F_{dn}+F_r]\}\end{aligned}\tag{8-17}$$

为了使鲁棒控制律 F_{sr2} 满足以下条件：

$$\begin{cases}s\{(\lambda_2\hat{\theta}_1-\lambda_4\sigma)F_{sr2}+\lambda_2\tilde{\theta}_1[-k_s(x_1-x_3)-c_d(x_2-x_4)-F_{sn}-F_{dn}+F_r]\}\leqslant\varepsilon_1\\s(\lambda_2\hat{\theta}_1-\lambda_4\sigma)F_{sr2}\leqslant 0\end{cases}\tag{8-18}$$

式中，ε_1 是一个任意小的正数，控制 λ_2 和 λ_4 使 $\lambda_2\hat{\theta}_1-\lambda_4\sigma>0$ 成立。

令

$$F_{sr2}=-\frac{1}{4(\lambda_2\theta_{1\min}-\lambda_4\sigma)}m_1 s\tag{8-19}$$

式中，m_1 可以是任何光滑函数，满足：

$$m_1 \geqslant \frac{1}{\varepsilon_1}(\theta_{1\max}-\theta_{1\min})^2\lambda_2^2[-k_s(x_1-x_3)-c_d(x_2-x_4)-F_{sn}-F_{dn}+F_{ar}+F_{sr1}]^2$$

根据鲁棒控制律 F_{sr2} 和式(8-17)可以得到：

$$\begin{aligned}\dot{V}_1 &\leqslant s\left\{-\kappa_1 s-\frac{\lambda_2\hat{\theta}_1-\lambda_4\sigma}{4(\lambda_2\theta_{1\min}-\lambda_4\sigma)}m_1 s+\lambda_2\tilde{\theta}_1[-k_s(x_1-x_3)-c_d(x_2-x_4)-F_{sn}-F_{dn}+F_r]\right\}\\ &\leqslant -\kappa_1 s^2+\varepsilon_1=-2\kappa_1 V_1+\varepsilon_1\end{aligned} \tag{8-20}$$

即

$$V_1(t)\leqslant V_1(0)\mathrm{e}^{-2\kappa_1 t}+\frac{\varepsilon_1}{2\kappa_1}(1-\mathrm{e}^{-2\kappa_1 t}) \tag{8-21}$$

不等式(8-21)表示所有状态轨迹跟踪误差 e_1、e_2、e_3 和 e_4 将在 $t\to\infty$ 时收敛到有界范围。由此可见，尽管存在非线性和不确定性，但由 F_{ar}、F_{sr1} 和 F_{sr2} 之和组成的控制律能够保证主动悬架主环系统的有界稳定性。

2. KA-LMI 优化算法

在未考虑悬架约束的情况下主回路 ARC 可以提高车身稳定性，并从式(8-13)、式(8-16)和式(8-19)中的 ARC 定律可以看出，参数 λ_1、λ_2、λ_3、λ_4、κ_1 会极大地影响控制力 F_r，从而影响主动悬架系统的控制效果。

根据式(8-2)可以得到：

$$\dot{\boldsymbol{x}}=\boldsymbol{A}\boldsymbol{x}+\boldsymbol{B}\boldsymbol{F}+\boldsymbol{w}_1 \tag{8-22}$$

式中，

$$\boldsymbol{A}=\begin{bmatrix}0 & 1 & 0 & 0\\ \dfrac{-k_s}{m_s} & \dfrac{-c_d}{m_s} & \dfrac{k_s}{m_s} & \dfrac{c_d}{m_s}\\ 0 & 0 & 0 & 1\\ \dfrac{k_s}{m_u} & \dfrac{c_d}{m_u} & \dfrac{-(k_s+k_t)}{m_u} & \dfrac{-c_d}{m_u}\end{bmatrix},\quad \boldsymbol{B}=\begin{bmatrix}0\\ \dfrac{1}{m_s}\\ 0\\ \dfrac{-1}{m_u}\end{bmatrix},\quad \boldsymbol{w}_1=\begin{bmatrix}0\\ \dfrac{-F_{sn}-F_{dn}}{m_s}\\ 0\\ \dfrac{F_{sn}+F_{dn}+k_t z_r}{m_u}\end{bmatrix}$$

考虑到簧载质量的扰动，假设 m_{sn} 是 m_s 的名义值。使 $\boldsymbol{A}=\boldsymbol{A}_m+\Delta\boldsymbol{A}$，$\boldsymbol{B}=\boldsymbol{B}_m+\Delta\boldsymbol{B}$，其中 $\boldsymbol{A}_m$ 和 $\boldsymbol{B}_m$ 是 $\boldsymbol{A}$ 和 $\boldsymbol{B}$ 的名义矩阵，$\Delta\boldsymbol{A}$ 和 $\Delta\boldsymbol{B}$ 分别代表着对于 $\boldsymbol{A}$ 和 $\boldsymbol{B}$ 的有界扰动。则式(8-22)可以写为

$$\dot{\boldsymbol{x}}=\boldsymbol{A}_m\boldsymbol{x}+\boldsymbol{B}_m\boldsymbol{F}+\boldsymbol{w}_2 \tag{8-23}$$

式中，$\boldsymbol{w}_2=\Delta\boldsymbol{A}\boldsymbol{x}+\Delta\boldsymbol{B}\boldsymbol{F}+\boldsymbol{w}_1$。

通过在主环 ARC 控制器设计部分合成的控制力 F_r，将式(8-23)转换为以下形式：

$$\dot{\boldsymbol{x}}=\boldsymbol{A}_w\boldsymbol{x}+\boldsymbol{w}_3 \tag{8-24}$$

式中，

$$\boldsymbol{w}_3=\Delta\boldsymbol{A}\boldsymbol{x}+\Delta\boldsymbol{B}\boldsymbol{F}+\boldsymbol{w}'$$

$$\boldsymbol{w}'=\left[0\quad \frac{F_{sr2}+\alpha\chi-\rho_1 m_{sn}\delta_1\tanh(\Gamma_1 s)}{m_{sn}}\quad 0\quad \frac{-F_{sr2}-\alpha\chi+\rho_1 m_{sn}\delta_1\tanh(\Gamma_1 s)+k_t z_r}{m_{sn}}\right]^{\mathrm{T}}$$

$$\boldsymbol{A}_w=\begin{bmatrix}1 & 0 & 0 & 0\\ 0 & \rho_1 & 0 & 0\\ 0 & 0 & 1 & 0\\ 0 & 0 & 0 & \rho_2\end{bmatrix}\begin{bmatrix}0 & 1 & 0 & 0\\ -\kappa_1\lambda_1 & -(\lambda_1+\kappa_1\lambda_2) & \lambda_4\sigma k_t-\kappa_1\lambda_3 & -(\lambda_3+\kappa_1\lambda_4)\\ 0 & 0 & 0 & 1\\ \kappa_1\lambda_1 & \lambda_1+\kappa_1\lambda_2 & -(\lambda_4\sigma k_t-\kappa_1\lambda_3+\sigma k_t/\rho_2) & \lambda_3+\kappa_1\lambda_4\end{bmatrix}$$

$$\rho_1=\frac{1}{\lambda_2-\lambda_4\dfrac{m_{sn}}{m_u}},\quad \rho_2=\frac{\dfrac{m_{sn}}{m_u}}{\lambda_2-\lambda_4\dfrac{m_{sn}}{m_u}},\quad \alpha=\frac{1}{\lambda_2\hat{\theta}_1-\lambda_4\sigma-\dfrac{1}{\lambda_2\dfrac{1}{m_{sn}}-\lambda_4\sigma}}$$

$$\chi=-\lambda_1(x_2-x_{2r})-\lambda_3(x_4-x_{4r})+\lambda_2\dot{x}_{2r}+\lambda_4\dot{x}_{4r}+\lambda_4\sigma k_t x_3-\kappa_1 s-\delta_1\tanh(\Gamma_1 s)$$

现将车辆悬架的约束描述为：①悬架行程约束：$|z_s-z_u|<z_{max}$；②轮胎约束：$F_t(z_u,z_r)<(m_s+m_u)g$。

定义控制输出 $\boldsymbol{z}=\begin{bmatrix}\dfrac{\alpha_1(z_s-z_u)}{z_{max}} & \dfrac{\alpha_2 k_t(z_u-z_r)}{(m_s+m_u)/g}\end{bmatrix}^{\mathrm{T}}$，其中 α_1、$\alpha_2>0$ 是相应的权重值。扰动向量定义为 $\boldsymbol{w}=[\boldsymbol{w}_3\quad z_r]^{\mathrm{T}}$，因此这个闭环系统可以描述为

$$\begin{cases}\dot{\boldsymbol{x}}=\boldsymbol{A}_w\boldsymbol{x}+\boldsymbol{B}_w\boldsymbol{w}\\ \boldsymbol{z}=\boldsymbol{AC}_w\boldsymbol{x}+\boldsymbol{D}_w\boldsymbol{w}\end{cases}\tag{8-25}$$

式中，$\boldsymbol{A}_w$ 同式(8-24)：

$$\boldsymbol{B}_w=[\boldsymbol{I}_{4\times4}\quad 0]$$

$$\boldsymbol{C}_w=\begin{bmatrix}\dfrac{\alpha_1}{z_{max}} & 0 & \dfrac{-\alpha_1}{z_{max}} & 0\\ 0 & 0 & \dfrac{\alpha_2 k_t}{(m_s+m_u)g} & 0\end{bmatrix}$$

$$\boldsymbol{D}_w=\begin{bmatrix}0 & 0 & 0 & 0 & 0\\ 0 & 0 & 0 & 0 & \dfrac{-\alpha_2 k_t}{(m_s+m_u)g}\end{bmatrix}$$

从式(8-25)可以看出，矩阵 $\boldsymbol{A}_w$ 中的未知参数会影响控制输出 $\boldsymbol{z}$，需要采用可行有效的方法进行优化。从干扰到性能输出 $\boldsymbol{z}$ 的 H_∞ 范数 $\|\boldsymbol{\Gamma}_{wz}\|_\infty$ 反映了系统的抗干扰能力，我们选择它作为评价指标。我们的目标是得到可以最小化 $\|\boldsymbol{\Gamma}_{wz}\|_\infty$ 的最优参数 λ_1、λ_2、λ_3、λ_4、κ_1。

引理 8.1 在闭环系统(8-25)中，对于给定的标量 $\gamma>0$，如果存在 $\boldsymbol{P}=\boldsymbol{P}^{\mathrm{T}}>0$ 和正数 λ_1、λ_2、λ_3、λ_4、κ_1 满足不等式(8-26)，则 $\|\boldsymbol{\Gamma}_{wz}\|_\infty$ 的 H_∞ 性能得以实现。

$$\begin{bmatrix}\boldsymbol{A}_w^{\mathrm{T}}\boldsymbol{P}+\boldsymbol{PA}_w^{\mathrm{T}} & \boldsymbol{PB}_w & \boldsymbol{C}_w^{\mathrm{T}}\\ * & -\gamma\boldsymbol{I} & \boldsymbol{D}_w^{\mathrm{T}}\\ * & * & -\gamma\boldsymbol{I}\end{bmatrix}<0\tag{8-26}$$

根据引理 8.1，求 $\|\boldsymbol{\Gamma}_{wz}\|_\infty$ 最小值的问题可以转换为 LMI 问题：

$$\begin{gathered}\min\gamma\\ \begin{bmatrix}\boldsymbol{A}_w^{\mathrm{T}}\boldsymbol{P}+\boldsymbol{PA}_w^{\mathrm{T}} & \boldsymbol{PB}_w & \boldsymbol{C}_w^{\mathrm{T}}\\ * & -\gamma\boldsymbol{I} & \boldsymbol{D}_w^{\mathrm{T}}\\ * & * & -\gamma\boldsymbol{I}\end{bmatrix}<0\end{gathered}\tag{8-27}$$

由于两个未知矩阵 $\boldsymbol{A}_w$ 和 $\boldsymbol{P}$ 以非线性形式出现在式(8-27)中，因此式(8-27)不能用传统的凸优化算法直接求解。而如果预先给出了参数 λ_1、λ_2、λ_3、λ_4、κ_1，则可以通过

MATLAB 内的 LMI 工具箱有效地求解不等式方程。因此，我们提出一种将随机搜索算法 kidney-inspired algorithm，KA）与 LMI 相结合的 KA-LMI 优化算法来解决这个问题，具体步骤为：

步骤一，种群初始化。初始种群 G_0 包含 N 个解，是在一个适当的搜索空间内随机生成的。由于不是所有生成的解向量都是可行的，因此通过求解式(8-27)的 LMI，对每个个体进行可行性分析。如果初始种群或者后续过程中生成的个体对式(8-27)不可行，则将重新生成直到可行，以提高搜索效率，然后根据所有可行解 $q_{i,0}$ 求解问题，将目标值最优解设为 $q_{\text{best},0}$。

步骤二，生成新的种群 G_j。为了提高种群质量，新的种群将通过将解从最后一次迭代转移到最优解获得，这个过程被描述为

$$q_{i,j}=q_{i,j-1}+\text{rand}(q_{\text{best},j-1}-q_{i,j-1}) \tag{8-28}$$

式中，$\text{rand}(q_{\text{best},j-1}-q_{i,j-1})$表示 0 到$(q_{\text{best},j-1}-q_{i,j-1})$之间的随机数。

步骤三，目标评价。通过求解问题(8-27)来计算 G_j 中每个解 $q_{i,j}$ 的目标值 $\gamma_{i,j}$，并将目标值最优的解设为 $q_{\text{best},j}$。

步骤四，过滤。采用过滤律 fil_j 对 G_j 中的解进行过滤，从而在减少迭代次数的同时得到更好的解，过滤律 fil_j 是通过 G_j 中解的目标值计算的：

$$\text{fil}_j=\frac{\sum_{i=1}^{N}\gamma_{i,j}}{N} \tag{8-29}$$

目标值小于 fil_j 的解被分配给 FB，而其余的则被淘汰到 W 中。

步骤五，再吸收。为了提高算法的鲁棒性，通过以下运动算子，将已经转移到 W 中的解替换为一个新的解

$$q_{i,j}=q_{i,j}+\text{rand}(q_{\text{best},j}-q_{i,j}) \tag{8-30}$$

新解中目标值小于 fil_j 的解仍有机会成为 FB 的一部分。

步骤六，淘汰和插入。为了避免局部收敛现象，如果过滤掉的个体在给予它们再吸收的机会后不能进入 FB，则会被淘汰、去除；然后在过滤掉的种群插入新的个体，以提高种群的多样性。

步骤七，合并。将已经分配给 FB 和 W 的种群合并在一起，$q_{\text{best},j}$ 被更新。

步骤八，终止判定。如果满足停止准则，则输出最优解 q_{best} 和相应的目标值，否则返回到步骤二重新计算。

KA 算法流程图如图 8-2 所示。

3. 子环 ARC 控制器设计

本节针对作动器系统设计一个 ARC 控制器，使非对称电液作动器的输出力 F 能够准确地遵循所需的优化输出力 F_r。同时，综合考虑了整个系统的非线性动力学和参数不确定性。将负载流量 $\bar{Q}_L$ 视为控制输入，子回路 ARC 控制律的组成形式为

$$\bar{Q}_L=\bar{Q}_{La}+\bar{Q}_{Ls1}+\bar{Q}_{Ls2} \tag{8-31}$$

式中，$\bar{Q}_{La}$ 为自适应模型补偿项；$\bar{Q}_{Ls1}$、$\bar{Q}_{Ls2}$ 为鲁棒项，分别用于降低粗糙路面和不确

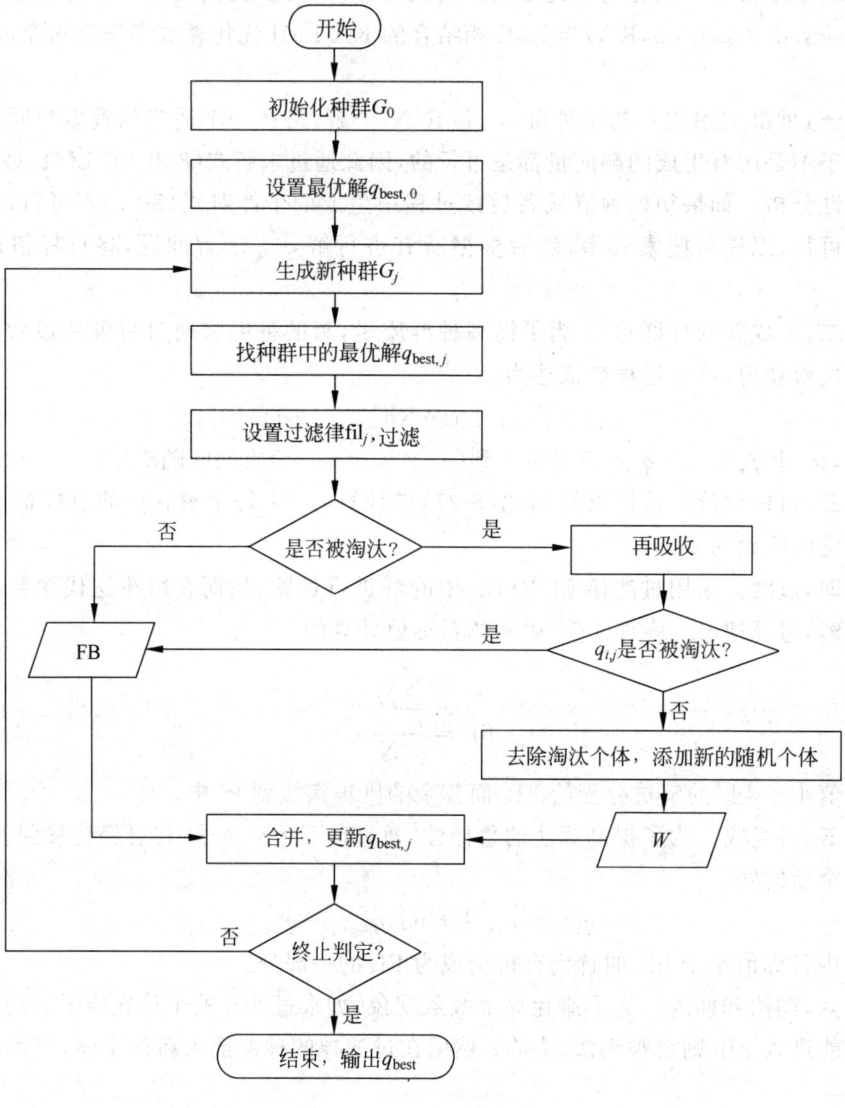

图 8-2 KA 算法流程图

定参数的影响。

目标控制力 F_r 和实际控制力 F 之间的误差写成 $\zeta=F-F_r$，微分形式为

$$\dot{\zeta}=\dot{F}-\dot{F}_r \tag{8-32}$$

根据式(8-13)、式(8-16)和式(8-19)有

$$\dot{F}_r=\frac{\partial F_r}{\partial x_1}x_2+\frac{\partial F_r}{\partial x_2}\dot{x}_2+\frac{\partial F_r}{\partial x_3}x_4+\frac{\partial F_r}{\partial x_4}\dot{x}_4+\frac{\partial F_r}{\partial \hat{\theta}_1}\dot{\hat{\theta}}_1 \tag{8-33}$$

再根据轨迹跟踪误差和力跟踪误差选择 Lyapunov 函数

$$V_2=\frac{1}{2}s^2+\frac{1}{2}\zeta^2 \tag{8-34}$$

根据式(8-9)、式(8-20)和式(8-32)有

$$\dot{V}_2 \leqslant (\lambda_2\theta_1 - \lambda_4\sigma)s \cdot \zeta - \kappa_1 s^2 + \varepsilon_1 + \zeta\{(\hat{\theta}_2 + \tilde{\theta}_2)[-\eta_1(x_2 - x_4) - \eta_2 F - \eta_3 + \bar{Q}_L] - \frac{\partial F_r}{\partial x_1}x_2 - \frac{\partial F_r}{\partial x_3}x_4 - \frac{\partial F_r}{\partial \hat{\theta}_1}\dot{\hat{\theta}}_1 - \frac{\partial F_r}{\partial x_2}(\hat{\theta}_1 + \tilde{\theta}_1)[-k_s(x_1 - x_3) - c_d(x_2 - x_4) - F_{sn} - F_{dn} + F] - \frac{\partial F_r}{\partial x_4}\sigma[k_s(x_1 - x_3) + c_d(x_2 - x_4) + F_{sn} + F_{dn} - F - k_t(x_3 - z_r)]\} \tag{8-35}$$

式中，$\hat{\theta}_2$ 为不确定参数 θ_2 的在线估计值，估计误差定义为 $\tilde{\theta}_2 = \theta_2 - \hat{\theta}_2$。其自适应更新定律将在 8.1.3 节介绍。

根据式(8-35)，推导自适应模型补偿项为

$$\bar{Q}_{La} = \eta_1(x_2 - x_4) + \eta_2 F + \eta_3 + \frac{1}{\hat{\theta}_2}\left\{-(\lambda_2\hat{\theta}_1 - \lambda_4\sigma)s + \frac{\partial F_r}{\partial x_1}x_2 + \frac{\partial F_r}{\partial x_3}x_4 + \frac{\partial F_r}{\partial \hat{\theta}_1}\dot{\hat{\theta}}_1 + \frac{\partial F_r}{\partial x_2}\hat{\theta}_1[-k_s(x_1 - x_3) - c_d(x_2 - x_4) - F_{sn} - F_{dn} + F] + \frac{\partial F_r}{\partial x_4}\sigma[k_s(x_1 - x_3) + c_d(x_2 - x_4) + F_{sn} + F_{dn} - F - k_t x_3]\right\} \tag{8-36}$$

将 Q_{La} 代入式(8-35)有

$$\dot{V}_2 \leqslant -\kappa_1 s^2 + \varepsilon_1 + \lambda_2\tilde{\theta}_1 s \cdot \zeta + \zeta\left\{\hat{\theta}_2(\bar{Q}_{Ls1} + \bar{Q}_{Ls2}) + \tilde{\theta}_2[-\eta_1(x_2 - x_4) - \eta_2 F - \eta_3 + \bar{Q}_L] - \frac{\partial F_r}{\partial x_2}\tilde{\theta}_1[-k_s(x_1 - x_3) - c_d(x_2 - x_4) - F_{sn} - F_{dn} + F] - \frac{\partial F_r}{\partial x_4}\sigma k_t z_r\right\} \tag{8-37}$$

针对道路干扰的鲁棒项设计为

$$\bar{Q}_{Ls1} = \frac{1}{\hat{\theta}_2}[-\kappa_2\zeta - \delta_2\tanh(\Gamma_2\zeta)], \quad \left|\frac{\partial F_r}{\partial x_4}\sigma k_t z_r\right| \leqslant \delta_2 \tag{8-38}$$

式中，κ_2 和 Γ_2 均为正常数，$\tanh(\Gamma_2\zeta)$ 可以任意接近 $\mathrm{sgn}(s)$，且 $\zeta\left(\hat{\theta}_2\bar{Q}_{Ls1} - \frac{\partial F_r}{\partial x_4}\sigma k_t z_r\right) \leqslant -\kappa_2\zeta^2$，因此有

$$\dot{V}_2 \leqslant -\kappa_1 s^2 + \varepsilon_1 - \kappa_2\zeta^2 + \zeta\left\{\hat{\theta}_2\bar{Q}_{Ls2} + \lambda_2\tilde{\theta}_1 s - \frac{\partial F_r}{\partial x_2}\tilde{\theta}_1[-k_s(x_1 - x_3) - c_d(x_2 - x_4) - F_{sn} - F_{dn} + F] + \tilde{\theta}_2[-\eta_1(x_2 - x_4) - \eta_2 F - \eta_3 + \bar{Q}_L]\right\} \tag{8-39}$$

此外，还得到 $\bar{Q}_{Ls2}$ 来控制由不确定参数引起的模型不确定性，即满足条件(8-40)的任何函数

$$\begin{cases} \zeta\left\{\hat{\theta}_2\bar{Q}_{Ls2} + \lambda_2\tilde{\theta}_1 s - \frac{\partial F_r}{\partial x_2}\tilde{\theta}_1[-k_s(x_1 - x_3) - c_d(x_2 - x_4) - F_{sn} - F_{dn} + F] + \tilde{\theta}_2[-\eta_1(x_2 - x_4) - \eta_2 F - \eta_3 + \bar{Q}_L]\right\} \leqslant \varepsilon_2 \\ \zeta\hat{\theta}_2\bar{Q}_{Ls2} \leqslant 0 \end{cases} \tag{8-40}$$

式中，ε_2 为一个任意小的数。

设 $\bar{Q}_{Ls2}$ 为

$$\bar{Q}_{Ls2}=-\frac{1}{4\theta_{2\min}}m_2\zeta \tag{8-41}$$

式中，m_2 是满足以下条件的任意光滑函数

$$m_2 \geqslant \frac{1}{\varepsilon_{2a}}(\theta_{1\max}-\theta_{1\min})^2\left\{\lambda_2 s-\frac{\partial F_r}{\partial x_2}[-k_s(x_1-x_3)-c_d(x_2-x_4)-F_{sn}-F_{dn}+F]\right\}^2+$$
$$\frac{1}{\varepsilon_{2b}}(\theta_{2\max}-\theta_{2\min})^2[-\eta_1(x_2-x_4)-\eta_2 F-\eta_3+\bar{Q}_{La}+\bar{Q}_{Ls1}]^2$$

式中，ε_{2a} 和 ε_{2b} 是任意正标量如 $\varepsilon_2=\varepsilon_{2a}+\varepsilon_{2b}$。

此外，

$$\dot{V}_2 \leqslant -\kappa_1 s^2-\kappa_2\zeta^2+\varepsilon_1+\varepsilon_2 \leqslant -2\kappa V_2+\varepsilon \tag{8-42}$$

式中，$\kappa=\min(\kappa_1,\kappa_2)$，并且 $\varepsilon=\varepsilon_1+\varepsilon_2$。

式(8-42)表明 Lyapunov 函数的边界为

$$V_2(t)\leqslant V_2(0)\mathrm{e}^{-2\kappa t}+\frac{\varepsilon}{2\kappa}(1-\mathrm{e}^{-2\kappa t}) \tag{8-43}$$

因此，闭环系统是有界稳定的，也就是说，采用非对称电液作动器的非线性主动悬架系统通过采用式(8-36)、式(8-38)、式(8-41)，使实际输出力 F 可以在一个有界的误差里跟踪到期望力 F_r。

此外，根据 ARC 控制律和负载流量方程可以得到最终控制律：

$$u=\frac{\bar{Q}_L}{\Theta g(u,F)} \tag{8-44}$$

8.1.3 稳定性分析

8.1.2 节证明了在 ARC 控制律下，无作动器和有作动器的非线性不确定主动悬架系统的有界性。本小节给出 $\hat{\theta}_1$ 和 $\hat{\theta}_2$ 的自适应更新定律。

选择一个 Lyapunov 函数

$$V_3=\frac{1}{2}s^2+\frac{1}{2}\zeta^2+\frac{1}{2r_1}\tilde{\theta}_1^2+\frac{1}{2r_2}\tilde{\theta}_2^2 \tag{8-45}$$

将式(8-45)微分，再根据式(8-17)、式(8-39)可以得到：

$$\begin{aligned}\dot{V}_3 &= s\dot{s}+\zeta\dot{\zeta}-\frac{1}{r_1}\dot{\hat{\theta}}_1\tilde{\theta}-\frac{1}{r_2}\dot{\hat{\theta}}_2\tilde{\theta}_2\\
&= -\kappa_1 s^2+(\lambda_2\theta_1-\lambda_4\sigma)F_{sr2}\cdot s+\lambda_2\tilde{\theta}_1 s[-k_s(x_1-x_3)-c_d(x_2-x_4)-F_{sn}-F_{dn}+F_{ar}+F_{sr1}]-\\
&\quad \kappa_2\zeta^2+\theta_2\bar{Q}_{Ls2}\cdot\zeta+\zeta\left\{\lambda_2\tilde{\theta}_1 s-\frac{\partial F_r}{\partial x_2}\tilde{\theta}_1[-k_s(x_1-x_3)-c_d(x_2-x_4)-F_{sn}-F_{dn}+F]+\right.\\
&\quad \left.\tilde{\theta}_2[-\eta_1(x_2-x_4)-\eta_2 F-\eta_3+\bar{Q}_{La}+\bar{Q}_{Ls1}]\right\}-\frac{1}{r_1}\dot{\hat{\theta}}_1\tilde{\theta}-\frac{1}{r_2}\dot{\hat{\theta}}_2\tilde{\theta}_2\end{aligned} \tag{8-46}$$

根据式(8-19)、式(8-41)得到 $(\lambda_2\theta_1-\lambda_4\sigma)F_{sr2}\cdot s\leqslant 0$ 且 $\theta_2\bar{Q}_{Ls2}\cdot\zeta\leqslant 0$。为了使 $\dot{V}_3$ 非

正，自适应控制律构造为不连续投影形式：

$$\dot{\hat{\theta}}_j = \mathrm{Proj}_{\theta_j}(r_j\tau_j) = \begin{cases} 0, & \hat{\theta}_j = \theta_{j\max} \text{ 且 } r_j\tau_j > 0 \\ 0, & \hat{\theta}_j = \theta_{j\min} \text{ 且 } r_j\tau_j < 0 \\ r_j\tau_j, & \text{其他} \end{cases} \tag{8-47}$$

$$\dot{\hat{\theta}} \approx \mathrm{Proj}_{\theta_j} = \begin{cases} 0, & \hat{\theta}_j = \theta_{j\max} \text{ 且 } r_j\tau_j > 0 \\ 0, & \hat{\theta}_j = \theta_{j\min} \text{ 且 } r_j\tau_j < 0 \\ r_j\tau_j, & \text{其他} \end{cases} \tag{8-48}$$

式中，$j=1,2$ 和 $r_j>0$ 是可调增益；τ_j 为自适应函数，即

$$\begin{aligned} \tau_1 &= \lambda_2 s\left[-k_s(x_1-x_3)-c_d(x_2-x_4)-F_{sn}-F_{dn}+F_{ar}+F_{srl}\right]+ \\ &\quad \lambda_2 s\zeta - \frac{\partial F_r}{\partial x_2}\zeta\left[-k_s(x_1-x_3)-c_d(x_2-x_4)-F_{sn}-F_{dn}+F\right] \\ \tau_2 &= \zeta\left[-\eta_1(x_2-x_4)-\eta_2 F-\eta_3+\bar{Q}_{La}+\bar{Q}_{Lsl}\right] \end{aligned} \tag{8-49}$$

根据式(8-47)、式(8-48)的投影映射性质，有 $\tilde{\theta}_j(\tau_j-\gamma_j^{-1}\dot{\hat{\theta}}_j)\leqslant 0$，因此

$$\dot{V}_3 \leqslant -\kappa_1 s^2-\kappa_2\zeta^2 \tag{8-50}$$

这意味着在最终 ARC 控制律(8-44)和不确定参数更新律式(8-47)和式(8-48)下，闭环系统渐近稳定，即轨迹跟踪和力跟踪误差 ζ 在 $t\to\infty$ 时渐近收敛到零。

8.1.4　仿真分析

采用 6.5.2 节的脉冲路面激励作为模型的路面输入，设路面激励模型中 $l=0$，$A_m=0.5$，$L=5\text{m}$，$v=45\text{km/h}$。对被动悬架、自适应滑模控制器(ASC)[1]悬架和双线自适应鲁棒控制器悬架进行仿真，模型参数引自文献[2]。

仿真结果如图 8-3 所示，其中(a)(b)分别为在脉冲路面激励下三种悬架簧载质量的位移和加速度曲线。可以看出，采用不同控制算法的主动悬架性能明显优于被动悬架，且在控制算法方面，双 ARC 性能明显优于 ASC。这表明双 ARC 可以更好地稳定车身，提高乘坐舒适性。同时，根据(c)(d)悬架行程约束和轮胎约束响应曲线，不同算法均能够满足悬架行程和轮胎约束要求，且双 ARC 具有更快的响应速度。

为了测试双 ARC 控制器在连续起伏路面激励下的性能，我们基于第 6 章的正弦路面激励模型，将三个不同振幅和频率的正弦输入叠加，其中包含了最接近实际的低频振动和高频振动

$$z_r(t)=0.0508\sin(2\pi t)+0.010\sin(10.5\pi t)+0.002\sin(21.5\pi t) \tag{8-51}$$

根据图 8-4(a)簧载质量位移响应曲线，相比较于被动悬架和 ASC 悬架，双 ARC 悬架可以获得更平滑的车身姿态。簧载质量加速度响应曲线(b)表明双 ARC 悬架相比较于其他两个悬架更加能够提高车身的稳定性和乘坐舒适性。图(c)、(d)表明三个悬架都可以满足悬架行程约束和轮胎约束，且双 ARC 悬架性能更好。

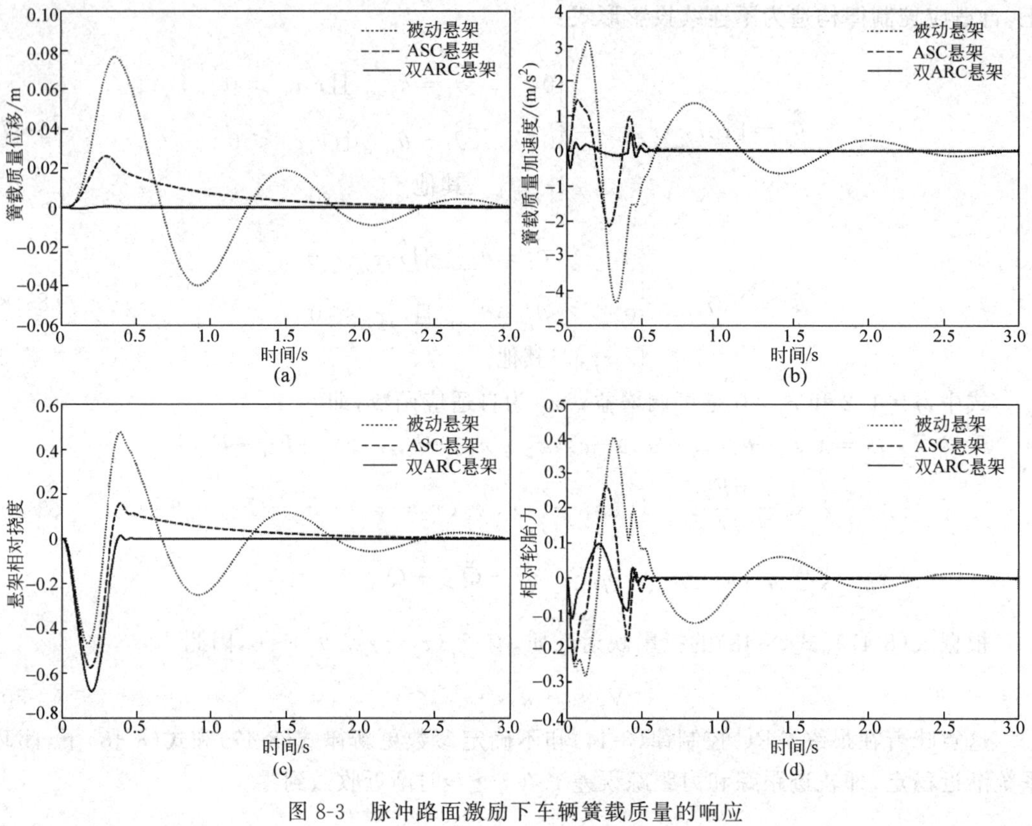

图 8-3　脉冲路面激励下车辆簧载质量的响应

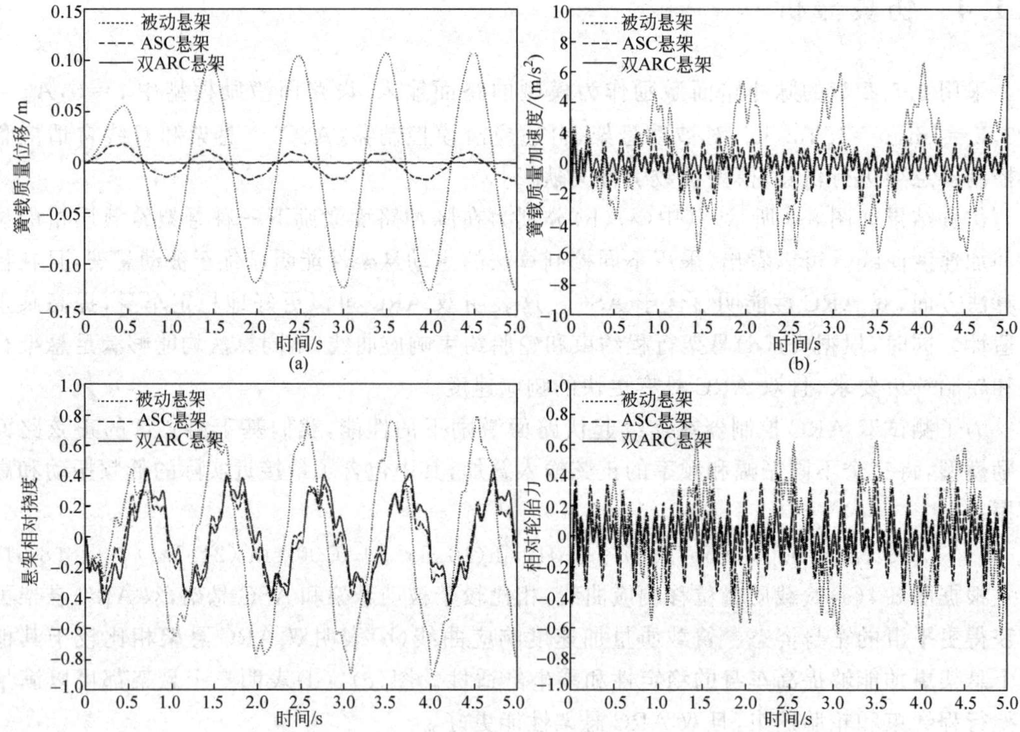

图 8-4　正弦路面激励下车辆簧载质量响应

8.2 电液伺服主动悬架系统鲁棒模型预测控制的研究

悬架系统在车轮和车架之间传递力和扭矩，满足了乘坐舒适性和操控稳定性的要求，是车辆的重要组成部分。为解决主动悬架控制问题，本节建立了一种带有电动液压执行器的主动悬架系统模型，通过在滚动时域的近似展开，设计了主动悬架系统的鲁棒模型预测控制器(robust model predictive control，RMPC)，通过定义 RMPC 性能评价函数，推导了主动悬架的 RMPC。通过仿真，验证了该控制器的准确度和有效性。结果表明，主动悬架系统的性能优于传统悬架系统。通过降低垂直加速度、俯仰角和滚转角加速度，显著提高了驾驶舒适度和操纵稳定性[3]。

8.2.1 模型构建

1. 整车主动悬架系统动力学模型

本例引用 6.3.2 节中的九自由度整车悬架系统模型，忽略车身垂向、俯仰和侧倾动力学中由弹簧和减振器物理参数变化、悬架部件的未建模摩擦力、悬架系统与底盘各子系统之间动力学耦合及外界干扰等因素的不确定性影响，并假设车身的俯仰角和侧倾角都在小角度范围内变化。

建立状态方程，定义系统状态变量 $\boldsymbol{X}=\begin{bmatrix}z_{\mathrm{a}} & \theta_{\mathrm{a}} & \varphi_{\mathrm{a}} & z_{\mathrm{u}i} & \dot{z}_{\mathrm{a}} & \dot{\theta}_{\mathrm{a}} & \dot{\varphi}_{\mathrm{a}} & \dot{z}_{\mathrm{u}i}\end{bmatrix}^{\mathrm{T}}$，则主动悬架系统可用状态方程(8-52)表示：

$$\dot{\boldsymbol{X}}=\boldsymbol{AX}+\boldsymbol{BU}+\boldsymbol{EQ} \tag{8-52}$$

式中，$\boldsymbol{U}$ 为控制向量，表示各个主动悬架作动器的输出力；$\boldsymbol{Q}$ 为六个轮胎的路面激励输入向量；$\boldsymbol{A}$、$\boldsymbol{B}$、$\boldsymbol{E}$ 为系数矩阵。经数学推导可得系数矩阵 $\boldsymbol{A}$ 为 18×18 的矩阵，$\boldsymbol{B}$ 为 18×6 的矩阵，$\boldsymbol{E}$ 为 18×6 的矩阵。

为了保证车辆的车身稳定性与行驶平顺性，将应急救援车辆垂向、侧倾和俯仰三个方向上的位姿变化、加速度、轮胎动位移和悬架动挠度选取为控制系统输出量。

因此，定义系统输出 $\boldsymbol{Y}=\begin{bmatrix}z_{\mathrm{a}} & \theta_{\mathrm{a}} & \varphi_{\mathrm{a}} & \ddot{z}_{\mathrm{a}} & \ddot{\theta}_{\mathrm{a}} & \ddot{\varphi}_{\mathrm{a}} & z_{\mathrm{u}i}-z_{\mathrm{s}i} & z_{\mathrm{r}i}-z_{\mathrm{u}i}\end{bmatrix}^{\mathrm{T}}$

系统的输出方程为

$$\boldsymbol{Y}=\boldsymbol{CX}+\boldsymbol{DU}+\boldsymbol{FQ} \tag{8-53}$$

其中，$\boldsymbol{C}$、$\boldsymbol{D}$、$\boldsymbol{F}$ 为系数矩阵。

2. 主动悬架作动器控制系统模型

本例引用 6.4 节的非对称式作动器控制系统模型，考虑液压动力学模型中的系统扰动等不确定性影响。

8.2.2 模型预测控制算法

在主动悬架控制器设计过程中，整车模型的建立可以更加直观地表现不同悬架间的相互作用及整车状态变化，但随着模型自由度的增加，整车模型更加复杂。使用简单、有效的预测模型对主动悬架整车模型进行描述，可以降低模型的复杂程度与模型不确定性作用。

为简化计算，定义$\frac{\partial \boldsymbol{CX}}{\partial x}\dot{x}=L_C$，$\frac{\partial \boldsymbol{BU}}{\partial u}\dot{u}=L_U$。

假设原主动悬架系统对于时间 t 可微，将系统输出 $\boldsymbol{Y}$ 对时间连续取导，可以得到：

$$\dot{y}=\frac{\partial \boldsymbol{CX}}{\partial x}\dot{x}=L_C \tag{8-54}$$

$$\vdots$$

$$y^{(\alpha-1)}=L_C^{(\alpha-1)} \tag{8-55}$$

$$y^{(\alpha)}=L_C^{(\alpha)}+L_U L_U^{(\alpha-1)} \tag{8-56}$$

对 $\boldsymbol{Y}$ 输出求导，可以得到：

$$y^{(\alpha+1)}=\frac{\partial L_C^{(\alpha)}}{\partial x}\dot{x}+\frac{\partial L_C^{(\alpha)}}{\partial u}\dot{u}+L_C^{(\alpha)}\dot{u}+L_C^{(\alpha)}\dot{u}+L_C^{(\alpha)}u \tag{8-57}$$

$$y^{(\alpha+2)}=\frac{\partial L_C^{(\alpha+1)}}{\partial x}\dot{x}+\frac{\partial L_C^{(\alpha+1)}}{\partial u}\dot{u}+\frac{\partial L_U L_C^{(\alpha)}}{\partial u}\dot{x}\dot{u}+\frac{\partial L_U L_C^{(\alpha)}}{\partial u}\dot{u}^2+L_U L_C^{(\alpha)}\ddot{u} \tag{8-58}$$

定义

$$\Gamma_1(x,u,\dot{u})=\frac{\partial L_C^{(\alpha+1)}}{\partial u}\dot{u}+\frac{\partial L_U L_C^{(\alpha)}}{\partial u}\dot{x}\dot{u}+\frac{\partial L_U L_C^{(\alpha)}}{\partial u}\dot{u}^2$$

则式(8-58)可以表示为

$$y^{(\alpha+2)}=L_C^{(\alpha+2)}+L_U L_C^{(\alpha)}\ddot{u}+\Gamma_1(x,u,\dot{u}) \tag{8-59}$$

重复上述步骤可以得到原主动悬架系统的 n 阶近似展开表达式：

$$y^{(n)}=L_C^{(n)}+L_U L_C^{(\alpha)}u^{(n-\alpha)}+\Gamma_{n-\alpha-1}(x,u,\dot{u},\cdots,u^{(n-\alpha-1)}) \tag{8-60}$$

其中，$\Gamma_{n-\alpha-1}(x,u,\dot{u},\cdots,u^{(n-\alpha-1)})$为关于状态变量 $\boldsymbol{X}$ 和输入变量 $\boldsymbol{U}$ 的非线性函数。

在预测控制器滚动优化时域中，系统输出 $\boldsymbol{Y}$ 可近似表示为

$$\tilde{\boldsymbol{y}}_\tau=[y_{\tau1}\quad y_{\tau2}\quad \cdots\quad y_{\tau n}]^{\mathrm{T}}=\boldsymbol{T}_{\tau n}\bar{\boldsymbol{Y}} \tag{8-61}$$

其中，

$$\boldsymbol{T}_{\tau n}=\left[I\quad \bar{\tau}\quad \cdots\quad \frac{\bar{\tau}^{(\alpha+n)}}{(\alpha+n)!}\right],\quad \bar{\boldsymbol{Y}}(t)=[\bar{\boldsymbol{Y}}_\alpha(t)\quad \bar{\boldsymbol{Y}}_n(t)]^{\mathrm{T}}$$

$$\bar{\boldsymbol{Y}}_\alpha(t)=\begin{bmatrix} y_1(t)\\ \vdots\\ y_m(t)\\ \dot{y}_1(t)\\ \vdots\\ y_m^{(\alpha-1)}(t)\end{bmatrix},\quad \bar{\boldsymbol{Y}}_n(t)=\begin{bmatrix} y_1^{(\alpha)}(t)\\ \vdots\\ y_m^{(\alpha)}(t)\\ y_1^{(\alpha+1)}(t)\\ \vdots\\ y_m^{(\alpha+n)}(t)\end{bmatrix},\quad m=1,2,3,\cdots$$

通过增加展开阶数可提高预测模型的近似准确度，但是逼近过程中计算量也随之增大，

对于主动悬架控制系统来说,实时性是保证控制效果的前提。

在展开的预测模型中,$\Gamma_{n-\alpha-1}(x,u,\dot{u},\cdots,u^{(n-\alpha-1)})$项为包含状态变量和控制输入量的复杂非线性项,影响近似模型的准确度与运算速率,在本例中考虑T-S模糊模型进行逼近。

T-S模糊模型是将输入空间转换为若干个模糊子空间,并且在每个子空间中均包含关于输入/输出的非线性模型。虽然T-S模糊模型本质上是一类非线性模型,但结论部分采用线性动态方程进行描述,因而更适合表述复杂系统的动态特性,便于控制策略的设计与分析。

T-S模糊模型主要由一组"IF-THEN"模糊规则进行描述,第i条模糊规则的形式为

$$R_i:\ \text{IF } x_i \text{ is } A_l^i \text{ and } \cdots \text{ and } x_n \text{ is } A_n^i,\text{THEN } y_i \text{ is } B_i$$

其中,x_i、y_i分别为第i条模糊规则的输入和输出,n表示规则的数目,R_i表示第i条模糊规则,A^i为模糊子集。每一条规则代表一个子系统,整个模糊系统即为各个子系统的线性组合。

T-S模糊模型的系统输出可以表示为

$$Y_f=\frac{\sum_{i=1}^{h} y_f^i f_i}{\sum_{i=1}^{h} f_i} \tag{8-62}$$

$$f_i=\prod_{j=1}^{n} A_j^i(x_{fj}) \tag{8-63}$$

将式(8-63)代入式(8-62)中即可得到:

$$Y_f(x)=\frac{\sum_{i=1}^{h} y_f^i \prod_{j=1}^{n} A_j^i(x_{fj})}{\sum_{i=1}^{h}\prod_{j=1}^{n} A_j^i(x_{fj})}=\boldsymbol{\omega}^{\mathrm{T}}\boldsymbol{\lambda}_f(x) \tag{8-64}$$

$$\boldsymbol{\lambda}_f(x)=[\lambda_{f1}(x)\quad \lambda_{f2}(x)\quad \cdots\quad \lambda_{fi}(x)] \tag{8-65}$$

$$\lambda_{fi}(x)=\frac{\prod_{j=1}^{n} A_j^i(x_{fj})}{\sum_{i=1}^{h}\prod_{j=1}^{n} A_j^i(x_{fj})} \tag{8-66}$$

$A_j^i(x_j)$为隶属度函数。在本例中,隶属度函数取高斯函数的形式:

$$A_j^i(x_j)=\exp\left[-\frac{(x_j-p_j)^2}{2q_j^2}\right] \tag{8-67}$$

根据式(8-67),可以得到$\Gamma_{n-\alpha-1}(x,u,\dot{u},\cdots,u^{(n-\alpha-1)})$的T-S模糊逼近模型为

$$\widetilde{\Gamma}_{n-\alpha-1}(x,u,\dot{u},\cdots,u^{(n-\alpha-1)})=\boldsymbol{\omega}^{\mathrm{T}}\boldsymbol{\lambda}_f(x) \tag{8-68}$$

为保证预测模型有效逼近主动悬架系统,本例利用自适应控制增加系统的鲁棒性能并降低逼近误差。

定义T-S模糊模型的逼近误差为

$$\begin{aligned}E_f&=\Gamma_{n-\alpha-1}(x,u,\dot{u},\cdots,u^{(n-\alpha-1)})-\widetilde{\Gamma}_{n-\alpha-1}(x,u,\dot{u},\cdots,u^{(n-\alpha-1)})\\&=\Gamma_{n-\alpha-1}(x,u,\dot{u},\cdots,u^{(n-\alpha-1)})-\boldsymbol{\omega}^{\mathrm{T}}\boldsymbol{\lambda}_f(x)\end{aligned} \tag{8-69}$$

定义最优参数向量$\boldsymbol{\Omega}^*$，使得控制系统逼近误差有界，即

$$\boldsymbol{\Omega}^* = \arg\min_{\omega=\Omega_\omega} \left[\sup \left| \Gamma_{n-\alpha-1}(x, u, \dot{u}, \cdots, u^{(n-\alpha-1)}) - \boldsymbol{\omega}^{\mathrm{T}} \boldsymbol{\lambda}_f(x) \right| \right] \tag{8-70}$$

式中，$\boldsymbol{M}$ 为一正定矩阵，则有

$$\boldsymbol{\Omega}_\omega = \{\boldsymbol{\omega} \mid \boldsymbol{\omega} \leqslant \boldsymbol{M}\} \tag{8-71}$$

设 $\hat{\Omega}_K^{\mathrm{T}}$ 为可调参数向量的逼近值，则

$$\hat{y} = \hat{\Omega}_K^{\mathrm{T}} \boldsymbol{\omega}(e) \tag{8-72}$$

自适应控制器设计为

$$\boldsymbol{\lambda} = \boldsymbol{\alpha} \tan\left(\frac{\boldsymbol{\alpha} \boldsymbol{B}^{\mathrm{T}} \boldsymbol{Q} \hat{e}}{\eta}\right) \tag{8-73}$$

$$\boldsymbol{\alpha} = \mathrm{diag}\left[\alpha_1 \quad \alpha_2 \quad \cdots \quad \alpha_n\right] \tag{8-74}$$

定义 Lyapunov 函数为

$$V = \frac{1}{2} \boldsymbol{\delta}^{\mathrm{T}} \boldsymbol{M} \boldsymbol{\delta} + \boldsymbol{\alpha} \boldsymbol{\lambda}_i^{-1} \ln(\cosh v_i) + \frac{1}{2} \boldsymbol{\delta} (\widetilde{\boldsymbol{\Omega}}^{\mathrm{T}} \boldsymbol{M} \widetilde{\boldsymbol{\Omega}}) \tag{8-75}$$

取微分可以得到

$$\dot{V} = \left[\frac{1}{2} \boldsymbol{\delta}^{\mathrm{T}} \boldsymbol{M} \boldsymbol{\delta} + \boldsymbol{\alpha} \boldsymbol{\lambda}_i^{-1} \ln(\cosh v_i) + \frac{1}{2} \boldsymbol{\delta} (\widetilde{\boldsymbol{\Omega}}^{\mathrm{T}} \boldsymbol{M} \widetilde{\boldsymbol{\Omega}})'\right]' \tag{8-76}$$

式中，$F[\widetilde{\boldsymbol{\Omega}}^{\mathrm{T}} \Xi \widetilde{\boldsymbol{\Omega}}]$ 为 Frobenius 范数，根据 F 范数的性质，可以得到

$$F[\widetilde{\boldsymbol{\Omega}}^{\mathrm{T}} \widetilde{\boldsymbol{\Omega}}] \leqslant \|\widetilde{\boldsymbol{\Omega}}\|_{\mathrm{F}} \|\boldsymbol{\Omega}\|_{\mathrm{F}} - \|\widetilde{\boldsymbol{\Omega}}\|_{\mathrm{F}}^2 \tag{8-77}$$

$$\dot{\widetilde{\boldsymbol{\Omega}}} = -\dot{\hat{\boldsymbol{\Omega}}} = -\boldsymbol{M} \omega \boldsymbol{\delta}^{\mathrm{T}} - q \boldsymbol{M} \|\boldsymbol{\delta}\| \hat{\boldsymbol{\Omega}} \tag{8-78}$$

由上述公式可以得到：

$$\dot{V} \leqslant -V_1 - q \|\boldsymbol{\delta}\| \nu \tag{8-79}$$

其中，

$$\nu = \|\widetilde{\boldsymbol{\Omega}}\|_{\mathrm{F}}^2 - \|\widetilde{\boldsymbol{\Omega}}\|_{\mathrm{F}} \boldsymbol{\Omega}_{\max}$$

$$\boldsymbol{\Omega}_{\max} \geqslant \|\widetilde{\boldsymbol{\Omega}}\|_{\mathrm{F}}$$

$$V_1 = \boldsymbol{\alpha} \tanh^{\mathrm{T}} \nu \tanh \nu$$

8.2.3 主动悬架滑模预测控制算法

在本例中定义滑模切换函数为

$$\boldsymbol{S}_p = \left[k_1 \quad k_2 \quad \cdots \quad k_n\right] \begin{bmatrix} e_1^{(\alpha-1)} \\ e_2^{(\alpha-2)} \\ \vdots \\ \int_0^t e_i \, \mathrm{d}\tau \end{bmatrix} = k_1 e_1^{(\alpha-1)} + k_2 e_2^{(\alpha-2)} + \cdots + k_n \int_0^t e_i \, \mathrm{d}\tau \tag{8-80}$$

式中，$e_i = y_i - \sigma_i$ 为系统的跟踪误差。

对式(8-80)求导可得

$$\frac{\partial S_p}{\partial t}=L_C^{(n)}+L_U L_C^{(\rho)} u^{(n-\alpha)}+\widetilde{\Gamma}_{n-\alpha-1}(x,u)-\begin{bmatrix} y_1^{(n)} \\ y_2^{(n)} \\ \vdots \\ y_m^{(n)} \end{bmatrix}+\begin{bmatrix} k_1 e_1^{(\alpha-1)} \\ k_2 e_2^{(\alpha-1)}+k_1 e_1^{(\alpha-1)} \\ \vdots \\ k_n e_i^{(\alpha-1)}+\cdots+k_{n-i} e_i \end{bmatrix} \tag{8-81}$$

其中，$\widetilde{\boldsymbol{Y}}^{(n)}=\begin{bmatrix} y_1^{(\alpha)} \\ y_2^{(n)} \\ \vdots \\ y_m^{(n)} \end{bmatrix}$，$\widetilde{\boldsymbol{E}}_k=\begin{bmatrix} k_1 e_1^{(\alpha-1)} \\ k_2 e_2^{(\alpha-1)}+k_1 e_1^{(\alpha-1)} \\ \vdots \\ k_n e_i^{(\alpha-1)}+\cdots+k_{n-i} e_i \end{bmatrix}$

预测控制采用滚动优化的控制算法，通过优化性能指标确定最优控制量，达到系统输出跟踪最优期望轨迹的目的。为实现模型预测控制器的预测功能，需要设定和评价输入量序列，使系统输出更好地跟踪设定的滑模轨迹。一般情况下，预测控制问题可以描述为

$$\min J(x)$$

其中，J 为优化目标。

定义 t 为预测控制当前时刻，n 为预测控制步长，可以得到：

$$J(x)=\sum_{i=0}^{n-1} P\left[x_i(t+1)\right] U_t(t+1),\ x_i(t+1)\in \boldsymbol{X}, U_t(t+1)\in \boldsymbol{U} \tag{8-82}$$

式中，$\boldsymbol{X}$、$\boldsymbol{U}$ 为状态变量和控制输入量的约束集合；$x_i(t+1)$与 $U_t(t+1)$分别为系统状态变量和控制输入变量在预测时域 t 时刻对 $t+1$ 时刻的预测值。

在本例中，选取优化目标为

$$\min J(x)=\frac{1}{2}(\boldsymbol{S}_P^{\mathrm{T}} \boldsymbol{G} \boldsymbol{S}_P+\boldsymbol{U}_t^{\mathrm{T}} \boldsymbol{H} \boldsymbol{U}_t) \tag{8-83}$$

式中，$\boldsymbol{G}$、$\boldsymbol{H}$ 为系数矩阵。

解决预测控制问题即

$$\min J(x,u,t) \tag{8-84}$$

$$\frac{\partial J}{\partial u}=\frac{1}{2}\left[\left(\frac{\partial \boldsymbol{S}_P^{\mathrm{T}}(t+\tau)}{\partial \boldsymbol{S}}\right)^{\mathrm{T}} \boldsymbol{G} \boldsymbol{S}_P(t+\tau)+\left(\frac{\partial \boldsymbol{U}_t^{\mathrm{T}}(t+\tau)}{\partial \boldsymbol{U}}\right)^{\mathrm{T}} \boldsymbol{H} \boldsymbol{U}_t(t+\tau)\right]=0 \tag{8-85}$$

式中，$\tau>0$。

整理上述公式，可以得到

$$U_{sp}=\tau^2 L_U L_C^{\alpha-1}\left(\widetilde{\boldsymbol{Y}}^{(n)}-\frac{\boldsymbol{S}_P}{\tau}-\tau \widetilde{\boldsymbol{E}}_k\right) \tag{8-86}$$

定义控制系统的 Lyapunov 函数为

$$L_c(\boldsymbol{\Pi})=\boldsymbol{\Pi}^{\mathrm{T}} \widetilde{\boldsymbol{Q}} \boldsymbol{\Pi} \tag{8-87}$$

式中，$\boldsymbol{\Pi}$ 为误差增广矩阵，并且有$\boldsymbol{\Pi}=\left[\boldsymbol{S}_P \quad \widetilde{\boldsymbol{\mu}}^{\mathrm{T}}\right]^{\mathrm{T}}$。

令 $\boldsymbol{I}_s$、$\boldsymbol{I}_u$ 为相应维度的单位阵，$\gamma>0$，则 $\widetilde{\boldsymbol{Q}}=\begin{bmatrix} \frac{\boldsymbol{I}_s}{2} & 0 \\ 0 & \frac{\boldsymbol{I}_u}{2\gamma} \end{bmatrix}^{\mathrm{T}}$

Lyapunov 函数可以表示为

$$L_c(\boldsymbol{\Pi})=\begin{bmatrix}\boldsymbol{S}_P & \widetilde{\boldsymbol{\mu}}^{\mathrm{T}}\end{bmatrix}\begin{bmatrix}\dfrac{\boldsymbol{I}_s}{2} & 0\\ 0 & \dfrac{\boldsymbol{I}_u}{2\gamma}\end{bmatrix}^{\mathrm{T}}\begin{bmatrix}\boldsymbol{S}_P & \widetilde{\boldsymbol{\mu}}^{\mathrm{T}}\end{bmatrix}^{\mathrm{T}} \tag{8-88}$$

对控制系统 Lyapunov 函数求导可得

$$\dot{L}_c(\boldsymbol{\Pi})=\boldsymbol{S}_P^{\mathrm{T}}\dot{\boldsymbol{S}}_P+\frac{\widetilde{\boldsymbol{\mu}}^{\mathrm{T}}\dot{\widetilde{\boldsymbol{\mu}}}}{\gamma} \tag{8-89}$$

通过自适应规律可以得到：

$$\boldsymbol{S}_P^{\mathrm{T}}\dot{\boldsymbol{S}}_P\widetilde{\boldsymbol{\mu}}=\frac{\widetilde{\boldsymbol{\mu}}^{\mathrm{T}}\dot{\widetilde{\boldsymbol{\mu}}}}{\gamma} \tag{8-90}$$

则式(8-89)可以整理为

$$\begin{aligned}\dot{L}_c(\boldsymbol{\Pi})&=\boldsymbol{S}_P^{\mathrm{T}}\left[\widetilde{\boldsymbol{\Gamma}}_{n-a-1}(x,u,\dot{u},\cdots,u^{(n-a-1)})-\left(\frac{\widetilde{\boldsymbol{\mu}}^{\mathrm{T}}\dot{\widetilde{\boldsymbol{\mu}}}}{\gamma}+\boldsymbol{\omega}^{\mathrm{T}}\boldsymbol{\lambda}_f(x)+\boldsymbol{T}^{-1}\boldsymbol{S}_P+\beta\mathrm{sgn}(\boldsymbol{S}_P)\right)\right]\\&=\boldsymbol{S}_P^{\mathrm{T}}\left[\boldsymbol{\varepsilon}-\frac{\widetilde{\boldsymbol{\mu}}^{\mathrm{T}}\dot{\widetilde{\boldsymbol{\mu}}}}{\gamma}-\boldsymbol{T}^{-1}\boldsymbol{S}_P-\beta\mathrm{sgn}(\boldsymbol{S}_P)\right]\end{aligned} \tag{8-91}$$

联立上述公式，可以得到：

$$\begin{aligned}\dot{L}_c(\boldsymbol{\Pi})&=\boldsymbol{S}_P^{\mathrm{T}}\left[\boldsymbol{\varepsilon}-\frac{\widetilde{\boldsymbol{\mu}}^{\mathrm{T}}\dot{\widetilde{\boldsymbol{\mu}}}}{\gamma}-\boldsymbol{T}^{-1}\boldsymbol{S}_P-\beta\mathrm{sgn}(\boldsymbol{S}_P)\right]\\&=\boldsymbol{S}_P^{\mathrm{T}}\boldsymbol{\varepsilon}-\frac{\boldsymbol{S}_P^{\mathrm{T}}\widetilde{\boldsymbol{\mu}}^{\mathrm{T}}\dot{\widetilde{\boldsymbol{\mu}}}}{\gamma}-\boldsymbol{T}^{-1}\boldsymbol{S}_P^{\mathrm{T}}\boldsymbol{S}_P-\beta\mathrm{sgn}(\boldsymbol{S}_P)\boldsymbol{S}_P^{\mathrm{T}}\\&\leqslant\boldsymbol{S}_P^{\mathrm{T}}\boldsymbol{\omega}^{\mathrm{T}}\boldsymbol{\lambda}_f(x)-\frac{\boldsymbol{S}_P^{\mathrm{T}}\widetilde{\boldsymbol{\mu}}^{\mathrm{T}}\dot{\widetilde{\boldsymbol{\mu}}}}{\gamma}-\boldsymbol{T}^{-1}\boldsymbol{S}_P^{\mathrm{T}}\boldsymbol{S}_P-\|\boldsymbol{S}_P\|\Delta\\&\leqslant-\frac{\boldsymbol{S}_P^{\mathrm{T}}\widetilde{\boldsymbol{\mu}}^{\mathrm{T}}\dot{\widetilde{\boldsymbol{\mu}}}}{\gamma}-\boldsymbol{T}^{-1}\boldsymbol{S}_P^{\mathrm{T}}\boldsymbol{S}_P-\|\boldsymbol{S}_P\|\Delta\end{aligned} \tag{8-92}$$

当 $\Delta>0$ 时，可以得到，$\dot{L}_c(\boldsymbol{\Pi})<0$，系统稳定。

8.2.4 仿真分析

本例输入激励引用 6.5 节中的路面激励模型。

主动悬架滑模预测控制算法设计完成后，通过与设计的作动器非线性自适应 PID 伺服控制算法[4]相结合，可实现多轴应急救援车辆的主动悬架系统的闭环控制。

为了验证控制器的控制效果，以随机路面模型作为输入激励，通过 MATLAB/Simulink 建立仿真模型对主动悬架闭环控制系统进行仿真分析，仿真参数见文献[5]。为了对比主动悬架滑模预测控制算法的性能，本例中采用天棚阻尼控制主动悬架系统与被动悬架系统作为对照组。

图 8-5 所示为车身垂向位移输出的对比结果。由图中可以看出，被动悬架系统经历随机路面激励后，垂向位移发生明显变化，天棚阻尼控制算法与本例所设计的滑模预测控制算法对垂向位移波动有明显的抑制作用，并且滑模预测控制算法的控制效果好于传统的天棚阻尼控制算法。

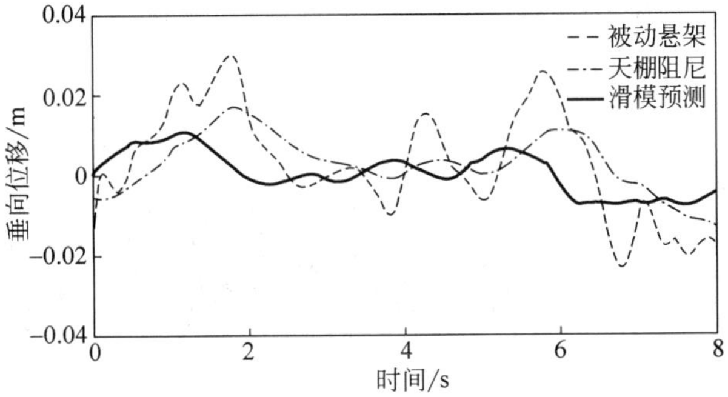

图 8-5　车身垂向位移对比图

图 8-6 与图 8-7 是以随机路面激励作为系统输入时，车身俯仰角与侧倾角的对比结果。由图中曲线我们可以得到，应用滑模预测控制算法的主动悬架系统对车辆的俯仰角和侧倾角依然保持了较好的控制效果，均好于被动悬架系统与天棚阻尼主动悬架系统。车辆质心处俯仰角与侧倾角的峰值及波动情况均得到了明显改善，主动悬架系统有效地提高了应急救援车辆的车身稳定性。

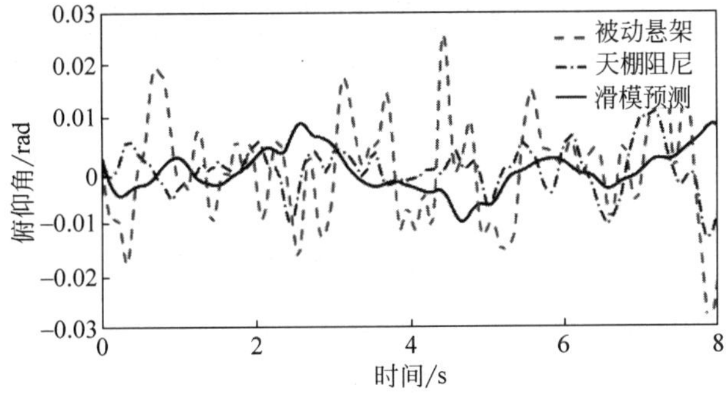

图 8-6　车身俯仰角对比图

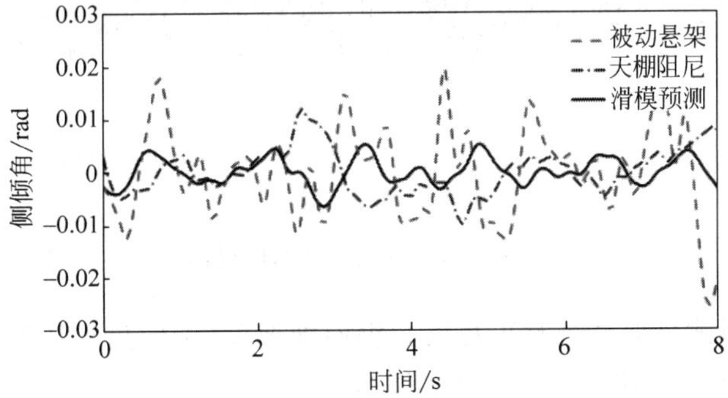

图 8-7　车身侧倾角对比图

图 8-8～图 8-10 为随机路面作为输入激励时，应急救援车辆车身垂向加速度、俯仰角加速度和侧倾角加速度对比图。由图中可以看到，被动悬架系统垂向加速度波动明显，幅值较高；滑模预测控制主动悬架系统加速度幅值明显低于天棚阻尼控制主动悬架系统。在车身俯仰角加速度与侧倾角加速度方面，滑模预测控制与天棚阻尼控制系统均获

得了较好的控制效果，与被动悬架系统相比，车身俯仰、侧倾角加速度峰值及波动情况有明显改善。

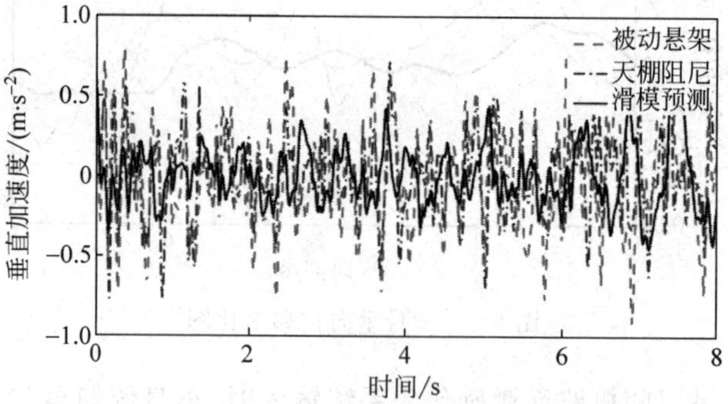

图 8-8　车身垂向加速度对比图

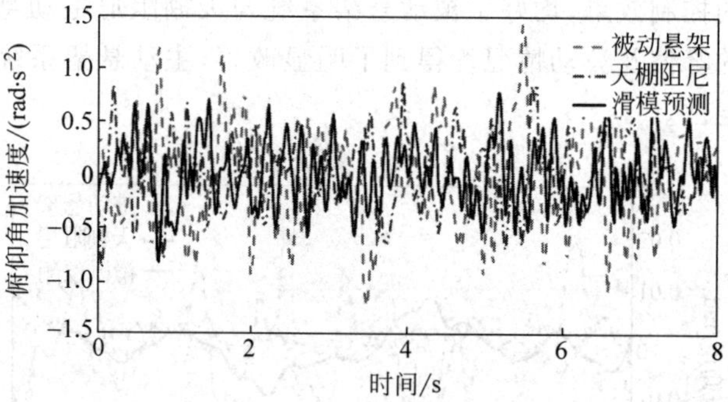

图 8-9　车身俯仰角加速度对比图

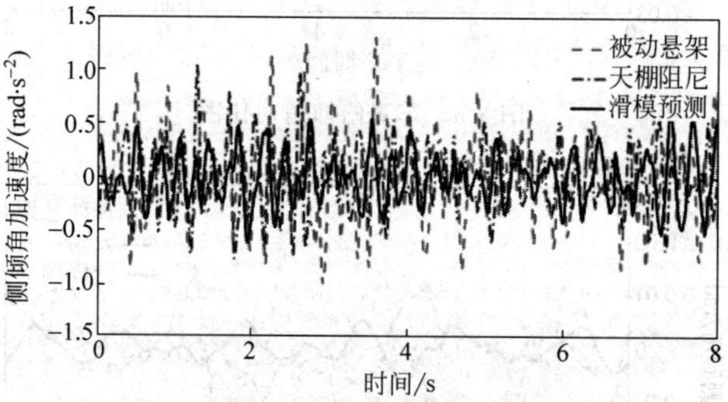

图 8-10　车身侧倾角加速度对比图

表 8-1 为三种形式悬架系统对车身质心垂向加速度、俯仰角加速度和侧倾角加速度的均方根值(root mean square，RMS)的计算结果。

表 8-1　各悬架系统加速度均方根值

RMS	滑模控制	天棚阻尼	被动悬架
垂向加速度/($m \cdot s^{-2}$)	0.1869	0.2582	0.3262
俯仰角加速度/($rad \cdot s^{-2}$)	0.2992	0.3284	0.4764
侧倾角加速度/($rad \cdot s^{-2}$)	0.2443	0.3116	0.3961

由表 8-1 中的数据可知，采用滑模预测控制算法的主动悬架系统的垂向加速度、俯仰角加速度及侧倾角加速度的均方根值小于被动悬架系统和天棚阻尼主动悬架系统。与被动悬架系统相比，滑模预测控制主动悬架系统的车身垂向加速度、俯仰角加速度和侧倾角加速度的均方根值分别降低 42.7%、37.2%、38.3%。在滑模预测控制主动悬架系统的作用下，多轴应急救援车辆的行驶平顺性有了显著提高，满足车辆对悬架系统的性能需求。

图 8-11 与图 8-12 分别为多轴应急救援车辆第一轴左、右两侧车轮的动位移对比图。由图中曲线的波动情况不难发现，两类主动悬架系统控制效果均好于被动悬架系统，并且滑模预测控制主动悬架系统的控制效果优于天棚阻尼主动悬架系统。主动悬架系统在提高车辆行驶平顺性的同时，满足了操纵稳定性的需求。

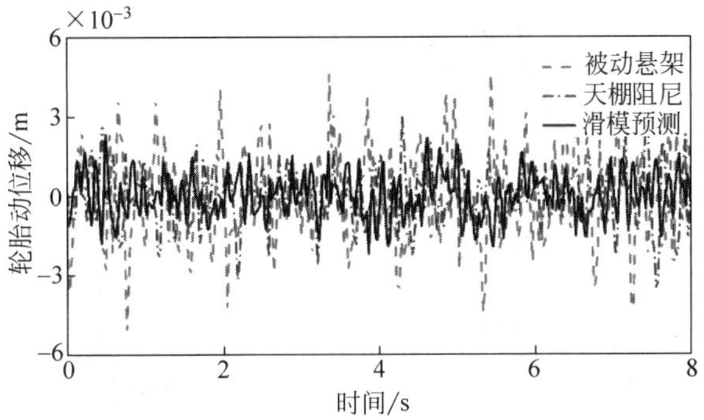

图 8-11 第一轴左侧轮胎动位移对比图

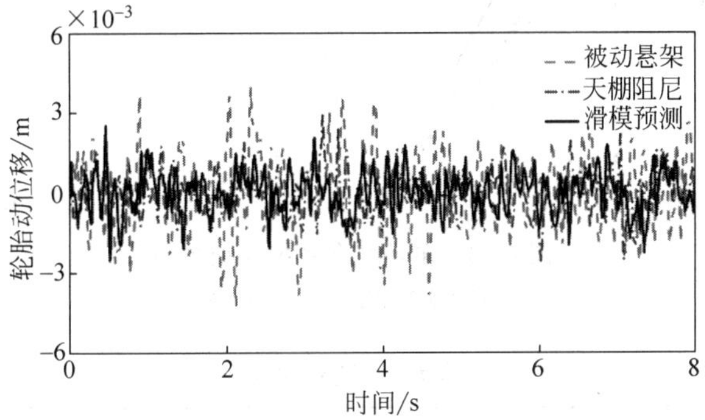

图 8-12 第一轴右侧轮胎动位移对比图

8.3 高机动应急救援车辆多轴转向与主动悬架系统的协调控制

本节针对应急救援车辆多轴转向系统与主动悬架系统的耦合问题，提出了一种协调控制策略[6]。首先，建立了应急救援车辆的 11 自由度耦合模型。其次，针对多轴转向系统设计了双滑模(DSM)控制器，针对主动悬架系统设计了双线性二次调节器(DLQR)控制器。

最后，设计了使用模糊算法选择权重的协调控制策略并通过实验验证了该协调控制策略的有效性。

8.3.1 转向与悬架系统耦合动力学模型

充分考虑车辆悬架系统与转向系统的耦合机理，本例的 11 自由度耦合模型以 6.3.2 节的九自由度整车主动悬架模型为基础，忽略轮胎的阻尼力，额外考虑了轮胎沿 y 轴的横向运动和簧载质量的横摆运动。多轴转向系统模型如图 8-13 所示，变量说明见表 8-2。

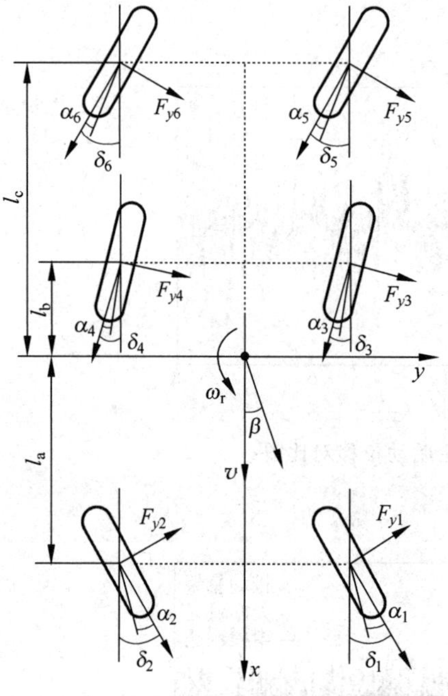

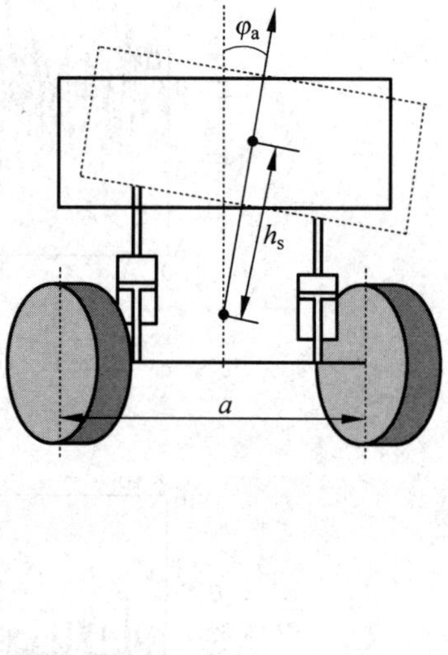

图 8-13 多轴转向系统模型视图

(a) 模型俯视图；(b) 模型主视图

表 8-2 变量说明

变量符号	物理量	单位
$F_{yi}(i=1,2,\cdots,6)$	每个轮胎所受横向力	N
$\alpha_i(i=1,2,\cdots,6)$	每个轮胎径向与水平线的夹角	rad
$\delta_i(i=1,2,\cdots,6)$	每个轮胎的偏转角	rad
l_a	质心与前轴的距离	m
l_b	质心与中轴的距离	m
l_c	质心与后轴的距离	m
ω_r	车身横摆角	rad
β	质心侧滑角	rad
h_s	簧载质心到车轴的距离	m

续表

变量符号	物 理 量	单　位
a	轮距	m
v	车速	m/s
φ_a	车身侧倾角	rad

根据牛顿第二定律，可以推导出车辆动力学方程：

$$mv(\dot{\beta}+\omega_r)-m_s h_s \ddot{\varphi}_a=\sum_{i=1}^{6} F_{yi}\cos\delta_i \tag{8-93}$$

$$I_z\dot{\omega}_r-I_{xz}\ddot{\varphi}_a=l_a F_{y1}\cos\delta_1+l_a F_{y2}\cos\delta_2-l_b F_{y3}\cos\delta_3-l_b F_{y4}\cos\delta_4-l_c F_{y5}\cos\delta_5-l_c F_{y6}\cos\delta_6 \tag{8-94}$$

$$\begin{aligned}I_x\ddot{\varphi}_a-m_s h_s v(\dot{\beta}+\omega_r)-I_{xz}\dot{\omega}_r=&\frac{a}{2}(-F_{a1}-F_{a3}-F_{a5}+F_{a2}+F_{a4}+F_{a6})+m_s g h_s\varphi_a+\\&\frac{a}{2}(U_1+U_3+U_5-U_2-U_4-U_6)\end{aligned} \tag{8-95}$$

$$m_s\ddot{z}_a=-(F_{a1}+F_{a2}+F_{a3}+F_{a4}+F_{a5}+F_{a6})+U_1+U_2+U_3+U_4+U_5+U_6 \tag{8-96}$$

$$\begin{aligned}I_y\ddot{\theta}_a-m_s h_s g\theta_a=&l_a(F_{a1}+F_{a2}-U_1-U_2)-l_b(F_{a3}+F_{a4}-U_3-U_4)-l_c(F_{a5}+\\&F_{a6}-U_5-U_6)\end{aligned} \tag{8-97}$$

其中，I_z 为关于 z 轴的惯性矩，I_x 为关于 x 轴的惯性矩，I_y 为关于 y 轴的惯性矩，θ_a 为车身俯仰角，z_a 为质心垂直位移，$z_{si}(i=1\sim6)$为每个悬架处簧载质量的垂直位移。F_{ai} 为弹簧弹力与阻尼力之和，F_{ti} 为轮胎垂向力，F_{yi} 为施加在轮胎上的横向力。设 $k_{\alpha i}$ 为轮胎的转弯刚度，则三者的计算式为

$$\begin{cases}F_{ai}=k_{si}(z_{si}-z_{ui})+c_{si}(\dot{z}_{si}-\dot{z}_{ui})\\F_{ti}=k_{ti}(z_{ui}-z_{ri})\\F_{yi}=k_{\alpha i}\alpha_i\end{cases}\quad i=1\sim6 \tag{8-98}$$

系统状态变量为 $\boldsymbol{X}=[z_a,\theta_a,\varphi_a,z_{u1},\cdots,z_{u6},\dot{z}_a,\dot{\theta}_a,\dot{\varphi}_a,\dot{z}_{u1},\cdots,\dot{z}_{u6},\beta,\omega_r]^{\mathrm{T}}$

系统的外部输入为 $\boldsymbol{W}=[F_{a1},\cdots,F_{a6},F_{t1},\cdots,F_{t6},F_{y1},\cdots,F_{y6}]^{\mathrm{T}}$

耦合模型中来自轮胎和悬架的力为非线性力，因此将非线性力作为车辆状态方程的外部输入。

定义耦合系统的控制向量 $\boldsymbol{U}=[U_1,U_2,U_3,U_4,U_5,U_6]^{\mathrm{T}}$

定义耦合系统的输出向量

$$\boldsymbol{Y}=[z_a,\theta_a,\varphi_a,\ddot{z}_a,\ddot{\theta}_a,\ddot{\varphi}_a,z_{s1}-z_{u1},\cdots,z_{s6}-z_{u6},z_{u1}-z_{r1},\cdots,z_{u6}-z_{r6},\beta,\omega_r]^{\mathrm{T}}$$

耦合系统状态空间表达式为

$$\begin{cases}\dot{\boldsymbol{X}}=\boldsymbol{A}_1\boldsymbol{X}+\boldsymbol{B}_1\boldsymbol{U}+\boldsymbol{C}_1\boldsymbol{W}\\\boldsymbol{Y}=\boldsymbol{D}_1\boldsymbol{X}+\boldsymbol{E}_1\boldsymbol{U}+\boldsymbol{F}_1\boldsymbol{W}\end{cases} \tag{8-99}$$

其中，

$$A_1=M^{-1}N,\quad B_1=M^{-1}R,\quad C_1=M^{-1}Q$$

式中，M、N、Q 和 R 均为系数矩阵，分别为

$$M=\begin{bmatrix} E_9 & 0_{9\times3} & 0_{9\times6} & 0_{9\times2} \\ 0_{3\times9} & \begin{bmatrix} m_s & 0 & 0 \\ 0 & I_y & 0 \\ 0 & 0 & I_x \end{bmatrix} & 0_{3\times6} & 0_{3\times2} \\ 0_{6\times9} & 0_{6\times3} & [m_{ui}]_{6\times6} & 0_{6\times2} \\ 0_{2\times9} & \begin{bmatrix} 0 & 0 & -m_s h_s \\ 0 & 0 & I_{xz} \end{bmatrix} & 0_{2\times6} & \begin{bmatrix} mv & 0 \\ 0 & I_z \end{bmatrix} \end{bmatrix},$$

$$[m_{ui}]_{6\times6}=\begin{bmatrix} m_{u1} & 0 & 0 & 0 & 0 & 0 \\ 0 & m_{u2} & 0 & 0 & 0 & 0 \\ 0 & 0 & m_{u3} & 0 & 0 & 0 \\ 0 & 0 & 0 & m_{u4} & 0 & 0 \\ 0 & 0 & 0 & 0 & m_{u5} & 0 \\ 0 & 0 & 0 & 0 & 0 & m_{u6} \end{bmatrix},$$

$$N=\begin{bmatrix} 0_{9\times3} & 0_{9\times6} & E_9 & 0_{9\times2} \\ \begin{bmatrix} 0 & 0 & 0 \\ 0 & m_s g h_s & 0 \\ 0 & 0 & m_s g h_s \end{bmatrix} & 0_{3\times6} & 0_{3\times9} & \begin{bmatrix} 0 & 0 \\ 0 & 0 \\ 0 & m_s g v \end{bmatrix} \\ 0_{6\times3} & 0_{6\times6} & 0_{6\times9} & 0_{6\times2} \\ 0_{2\times3} & 0_{2\times6} & 0_{2\times9} & \begin{bmatrix} 0 & -mv \\ 0 & 0 \end{bmatrix} \end{bmatrix}$$

$$Q=\begin{bmatrix} 0_{3\times6} & 0_{3\times6} & 0_{3\times6} & 0_{3\times3} \\ 0_{6\times6} & 0_{6\times6} & 0_{6\times6} & 0_{6\times3} \\ \begin{bmatrix} -1 & -1 & -1 & -1 & -1 & -1 \\ l_a & l_a & -l_b & -l_b & -l_c & -l_c \\ -\frac{a}{2} & \frac{a}{2} & -\frac{a}{2} & \frac{a}{2} & -\frac{a}{2} & \frac{a}{2} \end{bmatrix} & 0_{3\times6} & 0_{3\times6} & 0_{3\times6} \\ E_6 & -E_6 & 0_{6\times6} & \begin{bmatrix} 1 & 0 & 0 \\ -1 & 0 & 0 \\ 0 & 1 & 0 \\ 0 & -1 & 0 \\ 0 & 0 & 1 \\ 0 & 0 & -1 \end{bmatrix} \\ 0_{2\times6} & 0_{2\times6} & \begin{bmatrix} 1 & 1 & 1 & 1 & 1 & 1 \\ l_a & l_a & -l_b & -l_b & -l_c & -l_c \end{bmatrix} & 0_{2\times3} \end{bmatrix},$$

$$
\boldsymbol{R}=\begin{bmatrix} & & \mathbf{0}_{3\times 6} & & & \\ & & \mathbf{0}_{6\times 6} & & & \\ 1 & 1 & 1 & 1 & 1 & 1 \\ -l_{\mathrm{a}} & -l_{\mathrm{a}} & l_{\mathrm{b}} & l_{\mathrm{b}} & l_{\mathrm{c}} & l_{\mathrm{c}} \\ \dfrac{a}{2} & -\dfrac{a}{2} & \dfrac{a}{2} & -\dfrac{a}{2} & \dfrac{a}{2} & -\dfrac{a}{2} \\ & & \mathbf{0}_{2\times 6} & & & \end{bmatrix}
$$

8.3.2　多轴转向系统的 DSM 控制器

根据质心的横摆率和侧滑角设计了一种 DSM 控制器。此外，输出角度是解耦的。设前轴车轮偏转角 $\delta_{\mathrm{f}}=\delta_1=\delta_2$，中轴车轮偏转角 $\delta_{\mathrm{m}}=\delta_3=\delta_4$，后轴偏转角 $\delta_{\mathrm{r}}=\delta_5=\delta_6$。前轴轮胎的转弯刚度 $k_{\mathrm{f}}=k_{\alpha1}=k_{\alpha2}$，中轴轮胎的转弯刚度 $k_{\mathrm{m}}=k_{\alpha3}=k_{\alpha4}$，后轴轮胎的转弯刚度 $k_{\mathrm{r}}=k_{\alpha5}=k_{\alpha6}$。

式(8-93)和式(8-94)可表示为

$$
mv(\dot{\beta}+\omega_{\mathrm{r}})=(k_{\mathrm{f}}+k_{\mathrm{m}}+k_{\mathrm{r}})\beta+\frac{1}{v}(l_{\mathrm{a}}k_{\mathrm{f}}-l_{\mathrm{b}}k_{\mathrm{m}}-l_{\mathrm{c}}k_{\mathrm{r}})\omega_{\mathrm{r}}-k_{\mathrm{f}}\delta_{\mathrm{f}}-k_{\mathrm{m}}\delta_{\mathrm{m}}-k_{\mathrm{r}}\delta_{\mathrm{r}}+\Delta f_y \tag{8-100}
$$

$$
I_z\dot{\omega}_{\mathrm{r}}=(l_{\mathrm{a}}k_{\mathrm{f}}-l_{\mathrm{b}}k_{\mathrm{m}}-l_{\mathrm{c}}k_{\mathrm{r}})\beta+\frac{1}{v}(l_{\mathrm{a}}^2k_{\mathrm{f}}+l_{\mathrm{b}}^2k_{\mathrm{m}}+l_{\mathrm{c}}^2k_{\mathrm{r}})\omega_{\mathrm{r}}-l_{\mathrm{a}}k_{\mathrm{f}}\delta_{\mathrm{f}}+l_{\mathrm{b}}k_{\mathrm{m}}\delta_{\mathrm{m}}+l_{\mathrm{c}}k_{\mathrm{r}}\delta_{\mathrm{r}}+\Delta m_z \tag{8-101}
$$

设 δ_{m} 和 δ_{r} 为控制量，即

$$
\delta_\beta=-k_{\mathrm{m}}\delta_{\mathrm{m}}-k_{\mathrm{r}}\delta_{\mathrm{r}} \tag{8-102}
$$

$$
\delta_{\omega\mathrm{r}}=l_{\mathrm{b}}k_{\mathrm{m}}\delta_{\mathrm{m}}+l_{\mathrm{c}}k_{\mathrm{r}}\delta_{\mathrm{r}} \tag{8-103}
$$

由式(8-100)～式(8-103)可得

$$
\dot{\beta}=\frac{k_{\mathrm{f}}+k_{\mathrm{m}}+k_{\mathrm{r}}}{mv}\beta+\left(\frac{l_{\mathrm{a}}k_{\mathrm{f}}-l_{\mathrm{b}}k_{\mathrm{m}}-l_{\mathrm{c}}k_{\mathrm{r}}}{mv^2}-1\right)\omega_{\mathrm{r}}-\frac{k_{\mathrm{f}}}{mv}\delta_{\mathrm{f}}+\frac{1}{mv}\delta_\beta+\Delta F_y \tag{8-104}
$$

$$
\dot{\omega}_{\mathrm{r}}=\frac{l_{\mathrm{a}}k_{\mathrm{f}}-l_{\mathrm{b}}k_{\mathrm{m}}-l_{\mathrm{c}}k_{\mathrm{r}}}{I_z}\beta+\frac{(l_{\mathrm{a}}^2k_{\mathrm{f}}+l_{\mathrm{b}}^2k_{\mathrm{m}}+l_{\mathrm{c}}^2k_{\mathrm{r}})}{vI_z}\omega_{\mathrm{r}}-\frac{l_{\mathrm{a}}k_{\mathrm{f}}}{I_z}\delta_{\mathrm{f}}+\frac{1}{I_z}\delta_{\omega\mathrm{r}}+\Delta M_z \tag{8-105}
$$

式中，ΔF_y、ΔM_z 是系统未建模项，δ_β 是基于质心的侧偏转角的全轴角输出，$\delta_{\omega\mathrm{r}}$ 是基于横摆率的全轴角输出。

根据积分滑模控制[7]，基于质心侧滑角的滑动面函数可以设计为

$$
S_\beta=e_\beta+\xi_\beta\int_0^t e_\beta\mathrm{d}\tau \tag{8-106}
$$

基于横摆率的滑动面函数可设计为

$$
S_{\omega\mathrm{r}}=e_{\omega\mathrm{r}}+\xi_{\omega\mathrm{r}}\int_0^t e_{\omega\mathrm{r}}\mathrm{d}\tau \tag{8-107}
$$

式中，$e_\beta=\beta-\beta_{\mathrm{d}}$，$e_{\omega\mathrm{r}}=\omega_{\mathrm{r}}-\omega_{\mathrm{rd}}$，$\beta_{\mathrm{d}}$ 是 β 的控制目标，ω_{rd} 是 ω_{r} 的控制目标，ξ_β 和 $\xi_{\omega\mathrm{r}}$ 是可

调的正参数。

取式(8-106)和式(8-107)的一阶导数可得

$$\begin{aligned}\dot{S}_\beta &= \dot{e}_\beta + \xi_\beta e_\beta = (\dot{\beta} - \dot{\beta}_d) + \xi_\beta(\beta - \beta_d) \\ &= \left(\frac{k_f + k_m + k_r}{mv} + \xi_\beta\right)\beta + \left(\frac{l_a k_f - l_b k_m - l_c k_r}{mv^2} - 1\right)\omega_r - \frac{k_f}{mv}\delta_f + \frac{1}{mv}\delta_\beta - \dot{\beta}_d - \xi_\beta \beta_d\end{aligned} \tag{8-108}$$

$$\begin{aligned}\dot{S}_{\omega r} &= \dot{e}_{\omega r} + \xi_{\omega r} e_{\omega r} = (\dot{\omega}_r - \dot{\omega}_{rd}) + \xi_{\omega r}(\omega_r - \omega_{rd}) \\ &= \frac{l_a k_f - l_b k_m - l_c k_r}{I_z}\beta + \left(\frac{l_a^2 k_f + l_b^2 k_m + l_c^2 k_r}{I_z v} + \xi_{\omega r}\right)\omega_r - \frac{l_a k_f}{I_z}\delta_f + \frac{1}{I_z}\delta_{\omega r} - \dot{\omega}_{rd} - \xi_{\omega r}\omega_{rd}\end{aligned} \tag{8-109}$$

进一步可得，

$$\dot{S}_\beta = -K_\beta S_\beta - \varepsilon_\beta \operatorname{sgn}(S_\beta) \tag{8-110}$$

$$\dot{S}_{\omega r} = -K_{\omega r} S_{\omega r} - \varepsilon_{\omega r} \operatorname{sgn}(S_{\omega r}) \tag{8-111}$$

式中，K_β、ε_β，$K_{\omega r}$、$\varepsilon_{\omega r}$ 是不确定系数，可通过模拟实验获得。

根据式(8-106)～式(8-111)可得控制律

$$\delta_\beta = mv\left[\begin{aligned}&-\left(\frac{k_f + k_m + k_r}{mv} + \xi_\beta\right)\beta - \left(\frac{l_a k_f - l_b k_m - l_c k_r}{mv^2} - 1\right)\omega_r \\ &+ \frac{k_f}{mv}\delta_f + \xi_\beta\beta_d + \dot{\beta}_d - K_\beta S_\beta - \varepsilon_\beta \operatorname{sgn}(S_\beta)\end{aligned}\right] \tag{8-112}$$

$$\delta_{\omega r} = I_z\left[\begin{aligned}&-\frac{l_a k_f - l_b k_m - l_c k_r}{I_z}\beta - \left(\frac{l_a^2 k_f + l_b^2 k_m + l_c^2 k_r}{I_z v} + \xi_{\omega r}\right)\omega_r \\ &+ \frac{l_a k_f}{I_z}\delta_f + \dot{\omega}_{rd} + \xi_{\omega r}\omega_{rd} - K_{\omega r} S_{\omega r} - \varepsilon_{\omega r} \operatorname{sgn}(S_{\omega r})\end{aligned}\right] \tag{8-113}$$

基于质心侧滑角和横摆率的滑模控制器的 Lyapunov 函数定义为

$$V_\beta = \frac{1}{2}S_\beta^2 \tag{8-114}$$

$$V_{\omega r} = \frac{1}{2}S_{\omega r}^2 \tag{8-115}$$

将式(8-112)代入式(8-108)，将式(8-113)代入式(8-109)，计算式(8-114)和式(8-115)中 Lyapunov 函数的一阶导数，可以得到：

$$\dot{V}_\beta = S_\beta \dot{S}_\beta = -K_\beta S_\beta^2 - S_\beta \operatorname{sgn}(S_\beta) \leqslant 0 \tag{8-116}$$

$$\dot{V}_{\omega r} = S_{\omega r}\dot{S}_{\omega r} = -K_{\omega r} S_{\omega r}^2 - S_{\omega r}\operatorname{sgn}(S_{\omega r}) \leqslant 0 \tag{8-117}$$

根据方程(8-116)和式(8-117)可知 $\dot{V}_\beta$ 和 $\dot{V}_{\omega r}$ 总是小于零，即给定 $S_\beta(0)$ 和 $S_{\omega r}(0)$，$t \to \infty$，$S_\beta(t) \to 0$，$S_{\omega r}(t) \to 0$。因此，基于质心侧滑移角和横摆率的滑模控制器是稳定的。

根据式(8-102)和式(8-103)对 δ_β 和 $\delta_{\omega r}$ 进行解耦，可以得到控制器的中轴轮角和后轮输出：

$$\delta_m = -\frac{1}{l_c k_m - l_b k_m}\delta_{\omega r} - \frac{l_c}{l_c k_m - l_b k_m}\delta_\beta \tag{8-118}$$

$$\delta_r = \frac{1}{l_c k_r - l_b k_r}\delta_{\omega r} + \frac{l_b}{l_c k_r - l_b k_r}\delta_\beta \tag{8-119}$$

8.3.3 主动悬架的 DLQR 控制器

DLQR 控制器包括 LQR 集成控制器和 LQR 侧倾控制器。LQR 集成控制器是为主动悬架系统设计的，以降低车辆的垂直加速度、俯仰角和侧倾角。此外，LQR 侧倾控制器被设计用于进一步控制转向过程中的侧倾角。

LQR 集成控制器的输出矩阵 $\boldsymbol{Y}_1$ 和 LQR 侧倾控制器的输出矩阵 $\boldsymbol{Y}_2$ 表示为

$$\boldsymbol{Y}_1 = [\ddot{z}_a, \ddot{\theta}_a, \ddot{\varphi}_a, z_{s1}-z_{u1}, \cdots, z_{s6}-z_{u6}, z_{u1}-z_{r1}, \cdots, z_{u6}-z_{r6}]$$

$$\boldsymbol{Y}_2 = [\varphi_a, \ddot{\varphi}_a, z_{s1}-z_{u1}, \cdots, z_{s6}-z_{u6}, z_{u1}-z_{r1}, \cdots, z_{u6}-z_{r6}]$$

输出方程为

$$\boldsymbol{Y}_1 = \boldsymbol{D}_1\boldsymbol{X} + \boldsymbol{E}_1\boldsymbol{U}_z + \boldsymbol{F}_1\boldsymbol{W} \tag{8-120}$$

$$\boldsymbol{Y}_2 = \boldsymbol{D}_2\boldsymbol{X} + \boldsymbol{E}_2\boldsymbol{U}_\varphi + \boldsymbol{F}_2\boldsymbol{W} \tag{8-121}$$

式中，$\boldsymbol{D}_1$、$\boldsymbol{E}_1$、$\boldsymbol{F}_1$、$\boldsymbol{D}_2$、$\boldsymbol{E}_2$、$\boldsymbol{F}_2$ 为性能输出方程的系数矩阵，$\boldsymbol{X}$ 为状态变量，$\boldsymbol{W}$ 为系统的外部输入变量。

根据 LQR 控制[8]，LQR 集成控制器的目标函数 J_1 和 LQR 侧倾控制器的目标函数 J_2 为

$$\begin{aligned} J_1 &= \int_0^\infty [q_1\ddot{z}_a^2 + q_2\ddot{\theta}_a^2 + q_3\ddot{\varphi}_a^2 + q_4(z_{s1}-z_{u1})^2 + q_5(z_{s2}-z_{u2})^2 + q_6(z_{s3}-z_{u3})^2 + \\ &\quad q_7(z_{s4}-z_{u4})^2 + q_8(z_{s5}-z_{u5})^2 + q_9(z_{s6}-z_{u6})^2 + q_{10}(z_{u1}-z_{r1})^2 + \\ &\quad q_{11}(z_{u2}-z_{r2})^2 + q_{12}(z_{u3}-z_{r3})^2 + q_{13}(z_{u4}-z_{r4})^2 + q_{14}(z_{u5}-z_{r5})^2 + \\ &\quad q_{15}(z_{u6}-z_{r6})^2 + q_{16}\boldsymbol{U}_1^2 + q_{17}\boldsymbol{U}_2^2 + q_{18}\boldsymbol{U}_3^2 + q_{19}\boldsymbol{U}_4^2 + q_{20}\boldsymbol{U}_5^2 + q_{21}\boldsymbol{U}_6^2]\,\mathrm{d}t \\ &= \int_0^\infty (\boldsymbol{Y}_1^{\mathrm{T}}\boldsymbol{Q}_0\boldsymbol{Y}_1 + \boldsymbol{U}_z^{\mathrm{T}}\boldsymbol{R}_0\boldsymbol{U}_z)\,\mathrm{d}t \end{aligned} \tag{8-122}$$

$$\begin{aligned} J_2 &= \int_0^\infty [s_1\varphi_a^2 + s_2\ddot{\varphi}_a^2 + s_3(z_{s1}-z_{u1})^2 + s_4(z_{s2}-z_{u2})^2 + s_5(z_{s3}-z_{u3})^2 + \\ &\quad s_6(z_{s4}-z_{u4})^2 + s_7(z_{s5}-z_{u5})^2 + s_8(z_{s6}-z_{u6})^2 + s_9(z_{u1}-z_{r1})^2 + \\ &\quad s_{10}(z_{u2}-z_{r2})^2 + s_{11}(z_{u3}-z_{r3})^2 + s_{12}(z_{u4}-z_{r4})^2 + s_{13}(z_{u5}-z_{r5})^2 + \\ &\quad s_{14}(z_{u6}-z_{r6})^2 + s_{15}\boldsymbol{U}_1^2 + s_{16}\boldsymbol{U}_2^2 + s_{17}\boldsymbol{U}_3^2 + s_{18}\boldsymbol{U}_4^2 + s_{19}\boldsymbol{U}_5^2 + s_{20}\boldsymbol{U}_6^2]\,\mathrm{d}t \\ &= \int_0^\infty (\boldsymbol{Y}_2^{\mathrm{T}}\boldsymbol{S}_0\boldsymbol{Y}_2 + \boldsymbol{U}_\varphi^{\mathrm{T}}\boldsymbol{T}_0\boldsymbol{U}_\varphi)\,\mathrm{d}t \end{aligned} \tag{8-123}$$

其中，

$$\boldsymbol{Q}_0 = \mathrm{diag}(q_1 q_2 q_3 \cdots q_{15}),\quad \boldsymbol{S}_0 = \mathrm{diag}(s_1 s_2 s_3 \cdots s_{15})$$

$$\boldsymbol{R}_0 = \mathrm{diag}(q_{16} q_{17} \cdots q_{21}),\quad \boldsymbol{T}_0 = \mathrm{diag}(s_{16} s_{17} \cdots s_{20})$$

式中，$\boldsymbol{Q}_0$、$\boldsymbol{S}_0$ 分别是 $\boldsymbol{Y}_1$ 和 $\boldsymbol{Y}_2$ 的权重系数，$\boldsymbol{R}_0$、$\boldsymbol{T}_0$ 分别是 $\boldsymbol{U}_z$ 和 $\boldsymbol{U}_\varphi$ 的权重系数。

通过将式(8-120)代入式(8-122)，将式(8-121)代入式(8-123)，可以得到：

$$J_1 = \int_0^\infty (\boldsymbol{X}^{\mathrm{T}}\boldsymbol{Q}_d\boldsymbol{X} + 2\boldsymbol{D}_1^{\mathrm{T}}\boldsymbol{N}_d\boldsymbol{E}_1 + \boldsymbol{U}_z^{\mathrm{T}}\boldsymbol{R}_d\boldsymbol{U}_z)\,\mathrm{d}t \tag{8-124}$$

$$J_2=\int_0^{\infty}(\boldsymbol{X}^{\mathrm{T}}\boldsymbol{S}_{\varphi}\boldsymbol{X}+2\boldsymbol{D}_2^{\mathrm{T}}\boldsymbol{N}_{\varphi}\boldsymbol{E}_2+\boldsymbol{U}_{\varphi}^{\mathrm{T}}\boldsymbol{R}_{\varphi}\boldsymbol{U}_{\varphi})\,\mathrm{d}t \tag{8-125}$$

其中，$\boldsymbol{Q}_{\mathrm{d}}=\boldsymbol{D}_1^{\mathrm{T}}\boldsymbol{Q}_0\boldsymbol{D}_1$，$\boldsymbol{N}_{\mathrm{d}}=\boldsymbol{D}_1^{\mathrm{T}}\boldsymbol{Q}_0\boldsymbol{E}_1$，$\boldsymbol{R}_{\mathrm{d}}=\boldsymbol{E}_1^{\mathrm{T}}\boldsymbol{Q}_0\boldsymbol{E}_1+\boldsymbol{R}_0$，$\boldsymbol{S}_{\varphi}=\boldsymbol{D}_2^{\mathrm{T}}\boldsymbol{S}_0\boldsymbol{D}_2$，$\boldsymbol{N}_{\varphi}=\boldsymbol{D}_2^{\mathrm{T}}\boldsymbol{S}_0\boldsymbol{E}_2$，$\boldsymbol{R}_{\varphi}=\boldsymbol{D}_2^{\mathrm{T}}\boldsymbol{S}_0\boldsymbol{E}_2+\boldsymbol{T}_0$

根据最优控制理论，如果悬架驱动力 $\boldsymbol{U}_{zi}=-\boldsymbol{K}_z\boldsymbol{X}$ 和 $\boldsymbol{K}_{\varphi i}=-\boldsymbol{K}_{\varphi}\boldsymbol{X}$，则在约束条件下，系统的目标函数方程可以最小化。其中 $\boldsymbol{K}_z$ 和 $\boldsymbol{K}_{\varphi}$ 为最优反馈增益矩阵，$\boldsymbol{K}_z=\boldsymbol{R}_{\mathrm{d}}^{-1}\boldsymbol{N}_{\mathrm{d}}^{\mathrm{T}}+\boldsymbol{R}_{\mathrm{d}}^{-1}\boldsymbol{B}_1^{\mathrm{T}}\boldsymbol{P}_1$，$\boldsymbol{K}_{\varphi}=\boldsymbol{R}_{\varphi}^{-1}\boldsymbol{N}_{\varphi}^{\mathrm{T}}+\boldsymbol{R}_{\varphi}^{-1}\boldsymbol{B}_2^{\mathrm{T}}\boldsymbol{P}_2$，矩阵 $\boldsymbol{P}_1$ 和 $\boldsymbol{P}_2$ 由 Riccati 方程得到。

8.3.4 多轴转向与主动悬架系统的协调控制

悬架系统和转向系统是车辆底盘上两个重要的耦合子系统，它们共同决定了车辆的乘坐舒适性和操控稳定性。多轴转向和主动悬架系统的协调控制策略如图 8-14 所示。显然，这里设计的协调控制策略包括执行层、控制层和协调层。执行层由多轴转向系统和主动悬架系统组成，控制层由转向 DSM 和主动悬架 DLQR 控制器组成，协调层由上位协调控制器组成。

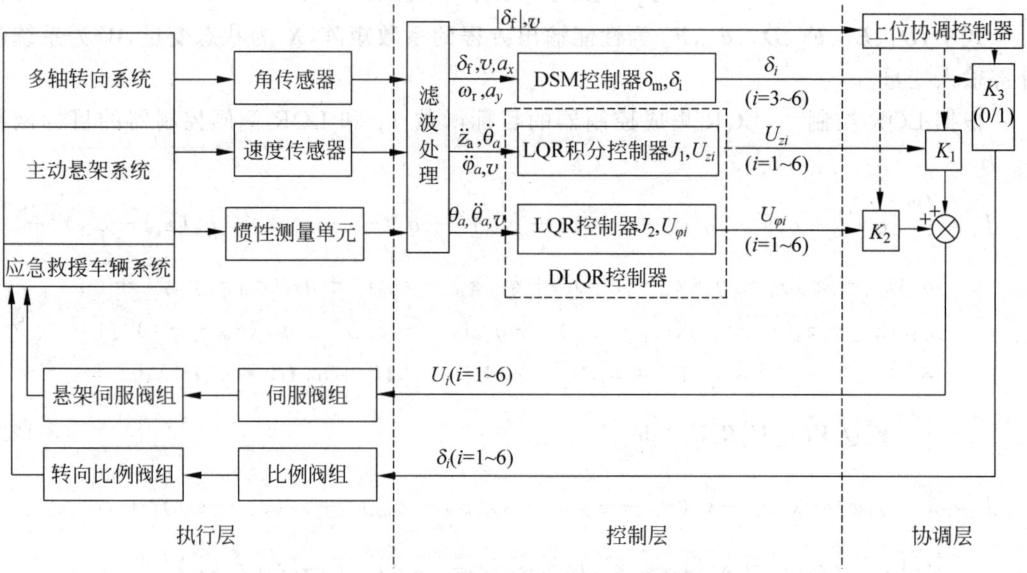

图 8-14　协调控制策略

上层协调控制器根据车速 v 和前轮角 $|\delta_{\mathrm{f}}|$ 实时调整重量系数 K_1、K_2、K_3。为实现各子控制器的协调，控制规则为

$$\mathrm{IF}\,(v>0 \text{ and } |\delta_{\mathrm{f}}|<\delta_0),\quad \mathrm{THEN}\ K_3=0$$

此时，主动悬架 DLQR 控制器旨在提高车辆的光滑度。仅依靠主动悬架系统的集成控制器，就能取得令人满意的效果，即权重 K_1 应增加而 K_2 应减少，多轴转向控制器停止工作，$K_3=0$。

$$\mathrm{IF}\,(v>0 \text{ and } |\delta_{\mathrm{f}}|\geqslant\delta_0),\quad \mathrm{THEN}\ K_3=1$$

此时，车辆受到横向扭矩的影响，车身会有较大的侧倾角，且侧倾角会随着 $|\delta_{\mathrm{f}}|$ 的增大而增大。这时的主要任务是提高车辆的操纵稳定性，减小车身侧倾角。主动悬架 DLQR 控制器和转向 DSM 控制器同时工作，降低权重系数 K_1，而 K_2 应增加，$K_3=1$。

考虑到现场紧急救援的实际情况，$|\delta_f|$最大设为 32°，最大车速设为 40km/h。因此上层协调控制器的前轮偏转角$|\delta_f| \in [0,32]$，车速 $v \in [0,40]$。模糊子集为[ZO,PS,PM,PB,PVB]，采用高斯隶属度函数，如图 8-15 所示。

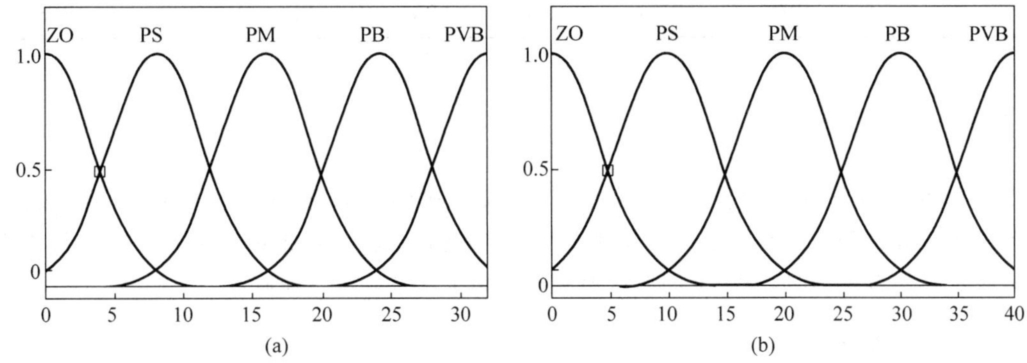

图 8-15　输入值的隶属度函数

(a) 前轮偏转角$|\delta_f|$；(b) 车速 v

输出 $K_1 \in [0,1]$ 和 $K_2 \in [0,1]$，模糊子集为[PES,PVS,PS,PM,PB,PVB,PEB]，采用高斯隶属度函数，如图 8-16 所示。K_1 和 K_2 的模糊控制规则见表 8-3 和表 8-4。

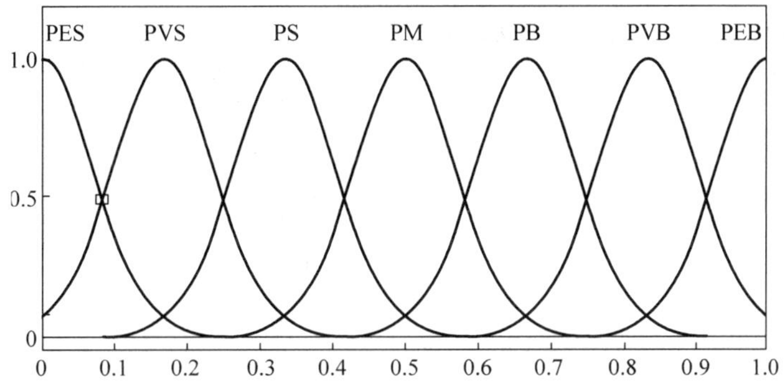

图 8-16　K_1 和 K_2 的隶属函数

主动悬架系统的驱动力 U_i 为

$$U_i = K_1 U_{zi} + K_2 U_{\varphi i}, \quad i = 1 \sim 6 \tag{8-126}$$

表 8-3　K_1 的模糊控制规则

v	δ_f				
	ZO	PS	PM	PB	PVB
	K_1				
ZO	PES	PES	PVS	PS	PM
PS	PES	PVS	PS	PM	PB
PM	PVS	PM	PB	PB	PVB
PB	PS	PM	PB	PVB	PVB
PVB	PS	PB	PVB	PEB	PEB

表 8-4 K_2 的模糊控制规则

权重系数	模糊控制规则						
K_1	PES	PVS	PS	PM	PB	PVB	PEB
K_2	PEB	PEB	PB	PM	PS	PVS	PES

8.3.5 仿真分析

以非线性耦合模型为控制对象，比较了两种典型条件下分级控制和协调控制的MATLAB/Simulink仿真结果。在单独控制时，多轴转向系统和主动悬架系统被独立控制。在进行协调控制时，采用上层协调控制器对两个子系统进行控制。

1. 步进角度

根据6.5节内容，采用功率谱密度来描述路面不平度的统计特性。车辆以35km/h的速度在C级路面行驶，前桥角是一个步进信号，振幅为π/6。分级控制与协调控制的对比仿真结果如图8-17所示，性能指标的均方根(RMS)值见表8-5。

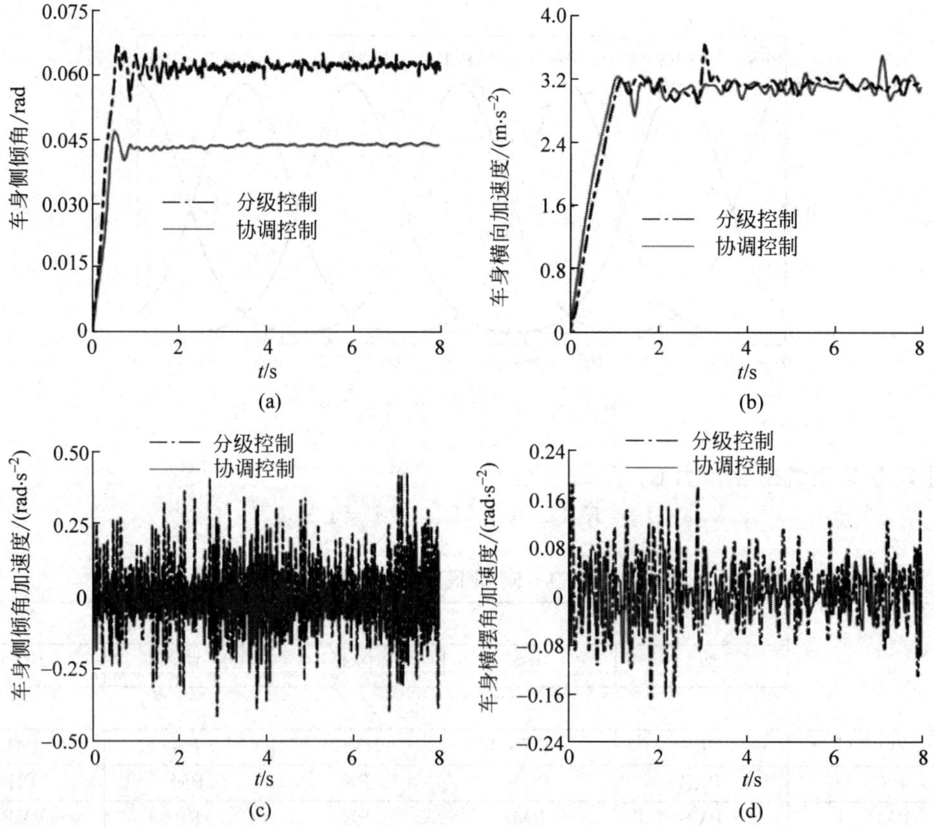

图 8-17 转向响应

(a) 车身侧倾角；(b) 车身横向加速度；(c) 车身侧倾角加速度；(d) 车身横摆角加速度

表 8-5 性能指标的均方根值

性能指数	分级控制	协调控制
车身侧倾角/rad	0.0607	0.0425(下降 29.98%)
车身侧倾角加速度/$(rad \cdot s^{-2})$	0.1635	0.1163(下降 28.87%)
车身横摆角加速度/$(rad \cdot s^{-2})$	0.0756	0.0581(下降 23.15%)
车身横向加速度/$(m \cdot s^{-2})$	3.1512	3.0642

由图 8-17 和表 8-5 可以看出,与分级控制相比,分层控制下的侧倾角的 RMS 值降低了 29.98%,说明协调控制器可以有效地降低车辆在转弯时产生的侧倾角。横向加速度差异不大,说明协调控制下的转向能力没有减弱。侧倾角加速度和横摆角加速度也分别下降了 28.87%和 23.15%。因此,所提出的协调控制可以有效地提高应急救援车的转向性能。

2. 双车道变更

车辆以 35km/h 的速度在 B 级路面上行驶,并采用了双车道变更。分级控制与协调控制的对比仿真结果如图 8-18 所示,性能指标的均方根值见表 8-6。

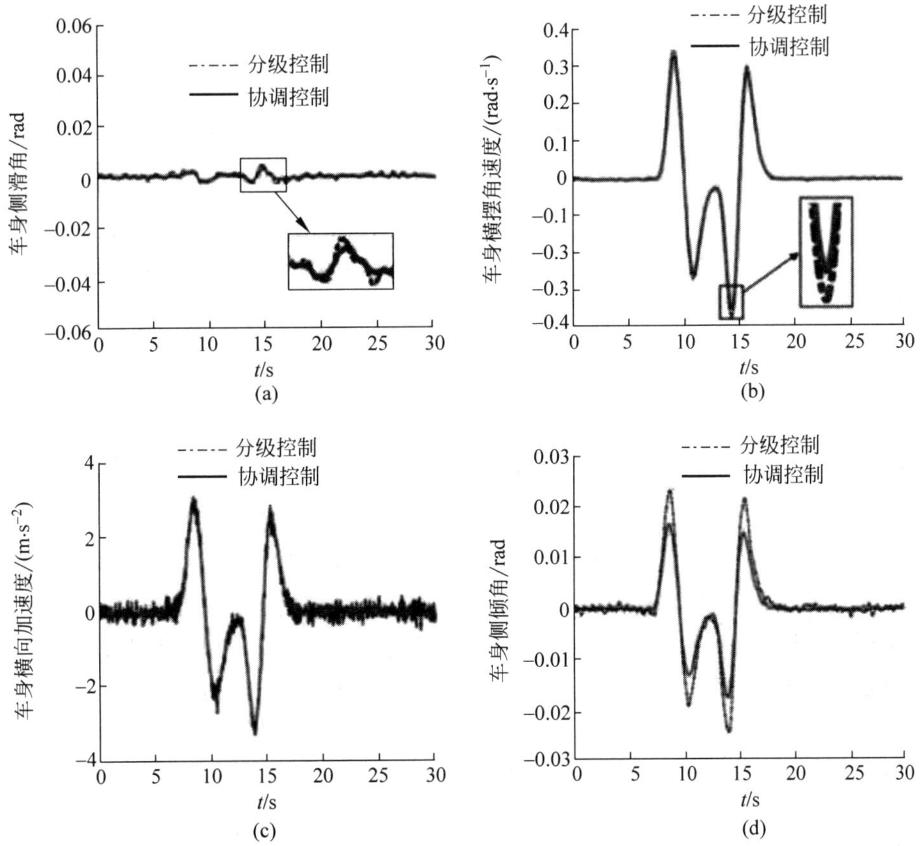

图 8-18 双车道变向响应

(a) 车身侧滑角;(b) 车身横摆角速度;(c) 车身横向加速度;(d) 车身侧倾角;(e) 车身侧倾角速度;(f) 车身侧倾角加速度

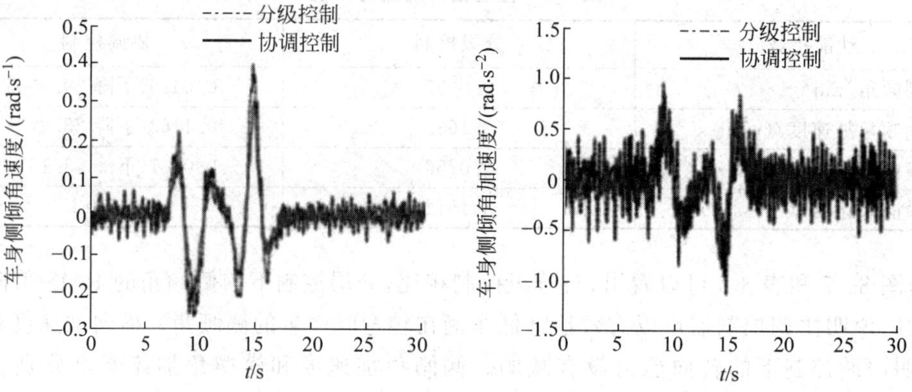

图 8-18(续)

表 8-6 双车道变向性能指标的均方根值

性能指数	分级控制	协调控制
车身侧滑角/rad	0.0012	0.001(下降 16.67%)
车身侧倾角/rad	0.0077	0.0056(下降 27.82%)
车身侧倾角速度/(rad・s^{-1})	0.0895	0.0626(下降 30.01%)
车身侧倾角加速度/(rad・s^{-2})	0.2713	0.2134(下降 21.31%)

从图 8-18 和表 8-6 可以看出,在双线变化条件下,与分级控制相比,协调控制下的质心侧滑角、侧倾角、侧倾角速度和侧倾角加速度的 RMS 值分别降低了 16.67%、27.82%、30.01%和 21.31%。此外,横摆角速度的峰值被降低,横向加速度更加稳定,从而提高了车辆的转弯能力。最终,在双线变化的条件下,协调控制可以有效地提高应急救援车的稳定性和转向性能。

8.4 主动悬架系统双通道事件触发自适应最优控制

针对 1/4 车电磁主动悬架系统刚度和道路输入未知的情况,本节提出了一种基于事件触发的自适应神经网络最优控制策略[9]。通过在传感器到控制器(sensor to controller,SC)和控制器到执行器(controller to actuators,CA)双通道中应用事件触发机制,从而在双通道中实现了通信节省。同时,构造了两个独立的触发条件,以保证最佳的控制性能和系统稳定性。通过强化学习(reinforcement learning,RL)方法,构造了神经网络系统(neural networks system,NNs)的 Critic-Actor 结构,以逼近汉密尔顿-雅克比-贝尔曼方程(Hamilton-Jacobi-Bellman equation,HJB)方程的解;构造待定连续虚拟控制律解决反步法设计中出现的“虚拟控制律的跳跃”问题,利用事件触发自适应观测器对未知道路输入进行估计,并通过仿真实验证明了所提方案的有效性。

8.4.1　主动悬架系统动力学模型

引用 6.1 节的主动悬架单元模型，由文献[10]可知，输出力 F 与控制电压 u 的关系为 $\dot{F}=Au/L-FR/L$，其中 A 为电流系数，R 为等效电阻，L 为等效电感。综上，主动悬架单元的动力学方程可描述为

$$\begin{cases} m_{\mathrm{s}}\ddot{z}_{\mathrm{s}}+k_{\mathrm{s}}(z_{\mathrm{s}}-z_{\mathrm{u}})+c_{\mathrm{d}}(\dot{z}_{\mathrm{u}}-\dot{z}_{\mathrm{s}})-F=0 \\ m_{\mathrm{u}}\ddot{z}_{\mathrm{u}}-k_{\mathrm{s}}(z_{\mathrm{s}}-z_{\mathrm{u}})-c_{\mathrm{d}}(\dot{z}_{\mathrm{u}}-\dot{z}_{\mathrm{s}})+c_{\mathrm{b}}(\dot{z}_{\mathrm{u}}-\dot{z}_{\mathrm{r}})+k_{\mathrm{t}}(z_{\mathrm{u}}-z_{\mathrm{r}})+F=0 \\ \dot{F}=\dfrac{Au}{L}-\dfrac{FR}{L} \end{cases} \tag{8-127}$$

用式(8-127)中的第一个微分方程减去第二个微分方程，令 $x_1=z_{\mathrm{s}}-z_{\mathrm{u}}, x_2=\dot{z}_{\mathrm{s}}-\dot{z}_{\mathrm{u}}, x_3=MF, M=1/m_{\mathrm{s}}+1/m_{\mathrm{u}}$，可得

$$\begin{cases} \dot{x}_1=x_2 \\ \dot{x}_2=x_2+h_2(x_1,x_2)+d \\ \dot{x}_3=-\dfrac{R}{L}x_3+\dfrac{MA}{L}u \end{cases} \tag{8-128}$$

式中，$h_2(x_1,x_2)=-k_{\mathrm{s}}Mx_1-c_{\mathrm{d}}Mx_2, d=c_{\mathrm{b}}(\dot{z}_{\mathrm{u}}-\dot{z}_{\mathrm{r}})/m_{\mathrm{u}}+k_{\mathrm{t}}(z_{\mathrm{u}}-z_{\mathrm{r}})/m_{\mathrm{u}}$。式中，$h_2(x_1,x_2)$表示未知刚度，$d$ 表示未知道路输入。其他参数在式(8-128)中视为已知。同时，为了保证控制的可行性，提出了假设 8.1。

假设 8.1　式(8-128)输入状态稳定，式中的 d 和 $\dot{d}$ 有界。

根据文献[13]的分析，上述假设是合理的。主动悬架系统的状态稳定特性保证了驾驶的安全性。从 d 的结构观察可知，z_{r} 和 $\dot{z}_{\mathrm{r}}$ 在实际中是有界的，z_{u} 和 $\dot{z}_{\mathrm{u}}$ 在所讨论的紧集中是有界的。

对于 x 所在的紧集中的所有 $f(x)$ 均可以使用 RBF(径向基)神经网络表示为

$$f(x)=\boldsymbol{W}^{\mathrm{T}}\boldsymbol{\varphi}(x)+\varepsilon(x) \tag{8-129}$$

式中，$\boldsymbol{W}$ 为神经权重向量，$\boldsymbol{\varphi}(x)$为神经基函数向量，满足$\boldsymbol{\varphi}^{\mathrm{T}}(x)\boldsymbol{\varphi}(x)\leqslant 1$，$\varepsilon(x)$为近似误差且满足 $\bar{\varepsilon}>0$。

8.4.2　事件触发的扰动观测器

根据双通道事件触发机制，设计触发条件为

触发条件 1

$$|\mu(t)|<\mu_x \wedge \|\varphi_\mu(t)\|<\mu_x \wedge |e_x^{\mathrm{T}}e_x|<\mu_x \tag{8-130}$$

触发条件 2

$$e_v^2<\mu_u \tag{8-131}$$

式(8-130)中的连接符号“∧”表示的是“且”的意思，$\mu_x>0$ 和 $\mu_u>0$ 为触发阈值。

其中，

$$\mu(t)=M^2A^2/4L^2(\boldsymbol{k}^{\mathrm T}\boldsymbol{x}\boldsymbol{x}^{\mathrm T}\boldsymbol{k}-\boldsymbol{k}^{\mathrm T}\boldsymbol{x}(t_j^x)\boldsymbol{x}^{\mathrm T}(t_j^x)\boldsymbol{k})+R/L(\boldsymbol{k}^{\mathrm T}\boldsymbol{x}\boldsymbol{x}_3-\boldsymbol{k}^{\mathrm T}\boldsymbol{x}(t_j^x)\boldsymbol{x}_3(t_j^x))$$

$$\varphi_\mu(t)=R/L(\boldsymbol{\varphi}_2(t_j^x)x_3(t_j^x)-\boldsymbol{\varphi}_2x_3)+M^2A^2/(2L^2)(\boldsymbol{k}^{\mathrm T}\boldsymbol{x}(t_j^x)\boldsymbol{\varphi}_2(t_j^x)-\boldsymbol{k}^{\mathrm T}\boldsymbol{x}\boldsymbol{\varphi}_2)$$

注：$t_j^x,t_j^u,j=0,1,\cdots,n$ 分别是 SC 和 CA 通道中的触发时刻；$t_0^x=t_0^u$ 为开始时间点。很明显，式(8-130)和式(8-131)中不等式左边的值在 t_j^x 和 t_j^u 处等于 0。由于紧集的影响，不等式左边的增长率是有界的。因此，左边的式子从 0 到 μ_x 和 μ_u 必然存在两个最小事件间隔时间 δ_x 和 δ_u，这样就避免了“芝诺”行为。

当触发条件 1 和触发条件 2 分别被违反时，测量状态向量 $\boldsymbol{x}=[x_1,x_2,x_3]^{\mathrm T}$ 和连续控制律 v 通过 SC 通道和 CA 通道进行间歇传输。$\boldsymbol{x}(t_j^x)$表示事件触发的 $\boldsymbol{x}$ 采样，而 $x_i(t_j^x)$表示分别针对 $i=1,2,3$ 的元素进行采样，$\boldsymbol{x}(t_j^x)$和 $x_i(t_j^x)$在控制器中参与计算，$e_x=\boldsymbol{x}(t_j^x)-\boldsymbol{x}$ 表示状态向量采样误差。由于 u 是式(8-128)的实控输入，所以 CA 通道中的 ETC 选择 $u=v(t_j^u)$，定义 $e_v=v(t_j^u)-v$ 为控制误差。当 $t\in(t_j^x,t_{j+1}^x]$和 $t\in(t_j^u,t_{j+1}^u]$时，$x(t_j^x)$和 $v(t_j^u)$的事件时间寄存于零阶保持器（ZOHs）中。所提出的事件触发优化方案如图 8-19 所示。

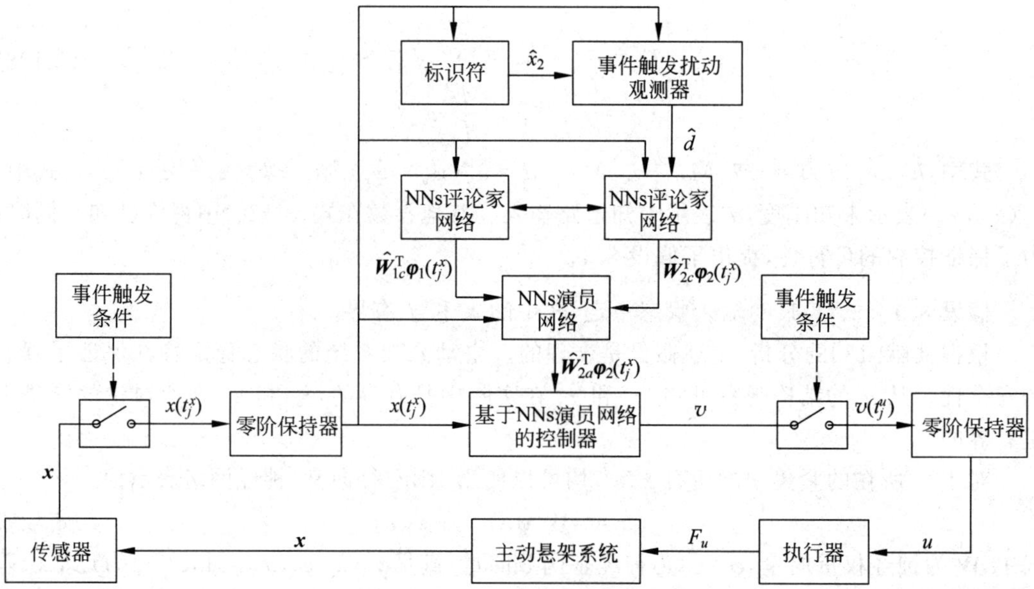

图 8-19　事件触发优化方案示意图

扰动观测器的设计步骤如下：

对于式(8-128)中的 $h_2(x_1,x_2)$和 d，根据式(8-129)可得 $h_2(x_1,x_2)=\boldsymbol{W}_h^{\mathrm T}\boldsymbol{\varphi}_h(x)+\varepsilon_h(x)$，$x_2$ 估计值的微分方程可以构造为

$$\dot{\hat{x}}_2=x_3(t_j^x)+\hat{\boldsymbol{W}}_h^{\mathrm T}\boldsymbol{\varphi}_h(\boldsymbol{x}(t_j^x))+\hat{d}+k_h(x_2(t_j^x)-\hat{x}_2) \tag{8-132}$$

式中，$k_h>0$ 是调节参数。通过式(8-132)减去式(8-128)中的 $\dot{x}_2$ 得到

$$\dot{\tilde{x}}_2=-e_{x_3}-k_he_{x_2}-k_h\tilde{x}_2+\tilde{\boldsymbol{W}}_h^{\mathrm T}\boldsymbol{\varphi}_h(t_j^x)+\tilde{d}+\tilde{\boldsymbol{W}}_h^{\mathrm T}(\boldsymbol{\varphi}_h-\boldsymbol{\varphi}_h(t_j^x))+\varepsilon_h \tag{8-133}$$

为保证式(8-133)的稳定性，将 W_h 的自适应律设计为

$$\dot{\hat{W}}_h=\Gamma_h(\boldsymbol{\varphi}_h(t_j^x)(x_2(t_j^x)-\hat{x}_2)-\sigma_h\hat{\boldsymbol{W}}_h) \tag{8-134}$$

式中，$\Gamma_h>0$ 表示学习率，$\sigma_h>0$ 用于防止参数漂移。

于是，干扰观测器设计为

$$\dot{\hat{d}}=\Gamma_d(x_2(t_j^x)-\hat{x}_2-\sigma_d\hat{d}) \tag{8-135}$$

式中，$\Gamma_d>0$ 且 $\sigma_d>0$。

8.4.3 事件触发最优控制设计

这里的控制目标为：设计事件触发的控制输入 u 的最优控制方案，使悬架垂向位移 x_1 稳定，所需的控制能量更少，在跟踪精度和控制成本之间实现最佳平衡。

根据文献[11]可得，最优代价函数的形式为

$$J^*=\min_{u\in\Omega_u}\int_t^{+\infty}r(x,u)\mathrm{d}\tau=\int_t^{+\infty}r(x,u^*)\mathrm{d}\tau \tag{8-136}$$

式中，u^* 是最优控制策略，Ω_u 是 u 的紧集，$r=Q(x)+u^2$，同时，$Q(x)\geqslant 0$ 且 $Q(0)=0$。

通过对式(8-136)两边微分，可得到 HJB 方程为

$$\begin{aligned}H^*\left(\boldsymbol{x},u^*,\frac{\partial J^*}{\partial x}\right)=&\frac{\partial J^*}{\partial x_1}x_2+\frac{\partial J^*}{\partial x_1}(x_3+h_2(x)+d)+\\&\frac{\partial J^*}{\partial x_3}\left(-\frac{R}{L}x_3+\frac{MA}{L}u^*\right)+x_1^2+u^{*2}=0\end{aligned} \tag{8-137}$$

考虑到式(8-137)中未知的代价函数和系统动态参数，定义 NNs 为

$$\frac{\partial J^*}{\partial x_1}x_2+\frac{\partial J^*}{\partial x_1}(x_3+h_2(x)+d)+x_1^2=\boldsymbol{W}_1^{\mathrm{T}}\boldsymbol{\varphi}_1(\boldsymbol{x},\hat{d})+\varepsilon_1(\boldsymbol{x},\tilde{d}) \tag{8-138}$$

式中，$\tilde{d}$ 和 $\varepsilon_1(\boldsymbol{x},\tilde{d})$ 是有界的。

为便于随后的反步法设计的进行，定义一个标量函数 $J_c^*=J^*-k_1x_1x_3-k_2x_2x_3-k_3x_3^2/2$，其中，$k_1>0$，$k_2>0$ 和 $k_3>0$ 是稍后设计的调节参数。因此，另一个 NNs 被定义为

$$\frac{\partial J^*}{\partial x_3}=\frac{\partial J^*}{\partial x_3}+k_1x_1+k_2x_2+k_3x_3=\boldsymbol{W}_2^{\mathrm{T}}\boldsymbol{\varphi}_2(x)+\varepsilon_2(x)+k_1x_1+k_2x_2+k_3x_3 \tag{8-139}$$

将式(8-138)和式(8-139)代入式(8-137)可得

$$H^*=\boldsymbol{W}_1^{\mathrm{T}}\boldsymbol{\varphi}_1+\varepsilon_1+u^{*2}+\left(-\frac{R}{L}x_3+\frac{MA}{L}u^*\right)(\boldsymbol{W}_2^{\mathrm{T}}\boldsymbol{\varphi}_2+\varepsilon_2+k_1x_1+k_2x_2+k_3x_3)=0 \tag{8-140}$$

根据式(8-140)的稳态条件，即$\partial H^*/\partial u^*=0$，得到最优控制策略为

$$u^*=-\frac{MA}{2L}\boldsymbol{k}^{\mathrm{T}}\boldsymbol{x}-\frac{MA}{2L}(\boldsymbol{W}_2^{\mathrm{T}}\boldsymbol{\varphi}_2+\varepsilon_2) \tag{8-141}$$

其中，

$$\boldsymbol{k}=[k_1,k_2,k_3]^{\mathrm{T}}$$

将式(8-141)代入式(8-140)中得到

$$-\frac{R}{L}\boldsymbol{k}^{\mathrm{T}}\boldsymbol{x}x_3-\frac{M^2A^2}{4L^2}\boldsymbol{k}^{\mathrm{T}}\boldsymbol{x}\boldsymbol{x}^{\mathrm{T}}\boldsymbol{k}-\frac{M^2A^2}{4L^2}\boldsymbol{W}_2^{\mathrm{T}}\boldsymbol{\varphi}_2\boldsymbol{\varphi}_2^{\mathrm{T}}\boldsymbol{W}_2+\xi+\boldsymbol{W}_1^{\mathrm{T}}\boldsymbol{\varphi}_1-\frac{R}{L}\boldsymbol{W}_2^{\mathrm{T}}\boldsymbol{\varphi}_2x_3-$$

$$\frac{M^2A^2}{2L^2}\boldsymbol{k}^{\mathrm{T}}\boldsymbol{x}\boldsymbol{W}_2^{\mathrm{T}}\boldsymbol{\varphi}_2=0 \tag{8-142}$$

其中，

$$\xi=\varepsilon_1+\varepsilon_2(MAu^*/L-Rx_3/L)+M^2A^2\varepsilon_2^2/(4L^2)$$

根据式(8-141)，用 NNs 演员网络逼近 $\boldsymbol{W}_2^{\mathrm{T}}\boldsymbol{\varphi}_2$，则图 8-19 中 $v(t)$的连续控制律设计为

$$v(t)=-\frac{MA}{2L}\boldsymbol{k}^{\mathrm{T}}\boldsymbol{x}(t_j^x)-\frac{MA}{2L}\hat{\boldsymbol{W}}_{2\mathrm{a}}^{\mathrm{T}}\boldsymbol{\varphi}_2(t_j^x) \tag{8-143}$$

利用事件触发状态，两个 NNs 评论家网络分别逼近 $\boldsymbol{W}_1^{\mathrm{T}}\boldsymbol{\varphi}_1$ 和 $\boldsymbol{W}_2^{\mathrm{T}}\boldsymbol{\varphi}_2$，构造事件触发的 HJB 方程为

$$H(\boldsymbol{x}(t_j^x),u,\hat{\boldsymbol{W}}_{1\mathrm{c}},\hat{\boldsymbol{W}}_{2\mathrm{c}})=\hat{\boldsymbol{W}}_{1\mathrm{c}}^{\mathrm{T}}\boldsymbol{\varphi}_1(t_j^x)+u^2+(\hat{\boldsymbol{W}}_{2\mathrm{c}}^{\mathrm{T}}\boldsymbol{\varphi}_2(t_j^x)+\boldsymbol{k}^{\mathrm{T}}\boldsymbol{x}(t_j^x))\left(\frac{MA}{L}u-\frac{R}{L}x_3(t_j^x)\right) \tag{8-144}$$

其中，

$$\boldsymbol{\varphi}_1(t_j^x)=\boldsymbol{\varphi}_1(\boldsymbol{x}(t_j^x),\hat{d})$$

由于事件触发采样和 NNs 的逼近不准确，式(8-144)中的 HJB 方程不等于 0。为了保证 HJB 方程的收敛，对评论家和演员的 NNs 进行训练。

构造目标函数 $E=H^2/2$，向 E 的梯度下降方向，设计权重 $\hat{\boldsymbol{W}}_{1\mathrm{c}}$ 和 $\hat{\boldsymbol{W}}_{2\mathrm{c}}$ 的更新率为

$$\begin{aligned}\dot{\hat{\boldsymbol{W}}}_{1\mathrm{c}}&=\Gamma_1(-\boldsymbol{\varphi}_1(t_j^x)H-\sigma_1\hat{\boldsymbol{W}}_{1\mathrm{c}})\\ \dot{\hat{\boldsymbol{W}}}_{2\mathrm{c}}&=\Gamma_{2\mathrm{c}}(-\boldsymbol{\gamma}_2(t_j^x)H-\sigma_{2\mathrm{c}}\hat{\boldsymbol{W}}_{1\mathrm{c}})\end{aligned} \tag{8-145}$$

其中，

$$\boldsymbol{\gamma}_2(t_j^x)=\boldsymbol{\varphi}_2(t_j^x)(MAu/L-Rx_3(t_j^x)/L)$$

式中，$\Gamma_1>0$ 和 $\Gamma_{2\mathrm{c}}>0$ 表示学习速率，$\sigma_1>0$ 和 $\sigma_{2\mathrm{c}}>0$ 用于防止参数漂移。

为保证 $\hat{\boldsymbol{W}}_{2\mathrm{c}}$ 的收敛性，给出了持续激励条件的假设：

假设 8.2 $\boldsymbol{\gamma}_2(t_j^x)\boldsymbol{\gamma}_2^{\mathrm{T}}(t_j^x)$满足 $\underline{\boldsymbol{\gamma}}_2I_{\mathrm{m}}\leqslant\boldsymbol{\gamma}_2(t_j^x)\boldsymbol{\gamma}_2^{\mathrm{T}}(t_j^x)\leqslant\bar{\boldsymbol{\gamma}}_2I_{\mathrm{m}}$ 的矩阵不等式，式中的两个常数$\bar{\boldsymbol{\gamma}}_2>\underline{\boldsymbol{\gamma}}_2>0$，$m$ 代表 $\boldsymbol{\gamma}_2(t_j^x)$的长度。

通过将$\boldsymbol{\gamma}_2(t_j^x)$，$u=v(t)+e_{\mathrm{v}}$ 和式(8-143)代入式(8-144)，HJB 方程进一步转化为

$$\begin{aligned}H=&\hat{\boldsymbol{W}}_{1\mathrm{c}}^{\mathrm{T}}\boldsymbol{\varphi}_1(t_j^x)+\hat{\boldsymbol{W}}_{2\mathrm{c}}^{\mathrm{T}}\boldsymbol{\gamma}_2(t_j^x)-\frac{R}{L}\boldsymbol{k}^{\mathrm{T}}\boldsymbol{x}(t_j^x)x_3(t_j^x)-\frac{M^2A^2}{4L^2}\boldsymbol{k}^{\mathrm{T}}\boldsymbol{x}(t_j^x)\boldsymbol{x}^{\mathrm{T}}(t_j^x)\boldsymbol{k}-\\&\frac{MA}{L}\boldsymbol{W}_{2\mathrm{a}}^{\mathrm{T}}\boldsymbol{\varphi}_2(t_j^x)e_{\mathrm{v}}+e_{\mathrm{v}}^2+\frac{M^2A^2}{4L^2}\hat{\boldsymbol{W}}_{2\mathrm{a}}^{\mathrm{T}}\boldsymbol{\varphi}_{2\mathrm{a}}(t_j^x)\boldsymbol{\varphi}_{2\mathrm{a}}^{\mathrm{T}}(t_j^x)\hat{\boldsymbol{W}}_{2\mathrm{a}}\end{aligned} \tag{8-146}$$

为保证 NNs 的收敛性和性能的优化，这里设计了一种新型的权重 $\hat{\boldsymbol{W}}_{2\mathrm{a}}$ 更新率

$$\begin{aligned}\dot{\hat{\boldsymbol{W}}}_{2\mathrm{a}}=\Gamma_{2\mathrm{a}}\Bigg[&\frac{M^2A^2}{4L^2}\boldsymbol{\varphi}_2(t_j^x)\boldsymbol{\varphi}_2^{\mathrm{T}}(t_j^x)\hat{\boldsymbol{W}}_{2\mathrm{a}}\hat{\boldsymbol{W}}_{2\mathrm{c}}^{\mathrm{T}}\boldsymbol{\gamma}_2(t_j^x)+\\&\frac{M^2A^2}{4L^2}\boldsymbol{\varphi}_2(t_j^x)\boldsymbol{\varphi}_2^{\mathrm{T}}(t_j^x)\hat{\boldsymbol{W}}_{2\mathrm{a}}\hat{\boldsymbol{W}}_{1\mathrm{c}}^{\mathrm{T}}\boldsymbol{\varphi}_1(t_j^x)-2\sigma_{2\mathrm{a}}\hat{\boldsymbol{W}}_{2\mathrm{a}}\Bigg]\end{aligned} \tag{8-147}$$

式中，$\Gamma_{2\mathrm{a}}>0$ 且 $\sigma_{2\mathrm{a}}>0$。

稳定性分析过程参见文献[9]。

8.4.4 仿真分析

为了验证算法的有效性与优越性，针对文献[10]中的两自由度主动悬架模型进行仿真实验，相关参数给定如下：$m_s=900\text{kg}$，$m_u=100\text{kg}$，$k_s=16800\text{N/m}$ $k_t=20000\text{N/M}$，$c_d=1000\text{N}\cdot\text{s/m}$，$c_b=2000\text{N}\cdot\text{s/m}$，$L=60\text{mH}$，$R=1.2\Omega$，$A=65.7$。采用脉冲路面输入，对扰动进行描述：

$$z_r=\begin{cases}\dfrac{A_m}{2}\left(1-\cos\left(\dfrac{2\pi}{b}vt\right)\right), & 1\leqslant t\leqslant 1.25\\ 0, & \text{其他}\end{cases} \tag{8-148}$$

式中，$A_m=0.05\text{m}$ 为凸块高度，$b=5\text{m}$ 为凸块长度，$v=20\text{m/s}$ 为车速。模拟时长设置为 10s。

对于本节提出的事件触发自适应最优控制，参数设置为 $k_1=3\times10^7$，$k_2=3\times10^6$，$k_h=0.5$，$\Gamma_h=\Gamma_d=40$，$\sigma_h=\sigma_d=0.1$，$\Gamma_1=2$，$\Gamma_{2c}=\Gamma_{2a}=5$，$\sigma_1=\sigma_{2c}=\sigma_{2a}=0.1$，$\mu_x=0.5$，$\mu_u=500$。对于 NNs，5 个神经网络对于隶属度函数统一采用一种神经网络基函数：

$$\begin{aligned}\mu_y=\exp\big[&-(x_1(t_j^x)-0.4+0.1j)^2-(x_2(t_j^x)-0.5+0.1j)^2-\\&(x_3(t_j^x)-0.6+0.1j)^2-(\hat{d}-0.1+0.1j)^2\big]\quad j=1\sim 5\end{aligned} \tag{8-149}$$

由式(8-134)中的假设可知式(8-149)中 $\hat{d}=0$。

为了验证所提方案的优越性，设置连续反步法进行比较。该方案的控制律为 $\alpha_1=-5x_1(t)$，$\alpha_2=-50(x_2(t)-\alpha_1)-h_2(x)$，$u=L/(MA)(-10(x_3(t)-\alpha_2)+R/Lx_3(t))$。

假设初始悬架挠度为 $x_1(0)=0.2\text{m}$。图 8-20 显示了本小节策略、反步法和被动悬架(即 $u=0$)在实验过程中 x_1 的演化，主动悬架与被动悬架相比，x_1 可以更快更好地稳定，虽然反步法似乎比本小节所提出的方法能更快稳定 x_1，但从图 8-21 可以看出，在节能方面，本小节所提出的方法效果更佳，验证了所提方法可以实现代价函数的优化，在 x_1 和 u 之间进行权衡，得到最优的控制性能。图 8-22 验证了所提方案中扰动观测器的有效性，定义 $h_2=W_h\varphi_h(t_j^x)$，结果表明，通过使用本小节提出的扰动观测器，$\tilde{x}_2$、$\tilde{d}$ 和 $\tilde{h}_2$ 是有界的。图 8-23 给出了该方案的神经网络权值的二范数，由图中可以看出，其都为有界量，并且从图中可以

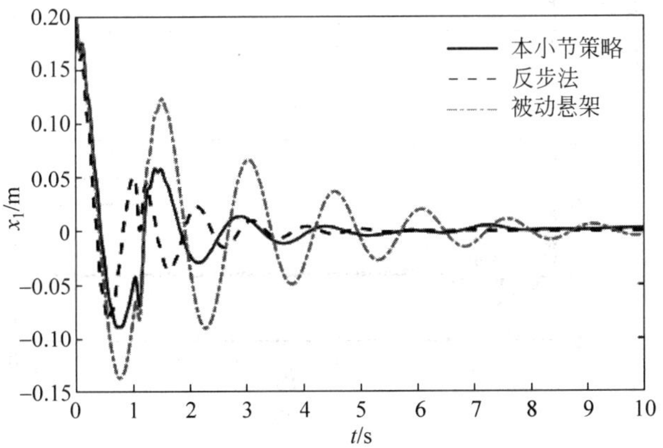

图 8-20 悬架高度 x_1

观察到，2s 后，$\hat{\boldsymbol{W}}_{2a}$ 收敛于 0，这意味着导出的最优控制器在通过凹凸路面后变成 $u^*=-MA/(2L)\boldsymbol{k}^{\mathrm{T}}\boldsymbol{x}$。图 8-24 显示了 SC 和 CA 通道中的事件间隔时间，其中时间的最大值分别为 1.58s 和 1.50s，最小值均为 0.01s(即模拟所用的计算周期)。图 8-25 分别记录了连续反步法和本节方法在 SC 和 CA 通道中的累计触发次数，连续方案中采样次数为 1001 次，而在 SC 通道和 CA 通道中的采样次数分别为 169 次和 98 次，节省了大量的通信资源。实验时间越长，ETC-OP 的这种优势就越明显。

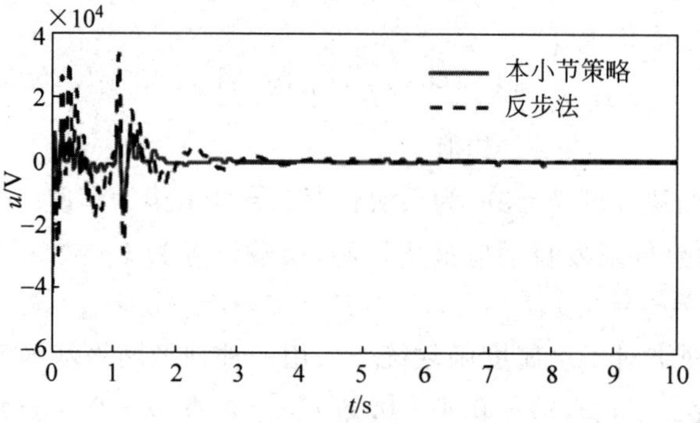

图 8-21　控制输入 u

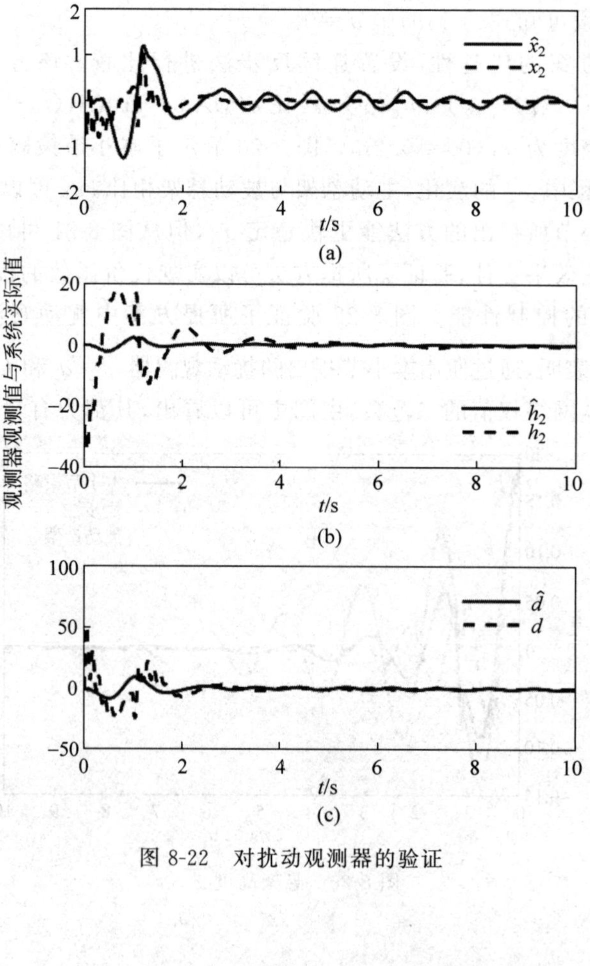

图 8-22　对扰动观测器的验证

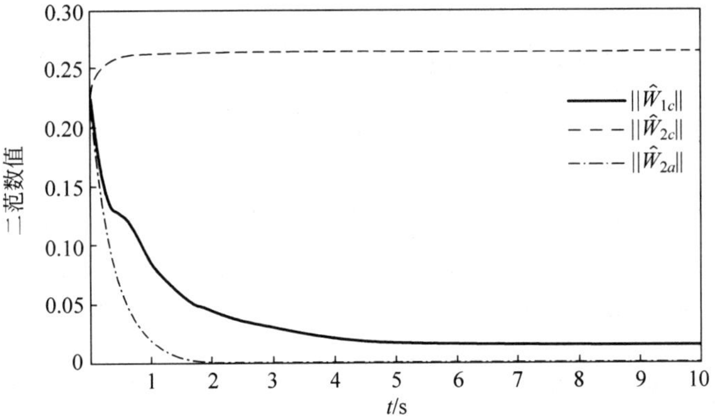

图 8-23　模糊权值更新

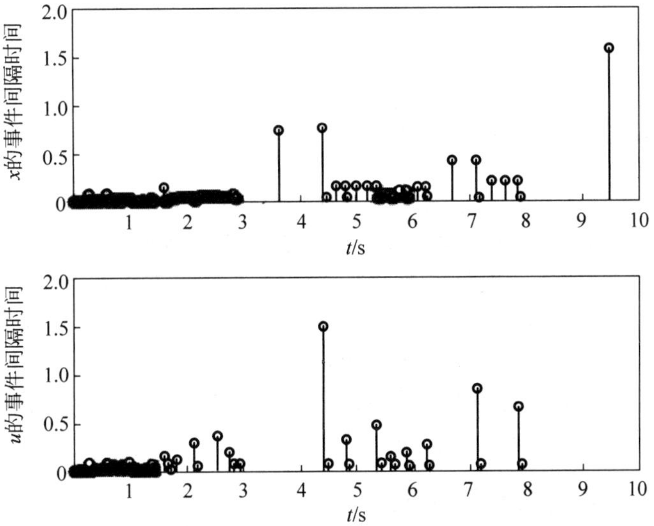

图 8-24　ETC-OP 中 x 和 u 的事件间隔时间

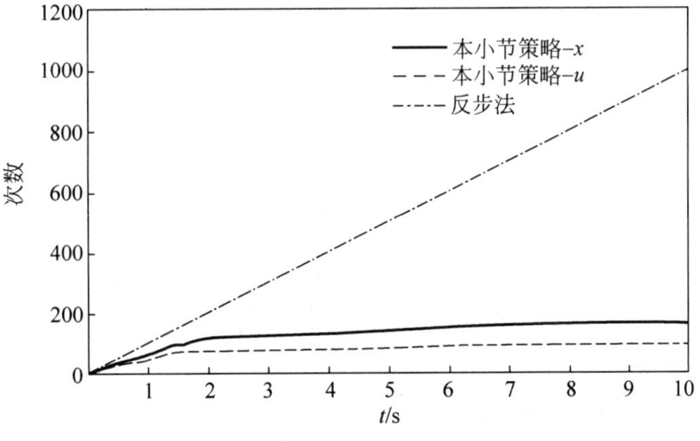

图 8-25　累计触发次数

8.5 非线性液压主动悬架系统的多目标命令滤波自适应控制

针对具有非线性液压作动器的主动悬架系统，本节采用一种多目标命令滤波自适应控制策略(以下均以“MOCFAC”方法表示)。首先，设计命令滤波器避免了复杂性爆炸对液压悬架系统的影响。命令滤波器的输出代替了虚拟控制律导数，以消除由虚拟控制导致的复杂微分爆炸问题引起的在线计算负担。此外，设计了误差补偿信号消除滤波误差，以此消除在线计算量所引起输出控制力的较大峰值。在小范围内实现了对非线性液压主动悬架系统的动静载荷比约束和悬架动行程约束，保证了非线性液压主动悬架系统的多目标控制。最后，通过仿真分析验证了所提策略的有效性。

8.5.1 模型构建

1. 半车主动悬架系统动力学模型

引用6.2节的半车主动悬架系统模型，忽略表示车身的垂向、俯仰动力学中由弹簧和减振器物理参数变化、悬架部件的未建模摩擦力及外界干扰等因素引起的不确定模型动态的ΔF_z、ΔM_θ，且将前后悬架单元中阻尼力的非线性部分F_{dn1}、F_{dn2}设置为0。将前后悬架单元中弹性力的非线性部分设置为$F_{\mathrm{sn1}}=k_{\mathrm{sn1}}\Delta y^3$，$F_{\mathrm{sn2}}=k_{\mathrm{sn2}}\Delta y^3$。作动器在垂直方向上的等效作用力表示为$F_1=Ap_{\mathrm{Lf}}$，$F_2=Ap_{\mathrm{Lr}}$，其中$A$为活塞面积，$p_{\mathrm{Lf}}$、$p_{\mathrm{Lr}}$为前后液压缸的负载压力。$V_{\mathrm{t}}$为作动器总体积，$C_{\mathrm{ip}}$为活塞泄漏系数，$C_{\mathrm{d}}$为流量系数，$\omega$为阀芯控制$D$的面积梯度，$x_{\mathrm{vf}}$和$x_{\mathrm{vr}}$分别为前后悬架伺服阀位移，$\rho$为油液密度，$p_{\mathrm{s}}$为液压系统供油压力。

2. 主动悬架作动器控制系统模型

本节以液压伺服阀作为悬架的作动器，液压伺服阀的动力学方程可表示为

$$\frac{V_{\mathrm{t}}}{4\beta_{\mathrm{e}}}\dot{p}_{\mathrm{Lf}}=Q_{\mathrm{f}}-C_{\mathrm{ip}}p_{\mathrm{Lf}}-A(\dot{z}_{\mathrm{a}}-l_{\mathrm{f}}\cos\theta_{\mathrm{a}}\dot{\theta}_{\mathrm{a}}-\dot{z}_{\mathrm{u1}}) \tag{8-150}$$

$$\frac{V_{\mathrm{t}}}{4\beta_{\mathrm{e}}}\dot{p}_{\mathrm{Lr}}=Q_{\mathrm{r}}-C_{\mathrm{ip}}p_{\mathrm{Lr}}-A(\dot{z}_{\mathrm{a}}+l_{\mathrm{r}}\cos\theta_{\mathrm{a}}\dot{\theta}_{\mathrm{a}}-\dot{z}_{\mathrm{u2}}) \tag{8-151}$$

则液压缸的负载流量Q_{f}、Q_{r}为

$$Q_{\mathrm{f}}=L_{Q_{\mathrm{f}}}C_{\mathrm{d}}\omega x_{\mathrm{vf}}\sqrt{\frac{|p_{\mathrm{s}}-\mathrm{sgn}(x_{\mathrm{vf}})p_{\mathrm{Lf}}|}{\rho}} \tag{8-152}$$

$$Q_{\mathrm{r}}=L_{Q_{\mathrm{r}}}C_{\mathrm{d}}\omega x_{\mathrm{vr}}\sqrt{\frac{|p_{\mathrm{s}}-\mathrm{sgn}(x_{\mathrm{vr}})p_{\mathrm{Lr}}|}{\rho}} \tag{8-153}$$

其中，

$$L_{Q_{\mathrm{f}}}=\mathrm{sgn}[p_{\mathrm{s}}-\mathrm{sgn}(x_{\mathrm{vf}})p_{\mathrm{Lf}}],\quad L_{Q_{\mathrm{r}}}=\mathrm{sgn}[p_{\mathrm{s}}-\mathrm{sgn}(x_{\mathrm{vr}})p_{\mathrm{Lr}}]$$

伺服阀的阀芯位移与驱动电压的关系可以表示为

$$\dot{x}_{\mathrm{vf}}=\frac{1}{\tau}(-x_{\mathrm{vf}}+u_{\mathrm{f}}) \tag{8-154}$$

$$\dot{x}_{\mathrm{vr}} = \frac{1}{\tau}(-x_{\mathrm{vr}} + u_{\mathrm{r}}) \tag{8-155}$$

式中，u_{f} 和 u_{r} 是电压输入。由于时间常数 τ 较小，伺服阀的收敛速度比作动器的收敛速度更快。因此利用文献[12]，式(8-154)和式(8-155)可以简化为 $-x_{\mathrm{vf}}+u_{\mathrm{f}}=0$，$-x_{\mathrm{vr}}+u_{\mathrm{r}}=0$，则 p_{Lf}、p_{Lr} 可表示为

$$\dot{p}_{\mathrm{Lf}} = c_{\mathrm{f}} u_{\mathrm{f}} \gamma - \chi p_{\mathrm{Lf}} - \delta A(\dot{z}_{\mathrm{a}} - l_{\mathrm{f}} \cos\theta_{\mathrm{a}} \dot{\theta}_{\mathrm{a}} - \dot{z}_{\mathrm{u1}}) \tag{8-156}$$

$$\dot{p}_{\mathrm{Lr}} = c_{\mathrm{r}} u_{\mathrm{r}} \gamma - \chi p_{\mathrm{Lr}} - \delta A(\dot{z}_{\mathrm{a}} + l_{\mathrm{r}} \cos\theta_{\mathrm{a}} \dot{\theta}_{\mathrm{a}} - \dot{z}_{\mathrm{u2}}) \tag{8-157}$$

其中，

$$\delta = \frac{4\beta_{\mathrm{e}}}{V_{\mathrm{t}}},\ \gamma = \frac{\delta C_{\mathrm{d}} \omega}{\sqrt{\rho}},\quad \chi = \delta C_{\mathrm{ip}},\quad c_{\mathrm{f}} = \mathrm{sgn}[p_{\mathrm{s}} - \mathrm{sgn}(u_{\mathrm{f}}) p_{\mathrm{Lf}}]\sqrt{|p_{\mathrm{s}} - \mathrm{sgn}(u_{\mathrm{f}}) p_{\mathrm{Lf}}|},$$

$$c_{\mathrm{r}} = \mathrm{sgn}[p_{\mathrm{s}} - \mathrm{sgn}(u_{\mathrm{r}}) p_{\mathrm{Lr}}]\sqrt{|p_{\mathrm{s}} - \mathrm{sgn}(u_{\mathrm{r}}) p_{\mathrm{Lr}}|}$$

定义以下变量：$x_1 = z_{\mathrm{a}}$、$x_2 = \dot{z}_{\mathrm{a}}$、$x_3 = \theta_{\mathrm{a}}$、$x_4 = \dot{\theta}_{\mathrm{a}}$、$x_5 = z_{\mathrm{u1}}$、$x_6 = \dot{z}_{\mathrm{u1}}$、$x_7 = z_{\mathrm{u2}}$、$x_8 = \dot{z}_{\mathrm{u2}}$、$x_9 = p_{\mathrm{Lf}}$ 和 $x_{10} = p_{\mathrm{Lr}}$。则半车悬架的动力学方程可以写为

$$\begin{cases}
\dot{x}_1 = x_2 \\
x_2 = \theta_1(-F_{\mathrm{s1}} - F_{\mathrm{s2}} - F_{\mathrm{d1}} - F_{\mathrm{d2}} + Ax_9 + Ax_{10}) \\
\dot{x}_3 = x_4 \\
\dot{x}_4 = \theta_2(l_{\mathrm{f}} F_{\mathrm{s1}} - l_{\mathrm{r}} F_{\mathrm{s2}} + l_{\mathrm{f}} F_{\mathrm{d1}} - l_{\mathrm{r}} F_{\mathrm{d2}} - l_{\mathrm{f}} A x_9 + l_{\mathrm{r}} A x_{10}) \\
\dot{x}_5 = x_6 \\
\dot{x}_6 = \dfrac{1}{m_{\mathrm{u1}}}(F_{\mathrm{s1}} + F_{\mathrm{d1}} - F_{\mathrm{t1}} - F_{\mathrm{b1}} - Ax_9) \\
\dot{x}_7 = x_8 \\
\dot{x}_8 = \dfrac{1}{m_{\mathrm{u2}}}(F_{\mathrm{s2}} + F_{\mathrm{d2}} - F_{\mathrm{t2}} - F_{\mathrm{b2}} - Ax_{10}) \\
\dot{x}_9 = -\chi x_9 - \delta A(x_2 - l_{\mathrm{f}} \cos x_3 x_4 - x_6) + \gamma c_{\mathrm{f}} u_{\mathrm{f}} \\
\dot{x}_{10} = -\chi x_{10} - \delta A(x_2 + l_{\mathrm{r}} \cos x_3 x_4 - x_8) + \gamma c_{\mathrm{r}} u_{\mathrm{r}}
\end{cases} \tag{8-158}$$

式中，$\theta_1 = 1/m_{\mathrm{s}}$，$\theta_2 = 1/J_\theta$ 是由乘客数量或货物质量决定的不确定参数。

8.5.2 MOCFAC 控制器设计

在控制器设计中，引入以下引理。

引理 8.1　参数自适应律[13]：自适应律 $\hat{\theta}_i$ 是 θ_i 的估计值，$\tilde{\theta}_i$ 是估计误差，且 $\tilde{\theta}_i = \hat{\theta}_i - \theta_i$，利用投影映射保证参数估计的有界性。$\theta_{i\min}$ 表示 θ_i 的最小值，$\theta_{i\max}$ 表示 θ_i 的最大值，$i=1,2$。投影映射的定义为

$$\mathrm{Proj}_{\hat{\theta}_i}(\Theta) = \begin{cases} 0, & \text{如果 } \hat{\theta}_i = \theta_{i\max} \text{ 且 } \Theta > 0 \\ 0, & \text{如果 } \hat{\theta}_i = \theta_{i\min} \text{ 且 } \Theta < 0 \\ \Theta, & \text{其他} \end{cases} \tag{8-159}$$

$\hat{\theta}_i$ 由式(8-160)的投影自适应律确定：

$$\dot{\hat{\theta}}_i = \mathrm{Proj}_{\hat{\theta}_i}(r_i\tau_i), (\theta_{i\max} \leqslant \theta_i \leqslant \theta_{i\min}) \tag{8-160}$$

式中，$r_i > 0$ 是调节参数，τ_i 是之后合成的自适应函数。

此外，自适应律还应满足下列条件：

(1) $\hat{\theta}_i$ 是有界的，$\theta_{i\min} \leqslant \hat{\theta}_i \leqslant \theta_{i\max}$；

(2) $\tilde{\theta}_i(\dot{\hat{\theta}}_i - \Theta_i) \leqslant 0, \forall \tau_i$，其中 $\tilde{\theta}_i = \hat{\theta}_i - \theta_i$。

引理 8.2[14]　命令滤波定义为

$$\dot{\phi}_1 = \omega_n \phi_2 \tag{8-161}$$

$$\dot{\phi}_2 = -2\zeta_n \omega_n \phi_2 - \omega_n(\phi_1 - \beta_1) \tag{8-162}$$

式中，$\phi_1(0) = \beta_1(0)$，$\phi_2(0) = 0$；ϕ_1 和 ϕ_2 是命令滤波器的输出；β_1 是命令滤波器的输入。对于 $t \geqslant 0$，输入信号 β_1 满足 $|\dot{\beta}_1| \leqslant \eta_1$，$|\ddot{\beta}_1| \leqslant \eta_2$，$\eta_1$ 和 η_2 是正常数。对于任意 $\kappa > 0$，存在 $\omega_n > 0$，$0 < \zeta_n \leqslant 1$，可以使得 $|\phi_1 - \beta_1| \leqslant \kappa$，$|\dot{\phi}_1|$、$|\ddot{\phi}_1|$、$|\dddot{\phi}_1|$ 是有界的。

图 8-26 为 MOCFAC 控制器的控制思路，多目标控制[15]考虑了乘车舒适性、悬架动行程约束和行驶安全，分别对应车身质心加速度 $\ddot{z}_a$、俯仰角加速度 $\ddot{\theta}_a$、悬架动行程 $z_a - l_f\sin\theta_a - z_{u1}$ 和 $z_a + l_r\sin\theta_a - z_{u2}$，以及前后轮胎动静载荷比 $(F_{t1} + F_{b1})/F_f$ 和 $(F_{t2} + F_{b2})/F_r$。

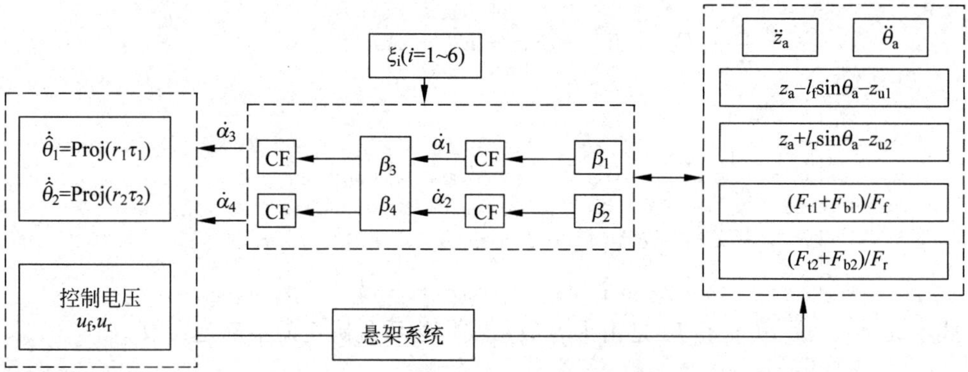

图 8-26　MOCFAC 控制器设计思路

因本小节的作动器采用液压作动器，提高了悬架系统的阶次，所以通过对多目标控制方法的设计，解决了液压悬架系统的高阶非线性问题。根据自适应反步理论，$\hat{\theta}_1$、$\hat{\theta}_2$ 为不确定参数 θ_1、θ_2 的估计值。$\beta_i(i=1\sim4)$是命令滤波的输入，$\dot{\alpha}_i(i=1\sim4)$是命令滤波的输出。与传统反步法相比，$\dot{\alpha}_i$ 被用来取代 $\dot{\beta}_i$，避免液压主动悬架系统的微分爆炸问题，而且 $\xi_i(i=1\sim6)$是误差补偿信号，用来补偿滤波误差。

定义以下误差变量：$z_2 = x_2 - \alpha_1$、$z_4 = x_4 - \alpha_2$、$z_5 = x_9 - \alpha_3$ 和 $z_6 = x_{10} - \alpha_4$。

式中，α_1、α_2、α_3 和 α_4 是命令滤波器的输出。

命令滤波器定义为

$$\dot{\phi}_{i,1}=\omega_n\phi_{i,2} \tag{8-163}$$

$$\dot{\phi}_{i,2}=-2\zeta_n\omega_n\phi_{i,2}-\omega_n(\phi_{i,1}-\beta_i) \tag{8-164}$$

式中，$\beta_i(i=1\sim4)$是命令滤波器的输入；$\alpha_i=\phi_{i,1}$ 和 $\dot{\alpha}_i=\omega_n\phi_{i,2}$ 是命令滤波器的输出；ω_n 是控制器参数。

定义以下误差补偿变量：$v_1=x_1-\xi_1$、$v_2=z_2-\xi_2$、$v_3=x_3-\xi_3$、$v_4=z_4-\xi_4$、$v_5=z_5-\xi_5$ 和 $v_6=z_6-\xi_6$。

其中，$\xi_i(j=1\sim6)$是误差补偿信号。

设计误差补偿信号为

$$\begin{cases}\dot{\xi}_1=-\mu_1\xi_1+\alpha_1-\beta_1+\xi_2\\ \dot{\xi}_2=-k_2\xi_2+\hat{\theta}_1A(\alpha_3-\beta_3)+\hat{\theta}_1A\xi_5+\hat{\theta}_1A\xi_6+\hat{\theta}_1A(\alpha_4-\beta_4)\\ \dot{\xi}_3=-\mu_3\xi_3+\alpha_2-\beta_2+\xi_4\\ \dot{\xi}_4=-k_4\xi_4-\hat{\theta}_2Al_{\mathrm{f}}(\alpha_3-\beta_3)-\hat{\theta}_2Al_{\mathrm{f}}\xi_5+\hat{\theta}_2Al_{\mathrm{r}}\xi_6+\hat{\theta}_2Al_{\mathrm{r}}(\alpha_4-\beta_4)\\ \dot{\xi}_5=-k_5\xi_5\\ \dot{\xi}_6=-k_6\xi_6\end{cases} \tag{8-165}$$

设计虚拟控制律 β_1、β_2、β_3、β_4 为

$$\begin{cases}\beta_1=-k_1(\lambda_1^2-v_1^2)v_1-\mu_1x_1\\ \beta_2=-k_3(\lambda_3^2-v_3^2)v_3-\mu_3x_3\\ \beta_3=\dfrac{l_{\mathrm{r}}h_1+h_2}{l_{\mathrm{f}}+l_{\mathrm{r}}}\\ \beta_4=\dfrac{l_{\mathrm{f}}h_1-h_2}{l_{\mathrm{f}}+l_{\mathrm{r}}}\end{cases} \tag{8-166}$$

其中，

$$h_1=\frac{\dot{\alpha}_1-\hat{\theta}_1F-k_2z_2-\dfrac{v_1}{\lambda_1^2-v_1^2}}{\hat{\theta}_1A},\quad h_2=\frac{\dot{\alpha}_2+\hat{\theta}_2l_{\mathrm{f}}F_{\mathrm{a}}-\hat{\theta}_2l_{\mathrm{r}}F_{\mathrm{b}}-k_4z_4-\dfrac{v_3}{\lambda_3^2-v_3^2}}{\hat{\theta}_2A},$$

$$F=-F_{\mathrm{s1}}-F_{\mathrm{s2}}-F_{\mathrm{d1}}-F_{\mathrm{d2}},\quad F_{\mathrm{a}}=F_{\mathrm{s1}}+F_{\mathrm{d1}},\quad F_{\mathrm{b}}=F_{\mathrm{s2}}+F_{\mathrm{d2}}$$

式中，$k_1>0$、$k_2>0$、$k_3>0$、$k_4>0$、$\lambda_1>0$、$\lambda_3>0$、$\mu_1>0$、$\mu_3>0$，均是调节参数。

液压作动器的电压输入设计为

$$u_{\mathrm{f}}=\frac{1}{\gamma_{c_{\mathrm{f}}}}[\dot{\alpha}_3+\chi x_9+\delta A(x_2-l_{\mathrm{f}}\cos x_3x_4-x_6)-\hat{\theta}_1Av_2-\hat{\theta}_2l_{\mathrm{f}}Av_4-k_5z_5] \tag{8-167}$$

$$u_{\mathrm{r}}=\frac{1}{\gamma_{c_{\mathrm{r}}}}[\dot{\alpha}_4+\chi x_{10}+\delta A(x_2+l_{\mathrm{r}}\cos x_3x_4-x_8)-\hat{\theta}_1Av_2+\hat{\theta}_2l_{\mathrm{r}}Av_4-k_6z_6] \tag{8-168}$$

式中，$k_5>0$ 和 $k_6>0$，是调节参数。

设计自适应律为

$$\dot{\hat{\theta}}_1=\text{Proj}_{\hat{\theta}_1}=\begin{cases}0, & 如果\ \hat{\theta}_1=\theta_{1\max},且\ r_1\tau_1>0\\0, & 如果\ \hat{\theta}_1=\theta_{1\min},且\ r_1\tau_1<0\\r_1\tau_1, & 其他\end{cases} \tag{8-169}$$

$$\dot{\hat{\theta}}_2=\text{Proj}_{\hat{\theta}_2}=\begin{cases}0, & 如果\ \hat{\theta}_2=\theta_{2\max},且\ r_2\tau_2>0\\0, & 如果\ \hat{\theta}_1=\theta_{2\min},且\ r_2\tau_2<0\\r_2\tau_2, & 其他\end{cases} \tag{8-170}$$

其中，$\tau_1=(F+Ax_9+Ax_{10})v_2$，$\tau_2=(l_fF_1-l_rF_2-l_fAx_9+l_rAx_{10})v_4$。

式中，$r_1>0$、$r_2>0$，是调节参数。

稳定性分析过程参见文献[15]。

8.5.3 仿真分析

利用 MATLAB/Simulink 对液压主动悬架及其控制系统进行了建模分析。将 MOCFAC 方法与传统 BLF 方法[16]进行了比较，以证明所提方法的有效性。液压悬架系统的参数见文献[17]。

为了验证 MOCFAC 方法的有效性，本小节设计随机路面激励为

$$\dot{z}_{r1}(t)=-2\pi f_0z_{r1}(t)+2\pi n_0\sqrt{G_q(n_0)v}w(t) \tag{8-171}$$

$$\dot{z}_{r2}(t)=z_{r1}(t-\tau_0) \tag{8-172}$$

式中，τ_0 表示前后轮的时间延迟，$\tau_0=(l_f+l_r)/v$；v 表示车速，$v=20\text{m/s}$；f_0 表示时间的下限截止频率，$f_0=0.01\text{Hz}$；n_0 表示参考空间频率，$n_0=0.1\text{m}^{-1}$；$w(t)$表示高斯白噪声；$G_q(n_0)$表示路面不平度，$G_q(n_0)=256\times10^{-6}\text{m}^2/\text{m}^{-1}$。

车身位移是反映车身姿态的重要指标，因此较小的车身位移可以提供更好的乘坐舒适性。由图 8-27 和图 8-28 可以看出，MOCFAC 方法可以使垂直位移和俯仰位移快速收敛到零。

垂直加速度如图 8-29 所示。加速度的均方根由表 8-7 得到。在随机路面激励下，采用 MOCFAC 方法的垂直加速度比传统 BLF 方法降低了 81.27%。从图 8-29 中可以看出，无论是 MOCFAC 方法还是传统 BLF 方法，垂直加速度都远低于被动悬架法。然而，基于传统 BLF 方法的最大垂直加速度为 0.06m/s^2，采用 MOCFAC 方法的最大垂直加速度小于 0.02m/s^2。

此外，俯仰角加速度也是评价驾驶平顺性的重要指标。俯仰角加速度如图 8-30 所示。在随机路面激励下，采用 MOCFAC 方法的俯仰角加速度比被动悬架降低了 98.91%。与传统 BLF 方法相比，MOCFAC 方法的俯仰角加速度降低了 61.43%。从图 8-30 中可以看出，基于 MOCFAC 策略的俯仰角加速度稳定在零附近，俯仰角加速度的最大值为 0.03m/s^2，采用 MOCFAC 方法的控制效果优于传统 BLF 方法。

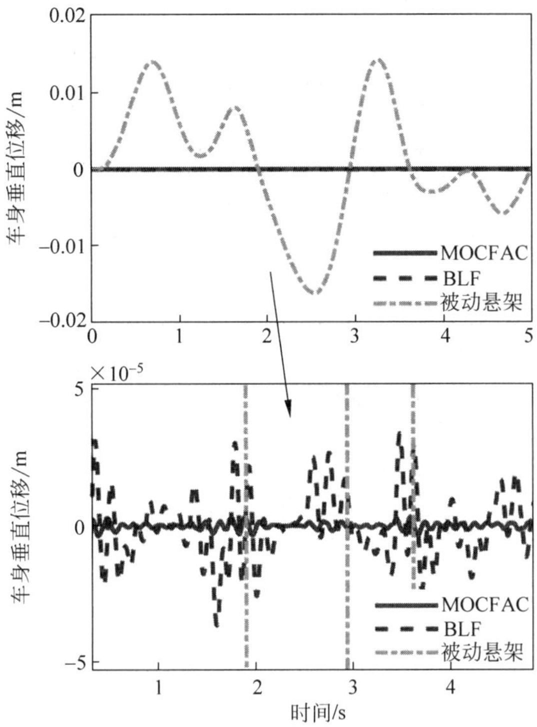

图 8-27　随机路面激励下车身垂直位移图

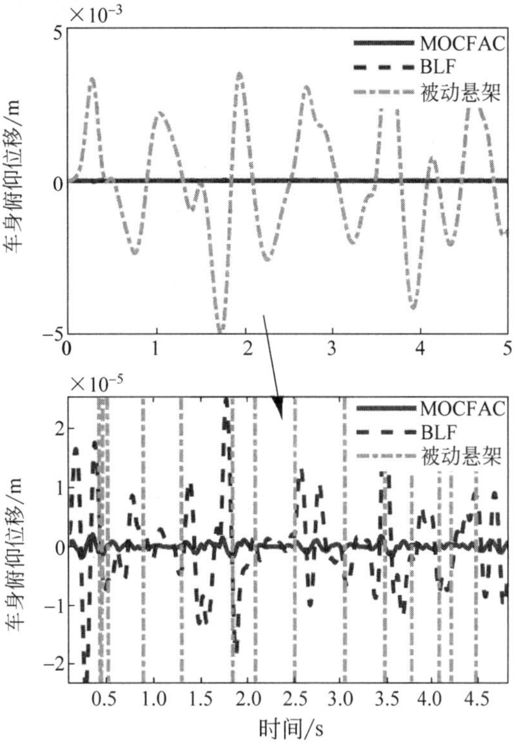

图 8-28　随机路面激励下车身俯仰位移

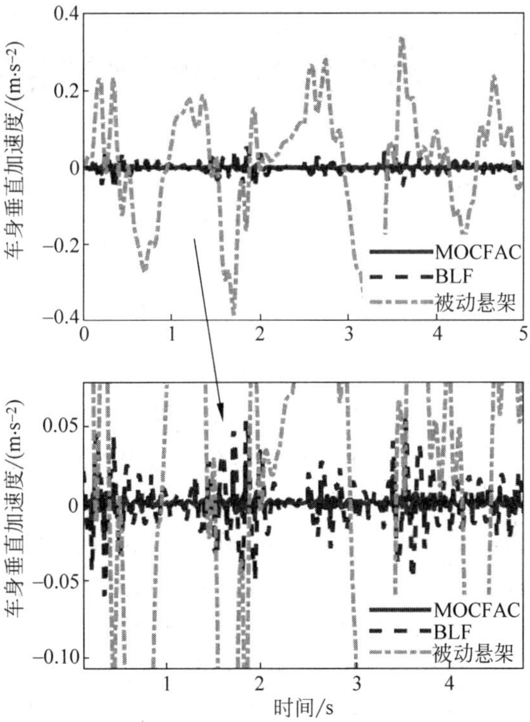

图 8-29　随机路面激励下车身垂直加速度

表 8-7 随机路面激励下车身加速度的均方根

系统	加速度	
	垂直加速度/(m/s²)	俯仰加速度/(rad/s²)
被动悬架	0.1585	0.2896
传统 BLF 方法	0.01682	0.008217
MOCFAC 方法	0.003149	0.003169
	相比被动悬架降低 98.01%	相比被动悬架降低 98.91%
	相比传统 BLF 方法降低 81.27%	相比传统 BLF 方法降低 61.43%

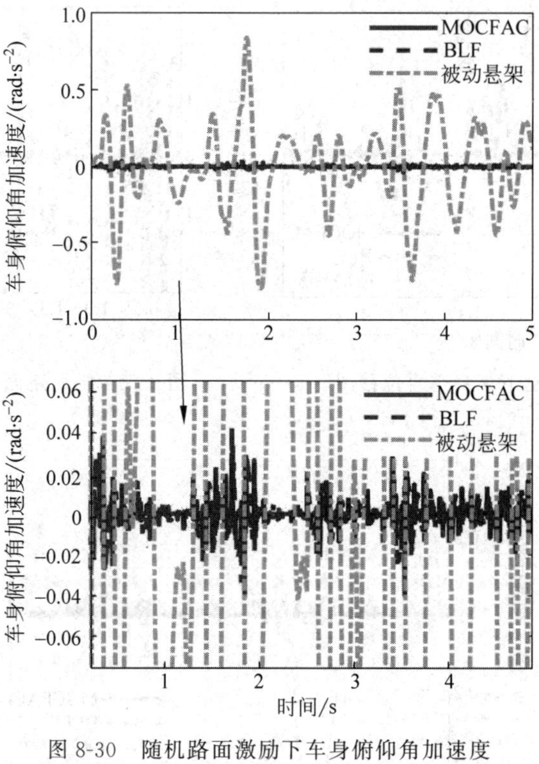

图 8-30 随机路面激励下车身俯仰角加速度

不同于以往的研究，本节还分析了复杂的微分爆炸问题对高阶非线性液压悬架系统的影响。图 8-31 和图 8-32 表示非线性液压作动器在随机路面激励下的等效作用力即所需控制力，在可接受范围内。可以看出，采用 MOCFAC 方法得到的控制力在整个时域内都小于基于传统 BLF 方法所需要的控制力。

与传统 BLF 方法相比，MOCFAC 方法不仅在整个时域内提供了更小的控制力，还可以获得更小的垂直位移、俯仰位移、垂直加速度和俯仰角加速度，采用 MOCFAC 方法的车辆性能明显优于传统 BLF 方法。从图 8-27～图 8-32 可以看出，液压系统可以快速响应，及时为液压主动悬架系统提供所需的控制力，并且在控制力较小的情况下，MOCFAC 方法也可以达到良好的控制效果。因此，MOCFAC 方法通过解决高阶的微分爆炸问题缩短了响应时间，从而提高了车辆的悬架性能。

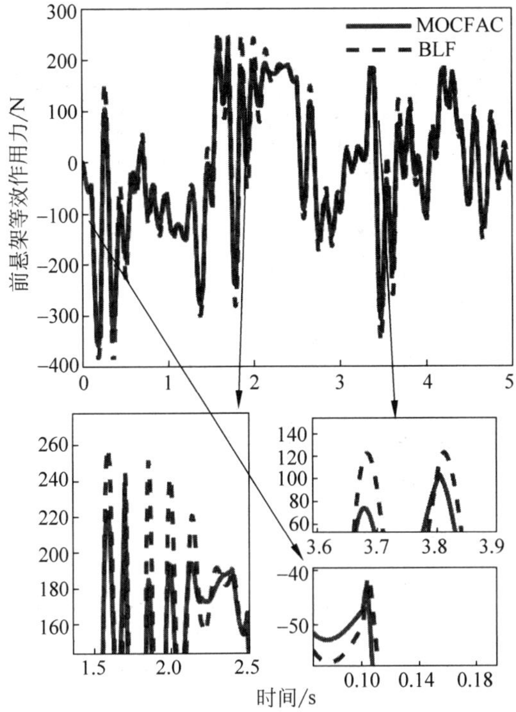

图 8-31 随机路面激励下前悬架等效作用力

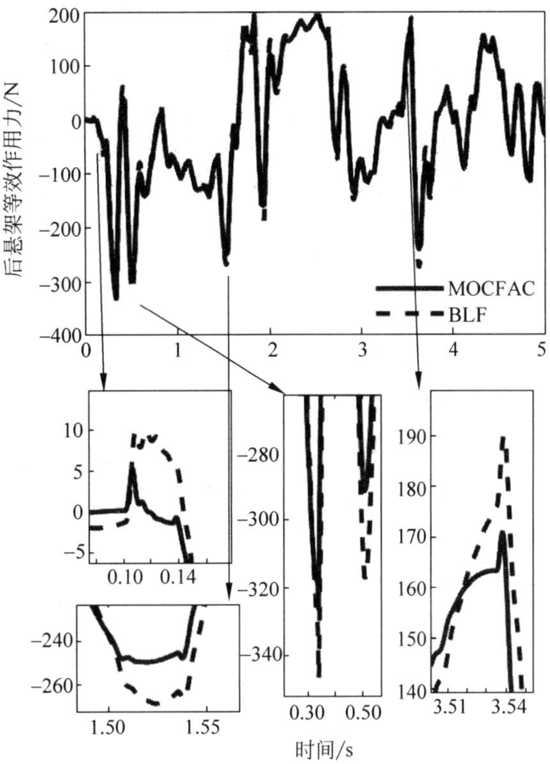

图 8-32 随机路面激励下后悬架等效作用力

在悬架系统中，有必要考虑悬架动行程的约束。悬架动行程的均方根由表 8-8 得到。由图 8-33 和图 8-34 可知，在随机路面激励下，悬架动行程的最大值为 0.013m，远低于文献[17]中的 $\Delta y_{\mathrm{fmax}}=\Delta y_{\mathrm{rmax}}=0.1\mathrm{m}$。根据悬架动行程约束的稳定性分析，MOCFAC 方法可以保证悬架动行程收敛到较小的范围。

表 8-8 随机路面激励下悬架动行程均方根

系统	悬架动行程均方根	
	前轮悬架动行程均方根/m	后轮悬架动行程均方根/m
被动悬架	0.005339	0.006275
传统 BLF 方法	0.006295	0.006315
MOCFAC 方法	0.006279	0.006309

图 8-35 和图 8-36 表示了随机路面激励下被动悬架、传统 BLF 方法和 MOCFAC 方法的动静载荷比。轮胎动静载荷比的均方根值见表 8-9。根据动静载荷比的稳定性分析，MOCFAC 方法可以保证动静载荷比小于 1，并将动静载荷比降低到一定范围内。因此，所提出的控制器可以提高驾驶安全性能。

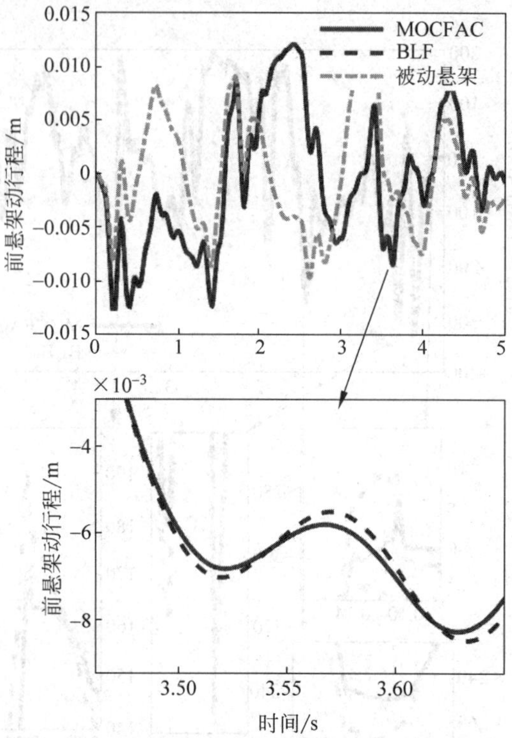

图 8-33　随机路面激励下前悬架动行程

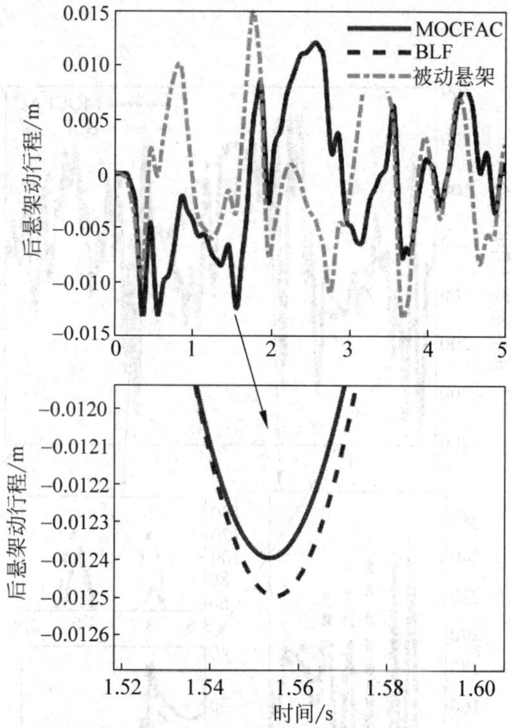

图 8-34　随机路面激励下后悬架动行程

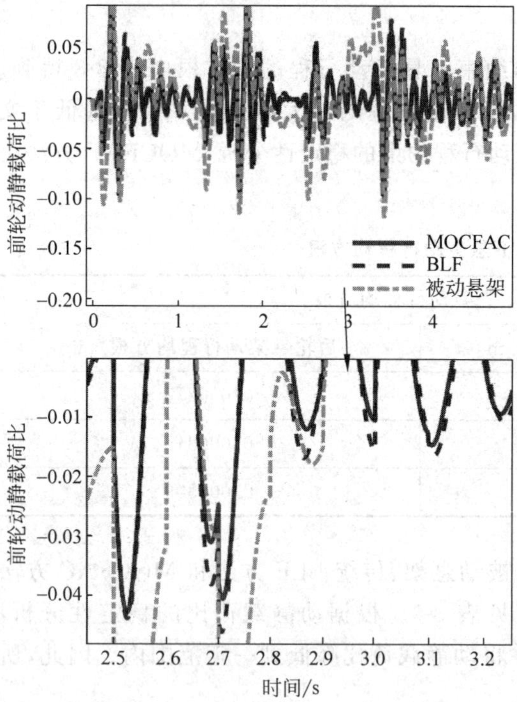

图 8-35　随机路面激励下前轮动静载荷比

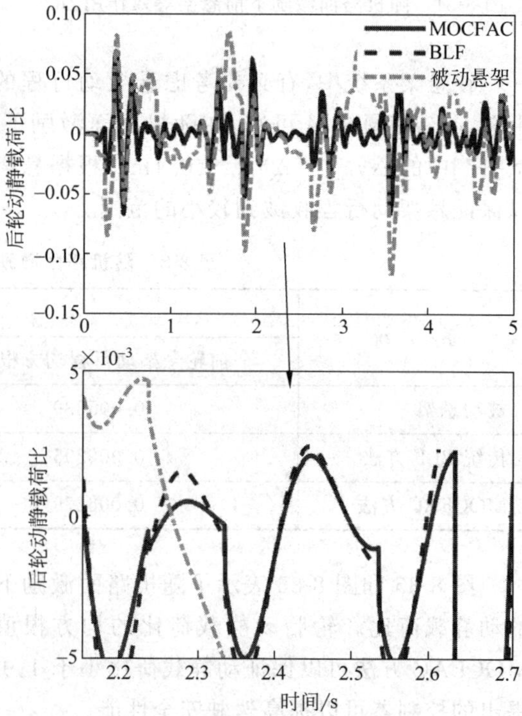

图 8-36　随机路面激励下后轮动静载荷比

表 8-9 路面激励下轮胎动静载荷比均方根

系统	轮胎动静载荷比均方根	
	前轮动静载荷比均方根/m	后轮动静载荷比均方根/m
被动悬架	0.04230	0.03603
传统 BLF 方法	0.03139	0.01873
MOCFAC 方法	0.02732	0.01729
	相比被动悬架降低 35.41%	相比被动悬架降低 52.01%
	相比传统 BLF 方法降低 12.97%	相比传统 BLF 方法降低 7.6%

参考文献

[1] LIU S,ZHOU H,LUO X,et al. Adaptive sliding fault tolerant control for nonlinear uncertain active suspension systems[J]. Journal of the Franklin Institute,2016,353(1): 180-199.

[2] ZHAO D,DU M,NI T,et al. Dual adaptive robust control for uncertain nonlinear active suspension systems actuated by asymmetric electrohydraulic actuators. Journal of Low Frequency Noise[J]. Vibration and Active Control,2021,40(3): 1607-1632.

[3] WANG D Z,ZHAO D X,GONG M D,et al. Nonlinear predictive sliding mode control for active suspension system[J]. Shock and Vibration,2018,2018: 1-10.

[4] WANG D Z,ZHAO D X,GONG M D,et al. Research on robust Model Predictive Control for Electro-Hydraulic servo active suspension systems[J]. IEEE Access,2017,6: 3231-3240.

[5] 王大壮. 高机动多轴应急救援车辆主动悬架技术研究[D]. 长春: 吉林大学,2019.

[6] CHEN H,GONG M D,ZHAO D X,et al. Coordination control of multi-axis steering and active suspension system for high-mobility emergency rescue vehicles[J]. Mathematics,2022,10(19): 3562.

[7] SUN H,LI S,SUN C. Finite time integral sliding mode control of hypersonic vehicles[J]. Nonlinear Dynamics,2013,73(1-2),229-244.

[8] TAVAN N,TAVAN M,HOSSEINI R. An optimal integrated longitudinal and lateral dynamic controller development for vehicle path tracking[J]. Latin American Journal of Solids and Structures,2015,12(6): 1006-1023.

[9] DENG Y J,GONG M,NI T. Double-channel event-triggered adaptive optimal control of active suspension systems[J]. Nonlinear Dynamics,2022,108(4): 3435-3448.

[10] LI Y,WANG T,LIU W,et al. Neural network adaptive output-feedback optimal control for active suspension systems[J]. IEEE Transactions on Systems,Man,and Cybernetics: Systems,2021,52(6): 4021-4032.

[11] LI H,ZHANG Z,YAN H,et al. Adaptive event-triggered fuzzy control for uncertain active suspension systems[J]. IEEE Transactions on Cybernetics 2019,49(12): 4388-4397.

[12] KIM E S. Nonlinear indirect adaptive control of a quarter car active suspension[C]//IEEE International Conference on Control Applications. IEEE,1996: 61-66.

[13] SUN W C,GAO H J,KAYNAK O. Adaptive backstepping control for active suspension systems with hard constraints[J]. IEEE-ASME Transactions on mechatronics,2013,18(3): 1072-1079.

[14] YU J,SHI P,DONG W,et al. Observer and command filter-based adaptive fuzzy output feedback control of uncertain nonlinear systems[J]. IEEETransactions on Industrial Electronics,2015,62(9): 5962-5970.

[15] HAO R L,WANG H B,LIU S,et al. Multi-objective command filtered adaptive control for nonlinear hydraulic active suspension systems[J]. Nonlinear Dynaomics,2021,105: 1559-1579.

[16] PANG H, ZHANG X, XU Z. Adaptive backstepping-based tracking control design for nonlinear active suspension system with parameter uncertainties and safety constraints[J]. ISA Transactions, 2019,88: 23-36.

[17] SUN W,ZHAO Z,GAO H. Saturated adaptive robust control for active suspension systems[J]. IEEE Transactions on Industrial Electronics,2013,60(9): 3889-3896.

第9章

主动悬架技术的未来发展

随着车辆智能化和自动化水平的提高，主动悬架系统将在车辆控制方面发挥越来越重要的作用。车辆主动悬架系统可以通过调节悬架的刚度、阻尼和高度等参数，实现对车辆姿态和悬架运动的精确控制，从而提供更好的悬架性能和驾驶体验[1-3]。

当前主动悬架在拥有一系列优势的同时也存在着一些缺陷，是主动悬架设计领域的挑战和未来发展方向。在设计主动悬架系统时，由于需要使用大量的传感器、作动器和控制器等组件，使得系统具有一定的复杂性。构建系统的同时，还应考虑降低系统成本，研究和开发更加经济实用的技术方案。另外，由于主动悬架需要系统外部提供能量输入，会使整车能量消耗过大，因此目前也仅限于装载在排量较大的车型上。以下是主动悬架技术未来可能的发展趋势：

(1) 随着电子传感器技术、计算机技术和人工智能技术的不断发展，未来的车辆主动悬架系统将会具备更加智能化的决策能力和自主学习能力。例如，系统可以通过学习驾驶员的驾驶行为，自动适应不同的路况和驾驶风格，提供更加个性化的驾驶体验。

(2) 未来的车辆主动悬架系统将会更加注重能源的利用效率。例如，采用更加高效的能量回收技术、更加精准的能量管理算法等，对整车主动悬架系统、转向系统、制动系统及传动系统进行集成优化控制。主动悬架系统选择最优的权衡策略，不仅可以提高系统的能效，还可以防止各系统间的干扰，极大地提高车辆集成控制效率。

(3) 未来的主动悬架系统也会朝着更加可靠化的方向发展。车辆主动悬架作为一套包含多种电子传感器、执行器和机械结构的复杂系统，可靠的主动悬架系统能够降低车辆维修和故障排除的成本。例如，通过可靠化的设计和控制，来提高主动悬架系统的稳定性和可预测性，降低潜在的故障和事故风险。

(4) 主动悬架还将在核心部件与功能等方面进一步进行结构优化，如结构更加集成化、调节方式更加多样化等，旨在提高车辆性能的同时更加降低成本和节约能耗。

(5) 随着车辆工业的不断发展，市场对车辆性能的要求也在逐渐提高，尤其是在安全性和舒适性等方面的消费者需求愈加迫切。车辆的悬架系统在行驶过程中不仅直接关系到安全性能，还影响乘坐的舒适性。因此，未来主动悬架技术有望在更多车型上得到广泛应用。

9.1 主动悬架智能化发展

如今，主动悬架系统越来越趋于智能化，并具备更高的自适应性能。主动悬架智能控制技术的发展使得悬架系统能够更精确地感知和适应驾驶条件和路面状况，实时调节悬架的特性。这些技术的应用将进一步提升车辆的安全性、稳定性和乘坐舒适性，为驾驶者带来更加智能化和愉悦的驾驶感受[4,5]。以下是主动悬架智能化发展中的关键方面：

1. 智能化控制算法

智能化控制算法能够显著提升主动悬架系统的响应速度和控制精度，未来的主动悬架技术将依托更智能化的控制算法，实现更加高效、精确、优化的控制，提升系统的整体性能。

智能化控制算法能够更加高效地完成悬架的主动控制，根据传感器获取的实时数据进行分析和决策，对系统状态和环境变化等因素的快速识别、快速调整控制策略，使主动调控量迅速适应路况变化，提高系统的灵活性和鲁棒性。智能化控制算法不仅可以使主动悬架的调控更加高效，还可以显著提升主动悬架的调节精度，通过实时进行主动控制，使车辆即使在骤变的驾驶条件下仍能保持良好的操控性和稳定性。此外，智能化的控制算法还具备自我学习和优化的能力，能够不断学习和探索，自主优化并改进控制策略，使算法能够不断探索可能的情况，从而自主提升主动悬架的控制效果。这种自我学习和优化能力使智能化控制算法能够更好地适应不同的驾驶条件和路况。

2. 自适应特性

通过不断的技术创新，未来的主动悬架系统将具备更高的自适应特性，根据道路状况和驾驶需求进行实时调整。未来主动悬架自适应特性的提升主要包括实时数据的感知与分析、动态调整悬架参数以及个性化设置等。

目前，主动悬架系统配备了多种高精度传感器，如 GPS、激光雷达和悬架行程传感器等，通过这些传感器实时监测车辆自身姿态和感知外部环境等数据。未来随着科技的不断进步和发展，传感器将具备更强的数据处理和分析能力，能够实现自动校准、自动补偿等功能，提高测量的准确性。无线传感器网络的发展和应用，可以提升数据的实时传输和远程监控水平，提高数据传输的实时性和可靠性。此外，传感器将不再局限于单一功能，而是朝着多个传感元件和处理单元的方向发展，可实现更全面的环境感知。这些发展趋势将进一步优化主动悬架对实时数据的感知与分析能力，提升车辆主动悬架的控制效果。

主动悬架通过一系列先进的组件和技术实现动态调整悬架参数，以提高车辆的行驶性能。通过检测系统获取车辆及路面信息，经控制系统分析和处理数据信号，并通过 ECU 向执行机构发出控制指令实现主动控制。科技的发展可以从整体上优化主动悬架的动态调参过程，更加智能、高效的检测系统将为车辆主动悬架提供更加精确、全面的数据信息。更加智能化、网络化与集成化的控制系统，可协调控制车辆多系统的联合运作，实现动态的自适应调节。执行机构将支持多种驾驶模式，实现多模式适应性，根据驾驶需求自动调整悬架状态，全面提升驾驶体验。

此外，主动悬架的智能化发展还将促进个性化需求发展，即根据驾驶者的偏好和驾驶风格，对悬架的功能进行个性化调节。例如，驾驶者可以根据驾驶环境和个人喜好对驾驶模式、调节高度、悬架软硬或响应速度等因素进行选择。

3. 集成化设计

车辆具有一整套复杂且相互耦合的动力学系统，在研究主动悬架控制的同时，应当注意车辆悬架系统与其他系统之间的相互协调。对车辆主动悬架系统、转向系统、传动系统和防抱死系统等进行集成控制设计关系到车辆动力学的各个方面和环节，需要对车辆的全部状态和控制目标作总体考虑和最优的权衡策略。通过与其他系统的集成化，主动悬架能够更全面地获取车辆状态和外部环境，从而做出更精准的控制决策，提升车辆的整体性能。集成后的系统能够更快速地响应紧急情况，如主动避障时调整车身姿态，提高行车安全。与动力系统、电池管理系统等的集成有助于优化能源分配，提高能源利用效率。集成系统能够更智能地适应驾驶者的习惯和偏好，提供个性化的驾驶体验，同时提升乘坐舒适性。所以，主动悬架与其他系统的集成化设计将推动汽车技术向更高水平发展，满足消费者对汽车性能、安全性和舒适性的更高需求。

4. 数据共享与协同控制

车联网技术是一种将车辆与外部环境（包括其他车辆、道路基础设施、行人及云端平台）通过无线通信和信息交换连接起来的高效智能交通生态系统。它利用新一代信息通信技术，实现车与车、车与基础设施、车与行人以及车与网络之间的实时数据交换与协同控制。通过车联网等先进技术，主动悬架系统能够与其他车辆共享路况信息，实时获取更全面的道路情况和交通状况数据。基于共享的路况信息，主动悬架系统可以与其他车辆系统进行协同控制，实现更精准的调节和响应。通过数据共享与协同控制，主动悬架系统能够更准确地判断路况和驾驶需求，从而做出更合适的调整，提升整体行驶效率和稳定性。

9.2　主动悬架能量优化发展

随着全球对环境气候的关注度不断增加，各国纷纷制定了节能减排政策以应对气候变化和环境污染的挑战。国际能源署 2020 年的统计报告显示，交通运输工具占据了全球 26%的碳排放量，其中，车辆的碳排放是交通运输工具碳排放的主要部分。因此，能量再生低碳技术符合世界车辆工业绿色转型的发展主题，也是落实国家“双碳”目标的战略需要[5]。图 9-1 展示了车辆各系统的能量消耗占比情况及采用能量回收技术使得车辆能量消耗在理论上的改善程度情况。

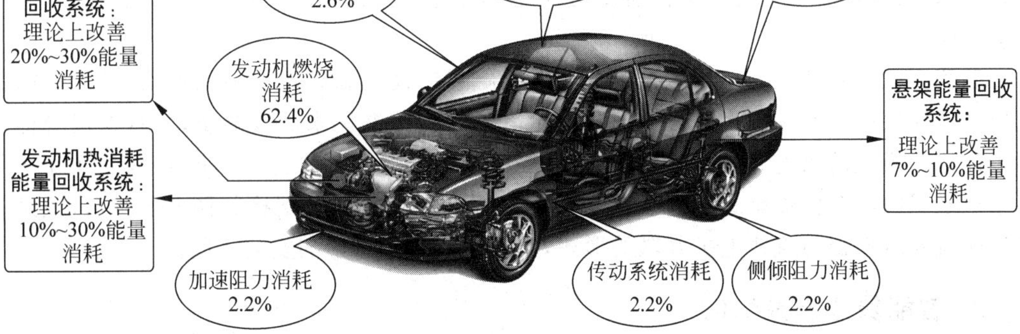

图 9-1　车辆各系统能量消耗占比

在上述背景下,未来车辆主动悬架的能量优化发展变得尤为重要。主动悬架系统的能量优化不但要提高悬架系统的性能和驾驶体验,还要注重降低能耗和对环境的影响。以下是对主动悬架系统能量优化技术几个发展方向的简单介绍:

1. 轻量化设计

在主动悬架技术的未来发展中,轻量化设计将成为一个重要的发展方向。车辆轻量化能够有效提升整车的动力性、经济性、稳定性与安全性。研究表明,车辆每减轻100kg,可节省燃油0.3~0.5L/(100km),CO_2 的排放可减少8~11g/(100km)[6]。为了减少车辆的燃油消耗和碳排放,研究主动悬架系统的轻量化设计具有较强的工程应用意义。

主动悬架系统可以通过结构优化、材料选择、先进制造技术的应用实现更轻量化的设计。结构优化可以利用先进的优化方法来最小化悬架系统的质量,而材料选择则采用高强度和轻质材料来替代传统的重型材料。先进制造技术,如3D打印和复合材料成形,可以实现更精细和复杂的悬架部件制造,减少材料浪费并提供更高的制造精度。

通过轻量化设计的技术和方法,主动悬架系统能够提升车辆的悬架响应速度和灵敏度,同时也可以实现更高的燃油经济性、操控性能和能源效率。这对于满足节能减排要求、提升行驶效率及提高车辆行业的可持续发展至关重要。

2. 能量回收技术

传统的悬架通过热能耗散的方式进行减振,不但会影响减振器的性能和寿命,而且也不利于节能。目前,相继出现的馈能型主动悬架通过能量回收技术展现了主动悬架的节能潜力,成为未来主动悬架的重要发展方向[7-10]。馈能型主动悬架系统可以通过回收车辆悬架运动产生的能量,将其转化为电能或压缩空气等形式,用于驱动其他车辆系统或充电电池,实现能量的高效利用。

设计馈能悬架的基本方法是用一个能量回收装置替代传统悬架的阻尼器,再与弹性元件并联,构成悬架系统,这样能量回收装置就可以将原本应被阻尼器耗散掉的振动能量吸收,达到节能的目的。

馈能悬架回收能量的方法主要有电磁感应馈能式和液压馈能式。电磁感应馈能式使用发电机回收能量并利用电磁力提供阻尼力,调节电磁力的大小以实现半主动控制;液压馈能式使用齿轮泵将能量储存在蓄能器中。使用电机提供的电磁力作为减振器阻尼力存在一定的上限,若并联其他半主动减振器使用,可使减振器提供更大的阻尼力,如磁流变式电磁馈能悬架。

磁流变式电磁馈能悬架的减振器部分由电磁感应模块和磁流变减振模块两部分并联。电磁感应模块一般使用直流电机或串联齿轮齿条的旋转电机来回收能量,并将这部分能量用于磁流变模块的供电,为悬架提供可变可控的连续阻尼力。波兰的Lukasz等提出了一种基于电磁感应的自供能量式磁流变半主动悬架结构[11],减振器结构如图9-2所示,该悬架采用磁流变减振器与直线电机并联的形式,有效地节省了悬架的安装空间。

3. 智能算法能量优化

未来主动悬架系统的发展中,主动悬架能量优化技术是至关重要的方向,而车辆智能算

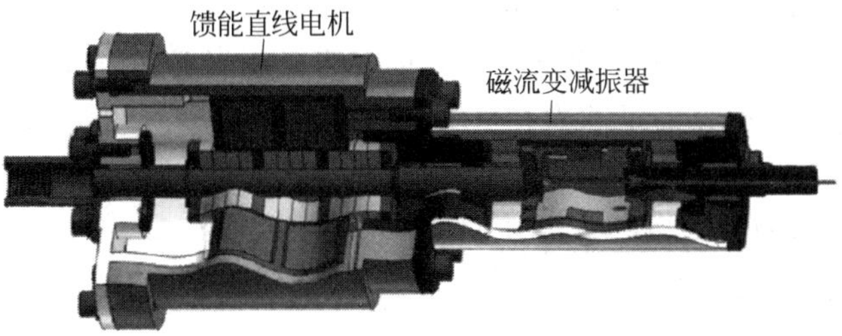

图 9-2 自供能量式磁流变减振器

法在优化能量方面发挥着重要作用。通过深度学习和感知技术,智能算法能够实时分析车辆行驶状态、路况信息及驾驶习惯,规划最优行驶路线和最佳的悬架控制策略,通过优化悬架的工作状态来减少不必要的能量消耗。此外,通过预测性维护,智能算法还能提前发现潜在故障,从而避免能量浪费,进一步提升车辆能效。

9.3 主动悬架可靠化发展

主动悬架系统的可靠化发展旨在提高系统的可靠性、耐久性和故障诊断能力,以确保系统在各种工况下的稳定运行和长期使用。主动悬架可靠化发展对于提升整车性能、安全性和用户体验具有重大意义。主动悬架系统可靠化发展主要包括以下几方面内容。

1. 设备和部件的可靠性

主动悬架系统的各个关键设备和部件,如传感器、执行机构、控制器、电子元件及能源系统等都需要具备高度的可靠性。这意味着它们在各种环境条件下都能正常工作,并具有足够的耐久性和寿命,以满足长期使用的要求。

为确保主动悬架系统的可靠性,制造商在设备和部件设计、制造过程中应当选择高品质的材料和制造工艺来确保部件的耐久性和可靠性。另外,还要进行严格的质量控制和检验流程,确保各部件符合规格和标准。这些措施使主动悬架系统的设备和部件可靠性得到保障,从而确保系统能够长期稳定运行,并提高悬架的控制性能。

2. 故障诊断和容错能力

主动悬架系统的故障诊断和容错能力是保障系统可靠性和安全性的关键。故障诊断是指通过实时监测和分析系统的工作状态和性能参数,能够准确检测到故障,并及时采取相应的措施进行修复或调整。容错功能,即在出现故障时能够自动切换到备用模式或限制悬架运动范围,以保证车辆的安全性和可靠性。为提高故障诊断和容错能力,主动悬架系统应当采用先进的计算和通信技术。通过高速数据传输和实时算法运算,系统可以快速响应并处理大量的传感器数据,以实现准确的故障诊断和智能容错控制。

在故障诊断方面,主动悬架系统应配备各种传感器和监测设备,用于实时监测关键参数和系统状态。当系统出现异常时,故障诊断系统会根据传感器数据和内部算法进行故障识别和定位,准确判断故障原因并生成故障码。这些故障码可以通过车辆诊断接口供技师或车主查询和分析,从而快速定位和解决问题。

在容错能力方面,主动悬架系统应设计多重容错机制来应对故障情况。例如,主动悬架系统的算法本身具备一定的容错能力;系统可以自动切换到备用模式或限制某些功能,以确保车辆仍能安全驾驶。此外,系统还应具备自适应能力,可以根据故障情况动态调整悬架控制策略,以保持车辆的稳定性和可控性。

3. 严格的测试和验证

主动悬架系统的测试和验证能力对于确保其正常运作和保障车辆安全至关重要。一个优秀的主动悬架系统要在实验室和实际道路环境中进行各种测试,以评估系统在不同工况下的性能和可靠性。一旦系统出现潜在问题,能够迅速采取修复或调整措施,以维持系统的正常功能和安全性,以保护车辆的整体安全和性能。

测试和验证过程涉及多个方面,包括功能测试、性能测试、可靠性测试和安全性测试等。在功能测试中,系统的各项功能和控制策略会被逐一验证,以确保系统能够按照设计意图进行精确的调节和控制。性能测试则包括对系统响应速度、悬架调节范围、平顺性等性能指标的测试,以评估系统在不同路况和工况下的表现。可靠性测试是为了评估主动悬架系统的稳定性和可靠性。通过模拟各种极端工况和长时间的耐久性测试,可以验证系统在各种环境条件下的可靠性和耐用性。此外,还需要进行安全性测试,以确保系统在遇到异常情况或故障时能够正确应对,并保证车辆的安全性。

严格的测试和验证是主动悬架系统设计过程中的关键步骤。通过全面的测试和验证,可以确保主动悬架系统在各种工况下具备良好的性能。

总而言之,主动悬架系统可靠化的发展对于确保车辆的各项性能优化和客户满意度至关重要。通过解决潜在的故障点并实施强健的设计实践,车辆制造商能够提供可靠的主动悬架系统,以满足现代车辆不断演变的需求。通过不断的技术改进和创新,预计主动悬架系统的可靠化将得到进一步提升,并推动整个车辆行业的发展。

9.4 主动悬架的结构优化发展

目前对主动悬架的研究大多集中在常规的结构形式,人们固有印象中的主动悬架也往往安装于车桥与车体之间,通过控制器带动执行机构实现主动控制。随着科技的逐渐进步和发展,研究多功能性质的材料,开发更具优势的主动悬架结构是未来主动悬架发展的重要趋势。

1. 结构集成化

通过结构集成将多个功能和部件整合到一个单一的结构中,可以减少零部件的数量和重量,从而实现重量的最小化和整体性能的提升。轮毂电机驱动车辆系统是由车轮、轮毂电机和悬架组成的复杂机电耦合系统,将电机设计安装在车轮的轮毂之中,大大简化了车身空间,具有控制灵活、传动高效、结构紧凑等优点,被公认为未来电动车辆的理想构型,也为车辆主动悬架的结构集成化提供了新思路。

法国米其林公司开发的电动车辆的电动轮(图 9-3)集成了盘式制动器、驱动电机和电磁主动悬架系统,属于内转子轮毂电机,高速内转子轮毂电机的最高转速为 15000r/min,需要与减速装置配合使用以达到减速并增加扭矩的目的。图 9-4 为巴博萨公司推出的一款外转子轮毂电机轮胎，低速外转子轮毂电机直接驱动车轮，无须配以减速机构。外转子轮毂电机的转速最高为 2000r/min。与内转子轮毂电机相比，外转子轮毂电机结构简单紧凑，轴向尺寸较小，传动效率进一步提高。

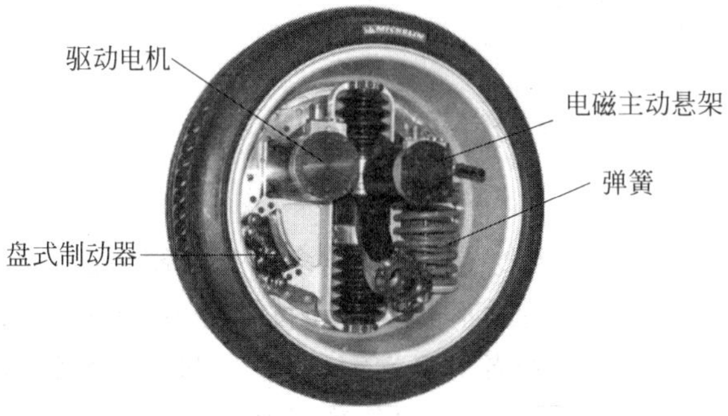

图 9-3　米其林的内转子轮毂电机

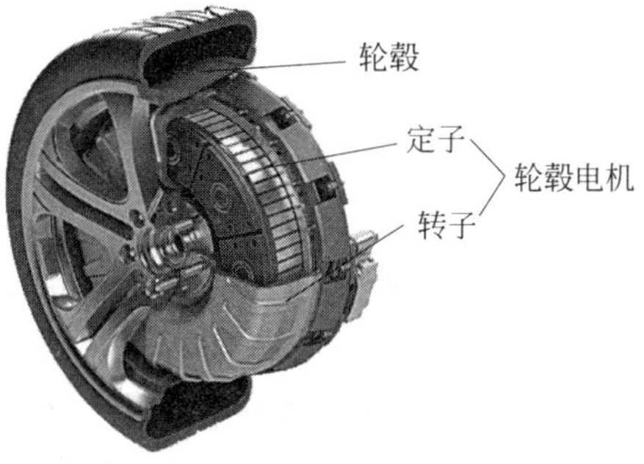

图 9-4　巴博萨的外转子轮毂电机

面对轮毂电机驱动车辆非簧载质量的增加和轮毂电机不平衡电磁力带来的振动负效应问题，学者们提出了多种解决思路。将主动悬架技术与轮毂电机相结合并选择合适的控制算法，可以有效地改善电动车辆的垂向性能。

2. 调节方式多样化

现有主动悬架往往通过执行机构实现主动调节，执行机构一般为力的发生器或转矩发生器，常见的执行机构如液压缸、空气弹簧、伺服电动机等，未来主动悬架的结构优化也可考虑从变换调节方式的方向入手进行创新。

例如，主动横向稳定杆(active roll control，ARC)作为传统被动稳定杆的进化形态，其诞生源于对更高级别悬架稳定性能的追求。在现有主动悬架通过执行机构进行调节的过程中，车辆横向稳定杆的刚度是固定的。主动横向稳定杆技术可以根据车辆的行驶条件主动改变稳定杆的扭矩，提升车辆的抗侧倾能力的同时，通过控制横向稳定杆两端的通断变化，提升车辆的舒适性和越野能力。

ARC 系统在前后轴各配置一个，其结构如图 9-5 所示。当车辆处于直线行驶时，无电

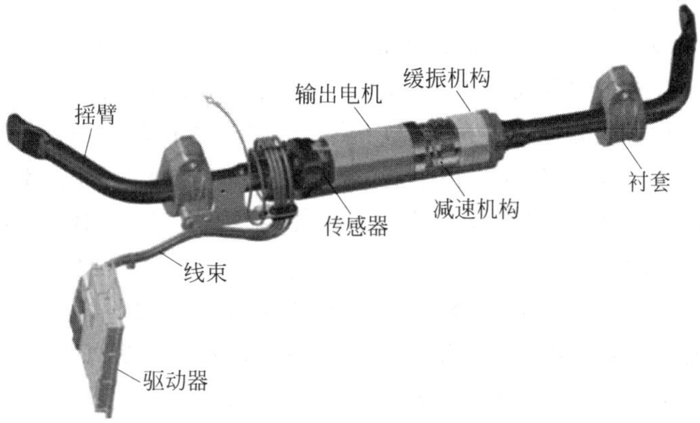

图 9-5　ARC 的结构

源信号给到电机，ARC 可以实现断开，使左右轮可以独立跳动，此时单侧的路面冲击不会传导到另一侧，从而避免衍生冲击。当车辆转向时，基于方向盘转角、车速、侧向加速度、横摆角速度等信号，电机可通过驱动稳定杆两端反向扭转来调整车身倾斜姿态。当车辆转向且方向盘静止时，电机和减速机构将稳定杆锁死成为一体，以保持当前车身姿态，直至完成转弯为止；待车轮回正后 ARC 又进入电机无电信号状态。

9.5 主动悬架普及化应用

主动悬架技术的普及化应用是车辆行业的一个重要趋势，越来越多的车辆制造商和技术公司正积极投入资源，推动这一技术的普及[12-15]。通过不断创新和技术突破，行业内的各大厂商希望将主动悬架技术引入更多车型，满足消费者对高性能、安全性和舒适性的需求。这一趋势不仅反映了汽车制造商对提升驾驶体验的承诺，也体现了对未来智能交通技术发展的广泛认可和期待。

丰田公司旗下的雷克萨斯品牌部分车型配备了名为“adaptive variable suspension (AVS)”的主动悬架系统。AVS 系统通过实时监测和调整悬架的阻尼力，提供优化的悬架性能和车辆稳定性。这使得雷克萨斯车型在舒适性和操控性方面都能够有出色的表现。梅赛德斯-奔驰在其高端车型中广泛应用了主动悬架技术。其中包括 air body control(ABC) 系统和 magic body control(MBC)系统。这些系统利用空气悬架和摄像头等传感器来检测路况和车辆姿态，并自动调整悬架的硬度和高度，提供出色的悬架舒适性和稳定性。宝马的部分车型采用了名为“dynamic damper control(DDC)”的主动悬架系统。DDC 系统通过电子控制阀调整悬架的阻尼力，以适应不同的驾驶条件和车辆要求，这使得宝马车型能够在舒适性和操控性之间实现良好的平衡。

除了传统的车辆制造商外，一些技术公司也在主动悬架系统的普及化方面发挥了重要作用。例如，美国底特律动力公司作为一家专注于电动车辆技术的初创公司，它们开发了一种名为“dynamic suspensions”的主动悬架系统，该系统通过电动马达和独特的机械结构实现对悬架的实时调整。底特律动力的技术被应用于一些电动车辆和混合动力车辆中，提供了更高级别的悬架控制和驾驶体验。

另外，中国一些车辆公司在主动悬架系统的普及化方面也积极参与并取得了一些成果。尤其是一些造车新势力公司，在技术创新和产品开发方面展现出了巨大的努力和潜力[16-18]。蔚来车辆作为中国领先的电动车辆制造商之一，在主动悬架系统的研发和应用方面表现出色。它们的车型配备了名为“NIO Pilot”的智能驾驶系统，其中包括主动悬架控制功能。NIO Pilot 系统可以通过使用传感器、摄像头和高精度地图等技术，实时监测和调整车辆悬架的工作状态，提供更加平稳舒适的驾驶体验。小鹏车辆(图 9-6)是另一家颇具实力的中国电动车辆制造商，也在主动悬架技术的研发上取得了一定的成就。它们的车型配备了名为“Xmart OS”的智能驾驶系统，其中包括主动悬架控制功能。Xmart OS 系统通过感知车辆周围环境和实时数据分析，调整悬架系统的参数，提供更好的悬架舒适性和操控性能。蔚来、小鹏等公司还积极开展与全球主动悬架技术供应商的合作，引进和应用先进的主动悬架技术。这些合作有助于提升中国车辆公司在主动悬架技术领域的竞争力，推动主动悬架系统在中国市场的普及。

图 9-6　小鹏车辆 G3 系列车型

从车辆诞生以来，悬架系统一直是车辆技术中不可或缺的部分，并经历了长足的发展。最初的车辆悬架采用传统的被动悬架设计，主要目的是提供舒适性和稳定性。随着技术的进步和使用需求的不断演变，悬架系统逐渐向主动悬架发展。未来，随着车辆科技的不断进步，主动悬架系统将继续发展并取得更大的突破。一方面，智能化和自适应性将是主动悬架的关键发展方向。通过融合人工智能和电子传感器技术，主动悬架系统能够更精准地感知和预测路况，实现更智能化的悬架控制。另一方面，主动悬架系统的能量优化和可靠化也是未来的发展趋势，未来的车辆主动悬架技术将有助于减少车辆对环境的影响，提高整体的能源利用效率。利用新型材料、先进的控制算法和高效能源系统，主动悬架系统可以提供更高的能效和可靠性，以满足车辆环保和可持续发展的要求。

总的来说，未来车辆主动悬架技术的发展方向是多元化的，需要综合考虑系统的性能、能效、可靠性、安全性等多方面因素。主动悬架系统作为车辆技术的重要组成部分，将持续演进和创新，为驾驶者带来更安全、舒适和高性能的驾驶体验。随着技术的不断突破和市场需求的不断增加，主动悬架系统有望成为未来车辆发展的重要驱动力之一。

参 考 文 献

[1]　喻凡，李道飞. 车辆动力学集成控制综述[J]. 农业机械学报，2008(6)：1-7.

[2]　韩天龙. 车辆主动悬架系统发展研究综述[J]. 机电产品开发与创新，2012，25(2)：59-61.

[3]　来飞，胡博. 车辆主动悬架技术的研究现状[J]. 南京理工大学学报，2019，43(4)：518-526.

[4]　MOZAFFARI A，CHENOURI S，QIN Y，et al. Learning-based vehicle suspension controller design：A review of the state-of-the-art and future research potentials[J]. Etransportation，2019，2：100024.

[5]　FU C Z，LU J Y，GE W Q，et al. A review of electromagnetic energy regenerative suspension system & key technologies[J]. CMES-Computer Modeling in Engineering & Sciences，2023(3)：135.

[6]　范子杰，桂良进，苏瑞意. 车辆轻量化技术的研究与进展[J]. 车辆安全与节能学报，2014，5(1)：1-16.

[7]　喻凡，张勇超，张国光. 车辆电磁悬架技术综述[J]. 车辆工程，2012，34(7)：569-574.

[8]　寇发荣，杜曼，马建，等. 电磁直线电机悬架馈能潜力与能量回收分析[J]. 机械科学与技术，2021，40(6)：941-948.

[9]　韩道刚，董颖. 能量可再生车辆悬架研究概述[J]. 内燃机与配件，2019(11)：58-59.

[10] 文桂林,周创辉.一种新型液-电馈能式悬架系统的设计与研究[J].车辆工程,2018,40(5):575-583.
[11] ŁUKASZ J,BOGDAN S. Electrical interface for a self-powered MR damper-based vibration reduction system[J]. Acta Mechanica et Automatica,2016,10(3):165-172.
[12] 乐发生.奔驰的主动车身控制(ABC)系统[J].世界车辆,1999(12):18-19.
[13] THORNDAL A,LARSEN J J,JOHANSEN L G. Active road noise reduction in Audi A8 W12 with adaptive suspension: A feasibility study [C]//Audio Engineering Society Conference: 48th International Conference: Automotive Audio. Audio Engineering Society,2012.
[14] 侯谭刚.雷克萨斯 LS400EAS 车身高度控制[J].科技信息(学术研究),2007,227(15):82-84.
[15] Bose 汽车系统(中国).BOSE 的创新悬架系统[J].车辆与配件,2012,925(12):38-39.
[16] 陈永亮.蔚来新能源汽车营销策略研究[D].武汉:中南财经政法大学,2022.
[17] 马璞.小鹏车辆推动智能驾驶再进一步[J].车辆制造业,2021,675(11):14-15.
[18] 许晖.让 OTA 升级来得更猛烈一点:小鹏 P5 Xmart OS 3.1.0[J].车辆之友,2022,608(Z4):44-47.